누림강해시리즈 ❻

사도행전 강해 1
하나님의 열매인 사람들

지은이 곽면근
초판발행 2016년 2월 23일

펴낸이 배용하
본문디자인 윤순하
등록 제364-2008-000013호
펴낸곳 도서출판 대장간
　　　　www.daejanggan.org
등록한곳 대전광역시 동구 우암로 75-21
편집부 전화 (042) 673-7424
영업부 전화 (042) 673-7424　전송 (042) 623-1424

ISBN 978-89-7071-371-7
　　　　978-89-7071-261-1 04230(세트)

 값 20,000원

곽면근 목사의 누림강해 시리즈 ⑥

사도행전 강해 1

하나님의 열매인 사랑들

곽 면 근

차례

사도행전 강해 1

사도행전 강해 2

서문

  기독교는 복음을 선포하는 종교입니다. 사도행전 앞에 위치한 네 권의 복음서는 예수님은 십자가 사역을 행하셨고 부활하심을 기록하고 있습니다. 복음서에서 예수님이 많은 이적과 기적을 행하고 반복적으로 말씀을 가르쳐도 예수님을 믿는 사람, 영접하는 사람, 변화된 사람이 없었습니다. 그래서 혹자들은 예수의 사역이 실패했다고 주장하기도 합니다. 예수님께서 십자가 사역을 완성하셨다면, 사망 권세를 물리치고 부활하셨다면, 죄인들을 죄로부터 구원하셨다면 복음서에 이어지는 사도행전에는 예수님의 사역의 열매, 하나님의 일하심의 결과, 복음의 아름다운 풍성한 결실이 소개되어야 할 것입니다. '이 복음은 모든 믿는 자에게 구원을 주시는 하나님의 능력이 됨이라 먼저는 유대인에게도 그리고 헬라인에게로다'라면 사도행전에서는 당연히 유대인이 구원을 받고 헬라인도 구원을 받아 하나님의 능력이 증명되어야 할 것입니다. 좀 더 넓은 관점으로 살펴본다면, 하나님께서 아브람을 통해 약속하신 '땅의 모든 족속이 복을 얻을 것'이 성취되는 장면과 많은 예언자들을 통해 선포하신 '새 영을 부어주리라' 또는 '새 마음을 주리라'는 예언이 완성되는 장면이 사도행전에서 확인되어야 할 것입니다. 그래서 사도행전을 상고할 때에 하나님을 위해 일하는 제자들의 모습이 아니라 하나님께서 일하신 열매로서의 제자들의 모습에 초점을 맞추어 보았습니다.

  사도행전을 설교하면서 매우 행복했습니다. 하나님의 약속과 예언 그리고 예수 그리스도의 사역의 열매를 확인할 수 있었기 때문입니다. 설교자로서, 실제로는 확인되지 않은 채 단지 장래의 소망으로만 소개되는 성도의 삶이 아니라, 이 땅에서 그리고 사람들과의 관계에서 직접 구현되고 있는 성도의 삶을 소개할 수 있었기 때문입니다. 앞으로 상과 면류관을 받기 위한 조건으로의 삶이 아니라 이미 은혜와 복을 받은 열매로서의 삶을 증거할 수 있었기 때문입니다. 성도가 세상을 향해 하나님을 증언하려 애쓰는 모습이 아니라, 하나님이 세상을 향해 하나님의 증거로 제시하는 성도의 모습을 확인할 수 있었기 때문입니다. 나의 생활에서도 똑같이 구현될 하나님의 일하심의 열매를 기대할 수 있었기 때문입니다. 설교를 마친 후에 자신 있게 사도행전 강해의 부제목을 '하나님의 열매인 사람들', '복음의 열매인 사람들'로 정할 수 있었습니다.

바울이 교회들에게 보낸 편지에서 자주 사용하는 표현이 '전에는, 이제는' 또는 '그때에, 이제부터'입니다. 예수님의 십자가 사건을 기준으로 구원받기 전의 삶과 구원받은 후의 삶이 달라졌음을 강조하는 표현들입니다. 세상에 만연되어 있는 '지금은, 장차는', '현재는, 미래는'과는 확연하게 대조가 됩니다. 세상에는 예수님의 사역이 없기에 인간의 수고에 따른 장래의 모습을 기대할 뿐이지만, 기독교에는 예수의 사역이 있기에 사도행전의 성도들은 하나님의 사역에 따른 결실을 선포할 수 있었습니다. 성도들은 자신의 삶속에 맺어지는 하나님의 일하심의 결과를 직접 자신이 누렸기에 너무나 담대히 외칠 수 있었습니다. 사도행전을 설교하면서 하나님의 목양의 결실을 보았기에 나의 목회가 맺어야하는 열매의 바른 본을 보고 목회의 방향을 견고히 하게 된 것도 하나님이 덤으로 주신 은혜임을 고백합니다.

인간이 열매를 맺자고 선동하는 대신 하나님의 복음의 열매를 선포하는 동안 함께 은혜를 나누었던 성도님들께 감사드리며, 말로 행한 설교를 글로 된 책으로 만들어준 도서출판 대장간에 감사를 드립니다. 이 땅에서 하나님 나라의 삶을 멋지게 누리시기를 바랍니다.

2016년 1월
하나님의 은혜를 누리는 The누림교회에서 곽면근

예수의 사역

사도행전 1:1~3

1 데오빌로여 내가 먼저 쓴 글에는 무릇 예수께서 행하시며 가르치시기를 시작하심부터 2 그가 택하신 사도들에게 성령으로 명하시고 승천하신 날까지의 일을 기록하였노라 3 그가 고난 받으신 후에 또한 그들에게 확실한 많은 증거로 친히 살아 계심을 나타내사 사십 일 동안 그들에게 보이시며 하나님 나라의 일을 말씀하시니라

무엇에 관하여

행전

　사도행전의 책 제목이 개역개정성경에는 '사도행전'이고 영어로는 'Acts'입니다. 영어의 'Acts'는 번역하면 '행동들' 또는 '사역들'이고 성경적 표현으로 바꾸면 '행전'이라고 할 수 있습니다. 영어 표현에서는 '누가' 행동했는지 언급하지 않았는데 개역개정 성경은 '사도들'이 행동한 것으로 간주하여 '사도행전'이라고 제목을 정했습니다. 사도행전이라는 책명에 대하여 한편에서는 사도행전은 사도들의 행전이 아니라 성령께서 행동하신 것이기에 '성령행전'으로 바꾸어야 한다고 주장하기도 합니다. 논란이 발생하면 언제나 중재자가 등장합니다. 그래서 다른 한편에서는 '성령의 인도함을 받은 사도들의 행전'이라고 절충안을 내놓았습니다. 모두 좋은 의견입니다. 본 사도행전 강해에는 '하나님의 열매인 사람들'이라는 부

제가 있습니다. 사도행전을 보는 관점을 바꾸어 보려는 시도입니다. 사도행전의 다양한 활동 즉 'Acts'를 관찰하지만 '사도들'의 행동으로서가 아니라 '하나님'의 행하심의 열매와 결실로서의 '삶'에 초점을 맞추는 것입니다. 제자들의 특정한 행동이나 사역이 아니라, 사도들의 능력이나 권세가 아니라, 집사들과 복음 전도자들의 사명이나 책임, 역할을 강조하는 것이 아니라 사도행전에 등장하는 '사도들이 누구냐?', '이들의 삶이 의미하는 것이 무엇이냐?'는 것에 대해 관심을 갖습니다. 사도들에 대한 이해를 가지지 않으면 사도들의 행동을 바르게 이해할 수 없기 때문입니다.

성령행전 or 사도행전

만약 성령행전이라고 하면 누구나 성령만 받으면, 어느 순간이든 성령만 받으면, 어떤 상황이나 조건이든 성령만 받으면 사도행전에 기록된 사람들과 같이 행할 수 있느냐는 의문이 듭니다. 안타깝게도 많은 성도들이 자신의 성도됨이나 정체성을 인식하지 못한 채 성령만 받으려고 합니다. 사도행전은 사람들의 기대와는 전혀 다른 모습을 많이 보여줍니다. 베드로는 성령을 받아서 방언도 말하고, 앉은뱅이를 고치기도 하고, 한 번의 설교로 신도의 수가 삼천이나 더하게도 하고, 고넬료를 방문하여 이방인 선교의 문을 열기도 합니다. 그러나 베드로는 말씀을 전하다가 관료들에게 매를 맺기도 하고 옥에 갇히기도 합니다. 후에는 바울과 논쟁을 벌이기도 하고, 그 다음에는 바울에게 자리를 내어주고, 정말 소리 소문 없이 사도행전에서 사라집니다. 성령 받은 사람의 또 하나의 대표가 바울입니다. 바울은 서신서에서 '성령의 충만함을 받으라'는 표현을 사용한 사람으로 성령을 받아 대단한 일을 많이 행합니다. 얼마나 놀라운 일을 많이 했는지 심지어는 사람들이 바울의 몸에서 손수건이나 앞치마를 가져다가 병든 사람에게 얹으면 그 병이 떠나고 악귀가 나가기도 했습니다. 그러나 바울도 성령 충만을 받아 복음을 전하다가 도망자 신세가 되고, 바구니를 타고 피난을 가고,

결국 전도 여행 중에 옥에 갇히는 신세가 됩니다.

성령 받은 사람들의 행동이나 능력의 모습만 생각한다면 사도행전은 딱 한마디로 '용두사미' 그 자체입니다. 거창하게 시작했다가 슬그머니 사라지는 전형적인 패턴입니다. 스데반의 경우도 은혜와 권능이 충만하여 큰 기사와 표적을 민간에 행했습니다. 그런 스데반도 너무나 무기력하게 사람들에 의하여 성 밖으로 내쳐지고 결국은 돌에 맞아 죽습니다. 이러한 모습들은 사람이야 죽든 말든 하나님 나라만 확장된다면 무슨 일이든 감수할 수 있다는 것을 의미할까요? 성령은 사도들이 전성기 때에는 도와주시고 쇠약해지면 사도들을 버리는 분이실까요? 사도행전에 대한 바른 이해, 성령의 사역에 대한 바른 이해가 필요한 시점입니다.

만약 사도행전의 이름을 제목대로 사도들의 행전이라고 하면 저와 여러분은 이 책을 읽을 필요가 없습니다. 어차피 저와 여러분은 사도가 아니기 때문입니다. 사도들은 열두 명이었습니다. 그 중에 유다가 예수를 버리고 떠났기에 예수의 부활 후에 다시 모인 사도들은 한 사람을 보충하여 사도의 숫자를 채웠습니다. 그런데 사도행전에는 열두 사도의 행적이 모두 기록된 것이 아니고 또 사도들만의 행적이 기록된 것도 아닙니다. 처음에는 베드로가 주인공처럼 등장합니다. 그러나 중간에 느닷없이 사도가 아닌 스데반이 등장하고 빌립도 등장합니다. 그리고 후반부에는 정말 느닷없이, 만약 유다의 자리에 다른 사도를 선발할 때의 기준을 적용하면 절대로 사도가 될 수 없는 인물인 바울이 주인공으로 등장합니다. 그러므로 사도행전은 단지 사도들만의 행적을 기록한 책이 아닙니다.

성경의 이해

대부분의 사람들은 성경을 잘 읽지 않습니다. 또 성경을 배우지도 않습니다. 성경을 읽거나 배우는 대신 자신들이 생각을 해버립니다. 얼핏 들은 이야기로, 대충 아는 이야기에 근거해서 자신들의 생각을 펼칩니다. 이렇게 성경을 읽지 않고 배우지 않은 상태에서 생각을 할 경우 그 생각이 성경의 의도와 일치할 확률은 거의 없습니다. 성경에 대해 오해하는 대표적인 책이 구약에서는 사무엘서이고 신약에서는 사도행전이라고 여겨집니다. 구약의 사무엘서에는 다윗 왕의 이야기가 나옵니다. 사람들은 다윗 왕을 성군으로 생각하고, 다윗 왕의 시대에 나라가 번성하고, 백성들이 평안했을 것이라고 생각합니다. 오죽하면 기독교 역사에서 많은 목회자나 성도가 자신의 이름을 '다윗'이라고 지었을 정도입니다. 하지만 다윗이 통치하던 시대는 결코 평안하던 시대가 아니었습니다. 다윗이 왕으로 등극하는 과정에 정치적 갈등과 배반과 암살이 지속되고, 다윗이 왕이 된 후 자신의 장수의 아내를 빼앗는 약탈이 자행되고, 다윗의 자녀들은 이스라엘에서 마땅히 행하지 못할 일들을 행하고, 심지어 아들 압살롬은 아버지 다윗과 왕권투쟁을 하고, 이어 참모들의 속고 속이는 모략들이 반복되고, 다윗의 피난과 복귀 과정에서는 민족이 분열되어 서로 전쟁을 치르기까지 하고, 결국에는 다윗의 인구조사로 인해 수많은 백성들이 죽는 사건이 발생합니다. 누가 다윗의 시대를 태평성대라고 합니까? 누가 오늘날 다윗 같은 지도자를 달라고 기도합니까? 저는 다윗 같은 지도자가 생기는 것에 결사반대입니다.

사도행전도 많이 오해되고 있습니다. 초기 교회는 모두가 하나되고 일치된 공동체로 여겨집니다. 교회 앞에 재산을 팔아내어 놓는 것은 참으로 대단한 일입니다. 그런데 재산의 일부를 감추었다고 사람이 죽는 모습은 돌아가거나 닮고 싶은 모습이 아닙니다. 기도하니 옥문이 열리고 찬송하니 옥문이 열리는 것은 드라마틱해 보입니다. 그러나 옥에서 풀려나는 것이 능력이라면, 세상 사람들은 아예 옥에 들어가지도 않으니 훨씬 능력이 있다고 말할 수도 있습니다. 외형적으로만 생각하면 사도행전은 '승전의 책'이 아니라 '패전의 책'이요, '능력의 책'이 아니라 '우울한 책' 같아 보입니다. 사도행전의 주인공들은 잠시 화려한 모습으로 등장할 뿐 말로가 좋지 않습니다. 승승장구하는 모습이 아니라 결국 모두 죽어나가는 이야기입니다.

혹시 사도행전에 나오는 조금 불편한 내용은 거부하고 좋아 보이는 몇몇 장면처럼 되고 싶은 기대를 가지고 성경을 읽으면 정말로 실망하십니다.

만약 성경의 사건을 그대로 흉내 내려고 하거나, 성경의 일이 자신에게도 이루어지기를 원한다면 그 가능성은 매우 희박합니다. 성경에서 하나님의 은혜로 총리가 된 사람은 단 두 사람뿐이고, 농사를 지어서 백배나 얻은 사람은 단 한 사람뿐이고, 손수건과 앞치마로 병자를 고친 사람은 한 사람뿐이고, 그 사람은 남의 병은 고쳤지만 자기 눈병은 고치지 못했습니다. 성경의 인물처럼 될 가능성은 거의 없습니다. 과연 행전은 저와 여러분에게 무엇을 말하려고 할까요? 왜 이런 인물들, 이런 사건들이 등장할까요? 행전에 나오는 사건들과 저와 여러분은 어떤 관련이 있을까요? 함께 상고해 보겠습니다.

예수의 사역

내가 먼저 쓴 글

행전의 시작은 성령의 이야기도 아닌, 사도들의 이야기도 아닌, 예수의 이야기입니다. 복음서의 예수 이야기와 사도행전의 성도들의 이야기가 서로 연결되어 있습니다. 사도행전 1장 1절과 2절은 "데오빌로여 내가 먼저 쓴 글에는 무릇 예수께서 행하시며 가르치시기를 시작하심부터 그가 택하신 사도들에게 성령으로 명하시고 승천하신 날까지의 일을 기록하였노라" 입니다. 여기서 말하는 '먼저 쓴 글'은 누가복음을 의미합니다. 행전을 기록하면서 복음서의 예수 이야기로 시작하는 것은 매우 의미 깊은 일입니다. 예수 이야기가 전제 되어야 행전이 시작될 수 있음을 의미합니다.

누가복음은 자그마치 스물 네 장이나 되는 긴 이야기입니다. 그렇게 길게 누가복음을 기록한 저자가 사도행전에서는 달랑 두절로 복음서를 요약하고 있습니다. 여러분에게 복음서를 요약하라고 하면 어떻게 요약하시겠습니까? 여러분은 복음서를 생각하면 무엇이 가장 먼저 떠오르십니까? 복음서의 핵심이 무엇이라고 생각하십니까? 기독교에서 가장 대표적으로 지키는 절기가 성탄절과 부활절입니다. 다른 표현으로 예수의 나심과 부활하심입니다. 가장 중요하고 핵심이기 때문에 절기로 지키고 있습니다. 즉 복음서를 요약하면 예수의 탄생과 부활 또는 부활을 좀 더 넓게 십자가 사건이라고 설명할 수 있습니다. 대신 복음서에는 예수의 승천에 관한 기록도 있지만 오늘날 교회는 예수 승천절을 지키는 경우가 적고, 사도행전에는 성령이 강림한 사건이 있지만 성령 강림절을 부활절이나 성탄절만큼 지키는 경우도 적습니다. 성경이 강조하려는 것과 우리들이 강조하는 것이 일치하는지 점검해 보아야 할 부분입니다.

우선 알아야 할 것은 복음서는 예수에 관한 이야기라는 사실입니다. 복음서를 요약한 1절과 2절은 철저하게 예수 이야기입니다. 네 개의 복음서 첫 절에는 복음서들이 모두 예수에 관해 말하고 있음을 선언하고 있습니다. 마태복음 1장 1절은 "아브라함과 다윗의 자손 예수 그리스도의 계보라"입니다. 마태복음이 '그리스도이신 예수'에 관한 내용이라는 것을 의미합니다. 마가복음 1장 1절은 "하나님의 아들 예수 그리스도의 복음의 시작이라"입니다. 마가복음이 '하나님의 아들이신 예수 그리스도'에 관한 내용이라는 것을 의미합니다. 누가복음 1장 1절은 "우리 중에 이루어진 사실에 대하여 처음부터 목격자와 말씀의 일꾼 된 자들이 전하여 준 그대로 내력을 저술하려고 붓을 든 사람이 많은 지라"입니다. 처음부터, 모두가 예수에 관해 이루어진 사실에 관한 내용임을 의미합니다. 요한복음 1장 1절은 "태초에 말씀이 계시니라 이 말씀이 하나님과 함께 계셨으니 이 말씀은 곧 하나님이시니라"입니다. 그리고는 14절에서는 "말씀이 육신이 되어 우리 가운데 거하시매"라고 하여 말씀이 곧 예수임을 선언합니다. 즉 요한복음도 말씀이신 예수에 관한 내용이라는 것을 의미합니다.

시작하심

이와 같이 복음서의 이야기는 모두 예수에 관한 내용이요, 복음서의 핵심이 예수의 사역입니다. 복음서는 예수의 사역을 강조하는 것이지 예수의 사역의 '조건'을 부각시키는 것이 아닙니다. '은혜를 받으려면 인간이 무엇을 하여야 하는가? 치유를 받으려면 어떤 조건과 자격을 갖추어야 하는가? 쓰임 받으려면 어떤 준비를 해야 하는가?'를 운운하는 것이 아닙니다. 또한 복음서는 인간의 사역을 강조하는 것도 아닙니다. 제자들의 사역이나 백부장이나 여인들의 수고를 강조하는 것이 아닙니다. 즉 인간의 태도, 인간의 자세, 인간의 역할을 이야기하는 것이 전혀 아닙니다. 복음서에는 예수님께 칭찬을 받은 사람도 등장하고, 백성들에게 존경을 받은 사람도 등장하고, 누가 봐도 선하고 지혜로운 사람도 등장하지만 복음서는 이러한 사람들을 우리들의 모델로, 우리가 본받아야할 모범으로 일체 제시하지 않습니다.

누가는 자신이 기록한 스물 네 장의 누가복음을 사도행전 서두에 단 두 절로 요약했고, 1절과 2절의 핵심인물은 '예수'이고, 예수의 핵심 사역은 '시작하심'과 '명하시고'입니다. 예수께서 사역을 시작하셨습니다. '시작하심'은 단지 '시작 또는 스타트' 했다는 정도가 아니라 모든 과정을 '주관하다, 지배하다, 다스리다, 지휘하다'라는 의미입니다. 즉 예수가 자신의 사역을 진행했다는 것이며 나아가 예수가 사역을 완성하고 성취했음을 의미합니다. 왜냐하면 예수가 사역을 중간에 포기하실 리가 없고, 누군가의 방해에 의해 중단되거나 실패할 수가 없기 때문입니다. 또 친히 예수께서 '다 이루었다'고 선언하셨기 때문입니다. 예수의 사역이 시작일 뿐만 아니라 완성되었음이 중요한 이유는 예수는 시작만 하였고 이후의 뒷수습이나 나머지 역할을 인간에게 부탁하거나 위탁한 것이 아니기 때문입니다.

명하시고

1절과 2절의 핵심단어는 하나가 '시작하심'이고, 다른 하나가 '명하시고'입니다. 본문대로 하면 "그가 택하신 사도들에게 성령으로 명하시고"입니다. '명하시고'는 말 그대로 '말씀하시고'입니다. 예수는 부활하신 후에 제자들에게 나타나셔서 여러 차례 말씀하셨고, 승천하시기 전에도 말씀하셨습니다. 마태복음에 의하면 부활하신 예수님은 28장 9절에서 제자들에게 "평안하냐"고 말씀하셨고 10절에서 "무서워하지 말라 가서 내 형제들에게 갈릴리로 가라 하라 거기서 나를 보리라"고 말씀하셨습니다. 그리고 18절 이하에 실제로 갈릴리로 가셔서 제자들에게 "하늘과 땅의 모든 권세를 내게 주셨으니 그러므로 너희는 가서 모든 민족을 제자로 삼아 아버지와 아들과 성령의 이름으로 침례를 베풀고 내가 너희에게 분부한 모든 것을 가르쳐 지키게 하라 볼지어다 내가 세상 끝날까지 너희와 항상 함께 있으리라"고 말씀하셨습니다.

마태복음 28장 18절 이하의 말씀에 대해 사람들은 '예수님의 대 위임령'이라고 표현합니다. 예수님이 제자들에게 사명을 맡겼고, 선교 또는 하나님 나라 확장의 역할을 위탁했다고 생각합니다. 예수께서 사역을 위임했다고 생각하는 이유는 예수님이 이 말씀을 하시고 승천했기 때문입니다. 예수께서 승천하셨기 때문에 이제는 이 땅에 계시지 않고, 이 땅에 계시지 않기 때문에 예수는 이 일을 할 수 없고, 이 일은 이제 이 땅에 머물고 있는 제자들에게 맡겨졌다는 논리입니다. 이 구절의 강조점은 '하늘과 땅의 모든 권세를 내게 주셨으니'이며, 그렇게 하늘과 땅의 모든 권세를 가지신 예수께서 '세상 끝날까지 너희와 항상 함께 있겠다'고 선언하셨다는 사실입니다. 예수님은 승천을 강조하거나, 제자들을 떠나는 것을 부각시키거나, 제자들만 남는다고 생각한 것이 아닙니다. 마태복음에서 예수님은 인간과 함께 계시는 분입니다. 그래서 1장 23절에 예수님의 이름을 '임마누엘 즉 하나님이 우리와 함께 계시다'고 하였고, 실제로 백성들과 함께 계셨고, 28장에서도 '함께 있으리라'고 선언하셨습니다. 예수님은 떠나가신 것이 아니고, 제자들은 남겨진 것이 아니며, 사명이 위임된 것이 아닙니다.

누가복음도 마찬가지입니다. 부활하신 이후에 예수님은 여러 차례 제자들에게 나타나셨고 말씀하셨습니다. 엠마오로 가는 길에서 제자들에게 나타나셔서 24장 27절에 "모세와 모든 선지자의 글로 시작하여 모든 성경에 쓴 바 자기에 관한 것을 자세히 설명"하여 주셨습니다. 또 36절처럼 제자들이 모여 있는 곳에 나타나셔서 "너희에게 평강이 있을지어다"라고 말씀하셨습니다. 승천하시기 직전에는 46절 이하에 "이같이 그리스도가 고난을 받고 제 삼일에 죽은 자 가운데서 살아날 것과 또 그의 이름으로 죄 사함을 받게 하는 회개가 예루살렘에서 시작하여 모든 족속에게 전파될 것이 기록되었으니 너희는 이 모든 일의 증인이라 볼지어다 내가 내 아버지께서 약속하신 것을 너희에게 보내리니 너희는 위로부터 능력으로 입혀질 때까지 이 성에 머물라"고 말씀하셨습니다. 어디에도 예수님이 제자들과 분리되는 것을 언급하는 곳이 없습니다. 예수님이 자신은 사역에서 손을 떼고 제자들에게 모든 일을 부탁하는 뉘앙스가 없습니다.

기독교는 인간이 일하는 종교가 아니라 하나님이 일하는 종교입니다. 하나님은 인간에게 일을 시키시는 분이 아니라 하나님이 일하셔서 하나님의 일하심으로 이루어진 결과를 인간에게 주시는 분입니다. 너무나 단순하게 '예수님이 부활하시고 승천하셨다. 이제 우리가 책임을 져야하고 우리가 일해야 한다'고 생각할 것이 아닙니다. 예수님이 '명하셨다'는 한 마디를 너무나 빨리 '예수님이 위임하셨다'고 단정하고, 어떻게든 일을 하려고, 사명을 완수하려고 덤벼들 것이 아닙니다. 성경이 말하려고 하는 바가 무엇인지 차분히 분별하셔야 합니다.

살아 계심을 증거하시고

살아 계심을

1절과 2절은 예수님의 부활 때까지의 사역에 관한 요약이고 3절은 부활 이후의 일을 설명하고 있습니다. 3절은 "그가 고난 받으신 후에 또한 그들에게 확실한 많은 증거로 친히 살아 계심을 나타내사 사십 일 동안 그들에게 보이시며 하나님 나라의 일을 말씀하시니라"입니다. 헬라어와 우리말의 어순이 달라서 문장의 강조점이 조금 다르게 보입니다. 3절의 핵심단어 또는 주동사는 '나타내사'입니다. 이 표현은 '등장했다, 보여졌다'는 정도가 아니라 '나타나서 증거했다, 보여주어 증명했다'는 의미입니다. 예수께서 나타나서 살아 계심을 증명하셨습니다. 예수님이 살아 계심을 증명하셨음에 연결된 부연설명이 헬라어 분사로 '보이시며'와 '말씀하시면서'입니다. 그러므로 예수께서 부활하신 후에 중점을 두신 일은 '예수께서 살아 계시다는 것을 증명하는 것'이었습니다.

예수님께서 부활하신 후 이 땅에 계시는 사십 일 동안 자신이 살아 계시다는 것을 중점적으로 강조하신 이유는 무엇일까요? 예수님이 제자들을 떠나신다는 것을 암시하기 위해서일까요 아니면 예수가 함께 있다는 것을 강조하기 위해서였을까요? 다른 표현으로, 예수님이 자신이 살아 계시다는 것을 강조한 것은 여전히 예수가 사역을 행하신다는 것을 강조하는 것일까요, 아니면 이제 예수는 사역의 현장에서 떠나고 모든 일을 사도들에게 맡긴다는 것을 강조하는 것일까요? 예수는 떠나가시는데 비록 떠나기는 하지만, 제자들 옆에 없기는 하지만, 죽은 것이 아니라 살아있다는 것을 설명하려는 것일까요? 행여 예수가 안 보인다고 불안해하거나 염려하지 말라는 의미일까요? 비록 보이지는 않지만 여전히 살아있어서 지켜보시겠다는 것일까요? 떠나기는 했지만 멀리서 응원하시겠다는 것입니까? 사도행전의 의도는 정반대입니다. 예수님이 제자들에게 자신이 살아 계심을 증거하신 이유는 예수는 여전히 일하신다는 것이요, 예수는 여전히 제자들과 함께 있다는 것이요, 예수는 여전히 모든 일을 책임지고, 주관하고, 섭리하신다는 것을 강조하려는 의도입니다.

일하시는 하나님

누가복음과 사도행전을 기록한 누가는 예수님이 제자들에게 '예수의 증인이 되라'고 위탁을 하셨다는 것으로 이야기를 시작하지 않습니다. 조금 더 범위를 넓혀 보겠습니다. 기독교에는 하나님이 인간을 불러서 하나님의 일을 시킨다는 개념이 없습니다. 하나님이 일을 시키는 것은 좋은 말로 하면 위임이요, 평범한 말로 하면 맡기는 것이요, 나쁜 말로 하면 명령입니다. 무엇이라고 표현을 하든 기독교에는 하나님이 인간에게 '하나님의 일을 지시한다, 요구한다, 명령한다, 시킨다, 맡긴다, 부탁한다, 분부한다, 의뢰한다' 등의 개념이 존재하지 않습니다.

성경을 차근히 상고해보시기 바랍니다. 하나님이 인간에게 일을 위임하신 적이 있는지 점검해 보시기 바랍니다. 하나님이 아브라함을 찾아오셨습니다. 하나님은 아브라함에게 일을 시키신 것이 아니라 하나님이 하실 일을 알리셨고 친히 약속하여 보증하셨습니다. 그리고 아브라함은 그 일이 진행되는 줄도 모르고 있을 때에 하나님은 신실하게 약속하신 일을 진행하셨습니다. 하나님이 모세를 찾아오셨습니다. 하나님은 모세를 혈혈단신 애굽의 심장부로 보내시면서 백성들을 구출하라는 사명을 주신 것이 아니라 '하나님이 하시겠다'고 선언하셨고, 하나님이 친히 가셨고, 하나님이 다양한 역사를 펼치심으로 이스라엘을 출애굽 시키셨습니다. 사사기에 등장하는 삼손의 경우도 마찬가지입니다. 하나님이 마노아에게 아들을 주실 것을 말씀하시며 '그가 블레셋 사람의 손에서 이스라엘을 구원하기 시작하리라'고 선언하셨습니다. 삼손에게 막중한 역할을 부탁한 것이 아니라 힘이 필요한 순간마다 하나님이 친히 영으로 임하셔서 삼손을 도우셨고,

돌보셨고, 역사하셨습니다. 다니엘의 경우도 동일합니다. 다니엘이 똑똑하니 알아서 생존하고, 더 나아가 이스라엘을 위기에서 구출하라고 명령하신 것이 아닙니다. 도리어 하나님이 다니엘에게 채식만 하고도 건강할 수 있도록 도우시고, 꿈의 해석도 주시고, 여러 역경가운데서 하나님이 다니엘을 구출하셨습니다.

성경 어디에서도 인간이 하나님을 대신하여 일을 이루어낸 것을 발견할 수 없습니다. 하나님은 한쪽에 물러나 계시고 인간은 고군분투하며 하나님이 주신 사명을 감당해 내려고 필사의 노력을 행하는 장면을 찾아낼 수 없습니다. 도리어 성경에는 하나님이 일하시는 장면으로 가득 차 있습니다. 하나님은 인간을 지키기 위하여 졸지도 아니하시고, 주무시지도 아니하시며 일하시는 분입니다. 하나님이 하시는 모든 일이 하나님을 위한 것이 아니라 온통 인간을 위한 일입니다. 이렇게 일하시는 하나님의 성품은 복음서의 예수에게서도 그대로 나타납니다. 예수님은 제자들을 불러 특수훈련을 시킨 후 예수님이 할 일을 분배하거나 위임하신 적이 없습니다. 열두 명의 제자들을 두시고 조직을 관리하시며 이 사람 저 사람을 돌려가면서 일을 시켜서 예수님이 하실 일을 체계적으로 운영하신 적이 없습니다. 제자들은 졸아도 예수님은 일하셨고, 제자들은 떠나가도 예수님은 찾아가셨습니다.

예수께서는 마지막으로 십자가를 지시고 부활하사 이제는 쉬실 때가 되었다고 제자들에게 모든 것을 위탁하고 하늘로 옮겨가시지 않았습니다. 예수님은 부활하신 후에도 여전히 계속하여 일하셨습니다. 제자들을 일일이 찾아가 불러 모으셨고, 여러 가지 확실한 증거로 예수님이 살아 계심을 증거하셨고, 하나님 나라의 일을 말씀하셨고, 하나님의 약속을 말씀하셨습니다. 예수님이 계속하여 제자들과 함께 할 것이며, 예수님이 계속하여 사역을 진행하실 것을 알리셨습니다.

위임은 없다

  종종 사명이라는 명분으로 하나님의 일을 감당하자는 권면이 있습니다. 하나님이 맡기신 일을 잘 이루어내자는 권고도 있습니다. 하지만 기독교에는 위임, 사명, 맡기신 일이란 존재하지 않습니다. 그 이유를 세 가지로 설명해 보겠습니다. 첫째, 하나님의 일은 하나님이 하시기 때문입니다. 죄의 원리가 적용되는 세상에서도 상사가 자신의 일을 부하 직원에게 시키면 욕을 먹습니다. 자기의 일은 자기가 하는 시대입니다. 하물며 세상의 원리와 다른, 죄의 원리와 다른 하나님이 하나님의 일을 인간에게 맡기고 위임하는 것은 하나님의 속성과 배치됩니다. 강자의 권세로 지시하고 명령하는 것은 죄의 속성일 뿐 하나님의 성품이 아닙니다. 둘째, 하나님의 일은 인간이 할 수 없기 때문입니다. 하나님 나라의 확장, 영혼 구원, 땅끝까지 복음을 전하는 것은 모두 하나님의 일입니다. 인간이 할 수 없습니다. 가장 단순하게 예수님과 제자들의 관계에서도 확인할 수 있습니다. 복음서에서 예수님은 사람들에게 수십 가지 이적과 기적을 보여주셨고, 수백 번 말씀에 말씀을 반복하셨습니다. 자그마치 삼 년씩이나 예수님과 동고동락하던 제자들도 예수님의 말씀과 사역을 이해하지 못했고, 깨닫지 못했습니다. 예수님께서 직접 말씀하셔도 깨닫지 못하는 죄인들이 저와 여러분이 말한다고 해서 들을 리가 없습니다. 예수님이 삼 년 동안 설득하시다가 두 손 두 발 다 들고, 이제 아예 사람들에게 그 역할을 맡기신다는 것은 가당치도 않은 일입니다. 하나님 나라 확장, 영혼 구원 등은 하나님이 하셔야 할 일입니다. 하나님만이 하실 수 있는 일입니다. 그래서 위임이 없습니다.

  본문 3절에는 "그가 고난 받으신 후에 또한 그들에게 확실한 많은 증거로 친히 살아 계심을 나타내셨다"고 했습니다. 여기서 말하는 '고난 받으신 것'은 십자가 사건을 의미합니다. 예수님이 십자가를 지셨고 부활하심으로 사망의 권세를 물리치셨고, 승리하셨습니다. 분명 예수님이 살아 계시다는 것이 그 증거입니다. 예수님이 구약에 예언된 대로 오신 것도 이루어졌고, 십자가를 지신 것도 이루어졌고, 삼 일 만에 부활하신 것도 이루어졌습니다. 예수님에 관한 것은 모두 이루어졌습니다. 그런데 예수님이 부활하신 것으로 말미암아 제자들에게는 무엇이 이루어졌습니까? 제자들에게 어떤 변화가 일어났습니까? 제자들이 무엇이 달라졌습니까? 예수님이 부활하시자 무덤가로 달려온 제자들이 예수님을 알아봤습니까? 예수님이 부활하시자 그 동안 예수님의 말씀을 못 알아듣던 제자들이 모두 깨달음을 얻었습니까? 그래서 예수님이 부활하신 모습을 믿은 무리들의 수가 점점 더 늘어났습니까? 예수님이 부활하시자 제자들이 모두 능력을 받고, 권세를 가지고 이제 예수님의 역할을 위임받을 만한 준비가 완성되었습니까?

사도행전 1장에서는 제자들이 아직 아무 것도 달라지지 않았습니다. 분명 예수님은 부활하셨는데, 예수님은 다 이루었다고 말씀하셨는데, 정작 제자들은 하나도 달라진 것이 없습니다. 예수님의 부활사건이 기록되어 있는 복음서 후반부와 사도행전 1장에서 저와 여러분은 제자들의 변화된 모습을 발견할 수 없습니다. 이 상태에서 예수님이 모든 일을 맡겨 놓고 떠나가시면 제자들이 위임을 받아 하나님 나라의 일을 잘 감당할 수 있을까요? 절대로 그렇지 않습니다. 이것이 사도행전이 하나님의 일을 제자들에게 위임하는 것이 아니라는 세 번째 이유입니다.

예수의 사역

그렇다면 이제 남은 것이 무엇입니까? 예수께서는 자신이 맡아야 하는 십자가 사역을 완성하셨는데 정작 예수와 함께 했던 제자들은 전혀 변화되지 않았다면 이제 남은 것이 무엇입니까? 누가 해야 할 일이 남아있는 것입니까? 바로 예수의 사역입니다. 이제부터 예수는 자신이 십자가를 졌다는 것이 무엇을 의미하는지, 예수가 사망권세를 이기고 부활했다는 것이 제자들에게 어떤 결과로 드러나는지 보여주셔야 하고, 확실한 많은 증거로 자신이 살아있다는 것을 증명했듯이 예수의 사역과 십자가와 부활이 바로 인간을 위한 것이었음을 제자들을 변화시킴으로 증명하셔야 합니다. 이제 예수께서 그것을 행하실 것입니다. 그래서 저와 여러분은 그 동안 복음서에서 그렇게도 알아듣지 못하고 변하지 않던 제자들이 드디어 변화되는 모습을 보게 될 것입니다. 사도행전은 예수님이 사역하시고 그 사역의 열매들이 맺어지는 것을 보여주는 것입니다. 여러분을 그 현장의 증인으로 초청합니다. 제자들이 변하는 모습을 확인하시고, 예수님이 제자들을 변화시키셨듯이 저와 여러분을 변화시키는 모습을 기대하시고, 실제로 변화된 성도의 삶을 멋지게 살아가시기를 주님의 이름으로 축원합니다.

2
하나님 나라의 일

사도행전 1:1~5

1 데오빌로여 내가 먼저 쓴 글에는 무릇 예수께서 행하시며 가르치시기를 시작하심부터 2 그가 택하신 사도들에게 성령으로 명하시고 승천하신 날까지의 일을 기록하였노라 3 그가 고난 받으신 후에 또한 그들에게 확실한 많은 증거로 친히 살아 계심을 나타내사 사십 일 동안 그들에게 보이시며 하나님 나라의 일을 말씀하시니라 4 사도와 함께 모이사 그들에게 분부하여 이르시되 예루살렘을 떠나지 말고 내게서 들은 바 아버지께서 약속하신 것을 기다리라 5 요한은 물로 세례를 베풀었으나 너희는 몇 날이 못되어 성령으로 세례를 받으리라 하셨느니라

예수의 사역

살아 계심

사도행전은 복음서를 기반으로 하고 있고, 복음서의 핵심은 예수 그리스도의 사역입니다. 예수가 인간구원의 사역을 시작하셨고, 진행하셨고, 완성하셨습니다. 십자가 사건을 완성하신 후에, 죽으시고 부활하신 후에, 사십일 동안 제자들에게 나타나 예수께서 살아 계심을 확실한 많은 증거로 계속하여 보여주셨고, 하나님 나라의 일들을 말씀하셨습니다. 이때 중요한 것은 예수가 살아 계심을 증거 한 이유가 무엇이냐는 것입니다. 일반적으로 사도행전은 예수가 부활하신 후 사십 일 동안 보이시다가 이제 모든 일을 제자들에게 '위임하고' 승천하신 것으로 알려져 있습니다. 그리고 2장

이후부터 위임받은 사도들의 활동상이 기록되어 있고, 사도행전은 28장에서 끝나는 것이 아니라 오늘 날의 성도들이 마치 제자들이 예수님의 사역을 위임받아 이어간 것 같이 사도들의 사역을 위임받아 활동하여 사도행전의 29장을 이어가야 한다는 권면을 듣기도 합니다. 과연 그럴까요? 예수께서 살아 계심을 증거 한 것이 단지 예수께서 하나님 나라의 일, 하나님 나라의 확장, 땅끝까지 복음을 전하는 사명을 제자들에게 위임하기 위한 기반을 닦으신 정도에 그쳤을까요? 부활하셔서 모든 일을 위임하고 떠나가신 것이라면 살아 계신 예수님은 지금 무엇을 하고 계실까요?

성경이 예수님의 살아 계심을 강조하는 이유는 단순히 존재를 부각시키기 위한 것이 아니라 살아 계신 분의 활동, 살아 계신 분의 일하심, 살아 계신 분의 사역을 강조하기 위해서입니다. 성경은 존재와 활동을 구분하지 않습니다. 하나님의 존재와 하나님의 행함을 따로 분리하지 않습니다. 창세기 1장 1절은 "태초에 하나님이 천지를 창조하시니라"입니다. 즉 '태초에 하나님이 존재하시니라'로 시작하지 않고 천지를 창조하시는 하나님의 활동, 하나님의 일하심, 하나님의 사역으로 시작합니다. 하나님이 존재하신다는 표현이나 하나님이 살아 계신다는 표현이 없어도 하나님의 일하심을 통해 존재를 증명하는 것이 성경의 표현 양식입니다. 이러한 양식은 하나님을 소개할 때만이 아니라 성도를 설명하는 방식에도 동일하게 적용됩니다. 성도는 하나님을 아는 자요, 믿는 자입니다. 이렇게 하나님을 믿는 자는 자신의 믿음을 보여주고 증명하여 성도로 인증 받는 것이 아닙니다. 이미 성도된 존재가 행함으로, 하나님의 뜻을 따름과 순종함으로 자연스레 성도 됨이 드러나는 것입니다. 이것을 야보고서에는 2장 17절과 18절에 "이와 같이 행함이 없는 믿음은 그 자체가 죽은 것이라 어떤 사람은 말하기를 너는 믿음이 있고 나는 행함이 있으니 행함이 없는 네 믿음을 내게 보이라 나는 행함으로 내 믿음을 네게 보이리라 하리라"고 표현하였습니다.

사도행전 1장의 맨 처음에 예수가 살아 계심을 증거 하였다고 설명하는 것이 이제 예수가 사역에서 손을 떼고 모든 사역을 제자들에게 위임하고, 예수는 승천하여 멀리서 지켜보고 응원하는 모습을 연상시키는 것이 아닙니다. 도리어 예수가 여전히 살아 계셔서 계속하여 일하신다는 것을 확고하게 선언하는 것으로 사도행전을 시작합니다. 그러므로 저와 여러분은 사도행전에서 사도들의 활동상을 보게 되는 것이 아니라 사도들이 활동할 수 있도록 사도들을 변화시키고, 사도들을 도우시고, 사도들을 만들어 가시고, 사도들과 함께 역사하시는 예수 그리스도의 활동상을 보게 될 것이라는 의미입니다. 또한 이것은 우리도 예수의 사명을 이어받아 열심하고 충성해야 한다는 부담이 아니라 예수가 사도들을 만들어 가셨듯이 예수가 우리도 만들어 갈 것임을 기대하며, 사도들이 변화되는 모습을 보면서 내가 얼마나 변화하며, 내가 얼마나 달라질 수 있으며, 내가 성도가 되었다는 것이 얼마나 놀라운 일인가를 나도 체험할 수 있을 것이라는 기대를 가지게 한다는 의미입니다.

성경의 전환

사도행전을 어떤 시각으로 관찰할 것인지에 대하여 상고하고 있습니다. 성경은 구약과 신약으로 나뉘어져 있습니다. 구약은 예수가 오실 것을 예언하고, 신약은 예수가 오셨다는 것을 설명하기에 예수를 중심으로 구약과 신약을 나누는 것이 맞습니다. 예수를 중심으로 한다면 사실 구약과 신약은 나누어지는 것이 아니라 예수라는 동일한 주제로 연결되어 있습니다. 종종 구약에서 하나님이 일하시는 원리와 모습과 신약에서 하나님이 일하시는 원리와 모습이 다르다고 주장하는 경우가 있지만 그것은 성경에 대한 완벽한 오해입니다. 구약의 하나님과 신약의 하나님은 동일한 하나님이요, 동일한 원리요, 동일한 모습입니다. 물론 구약과 신약에서 하나님이 일하시는 방법, 사역하는 스타일, 행하시는 수단, 말씀의 표현이 다르게 등장하기는 합니다. 이러한 외형적 차이 때문에 구약과 신약이 다르고, 구약의 하나님과 신약의 하나님이 다르다고 말할 것이 아니라 동일한 하나님께서 구약과 신약에 각각 다른 양식이나 방법을 사용하신 이유가 무엇인지 분별해야 합니다. 그 이유는 사람 때문입니다. 하나님은 동일하신데 사람이 다르기 때문에 또는 사람을 다르게 변화시키기 위하여 하나님이 사람의 수준에, 사람의 상태에, 사람의 상황에 맞추어 사역하시기 때문입니다. 어떤 모양이든, 어떤 양식이든, 어떤 방법이든 하나님이 사역하시며, 하나님이 주관하시며, 하나님이 책임지신다는 측면에서는 구약과 신약의 하나님과 하나님의 원리가 동일합니다.

마찬가지로 신약은 복음서와 사도행전으로 나뉘어져 있습니다. 이때 복음서와 사도행전 이후를 구분하는 기준은 예수님이 이 땅에 계시느냐, 아니면 승천하셔서 이 땅에 부재하느냐가 아닙니다. 복음서는 예수님이 사역하셨고, 사도행전 이후는 사도들이 사역하는 것이 아닙니다. 구약과 신약이 하나님의 사역방식을 기준으로 나눈 것이 아닌 것과 같이, 복음서와 사도행전도 예수님의 사역방식이나 예수님의 이 땅의 존재 여부로 나눈 것이 아닙니다. 성경의 구약과 신약에서 하나님이 주관자요, 책임자요, 사역자이셨듯이 신약에서도 복음서와 사도행전이후 모두에서 하나님이 주관자요, 책임자요, 사역자이십니다. 복음서와 사도행전이 구분되는 이유도 사람 때문입니다. 복음서의 제자들과 사도행전의 제자들이 다르기 때문입니다. 애초부터 다른 사람들이었다는 의미가 아니라 하나님이 다르게 변화시킨다는 의미입니다. 그래서 저와 여러분은 사도행전에서 사람을 변화시키는 하나님의 사역, 하나님의 사역으로 말미암아 변화되는 사람들의 모습을 보게 될 것이요, 제자들이 변화되는 것처럼 나에게도 어떤 변화가 일어났었고, 어떻게 변화될 것인지를 기대하게 됩니다.

하나님 나라의 일

하나님 나라의 일

사도행전 1장 3절에 의하면 예수는 부활하여 살아계시는 동안에 '하나님 나라의 일'을 말씀하셨습니다. 실제로 예수는 십자가 사건 이전에도, 이후에도, 부활하기 전에도, 후에도, 온전히 하나님 나라에 대해서 말씀하셨습니다. 마가복음 1장 15절 "이르시되 때가 찼고 하나님의 나라가 가까이 왔으니 회개하고 복음을 믿으라 하시더라", 누가복음 8장 1절 "그 후에 예수께서 각 성과 마을에 두루 다니시며 하나님의 나라를 선포하시며 그 복음을 전하실 새 열두 제자가 함께 하였고", 17장 21절 "또 여기 있다 저기 있다고도 못하리니 하나님의 나라는 너희 안에 있느니라", 그리고 사도행전 1장 3절 "사십 일 동안 그들에게 보이시며 하나님 나라의 일을 말씀하시니라"입니다. 예수는 온전히 하나님 나라의 일을 위해 오셨고, 하나님 나라의 일을 하셨습니다. 하나님 나라의 일은 온전히 예수의 사역이요, 예수의 책임입니다. 물론 복음서에 의하면 예수는 참으로 많은 일을 하셨고, 다양한 사역을 펼치셨습니다. 그 모든 것을 종합하여 총체적으로 '하나님 나라의 일'이라고 부릅니다. 그렇다면 사도행전에서 과연 부활 이후에 예수가 사역을 계속 진행하는가 아니면 제자들에게 위임하는가를 분별하려면 하나님 나라의 일이 무엇인가를 먼저 점검해야 합니다. 과연 예수의 사역이 위임 가능한 일인가, 제자들이 위임받아 감당할 수 있는 일인가를 확인해야 합니다.

예수의 사역이 온전히 하나님 나라의 일로 연결되어 있다면 예수의 사역을 이해하는 것이 하나님 나라의 일을 이해하는 지름길입니다. 성경에서 예수의 사역을 가장 잘 설명하는 것이 예수의 이름입니다. 마태복음 1장 21절 "이름을 예수라 하라 이는 그가 자기 백성을 그들의 죄에서 구원할 자이심이라"입니다. 그러므로 예수의 사역은 자기 백성을 구원하는 것입니다.

다른 표현으로 하면 죄인을 죄로부터 구원하는 것입니다. 인간이 하나님을 떠나 죄에 사로잡힌 죄인이 되었고, 죄의 종이 되었습니다. 죄인은 자기가 죄인인 줄을 알지 못하고, 스스로 죄로부터 벗어날 수 있는 일말의 가능성도 없습니다. 실제로 인간 중에 자신이 죄인임을 안 사람이 없고, 자신이 죄로부터 구원받아야 한다는 것을 인정한 사람이 없고, 하나님께 구원을 위하여 구원자를 보내달라고 요청한 사람이 없습니다. 구약에서 이스라엘이 메시아를 소망했지만 죄로부터의 구원이 아니라 이스라엘 나라의 회복이었습니다. 복음서에서 예수님이 구원의 복음을 선포하시며 죄로부터의 구원을 설명하실 때 자신이 죄인이라고 인정한 사람이 하나도 없습니다.

이와 같이 어찌할 수 없는 죄인들을 위해 예수가 오셨고, 예수가 사역을 행하셨습니다. 예수가 십자가를 지시고 사망을 이기고 부활하신 것으로 하나님 나라의 일을 끝낸 것이 아닙니다. 예수가 부활하셔서 사십 일 동안 제자들과 함께 생활하셨습니다. 그때 제자들은 어떤 상태였습니까? 복음을 모두 이해하고 예수가 하신 사역과 자신들에게 이루어진 일이 무엇인지 모두 깨달아 알았습니까? 예수가 부활하시자 십자가 지기 전에 예수를 떠났던 사람들이 알아서 자동적으로 다 모여 들었습니까? 도마가 부활하신 예수를 만나자 마자 '아, 부활하신 예수님이시군요!'라고 알아차렸습니까? 마태복음 28장 16절은 "열한 제자가 갈릴리에 가서 예수께서 지시하신 산에 이르러 예수를 뵈옵고 경배하나 아직도 의심하는 사람들이 있더라"입니다. 마가복음 16장 12절은 "그 후에 그들 중 두 사람이 걸어서 시골로 갈 때에 예수께서 다른 모양으로 그들에게 나타나시니 두 사람이 가서 남은 제자들에게 알리었으되 역시 믿지 아니하니라"입니다. 14절은 "그 후에 열한 제자가 음식 먹을 때에 예수께서 그들에게 나타나사 그들의 믿음 없는 것과 마음이 완악한 것을 꾸짖으시니 이는 자기가 살아난 것을 본 자들의 말을 믿지 아니함일러라"입니다. 누가복음 24장 36절은 "이 말을 할 때에 예수께서 친히 그들 가운데 서서 이르시되 너희에게 평강이 있을지어다

하시니 그들이 놀라고 무서워하여 그 보는 것을 영으로 생각하는지라 예수께서 이르시되 어찌하여 두려워하며 어찌하여 마음에 의심이 일어나느냐"입니다.

실상 사도행전 1장 3절은 역설입니다. "그가 고난 받으신 후에 또한 그들에게 확실한 많은 증거로 친히 살아 계심을 나타내사 사십 일 동안 그들에게 보이시며"입니다. 예수께서 확실한 많은 증거로 친히 살아 계심을 나타내셔야 했던 이유는 제자들이 믿지 않았기 때문입니다. 사십 일 동안이나 그들에게 보이셔야 했던 이유도 제자들이 의심만 할뿐 도무지 믿지 않았기 때문입니다. 예수가 행하시던 하나님 나라의 일이 끝났습니까? 과연 제자들은 예수님의 사역을 위임받을 만한 준비가 되었습니까? 예수가 승천하시는 것으로 사역을 정리하시면 되겠습니까? 절대로 그렇지 않습니다.

아버지의 약속

예수께서 하나님 나라의 일을 행하실 때 독단적으로, 즉흥적으로, 충동적으로, 막무가내로 행하신 것이 아닙니다. 예수의 사역은 철저하게 하나님의 뜻에 의한, 하나님의 계획에 의한, 하나님의 약속과 예언에 의한 사역이었습니다. 그래서 복음서에서는 예수의 사역을 소개할 때마다 '이 모든 일이 된 것은 주께서 선지자로 하신 말씀을 이루려 하심이니라'고 선언합니다. 선지자들이 예언한 '이 모든 일'은 단지 예수님의 부활까지만이 아니요, 예수님의 부활로서 종지부를 찍은 것이 아닙니다. 사도행전 1장 4절은 "사도와 함께 모이사 그들에게 분부하여 이르시되 예루살렘을 떠나지 말고 내게서 들은 바 아버지께서 약속하신 것을 기다리라"입니다. 중요한 단어가 '아버지께서 약속하신 것'입니다. 약속에서 강조되는 것은 '약속하는 자'입니다. 약속의 내용은 약속을 받은 사람이 할 일이 아니라 약속하는 자가 지켜야 할 일입니다.

구약에서 하나님이 약속하셨습니다. 그래서 하나님이 계속하여 일하셨습니다. 만약 하나님이 약속에 근거하지 않고 인간의 수준, 인간의 상태, 인간의 행동, 인간의 조건, 인간의 열심, 인간의 수고, 인간의 충성에 근거해서 일하셨으면 벌써 끝장이 났을 것입니다. 출애굽 사건을 생각해보시기 바랍니다. 이스라엘 백성은 출애굽 하자마자 홍해 앞에서 하나님께 원망을 했습니다. 만약 하나님이 약속을 하지 않았다면, 약속대로 행하지 않았다면 이스라엘 백성들을 홍해에 쳐 넣었을 것입니다. 가나안 정복도 마찬가지입니다. 이스라엘 백성들은 요단강을 건너 가나안 지역에 들어서서 처음 여리고 성을 정복할 때에는 하나님의 말씀을 들었습니다. 그러나 아이성 전투에서는 말을 듣지 않았습니다. 만약 하나님이 약속을 하지 않았다면, 약속대로 행하지 않았다면 이스라엘 백성들을 아이 성에서 몰살시켰을 것입니다. 사사기도 마찬가지입니다. 1장에서 이스라엘은 하나님의 말씀을 듣지 않았고, 가나안 족속들을 쫓아내지 않았으며, 도리어 하나님을 버리고 하나님을 떠났습니다. 만약 하나님이 약속을 하지 않았다면, 약속대로 행하지 않았다면 일체 사사를 세우지 않으시고, 이방인의 압제에서 구하지 않으시고, 하나님도 이스라엘을 버리고, 하나님도 이스라엘을 떠나셨을 것입니다. 그러나 하나님은 약속하셨기에 약속을 지키셨고, 약속대로 행하셨습니다. 모두 하나님의 책임이요, 하나님의 사역이요, 하나님의 일임을 보여주셨습니다. 하나님의 약속에 대해 가장 정확히 설명하는 구절이 히브리서 6장 17절 "하나님은 약속을 기업으로 받는 자들에게 그 뜻이 변하지 아니함을 충분히 나타내시려고 그 일을 맹세로 보증하셨나니"입니다.

　예수의 모든 사역이 하나님의 약속대로 진행되었는데 예수님은 여전히 하나님의 약속을 언급하고 있습니다. 이것은 하나님이 여전히 일하신다는 것을 의미합니다. 그러므로 예수님은 모든 것을 제자들에게 위임하고 손 털고 떠나가는 것이 아니라, 여전히 하나님이 일하신다는 것을 제자들에게 강조하여 확인하여 주심을 의미합니다. 제자들에게 일을 맡기는 것이 아니라, 하나님이 계속하여 일하신다는 것을 거듭 설명하고 계심을 의미합니다. 4절에서 예수께서 언급하신 약속은 요한복음 14장 26절 "보혜사 곧 아버지께서 내 이름으로 보내실 성령 그가 너희에게 모든 것을 가르치고 내가 너희에게 말한 모든 것을 생각나게 하리라"입니다. 하나님이 약속하신 것이 있으면 하나님이 지켜야 하는 것이며, 하나님이 약속하신 것이 남아 있으면 아직 하나님의 일이 끝난 것이 아닙니다.

요한복음에서 볼 수 있듯이 하나님이 약속하신 일은 단지 성령을 보낸다는 것만이 아닙니다. 하나님이 약속을 지키셔서 성령을 보내시면 성령은 단지 오는 것만이 아닙니다. 성령이 오시면 성령이 일하셔야 합니다. 성령이 '가르치셔야' 하고, 성령이 '예수가 제자들에게 말한 모든 것을 생각나게 하셔야' 합니다. 성령이 오셔서 무엇을 하시는가, 어떻게 하시는가를 가장 정확히 이해할 수 있는 모델이 예수 자신이십니다. 구약에서 하나님이 예수를 보내주시겠다고, 그리스도를 보내주시겠다고 약속하셨습니다. 하나님의 약속대로 예수가 오셨습니다. 예수가 오신 것으로 끝이 아니었습니다. 예수가 오셨으면 사람들이 예수를 모시고 다니며, 사람들이 예수를 등에 업고 자신들이 수고하고, 자신들이 일하고, 자신들이 구원을 이루어야 하는 것이 아니었습니다. 예수는 약속대로 오셨고, 오셔서 일하셨습니다.

성령의 사역

예수에 관한 예언과 마찬가지로 성령에 대한 아버지의 약속대로 성령이 오셔야 하고, 약속대로 성령이 일하셔야 합니다. 요한복음에서 약속한 대로 성령은 오셔서 제자들을 가르치고, 예수께서 제자들에게 말한 모든 것을 생각나게 하셔야 합니다. 성령 강림에 대한 약속과 성령이 행하실 사역에 대한 내용을 잘 분별하셔야 합니다. 성령이 오셔서 하실 일이 무엇입니까? 성령이 제자들과 함께 동역해서 세상을 변화시켜야 합니까? 아닙니다. 성령이 제자들과 연합하여 하나님 나라를 확장하셔야 합니까? 아닙니다. 성령이 제자들을 도와서 복음을 전파해야 합니까? 아닙니다. 성령이 제자들을 이끌고 하나님 나라의 일을 하게 하셔야 십니까? 아닙니다. 성령이 와서 제자들을 도와서 제자들이 무엇을 할 수 있도록 만드는 것이 아닙니다. 성령이 제자들을 하나님의 도구로, 하나님의 수단으로, 하나님의 대행자로 만드는 것이 아닙니다. 성령은 하나님께서 제자들을 마음 놓고 사용하실 수 있도록 준비시키고, 예비시키고, 훈련시키는 것이 아닙니다. 하나님의 일은 하나님이 하십니다.

하나님은 인간을 하나님의 도구와 수단으로 전락시키지 않습니다. 하나님은 인간을 인격적으로 대우하시고 아들과 자녀로 대우하시지, 하나님의 일을 시키기 위한 종으로 취급하지 않으십니다. 성령이 오셔서 일하시는 대상, 성령이 오셔서 역사하는 대상이 사람입니다. 성령이 오셔서 제자들을 가르치시고, 성령이 오셔서 제자들에게 예수님의 말씀을 생각나게 하십니다. 성령이 오셔서 인간을 데리고 다른 일을 하시는 것이 아니라 성령이 일하시는 대상이 인간이요, 성령이 일하신 결과가 인간이요, 성령이 일하신 열매가 인간입니다. 성령의 사역과 관계된 또 다른 구절이 요한복음 16장 13절 "그러나 진리의 성령이 오시면 그가 너희를 모든 진리 가운데로 인도하시리니 그가 스스로 말하지 않고 오직 들은 것을 말하며 장래 일을 너희에게 알리시리라"입니다. 성령이 오셔서 '그가 너희를 모든 진리 가운데로 인도하시리니'입니다. 왜 이런 내용이 나오는지 조금 더 설명을 해 보겠습니다.

하나님이 처음부터 계획하신 것, 하나님이 약속하신 것은 단지 예수가 오시는 것만이 아니었습니다. 하나님의 계획은 예수님이 오시는 것과 십자가를 지는 것과 부활하는 것과 성령이 오는 것까지 구상되어 있었습니다. 부활까지는 예수님이 담당하시고 그 이후에는 사도들에게 위임한다는 것이 아니라, 예수의 십자가와 부활을 통하여 죄인을 구원하는 것과 성령이 오셔서 제자들을 가르치고 진리 가운데로 인도하는 것까지 모두 하나님이 하실 일로, 하나님이 책임지실 일로 계획되어 있었습니다. 하나님의 약속대로 예수님이 십자가 사역을 행하셨습니다. 예수가 고난을 받으신 것과 예수가 십자가를 지신 것과 예수가 부활하신 것은 예수의 사역입니다. 이제 확인해야 하는 것은 예수님의 사역의 결과입니다. 예수가 사역하신 결과가 죄인이 죄에서 구원받는 것입니다.

예수는 사역을 완성하셨고 결과를 맺으셨습니다. 여기서 예수의 사역과 사도행전의 전개와 관련해서 반드시 점검해야 할 내용이 제자들의 상태입니다. 죄에서 구원받은 제자들이 부활하신 예수를 알아보았는지, 죄에서 구원받은 제자들이 예수님 말씀을 깨달았는지, 자신들이 구원받았음을 이해했는지의 여부입니다. 앞에서 확인했듯이 제자들은 부활한 예수와 사십 일을 함께 생활했지만 여전히 의심하고, 여전히 믿지 못하고, 여전히 깨닫지 못했습니다. 이제 성령이 오셔야 합니다. 성령이 오셔서 제자들을 데리고 다니면서 다른 일을 하시는 것이 아니라 성도들을 대상으로 일하셔야 합니다. 제자들을 가르치고, 제자들을 진리로 인도하고, 제자들이 예수가 말씀하신 것을 깨달아 알게 하셔야 합니다. 그러므로 사도행전에는 성령이 오실 것이며, 성령이 성도들을 대상으로 사역을 펼치시는 모습이 전개되어야 합니다. 결국 사도행전은 제자들이 예수님께 하나님 나라의 일을 위임받고, 하나님은 제자들이 위임받은 일을 잘 감당할 수 있도록 성령을 보내어 도와주시는 장면이 아님이 분명합니다. 정반대로 사도행전은 성령이 제자들을 대상으로 일하시고, 그 일하심의 결과로 제자들이 어떻게 변화되는지를 보여주는 장면이 분명합니다.

떠나지 말고 기다리라

떠나지 말고

사도행전 1장 1절로 5절은 불과 다섯 절이지만 사도행전 전체를 이해하는 아주 중요한 구절입니다. 다섯 절 중에 예수님이 제자들에게 하신 말씀은 4절과 5절이고, 그 중에서도 제자들에게 '이렇게 행하라'고 권고하신 것은 달랑 한 절, 4절 뿐입니다. 예수님의 지시사항은 아주 단순한 것이었고 전혀 어려운 일이 아니었습니다. 그러나 매우 심오하고, 의미심장하고, 제자들의 생각과는 전혀 달랐습니다. 4절은 "사도와 함께 모이사 그들에게 분부하여 이르시되 예루살렘을 떠나지 말고 내게서 들은 바 아버지께서 약속하신 것을 기다리라"입니다. 아주 간단히 말하면 '떠나지 말고'와 '기다리라'입니다. 예수님의 십자가 사건과 부활 사건이 일어난 곳이 예루살렘입니다. 어차피 제자들은 예루살렘이나 그 주변에 머물고 있었습니다. 제자들의 입장에서는 예루살렘을 떠나는 것보다 머물러있는 것이 쉽습니다. 예수님의 말씀은 힘든 일을 시키는 것이 아니며, 새로운 일을 시키는 것이 아님을 이해하시기 바랍니다. 예루살렘에서 이미 박해가 시작되어서 제자들이 도망가려고 하는데, 피하려고 하는데, 떠나려고 하는데 예수께서 절대로 떠나지 못하게, 피하지 못하게 막는 것이 아닙니다.

예수님이 '떠나지 말라'고 말씀하신 이유는 제자들이 떠나려고 하기 때문입니다. 아마, 예수님이 떠나지 말라고 말씀하지 않으셨으면 제자들은 떠났을 것입니다. 제자들이 어디로 떠나고, 무엇을 하러 떠나려고 했는지 제자들의 과거와 현재와 관련하여 잘 이해하셔야 합니다. 복음서에서 예수님이 제자들을 불렀을 때 제자들은 곧 무슨 큰 일이 벌어질 줄로 알았습니다. 자신들이 나라와 민족을 위해서, 세상을 위해서 큰일을 할 수 있을 것으로 기대했습니다. 열정도 있었고, 직업을 버리고 떠나올 만큼 의지도 있었습니다. 자신들의 지도자 예수가 많은 이적과 기적을 행하는 것을 보고 가능성으로 충만해 있었습니다. 열정이 넘쳐서 예수가 십자가 지는 것도 막아서고, 그런 일은 있어서는 안 된다고 우겨댈 정도였습니다. 예수를 따른다는 생각이나 예수로 인해 자신들이 변화된다는 기대를 가진 것이 아니라 예수와 함께 자기들이 무슨 일을 할 수 있을 것으로 생각했습니다. 하지만 자신들의 생각과 기대와 다르게 예수가 잡히고 죽임을 당하자 모두 뿔뿔이 흩어졌습니다.

그런데 지금 자기들 앞에 십자가 사건이 있기 전보다 더 놀라운 사건, 엄청난 일이 일어났습니다. 이적과 기적을 행하던 예수, 자신들이 함께 역사를 만들어 낼 수 있을 것으로 기대했으나 죽었던 예수가 다시 나타난 것입니다. 사도행전 1장의 제자들은 아직 예수의 부활을 확실히 믿지 못하고 있습니다. 제자들의 입장에서는 예수가 부활했는지의 여부는 중요하지 않습니다. 죽었다가 부활했는지, 기절했다가 무덤의 찬 기운 때문에 깨어났는지, 아니면 며칠 어디로 잠적했다가 다시 나타났는지 전혀 중요하지 않습니다. 중요한 것은 예수가 자기들 앞에 있다는 사실입니다. 만약 예수가 말하는 대로, 확실한 많은 증거로 보여주는 대로 부활한 것이요, 살아 계신 것이라면 훨씬 더 좋은 것입니다. 어차피 십자가 사건 이전에도 예수와 함께 큰일을 해보겠다고 의지를 불태웠던 저들인데 예수가 죽음도 이기고 사망도 이기고 부활했다면, 로마 관원들의 압제도 벗어나고 유대교 지도자들의 속박도 벗어난 예수가 있다면 십자가 사건 이전보다 큰 일을 이루어 낼 수 있는 가능성이 더 크다는 새로운 열정으로 가득 차 있습니다.

그리고 또 하나 중요한 것은 지금 제자들은 예수님이 곧 승천할 것을 알지 못하고 있으며 성령이 온다는 것도 전혀 알지 못하고 있다는 사실입니다. 아마 예수가 승천하고 성령이 온다는 것을 알고 있다면 당연히 예루살렘을 떠나지도 않고 기다릴 것입니다. 하지만 제자들은 하나님의 일에 대해서, 하나님 나라의 일에 대해서 아무 것도 모르고 있습니다. 단지 의욕으로만, 열정으로만, 한번 해보자는 각오만 충만한 상태입니다. 제자들의 입장에서는 예수님이 사십 일 동안이나 함께 계시면서 아무 것도 하지 않는 것이 답답해 미칠 지경입니다. 예수님이 고난을 겪으시더니 소심해 진 것 같고, 우유부단해 진 것 같고, 망설이는 것 같고, 주저하는 것 같습니다. 그래서 당장이라도 떠나려고 하고 있는 상태입니다. 당장이라도 뛰어나가서 확실한 액션을 취할 예정입니다. 예수님은 그러한 제자들의 심정과 상태를 잘 알고 계시기에 '예루살렘을 떠나지 말라'고 말씀하십니다.

기다리라

이어서 하신 말씀이 "내게서 들은 바 아버지께서 약속하신 것을 기다리라"입니다. 예수께서 약속하신 것은 성령입니다. 성령을 기다리라고 하십니다. 제자들이 자기들의 열정으로 일을 하려고 마음먹기에 예수님은 하나님 나라의 일은 인간들의 열정이나 의지나 각오나 능력이나 지혜로 하는 것이 아님을 설명하십니다. 하나님 나라의 일은 하나님의 일이기에 하나님이 하신다고 강조하십니다. 하나님이 하나님의 일을 하시기 위해 성령을 보내실 것이요, 성령이 오시면 성령이 일할 것이라는 선언입니다. 너희가 하나님을 위하여 일을 하는 것이 아니요, 성령이 오셔서 성령이 너희를 위하여 일할 것이라는 의미입니다. 너희가 하나님을 위하여 수고하여 어떤 결과를 만들어내는 것이 아니라, 성령이 너희를 위하여 일하시고 성령이 너희를 변화시키는 결과, 성령이 너희를 변화시키는 열매를 만들어 내실 것이라는 뜻입니다.

성령을 보내신다고 하나님이 약속하셨고, 예수께서는 아버지께서 약속하신 것을 기다리라고 말씀하셨습니다. 약속도 하나님의 일이요, 성령을 보내시는 것도 하나님의 일입니다. 예수님은 제자들에게 '너희는' 약속을 기억하라, 약속을 명심하라, 약속을 지키라고 말씀하신 것이 아닙니다. 약속을 기억해야 하는 분이 예수 자신이요, 약속을 지켜야 하는 분도 예수 자신입니다. 제자들이 할 일은 오직 하나, 기다리는 것입니다. 기다리는 것은 의식적으로 기다리는 행동이 아닙니다. 기다리는 사람이 해야 하는 일은 없습니다. 너무나 쉽고, 너무나 간단하고, 너무나 쉽습니다. 떠나지 말라니 그냥 있으면 되고, 기다리라고 하니 그냥 있으면 됩니다.

받으리라

기독교는 하나님이 일하시는 종교요, 하나님이 일하신 결과와 열매가 인간입니다. 하나님이 일하시면 인간은 되어지는 것입니다. 5절에서도 확인이 됩니다. "요한은 물로 침례를 베풀었으나 너희는 몇 날이 못 되어 성령으로 침례를 받으리라 하셨느니라"입니다. 하나님이 성령으로 침례를 주셔야 합니다. 하나님이 성령으로 침례를 주시면 인간은 성령으로 침례를 받는 것입니다. 예수님은 제자들에게 어려운 일을 시키지 않았습니다. '성령을 사모하라, 성령 침례 받을 만한 자격을 갖추어라, 성령받기 위해 문답을 하자'는 등의 요구가 단 하나도 없습니다. 예수님이 '떠나지 말라'고 하시면 '네' 하시면 되고, '기다리라'고 하시면 '네' 하시면 되고, '받으리라' 하시면 '네' 하시면 됩니다.

그리고 기대하시면 됩니다. 하나님이 보내주시는 것을 기대하고, 하나님이 받게 하시는 것을 기대하면 됩니다. 혹시, '그럼 나는 뭐해요?'라고 질문하고 싶으십니까? 성령이 오시면 '아 오셨구나!' 즉 오신 것을 알아차리면 됩니다. 성령으로 침례를 받으면 '내가 성령으로 침례를 받았구나!' 즉 자신에게 이루어진 것을 알아차리면 됩니다. 성령께서 변화시키면 자신이 변화된 것을 알아차리고, 하나님이 이루신 결과, 하나님이 만들어내신 열매를 구현하고 누리며 살면 됩니다. 사도행전을 통해 바로 이것, 즉 하나님이 행하신 일과 그 결과 내가 어떻게 변화되었는가, 그래서 내가 누려야 할 것이 무엇인가를 알아가시면 됩니다. 성경을 읽으시고 배우셔서 하나님으로 말미암은 성도의 복된 삶을 풍성히 누리며 사시기를 주님의 이름으로 축원합니다.

증인이 되리라

사도행전 1:6-11

6 그들이 모였을 때에 예수께 여쭈어 이르되 주께서 이스라엘 나라를 회복하심이 이 때니이까 하니 7 이르시되 때와 시기는 아버지께서 자기의 권한에 두셨으니 너희가 알 바 아니요 8 오직 성령이 너희에게 임하시면 너희가 권능을 받고 예루살렘과 온 유대와 사마리아와 땅끝까지 이르러 내 증인이 되리라 하시니라 9 이 말씀을 마치시고 그들이 보는데 올려져 가시니 구름이 그를 가리어 보이지 않게 하더라 10 올라가실 때에 제자들이 자세히 하늘을 쳐다보고 있는데 흰 옷 입은 두 사람이 그들 곁에 서서 11 이르되 갈릴리 사람들아 어찌하여 서서 하늘을 쳐다보느냐 너희 가운데서 하늘로 올려지신 이 예수는 하늘로 가심을 본 그대로 오시리라 하였느니라

모였을 때에

흩어진 사람들

복음서와 사도행전을 각각의 책으로 구분하지 않고 예수의 사역으로 연결 지어서 이해를 해 보겠습니다. 사도행전 1장에는 유독 모임에 관한 언급이 많습니다. 1장 4절 "사도와 함께 모이사", 6절 "그들이 모였을 때에", 15절 "모인 무리의 수가" 등입니다. 사도들이 모여 있다는 것이 당연한 것이 아니라 놀라운 일입니다. 왜냐하면 예수가 잡히실 때에 사도들이 모두 도망가고 흩어졌기 때문입니다. 마태복음 26장 56절 "이에 제자들이 다 예수를 버리고 도망하니라", 마가복음 14장 51절 "한 청년이 벗은 몸에 베 홑이

불을 두르고 예수를 따라가다가 무리에게 잡히매 베 홑이불을 버리고 벗은 몸으로 도망하니라"입니다. 제자들 중에 유일하게 도망가지 않고 멀리서라도 예수를 따라가던 사람이 베드로입니다. 하지만 재판장 마당에서 베드로는 세 번씩이나 예수를 모른다고 부인합니다. 결국 다른 제자들은 예수에게서 마음과 몸이 다 떠났고, 베드로는 비록 몸은 예수 근처에 있었으나 마음은 예수로부터 멀리 떠났습니다. 예수가 십자가에서 죽어 무덤에 묻힐 때에도 사도들은 전혀 나타나지 않았습니다. 마태복음 27장 57절 이하에 의하면 예수를 무덤에 둔 사람은 아리마대의 요셉이었고, 무덤에 머물러 있던 사람은 막달라 마리아와 다른 마리아뿐이었습니다. 요한복음 19장에 의하면 일찍이 예수께 밤에 찾아왔던 니고데모도 몰약과 침향 섞은 것을 가지고 왔다고 합니다. 한편으로는 부자라고 조롱받았고, 이스라엘의 선생으로서 거듭 남에 대해 알지 못한다고 조롱받았던 사람들은 예수를 장사지내러 나타났는데 자그마치 삼 년씩이나 예수와 동행했다는 사도들은 단 한 사람도 등장하지 않습니다.

예수가 잡힐 때 다 도망하고 예수가 장사지낼 때 한 사람도 나타나지 않았다면 예수가 부활하셨을 때에는 어떠했을까요? 부활했다는 소식을 듣고 버선발로 뛰어나오고 흩어졌던 제자들이 모두 다시 모였을까요? 그렇지 않습니다. 우선 제자들은 예수가 살아난다는 생각 또는 부활한다는 개념조차 없었습니다. 분명 예수는 죽은 지 사흘 만에 살아날 것을 말씀하셨지만 아무도 이해하지 못했기 때문입니다. 어쩌면 예수가 하신 말씀을 기억조차 못했을 수도 있습니다. 혹시 예수가 한 말을 믿지는 않을지라도 잡힐 것이라고 말한 대로 잡혔으니, 예수가 말한 대로 되었으니, 살아날 것이라는 말도 했으니 만에 하나라도 말대로 되는 것이 아닌가 궁금해서라도 무덤가에 와 볼만도 합니다. 그러나 한 사람도, 이럴 때에는 '한 놈도'라고 해야 하지만 교양 있게, 한 사람도 나타나지 않았습니다. 마태복음 28장 1절 "안식일이 다 지나고 안식 후 첫날이 되려는 새벽에 막달라 마리아와 다른 마리아가 무덤을 보려고 갔더니", 마가복음 16장 1절 "안식일이 지나매 막달라 마리아와 야고보의 어머니 마리아와 또 살로메가 가서 예수께 바르기 위하여 향품을 사다 두었다가 안식 후 첫날 매우 일찍이 해 돋을 때에 그 무덤으로 가며"입니다.

예수께서 살아나신 이후에도 마찬가지입니다. 여인들이 예수의 무덤이 비었다는 것을 제자들에게 알리자 그제서야 확인하러 오기는 했습니다. 요한복음 20장 3절 "베드로와 그 다른 제자가 나가서 무덤으로 갈새"입니다. 그러나 제자들의 반응은 매우 냉담합니다. 9절 "그들은 성경에 그가 죽은 자 가운데서 다시 살아나야 하리라 하신 말씀을 알지 못하더라 이에 두 제자가 자기들의 집으로 돌아가니라"이고, 요한복음 21장 2절 "시몬 베드로와 디두모라 하는 도마와 갈릴리 가나 사람 나다나엘과 세베대의 아들들과 또 다른 제자 둘이 함께 있더니 시몬 베드로가 나는 물고기 잡으러 가겠노라 하니 그들이 우리도 함께 가겠다 하고 나가서 배에 올랐으나"입니다. 결국은 모두가 제 갈 길로 갔습니다.

모인 사람들

물론 예수가 부활하신 이후에 제자들이 한두 번 삼삼오오 모였던 적은 있습니다. 그런데 궁금한 것은 제자들이 왜 모였느냐는 것입니다. 모여서 예수를 찾기 위함도 아니요, 예수를 따르기 위함도 아니었습니다. 기껏 모여 놓고 여인들이 와서 예수가 부활했다고 하면 믿지 않고, 심지어는 예수가 나타나서 증거 하여도 믿지 않았습니다. 결국 곧 다시 흩어졌습니다. 자기들이 모여 있어야 하는 이유가 없었기 때문입니다. 그런 제자들이 사도행전 1장에는 함께 모여 있습니다. 어떻게 된 일입니까? 제자들의 상태와 관련하여 예수님의 사역을 잘 이해하셔야 합니다. 예수님은 이 땅에 단지 십자가와 부활까지만 하려고 오신 것이 아닙니다. 하나님의 계획이 예수가 사역하는 동안에 제자들을 양육하고, 드디어 십자가를 지고 부활한 후에는 모든 사역을 제자들에게 맡기는 것으로 되어있던 것이 아닙니다. 하나님 나라를 이 땅에 임하게 하는 것은 예수의 사역이고, 하나님 나라를 이 땅에서 확장하는 것은 제자들의 사역으로 구분되어 있던 것이 아닙니다.

하나님의 계획은 죄인들을 죄에서 구원하고, 구원받은 성도들이 하나님의 뜻과 마음과 심정과 진리를 알아 하나님 나라의 유업을 이은 자로서 하나님의 분복을 누리며 사는 것까지 모두 포함되어 있습니다. 그래서 예수님은 요한복음 13장 1절에서 "유월절 전에 예수께서 자기가 세상을 떠나 아버지께로 돌아가실 때가 이른 줄 아시고 세상에 있는 자기 사람들을 사랑하시되 끝까지 사랑하시니라"고 말씀하셨고, 마태복음 28장 20절에서 "내가 세상 끝날까지 너희와 항상 함께 있으리라 하시니라"고 말씀하셨습니다. 이 계획 대로, 이 약속 대로 행하시기 위해 부활하신 예수가 제자들을 찾아다니신 것입니다. 그렇게 찾아다니셔서 제자들을 친히 모으셨습니다. 사도행전 1장에서 제자들이 모여 있는 것은 제자들이 자발적으로 모인 것이 아니고, 복음서의 잘못을 반성하고 새롭게 출발하다고 다짐한 것이 아니고, 이제부터 사역을 위임받아서 멋지게 일해보자고 모인 것이 아닙니다. 제자들이 모여 있는 것 자체가 부활하신 예수께서 쉬지 않고 일하신 결과입니다. 부활하신 예수께서 자그마치 사십 일 동안이나 계속하여 제자들을 찾으시고 모으셨습니다. 제자들이 모여 있다는 표현 속에서 저와 여러분은 믿지 않는 제자들, 도무지 상황을 이해하지 못하는 제자들을 붙들어 놓기 위해서 예수께서 얼마나 수고하셨는가를 생각하셔야 합니다.

이스라엘 나라의 회복

제자들의 관심

사도행전 1장은 제자들이 단합된 마음으로 모여 있는 곳에 예수님이 나타나셔서 임명장 수여하고, 제자들이 해야 할 사명을 선언하는 장면이 절대로 아닙니다. 도리어 흩어져 있는 제자들에게 예수님이 일일이 찾아가서 불러 모으고, 예수의 부활을 믿지 않는 제자들에게 확실한 많은 증거로 친히 살아 계심을 수도 없이 반복하셔서 겨우겨우 모아 놓은 것입니다. 비록 그렇게 모여 있을지라도 아직은 제자들이 예수의 부활을 깨달은 것이 아닙니다. 사명을 위임받을 준비가 되어있는 것이 전혀 아닙니다. 아직 자신들이 죄에서 구원받았다는 사실도 모르고, 자신들이 죄로부터 자유로워졌다는 사실도 모르고, 자신들이 하나님 나라의 백성이 되었다는 것도 모르고, 자신들이 하나님 나라의 유업을 이었다는 것도 모르고, 자신들이 새로운 피조물이 되었다는 것도 전혀 모르고 있습니다. 예수는 구원하셨으나 정작 구원받은 당사자들이 자신들에게 이루어진 일을 전혀 모르고 있는 상태입니다. 그 증거가 제자들의 질문입니다.

1장 6절은 "그들이 모였을 때에 예수께 여쭈어 이르되 주께서 이스라엘 나라를 회복하심이 이때니이까 하니"입니다. 예수님은 사역을 하실 때에도 하나님 나라를 선포하는 것으로 시작하여 지속적으로 하나님 나라를 말씀하셨습니다. 부활하신 후에도 동일하게 하나님 나라의 일을 말씀하셨습니다. 예수가 제자들에게 처음부터 일관되게 하나님 나라의 일을 말씀하셨으니 제자들이 예수님께 질문하려면 하나님 나라에 관한 질문이 나와야 합니다. 제자들이 처음에는 몰랐더라도 십자가 사건 이후에는, 예수께서 부활하여 사십 일 동안이나 하나님 나라의 일을 말씀하신 이후에는 하나님 나라에 대해서 묻거나 말을 했어야 합니다. 그런데 제자들은 단 한 번도, 예수의 십자가 사건 이전에도 부활 이후에도 단 한 번도 하나님 나라를 언급하지 않습니다. 예수님이 일관되게 하나님 나라를 말씀하셨다면 제자들도 일관되게 이스라엘 나라만을 언급하고 있습니다.

제자들의 질문은 제자들의 상태, 제자들의 생각, 제자들의 의도를 파악할 수 있는 근거입니다. 예수님은 제자들에게 하나님 나라를 가르치셨지만 제자들은 알지 못했습니다. 1장 4절에서 예수님은 "예루살렘을 떠나지 말고 내게서 들은 바 아버지께서 약속하신 것을 기다리라"고 하셨습니다. 그 이유는 제자들이 떠나려고 하고 있기 때문입니다. 떠나려는 목적은 이스라엘 나라를 회복하려는 것입니다. 제자들의 머리속에는 온통 이스라엘 나라만 가득 차 있습니다. 아버지께서 무엇을 약속하셨는지, 성령이 온다는 것이 무엇인지, 성령이 와서 무엇을 한다는 것인지 전혀 개념이 없습니다. 성령이 오는 것은 고사하고 자신들과 함께 하고 있는 예수가 이제 곧 승천할 것에 대해서도 전혀 인식하지 못하고 있습니다. 자신들이 모여 있고, 자신들이 하고자 하는 의욕이 있다는 것만으로 들떠있습니다. 이 상태에서 예수님이 제자들에게 사역을 위임한다면 제자들은 이스라엘 나라를 회복하자고 로마인들을 향해 뛰어갔을 것입니다.

이스라엘 나라

제자들의 질문을 보면 역설적으로 성령이 와야 하는 이유가 분명해 집니다. 성령이 와서 행하셔야할 사역도 정확해 집니다. 성령이 오셔서 할 일이 요한복음 14장 26절 "보혜사 곧 아버지께서 내 이름으로 보내실 성령 그가 너희에게 모든 것을 가르치고 내가 너희에게 말한 모든 것을 생각나게 하리라"입니다. 예수가 하나님 나라의 일을 말씀하셨어도 알아듣지 못했으니 성령이 오셔서 생각나게 해야 하고 가르쳐 주셔야 합니다. 제자들이 관심 가져야 하는 것이 이스라엘 나라가 아니라 하나님 나라라는 것, 제자들의 수고와 노력과 힘과 의지로 사역을 하는 것이 아니라 하나님이 성령으로 행하실 것, 제자들이 일해야 하는 일꾼이 아니라 제자들이 성령님의 사역의 대상이라는 것을 알려 주셔야 합니다.

제자들이 말한 이스라엘 나라의 회복은 오늘날로 말하면 '살기 좋은 세상, 더불어 함께 하는 세상, 온 국민이 행복한 세상 만들기'와 같습니다. 세상에서는 공익광고라는 명분으로 이런 표어를 만들 수 있습니다. 세상의 지도자들은 이런 주제로 강연도 하고 동참하라고 권고도 할 수 있습니다.

그러나 그것은 어디까지나 세상 사람들이 하는 일일 뿐입니다. 기독교는 그런 표어, 그런 권면을 하는 것이 아닙니다. 왜냐하면 기독교는 세상의 문제에 대한 진단이 다르고, 해결을 위한 해법이 전혀 다르기 때문입니다. 물론 기독교가 '살기 좋은 세상, 더불어 함께 하는 세상, 온 국민이 행복한 세상 만들기'를 거부하는 것이 아닙니다. 다만 세상에 대한 개념 자체가 다르고, 행복한 세상을 만들어가는 원리와 방법이 완전히 다릅니다.

아주 기본적으로, 기독교는 세상을 변화시켜야 하는 대상으로 보지 않습니다. 그래서 세상을 변화시키려는 수고와 노력을 행한 적이 없습니다. 당연히 세상이 바뀐 적이 한 번도 없습니다. 하나님이 주관하셨어도 구약에서 세상이 달라지지 않았고, 예수님이 복음서에서 활동하셨어도 세상이 달라지지 않았고, 심지어는 십자가 사건을 감당하고 부활까지 하셨어도 세상은 하나도 달라지지 않았습니다. 애초에 세상이 달라진다는 개념이 없습니다. 이 말은 하나님도 '살기 좋은 세상, 더불어 함께 하는 세상, 온 국민이 행복한 세상'을 만들지 못한다는 의미가 아닙니다. 정확하게 말하면 태초에 하나님이 창조하신 세상이 '살기 좋은 세상, 더불어 함께 하는 세상, 온 국민이 행복한 세상'이었습니다. 하나님이 창조하신 세상이 살기 나쁜 세상이 아니었고, 더불어 함께 살기에 불편한 세상이 아니었고, 온 국민이 행복을 누리기에 부족한 세상이 아니었습니다. 하나님의 창조에서 인간이 범죄하여 타락했습니다. 그때에도 세상은 동일했습니다. 하나님이 창조하신 것 중에 단 하나도 제거하신 것이 없고, 인간에게서 빼앗아 가신 것이 없고, 하나님의 공급을 중단하신 것이 없습니다. 세상은 창조 때와 똑같았습니다. 문제는 세상이 아니라 인간이었고, 죄였을 뿐입니다. 동일한 세상에서 행복을 누리던 인간들이 죄인이 되자 자유와 평안과 행복을 함께 더불어 누리지 못했을 뿐입니다.

이스라엘이 애굽에서 노예생활 한 것이 문제가 아니었고, 해방되어 자유의 몸이 된 것이 문제의 해결이 아니었습니다. 광야는 살기 좋은 곳입니까,

나쁜 곳입니까? 광야는 더불어 함께 할 수 있는 세상입니까, 아닙니까? 광야는 온 백성이 행복을 누릴 수 있는 곳입니까, 아닙니까? 하나님은 광야에서도 충분한 먹거리를 주셨고, 어떠한 자유의 억압이 없었고, 노동력 착취가 일체 없었고, 외부의 공격으로부터 안전이 보장되어 있었습니다. 그런데 이스라엘은 광야에서 온 백성이 더불어 신나고 즐겁게 살지 못했습니다. 세상이 문제가 아니었습니다. 땅이 없고, 사유재산이 없고, 문화가 없는 것이 문제가 아니었습니다. 이스라엘이 땅이 있고, 재산이 있고, 문화가 있던 가나안에서 행복하게 산 것이 아니었습니다. 다윗 왕 시대와 솔로몬 왕 시대에 백성들이 자유를 만끽하며, 인격적으로 존중받으며, 서로를 용납하며, 더불어 함께 삶의 분복을 누리며 산 것이 아니었습니다. 부족한 것이 있었기 때문이 아닙니다. 땅도 있었고, 부귀도 있었고, 지혜도 있었고, 탁월한 지도자도 있었습니다. 그래도 함께 행복하지 못했습니다. 세상이 나빴기 때문이 아닙니다. 문제는 죄였습니다.

기독교 역사

제자들의 질문은 죄인들의 뿌리박힌 한계를 가장 잘 보여줍니다. 하나님의 사역을 이해하지 못하는 죄인들의 어리석음을 가장 극명하게 드러내줍니다. 제가 말하는 죄인들은 세상 사람들을 말하는 것이 아니라 예수님 말씀을 이해하지 못하는 제자들이요, 하나님 말씀을 도무지 배우지 않고 깨닫지 못하는 성도들입니다. 예수님은 하나님 나라의 일을 말하는데 제자들은 이스라엘 나라를 말하고, 중세시대에는 거룩한 도시를 말하고, 오늘날에는 성시화 운동을 운운합니다. 이스라엘 나라, 거룩한 도시, 성시화 운동이란 표현과 개념이 기독교와 아무 상관이 없습니다. 역사상 단 한 번도 이루어진 적이 없고, 그런 운동이 일어난 곳마다 가장 인간이 불행했고, 인권이 유린당했고, 기독교가 왜곡되었습니다.

구약에서 새로운 세상을 언급할 때는 언제나 세상과 관련된 것이 아니라 인간의 마음, 즉 죄의 마음과 관련되었습니다. 그래서 성경에서 새 세상을 언급할 때에는 세상을 바꾸는 것이 아니라 인간에게 새 마음을 주겠다고, 새 영을 주겠다고, 새 언약을 주겠다고 표현되었습니다. 대표적인 것이 에스겔서입니다. 11장 19절 "내가 그들에게 한 마음을 주고 그 속에 새 영을 주며 그 몸에서 돌 같은 마음을 제거하고 살처럼 부드러운 마음을 주어"이고, 36장 26절 "또 새 영을 너희 속에 두고 새 마음을 너희에게 주되 너희 육신에서 굳은 마음을 제거하고 부드러운 마음을 줄 것이며"입니다. 기독교는 세상을 바꾸는 것이 아니라 인간의 마음을 바꾸는 것이요, 기독교는 살기 좋은 세상을 만드는 것이 아니라 인간에게 부드러운 마음을 만드는 것이며, 기독교는 행복한 나라를 만드는 것이 아니라 인간에게 행복한 마음, 평안한 마음을 만드는 것입니다. 그래서 예수님이 부활하시고 제자들에게 나타나셔서 하신 말씀이 '세상이 좋아졌느냐?'가 아니라 '평안하냐?'이었습니다.

기독교는 단지 사람들이 모이는 단체나 집단이나 세력이 아닙니다. 기독교의 강조점은 인간이 하나님의 마음을 갖는 것입니다. 그래서 기독교는 세상을 변화시켰느냐고 묻는 대신 사람을 변화시켰느냐고 물어야 합니다. 기독교가 이 나라와 민족을 위해 무엇을 했느냐고 묻는 대신 성도가 옆 사람에게 무엇을 했느냐고 물어야 합니다. 기독교가 부흥했냐고, 숫자가 많아졌는지 묻는 대신 성도가 자유와 평안과 안식을 누리고 있느냐고 물어야 합니다. 그런데 제자들이나 오늘날 성도들이나 모두 똑같은 수준이요, 똑같은 상태에 머물러 있습니다. 묻는 것이 언제나 '이스라엘 나라를 회복함이 이 때니이까?'입니다.

알 바 아니요

제자들의 질문에 대한 예수님의 대답이 아주 재미있습니다. 7절 "이르시되 때와 시기는 아버지께서 자기의 권한에 두셨으니 너희가 알 바 아니요"

입니다. 아주 통쾌합니다. 이런 대화법을 예수님께 배워야 합니다. 엉뚱한 질문을 하면 아주 단순하고 명쾌하게 '너희가 알 바 아니다'라고 해야 합니다. 괜히 대답해주려고 이런 저런 말을 하면 자기모순에 빠져버리고 맙니다. 7절은 상대방을 무시하는 것이 아니요, 수준 낮은 질문이라고 윽박지르는 것이 아닙니다. 도리어 아주 멋있는 내용입니다. '때와 시기는 아버지께서 자기의 권한 두셨으니'는 아버지의 독점을 의미하거나 독단이나 독재를 의미하지 않습니다. 도리어 때와 시기가 하나님의 역할, 하나님의 책임이라는 의미입니다. 세상에서 독재가 비난을 받는 것은 그 사람도 할 수 있고 다른 사람도 할 수 있는데, 그래서 그 사람도 누리고 다른 사람도 누릴 수 있는데 다른 사람을 하지 못하게 하고 누리지 못하게 하기 때문입니다. 즉 다른 사람을 제한하기 때문입니다.

그러나 하나님의 주권은 하나님의 독재가 아니라 책임을 강조하는 표현입니다. 사람이 할 수 있는데 못하게 하는 것이 아니라 할 수 없기에 하나님이 해 주시겠다는 의미입니다. 사람이 누릴 수 있는데 하나님이 누리지 못하게 막는 것이 아니라 사람이 누리지 못하는 것을 하나님이 누릴 수 있도록 도와주겠다는 의미입니다. 이럴 때에는 저와 여러분은 그냥 '네'라고 하면 됩니다. 똑같은 내용을 다른 표현으로 바꾼 것이 '너희가 알 바 아니요'입니다. 이 표현도 너희가 알 수 있는데 알려주지 않겠다는 의미가 아닙니다. 너희가 알 수도 없는 것이요, 또 너희가 안다고 달리 어찌할 수 있는 것이 아니라는 의미입니다. 너희가 안다고 도움이 되는 것이 아니고, 너희가 모른다고 방해가 되는 것도 아니라는 뜻입니다. 왜냐하면 너희의 일이 아니라 하나님이 하실 일이기 때문입니다. 이때에도 저와 여러분은 그냥 '네'라고 하면 됩니다.

제자들이 하나님 나라의 일에 대해서는 전혀 알지 못하고, 이스라엘 나라의 일에 대해서는 할 수도 없으면서 나서고 있습니다. 그래서 예수님은 모든 일은 하나님이 하신다고 강조하십니다. 너희가 나설 일이 아니라고 설명하십니다. 너희는 나서서 일해야 하는 사람들이 아니라 일하실 분은 하나님이요, 너희는 하나님이 일하시는 대상이라고 말씀하십니다. 사도행전 1장에는 예수님이 자신의 사역을 제자들에게 위임하려는 어떠한 일말의 근거도 없습니다. 모든 것이 하나님의 책임이요, 하나님이 일하실 것임을 천명하는 위대한 선언이 이어서 나옵니다. 바로 8절입니다.

증인이 되리라

하나님의 선언

사도행전 1장 8절은 "오직 성령이 너희에게 임하시면 너희가 권능을 받고 예루살렘과 온 유대와 사마리아와 땅끝까지 이르러 내 증인이 되리라 하시니라"입니다. 가장 먼저, 가장 정확하게 분별하셔야 하는 것이 이 말씀은 명령이 아니며, 이 말씀은 부탁이 아니며, 이 말씀은 위임이 아니라는 사실입니다. 당연히 제자들은 성령을 받으려고 해서도 안 되고, 권능을 받으려고 해서도 안 되고, 증인이 되려고 해서도 안 됩니다. 이것은 제자들이나 성도들이 할 일이 아니라 전적으로 하나님이 하실 일이기 때문입니다. 사도행전 1장 1절부터 7절까지 강조한 것이 제자들은 하나님 말씀을 전혀 깨닫지 못하고 있고, 예수님의 사역을 이어받을 준비도 전혀 되어있지 않고, 위임받는다는 생각조차도 없다는 상황이었습니다. 대신 예수님이 살아 계시고, 여전히 하나님의 약속이 남아있고, 모든 것이 하나님의 책임이요, 하나님이 일하실 것이라고 강조해 왔습니다.

그 절정의 선언이 바로 8절입니다. 하나님이 '8절처럼' 행하시겠다는 선포입니다. 그래서 하나님이 일하시면 제자들이 '8절처럼' 되어 질 것이라는 선언입니다. 제자들이 성령이 임하게 간구해야 하는 것이 아니라 하나님이 약속대로 성령을 보내주셔야 합니다. 제자들이 권능을 받아내야 하는 것이 아니라 하나님이 제자들로 하여금 권능을 받게 하셔야 합니다. 제자들이 증인이 되어야만 하는 것이 아니라 하나님이 제자들로 하여금 증인이 되게 하셔야 합니다. 모두 하나님이 하실 일입니다. 하나님이 이렇게 하시겠다는 선언이요, 약속이요, 맹세입니다. 그러면 저와 여러분은 그냥 '네' 하면 됩니다. 하나님이 하실 일의 선언이기에 인간에게 조건이 없습니다. 어떤 사람에게만 성령을 준다는 제한이 없습니다. 권능을 받으려면 특정한 일을 해야 한다는 조항이 일체 없습니다. 또 예루살렘으로 가는 사람, 온 유대와 사마리아로 가는 사람, 땅끝까지 가는 사람, 증인이 되는 사람에게는 이런 저런 상급을 주겠다는 보상책이 전혀 등장하지 않습니다. 왜냐하면 제자들이 할 일이 아니기 때문입니다. 모두 하나님이 하실 일이기 때문입니다.

사도행전 1장 8절의 선언은 새로운 양식이 전혀 아닙니다. 성경 전체가 이와 같은 양식입니다. 하나님의 일은 언제나 하나님이 하셨습니다. 인간은 하나님의 사역 도구가 아니라 하나님의 사역의 대상입니다. 인간은 하나님 나라의 수단이 아니라 하나님 나라의 결과요, 열매입니다. 거듭 말씀드리는 바 사도행전은 제자들이 일해서 얼마나 복음을 전파하는가, 하나님 나라가 얼마나 확장되는가를 보여주는 것이 아닙니다. 도리어 하나님이 일하셔서 제자들이 어떻게 변해가는가를 보여주는 것입니다. 사도행전 1장에서 하나님 나라의 일을 전혀 알지도 못하는 사람들이 사도행전 2장, 3장을 넘어가면서 성령의 일하심의 결과로 하나님 나라를 어떻게 깨닫게 되고, 하나님 나라를 깨닫게 되니 이전과는 다르게 어떻게 살아가는가를 보여주는 것입니다.

성령이 임하면

8절은 각각 구분된 세 가지 사건이 아니라 연계된 하나의 현상입니다. 단계 단계가 나뉘어져 있는 것이 아니라 자연적으로 물 흐르듯이 연결되는 하나의 현상입니다. 성령이 임하는 것, 권능을 받는 것, 증인이 되는 것은 셋트이고, 패키지이고, 자동화입니다. '1+1+1'이 아니라 그냥 하나입니다. 어느 정도 노력하면 대부분 1단계를 통과하고, 조금 더 열심히 하면 2단계를 통과하고, 정말 수고하고 충성하면 3단계가 되는 것이 아닙니다. 초신자는 처음 것만 가능하고, 헌신자는 두 번째까지 가능하고, 절대적 충성자는 마지막까지 이룰 수 있는 것이 아닙니다. 연결된 하나의 현상인데 설명을 하려니 마치 삼 단계처럼 표현되어 있는 것입니다. 저도 나누어서, 그러나 연결해서 설명해 보겠습니다.

첫 번째, '오직 성령이 너희에게 임하시면'입니다. 성령이 임하게 하는 것은 하나님의 일입니다. 하나님의 약속이고, 하나님이 하실 일입니다. 하나님이 성령을 제자들에게 임하게 하시면 임하는 것입니다. 만약 하나님이 임하게 하지 않으시면 임하지 않습니다. 제자들이 임하지 않는 성령을 임하게 할 수 없으며, 임하는 성령을 임하지 못하게 할 수 없습니다. 성령이 임하는 것에 대하여 제자들은 전혀 할 말이 없고, 할 수 있는 행동이 없습니다. 제자들은 '성령님 임하소서'라는 말을 할 필요가 없습니다. '성령님 오소서, 성령님 역사하소서, 성령님 우리와 함께 하소서' 등의 말들이 모두 필요 없는 말이요, 쓸데없는 말들입니다. 성경에는 그런 표현들이 한 번도 나오지 않습니다. 제자들은 성령님을 사모하지도 않았고, 성령을 받으려고 합심 기도하지도 않았고, 성령을 임하게 하려는 어떤 노력도 하지 않았습니다. 정확히 말하면 사도행전 1장에서는 제자들은 성령이 오신다는 것에 대해 아예 개념이 없고, 일체 모르고 있습니다. 그런데 2장에서 성령이 오시고 사도들에게 임합니다. 모든 것을 하나님이 행하십니다. 하나님이 일하신 결과 제자들은 그냥 성령을 받습니다. 하나님이 주시니까 제자들이 손 내밀어 받는 것이 아니라 그냥 제자들에게 성령이 임해버린 것이요, 제자들은 받았습니다. 하나님이 행하신 일이요, 제자들에게는 되어 진 일입니다. 2장에서 확인하겠습니다.

권능을 받고

두 번째는 '권능을 받고'입니다. 권능을 받는 것도 성령이 임하는 것과 똑같이 하나님이 하실 일입니다. '누가 권능을 받는가? 어떻게 하면 권능을 받는가?'를 의미하는 것이 아닙니다. 누가 그런 것을 물으면 대답은 '너희가 알 바 아니요'입니다. 하나님이 권능을 주시는 것입니다. 하나님이 권능을 주시면 성도는 권능을 받는 것입니다. 성도가 권능을 '받아야 한다, 받아내야 한다'는 것이 아니라 성도에게 권능이 주어지고, 성도는 되어지는 일입니다. 성령은 임했는데 권능은 못 받는 것은 없습니다. 만약 그런 사태가 발생하면 모든 책임은 하나님이 지셔야 합니다. 성령이 임하는 것과 권능을 받는 것은 별개의 사건이 아니고 단계적 사건이 아니라 하나의 사건입니다. 대신 성령이 임한다고 할 때 성령이 하는 일이 무엇인지, 권능을 받는다고 할 때 무슨 권능인지, 권능을 사용하는 대상이 누구인지를 분별해야 합니다.

예수님 말씀에 의하면 성령이 임하셔서 하는 일이 요한복음 14장 26절 "그가 너희에게 모든 것을 가르치고 내가 너희에게 말한 모든 것을 생각나게 하리라", 또 16장 21절 "진리의 성령이 오시면 그가 너희를 모든 진리 가운데로 인도하시리니"입니다. 성령이 가르치십니다. 인간의 문제가 죄라는 것을 가르치고, 예수님이 말씀하신 것이 이스라엘 나라의 회복이 아니라 하나님 나라의 일이었다는 것을 기억나게 하고, 예수가 십자가를 지신 것이 인간의 죄 문제를 해결한 것이라는 것을 깨닫게 하고, 예수가 부활한 것이 사망의 권세를 무너뜨린 것임을 알게 하고, 하나님의 말씀의 의미와 뜻과 내용이 무엇인지를 분별하게 하고, 진리를 알게 하십니다. 성령이 진리를 알게 하면 당연히 나타나는 결과로 저절로 이어지는 현상이 바로 '죄'를 떠나는 것이요, 죄를 버리는 것이요, 죄를 이기는 것입니다. 그 동안은 죄만 알았는데 이제는 진리를 알게 되어서, 죄가 얼마나 미련하고 불의한 것인지, 죄가 얼마나 인간을 힘들게 하는지 알게 되었고, 상대적으로 하나님의 마음이 얼마나 평화와 자유와 안식을 주는지 알게 됩니다. 그러면 당연히 좋은 것을 하고, 쉬운 것을 하고, 복된 것을 하게 됩니다. 그래서 죄를 떠나고 하나님의 마음과 원리로 사는 것으로 이어지게 됩니다. 이렇게 진리를 알아서 죄를 이기는 것을 '권능을 받고'라고 표현하였습니다.

8절의 헬라어 '듀나민'을 한글 성경들은 '권능, 능력, 힘' 등으로 번역했고, 영어 성경들은 'power, ability, might' 등으로 번역했습니다. 이때 권능의 대상을 잘 이해하셔야 합니다. 성령이 임하면 힘이 있고 능력이 있습니다. 성경이 말하는 권능은 다른 것과 독립된 권능 자체가 아니라 '성령이 임한 결과'로서의 권능입니다. 그리고 성령이 임하셔서 진리를 가르친 결과로서의 권능입니다. 그 권능으로 죄를 이기는 것입니다. 그래서 권능을 받는 것은 진리를 아는 것이요, 권능을 받는 것은 성경을 배우는 것, 성경을 알아가는 것이요, 권능의 결과는 죄를 이기고 하나님의 마음과 원리와 가치와 기준과 개념과 방법으로 사는 것을 의미합니다.

증인이 되리라

8절의 '성령이 임하면 권능을 받고, 권능을 받으면 증인이 된다'는 것에 대한 내용적 연결을 잘 이해하셔야 합니다. 예를 들어, '저희 헬스클럽에 등록하시면 근육남이 됩니다'라는 광고를 보고 등록한다고 그 다음 날 근육남이 되는 것이 아닙니다. 헬스클럽에 등록하니 다음 날부터 운동을 하게 되고, 운동을 하니 저절로 근육이 생기게 되는 것입니다. 마찬가지로, 하나님이 약속하신 것을 보내주면 성령이 임하게 됩니다. 성령이 임해서 제자들에게 진리를 가르쳐주십니다. 그러면 제자들이 진리를 알게 되어 죄를 이기는 권능이 생깁니다. 당연히 죄를 이기게 됩니다. 이렇게 죄를 이기는 것이 진리를 체험하는 것이요, 자유와 평화와 안식을 누리는 것입니다. 이렇게 그 동안 가지고 있던 죄의 원리와 결과를 벗어나 새롭게 알게 된 진리의 원리와 결과를 누리게 되면 당연히 좋습니다. 좋은 것을 맛 보고, 좋은 것을 경험하고, 좋은 것을 즐기고, 좋은 것을 누리게 되면 당연히 '말'을 하게 되어있습니다. '야~ 이거 좋다, 이거 대단하다, 이거 귀하다'라고 말합니다. 이렇게 말하는 것을 성경에서는 '증인이 되었다'고 표현하고 있습니다.

성령이 임하는 것과 권능을 받는 것의 패턴이 같습니다. 증인이 되려고 하지 마십시오. 본인이 증인이 되어야 한다는 부담을 버리고 증인의 사명을 감당해야 한다는 책임감을 내려놓으십시오. 증인으로서 무엇이라고 증언해야 되는지 '모범답안'을 만들고, 그것을 외우려고 하지 마십시오. 여러분이 증인이 되고 싶다고 해서 되는 것이 아니요, 되기 싫다고 해서 되지 않는 것이 아닙니다. 증인은 저절로 되는 것입니다. 행여, 증인이 되고 싶지 않다고 거부하지 마십시오. 하나님이 나를 증인 만들어 주는 것이 불편하다고 생각하지 마십시오. 증인이 된다는 것은 용어상으로 증인이고, 내용상으로는 내가 죄를 이겨서 자유와 평화안 행복을 누리며 사는 사람이 되도록 해주겠다는 것입니다. 그러므로 본인이 누리지 않으면, 한 번 누려본 경험이 있는 것이 아니라 계속해서 누리고 있지 않으면, 할 말이 없어서 말을 하지 않게 되고, 말을 하지 않으면 증인이 아닙니다. 반대로 본인이 누리고 있으면 저절로 말하게 되어 있습니다. 그러면 저절로 증인이 됩니다. 증인이 되어서 증언을 하는 것은 어려운 것이 아니라 그냥 자기가 신나게 사는 삶을 말하는 것입니다. 자기 사는 이야기를 하는 것입니다. 사도행전에서 이것을 확인해 보겠습니다. 하나님의 약속을 바로 알고, 하나님이 이루신 열매를 삶 가운데 풍성히 누리며 사시기를 주님의 이름으로 축원합니다.

그대로 오시리라

사도행전 1:9-14

9 이 말씀을 마치시고 그들이 보는데 올려져 가시니 구름이 그를 가리어 보이지 않게 하더라 10 올라가실 때에 제자들이 자세히 하늘을 쳐다보고 있는데 흰 옷 입은 두 사람이 그들 곁에 서서 11 이르되 갈릴리 사람들아 어찌하여 서서 하늘을 쳐다보느냐 너희 가운데서 하늘로 올려지신 이 예수는 하늘로 가심을 본 그대로 오시리라 하였느니라 12 제자들이 감람원이라 하는 산으로부터 예루살렘에 돌아오니 이 산은 예루살렘에서 가까워 안식일에 가기 알맞은 길이라 13 들어가 그들이 유하는 다락방으로 올라가니 베드로, 요한, 야고보, 안드레와 빌립, 도마와 바돌로매, 마태와 및 알패오의 아들 야고보, 셀롯인 시몬, 야고보의 아들 유다가 다 거기 있어 14 여자들과 예수의 어머니 마리아와 예수의 아우들과 더불어 마음을 같이하여 오로지 기도에 힘쓰더라

하나님의 사역

예수의 말씀

사도행전 1장 1절로 11절까지는 예수님이 부활하신 후 승천하기까지의 사십 일을 아주 간략하게 요약해 놓았습니다. 총 열한 절 가운데 예수님의 말씀이 네 절에 나옵니다. 4, 5절과 7, 8절입니다. 여러분이 현장에 있다고 들어보시기 바랍니다. 과연 예수님이 무슨 말씀을 하시고 여러분이라면 어떤 반응을 할지 생각하면서 들어보시기 바랍니다. 4, 5절 "예루살렘을 떠나지 말고 내게서 들은 바 아버지께서 약속하신 것을 기다리라 요한은 물로

침례를 베풀었으나 너희는 몇 날이 못되어 성령으로 침례를 받으리라", 7, 8절 "때와 시기는 아버지께서 자기의 권한에 두셨으니 너희가 알 바 아니요 오직 성령이 너희에게 임하시면 너희가 권능을 받고 예루살렘과 온 유대와 사마리아와 땅끝까지 이르러 내 증인이 되리라"입니다. 예수님이 하신 말씀은 제자들에게 시키는 일은 하나도 없고 모두 예수님이 하실 일만 있다는 특징이 있습니다.

핵심만 뽑아보면, 4절 '떠나지 말고, 기다리라', 5절 '침례를 받으리라', 8절 '증인이 되리라'입니다. 너무 단순하고 너무 쉽습니다. 떠나지 말라면 떠나지 않으면 되고, 기다리라면 그냥 기다리면 되고, 침례를 받으리라고 했으면 받으면 되고, 증인이 되리라고 했으니 되면 되는 것입니다. 어려운 일이 등장하지 않고 과업을 맡기는 위임이 등장하지 않습니다. 이 말씀을 들은 제자들이 해야 된다고 생각할 일이 없고, 의지를 불태우며 두 주먹 불끈 쥐고 각오를 다져야 하는 일이 없습니다. 부담을 느끼고 괜히 걱정해야 하는 일이 없고, 사명이라고 여기고 자신의 모든 능력을 동원하여 감당해야 하는 특별한 일이 없습니다.

동일한 예수님의 말씀을 성경을 통해 읽고 오늘날 성도들이 보이는 태도나 반응보다 본문의 제자들이 보이는 반응이 지극히 정상이라고 생각합니다. 우선 4, 5절의 말씀이 있은 후에 제자들은 말 그대로 엉뚱한, 생뚱맞은 반응을 보였습니다. 정말 느닷없이 불쑥 묻는 것이 6절 "주께서 이스라엘 나라를 회복하심이 이 때니이까"입니다. 앞뒤 정황을 모르는 사람은 오버하지 않습니다. 전후 내막을 아는 사람도 오버하지 않습니다. 다만 어설프게 아는 사람이나 아는 것 같은데 사실은 모르는 사람이 오버하고, 나대고, 설쳐대고, 선동하고, 주변사람 심란하게 만듭니다. 1장의 제자들에게서 사명감이 느껴지지 않고 충성심이 느껴지지 않습니다. 성경은 제자들을 미화하지 않습니다. 그냥 사실 그대로를 보여줍니다.

나라에 대한 개념

　제자들의 반응에 대해 예수님은 이미 예상하고 계셨던 것 같습니다. 왜냐하면 답답해하는 모습을 보이지 않기 때문입니다. '아직도 모르겠느냐? 사십 일이나 말해주었는데도 또 이스라엘 나라 타령이냐? 그래가지고 사명을 감당하겠느냐?' 등의 단 한마디의 타박도 없고 짜증도 없습니다. 예수님은 아직 제자들에게 성령이 임하지 않았기에 제자들이 구원받은 사실을 깨닫지 못하는 것이나 예수님이 하신 말씀의 의미를 이해하지 못하는 것을 당연하게 여기고 계십니다. 그리고 동시에 앞으로 성령이 임할 것, 권능을 받을 것, 증인이 될 것도 알고 계시기에 본문에서 전혀 긴장감도 느껴지지 않고, 불안감도 느껴지지 않고, 다그치거나 윽박지르는 느낌도 일체 없습니다.

　그런데 예수님이 앞서 하신 말씀과 제자들의 질문에는 공통점이 있습니다. 예수님은 '하나님 나라'에 대해 말씀하셨고, 제자들은 '이스라엘 나라'에 대해 질문했습니다. 예수님과 제자들 모두 '나라'에 대해 언급한 것이 공통점입니다. 그러므로 예수님과 제자들은 서로 '나라'에 대해 말했는데 예수님이 언급한 나라와 제자들이 생각한 나라가 전혀 다른 개념, 다른 인식, 다른 사고, 다른 의미, 다른 뜻이었습니다. 물론 제자들이 오해하였습니다. 그리고 이 오해는 성령이 오셔서 진리를 가르치셔야 풀립니다. 이 모든 것을 알고 계시는 예수님이 제자들의 질문에 대답을 하시는데 철저하게 '나라'에 관계된 대답입니다. 예수님은 각각 다른 주제를 막무가내로 쏟아 놓는 것이 아니라 동일한 주제에 대한 다른 관점을 드러내고 계십니다. 6절에서 제자들이 '이스라엘 나라'를 질문하자 예수님이 그 질문을 묵살하고 '그런 것을 너희가 알 것 없고, 너희는 오직 사명을 감당하라, 책임을 져라, 증인의 역할을 충실히 해라'라고 윽박지르듯이 말씀하시는 것이 아닙니다.

　8절은 6절에 대한 대답입니다. 8절 "오직 성령이 너희에게 임하시면 너희가 권능을 받고 예루살렘과 온 유대와 사마리아와 땅끝까지 이르러 내 증인이 되리라"입니다. 제자들은 '이스라엘 나라'가 아직 회복되지 않은 것으로 보았습니다. 그런데 예수님의 말씀에는 '권능'이 나오고, 예루살렘과 온 유대와 사마리아와 땅끝이라는 '영토'가 나오고, '증인'이라는 사람이 나옵니다. 권능은 죄의 권세를 이기는 성령의 권세, 성령의 통치, 성령의 다스림이고, 예루살렘과 온 유대와 사마리아와 땅끝은 하나님의 통치가 임하는 전 영역이고, 증인은 하나님을 인정하고 하나님의 분복을 누리는 사람들입니다. 그러므로 제자들이 이스라엘 나라가 회복되지 않았다고 생각하는 질문에 대해 예수님은 '하나님 나라'가 이미 왔다고, 이미 임했다고 대답하시는 것입니다. 하나님 나라를 위해 예수가 왔고, 예수가 오시면서 이미 하나님 나라가 펼쳐졌다고 선언하십니다. 그것을 위해 예수가 사역을 했다고 강조하십니다. 이제부터 너희가 그 나라를 살 것이요, 그 나라를 맛볼 것이라는 의미입니다. 너희가 그 나라를 누릴 것이라는 선포입니다.

누려봐야 한다

여러분이 제자의 입장이라고 생각해 보시기 바랍니다. 복음서에서 예수님이 오셨습니다. '하나님 나라가 가까이 왔다'고 선포하시고 하나님 나라의 복음을 전파하십니다. 부활하신 후에도 또 하나님 나라의 일을 말씀하십니다. 그런데도 제자들은 '하나님 나라'가 아닌 '이스라엘 나라'의 이야기만 합니다. 그 이유는 제자들은 '하나님 나라'를 실감하지 못하기 때문입니다. 자신들이 하나님 나라에 속했다는 것을 모릅니다. 이미 하나님 나라가 왔다는 것을 체험하지 못하고 있습니다. 하나님 나라를 경험하지 못했고 누려보지 못했습니다. 당연히 하나님 나라에 대한 감격이 없고 할 말도 없습니다. 이런 사람들에게 '하나님 나라를 확장하라, 하나님의 복음을 전파하라'고 사명을 위임한다는 것은 전혀 말이 되지 않습니다. 예수님은 이런 제자들에게 8절을 말씀하셨습니다. 풀어서 설명하면 '이제 성령이 오실 것이다. 성령께서 너희를 가르치셔서 진리를 깨닫게 할 것이다. 그러면 너희가 하나님 나라에 대한 모든 것을 알게 되고, 너희가 직접 하나님 나라를 누리게 될 것이다. 그렇게 즐겁고, 신나고, 행복하고, 감격스럽고, 영광스러운 하나님 나라의 삶을 경험하면 당연히 하나님 나라를 증언하는 증인이 될 것이다. 너희는 그렇게 될 것이야!'라는 뜻입니다.

예수님 사역의 핵심 포인트는 하나님 나라였습니다. 하나님 나라를 다른 표현으로 하면 죄인들을 구원하는 것입니다. 과연 하나님의 말씀대로 예수님의 사역으로 죄인이 구원되었고, 이제 성도가 되었고, 하나님의 자녀가 되었고, 하나님 나라의 백성이 되었습니다. 이제 남은 것은 하나님 나라를 사는 것이요, 하나님 나라를 즐기는 것이요, 하나님 나라를 누리는 것입니다. 예수님의 사역으로 구원받은 제자들이, 성도들이, 구원받은 사람들이 하나님 나라를 직접 누리며 살게 됩니다. 사도행전에서 앞으로 제자들이 하나님 나라를 깨달았는지, 하나님 나라를 누렸는지의 여부를 어떻게 확인하시겠습니까? 그 확인 방법이 바로 '증인이 되는 것'의 여부입니다. 즉 제자들이 증언을 한다면 누렸다는 증거입니다. 누리지 못했다면 증언을 할 리가 없기 때문입니다. 그래서 사도행전의 핵심 내용은 '하나님 나라가 어느 정도 영역까지 확장되느냐? 하나님의 복음이 어느 지역까지 전파되느냐? 복음이 어떤 순서로 전개 되느냐?'가 아닙니다.

증언의 결과

예수님의 사역의 주제 또는 핵심이 하나님 나라이고 대상이 '사람'입니다. 이 사람들이 하나님 나라를 누리고 자신들이 경험하고 체험한 것을 말하는 사람이 되는 것, 즉 '증인이 되는 것'이 예수님 사역의 열매요, 결과입니다. 예수님께서 제자들에게 증인이 '되리라'고 말씀하셨기에 제자들이 증인이 '되어지는 것'이 예수님 사역의 궁극적 열매입니다. 그래서 사도행전이 장차 전개되는 핵심 내용이 2장과 3장, 10장의 베드로의 설교, 7장의 스데반의 설교, 그리고 13장 이후부터의 바울의 설교입니다. 제자들이 설교한다는 것이 이들이 '증인이 되었다'는 것을 보여주는 증거입니다. 사도행전의 마지막인 28장 30, 31절은 "바울이 온 이태를 자기 셋집에 머물면서 자기에게 오는 사람을 다 영접하고 하나님의 나라를 전파하며 주 예수 그리스도에 관한 모든 것을 담대하게 거침없이 가르치더라"입니다. 베드로는 관원들에게 매를 맞으면서도 증인의 역할을 하고, 바울은 옥에 있으면서도 증인의 역할을 할 정도로 하나님 나라를 좋아하고, 감격하고, 자랑하고 있습니다. 이런 것은 시켜서 안 되고, 억지로 안 되고, 사명감으로 눌러도 안 되고, 때려서도 안 됩니다. 자기가 좋아야 하고, 경험해야 하고, 누리고 있어야 하고, 살고 있어야 합니다.

그래서 사도행전의 묘사가 재미있습니다. '드디어 하나님 나라가 온 유대까지 확대되었다', '드디어 하나님의 복음이 사마리아에 도착했다'는 등의 표현이 없습니다. 대신 사도행전에 자주 등장하는 대표적인 표현이 2장 41절 "그 말을 받은 사람들은 침례를 받으매 이 날에 신도의 수가 삼천이나 더하더라", 47절 "하나님을 찬미하며 또 온 백성에게 칭송을 받으니 주께서 구원받는 사람을 날마다 더하게 하시니라", 4장 4절 "말씀을 들은 사람 중에 믿는 자가 많으니 남자의 수가 약 오천이나 되었더라" 등입니다. 이러한 표현들은 제자들이 증언을 하는 증인이 되었고, 증인의 역할에 성공했다는 증거입니다. 복음의 결과가 지역이나 장소가 아니라 영역적 확장이 아니라 죄인이 변화되는 것, 하나님의 나라를 누리는 것임을 보여주는 장면입니다.

오시리라

다 아시는 예수님

이번에는 예수님의 관점에서 본문을 상고해 보겠습니다. 예수님은 사역하실 때 제자들이, 특별히 베드로가 예수님이 십자가를 지지 못하도록 막아서도 걱정하지 않으셨습니다. 아주 단순하게 대답하셨습니다. 마태복음

16장 23절 "네가 하나님의 일을 생각하지 아니하고 도리어 사람의 일을 생각하는도다"입니다. 잡히시던 날에 베드로가 칼로 대제사장의 종을 쳐 귀를 떨어뜨렸습니다. 예수님의 대답은 단순하게 마태복음 26장 53절 "너는 내가 내 아버지께 구하여 지금 열두 군단 더 되는 천사를 보내시게 할 수 없는 줄로 아느냐"입니다. 베드로는 예수님의 사역에 대해 모르고 있고, 예수님은 알고 계시기 때문에 반응이 다릅니다. 베드로가 부인해도, 베드로가 고향으로 돌아가도 예수님은 전혀 놀라지 않고, 당황하지 않고, 배반당했다는 생각도 하지 않으십니다. 그럴 줄 아셨고, 앞으로 어떻게 될 줄도 아시기 때문입니다.

사도행전 1장에서도 마찬가지입니다. 제자들이 이스라엘 나라를 질문해도 예수님은 전혀 개의하지 않습니다. 베드로의 행위에 따라 베드로가 달라질 것이 아니라 예수님의 사역에 따라 달라지고, 성령님이 오시는 것에 따라 당연히 베드로가 달라질 것을 예수님은 아시기 때문입니다. 장래의 일을 아는 사람과 모르는 사람 중에 긴장하는 사람은 당연히 모르는 사람입니다. 앞으로 되어 질 일을 아는 사람과 모르는 사람 중에 진지한 사람은 당연히 모르는 사람입니다. 결과를 아는 사람과 모르는 사람 중에 의욕적인 사람은 당연히 모르는 사람입니다. 아는 사람의 특징은 여유입니다. 아는 사람의 특징은 상대를 받아주고, 수용하고, 기다리고, 용납하고, 견뎌주는 것입니다. 왜냐하면 장차 되어 질 일을 알기 때문입니다. 앞으로 제자들에게 되어 질 일을 아시는 예수님과 자기들이 어떻게 될지 모르는 제자들의 차이점이 9절 이하에서 극명하게 비교됩니다.

올려져 가시니

9절은 "이 말씀을 마치시고 그들이 보는데 올려져 가시니 구름이 그를 가리어 보이지 않게 하더라"입니다. 사도행전 1장에 등장하는 사도들의 심정을 잘 생각하셔야 합니다. 사도들의 입장에서는 예수가 다시 떠나간다는 것을 전혀 예상하지 못하고 있습니다. 복음서에서 제자들은 예수가 했던 말을 하나도 이해하지 못했습니다. 예수가 말씀하신 잡힐 것, 죽을 것, 살아날 것 등에 대해 전혀 이해하지 못했습니다. 예수가 잡혀갈 때 모두가 도망가 버렸습니다. 그 후 예수가 죽었는지에 대해서는 전혀 관심을 가지지 않았습니다. 사형을 당했느냐의 여부도 관심이 없었습니다. 군병들에게 사로잡힐 정도면 그 다음에 벌어질 일에 대해서는 전혀 대비책이 없다고 생각하였기 때문입니다. 그래서 십자가에 달렸는지에 대해서는 아예 관심조차 없었습니다. 이미 모든 것이 끝났다고 여겼기 때문입니다.

그런데 상황이 반전되었습니다. 예수가 살아서 자신들 앞에 나타났습니다. 그때의 당황스러움, 그러나 곧이어 흥분과 감격은 이루 말할 수 없었을 것입니다. 그런데 자신들의 질문에 대해서는 '너희가 알 바 아니다'라고 하시더니 또 떠나가셨습니다. 자신들이 보는 앞에서 올려져 가시고 구름이 그를 가리어 보이지 않게 되었습니다. 제자들은 부활한 예수를 만난 지 며칠이 되지 않았는데 예수가 승천할 것을 전혀 예상하지 못했습니다. 예수님은 이미 복음서에서 승천에 관련된 언급을 하셨지만 제자들 중에 아무도 알아차리지 못했습니다. 왜냐하면 예수가 '잡히신다'는 것에 대한 말도 이해를 못했는데 부활하신다는 것을 이해할 수 없었고, 부활을 이해하지 못했는데 승천하신다는 것은 제자들의 사고에 전혀 없는 개념이었기 때문입니다.

제자들에게는 예수가 부활하신 것보다 더 황당한 것이 바로 예수의 승천입니다. 그래서 사도들은 망연자실한 가운데 도대체 어떻게 이해해야 하는지 도무지 파악하지 못한 채 하늘만 바라보고 있습니다. 어떻게 막아볼 순간도 없었습니다. 가시지 말라고 설득해볼 상황도 아니었습니다. 왜냐하면 이런 현상이 일어날 줄 전혀 예측하지 못했기 때문입니다. 지금 제자들의 심정은 황당무계, 망연자실, 어이상실, 대략난감, 멘붕 그 자체입니다. 제자들이 할 수 있는 일이란 그저 어안이 벙벙하게 서 있는 것뿐입니다. 10절

"올라가실 때에 제자들이 자세히 하늘을 쳐다보고 있는데"입니다. '자세히 쳐다보다'는 '주시하다, 응시하다, 뚫어지게 바라보다'라는 뜻입니다. 자신들 앞에 있던 예수가 갑자기 올려져 가십니다. 이런 현상을 이해할 수 있는 개념이 없습니다. 예수가 올려져 가는 것을 계속 주시한 이유는 혹시나 '떨어지나?'라고 생각했기 때문입니다. 감탄과 경외의 심정이 아니라 '이게 뭐야? 언제 떨어지나? 어디로 떨어지나?' 의아한 것입니다.

이런 장면이 구약에도 나옵니다. 엘리야가 승천할 때 제자들이 보인 반응을 보시면 제자들의 심정을 이해하는데 도움이 됩니다. 열왕기하 2장 16절 "그에게 이르되 당신의 종들에게 용감한 사람 오십 명이 있으니 청하건대 그들이 가서 당신의 주인을 찾게 하소서 염려하건대 여호와의 성령이 그를 들고 가다가 어느 산에나 어느 골짜기에 던지셨을까 하나이다"입니다. 엘리사가 말리지만 기어코 갑니다. 17절 "무리가 그로 부끄러워하도록 강청하매 보내라 한지라 그들이 오십 명을 보냈더니 사흘 동안을 찾되 발견하지 못하고"입니다. 이 사람들은 엘리야가 어딘가에 떨어졌을 것이라고 확신하였습니다. 그래서 하루 이틀도 아니고 사흘 동안을 찾았습니다. 왜냐하면 '올려져 간다'는 개념이 없었기 때문입니다.

예수님의 생각

이 장면을 예수님의 관점으로 생각해 보겠습니다. 만약 예수님이 아무런 생각없이 행동하셨다면, 장차 되어질 일에 대해 전혀 알지 못하고 행동하셨다면 예수는 무책임한 것이고 막무가내로 행동하는 것이 되어버립니다. 제자들의 상황을 고려하지 않고, 배려나 안배는 일체 없고, 좌충우돌, 천방지축, 돌출행동을 일삼는 것에 불과합니다. 그러나 예수는 모든 것을 알고 계셨습니다. 이미 다 알려주기까지 했습니다. 절대로 돌출행동이 아니라 예정대로, 약속대로 행하십니다. 다음에 어떤 일이 벌어질지도 다 알고 계십니다. 그러니 마음 놓고, 편안히, 유유히 제자들 앞에서 떠나갈 수 있습니다. 예수님이 제자들을 놀랍고 당황하게 만드는 것이 아닙니다. 골탕 먹이고 있는 것이 아닙니다. 방치하고 있는 것이 아닙니다. 당연히 하나님이 제자들을 돌아보십니다. 10절 중간부 "흰 옷 입은 두 사람이 그들 곁에 서서 이르되 갈릴리 사람들아 어찌하여 서서 하늘을 쳐다보느냐 너희 가운데서 하늘로 올려지신 이 예수는 하늘로 가심을 본 그대로 오시리라 하였느니라"입니다.

제자들은 멘붕에 빠졌는데 흰 옷 입은 사람이 하는 말은 '어찌하여'입니다. 사건의 전개를 아는 사람, 무슨 일이 벌어질지 이미 예상했던 사람, 지금 무슨 일이 일어났는지 알고 있는 사람, 또 앞으로 무슨 일이 벌어질지도 다 알고 있는 사람이 아무 것도 모르는 사람에게 하는 말이 '어찌하여'입니다. 알려주었는데 왜 몰랐느냐는 뜻입니다. 이 '어찌하여'도 이미 한번 등장했었습니다. 예수님이 부활하셨을 때 여인들이 무덤으로 찾아갔습니다. 그때 찬란한 옷을 입은 두 사람이 여자들에게 하는 말이 누가복음 24장 5절 "여자들이 두려워 얼굴을 땅에 대니 두 사람이 이르되 어찌하여 살아 있는 자를 죽은 자 가운데서 찾느냐 여기 계시지 않고 살아나셨느니라 갈릴리에 계실 때에 너희에게 어떻게 말씀하셨는지를 기억하라"입니다. 예수가 부활하신 것, 예수가 승천하신 것은 전혀 놀랄 일이 아니요, 전혀 걱정할 일이 아니라는 말입니다. 원래대로, 계획대로, 약속대로 이루어지는 것이라는 의미입니다.

10절의 흰 옷 입은 두 사람의 말은 이것으로 끝이 아니라는 설명이기도 합니다. 11절 "너희 가운데서 하늘로 올려지신 이 예수는 하늘로 가심을 본 그대로 오시리라"입니다. 예수님은 떠나가 버린 것이 아니며 제자들은 남겨 진 것이 아니라는 것이요, 예수가 다시 오신다는 선포입니다. 본문을 바르게 이해하시려면 성경의 다른 곳에 등장하는 사례들을 파악하면 도움이 됩니다. 하나님이 인간에게 알리지 않고 일하시는 적이 없습니다. 하나님이 인간 몰래 행하시는 적이 없습니다. 하나님이 예정없이 황당하게 일하시는 적이 없습니다. 언제나 인간에게 하나님이 하실 일을 알려주시고 가르쳐주십니다. 기독교에는 비밀이 없습니다. 기독교는 감추어진 것이 없습니다. 하나님은 미리 말씀하시고, 미리 약속하시고, 미리 예언하시고, 미리 알려주십니다. 그러면 인간은 말씀을 들어야 하고 의미를 알아야 합니다. 말씀하지 않은 것을 궁금해 할 것이 아니라, 엉뚱한 곳에 가서 엉뚱한 내용을 찾을 것이 아니라 하나님이 알려주신 것, 하나님이 성경에 말씀하신 것을 읽고 알아야 합니다. 알면 전혀 걱정이 안 되고, 알면 전혀 놀라지 않고, 알면 전혀 당황하지 않고, 알면 전혀 불안하지 않고, 알면 자유롭고, 평안하고, 즐겁고, 신이 납니다.

오시리라

예수는 올라가셨고 제자들은 충격에 휩싸여 단 한마디도 하지 못합니다. 오직 흰 옷 입은 두 사람만이 말합니다. '어찌하여'는 책망하기 위한 말이 아니라, 놀랄 일이 아니라는 것으로 다른 표현으로는 '왜?'입니다. 그리고 하신 말씀의 핵심은 '오시리라'입니다. 오시는 것은 예수님이 하실 일입니다. 예수님이 다시 오신다는 것을 우리가 못 오게 할 수 없습니다. 우리가 노력해서 빨리 오시게 할 수 없으며 우리가 무슨 수를 써서 늦게 오시게할 수도 없습니다. 우리는 예수께서 오신다는 것을 알고 있으면 됩니다. 그리고 기대하면 됩니다. 예수님이 그냥 단순히 이 땅에 왔다 간 것이 아닙니다. 그 분은 오셔서 그 분의 일을 하셨습니다. 그렇다면 예수님이 올라가신것도 단순히 올라가신 것도 아니고, 그냥 단순하게 오실 것도 아닙니다. 예수님이 예수님의 일을 하실 것입니다. 그리고 하나님이 하시는 일은 언제나 모두 인간을 위한 일인 것을 저와 여러분이 알고 있습니다. 다시 오신다고 말씀하시면 '네'라고 하면 됩니다. 실제로 그렇게 대답한 경우가 있습니다. 요한 계시록 22장 20절을 보시면 "'이것들을 증언하신 이가 이르시되 내가 진실로 속히 오리라 하시거늘 아멘 주 예수여 오시옵소서"라고 나옵니다. 예수가 '내가 진실로 속히 오리라'고 말씀하시자, 요한이 '아멘 주 예수여 오시옵소서'라고 대답했습니다. 아주 간단히, '네, 오세요'입니다. 요한은 '속히 오세요, 꼭 오세요, 반드시 오세요!'라고 말하지 않습니다. 오시겠다고 하시니 '아멘' 즉 '네'라고 대답하였습니다.

예수님이 다시 오시는 것에 관하여 한 가지만 더 강조하겠습니다. 예수님이 이 땅에 강림하실 때에도 철저하게 구약에 예언한 대로 오셨습니다. 성령으로 잉태하여 나셨고, 베들레헴에 나셨고, 나사렛에서 자라셨고, 모든 것이 약속하신 대로 이루어졌습니다. 예수님의 다시 오심, 재림도 마찬가지입니다. 사도행전 1장 11절에 예수님의 재림에 대해 분명하게 말해주고 있습니다. "너희 가운데서 하늘로 올려지신 이 예수는 하늘로 가심을 본 그대로 오시리라"입니다. 최소한 세 가지는 분명합니다. 첫째, 하늘로 올려지셨으니 하늘로부터 오실 것입니다. 둘째, 구름이 가려 보이지 않게 되었다고 했으니 반대로 구름에서 보이게 오실 것입니다. 셋째, 사람들이 보는 데서 올려지셨으니 사람들이 보는데서 오실 것입니다. 그러니 현재 이 땅에서 자기가 재림예수라고 하는 사람들, 하늘로부터 오지도 않았고, 구름 사이에서 보여진 것도 아니고, 사람들이 보는 데서 온 것도 아닌 자칭 재림예수는 모두 가짜입니다.

제자들이 오여

명단

예수님이 승천하신 사건이 어디에서 이루어졌는지는 누가복음이 알려줍니다. 누가복음 24장 50절 "예수께서 그들을 데리고 베다니 앞까지 나가사 손을 들어 그들에게 축복하시더니 축복하실 때에 그들을 떠나 하늘로 올려지시니"입니다. 그 다음에 제자들이 행한 것이 사도행전 1장 12절 "제자들이 감람원이라 하는 산으로부터 예루살렘에 돌아오니"입니다. 성경은 참

친절합니다. 돌아온 사람들이 누구인지도 말해줍니다. 13절 "들어가 그들이 유하는 다락방으로 올라가니 베드로, 요한, 야고보, 안드레와 빌립, 도마와 바돌로매, 마태와 및 알패오의 아들 야고보, 셀롯인 시몬, 야고보의 아들 유다가 다 거기있어"입니다. 13절에 언급된 사람이 총 열한 명입니다. 예수님의 제자들의 명단은 복음서에도 나옵니다. 예수님이 사역을 시작한 지 얼마 안 되었을 때, 마태복음 10장에 열두 명의 명단이 나옵니다. 그리고 마태복음 11장부터 사도행전 1장까지 시간적으로는 약 삼 년이 흘렀고 사건적으로는 어마어마한 사건들이 있었습니다.

그런데 동일한 명단이 사도행전에 그대로 나오는 것입니다. 사도들이 모인 것은 자발적으로 모인 것이 아니라고 했습니다. 예수님이 찾아가서, 예수님이 다시 모아 놓은 것입니다. 놀랍게도 처음 예수님이 뽑으셨던 사람들이 모두 있습니다. 즉 예수님이 한 사람도 버리지 않았다는 것입니다. 제자들이 자격이 있는 사람들이 아닙니다. 예수를 떠났던 사람들, 부인했던 사람들입니다. 그런데 예수님이 다시 받아주셨습니다. 아니 '받아주셨다'는 표현은 적절하지 않습니다. 도리어 예수님이 찾아내셨습니다. 왜냐하면 예수님은 처음부터 자격을 따진 적이 없고, 처음부터 이렇게 하시려고 약속하고 계획했기 때문입니다. 처음부터 하나님 나라의 일은 하나님의 책임이었습니다. 당연히 이렇게 되어져야 합니다.

심판자가 아니다

왜 여기에 제자들의 명단이 있는지 아십니까? 왜 예수님께서 자기를 부인했던 자들, 자기를 떠났던 자들을 일일이 찾아서 다시 모았다는 것을, 구체적으로 한 사람 한 사람 이름까지 거명하면서 이곳에 기록해 놓았는지 아십니까? 또 이 명단이 예수님이 승천하신 다음에, 다시 오시리라고 말씀하신 다음에 기록해 놓았는지 아십니까? 성경을 이해하기 시작하면 모든 표현과 위치와 묘사들 하나하나가 전부가 감동의 도가니입니다. 너무너무 멋있습니다. 바로 이곳에, 바로 승천 사건 다음에, 제자들이 명단이 기록되어 있는 이유는 예수님이 다시 오실 때에도 이렇게 이루어 질 것임을 확증시켜 주기 위해서입니다. 예수님은 제자들에게 일을 맡겨 놓고 떠나신 것이 아니며, 예수님이 다시 오실 때에는 일을 잘했는지 못했는지 점검하러 오시는 것이 아니며, 예수님 오실 때까지 우리가 스스로 믿음을 유지하고 있어야 하는 것이 아님을 알게 하기 위해서입니다. 예수님이 제자들 중에 한 사람도 잃어버리지 않으셨던 것처럼 예수님이 성도들 중에 한 사람도 잃어버리지 않을 것이라는 사실을 분명하게 알게 하기 위해서입니다.

제발 하나님을 두려워하지 마시기 바랍니다. 특히 자신이 하나님 말씀대로 살지 못했다고 불안해하지 마시기 바랍니다. 구약에서 이스라엘은 역사 내내 하나님을 떠나고, 부인하고, 버리고, 다른 신을 섬겼습니다. 그런데 하나님은 이스라엘을 버리지 않고, 여전히 이스라엘에 대해 '자기 백성'이라고 선언하시고, 자기 백성을 구원하시러 육신을 입고 강림하셨습니다. 이스라엘의 행위가 하나님의 뜻을 바꾸지 못했고, 이스라엘의 불의가 하나님의 선하심을 꺾지 못했고, 이스라엘의 죄악이 하나님의 사랑을 이기지 못했습니다. 그런데 여러분은 구약의 이스라엘 정도가 아니라 성도입니다. 하나님께서 이스라엘도 그렇게 끝끝내 사랑하셨다면 성도인 저와 여러분을 향해서는 얼마나 더 하시겠습니까!

또 신약 복음서에서 제자들은 예수님을 깨달은 적이 없고, 심지어는 예수님을 버리고, 부인하고, 떠났습니다. 오늘날 용어로 하면 배교입니다. 제자들이 배교하자 예수님이 제자들을 버리던가요? 제자들이 부인하자 예수님도 부인하던가요? 제자들이 떠나자 예수님도 떠나든가요? 그렇지 않았습니다. 제자들은 버리고, 부인하고, 떠나도 예수님은 제자들을 끝끝내 사랑하셨습니다. 제자들을 그렇게 사랑하셨다면 하물며 성도인 저와 여러분, 예수 그리스도를 머리로 하여 지체된 성도들, 예수와 생명공동체인 성도들을 예수님이 잊으시겠습니까? 버리시겠습니까? 놓치시겠습니까? 절대로 그렇지 않습니다.

너희 가운데서

성경의 설명을 조금 더 확인해 드리겠습니다. 예수님 당시에 이스라엘이, 유대교인들이 예수님을 믿지 않았습니다. 이미 구약과는 멀리 떨어져서 유대교라는 전혀 새로운 종교를 만들어서 믿고 있고, 하나님의 예언도 무시하고 약속도 무시해서 예수를 거부하고, 마침내 예수를 죽이기까지 했습니다. 유대교가 하나님의 관점에서는 배교 그 자체입니다. 예수님 부활 이후에도 전혀 달라지지 않았습니다. 예수 믿는 사람들을 잡아 죽였습니다. 그 중심에 바울이 있었습니다. 바울이 예수를 영접한 이후에는 유대교가 바울도 잡아 죽이려고 여러 차례 시도했습니다. 한때는 자신이 예수 믿는 자를 죽이려했고, 한때는 자신이 죽임을 당하기도 할 뻔 했던 바울이 이스라엘 사람들에 대하여 설명한 것이 로마서 9장부터 11장입니다. 11장에 아주 중요한 선언이 나옵니다. 1절 이하에 "그러므로 내가 말하노니 하나님이 자기 백성을 버리셨느냐 그럴 수 없느니라 나도 이스라엘인이요 아브라함의 씨에서 난 자요 베냐민 지파라 하나님이 그 미리 아신 자기 백성을 버리지 아니하셨나니 너희가 성경이 엘리야를 가리켜 말한 것을 알지 못하느냐 그가 이스라엘을 하나님께 고발하되 주여 그들이 주의 선지자들을 죽였으며 주의 제단들을 헐어 버렸고 나만 남았는데 내 목숨도 찾나이다 하니 그에게 하신 대답이 무엇이냐 내가 나를 위하여 바알에게 무릎을 꿇지 아니한 사람 칠천 명을 남겨 두었다 하셨으니 그런즉 이와 같이 지금도 은혜로 택하심을 따라 남은 자가 있느니라 만일 은혜로 된 것이면 행위로 말미암지 않음이니 그렇지 않으면 은혜가 은혜 되지 못하느니라"입니다.

그리고 장차 이스라엘에게 되어 질 일에 대한 선언이 한 번 더 나오는 것이 24절 "네가 원 돌감람나무에 찍힘을 받고 본성을 거슬러 좋은 감람나무에 접붙힘을 받았으니 원 가지인 이 사람들이야 얼마나 더 자기 감람나무에 접붙이심을 받으랴", 26절 "그리하여 온 이스라엘이 구원을 받으리라 기록된바 구원자가 시온에서 오사 야곱에게서 경건하지 않은 것을 돌이키시겠고 내가 그들의 죄를 없이 할 때에 그들에게 이루어질 내 언약이 이것이라함과 같으니라"입니다. 그렇게 패역했던 이스라엘도 구원받는다는 이스라엘은 향한 하나님의 약속입니다. 복음서와 사도행전 시대에 저렇게 하나님으로부터 멀리 떨어져있는 이스라엘도 종국에는 구원받는다는 설명입니다. 하나님이 은혜를 베푸시고, 하나님이 저들을 돌이키시겠고, 하나님이 저들의 죄를 없이하겠다는 하나님의 뜻입니다. 하나님이 그와 같이 하시겠다고 거듭 강조하십니다. 하물며 저와 여러분은 예수의 십자가 사역으로 구원하신 성도입니다. 사도행전 1장 13절 끝에 여러분 이름도 적어 놓으시기 바랍니다. 그리고 마음 편히 가지시기 바랍니다. 기독교는 하나님 때문에 평안과 자유와 행복을 누리는 종교이지, 다른 것을 두려워해서도 안 되고, 절대로 하나님을 두려워해서는 안 됩니다.

하나님은 책임자이시지 심판자가 아닙니다. 만약 하나님이 심판하신다면 하나님이 심판받으셔야 합니다. 만약 한 명이라도 잃어버리면 하나님이 책임지셔야 합니다. 성도는 예수를 머리로 한 한 몸이요, 한 지체라고 했습니다. 만약 수족이 잘리면 머리가 책임져야 하는 것이 당연합니다. 그런데 예수님은 절대로 지체를 잃어버리지 않습니다. 평안한 마음을 가지시고 사도행전을 함께 상고해 나가시면 됩니다. 성령이 오셔서 제자들을 어떻게 변화시켜 가는지, 또 제자들이 어떻게 하나님 나라를 누리는지, 어떻게 증인의 역할을 감당하는지 확인하시고, 제자들에게 역사하신 성령이 저와 여러분에게도 역사하시는 것을 여러분의 삶에서 확인하면 됩니다. 성경을 읽고, 성경을 배워서 하나님 때문에 평안한, 하나님의 은혜를 누리는 즐거운 믿음생활, 신나는 교회생활, 행복한 신앙생활 되시기를 주님의 이름으로 축원합니다.

마땅하도다

사도행전 1:12~26

12 제자들이 감람원이라 하는 산으로부터 예루살렘에 돌아오니 이 산은 예루살렘에서 가까워 안식일에 가기 알맞은 길이라 13 들어가 그들이 유하는 다락방으로 올라가니 베드로, 요한, 야고보, 안드레와 빌립, 도마와 바돌로매, 마태와 및 알패오의 아들 야고보, 셀롯인 시몬, 야고보의 아들 유다가 다 거기 있어 14 여자들과 예수의 어머니 마리아와 예수의 아우들과 더불어 마음을 같이하여 오로지 기도에 힘쓰더라 15 모인 무리의 수가 약 백이십 명이나 되더라 그 때에 베드로가 그 형제들 가운데 일어서서 이르되 16 형제 들아 성령이 다윗의 입을 통하여 예수 잡는 자들의 길잡이가 된 유다를 가리켜 미리 말 씀하신 성경이 응하였으니 마땅하도다 17 이 사람은 본래 우리 수 가운데 참여하여 이 직무의 한 부분을 맡았던 자라 18 (이 사람이 불의의 삯으로 밭을 사고 후에 몸이 곤두 박질하여 배가 터져 창자가 다 흘러 나온지라 19 이 일이 예루살렘에 사는 모든 사람에 게 알리어져 그들의 말로는 그 밭을 아겔다마라 하니 이는 피밭이라는 뜻이라)20 시편 에 기록하였으되 그의 거처를 황폐하게 하시며 거기 거하는 자가 없게 하소서 하였고 또 일렀으되 그의 직분을 타인이 취하게 하소서 하였도다 21 이러하므로 요한의 세례로 부터 우리 가운데서 올려져 가신 날까지 주 예수께서 우리 가운데 출입하실 때에 22 항 상 우리와 함께 다니던 사람 중에 하나를 세워 우리와 더불어 예수께서 부활하심을 증 언할 사람이 되게 하여야 하리라 하거늘 23 그들이 두 사람을 내세우니 하나는 바사바 라고도 하고 별명은 유스도라고 하는 요셉이요 하나는 맛디아라 24 그들이 기도하여 이 르되 못 사람의 마음을 아시는 주여 이 두 사람 중에 누가 주님께 택하신 바 되어 25 봉 사와 및 사도의 직무를 대신할 자인지를 보이시옵소서 유다는 이 직무를 버리고 제 곳 으로 갔나이다 하고 26 제비 뽑아 맛디아를 얻으니 그가 열한 사도의 수에 들어가니라

남아있는 사람들

기도에 힘쓰더라

사도행전 1장에 등장하는 제자들의 심정을 잘 헤아리셔야 합니다. 처음에 예수께서 자신들을 제자로 삼아주셨을 때에는 기대로 가득 찼습니다. 예수께서 잡히실 때는 절망이었습니다. 부활한 후 예수가 자신들을 찾아왔을 때에는 불신이었습니다. 그러다가 제자들이 모두 모이게 되자 의욕 충만했습니다. 한두 명이 모인 것이 아니라 제자들 전원이 모여들고 예수님의 형제들도 포함되고 몇몇 여인들도 포함되어 얼추 백이십 명 정도 되었습니다. 잠시 피신했다가 돌아왔는지 실제로 죽었다가 살았는지 확실히 구분은 안 되지만 여하튼 예수가 자신들과 함께 있고, 자신들이 예수를 버리고 떠났던 미안함도 있고, 이미 절망을 경험하고 난 사람들이라 새롭게 하고자 하는 열정이 넘쳐났습니다. 그런데 예수는 예루살렘을 떠나지 말라는 당부를 하고, 알아듣지 못할 성령에 관한 말을 하고 난 후 승천해 버렸습니다. 제자들은 어안이 벙벙한 상태입니다. 참으로 얼마 안 되는 기간 동안에 놀라운 상황의 연속이요, 반전에 반전이 이어지기에 매 상황을 어떻게 이해해야 할지 난감하고, 특히나 감정 조절을 어떻게 해야 할지 매우 어려웠을 것입니다. 다시 흩어지자니 체면이 말이 아니고, 기다리자니 막연하고, 떠나자니 어디로 가야할지 무엇을 해야 할지도 모르는 상태입니다. 제자들의 상태는 모든 것이 준비되고, 사역을 시작하기 위한 충전을 마무리한 상태가 아니라 자기 정신조차도 추스르지 못하고 있는 실정입니다.

책 제목으로 보면 복음서와 사도행전이 구분되어 있지만 조금 세밀하게 구분한다면 사도행전에서 1장 11절과 12절은 중요한 구분점입니다. 11절까지는 예수님이 제자들과 함께 계시다가 승천하시고, 그 결과 12절부터는 제자들만 남았습니다. 제자들은 자발적으로 모인 그룹이 아니라 예수가 모은 그룹이었는데 그 모임의 핵심이요, 시작이요, 내용이요, 전부인 예수는 승천하고 각자 불려온 사람들만 남게 되었습니다. 이제 이 사람들은 무엇을 할까요? 이들의 모습을 소개하는 것이 14절 후반부 "마음을 같이하여 오로지 기도에 힘쓰더라"입니다. 제가 죄송한 부탁을 하나 드리자면, 이런 구절을 보실 때 너무 쉽게 감동하지 마시기 바랍니다. 제자들이 모여서 기도했다고, 다른 일 하다가 짬짬이 기도한 것이 아니라 모든 일을 전폐하고 '오로지' 기도에 전념했다고 너무 단순하게 생각하지 마시기 바랍니다. 성경을 많이 읽으셔야 하는 이유가 여기 있습니다. 성경을 읽으면 제자들의 이전과 현재의 상태를 비교할 수 있고, 비교하게 되면 쉽게 판단하지 않고 신중하게 분별할 수 있습니다.

14절에 의하면 제자들이 모여서 기도했다고 하는데 이 모습이 매우 생경한 장면입니다. 복음서에는 제자들이 기도하는 모습이 거의 등장하지 않습니다. 예수님은 따로 한적한 곳에 가서 기도하기도 하고, 땀방울이 핏방울이 되도록 기도하기도 하셨지만, 특별히 예수께서 제자들에게 함께 기도하자고 부탁했을 때조차도 제자들은 졸고만 있었을 뿐입니다. 제자들이 평상시에도 늘 기도하다가 예수님이 승천하시자 더욱 간절히 오로지 기도만 한 것이 아닙니다. 예수님과 삼 년간 동행하는 기간에 예수님이 기도하시는 모습은 종종 보이지만 제자들이 기도했다는 표현이 거의 없습니다. 그러므로 예수님이 승천하신 직후에 제자들이 기도한다는 것이 매우 신기한 것이며, 매우 낯 설은 것이며, 매우 어색한 것이며, 매우 흥미로운 것입니다. 평상시에 기도 안하던 사람들이 갑자기 기도하고 있습니다.

무엇을 기도했을까?

제자들이 무슨 기도를 했을까요? 일반적으로 사람들이 언제 기도합니까? 평상시 기도하지 않던 사람들이 기도할 때가 언제입니까? 당연히 '절박할 때'입니다. 자신들이 '대책이 없을 때'입니다. 도무지 '어찌해야 좋을지 전혀 알지 못할 때'입니다. 그럴 때는 신을 믿지 않는 사람도, 평상시 기도를 부인하던 사람도, 기도하는 사람들을 조롱하던 사람조차도 기도하게 되어 있습니다. 인간의 연약함이 드러날 때가 바로 절박할 때입니다. 지금 제자들의 심정이 어떠할까요? 하나님의 약속, 성령이 온다는 것에는 개념이 없고, 예수는 홀쩍 사라져 버렸습니다. 저들은 난감한 상황입니다. 제자들에게 지금 가장 절박한 것이 무엇일까요? 성령이 오시는 것일까요? 아닙니다. 성령이 오셔서 무엇을 어떻게 하는지 저들은 모르고 있습니다. 그래서 저절로 기도가 나오는 것입니다.

제자들은 예수의 십자가 사건 이전이나 부활 이후에나 언제나 예수를 중심으로 모였습니다. 예수가 없다면 이 사람들이 모일 이유가 없습니다. 예수와 동행하다가 흩어진 적이 있습니다. 흩어졌던 이유는 예수가 잡혀갔기 때문입니다. 예수를 빼면 자신들은 너무 무기력한 존재인 것을 스스로 잘 알고 있습니다. 예수를 의지하고, 예수의 능력을 의지해서 예수를 따라다녔는데 예수가 잡혀가자 제자들은 모여 있을 이유가 없었고, 무엇인가를 할 수 있는 여력도 없었습니다. 그래서 흩어져 각자의 길로 갔었습니다. 흩어졌던 제자들이 다시 모였습니다. 이것이 가능했던 것은 예수가 있었기 때문입니다. 제자들은 예수의 십자가 사건 이전이나 부활 이후나 달라진 것이 아직 없습니다. 제자들이 갑자기 능력이 생긴 것도 아니고, 제자들이 갑자기 재력과 무력이 보강된 것도 아니고, 제자들이 갑자기 새로운 비전과 사상으로 세계관이 달라진 것도 아닙니다. 예수가 있으니까 다시 모였던 것인데 예수가 승천해서 사라져버렸습니다. 당연히 기도가 나오게 되어 있습니다.

같이 모여 있는 사람이 다양한 부류들입니다. 제자들도 있고, 여자들도 있고, 예수의 가족들도 있습니다. 그런데 이 모임에 대한 표현, 기도에 대한 표현이 아주 의미심장하게 나옵니다. 14절 후반부 "더불어 마음을 같이 하여 오로지 기도에 힘쓰더라"입니다. 24절에도 "그들이 기도하여 이르되"입니다. 이때 관심이 가는 것은 제자들이 '무엇을 기도했는가?'입니다. 기도한 후의 행동이 15절 이하입니다. 기도하고 난 후의 행동을 보면 제자들이 기도한 내용, 제자들이 기도했던 심정을 어느 정도 추측할 수 있습니다.

성경의 인용

베드로의 활동

15절은 "모인 무리의 수가 약 백이십 명이나 되더라 그 때에 베드로가 그 형제들 가운데 일어서서 이르되"입니다. 이 장면을 시작으로 사도행전의 전반부에는 베드로가 주요 인물로 등장합니다. 혹시라도 사도행전에서 베드로가 주요 인물로 등장하는 것을 당연하게 여기시면 성경의 의도를 오해하는 것입니다. 성경은 죄인들의 사고방식과는 다르다는 것을 기억하셔야 합니다. 복음서에서 예수님이 제자들을 부르실 때 베드로도 부름을 받습니다. 베드로는 어부입니다. 새로운 일을 하려면 우선적으로 지혜로운 사람, 기획하는 능력이 있는 사람, 영향력이 있는 사람, 타인들에게서 존경을 받는 사람들을 모으는 것이 기본입니다. 그런데 예수님은 어부를 뽑았습니다. 어부라는 직업을 폄하하려는 것이 아니라 사람들의 기대와 어부의 역할이 어울리지 않는다는 것을 생각해야 합니다. 어부는 고기 잡는 일에 전문가이지 세상을 바꾸거나 인식을 바꾸거나 제도를 바꾸는 일에 적당한 전문가가 아닙니다. 그런데 예수님은 어부를 뽑으신 것입니다. 이것부터가 파격입니다. 사람들이 일하는 방식과 전혀 다릅니다.

어부 출신 베드로가 단순히 여러 명의 제자들 중의 하나에 불과한 것이 아니라 예수님의 사역의 중요한 순간마다 베드로가 동참합니다. 그래서 성경에는 전혀 없는 말인데 사람들이 만든 말이 바로 '수제자'라는 표현입니다. 마치 제자들의 대표처럼 여겨지는 표현입니다. 이런 표현을 만드는 것 자체가 성경의 의도에 대한 오해입니다. 어부를 뽑은 것, 어부 출신 제자를 중요한 순간마다 동행한 것은 예수님의 사역이 사람의 능력과 무관하다는 것, 예수님의 사역이 제자들이 하는 것이 아니라 하나님 또는 예수님 자신이 행하신다는 것을 증명하는 표식입니다. 제자들에게 위탁을 하거나 맡기는 것이 아니라는 것을 보여주는 근거입니다. 사람들의 예상, 사람들의 기대와 전혀 다르다는 것을 설명하는 방식입니다. 만약 용어를 만들려면 '수제자'라는 표현을 만들 것이 아니라 '투명인간'이라든가, 요사이 방송에서 사용되는 '병풍인간'이라는 용어를 만들어야 합니다. 분명히 등장하기는 하는데 존재감이 없다는 의미입니다. 복음서에서의 베드로의 등장과 베드로의 역할은 사람들의 생각에 대한 역설이었습니다.

　베드로의 활약은 복음서와는 달리 사도행전에서는 전혀 다른 의미입니다. 제자들이 다시 모였을 때에 앞장서는 사람이 베드로입니다. 예수님이 베드로를 대표제자로 임명한 것이 아닙니다. 예수님이 승천한 후부터는 예수님과 무관하게 전적으로 제자들의 생각, 사람의 생각에 의해 행동합니다. 그런데 베드로가 먼저 나섭니다. 여러분이 제자들 모임에 참석했다면 어떤 생각이 드시겠습니까? 베드로가 나서는 것을 당연하게 여기시겠습니까, 어이없게 여기시겠습니까? 베드로는 제자들 중에 예수님에게 가장 못할 짓을 한 사람입니다. 예수님이 행하시는 일마다 방해를 했던 사람입니다. 예수님에게 대들었던 사람입니다. 예수님의 일을 복잡하게 만들고 쓸데없는 일을 행했던 사람입니다. 심지어는 예수님을 모른다고 부인까지 했던 사람입니다. 예수님이 십자가에 달리시자 고향으로 떠났던 사람입니다. 예수님이 다시 제자들을 불러 모을 때 아마도 제자들의 행적을 문제 삼았다면 퇴출 일 순위가 베드로였을 것입니다. 천만다행으로 예수님이 베드로를 다시 찾아주셨습니다. 그렇다면 베드로는 어떻게 해야 합니까? 다시 모인 제자들과의 관계에서 어떤 모습을 보여주어야 합니까? 베드로는 가장 할 말이 없는 사람이요, 가장 반성해야 할 사람이요, 가장 잠자코 있어야 할 사람이요, 가장 쥐 죽은 듯이 있어야 할 사람이요, 다른 사람이 어떤 일을 하든 어떤 결정을 하든 잠자코 따라야하는 사람입니다. 그 자리에 있는 것조차도 감지덕지해야 하는 사람입니다. 그런데 베드로가 나섰습니다. 왜 나섰을까요? 그 이유는 조금 뒤에 밝혀집니다. 우선 제자들이 모여 기도한 후에 한 일을 점검해 보겠습니다.

변하지 않은 사람들

어떤 사건을 관찰할 때에는 '관점' 또는 '기준'을 잘 설정해야 합니다. 성경에는 동일한 인물에 대해 정반대의 판단을 내릴 때가 많이 있습니다. 하나님이 세운 사람이라고 해서 모든 행동이 정당하다는 것이 아니며 이방인이라고 해서 모든 행동이 악하다는 것이 아닙니다. 그 행동을 어떤 기준에서 판단하느냐가 중요합니다. 베드로가 예수님을 세 번이나 모른다고 부인했습니다. 잘한 일입니까, 잘못한 일입니까? 예수가 재판받는 자리에서 예수를 잘 안다고, 예수는 무죄하다고 피켓 들고 시위를 해야 합니까, 아니면 그냥 모른 체 해야 합니까? 모른다고 부인하면서 일단 살아남아 후일을 기약해야 합니까, 아니면 거짓을 말할 수 없다는 정의감으로 예수의 제자라고 인정하면서 예수와 함께 죽어야 합니까?

조금 구체적으로, 성경에 답이 있는 것으로 설명해 보겠습니다. 베드로가 예수님이 잡히려고 할 때 군병들을 막아섰습니다. 잘한 것입니까, 잘못한 것입니까? 죄 없는 사람이 잡혀가는 것을 막아야 합니까, 그냥 두고 봐야 합니까? 사회적 기준 또는 법의 기준에서 보면 베드로가 군병을 막아선 것이 '선한 시민 상'을 주어야할 정도의 매우 모범적 태도입니다. 그러나 예수의 사역의 관점에서는 예수의 일을 망치는 행동입니다. 예수님은 베드로의 행동에 대해 하나님의 일은 생각하지 않고 사람의 일만 생각한다고 말씀하셨고, 마태복음 26장 53절에 "너는 내가 내 아버지께 구하여 지금 열두 군단 더 되는 천사를 보내시게 할 수 없는 줄로 아느냐 내가 만일 그렇게 하면 이런 일이 있으리라 한 성경이 어떻게 이루어지겠느냐 하시더라"고 말씀하심으로 베드로의 행동이 적절하지 못한 것으로 지적하셨습니다.

그러므로 성경에 나오는 사건을 보실 때 성경이 이 사건을 어떤 의도로 소개하는지 분별해야 합니다. 즉 옳은 일이라고 소개하는 것인가 아니면 엉뚱한 일이라고 소개하는 가를 알아야 합니다. 하나 더 예를 들면 사사기 1장과 20장에 이스라엘 백성이 전쟁에 관하여 하나님께 질문하고 응답받는 장면이 있습니다. 외견상으로는 하나님의 뜻을 구하는 것이기에 믿음의 모습 같지만 내용상으로는 하나님을 거부하고 불순종하는 불신앙의 극치를 보여주는 사건입니다.

사도행전 1장의 사건을 잘 분별해야 합니다. 제자들이 모인 가운데서 베드로가 앞장서서 행하는 일이 16절 이하입니다. 이 행동이 무엇을 의미하는지 바르게 파악해야 합니다. 과연 성경은 이 행동을 잘했다고 소개하는 것인가, 아니면 엉뚱한 일이라고 소개하는가를 분별해야 합니다. 한 가지 기억하셔야 하는 것은 아직 성령이 오시지 않은 상태라는 사실입니다. 즉 베드로에게 새로운 마음, 부드러운 마음, 하나님의 마음, 하나님의 가치, 인식, 기준, 원리, 개념이 들어오지 않은 상태입니다. 베드로뿐만 아니라 그 곳에 모인 제자들 중에 단 한 사람도 십자가 사건 이전과 생각이 달라진 사람이 없고, 부활 사건 이후에도 인식이 달라지거나 기준이 달라지거나 가치가 달라진 사람이 없습니다. 제자들은 여전히 죄의 사고방식을 가졌을 뿐 하나님의 사고방식을 전혀 가지지 않았습니다. 모인 사람 중에 말하는 사람은 베드로이지만 모두가 동일한 수준, 동일한 생각, 동일한 행동을 보여주고 있습니다.

성경 오용하기

베드로가 하는 말이 16절부터 19절 "성령이 다윗의 입을 통하여 예수 잡는 자들의 길잡이가 된 유다를 가리켜 미리 말씀하신 성경이 응하였으니 마땅하도다 이 사람은 본래 우리 수 가운데 참여하여 이 직무의 한 부분을 맡았던 자라 이 사람이 불의의 삯으로 밭을 사고 후에 몸이 곤두박질하여 배가 터져 창자가 다

흘러나온지라 이 일이 예루살렘에 사는 모든 사람에게 알리어져 그들의 말로는 그 밭을 아겔다마라 하니 이는 피밭이라는 뜻이라"입니다. 베드로가 한 말의 포인트는 16절의 '마땅하도다'입니다. 유다가 죽은 것이 마땅하다고 합니다. 단순히 자기 의견을 표현하는 정도가 아니라 '성경이 응하였다'고 말하고, 그러니 마땅하다는 것입니다. 여러분, 베드로가 이 말을 할 자격이 있습니까? 성경 한구절만 언급하면 무슨 말이나 해도 됩니까?

만약 옆에 있는 사람이 성경에 있는 다른 구절을 들고 나온다고 합시다. 누군가가 이사야 31장 2절 "여호와께서도 지혜로우신즉 재앙을 내리실 것이라 그의 말씀들을 변하게 하지 아니하시고 일어나사 악행하는 자들의 집을 치시며 행악을 돕는자들을 치시리니"라고 선언한다면 예수를 부인한 베드로와 모든 제자들은 다 재앙을 받아야 합니다. 베드로가 언제부터 성경을 언급했답니까? 베드로가 언제부터 성경대로 행동했답니까? 성경은 지금 유다의 죽음은 마땅하다는 것을 베드로의 입을 통해 확증해 주는 것일까요? 제가 다시 부탁을 드립니다. 기도했다는 표현이 나온다고 해서, 성경을 인용했다고 해서 무조건 옳은 내용, 바른 행동이었을 것이라고 생각하지 마시기 바랍니다.

예나 지금이나, 제자들이나 성도들이나 성경을 인용하면서도 얼마든지 엉뚱한 왜곡을 할 수 있습니다. 성경을 가장 교활하게 사용하는 대가가 바로 사단입니다. 마태복음 4장에서 예수께서 성령에게 이끌리어 마귀에게 시험을 받으러 가셨습니다. 그때 마귀는 상식을 운운하거나 기본을 강조한 것이 아닙니다. 사단이 예수에게 성전 꼭대기에서 뛰어내리라고 권고한 근거가 바로 성경이었습니다. 사단이 성경을 운운하면서 '예수여, 당신이 뛰어내리는 것이 마땅하도다!'라고 하면 마땅한 것입니까? 또 성경을 가장 성경의 의도와 다르게, 성경의 목적과 다르게 사용한 사람들이 유대교 지도자들이었습니다. 성경을 근거로 예수를 죽이려고 했고, 성경 말씀을 근거로 예수님을 대적했습니다. 사단이나 유대교 지도자들이나 모두 성경에 순종하려고 성경을 언급한 것이 아니었고, 성경대로 행하려고 성경을 강조한 것이 아니었습니다. 사단과 유대교 지도자들 모두 자기들의 목적이 있었고, 자기들이 하고 싶은 것이 있었고, 자기들의 뜻이 있었는데 그것을 정당한 것처럼, 그것을 마땅한 것처럼 주장하기 위하여 성경을 인용했을 뿐입니다.

사단과 유대 지도자들은 성경을 근거로 하나님을 죽이려고 시도했고, 베드로는 성경을 근거로 유다가 죽은 것을 마땅하다고 정당화하고 있습니다. 성경은 하나님의 말씀이고, 하나님 마음의 핵심은 사람을 사랑하는 것입니다. 하나님은 죽어가는 사람도 살려내시고 싶어 하고, 행여 인간이 자신의 죄로 죽임을 당해도 안타까워하고, 긍휼히 여기시는 분입니다. 그런데 성경을 근거로 사람을 죽이려는 시도, 성경을 근거로 사람의 죽음을 마땅하게 여기는 것이 과연 성경을 바르게 이해하는 것이요, 성경을 바르게 적용하는 것일까요? 절대로 그렇지 않습니다. 성경책에 이런 표어 하나 붙여놓으시기 바랍니다. "성경 안다 남용 말고, 성경 모른다 오용말자!"

뒤집어씌우기

제자들 중에 가장 잠잠히 있어야 하는 베드로가 성경까지 인용해가면서 유다의 죽음을 마땅하다고 주장하는 이유가 무엇이겠습니까? 또 베드로가 이렇게 주장하니까 그곳에 모인 사람 중에 아무도 이의를 달지 않고 모두가 동의하고 있습니다. 본문은 제자들의 심정을 '더불어 마음을 같이하여'라고 말해주고 있습니다. 제자들이 한마음 한뜻이 된 이유가 무엇이겠습니까? 이런 상황을 전문용어로 '뒤집어씌우기'라고 합니다. 실상을 풀어보면, 제자들이 다시 모였습니다. 서로 쑥스러운 과거를 가진 사람들입니다. 아직 성령이 임하지 않아 마음이 새로워진 것은 없고, 서로 민망한 실수를 범한 전력이 있는 사람들입니다. 한번은 과오를 털고 넘어가야 하는 상황입니다. 이때 누가 나설까요? 뭐라고 할까요? 한 사람이 나와서 '이전에 내가 어리석게 행동했었다, 내가 바보같이 굴었다, 잘못을 인정한다, 부끄럽지만 용서를 바란다'고 말을 할까요? 그렇게 말할 때에 다른 사람들이 모두 '나도 그렇다, 우리 중에 나은 사람이 없다, 서로 이해하고 넘어가자'고 말할 것 같은 가요? 그런 반응이 나오기를 기대하면서 먼저 자아비판을 할 사람이 있을까요? 죄인의 심리, 죄인의 마음, 죄인들의 행동을 고려하셔야 합니다.

　죄인들은 이럴 때 '적반하장'賊反荷杖 전법을 사용합니다. 그래서 이런 상황에서 대체로 선봉에 서는 사람은 가장 큰 잘못을 행한 사람입니다. 왜냐하면 그 사람에 관한 내용이 다루어지면 나머지는 모두 다루어진 것과 같은 효과를 갖기 때문입니다. 가장 큰 일을 해결하면 그 이외의 작은 일들은 자동적으로 해결된 것과 같은 효과를 가지는 방식입니다. 그래서 베드로가 나서는 것입니다. 그리고 베드로는 나서서 참회를 하는 것이 아니라 자기보다 더한 놈을 지적하며 뒤집어씌우기를 합니다. 악한 자가 나와서 더 악한 자를 욕하면, 가장 악한 자 이외의 모든 사람은 상대적으로 악한 사람이 아닌 것이 되는 효과가 발생합니다. 그러면 모두가 면죄부를 받을 수 있습니다. 그래서 제자들 중에 베드로가 나와서 걸고넘어지는 것이 유다입니다. 단순히 유다를 비난하는 것이 아니라 성경을 운운하며, 성경대로 응하였으니 마땅하다는 주장입니다. 유다 같은 놈은 죽어야 한다고 외칩니다. 상대적으로 자신들은 살아있습니다. 즉 자신들은 유다와 같이 죽을 만큼 큰 죄를 지은 것이 아니라는 주장입니다. 참 교활합니다.

　혹시 설득이 안 되시는 분들이 계실까봐 성경의 다른 사건을 예로 들어 보겠습니다. 사사기 19장 이하에 레위인의 첩 사건이 기록되어 있습니다. 레위인이 첩을 둔 것이 악하고, 기브아 사람들이 상관하겠다고 들어온 사람 즉 레위인을 내 놓으라고 한 것이 악하고, 집주인이 처녀 딸과 첩을 내어 주겠다고 한 것이 악하고, 결국 첩이 죽은 것이 악하고, 첩의 시신을 열두 토막 내어 온 이스라엘에 보낸 것이 악합니다. 특별히 한 사람이 극악한 모습이 아니라 모든 이스라엘이 악행에 연루되어 있다는 것을 보여줍니다. 모두가 죄인입니다. 모두가 그런 행동에 익숙해져 있습니다. 모두가 공범입니다. 그런데 온 이스라엘이 모여 기브아 족속이 속한 베냐민 지파를 몰살시키려고 합니다. 기브아 사람들을 악한 사람으로 몰아세웁니다. 한 명의 공적이 생기면 나머지 모두가 그 사람이 극악하다고 몰아세우는 일에 동참합니다. 그래서 극악한 사람이 선정되면 나머지는 모두 악하지 않은 사람이 되고, 도리어 악한 사람을 판단하고 징계할 수 있는 자격이 생기는 것입니다.

베드로와 제자들이 아무도 반성을 하지 않고 대신 유다를 공적으로 만듭니다. 유다의 죽음이 마땅하다고 선언함으로 자신들의 죄가 잊혀지고, 자신들은 유다를 정죄할 수 있고, 유다의 죽음이 마땅하다고 선언할 수 있는 판단자가 됩니다. 같은 죄수가 판사가 되는 기가 막힌 반전입니다. 제자들이 유다의 죽음을 마땅하다고 몰아세우는 이유를 이해하시겠습니까? 또 이런 행동을 할 때에는 가장 정당한 듯한 방법을 사용해야 합니다. 그래서 '기도하고', '성경을 인용하면서' 말을 하는 것입니다.

증인의 조건

직분을 취하게

유다의 죽음을 마땅하다고 선언한 베드로가 다시 들고 나오는 성경의 다른 구절이 20절 "시편에 기록하였으되 그의 거처를 황폐하게 하시며 거기 거하는 자가 없게 하소서 하였고 또 일렀으되 그의 직분을 타인이 취하게 하소서 하였도다"입니다. 베드로의 의도가 조금 더 명쾌해졌습니다. 유다의 자리에 새로운 사람을 채워 넣자는 제안입니다. 열두 명의 제자는 중요하다는 것이요, 자리가 비면 얼른 채워 넣어야 한다는 주장입니다. 유다의 죽음은 마땅한 것으로 결정 났고, 제자의 자리가 중요하다고 주장하면 이제 자신들의 과오는 모두 덥히게 됩니다. 동시에 자신들은 아주 중요한 사람들, 아주 특별한 사람들이라는 위치를 차지하게 됩니다.

　이때에도 아주 재미있는 발언을 합니다. 아니 제자들이 아주 이상한 조치를 취합니다. 21절 이하 "이러하므로 요한의 침례로부터 우리 가운데서 올려져 가신 날까지 주 예수께서 우리 가운데 출입하실 때에 항상 우리와 함께 다니던 사람 중에 하나를 세워 우리와 더불어 예수께서 부활하심을 증언할 사람이 되게 하여야 하리라"입니다. 우선 궁금한 것은 이런 조치를 취하는 의도입니다. 왜 하나를 세울까요? 왜 열둘이라는 숫자를 채우려고 할까요? 열둘이 그렇게 중요했다면 예수님이 부활하신 후 사십 일 동안 제자들과 함께 계실 때 채우셨어야 합니다. 그 동안도 모든 제자는 예수님이 뽑으셨습니다. 예수님이 자신의 사역을 위임하고 가시는 것이었다면, 그래서 열두 제자의 역할이 결정적으로 중요하다면 예수님이 뽑아놓고 가셨어야 합니다. 그런데 예수님은 유다의 죽음이 마땅하다고 선언하지도 않으셨고, 빈자리가 있으면 안 된다고 강조하지도 않으셨고, 꼭 열둘을 채워야 한다고 말씀하지도 않으셨고, 승천하시기 전에 곧 너희들만 남게 되면 가장 우선적으로 빈자리부터 채우라고 권고하시지도 않았습니다.

　제자들은 자신들의 과오를 어떻게 하면 단번에 잊혀 지게 할지를 고민했고 그 결과 유다에게 모든 것을 뒤집어씌우기로 한 것이고, 어떻게 하면 자신들의 위치를 특별하고 우월하게 만들고 유지할 수 있게 할지를 고민했고 그 결과 유다의 자리를 다른 사람이 취하게 해서 열둘의 의미를 강조하고, 자연스럽게 열두 명은 중요한 인물이라는 인식을 심을 수 있게 만들었습니다. 이 사람들은 이전에도 이런 머리싸움을 하고 있었습니다. 마태복음 18장 1절에 "그 때에 제자들이 예수께 나아와 이르되 천국에서는 누가 크니이까?"라고 묻습니다. 이 말이 얼마나 어이없는 행동인가, 반면에 사람들이 얼마나 자리싸움과 특권을 만들고, 우열을 만들고 싶어 하는 지를 보여줍니다. 아직 천국에 가지도 않았습니다. 언제 갈지도 모릅니다. 정확하게 말하면, 자신들이 천국에 갈 수 있을지 없을 지도 모릅니다. 그런데 벌써 천국에서 누가 큰지를 묻고 있습니다.

또 마태복음 20장 20절에 보면 세베대의 아들의 어머니가 아들들을 데리고 예수께 구하는 것이 있습니다. 21절 "예수께서 이르시되 무엇을 원하느냐 이르되 나의 이 두 아들을 주의 나라에서 하나는 주의 우편에 하나는 주의 좌편에 앉게 명하소서"입니다. 참 대단합니다. 아들을 위한 치맛바람은 이천 년 전에도 있었고, 이 아들들이 초등학생이나 중고등학생이 아니라 청년내지는 장년인데 이렇게 다 큰 아들을 위해서 어머니가 자리를 청탁하고 있고, 그것도 언제 임할지도 모르는 주의 나라에서 자리를 달라고 합니다. 이것이 죄인의 본성이요, 죄인의 속내입니다. 제자들이 예수님의 승천을 보더니 신실해져서, 우선 합심하여 기도하고, 바로 이어서 사명을 감당하기 위해서 제자를 충원하고, 증인의 역할을 감당하러 나아간다고 너무 착해빠지게, 죄인의 속성과는 전혀 다르게 이해하시면 안 됩니다.

증인

물론 베드로가 말은 멋있게 합니다. 유다의 자리에 대신 채워지는 사람이 할 일이 '예수께서 부활하심을 증언할 사람이 되게 하는 것'이라고 합니다. 이것은 이미 예수께서 8절에 "오직 성령이 너희에게 임하시면 너희가 권능을 받고 예루살렘과 온 유대와 사마리아와 땅끝까지 이르러 내 증인이 되리라"고 말씀하셨습니다. 그때 예수님은 '한 사람만 추가한다'고 말씀하지 않았습니다. '열두 명을 채운다'고 말씀하지 않았습니다. 제자들의 주장대로라면 열두 명은 증인의 역할을 하고, 다른 사람은 증인이 아닌 것입니까? 제자들로 하여금 증인이 되게 하는 것은 예수님이 하실 일입니다. 누가 증인이 됩니까? 예수님이 증인이 되게 하는 사람들입니다. 몇 사람이나 증인이 됩니까? 예수님이 증인 되게 하는 사람 숫자 만큼입니다. 그런데 제자들은 한 사람을 뽑자고 하고, 그 사람이 증인이 되게 하자고 합니다. 제자들이 하는 멋있는 말에 속으시면 안 됩니다.

한 사람을 뽑는데 제자들이 후보의 자격, 후보의 기준을 정합니다. 21절과 22절에 나오는 대로 "요한의 침례로부터 우리 가운데서 올려져 가신 날까지 주 예수께서 우리 가운데 출입하실 때에 항상 우리와 함께 다니던 사람 중에 하나"입니다. 누가 이런 기준을 세웠습니까? 언제부터 제자의 기준이 생겼습니까? 언제부터 하나님이 수준보고, 자격보고, 사람 뽑았습니까? 요한의 침례부터 승천 때까지 자기들과 함께 다니던 사람 중에 뽑는다고 하는데 자기들과 함께 다닌 것이 무슨 대수입니까? 자기들은 자격이 있습니까? 자기들은 예수와 함께 있다가 함께 도망갔던 놈들이잖아요! 함께 있어서 자기들이 뭐가 달랐나요? 함께 있어서 자기들이 무슨 구별점이 있었나요? 자기들과 함께 있었던 것이 왜 중요합니까? 함께 도망갔던 공범이어야 한다는 것입니까? 이게 자격입니까? 이게 조건입니까? 이런 것을 '텃세'라고 합니다.

우선 열두 명을 채워야 한다는 주장이 특권의식 또는 우월의식이고, 자기들과 함께 있던 사람 중에 하나이어야 한다는 것이 차별화를 만드는 것이고, 자기들이 아는 사람이나 자기들 영역에 속한 사람이어야 한다는 것이 폐쇄성입니다. 이러한 속내를 교묘하게 감추는 것이 성경을 언급하는 것이요, 기도하는 것입니다. 24절은 "그들이 기도하여 이르되 뭇 사람의 마음을 아시는 주여 이 두 사람 중에 누가 주님께 택하신 바 되어 봉사와 및 사도의 직무를 대신할 자인지를 보이시옵소서"입니다. 하나님의 뜻을 구하려면 모든 것을 열어 놓고 모든 것을 하나님이 하시게 해야 합니다. 자신들 스스로 하나님의 뜻에 순종하는 자세이어야 합니다. 그런데 하나님이 정하지 않은 자격을 자기들이 만들어 놓고, 하나님이 뽑지 않은 사람들을 자신들이 두 사람만 골라놓고 그제사 하는 말이 '뭇 사람의 마음을 아시는 주여 이 두 사람 중에 누가 주님께 택하신 바 되어'입니다. 자기들이 다 결정해놓고 하는 말이 '주님께 택하신 바 되어'입니다. 종교인들의 전형적인 교활함입니다. 그리고 끝까지 유다를 물고 들어갑니다. 모든 것을 유다에게 뒤집어씌웁니다. 25절 중간 "유다는 이 직무를 버리고 제 곳으로 갔나이다"입니다. 자기들은 안 갔나요? 솔직히 말해서 유다와 나머지 제자들 중에 그래도 누가 양심이 있습니까? 유다는 나중에 자신의 잘못을 인식하고, 받은 돈도 돌려주고, 죄책감에 자살도 합니다. 제자들은요? 잘못을 인식하기나 했습니까? 잘못했다고 고백하기라도 했습니까? 자살하는 흉내라도 냈습니까? 체면이 없어 나서지 않고 쥐 죽은 듯이 있기라도 합니까? 여러분은 지금 비열한 죄인들, 간사한 죄인들의 우아한 쇼를 보고 계십니다.

예수님이 제자를 뽑는 것과 제자들이 사람을 뽑는 것을 비교해 보시기 바랍니다. 예수님이 열두 명의 제자를 뽑았습니다. 누구를 뽑았습니까? 예수님이 제자들을 뽑으실 때 내세웠던 조건이 무엇입니까? 없습니다. 예수님은 도리어 '사람이 자격과 기준으로 여기실 만한 것'에 전혀 걸맞지 않은 사람을 뽑으셨습니다. 사람들이 예수를 믿지 않았던 이유 중의 하나가 바로 제자들 때문이었습니다. 예수님의 제자들을 보면 예수가 무엇인가 이룰 수 있을 것 같은 가능성이 보이지 않았기 때문입니다. 예수님의 보좌진이, 참모진이, 비서진이, 협력하는 사람들이 도무지 일이 될 만한 사람들이 모여 있지 않았습니다. 그런데 이것이 하나님의 방법이었습니다. 이런 방법이었기 때문에 제자들이 제자에 뽑힐 수 있었던 것입니다. 그렇게 뽑혔던 제자들이 하는 짓이 자격을 내세우고, 자기들과 함께 했던 사람으로 제한하고 있습니다. 아주 가관입니다.

후보자

제자들이 내 세운 후보가 둘입니다. 23절 "그들이 두 사람을 내세우니 하나는 바사바라고도 하고 별명은 유스도라고 하는 요셉이요 하나는 맛디아라"입니다. 두 사람이 나왔는데 아주 재미있습니다. 소개가 아주 대조적입니다. 한 사람은 소개가 아주 거창하고 한 사람은 아주 간단합니다. "바사바라고도 하고 별명은 유스도라고 하는 요셉이요 하나는 맛디아라"입니다. 요셉은 얼마나 거창한지 자그마치 세 번을 언급합니다. 그만큼 잘 알려져 있다는 의미입니다. 아마도 사람들은 요셉이 뽑힐 것으로 기대를 했던 것 같습니다. 본문 중에서 제자들 말고 제 삼의 존재가 등장하는데 바로 '제비'입니다. 물론 진짜 제비라는 말은 아닙니다. 제자들이 마침내 제비를 뽑았는데 맛디아가 뽑혔습니다. 왜 맛디아입니까? '그냥'입니다. 맛디아가 뽑혔다는 것이 아무 의미가 없습니다. 왜냐하면 지금 제자들이 하고 있는 짓이 애시당초 의미 없는 짓이기 때문에 누가 뽑혔느냐가 아무 상관이 없습니다. 예수님은 모인 사람 모두에게 '증인이 되리라'고 말씀하셨습니다. 그런데 자기들끼리 '증언할 사람'을 뽑는 것이 무슨 의미가 있습니까? 그래서 맛디아가 뽑혔는데 사도행전에는 맛디아에 대해서 단 한마디도 하지 않습니다. 아주 재미있지 않습니까! 맛디아 뿐만 아니라 열두 명의 제자 중에 한두 명의 활동이 등장할 뿐 대부분의 제자들에 대해서는 전혀 언급을 하지 않습니다. 대신 제자에 뽑히지도 않았고, 제자들과 함께 하지도 않았던 사람들이 증인의 역할을 하는 모습을 소개합니다. 스데반이 그렇고, 빌립 집사가 그렇고, 사도 바울이 그렇습니다. 이 사람들이 제시한 조건에 의하면 바울은 사도가 될 수 있습니까? 없습니다. 그런데 바울은 사도입니까, 아닙니까? 바울은 사도입니다.

제가 여러분이 존경하는 제자들을 너무 처참하게 비난했다고 오해하지 마시기 바랍니다. 이제 2장부터는 반전이 시작됩니다. 1장에서 이렇게 자신들의 죄를 덮고 차별과 우열을 만들어내던 제자들의 달라지는 모습이 등장합니다. 드디어 성령이 오셔서 진리를 가르치시니까 제자들의 생각이 바뀌고, 인식이 바뀌고, 기준이 바뀌고, 가치가 바뀝니다. 제자들이 변합니다. 그래서 명예가 없는 일에 앞장서고, 죽음이 당연한 일에 앞장서게 됩니다. 그때 우리는 죄인을 변화시키는 하나님의 일하심, 예수님의 십자가 사역의 의미, 성령의 가르치심의 열매를 보게 될 것입니다. 하나님과 동행하는 한 주간의 삶이 되시기를 주님의 이름으로 축원합니다.

6

홀연히 하늘로부터

사도행전 2:1~4

1 오순절 날이 이미 이르매 그들이 다같이 한 곳에 모였더니 2 홀연히 하늘로부터 급하고 강한 바람 같은 소리가 있어 그들이 앉은 온 집에 가득하며 3 마치 불의 혀처럼 갈라지는 것들이 그들에게 보여 각 사람 위에 하나씩 임하여 있더니 4 그들이 다 성령의 충만함을 받고 성령이 말하게 하심을 따라 다른 언어들로 말하기를 시작하니라

성령의 의미

성령의 등장

사람들은 종종 너무 당연하게 여겨서 정작 중요한 것을 놓치는 경우가 있습니다. '감사하다'의 반대말이 '불평하다'가 아니라 '당연한 것으로 여기다'라고 말하는 것과 같은 경우입니다. 사도행전 1장과 2장을 상고할 때 신중하게 살펴야 하는 것을 너무 당연시합니다. 1장에서 제자들이 모여 있는 것이 당연한 것이 아니고 예수님이 일일이 찾아다니면서 불러 모은 결과입니다. 또 제자들이 함께 기도한다는 것과 성경을 인용한다는 것이 당연한 것이 아니요 늘 보던 모습이 아니라 매우 새롭고 신기한 모습입니다. 2장에서는 성령이 임하는 사건이 등장하는데 드디어 성령이 오신다고, 드디어 성령시대가 열리는 것이라고, 마침내 새 시대, 새 역사가 펼쳐지는 것이라고 당연하게 생각하는데 전혀 그렇지 않습니다.

성령은 그 동안, 창조 이래로 사도행전 1장까지는 전혀 등장하지 않았다가 드디어, 마침내, 화려하게, 완전 새롭게, 모두의 기대를 듬뿍 안고 모습을 나타내는 것이 아닙니다. 성령은 이미 창세기 1장부터 수십 번, 수백 번 나타났습니다. 성령은 성경에서 매우 다양하게 표현됩니다. 창세기 1장 2절에는 '하나님의 영'이라고 소개되고, 사사기 6장 34절에는 '여호와의 영'이라고 소개되고, 에스겔 3장 24절에는 '주의 영'이라고 소개되고, 사도행전 16장 7절에는 '예수의 영'이라고 소개되고, 구약과 신약의 허다한 곳에서 '성령'이라고 소개됩니다. 성령이 사람에게 임하는 것도 사도행전이 처음이 아닙니다. 사사들에게도 여호와의 영이 임하고, 왕에게도 여호와의 영이 임하고, 선지자나 예언자들에게도 여호와의 영이 임했습니다. 신실한 사람에게만 나타난 것이 아니고, 간절히 구한 사람에게만 나타난 것이 아니라 느닷없이 임했고, 전혀 예상치 못한 사람에게도 임했습니다. 또 여호와의 영이 나타나는 모습도 참으로 다양했습니다. 출애굽기에서 브살렐과 오홀리압에게는 '지혜와 총명'으로 나타나고, 사사기에서 삼손에게는 여호와의 영이 임한 것이 '강한 힘'으로 나타나고, 사무엘상에서 사울에게는 '예언하는 것'으로 나타나고, 예언자들에게는 '환상과 계시와 묵시와 이상'으로 나타나고, 다니엘에게는 '꿈을 해석하는 것'으로 나타나기도 했습니다.

신약에서도 복음서에서 이미 성령 받은 사람이 있습니다. 누가복음 1장 15절에 의하면 침례 요한이 성령의 충만함을 받을 것으로, 35절에는 마리아에게 성령이 임할 것으로 예언되고, 41절에는 요한의 어머니 엘리사벳이 성령의 충만함을 받았다고, 67절에는 요한의 아버지 사가랴가 성령의 충만함을 받았다고, 2장 25절에는 예루살렘에 있는 시므온이라는 사람이 있는데 성령이 그 위에 계시다고 소개되고 있습니다. 또 성령과 연결된 대표적 인물이 예수님입니다. 예수는 성령으로 잉태하였고, 요단강에서 성령을 받았고, 늘 성령의 충만함을 따라 행하셨습니다. 성령은 전혀 새로운 것이 아닙니다. 그러므로 성령과 관계해서 주의 깊게 살펴봐야 할 것은 사도행전에서는 왜 성령이 오는 것을 강조하고, 또 성령이 오는 것을 왜 이런 방식으로 소개하고 있느냐는 것입니다.

여호와의 영이 강조된 이유

성령하면 가장 먼저 떠오르는 생각이 '성부, 성자, 성령'입니다. 성부, 성자, 성령 중에 성령은 하나님의 영이라고 생각을 합니다. 물론 맞는 말이지만 성경의 표현을 잘 이해하셔야 합니다. 성령을 거룩한 '영'으로 표현한다고 해서 성부 하나님은 영이 아니라는 의미가 아닙니다. 요한복음 4장 24절 "하나님은 영이시니 예배하는 자가 영과 진리로 예배할지니라"입니다. 성령만 영이 아니라 하나님도 영이십니다. 또 성령에 대해서 성경에는 한편에서는 '하나님의 영'이라고 하고, 다른 한편에서는 '예수의 영'이라고도 하면 누구의 영이 맞습니까? 애매모호하면 그냥 '주의 영'이라고 하면 될까요? 이런 질문을 드리는 이유는 성경에 '성령'이 등장할 때 성령을 등장시키는 이유가 무엇인지를 바르게 알아야 하기 때문입니다. 일반적으로 성령이라고 하면 대부분의 사람들이 성부 대신 성령, 예수 대신 성령을 떠 올립니다. 구약에서는 하나님이 주도적으로 활동하셨고, 복음서에서는 예수님이 주도적으로 활동하셨는데, 이제 사도행전에서는 성령이 임하셔서 성령의 시대가 펼쳐지고 성령이 주도적으로 활동하신다고 생각합니다. 물론 완전히 틀린 생각은 아닌데 성경이 성령 또는 여호와의 영을 강조할 때 성부 하나님과 대조되는 성령이나 성자 예수님을 대체하는 성령을 강조하려는 의도를 갖는 것이 아닙니다.

예를 들어보겠습니다. 초등학교 아이들 열 명이 있습니다. 남자건 여자건 열 명이 모두 아이들이기에 수준이 다 그만그만합니다. 잘나봤자 아이고, 알아봤자 아이입니다. 열 명이 토론을 하는데 주제가 '고부간의 갈등'입니다. 이 주제는 아이들이 알 수 없는 주제, 아이들이 해결할 수 없는 주제입니다. 그래서 주제 자체를 이해하지 못하고 있을 때에, 누군가가 도와주기를 바랄 때 엄마가 등장하자 아이들이 소리칩니다. '엄마가 오셨으니 엄마한테 물어보자!'고 합니다. 이때 '엄마'가 상징하는 것이 무엇인지 잘 파악하셔야 합니다. 아버지가 아니라 엄마라는 의미인가요? 옆집 아줌마가 아니라 엄마라는 의미인가요? 할머니가 아니라 엄마라는 의미인가요? 이때 엄마의 의미는 아이가 아니라 즉 자기들과 같은 또래의 어린이가 아니라 '어른'이라는 의미입니다. 물론 말은 분명히 '엄마'라고 했습니다. 그런데 강조점은 '엄마'가 아니라 '어른'입니다. 아버지가 와도 되고, 할머니가 와도 되고, 이모가 와도 됩니다. 단 아이만 아니면 됩니다. 어른이 와서 '고부갈등'의 의미를 풀어주면 됩니다. 그래서 이 장면에서 '엄마'의 의미는 '아이가 아니라는 것' 다른 표현으로 '어른이라는 것'입니다.

성령 또는 여호와의 영에 대한 성경의 강조점도 이와 같습니다. 여호와의 영이 등장하는 이유입니다. 성부 하나님이 혼자 사역하기 힘드니까 여호와의 영이 도와주는 것이 아니고, 예수님 혼자 일하면 외롭고 벅차니까 성령이 협력하는 것이 아니고, 하나님의 시대는 지나가고 예수의 시대도 지나가고 이제 성령의 전성시대가 왔다고 강조하려는 것이 전혀 아닙니다. 하나님이 하시는 일에, 인간의 세상에서 인간들의 생활가운데 발생하는 일에 여호와의 영이나 성령이 등장하는 이유는 그 일은, 그 사건은, 그 역사는 인간의 수고와 능력으로 이루어진 것이 아니라 '하나님'이 하셨다는 것을 강조하는 성경의 표현양식입니다.

사사시대에 사사들에게 여호와의 영이 임합니다. 이스라엘은 이방의 압제를 받아 도무지 전쟁을 할 능력도 없고, 더욱이나 이길 수 있는 일말의 가능성도 없습니다. 인간에게 방법이 없기에, 능력이 없기에, 대안이 없기에 여호와의 영이 임하여서 전쟁을 승리하게 합니다. 그러면 이스라엘이 전쟁에서 승리한 후에 '우리가 이겼다, 우리의 수고와 지혜와 전력과 무기로 이겼다'고 절대로 말하지 못합니다. 할 수 있는 말이라고는 '하나님이 이기게 하셨다'는 것뿐입니다. 인간이 행한 것이 아니라 하나님이 행하셨다는 것을 강조하기 위한 표현이 '여호와의 영이 임했다'입니다. 다니엘의 경우에 바벨론의 느부갓네살 왕이 꿈을 꾸었는데 자신이 꾼 꿈도 모르고 꿈의 해석도 모릅니다. 이때 다니엘이 등장하여 하는 말이 다니엘서 2장 28절 "오직 은밀한 것을 나타내실 이는 하늘에 계신 하나님이시라"입니다. 다니엘이 말한 '오직 은밀한 것을 나타내시는 이, 하늘에 계신 하나님'은 하나님입니까, 예수님입니까, 성령님입니까? 정답은 그렇게 말하면 안 된다는 것입니다. 다니엘서에서 강조하는 것은 이 꿈의 해석은 인간에게서 나는 것이 아니라는 것, 지혜자나 술객이나 박수나 점쟁이도 안 되고, 다니엘도 안 되고, 오직 하나님이 알게 하신다는 것을 의미합니다.

예수의 삶

예수를 소개할 때도 동일한 원리가 사용됩니다. 복음서는 예수님의 시대, 사도행전은 성령의 시대라는 표현은 성경과 맞지 않습니다. 복음서에도 성령이 수십 번 등장합니다. 복음서는 예수의 시대인데 성령이 복음서에도 등장하는 것은 성령시대도 아닌데 성령이 미리 설쳐대는 것입니까? 아직 자기 시대도 아닌데 질서 없이 순서와 절차를 무시하는 것입니까? 절대로 그렇지 않습니다. 복음서에서 예수를 소개할 때도 철저하게 성령의 일하심을 강조합니다. 예수는 성령으로 잉태되었고, 요단강에서 성령을 받고 사역을 시작하며, 성도의 인도하심을 받아 마귀에게 시험을 받고, 성령으로 기뻐하고, 성령으로 말한다고 묘사합니다. 왜 이렇게 표현하는지 그 의도를 이해하셔야 합니다. 하나님이신 예수께서 육신을 입고 강림하셨습니다. 사람들에게는 예수께서 하나님이시라는 것이 전혀 구분되지 않고 인식되지 않습니다. 사람들에게는 예수는 그냥 예수요, 그냥 사람이요, 그냥 남자입니다. 그래서 예수를 볼 때 그냥 어떤 남자를 보는 것이요, 예수가 하는 사역에 대해서는 그냥 어떤 남자가 사역을 하는 것으로밖에 이해하지 못합니다. 그래서 예수가 단순히 남자가 아니요, 인간 중에 한 사람이 아니라 하나님이시라는 것을 강조하기 위해서 성령으로 잉태하였다고 선언하는 것입니다. 또 예수의 사역이 인간 예수의 개인적 능력에 근거한 것이 아니라 하나님으로 말미암은 것임을 강조하기 위하여 성령을 따라, 성령의 충만함을 받았다고 선언하는 것입니다.

성경에서 하나님, 예수님, 성령님이 등장하면 하나님이 아니라 예수님, 예수님이 아니라 성령님, 성령님이 아니라 하나님 즉 성부, 성자, 성령을 서로 대조나 경쟁이나 비교의 의미로 이해해서는 안 됩니다. 성부시대, 성자시대, 성령시대 이런 표현은 없습니다. 하나님, 예수, 성령이 등장하면 '아, 인간이 아니라 하나님이시구나!', '아, 죄가 아니라 하나님이시구나!' 라고 생각하셔야 합니다.

제자들에게 임하는 성령

성령 사건의 특징

성령, 여호와의 영이 임하는 사건은 희귀한 사건이 아니라 자주 있었던 일입니다. 여호와의 영이 사도행전 2장에서 처음 임하는 것도 아니고, 새롭게 임하는 것도 아닙니다. 성령이 임하는 것에 대해 사도행전은 두 가지 측면에서 이전과 다릅니다. 첫 번째, 예수님은 성령이 임하는 것에 대하여 매우 강조하고, 승천하면 아버지의 약속에 따라 성령을 보내시겠다고, 성령을 기다리라고 하셨다는 것입니다. 즉 이전에 성령이 임할 때는 성령이 임한다는 예고도 없었고, 당사자에게 통보도 없었고, 준비하라거나 기다리라는 등의 언급이 일체 없었습니다. 하나님의 영이, 여호와의 영이, 성령이 그냥 임했습니다. 성경 전체에서 성령이 온다는 것을 알고 있던 사람이 없고, 기다리고 있던 사람이 없고, 사모했던 사람이 없습니다. 그런데 예수님은 성령의 임재를 예고하고 기다리라고 말씀하십니다.

두 번째, 실제로 성령이 임하자 사도행전 2장은 성령이 임하는 것을 매우 예사롭지 않게, 그 동안 성경이 묘사하는 것과는 전혀 다른 양식으로 설명하고 있습니다. 그 동안 성경에서 성령이 임할 때는 별다른 현상이 없었습니다. 옷니엘에게 여호와의 영이 임할 때, 기드온에게 여호와의 영이 임할 때, 삼손에게 여호와의 영이 임할 때 독특한 일이 발생하지 않았습니다. 다니엘에게 하나님이 꿈의 해명을 주실 때에도 갑자기 하늘에 꿈 해몽도가 나타나지 않았습니다. 조금, 아주 조금 독특한 일이라면 사울 왕에게 여호와의 영이 임했을 때와 예수에게 성령이 임할 때입니다. 사무엘상 10장 10절을 보면 "그들이 산에 이를 때에 선지자의 무리가 그를 영접하고 하나님의 영이 사울에게 크게 임하므로 그가 그들 중에서 예언을 하니 전에 사울을 알던 모든 사람들이 사울이 선지자들과 함께 예언함을 보고 서로 이르되 기스의 아들에게 무슨 일이 일어났느냐 사울도 선지자들 중에 있느냐 하고"입니다. 이 경우를 제외하고는 여호와의 영이 왔는지 안 왔는지 확인할 수 있는 어떤 현상이 일체 없었습니다. 예수님의 경우는 마태복음 3장 16절 "예수께서 침례를 받으시고 곧 물에서 올라오실새 하늘이 열리고 하나님의 성령이 비둘기 같이 내려 자기 위에 임하심을 보시더니 하늘로부터 소리가 있어 말씀하시되 이는 내 사랑하는 아들이요 내 기뻐하는 자라 하시니라"입니다. 조금 특이하긴 해도 사도행전과는 비교가 안 됩니다.

성경의 다른 경우와는 달리 사도행전은 매우 독특합니다. 2절 이하에 "홀연히 하늘로부터 급하고 강한 바람 같은 소리가 있어 그들이 앉은 온 집에 가득하며 마치 불의 혀처럼 갈라지는 것들이 그들에게 보여 각 사람 위에 하나씩 임하여 있더니 그들이 다 성령의 충만함을 받고 성령이 말하게 하심을 따라 다른 언어들로 말하기를 시작하니라"입니다. 사도행전에 성령이 임하는 사건이 두세 번 더 나오는데 유독 2장만 독특합니다. 사도행전 8장 15절 "그들이 내려가서 그들을 위하여 성령 받기를 기도하니 이는 아직 한 사람에게도 성령 내리신 일이 없고 오직 주 예수의 이름으로 침례만 받을 뿐이더라 이에 두 사도가 그들에게 안수하매 성령을 받는지라"입니다. 사도행전 10장에 베드로가 고넬료의 집에서 설교했을 때 성령이 임합니다. 44절 "베드로가 이 말을 할 때에 성령이 말씀 듣는 모든 사람에게 내려오시니 베드로와 함께 온 할례받은 신자들이 이방인들에게도 성령 부어 주심으로 말미암아 놀라니 이는 방언을 말하며 하나님 높임을 들음이러라"입니다. 사도행전 2장의 경우 두 가지를 기억하셔야 합니다. 첫 번째는 성령이 예고되고 있다는 것, 두 번째는 성령의 강림의 묘사가 독특하다는 것입니다. 왜 이렇게 나오는지를 알아야 합니다.

십자가 사건

먼저 첫 번째, 왜 성령이 온다는 것을 예고하고 기다리라고 하는지를 점검해 보겠습니다. 성경에는 여호와의 영이 임하는 사건보다 실제로 매우 희귀하고, 매우 중요하고, 성경 전체에 딱 한번 밖에 등장하지 않는, 또 앞으로는 절대로 일어나지 않을 전무후무한 사건이 있습니다. 성령이 임한다는 것보다 더욱 본질적이고 핵심적인 사건은 예수의 십자가 사건, 즉 예수의 죽으심과 부활입니다. 예수는 분명히 십자가를 지셨고, 죽으셨고, 부활하심으로 사망을 이겼고, 친히 다 이루었다고 선언하셨습니다. 예수가 다 이루셨다고 하셨는데 뭐가 이루어졌습니까? 예수의 십자가 사건은 예수의 관점에서 강조하면 '예수가 사망권세 이기고 부활하셨다'는 것이 강조되고, 인간의 관점에서는 '내가 죄에서 구원받았다'는 것이 강조됩니다. 마치 아침 식탁에서 엄마의 관점에서는 '맛있는 식사를 준비했다'는 것이 강조이고, 아들의 관점에서는 '내가 먹어서 배부르다'는 것이 강조되는 것과 마찬가지입니다.

그런데 예수의 십자가 사건에서 아주 중요한 것은, 예수는 사망을 이기고 부활하셨는데 정작 죄에서 구원받은 인간은 자신이 죄에서 구원받았다는 사실을 모르고 있다는 사실입니다. 예수가 부활하여 제자들 앞에 나타났었기에 어렴풋이나마 예수의 부활에 대해서는 알면서도 정작 자신에게 이루어진 일, 예수가 부활을 통해 인간에게, 제자들에게, 나에게 완성해 놓은 일을 인식하지 못하고 있습니다. 예수님은 복음서에서 이미 십자가 사건을 완성했고, 부활하셔서 사십 일 동안이나 제자들과 함께 생활하셨지만 정작 예수의 부활로 구원함을 받은 제자들이 자신들이 죄에서 해방되었다는 사실, 자신들이 구원받았다는 사실, 자신들이 하나님의 자녀가 되었다는 사실, 자신들이 새로운 피조물이 되었다는 사실을 전혀 알지 못하고 있습니다.

조금 전에 예를 들었던 아침 식탁의 이야기에서, 아들은 엄마가 식탁을 맛있게 준비했다는 것을 압니다. 왜냐하면 차려진 식탁을 보았기 때문입니다. 또 식사가 맛이 있었다는 것도 압니다. 왜냐하면 직접 먹었기 때문입니다. 또 배가 부르다는 것도 압니다. 왜냐하면 지금 자기 배가 부르기 때문입니다. 그런데 십자가 사건과 제자들은 전혀 다른 상황입니다. 십자가 사건 이야기에 예수가 십자가를 졌고, 사망을 이기고 부활했고, 죄인이 구원받았다는 결과가 있는데 인간이 이 사실을 전혀 모르고 있습니다. 왜냐하면 식탁 이야기에서 아들은 밥을 먹는 행위가 있었기에 자신의 행동의 결과를 인식하지만, 십자가 이야기에는 예수가 행한 것만 있고 인간에게 이루어진 결과만 있지, 인간이 행한 것이 전혀, 일체, 아예 없기 때문입니다. 인간이 행한 것, 인간이 수고한 것, 인간이 노력한 것, 인간이 참여한 것이 없습니다. 예수님께서 행하신 사역의 결과가 그냥 인간에게 임한 것이요, 되어 진 것이요, 이루어진 것이요, 성취된 것입니다. 결과가 와 버렸습니다. 구원은 인간의 수고로 되어 진 것이 아니기에 인간은 자신이 구원받았다는 것을 알아차리지 못했습니다.

제자들의 무지

인간에게 관련된 일 중에 정작 중요한 것은 자기가 행한 것이 아니라 자기에게 되어 진 일들입니다. 자기가 행한 것 중에는 쓸데없고 헛수고인 것도 참으로 많습니다. 내가 대충했는데, 심지어는 내가 아예 생각도 없고, 개념도 없고, 행동도 없고, 노력도 없었는데 나한테 이루어진 것이 있다면 그것이 참으로 소중한 것입니다. 그런데 인간은 자기가 행하지 않은 것은 되어 진 줄을 모릅니다. 그래서 제자들은 자기들에게 되어 진 일, 이루어진 일을 전혀 모르고 있습니다. 예수가 부활한 결과로 자기들에게 완성된 일, 예수가 다 이루었다고 한 것이 예수 자신에게 관한 것이 아니라 제자들에게 관한 것이었음을 모르고 있습니다.

예수가 십자가를 지기 위해 사로잡히는 순간부터 예수가 승천하시는 순간까지 제자들은 단 한 번도 기뻐하거나 즐거워하거나 행복해하지 않습니다. 예수가 십자가를 질 때 제자들 중에 '내가 곧 구원받겠구나!'라고 기대한 사람이 하나도 없습니다. 기대는커녕 모두 절망가운데 도망가기 바빴습니다. 예수가 부활하셨다는 소식을 들었을 때 제자들 중에 '내가 드디어 구원받았구나!'라고 뛰며, 춤추며, 노래한 사람이 하나도 없습니다. 노래는커녕 어이없어하고 의심하는 것뿐이었습니다. 부활한 예수와 함께 지낸 사십일도 마찬가지입니다. 제자들이 죄에서 해방되었다는 것에 대해 즐거워하고, 신나하,고 재미있어하고, 감사하고, 행복해하는 모습이 전혀 없습니다. 제자들이 구원을 받았다는 사실이 너무 좋아서 날마다 잔치하고, 노래하고, 축제를 하는 모습이 전혀 없습니다. 예수가 사라졌다가 등장한 것이 사망을 이긴 것이요, 부활한 것이요, 자신들이 구원을 받은 것이라는 내용을 아예 모르고 있습니다.

그래서 모여서 하는 것이 '더불어 마음을 같이하여 오로지 기도에 힘쓰더라'였습니다. 제자들이 기도한 것은 절박했기 때문입니다. 하지만 내용적으로는 예수가 부활한 후가, 자신들이 구원받은 후가 절박한 시점입니까, 절정의 시점입니까? 당연히 절정의 순간입니다. 예수가 승천하신 것이, 성령이 임한다는 것이 고난의 순간입니까, 환희의 순간입니까? 당연히 환희의 순간입니다. 그렇다면 제자들이 해야 할 일은 기도입니까, 축제입니까? 당연히 축제입니다. 그런데 여러분은 제자들이 구원을 기뻐했다, 구원을 즐거워했다, 구원을 신나했다는 모습을 보신 적이 있습니까? 저는 없습니다. 그러면서도 하는 말이 '항상 우리와 함께 다니던 사람 중에 하나를 세워 우리와 더불어 예수께서 부활하심을 증언할 사람이 되게 하여야 하리라'입니다. 자신들이 즐거워하지 않는 예수 부활이 무슨 의미가 있습니까? 자신들이 행복해하지 않은 예수 부활의 증언을 왜 합니까?

성령이 오셔야 하는 이유

예수님이 부활하신 후 사십 일간 제자들과 함께 계실 때 얼마나 속이 터졌을까요? 예수님이 십자가를 지고 부활하면서 이루어 놓은 일을 제자들이 전혀 알지 못하고, 당연히 누리지 못하고 있습니다. 하지만 예수님은 전혀 속이 타지 않았습니다. 왜냐하면 예수님은 모든 과정을 전부 알고 계시기 때문입니다. 이미 십자가 사건이 있기 전부터 장차 제자들이 어떤 반응을 보일지 다 알고 계셨습니다. 여러분은 사도행전 현장에 계신 분이 아니라 외부에서 복음서와 사도행전의 사건 전개를 모두 알고 계신 분들입니다. 그렇다면 여러분은 사도행전 1장과 2장에서 어떤 일이 일어날지 충분히 예상이 가능하십니다. 왜 예수님이 제자들에게 성령을 보내주신다고 하고 성령을 기다리라고 하셨는지, 그리고 성령이 오시면 무엇을 하실지, 그리고 성령을 받은 제자들이 어떤 모습으로 변화될 지도 모두 예상이 가능합니다.

당연히 예수님은 모여 있는 제자들, 정작 죄에서 구원받아놓고도 자신들이 구원받았음을 전혀 모르고 있는 제자들에게 먼저 성령을 언급하십니다. 또 당연히 성령이 오셔서 무엇을 하실지도 자연스럽게 연결됩니다. 요한복음 14장 26절 "보혜사 곧 아버지께서 내 이름으로 보내실 성령 그가 너희에게 모든 것을 가르치고 내가 너희에게 말한 모든 것을 생각나게 하리라",

16장 21절 "진리의 성령이 오시면 그가 너희를 모든 진리 가운데로 인도하시리나"입니다. 제자들이 모르고 있습니다. 그리고 제자들이, 인간들이 스스로 알 수 있는 길도 없습니다. 누가 하셔야 합니까? 하나님이 하셔야 합니다. 하나님이 가르쳐 주셔야 하고, 하나님이 알려 주셔야 하고, 하나님이 인식하게 해 주셔야 하고, 하나님이 기억나게 해 주셔야 하고, 하나님이 생각나게 해 주셔야 하고, 하나님이 깨닫게 해 주셔야 합니다. 인간이 하는 것이 아니라 하나님이 하신다는 것을 강조하는 성경의 표현이 바로 '여호와의 영이, 하나님의 영이, 성령이'입니다. 당연히 성령이 오실 것이고, 성령이 오셔서 제자들에게 십자가 사건의 의미를 알게 하고, 예수 부활의 의미를 알게 하고, 제자들이 죄에서 해방되었다는 것을 알게 하고, 자신들이 구원받았다는 것을 알게 하실 것입니다. 그래서 아무 것도 모르던 제자들이 하나씩 알아가게 될 것입니다.

성령 강림 사건

홀연히, 하늘로부터

이제 두 번째, 왜 성령 강림의 사건이 이와 같은 방식으로 설명되는지를 살펴보겠습니다. 사도행전 1장에 의하면 제자들은 성령에 대해서는 전혀 어떤 말도 어떤 행동도 취한 것이 없습니다. 성령을 보내달라고 기도하지도 않았고, 성령을 사모하지도 않았고, 성령에 대해서 언급하지도 않았고, 서로 성령 받았느냐고 묻지도 않았고, 성령에 대해 아예 인식조차가 없습니다. 왜냐하면 아직 성령을 모르기 때문입니다. 성령에 대해서 알면 성령이 임하는 것이 아니라 성령이 임하면 성령을 알게 됩니다. 기독교의 개념, 기독교의 방식이 이와 같습니다. 인간이 믿음이 있어야 믿음에 관한 내용이 오는 것이 아니라 하나님으로부터 인간에게 믿음이 와야 인간이 믿음을 가질 수 있습니다. 인간이 수고를 해야 하나님이 은혜를 주시는 것이 아니라 하나님이 은혜를 주셔야 충성이라는 열매가 맺힙니다. 회개하고 예수를 믿어야 구원을 받는 것이 아니라, 구원을 받아야 회개가 되고 믿을 수 있습니다.

2절 서두는 "홀연히 하늘로부터"입니다. 성령이 언제 임합니까? '홀연히'입니다. 제자들의 태도, 자세, 행동과 관계없이 오직 하나님의 약속대로, 하나님의 은혜로 성령이 강림하는 것을 강조하는 표현이 '홀연히'입니다. 다른 표현으로 '느닷없이, 졸지에'입니다. 인간의 준비, 인간의 예배, 인간의 기다림의 결과가 아니라는 의미입니다. 성령이 어디로부터 임합니까? '하늘로부터'입니다. 여러분이 성경의 강조점을 잘 파악하고 계신지 점검하기 위해서 한 가지 질문을 해 보겠습니다. '하늘로부터'의 반대말은 무엇입니까? 객관식으로 '땅으로부터? 바다로부터? 인간으로부터?' 중에 고르시면 됩니다. 정답은 '인간으로부터'입니다. 하늘은 장소를 의미하지 않고 출처나 기원을 의미합니다. 성령이 하늘로부터 임하는 것은 성령의 출처나 기원이 인간의 지혜, 인간의 수단, 인간의 방법이 아니라는 뜻입니다. 즉 이 사건은, 이 내용은 인간으로부터 기인한 것이 아니요, 인간 수고의 결과이거나 인간 충성의 상급이거나 인간 노력의 열매가 아니라는 강조입니다. 오직 하나님의 은혜, 하나님의 선물, 하나님의 방법, 하나님이 주시는 것이라는 의미입니다. 성경은 철저하게 '인간이 행한 것이 아니라 하나님이 하신 것'임을 강조합니다. 이유는 잠시 후에 나옵니다.

다같이, 다

성령이 누구에게 임합니까? 3절 "마치 불의 혀처럼 갈라지는 것들이 그들에게 보여 각 사람 위에 하나씩 임하여 있더니 그들이 다 성령의 충만함을 받고 성령이 말하게 하심을 따라 다른 언어들로 말하기를 시작하니라"입니다. 성령이 임하는 대상은 '각 사람에게' 그리고 '다에게'입니다. 즉 그곳에 모인 모든 사람에게 임했습니다. 2장 1절로 4절에는 전체를 의미하는 표현이 다양하게 나옵니다. 1절 '그들이 다같이', '한 곳에 모여', 2절 '온 집에', '가득하며', 3절 '그들에게', '각 사람 위에', 4절 '그들이 다', '충만함을 받고'입니다. 성령이 모두에게 임했다는 것이요, 구분이 없었다는 것을 강조하는 표현입니다. 모인 사람들은 남녀가 따로 있었습니다. 제자와 제자 아닌 사람도 있었습니다. 바로 앞에서 베드로는 함께 기도한 후 기껏 자격을 제한한 후, 사람을 선택하여, 열두 명을 골라내서 결국 차별화를 만들어 냈습니다. 그런데 바로 이어서 하나님은 성령을 '모두에게' 임하게 하셨습니다. 인간이 만들어내는 차별을 하나님이 모두 통일시켜 주셨습니다.

성경은 성령이 임한 것이 철저하게 '인간이 행한 것이 아니라 하나님이 하신 것'임을 강조했습니다. 성경은 성령이 임한 것이 철저하게 '모든 인간에게, 동일하게' 내렸다고 강조합니다. 절대로 인간끼리 차별이 생기지 못하게 하며, 아무도 교만할 수 없게 하며, 아무도 멸시받지 못하도록 만듭니다. 하나님의 은혜로 모든 인간은 서로 화평할 수밖에 없습니다. 죄인은 교만이 없으면 살맛이 안 나고, 성도는 교만이 있으면 살맛이 안 납니다. 죄인은 모든 수단 방법을 동원해서 차별과 우열을 만들어내고, 성도는 하나님을 동원해서 화평과 연합과 사랑을 강조합니다. 기독교에서 교만한 것은 정말 웃기는 일이요, 기독교에서 차별화를 만들어내는 것은 정말 어이 없는 일입니다.

독특한 양식

지금 성령 강림에 대해 6H 원칙에 의거하여 설명하고 있습니다. 무엇이 What 임합니까? 성령. 왜Why 임합니까? 가르쳐주기 위해서. 언제When 임합니까? 홀연히. 어디서Where 임합니까? 하늘로부터. 누구에게Who 임합니까? 모든 사람에게. 이제 하나 남았습니다. 성령이 어떻게How 임합니까? 2절부터 다시 성경을 보시는데 양상에 초점을 맞추어 보시기 바랍니다. "홀연히 하늘로부터 급하고 강한 바람 같은 소리가 있어 그들이 앉은 온 집에 가득하며 마치 불의 혀처럼 갈라지는 것들이 그들에게 보여 각 사람 위에 하나씩 임하여 있더니 그들이 다 성령의 충만함을 받고 성령이 말하게 하심을 따라 다른 언어들로 말하기를 시작하니라"입니다. 차분합니까, 요란합니까? 당연히 요란합니다. 조용합니까, 시끌벅적합니까? 당연히 시끌벅적합니다. 모노입니까, 서라운드입니까? 당연히 서라운드입니다. 2D입니까, 3D입니까? 당연히 3D입니다. 평면입니까, 입체입니까? 당연히 입체입니다. 왜 이러는 걸까요? 성령의 임하는 것을 소개하는 표현이 여러 가지가 등장합니다. '급하고 강한 바람 같은 소리' 즉 청각적인 요소가 있습니다. '마치 불의 혀처럼 갈라지는 것들이' 즉 시각적인 요소가 있습니다. '다른 언어들로 말하기를 시작하니라' 즉 언어적인 요소가 있습니다. 왜 이렇게 요란법석을 피웁니까? 구약에서 여호와의 영이 임하는 장면과 비교하면 난리입니다.

힌트를 하나 드리겠습니다. 출애굽기 19장에 보면 유사한 장면이 나옵니다. 이스라엘이 출애굽하여 시내산에 도착하였을 때입니다. 16절 이하 "셋째 날 아침에 우레와 번개와 빽빽한 구름이 산 위에 있고 나팔 소리가 매우 크게 들리니 진중에 있는 모든 백성이 다 떨더라 모세가 하나님을 맞으려고 백성을 거느리고 진에서 나오매 그들이 산기슭에 서 있는데 시내 산에 연기가 자욱하니 여호와께서 불 가운데서 거기 강림하심이라 그 연기가 옹기 가마 연기같이 떠오르고 온 산이 크게 진동하며 나팔 소리가 점점 커질 때에 모세가 말한즉 하나님이 음성으로 대답하시더라"입니다. 사도행전의 묘사에 관해 했던 질문을 똑같이 해 보겠습니다. 차분합니까, 요란합니까? 당연히 요란합니다. 조용합니까, 시끌벅적합니까? 당연히 시끌벅적합니다. 모노입니까, 서라운드입니까? 당연히 서라운드입니다. 2D입니까, 3D입니까? 당연히 3D입니다. 평면입니까, 입체입니까? 당연히 입체입니다. 왜 이러는 걸까요?

출애굽기의 하나님의 강림의 모습이나 사도행전 성령의 강림의 모습이 이와 같은 양상을 띠는 이유는 의외로 간단합니다. 이렇게 하지 않으면 사람들이 알아차리지 못하기 때문입니다. 출애굽기에서 이스라엘은 여호와가 영이라는 사실을 모릅니다. 애굽의 종교에서 다양한 형상이 있는 신들에 대해서만 알고 있었습니다. 영이신 하나님이 자신들과 함께 하고 있다는 것, 자신들이 머물고 있는 시내산에 영이신 하나님이 임재하셨다는 것을 알려야 하는데 어떻게 알립니까? 영이신 하나님께서 영으로 이스라엘에게 오셨습니다. 알아차릴까요? 당연히 못 알아차립니다. 사도행전에서 성령의 임재도 마찬가지입니다. 복음서에서 예수님이 육신을 입고 오셔도 못 알아차렸는데 알지도 듣지도 개념도 인식도 없는 성령이 임하는 것을 제자들이 어떻게 알아차립니까? 성령이 왔는데 성령 받은 당사자가 무엇이 왔는지를 모르니까 알게 하기 위해서 시청각 현상이 동원되고, 성령 받은 당사자의 입에서 다른 언어가 터져 나오게 하는 것입니다. 자신이 놀라고, 자신이 당황해 하는 것입니다. 왜냐하면 자신이 만들어내는 현상이 아니기 때문입니다.

정확하게 말하면 구약에서도 여호와의 영이 임할 때는 동일한 현상이 있었습니다. 옷니엘이나 기드온이나 삼손에게 여호와의 영이 임할 때 분명 특별한 현상이 없었습니다. 그러나 엄밀하게 말하면 특별한 현상이 있었습니다. 여호와의 영이 임하는 순간이나 사람에게 특별한 현상이 있었던 것이 아니라 그 상황, 그 사건 자체가 특별한 현상입니다. 옷니엘이 메소보다미아의 왕을 이기는 것, 기드온이 전쟁에 나가서 이기는 것, 삼손이 나귀턱뼈로 천 명을 죽이는 것 자체가 특별한 현상이요, 그 현상을 보고 '이것은 사람이 행한 것이 아니라 하나님이 행한 것이다'라는 것을 알게 하셨습니다. 만약 제자들이 성령을 알고 있었고 기다리고 있었다면 이렇게 요란하게 오지 않아도 됩니다. 그러나 전혀 성령에 대한 인식이 없으면 요란한 현상을 통해 인식자체를 만들어 내야 하십니다. 알고 기다리는 사람에게 나타나는 방식과 모르고 기다리지도 않는 사람에게 나타나고 동시에 알게 하는 방식이 다를 수밖에 없습니다. 이제 성령이 오셨습니다. 무슨 일이 생길까요? 다음 편에 이어집니다. 성경을 읽고, 성경을 배우시고, 하나님을 아셔서 하나님의 은혜를 누리는 즐거운 신앙생활, 신나는 교회생활, 행복한 신앙생활 되시기를 주님의 이름으로 축원합니다.

천하 각국으로부터

사도행전 2:5-13

5 그 때에 경건한 유대인들이 천하 각국으로부터 와서 예루살렘에 머물러 있더니 6 이 소리가 나매 큰 무리가 모여 각각 자기의 방언으로 제자들이 말하는 것을 듣고 소동하여 7 다 놀라 신기하게 여겨 이르되 보라 이 말하는 사람들이 다 갈릴리 사람이 아니냐 8 우리가 우리 각 사람이 난 곳 방언으로 듣게 되는 것이 어찌 됨이냐 9 우리는 바대인과 메대인과 엘람인과 또 메소보다미아, 유대와 갑바도기아, 본도와 아시아, 10 브루기아와 밤빌리아, 애굽과 및 구레네에 가까운 리비야 여러 지방에 사는 사람들과 로마로부터 온 나그네 곧 유대인과 유대교에 들어온 사람들과 11 그레데인과 아라비아인들이라 우리가 다 우리의 각 언어로 하나님의 큰 일을 말함을 듣는도다 하고 12 다 놀라며 당황하여 서로 이르되 이 어찌 된 일이냐 하며 13 또 어떤 이들은 조롱하여 이르되 그들이 새 술에 취하였다 하더라

하나님의 사역

하나님이 하셨다

기독교는 하나님이 일하시는 종교입니다. 하나님의 일하심의 결과를 받는 자가 인간이요, 또 하나님의 일하심의 열매가 죄인이 성도가 되는 종교입니다. 기독교는 인간이 열매를 만들어내는 자가 아니라 하나님이 만들어주신 결과를 인간이 누리는 종교입니다. 인간이 하나님의 은혜와 복락을 누리는 삶이 바로 하나님의 열매입니다. 창조도 하나님이 하셨고, 계시도 하나님이 하셨고, 십자가 사역도 하나님이 하셨고, 성령 강림도 하나님이

하셨습니다. 성령이 홀연히 임하였다는 것은 인간의 입장에서 '홀연히'입니다. 즉 인간은 준비하지 않았고, 대비하지 않았고, 기대하지 않았다는 의미입니다. 하나님의 입장에서는 절대로 '홀연히'가 아닙니다. 하나님은 약속하셨고 계획하신 때에, 의도하신 순간에 행하신 것이기에 '예정대로' 또는 '목적대로'입니다. 하나님의 관점에서는 '적절할 때에, 알맞은 순간에, 시기적절하게, 때가 차매' 임하였습니다.

하나님이 예정대로 행하셨고, 하나님이 행하셨습니다. 제자들은 아무 것도 안합니다. 제자들이 하는 것은 딱 하나 모여 있을 뿐입니다. 그때 '하늘로부터 급하고 강한 바람 같은 소리가 있어'입니다. 소리가 있도록 하나님이 하십니다. '그들이 앉은 온 집에 가득하며'도 하나님이 하십니다. '마치 불의 혀처럼 갈라지는 것이 그들에게 보여'도 하나님이 하십니다. '각 사람 위에 하나씩 임하여 있더니'도 하나님이 하십니다. '그들이 다 성령의 충만함을 받고'도 하나님이 하십니다. 제자들은 졸지에 성령의 충만함을 받을 뿐입니다. 그 결과 '성령이 말하게 하심을 따라 다른 언어들로 말하기를 시작하니라'입니다. 드디어 제자들이 행한 것이 나왔습니다. 제자들이 다른 언어들로 말하기를 시작했답니다. 그런데 그것도 '성령이 말하게 하심을 따라'했다고 합니다. 즉 제자들로 말하게 한 것도 하나님이 하셨습니다.

하나님이 하실 것이다

제자들이 성령 받으려고 노력한 적이 없습니다. 제자들이 다른 언어를 달라고 요청한 적이 없습니다. 다른 언어로 말하려고 혀를 비튼 적이 없습니다. 제자들은 4절 "그들이 다 성령의 충만함을 받고"일 뿐입니다. 성령의 충만함이 오니까 받은 것뿐입니다. 하나님의 역사는 인간이 만들어 낼 수도 없고 인간이 거부할 수도 없습니다. 내가 받고 싶다고 받는 것도 아니요, 안 받고 싶다고 안 받을 수 있는 것이 아닙니다. 하나님이 행하시고 인간이 받습니다. 제자들이 말하는 것도 마찬가지입니다. 4절 중간부 "성령이 말하게 하심을 따라 다른 언어들로 말하기를 시작하니라"일 뿐입니다. 제자들이 서로 자기 적성에 맞는 언어를 선택한 것이 아닙니다. 각자 하나의 언어씩 맡기로 계획한 것도 아닙니다. 서로 다른 언어를 말하게 해 달라고, 기도하고, 사모하고, 간구하고, 꿈꾸고, 노력한 적이 없습니다. 자기가 하고 싶은 대로가 아니요, 자기가 노력한 대로가 아니요, '오직 성령이 말하게 하심을 따라'입니다.

구약에 하나님의 영이 임하는 장면이 있습니다. 그런데 아무도 몰랐습니다. 여호와의 영을 사모해서 받은 사람이 없고, 구해서 받은 사람이 없고, 노력해서 받은 사람이 없습니다. 사도행전에서 성령이 임하는 사건이 두 차례 더 나옵니다. 사도행전 10장에 이방인 고넬료의 집에 성령이 임합니다. 44절 "베드로가 이 말을 할 때에 성령이 말씀 듣는 모든 사람에게 내려오시니 베드로와 함께 온 할례받은 신자들이 이방인들에게도 성령 부어 주심으로 말미암아 놀라니 이는 방언을 말하며 하나님 높임을 들음이러라"입니다. 성령을 받은 경험이 있는 베드로도 그때에 성령이 올 줄을 몰랐고, 성령 받은 당사자인 고넬료와 식구들도 성령이 올 줄을 전혀 모르고 있었습니다. 베드로나 고넬료 중에 아무라도 성령받기를 기대한 사람, 성령을 사모한 사람, 성령 받으려고 노력한 사람이 없습니다.

사도행전 19장에도 성령이 임하는 사건이 등장합니다. 바울이 묻는 말이 2절 "이르되 너희가 믿을 때에 성령을 받았느냐 이르되 아니라 우리는 성령이 계심도 듣지 못하였노라"입니다. 그러자 바울이 '함께 성령받자, 함께 성령받기를 간구하자, 함께 성령받기를 노력하자'고 말하지 않습니다. 바울은 성령을 받았느냐고 질문했지만 성령을 받는 것, 성령을 받는 방법, 성령을 받을 만한 자격과 조건 등에 대해서는 한 마디도 안 합니다. 도리어 엉뚱한 말을 합니다. 4절 "바울이 이르되 요한이 회개의 침례를 베풀며 백성에게 말하되 내 뒤에 오시는 이를 믿으라 하였으니 이는 곧 예수라 하거늘 그들이 듣고 주 예수의 이름으로 침례를 받으니"입니다. 바울은 성령 이야기가 아니라 요한과 예수 이야기를 하고 있을 뿐입니다. 그리고 바울이 안수합니다. 하지만 성령 달라고 기도한 것이 아닙니다. 6절 "바울이 그들에게 안수하매 성령이 그들에게 임하시므로 방언도 하고 예언도 하니 모두 열두 사람쯤 되니라"입니다. 성령이 왔습니다. '어떻게'라는 방법이 없습니다. 성령이 오셨기 때문에 성령이 온 것일 뿐입니다.

성경 전체에서 성령을 받으려고 노력한 사람이 단 한 사람도 없습니다. 또 성령을 받으라고 말한 사람, 성령을 준다고 말한 사람도 없습니다. 성령에 관하여 언급하신 뿐은 딱 한 분, 예수뿐입니다. 요한복음 20장 22절 "이 말씀을 하시고 그들을 향하사 숨을 내쉬며 이르시되 성령을 받으라"입니다. 성령을 받으라는 말씀을 하실 수 있는 분은 오직 예수님 한분뿐입니다. 예수님도 이 말씀을 딱 한 번 하셨을 뿐입니다. 그리고 성령이 왔습니다. 그런데 오늘날은 성경과 다른 사람들이나 예수보다 더한 사람이 많습니다. 성령을 받겠다는 사람도 넘치고 성령을 주겠다는 사람도 넘칩니다. 참 이상한 현상입니다.

하나님을 강조

사도행전 2장의 성령이 임한 사건에서 기억해야 하는 것, 강조해야 하는 것은 하나님이 성령을 보내주셨다는 것, 하나님은 약속대로 행하셨다는 것, 하나님은 말씀대로 행하셨다는 것입니다. 또 자동적으로 이어지는 것이 있습니다. 성령에 관하여 하나님이 말씀하신 대로 행하셨다면 앞으로도 하나님은 말씀대로 행하실 것이요, 하나님이 말씀하신 것은 모두 이루어질 것임을 아는 것입니다. 가장 대표적인 것이 사도행전 1장 8절입니다. 예수님은 제자들에게 '증인이 되라'가 아니라 '증인이 되리라'고 하셨습니다. 제자들이 증인이 되어야 하는 것이 아니라 증인이 될 것을 말씀하셨습니다. 그렇다면 저와 여러분은 제자들이 장차 증인이 될지 안 될지를 전혀 궁금해 할 이유가 없습니다. 이미 다 알고 있어야 합니다. 미리 다 알고 있는 것이 당연합니다. 예수님께서 말씀하셨기에 저들은 증인이 된다, 저들은 아무리 시련과 역경이 있어도 증인이 된다는 것을 당연하게 알고 있어야 합니다.

제자들과 관련한 것뿐만 아니라 저와 여러분 자신에 관한 것도 마찬가지입니다. 하나님이 저와 여러분과 함께 하신다고 말씀하셨고, 끝까지 사랑하신다고 약속하셨습니다. 저와 여러분을 향한 하나님의 뜻은 '항상 기뻐하라, 쉬지말고 기도하라, 범사에 감사하라'입니다. 그렇다면 저와 여러분은 항상 기뻐하는 삶, 범사에 감사하는 삶이 되어 질 것을 이미 다 알고 계셔야 합니다.

다른 언어

사람들

2장 5절 이하는 "그 때에 경건한 유대인들이 천하 각국으로부터 와서 예루살렘에 머물러 있더니 이 소리가 나매 큰 무리가 모여 각각 자기의 방언으로 제자들이 말하는 것을 듣고 소동하여 다 놀라 신기하게 여겨 이르되 보라 이 말하는 사람들이 다 갈릴리 사람이 아니냐 우리가 우리 각 사람이 난 곳 방언으로 듣게 되는 것이 어찌 됨이냐"입니다. 성령이 임했는데 성령을 받은 사람들의 반응, 제자들의 마음과 심정, 느낌에 대해서는 한 마디도 없습니다. 성령을 받은 사람들의 행동은 단지 '다른 언어들로 말하기를 시작했다'는 것뿐입니다. 대신 성령 받은 사람을 본 사람들에 대해서는 자세하게 설명하고 있습니다. 6절에 '소동하여', 7절에 '다 놀라 신기하게 여겨'입니다. 한 번만 쓴 것이 아니라 반복까지 합니다. 12절 "다 놀라며 당황하여 서로 이르되 이 어찌 된 일이냐 하며"입니다.

성경이 아주 재미있습니다. 지금 중요한 것은 제자들입니다. 제자들이 자신들에게 이루어진 일을 알아차려야 합니다. 그러면 모든 설명은 제자들의 태도, 제자들의 반응, 제자들의 행동, 제자들의 심정에 모아져야 합니다. 그런데 성경은 성령과 관계없는 사람들, 성령을 받은 적이 없는 사람들의 반응을 두 번이나 설명합니다. 왜 이럴까요? 이것도 이유가 매우 단순합니다. 당사자가 알아들을 수 없는 상태이기 때문입니다. 당사자가 기대하고 있던 것이라면 자기에게 되어 진 일을 얼른 알아차립니다. 당사자가 사모하던 일이라면 자기에게 임한 일을 즉각적으로 알아차립니다. 그런데 당사자가 알지도 못하고 기대하지도 않았던 일은 실제로 자기에게 일이 발생해도 무슨 일이 일어났는지 모르고 자기에게 이루어진 일을 스스로 인정하지도 않습니다. 성령이 임하는 것이 매우 특이하게 묘사되었다고 했습니다. 왜냐하면 평범하게 임하면, 일상적인 방법으로 임하면 전혀 인식을 하지 못하기 때문입니다. 그런데 아무리 독특하게 임해도 당사자가 실감하지 않으면, 당사자가 인정하지 않으면 당사자가 알 수 없습니다. 그럴 때는 당사자를 다그칠 것이 아니라 주변 사람이 도리어 당사자를 확인시켜 주면 됩니다.

제자들의 입에서 다른 언어가 나옵니다. 이때 다른 언어를 말하고 있는 제자들이 자신이 다른 언어를 말하고 있다는 것을 알고 있습니까? 지금 자신들이 하고 있는 말이 한 사람은 바대어요, 다른 사람은 메대어요, 또 다른 사람은 엘람어요, 메소보다미아어요, 갑바도기아어요, 애굽어요, 리비야어라는 것을 알고 있을까요? 전혀 모르고 있습니다. 정작 다른 언어를 말하고 있는 당사자는 자기가 하는 말이 다른 언어가 아니라 이상한 말이라고, 해괴한 말이라고 생각하고 있을 뿐입니다. 자기가 미쳤나보다고, 자기가 갑자기 정신이 나갔나보다고, 자기가 헛소리를 하고 있다고 생각할 뿐입니다. 이때 제자들이 미친 것이 아니요, 제자들이 낮술에 취한 것이 아니요, 제자들의 말이 해괴한 소리가 아니라는 것을 알게 하는 것은 제자들 스스로가 아니라 다른 사람들입니다. 성경은 제자들이 하는 말을 듣는 사람들이 제자들에게 알려주고 확인해 주는 역할을 하게 합니다.

만약 각자 다른 언어로 말하는 사건이 다락방에 모여 제자들끼리 기도할 때에 발생했다고 가정하면 어떤 반응이 나왔을 것 같습니까? 서로 얼마나 괴이하며, 서로 얼마나 민망하며, 서로 얼마나 이상하겠습니까? 옆 사람이 듣도 보도 못한 해괴한 말을 내뱉고 있고, 자신도 이상한 소리를 내고 있으니 서로 얼마나 당황하겠습니까? 그래서 하나님은 성령이 임하는 것을 오순절 날에 임하게 하십니다. 왜냐하면 그 날에는 천하 각국에서 사람들이 올 것이기 때문입니다. 그래서 하나님은 성령이 임하는 것을 다른 언어로 말하는 방식으로 나타내십니다. 그 이유는 천하 각국에서 온 사람들이 제자들에게 일어난 일을 확인시켜 줄 수 있기 때문입니다. 하나님의 일하심은 참으로 절묘합니다.

난 곳 방언으로

성령을 받고 제자들이 한 말을 흔히 방언이라고 합니다. 그래서 방언이 성령 받은 증거라고 말하곤 합니다. 제자들이 성령을 받은 것은 맞습니다. 그런데 성령 받은 사람 모두가 방언을 말하는 것은 아닙니다. 사도행전 2장에서 성령 받은 제자들이 왜 방언을 하는지를 이해하셔야 합니다. 오순절에 다 같이 한 곳에 모였고, 제자들만이 아니라 주변에 많은 사람들이 있었습니다. 그들은 다양한 곳에서 온 사람들입니다. 9절 이하 "우리는 바대인과 메대인과 엘람인과 또 메소보다미아, 유대와 갑바도기아, 본도와 아시아, 부르기아와 밤빌리아, 애굽과 및 구레네에 가까운 리비야 여러 지방에 사는 사람들과 로마로부터 온 나그네 곧 유대인과 유대교에 들어온 사람들과 그레데인과 아라비아인들이라"입니다. 참으로 많은 곳에서 왔습니다. 그런데 이들에게는 공통점이 있습니다. 5절에 이 사람들을 통 털어 "그 때에 경건한 유대인들이 천하 각국으로부터 와서"라고 했습니다. 각 곳에서 왔지만 모두 유대인 또는 유대교에 속한 사람들입니다. 유대인이나 유대교에 속한 사람들이기에 오순절에 예루살렘에 왔습니다. 그러므로 이들은 모두 같은 사람들이요, 같은 언어를 사용하는 사람들입니다. 이 사람들은 다민족 사람들이 아니요, 다국적 사람들이 아니라 동일한 유대인들이요, 다만 거주지가 다를 뿐입니다. 모두 같은 민족 사람들이요, 같은 언어를 쓰는 사람들이요, 같은 생각을 가진 사람들이요, 같은 종교를 가진 사람들입니다. 이들 모두가 성전에서 절기를 지키는 데에 사용되는 유대인의 언어를 모두 알고 있습니다.

제자들이 성령을 받은 후에 다른 언어로 말할 이유가 없습니다. 굳이 각각 다른 언어로 말할 필요가 없습니다. 그러므로 제자들이 다른 언어로 말하기를 시작한 것은 언어 소통을 위해서도 아니요, 복음을 다른 사람에게 전하기 위해서도 아닙니다. 성령을 받은 사람마다 모두 다른 언어로 말하는 것도 아니요, 그럴 필요도 없습니다. 사람들이 놀라고 신기해 한 것은 언어 소통이 안 되다가 갑자기 제자들이 통역관의 역할을 해서 언어가 통하니까 반가워서가 아닙니다. 다른 언어로 말할 필요가 없었는데 성령께서 다른 언어로 말하게 하신 까닭은 제자들에게 성령이 임했다는 것을 알게 하기 위한 수단일 뿐이었습니다. 성령에 대해 알지 못하는 사람에게 성령이 임한 것을 알게 해 주기 위한 방법의 하나로 다른 언어를 말하는 현상이 동원된 것이고, 그것을 각 지역에서 온 사람들이 확증하여 줌으로 당사자이면서 인식하는 못하는 사람에게 주변을 통하여 확인시켜 주는 방식이었습니다. 성령이 임하는 모든 경우에 다른 언어로 말하는 현상이 일어난다는 것이 아니라 이 경우에는 이와 같았습니다. 그래서 2장 14절 이후의 베드로의 설교, 3장 11절 이후의 베드로의 설교는 방언으로 한 것이 아니라 모두가 아는 언어로 말했습니다.

가장 좋은 것은 성령이 왔을 때 당사자가 인식하는 것입니다. 그러면 어떤 특이한 현상도 필요하지 않습니다. 그런데 당사자가 인식을 못하면 여러분은 어떻게 알리시겠습니까? 물건이 온 것이 아니고, 현상이 온 것이 아니고, 영이 왔습니다. 주변에 온 것이 아니고, 옆 사람에게 온 것이 아니고, 당사자에게 왔습니다. 당사자에게 알리려면 당사자에게 어떤 작용이 일어나게 하는 것일 수밖에 없습니다. 예를 들어 몸이 떨릴 수도 있습니다. 식은땀이 날 수도 있습니다. 평상시와 다른 괴력이 발생할 수도 있습니다. 눈이 뒤집히거나 입이 비뚤어질 수도 있습니다. 주변에서 어떤 사람이 독특한 현상에 이어 몸을 떨고, 식은땀을 흘리고, 괴력을 발생하고, 이목구비가 조금 움직이면 무엇이 연상되십니까? 일반적으로는 신 내림을 받는 것이 연상될 수도 있습니다. 타종교에는 그렇게 나타나는 것으로 알려져 있습니다. 당사자에게 무엇인가 임했다는 것을 알게 하려는 방법 중의 하나입니다.

하나님은 타 종교에 나타나는 비인격적 현상이 아니라 다른 언어를 말하게 하고, 그것을 현장에 있는 사람이 확인하여 주는 방법으로 알게 하셨습니다. 성령의 강림을 확인시켜 주는 다른 방법은 없었을까요? 사도행전 1장 8절에 의하면 제자들이 성령을 받고 궁극적으로 '내 증인이 되리라' 입니다. 증인이 되는 것은 증언을 하는 것이요, 증언을 하는 것은 '말'을 하는 것입니다. 그래서 다른 방법도 다 가능한데 하나님은 증인이 될 사람에게 증언을 할 때에 사용되는 '언어'를 통해서 저들에게 성령 강림을 알려주셨습니다. 참으로 배려가 깊은 하나님의 일하심입니다.

천하 각국으로부터 와서

가기, 오기

또 성경에서 아주 기가 막힌 일을 확인해 보겠습니다. 성경이 참으로 절묘하고, 하나님의 일하심이 참으로 오묘하다는 것을 보실 수 있습니다. 2장 5절은 "그 때에 경건한 유대인들이 천하 각국으로부터 와서 예루살렘에 머물러 있더니 이 소리가 나매 큰 무리가 모여 각각 자기의 방언으로 제자들이 말하는 것을 듣고 소동하여"입니다. 사람들이 왔는데 '천하 각국으로부터 와서'입니다. 이것을 자세하게 풀어서 설명한 것이 9절 "우리는 바대인과 메데인과 엘람인과 또 메소보다미아, 유대와 갑바도기아, 본도와 아시아, 브루기아와 밤빌리아, 애굽과 및 구레네에 가까운 리비야 여러 지방에 사는 사람들과 로마로부터 온 나그네 곧 유대인과 유대교에 들어온 사람들과 그레데인과 아라비아인들이라"입니다. 이 지역들을 지도에서 확인하시면 이스라엘을 중심으로 동서남북임을 알 수 있습니다. 과연 천하 각국으로부터입니다. 물론 실제적으로는 천하 각국이 아니라 불과 몇 나라이고, 지역적으로도 오대양 육대주가 아니라 이스라엘 주변일 뿐입니다. 하지만 내용상으로는 천하 각국입니다. 당시 이스라엘 사람들이 알고 있는 세계관, 그들이 인식하고 있는 범주를 기준으로 하면 천하 각국에서 온 것이 맞습니다.

성경이 굳이 천하 각국으로부터 왔다고 강조하는 이유가 두 가지입니다. 첫 번째는 성령이 임한 사건이 전혀 새로운 것임을 설명하려는 의도입니다. 그 동네 사람만 있으면 그 동네 사람의 한계를 벗어나지 못합니다. 그런데 천하 각국으로부터 온 사람들이 보고 다 놀라고, 다 당황하고, 다 신기하게 여겼습니다. 이런 일은 천하 각국에서 들은 일이 없고, 본 일이 없고, 경험한 일이 없는 전혀 새로운 일이라는 증거가 됩니다. 즉 이 일은 우연히 발생한 일이 아니고, 또 여기서도 저기서도 발생한 일이 아니고, 또 인간이 일으킨 일도 아니고, 전적으로 새로운 일이요, 인간들에게서는 볼 수 없는 일이요, 인간들이 행할 수 있는 일이 아님이 확인됩니다. 그렇다면 이 일이 어떻게 일어났으며, 누가 행한 것입니까? 당연히 하나님이 하셨습니다. 주변 사람들이 놀라고, 신기해하고, 당황하고 있다면 당사자들은 얼마나 놀라고, 두렵고, 떨리고, 어쩔 줄 몰라 하겠습니까? 이때 천하 각국으로부터 온 사람들로 인하여 제자들에게 성령이 임했다는 것을 확증 받게 하고, 이 모든 일이 하나님이 행하셨다는 것을 깨달을 수 있게 도와주셨습니다.

부활의 증거

이 장면에 담긴 하나님의 배려심과 제자들을 인격적으로 대하시는 모습을 확인하시려면 예수의 부활 장면과 비교해 보시면 됩니다. 기독교가 하나님이 일하시는 종교요, 하나님의 일하심의 결과가 인간에게 주어짐을 확인하는 것이 성령 강림 사건이요, 천하 각국으로부터 사람들이 온 것입니다. 그런데 차분히 생각해보면 인간적인 기준으로 판단할 때 예수님은 일을 참 속 터지게 하셨습니다. 예수님이 부활하신 후 사십 일을 계셨습니다. 부활하신 후 맨 처음에 당연히 제자들에게 나타나셨습니다. 우선 제자들에게 나타나셨으면 그 다음에는 어디로 가셔야 합니까? 당연히 제자들을 대동하고 성전으로 가셔서 대제사장을 찾았어야 합니다. 그리고 예수를 고발한 사람들에게 예수가 부활하셨다는 것, 예수가 살아나셨다는 것을 보이셨어야 합니다. 그리고 그 다음에는 빌라도에게 가셨어야 합니다. 그것도 로마 군병들이 조회하는 시간에 나타나서 예수를 때린 사람이 그 자리에 있고, 십자가에 매단 사람도 그 자리에 있고, 못 박은 사람도 그 자리에 있을 때 당당하게 부활의 모습을 보이셨어야 합니다. 예수가 살아 계신 실체를 보여주는 것이 가장 분명한 부활의 증거입니다.

그런데 예수님은 맨 처음에 제자들에게 나타나셨습니다. 그리고 또 제자들에게 나타나셨습니다. 그리고 또 제자들에게 나타나셨습니다. 유대교 지도자들이나 로마의 관원들에게는 전혀 가까이 가지 않으셨습니다. 그리고는 제자들만 있을 때에 승천해버리셨습니다. 사람들의 기준에서 보면 부활하신 예수의 실체가 없습니다. 부활하신 예수가 이 땅에 존재하지 않습니다. 더 황당한 것은 예수가 승천하고 나신 후에, 예수가 사라지고 난 후에 제자들이 나타나서 '예수가 살아나셨다'고 말하는 것입니다. 세상에 제자들이 하는 말을 믿을 사람이 있습니까? 제자들이 '예수가 부활했다'고 하면 당연히 사람들이 믿지도 않겠지만 혹자는 '예수가 어디계시냐? 찾아가서 만나 보고싶다'고 말할 것입니다. 그러면 제자들이 뭐라고 해야 합니까? '부활하신 것은 맞는데 지금은 안계시다. 승천하셨다'고 말해야 합니다. 이걸 말이라고 합니까? 제가 여러분에게 '우리 집에 금송아지 있다'고 하니 여러분이 보고 싶다고 하면, 다시 제가 '지금은 금송아지가 하늘에 있다'고 하면 여러분이 제 말을 듣겠습니까? 예수의 부활을 알리려는 방식이 얼마나 비효율적입니까? 얼마나 비현실적입니까? 이러한 방식, 이러한 원리가 납득이 되십니까?

예수의 부활을 알리기 위해서는 전혀 특별한 현상이 동원되지 않았습니다. 도리어 은밀하게 진행되었습니다. 그런데 지금 제자들에게 성령이 강림했다는 것은 정반대의 방식이 사용되고 있습니다. 먼저는 요란법석 합니다. 독특하고 기이한 현상이 발생했습니다. 그리고 이러한 일들이 은밀한 곳에서 이루어진 것이 아니라 일부러 오순절 날, 일부러 예루살렘에서, 일부러 천하 각국에서 사람들이 모였을 때에, 일부러 다른 언어들로 말하게 하는 방식을 통해서 이루어지고 있습니다.

하나님의 목적

다시 한 번 정리합니다. 예수님은 제자들에게 성령이 임하게 하여 증인이 되게 하신다고 말씀하셨습니다. 예수의 부활을 알리는 것이 목적이라면 애초에 예수가 부활했을 때에 보다 정확하게, 보다 명백하게, 보다 공개적으로 증명할 수 있었는데 그때에는 은밀하게 하고 도리어 알려질까 봐 걱정하는 듯이 전혀 드러나지 않게 행하셨습니다. 그러더니 제자들에게는 요란법석 한 현상과 다른 언어로 말하는 것까지 동원해가면서 일을 하십니다. 왜 이렇게 대조적으로 하는지 분별하셔야 합니다. 과연 하나님의 궁극적 목적이 무엇인지 파악하셔야 합니다. 과연 예수의 부활을 알리는 것이 목적입니까? 과연 제자들을 증인이 되게 하는 것이 목적입니까? 하나님의 목적은 제자들을 예수 부활의 증인이 되게 하는 것이 아닙니다. 제자들을 통하여 예수가 부활하셨다는 소식을 땅끝까지 전하게 하려는 것이 아닙니다.

하나님의 목적은 제자들이, 성도들이 예수의 부활의 결과를 누리게 하는 것입니다. 예수의 부활로 말미암아 이루어진 성도의 구원, 성도의 하나님의 자녀됨, 하늘 나라의 복을 이은 것을 누리게 하는 것이 하나님의 목적입니다. 만약 예수의 부활을 널리 알리는 것이 하나님의 목적이었다면 제자들을 통할 이유가 없습니다. 이렇게 더딘 속도로 일할 이유가 없습니다. 이렇게 비효율적 방식으로 일할 이유가 없습니다. 이렇게 말도 안 되는 방법으로 일할 이유가 없습니다. 그냥 예수가 나타나면 됩니다. 그런데 하나님의 목적은 예수가 부활했다는 것을 광범위하게 알리는 것, 그래서 예수가 모든 사람에게 영광을 받는 것이 절대로 아니었습니다. 예수의 부활은 궁극적 목적이 아니라 수단이었습니다.

예수가 십자가를 지고 부활하는 방식을 통해 얻으려는 궁극적 목적은 죄인이 구원받는 것이요, 구원받은 성도가 자유와 평화와 안식을 누리며 사는 삶입니다. 그래서 제자들은 예수가 부활했다는 것을 알려야 하는 사람이 아니라, 예수 부활의 증인이 되어야 하는 사람이 아니라, 제자들 자체가 예수가 부활했다는 것을 알아야 하는 당사자들입니다. 제자들이 예수 부활의 결과를 누려야 하는 사람들입니다. 그래서 하나님의 모든 사역이 제자들에게 집중되어 있습니다. 제자들이 부활의 결과 즉 자신들이 구원받은 것을 깨달을 수 있도록 진리를 가르치는 성령을 임하게 하시고, 성령이 임했다는 것을 알게 하려고 기이한 현상들을 동원하고, 성령이 임했다는 것을 스스로 인식하도록 다른 언어로 말해지도록 행하셨고, 자신들이 말하는 것이 해괴한 것이 아니라 다른 언어인 것을 확증해줄 수 있도록 천하 각국으로부터 사람을 동원하셨습니다. 하나님이 제자들에게 얼마나 집중하고 있는 지가 보이셔야 합니다.

하나님이 제자들을 증인으로 써먹으려고, 증인의 역할을 맡기려고 준비시키고, 훈련시키고, 연단시키는 것이 절대로 아닙니다. 하나님은 인간을 하나님의 일의 수단으로 사용하지 않습니다. 하나님은 인간을 이용하지 않습니다. 도리어 하나님이 수단이 되어서 인간에게 결과를 만들어 내십니다. 하나님이 일하고, 수고해서 인간에게 열매가 맺어지게 하십니다. 인간이 행복한 것, 인간이 자유와 평화와 안식을 누리는 것이 하나님이 모든 수고와 역사를 동원하는 목적입니다. 기독교는 하나님이 일하고 인간이 하나님의 일하심의 결과를 누리는 종교입니다.

천하 각국으로부터 와서

사람들이 천하 각국으로부터 왔다는 것을 강조하는 의미 두 번째를 설명하겠습니다. 성경이 정말로 재미있습니다. 1장 8절에서 "예루살렘과 온 유대와 사마리아와 땅끝까지 이르러 내 증인이 되리라"고 했습니다. '예루살렘과 온 유대와 사마리아와 땅끝'이라는 지역이 등장합니다. 그래서 사람들은 복음을 땅끝까지 전파하자고 말합니다. 사도행전 28장에서는 드디어 로마까지 갔다고 말합니다. 아직 땅끝까지는 안 갔으니 우리가 땅끝까지 가지고 말합니다. 그런데 성경은 정말로 재미있게 오늘까지 올 것도 없이, 아예 28장까지 갈 것도 없이 당장 2장 5절에 '천하 각국으로부터 와서'라고 선언합니다. 그리고 11절에 "우리가 다 우리의 각 언어로 하나님의 큰일을 말함을 듣는도다"라고 합니다. 많은 성도님들이 '땅끝으로 가자'는 생각만 합니다. 땅끝까지 '가서' 전하려고 하는데 성경은 이미 천하 각국으로부터 '와서' 들었다고 선언하고 있습니다.

예수의 증인이 되는 것에 관한 표현이 누가복음 24장 46절 이하에도 나옵니다. "또 이르시되 이같이 그리스도가 고난을 받고 제 삼일에 죽은 자 가운데서 살아날 것과 또 그의 이름으로 죄 사함을 받게 하는 회개가 예루살렘에서 시작하여 모든 족속에서 전파될 것이 기록되었으니 너희는 이 모든 일의 증인이라"입니다. 이때에 등장하는 것이 '모든 족속'입니다. 그래서 사람들은 땅끝까지 가서 모든 족속에게 알려야 한다고 생각합니다. 이 본문에 사용된 '모든 족속'이라는 단어가 사도행전 2장 5절에 나오는 '천하 각국'이라는 단어와 같습니다. 그러니까 천하 각국으로부터 온 것이 모든 족속으로부터 온 것입니다. 사도행전 2장 5절에 의하면 우리가 모든 족속에게 '가기도' 전에 이미 모든 족속이 '나와서' 들었습니다. 이미 땅끝까지 간 것 이상입니다. 땅끝까지 복음을 전파하려면 우선 땅끝으로 가야하고, 가서 들을 사람을 모아야 하고, 모인 사람에게 전해야 하는데 이미 다모였고 이미 들었습니다. 이런 방식이라면 이제 복음이 예루살렘에 퍼졌느냐, 온 유대와 사마리아로 넓어졌느냐, 로마까지 확장되었느냐는 것이 전혀 관심거리가 아닙니다. 복음 전파를 위해 사도행전 28장을 넘어 29장을 우리가 만들어야 하는 것이 아니라 이미 2장에서 다 완성되었습니다.

　성경의 강조점은 제자들을 예수의 부활을 증거 하는 증인으로, 수단으로 삼는 것이 전혀 아닙니다. 제자들이 할 일이 땅끝까지 가는 것이 아닙니다. 제자들의 할 일이 예수가 부활하셨다는 소식을 전하고 다녀야 하는 것이 아닙니다. 도리어 하나님의 사역은 하나님이 하신다는 선언이요, 하나님의 사역은 이미 다 이루어졌고, 완성되었다는 선언입니다. 제자들이 하나님을 위해 무엇을 만들어 내야하는 것이 아니라 도리어 하나님이 인간을 만들어내야 하고, 성도의 삶을 만들어 내야하고, 성도에게 자유와 평안과 안식과 사랑과 온유와 인내와 절제와 양선과 오래 참음과 충성의 열매를 만들어 내십니다. 제자들이 해야 하는 것은 자신들에게 이루어진 일을 알아차리고, 알게 된 것을 누리며 사는 것뿐입니다. 하나님이 주신 은혜와 복락을 삶속에 풍성히 누리며 사시기를 주님의 이름으로 축원합니다.

8

알게 할 것이니

사도행전 2:5-15

5 그 때에 경건한 유대인들이 천하 각국으로부터 와서 예루살렘에 머물러 있더니 6 이 소리가 나매 큰 무리가 모여 각각 자기의 방언으로 제자들이 말하는 것을 듣고 소동하여 7 다 놀라 신기하게 여겨 이르되 보라 이 말하는 사람들이 다 갈릴리 사람이 아니냐 8 우리가 우리 각 사람이 난 곳 방언으로 듣게 되는 것이 어찌 됨이냐 9 우리는 바대인과 메대인과 엘람인과 또 메소보다미아, 유대와 갑바도기아, 본도와 아시아, 10 브루기아와 밤빌리아, 애굽과 및 구레네에 가까운 리비야 여러 지방에 사는 사람들과 로마로부터 온 나그네 곧 유대인과 유대교에 들어온 사람들과 11 그레데인과 아라비아인들이라 우리가 다 우리의 각 언어로 하나님의 큰 일을 말함을 듣는도다 하고 12 다 놀라며 당황하여 서로 이르되 이 어찌 된 일이냐 하며 13 또 어떤 이들은 조롱하여 이르되 그들이 새 술에 취하였다 하더라 14 베드로가 열한 사도와 함께 서서 소리를 높여 이르되 유대인들과 예루살렘에 사는 모든 사람들아 이 일을 너희로 알게 할 것이니 내 말에 귀를 기울이라 15 때가 제 삼 시니 너희 생각과 같이 이 사람들이 취한 것이 아니라

하나님의 큰 일

하나님이 하시는 일

성경은 하나님이 인간을 대상으로 펼치는 구원의 사역을 소개하고 있습니다. 성경을 읽을 때에는 언제나 '하나님이 무엇을 행하시는가?'와 그 결과 '인간이 무엇이 달라지는가?'에 초점을 맞추어야 합니다. 성경 전체가 하나님의 인간 구원사역이기 때문에 비록 많은 분량이 있을지라도 전혀 다

른 이야기가 전개되는 것이 아니라 비슷한 유형의 사건을 반복하여 보여줌으로 각 장면들을 정확하게 이해할 수 있는 근거를 제공해 줍니다. 사도행전에서 사람들은 일반적으로 장소에 초점을 맞추는 실수를 합니다. 예수님이 1장 8절에서 장소를 언급했기 때문입니다. 물론 '예루살렘과 온 유대와 사마리아와 땅끝'이 나오지만 핵심은 장소가 아닙니다. 사도행전에서 '땅끝'은 장소를 의미하는 것이 아니라 대상을 의미합니다. 지리적으로 땅끝까지 간다는 것이 아니라 땅끝에 있는 사람들까지도 하나님의 구원의 대상이 된다는 의미입니다. 그래서 '땅끝까지 이른다'는 것을 누가복음에서는 '모든 족속에게 전파될 것'이라고 표현했습니다. '전파한다'는 것은 전하는 사람의 입장이고 상대방의 입장에서는 '듣는 것'이기에 사도행전 2장에서는 '천하 각국으로부터 와서 듣더라'고 표현했습니다. 비슷한 표현이 이미 나온 것을 기억하면 좋습니다. 창세기 12장 3절을 보시면 유사한 표현이 나옵니다. "너를 축복하는 자에게는 내가 복을 내리고 너를 저주하는 자에게는 내가 저주하리니 땅의 모든 족속이 너로 말미암아 복을 얻을 것이라 하신지라"입니다. 여기에도 등장하는 것이 '땅의 모든 족속이'입니다. 하나님의 대상은 언제나 모든 족속, 땅끝, 천하 각국 사람입니다.

성경은 성령이 강림한 순간에 이미 복음전파가 완성된 것으로 묘사하였습니다. 이러한 표현방식도 이번이 처음이 아니라 이미 복음서에 등장했던 방식입니다. 요한복음 19장 30절에 보면 예수님이 십자가에 달리셨을 때 '다 이루었다'고 선언하십니다. 사건적인 의미에서는 예수님의 말씀은 사실이 아닙니다. 왜냐하면 예수님은 십자가에 달려있을 뿐 아직 죽지 않았기 때문입니다. 죽지 않았으니 당연히 아직 부활하지도 않았습니다. 실제적으로는 아무 것도 이루어진 것이 없습니다. 그런데 예수님은 벌써 '다 이루었다'고 선언하십니다. 왜냐하면 하나님이 하시는 일이기 때문입니다. 하나님이 하시는 일은 중단함이나 변개함이 없기 때문에 이미 이루어진 일이요, 또한 하나님이 하시는 일이기에 어느 누구도 방해할 수 없기 때문에 이미 이루어진 일로 선언할 수 있습니다. 세상의 일이나 사람의 일에는 변수가 발생할 수 있습니다. 예상치 못한 상황이 벌어질 수 있습니다. 그래서 아무도 결과를 장담할 수 없습니다. 하지만 하나님이 하시는 일은 세상 일이 아니며, 인간의 일이 아니라 하나님이 하시는 일입니다. 그래서 십자가에 달릴 때 이미 '다 이루었다'고 선언할 수 있습니다. 그리고 실제로도 예수님이 십자가에서 죽고, 무덤으로 옮겨지고, 부활하신 것이 이루어집니다. 그러므로 예수님의 선언은 허언이 아니었고 과장이 아니었습니다.

성령 강림 사건도 마찬가지입니다. 하나님이 약속하신 성령이 강림하신 사건은 단지 예루살렘에 있는 제자들에게만 이루어진 사건으로 축소시키는 것이 아닙니다. 하나님의 말씀이 약속대로 이루어졌다는 것은 이미 전 역사에 걸쳐서 모든 족속, 땅끝까지, 천하 각국 사람에게 다 이루어진 것과 마찬가지입니다. 왜냐하면 이 일을 계획하신 분이 하나님이요, 진행하시는 분이 하나님이요, 책임지시는 분이 하나님이시기 때문입니다. 그것을 가장 명쾌하고 확실하게 보여주는 것이 바로 '천하 각국으로부터 와서 들었다'입니다. 꼭 기억하셔야 하는 것은 십자가 사역, 부활 사역, 성령 강림사역, 복음 전파 사역, 하나님 나라 확장 사역 등 모든 일은 하나님이 행하시는 일이라는 사실입니다.

하나님의 책임

하나님은 인간에게 일을 맡기고, 의무를 부과하고, 역할을 전가하신 적이 없습니다. 도리어 하나님이 계획하고 진행하시며 인간은 하나님의 일하심의 결과를 받습니다. 물론 하나님이 행하시는 일에 인간이 동참합니다. 이것은 인간이 하나님을 돕는 것이 아니며 하나님 대신 일을 하는 것이 아니라, 말 그대로 하나님의 일을 경험하는 것이요, 현장을 체험하는 것이요, 결과를 누리는 것입니다. 하나님이 아브라함을 부르셨을 때에도 하나님이 하실 일을 약속하셨을 뿐이지 아브라함에게 명령하거나 일을 맡긴 적이 없습니다. 아브라함에게 '모든 족속에게 복을 나누어주라'고 명령한 것이 아니라 '하나님'이 아브라함을 통해 모든 족속이 복을 받게 하신다는 것으로 하나님의 책임이었습니다. 실제로 아브라함이 애굽 사람을 복 받게 하기 위해서 사명감을 가지고 애굽으로 내려간 적이 없습니다.

하나님이 이스라엘이라는 나라를 하나님의 제사장 나라로 세우신다고 말씀하셨습니다. 그렇다고 해서 이스라엘이 의도적으로 제사장 역할을 하는 것이 아닙니다. 이스라엘이 주도적으로, 능동적으로, 책임적으로 제사장 역할을 행해야 하는 것이 아닙니다. 이스라엘이 율법을 들고 애굽이나 바벨론이나 블레셋으로 간 적이 단 한 번도 없고, 하나님도 이스라엘에게 왜 제사장 역할을 하지 않느냐고 책망하신 적이 단 한 번도 없습니다. 이스라엘이 해야 할 일은 하나님이 행하신 결과를 누리며 사는 것입니다. 그러면 사람들이 이스라엘이 사는 삶을 보게 됩니다. 사람들이 이스라엘을 보면 그것이 이스라엘이 제사장 역할을 하는 것입니다.

사도행전에서는 구약의 제사장 역할을 '증인'이라고 표현합니다. 증인이라고 하면 당사자가 의도적으로 보여주어야 하는 것처럼 생각합니다. 하지만 성경이 말하는 증인은 내가 일부러, 의식적으로 보여주라는 것이 아닙니다. 성도의 역할은 성도의 삶을 사는 것입니다. 그리고 다른 사람이 성도의 삶을 보는 것을 하나님은 성도가 증인의 역할을 한 것으로 여겨줍니다. 의식적으로 남에게 보여주려는 삶은 매우 힘이 듭니다. 그러나 자신의 삶을 사는 것은 쉽습니다. 다른 사람이 내 삶을 보는 것은 그냥 두면 됩니다. 이러한 하나님의 방식은 새로운 것이나 복잡한 것이 아니라 실상은 매우 쉽고 당연한 것입니다. 예를 들면 감동도 마찬가지입니다. 내가 상대방을 감동시키려고 하면 매우 힘이 듭니다. 그런데 나는 일상을 살았는데 종종 상대방이 와서 나에게 '감동받았다'고 말하는 경우가 있습니다. 상대방이 감동을 받는 것이지 내가 감동을 주는 것이 아닙니다. 존경, 권위 등도 모두 당사자가 의도적으로 만드는 것이 아니라 결과적으로 만들어지는 경우입니다. 내가 다른 사람에게 친절하고 배려적으로 행동할 때 상대가 나를 존경하는 것이요, 나는 존경을 받게 됩니다. 또 내가 다른 사람에게 매우 편안하게 자유롭게 대해주었는데 상대방이 나의 말을 잘 들어주고, 내 의도를 잘 따라주면 그것을 권위가 있다고 표현합니다. 당사자가 권위를 부리거나 주장하면 권위주의일 뿐입니다.

성경은 성도에게 특별한 일, 특별한 행동, 특별한 사역을 절대로 주문하지 않고 요구하지 않습니다. 의식적인 행동, 의도적인 사역, 작정하고 하는 증언을 명령하지 않습니다. 신앙은 매우 자연스러운 반응입니다. 하나님이 행하신 일을 받은 사람이 나타내는 매우 일상적인 삶, 평범한 일, 당연한 이야기입니다. 그래서 쉽고, 편하고, 자연스러운 방식입니다. 사도행전을 보실 때 이것을 꼭 기억하셔야 합니다. 사도행전이 하나님이 복음전파를 명령하셨고, 제자들이 하나님의 명령을 이행하기 위해 얼마나 수고하고 충성하고 있는가를 보여주고 있다고 생각하시면 오해입니다. 정반대로, 하나님이 자신의 약속을 얼마나 신실하게 이루어가고 계시는지, 하나님의 일하심으로 성도가 얼마나 멋있고, 자유롭고, 재미있게 살아가고 있는지를 목격하셔야 합니다.

사람들이 본 것

그래서 성경의 묘사가 매우 자연스러운 것임과 동시에 매우 절묘합니다. 성령 강림 사건은 성령을 받는 사람을 중심으로 묘사하지 않고 도리어 성령 받는 사람을 바라보는 사람들의 관점에서 묘사하고 있습니다. 정작 성령 받은 당사자들에 대한 묘사는 없습니다. 베드로와 제자들이 '놀라더라, 자기들 입에서 다른 언어가 나와서 신기해하더라, 어떤 제자는 너무 당황해서 자기 입을 틀어막았더라, 또 어떤 제자는 좋아서 손뼉을 치더라'는 등의 표현이 없습니다. 성령이 강림한 사건을 바라본 사람들의 반응이 두 번 나옵니다. 그리고 이 사람들의 반응에서 저와 여러분은 제자들에게 나타난 현상 두 가지를 알 수 있습니다. 먼저는 6절로 8절 "이 소리가 나매 큰 무리가 모여 각각 자기의 방언으로 제자들이 말하는 것을 듣고 소동하여 다 놀라 신기하게 여겨 이르되"입니다. 제자들이 다른 언어들로 말하였습니다. 대부분의 사람들은 이것을 알고 있습니다.

그런데 중요한 것이 하나 더 있습니다. 11절 중간부터 "우리가 다 우리의 각 언어로 하나님의 큰일을 말함을 듣는도다 하고 다 놀라며 당황하여 서로 이르되 이 어찌 된 일이냐"입니다. 사람들이 두 번을 놀랐고 제자들은 두 가지 현상을 나타낸 것입니다. 첫 번째는 다른 언어로 말한 것이고, 두 번째는 다른 언어로 하나님의 큰일을 말한 것입니다. 저와 여러분이 주목해야 하는 것은 바로 이 두 번째입니다. 본문에는 정확하게 제자들이 말한 '하나님의 큰일'이 무엇인지는 나오지 않습니다. 그러나 분명한 것은 제자들은 각자 다른 언어로 말을 하고 있다는 사실입니다. 제자들은 의성어나 의태어로 괴성을 지르고 있는 것이 아니라 말을 하고, 내용이 있는 이야기를 하고 있습니다. 외마디 비명이 아니라, 우왕좌왕 떠드는 것이 아니라 상대방이 알아들을 수 있는 말, 상대방이 이해할 수 있는 말, 상대방이 '우리의 각 언어로 하나님의 큰일을 말함을 듣는도다'라고 자신이 들은 것을 표현할 수 있는 말을 하고 있습니다. 그리고 14절로 이어져서 베드로의 설교가 등장합니다.

성경이 전하는 사건의 전개를 잘 따라가셔야 합니다. 제자들이 성령을 받고 당장에 복음을 전파하기 위하여 사람들 앞에 서서 예수를 증언하는 것이 아닙니다. 사람들이 제자들을 보았습니다. 제자들이 의도적으로 사람들에게 보여준 것이 아니고, 제자들이 의식적으로 관심을 끌려고 다른 언어를 말한 것이 아닙니다. 제자들은 자신들에게 임한 현상을 아주 자연스럽게 표현하였습니다. 성령이 다른 언어로 말하게 하시매 다른 언어로 말하였고, 자기들이 스스로 다른 언어로 말한 것이 아니라 하나님이 그렇게 하신 것이기에 '하나님이 이렇게 하시었다'라고 하나님의 큰일을 말하고 있을 뿐입니다. 상대방의 귀에 들리게 하려고 노력하지 않았습니다. 그런데 상대방이 듣고 있으며, 상대방이 신기해하고 있으며, 궁금해 하고 있습니다. 그래서 아주 자연스럽게 설명하는 것이 나옵니다.

너희로 알게 할 것

베드로

14절은 "베드로가 열한 사도와 함께 서서 소리를 높여 이르되 유대인들과 예루살렘에 사는 모든 사람들아 이 일을 너희로 알게 할 것이니 내 말에 귀를 기울이라"입니다. 성경의 풍성함을 하나씩 풀어나가겠습니다. 1장과 마찬가지로 이번에도 나서는 사람이 베드로입니다. 과연 수제자답게 언제나 베드로가 앞장선다고 생각하면 오해입니다. 예수님과 함께 할 때의 제자들의 상황, 예수님이 부활한 후와 승천하신 직후의 제자들의 상황, 성령이 강림한 후의 제자들의 상황이 계속 바뀌고 있습니다. 바뀌어 진 상황에서 베드로가 앞장서고, 또 바뀌어 진 상황에서도 베드로가 앞장서고 있습니다. 그러므로 베드로가 일관되게 나오는 것이요, 지속적으로 중요한 역할을 하고 있다고 생각하면 오해입니다. 물론 등장인물은 베드로이지만 상황이 바뀌는 것만큼이나 베드로의 역할에 대한 의미도 계속 바뀌고 있습니다.

첫 번째, 복음서에서 베드로의 활약은 자기 열심이었습니다. 예수님의 사역을 방해하고 도리어 일거리만 만들어내는 헛된 열심이었습니다. 두 번째, 예수님이 승천하신 후 즉 사도행전 1장 12절 이하 특별히 15절 이하에서 보여준 베드로의 활약은 왜곡이었습니다. 헛된 열심보다 문제가 심각한 것이었습니다. 제자들을 차별화하고, 예수님도 만들지 않았던 제자들의 자격조건을 정하고, 예수님도 시키지 않았던 역할과 책임을 정하는 등 많은 왜곡을 만들어냈습니다. 그리고 세 번째 베드로의 활약이 드디어 사도행전

2장부터입니다.

성경이 저와 여러분에게 보여주려는 베드로의 궁극적 모습이 바로 사도행전의 2장부터의 모습입니다. 앞으로 확인해 보겠지만 사도행전 2장에서는 베드로가 구약의 다양한 구절들을 인용하면서 설교를 합니다. 그냥 장황하게 이것 저것 많은 이야기를 한 것이 아니라 구약에서 요엘서 즉 예언서를 인용하고, 시편에 나오는 다윗의 고백을 통하여 예수가 부활하셔야만 하는 이유와 구주가 되신 과정을 잘 설명합니다. 3장에 가면 하나님의 사역을 정말 멋있게 소개하고, 4장에서는 제사장들과 관원들 앞에서도 담대하게 예수를 말합니다. 잘못한 일이 없음에도 불구하고 관리들에게 위협을 받는 등 억울한 일을 당하지만 전혀 감정적으로 행동하지 않고, 단순한 열정으로 사역을 망치지도 않고, 자기의 지위나 신분을 유지하려고 내용을 왜곡하고 변질시키려는 어떠한 시도도 하지 않는 모습을 보여줍니다.

사도행전에 2장 이후에 나타난 베드로의 모습은 베드로의 원래의 모습이 아니라 성령 받은 결과, 성령의 열매로서의 모습입니다. 베드로가 원래부터 인내하고 온유한 것이 아니었으며, 베드로가 원래부터 주변사람들과 화평을 이룬 것이 아니었으며, 베드로가 원래부터 양선과 절제의 기질이 있었던 사람이 아니었습니다. 복음서와 사도행전은 예수의 십자가 사건과 성령 강림 사건을 중요하게 다루고 있습니다. 하나님의 관점에서 진행시킨 핵심 사건이지만 이 사건의 결과, 이 사건을 통해서 이루어지는 결과는 하나님이 영광을 받았다는 것이 아니라 인간이 죄에게서 해방되어 구원받고, 인간이 성령을 받아 새로운 피조물이 된 것입니다. 그러므로 십자가 사건과 성령 강림 사건의 전개가 아주 드라마틱하게 묘사되었다면 동시에 인간이 변화되어 가는 사건이 아주 대조적으로 묘사되어야 합니다. 그러려면 당연히 한 인물에 대해 성령 받기 전의 모습과 성령 받은 후의 모습을 대조해야 하고, 그 인물이 바로 베드로입니다.

만약 복음서에서 예수님과 함께 동행 할 때에는 베드로가 주로 활동하고, 예수님이 부활하고 승천한 직후에는 다대오가 주로 활동하고, 성령이 강림한 후에는 바돌로매가 주로 활동하면 십자가 사건과 부활 사건으로 인간에게 무슨 변화가 일어났는지 전혀 알 수가 없습니다. 각 사람은 원래부터 그런 기질이 있었고, 그런 성향이 있는 줄로만 생각할 수 있습니다. 그런데 동일한 인물이 다양한 상황에서 각각 활동하는 모습을 통해 각 상황을 비교하면 인물의 변화를 파악할 수 있습니다. 이제 복음서의 베드로가 얼마나 헛된 열심을 내었는지, 사도행전 1장의 베드로가 얼마나 야비하고 교활했는지를 성령 강림 이후의 모습을 통해서 비로소 바르게 이해할 수 있습니다.

혹시, 바울은 복음서에 등장하지 않으니까 이전의 모습은 없고, 단지 변화된 이후의 모습만 나오는 것이 아니냐고 반문하실 수 있습니다. 물론 복음서에는 바울이 나오지 않습니다. 하지만 사도행전에는 바울의 이전과 이후의 모습이 대조되어 나옵니다. 아주 단순하지만 극명하게 나옵니다. 즉 바울이 이전에는 예수 믿는 사람을 박해하던 사람이요, 이후에는 자신이 예수를 전하러 다니는 사람이 되었음이 대조되어 나옵니다. 이것을 통해 바울의 예수에 대한 인식, 바울의 종교관, 인생관, 삶에 대한 원리와 기준과 가치와 방식이 완전히 변했다는 것을 극명하게 보여줍니다.

이 일을

성경이 아주 재미있습니다. 성령이 강림하는 사건은 2장 1절로 13절에 총 열세 절에 걸쳐서 기록되어 있습니다. 이어지는 베드로의 설교는 14절로 36절까지 총 스물세 절에 걸쳐서 길게 기록되어 있습니다. 그런데 베드로의 설교는 이 한번으로 끝나는 것이 아니라 앞으로도 계속하여 많이 나옵니다. 단지 몇 절 또는 몇 십 절이 아니라 장장 몇 장에 걸쳐 길게 반복적으로 기록되어 있습니다. 성령 강림 사건과 베드로의 설교 중에 어떤 것이 더 중요하다고 생각하십니까? 여러분은 어떤 것에 더 관심이 있습니까?

성령 강림 사건은 너무 간단하고 베드로를 포함한 제자들의 이야기는 너무 길다고 생각하지 않습니까? 그런데 이것이 성경의 특성을 잘 보여주는 것입니다. 성경의 관점, 성경의 주요 관심사는 성령이 임함으로 인한 베드로의 변화, 제자들의 달라진 모습에 있다는 의미입니다. 하나님이 하신 일이 과연 인간을 어떻게 달라지게 하는가를 강조하는 방식입니다.

하나님이 크신 일을 한 것, 예수님이 훌륭한 일을 한 것은 그 자체로 큰 일과 훌륭한 일의 여부가 정해지는 것이 아닙니다. 큰 일이나 훌륭한 일은 결과에 의해서 정해집니다. 아무리 큰 일을 했어도 결과가 없거나 아무런 영향력이 없으면 전혀 큰 일이 아닙니다. 대신 아무리 사소하고 작은 일을 했어도 결과가 중요하고 대단하면 큰 일을 한 것이 됩니다. 하나님이 대단하시다는 것은 원래 하나님이 대단하기 때문이 아니라 하나님이 인간에게 이루어 주신 일 때문에 인간이 하나님에 대하여 '대단하신 분이다'라고 고백할 때 진정으로 대단한 분으로 높여지게 됩니다.

하나님이 하신 일과 제자들, 대표적으로 베드로가 하는 일의 연관성을 이해하셔야 합니다. 제자들이 성령을 받자 당장에 예수의 부활을 증언하는 증인의 역할에 적극적으로 나서는 것이 아닙니다. 제자들이 만사를 제쳐두고 가장 우선적으로 예수를 증언하는 일에 몰두하는 것이 아닙니다. 2장 14절부터 나오는 설교는 베드로가 예수의 부활을 증언하기 위해 시작하는 것이 아닙니다. 14절에서 말을 하는 사람은 베드로이고, 말을 듣는 사람들은 '유대인들과 예루살렘에 사는 모든 사람들'입니다. 베드로가 사람들에게 '내가 지금부터 예수의 부활을 이야기하겠다'고 시작하지 않습니다. 14절 후반부에 '이 일을 너희로 알게 할 것이니 내 말에 귀를 기울이라'고 나옵니다. 베드로는 '이 일'을 설명할 예정입니다. 과연 베드로가 설명하려는 이 일은 무엇일까요?

지금 발생한 사건은 제자들에게 성령이 강림한 것입니다. 그런데 주변에 있는 사람들은 성령이 강림한 사실을 모릅니다. 주변 사람들이 보고 있는 것은 6절 "이 소리가 나매 큰 무리가 모여 각각 자기의 방언으로 제자들이 말하는 것을 듣고 소통하여 다 놀라 신기하게 여겨 이르되"이고, 11절 "우리가 다 우리의 각 언어로 하나님의 큰일을 말함을 듣는도다"입니다. 사람들은 성령을 알지도 못하고, 성령이 왔다는 것도 전혀 모르고 있습니다. 단지 자신들 앞에서 펼쳐지는 신기한 현상, 7절 표현대로 "이 말하는 사람들이 다 갈릴리 사람이 아니냐 우리가 우리 각 사람이 난 곳 방언으로 듣게 되는 것이 어찌 됨이냐"일 뿐입니다. 그러므로 16절부터 베드로가 말하는 것은 예수의 부활을 설명하려는 것이 아닙니다. 베드로 스스로도 그것을 밝힙니다. 14절 "유대인들과 예루살렘에 사는 모든 사람들아 이 일을 너희로 알게 할 것이니 내 말에 귀를 귀울이라"입니다. 베드로가 말하는 '이 일'은 예수가 부활한 일이 아니라 '자신들이 각각 다른 언어로 말하는 것, 자신들이 각 언어로 하나님의 큰일을 말하는 것'입니다.

그러므로 베드로는 무턱대고 예수의 부활을 증언하려고 말을 시작하는 것이 아니라 사람들이 제자들에 대해서 궁금해 할 만 한 사건, 사람들이 성도들을 보고 놀라고, 신기하게 여기고, 당황하고, 의아해하고, '이 어찌됨이냐?'고 말한 만한 사건이 먼저 있었음을 기억하셔야 합니다. 물론 제자들이 의도적으로, 의식적으로, 보여주기 위해서 이런 행동을 벌인 것은 아닙니다. 그러나 하나님이 제자들에게 은혜를 주셨고, 성령을 주셨고, 제자들이 성령을 받음으로 말미암아 변화된 모습이 있었습니다. 제자들이 사람들을 놀라게 하고 당황스럽게 만든 것이 아니라 하나님이 행하신 사건, 현상, 모습, 행동이 나타나니까 상대방이 보고, 놀라고, 신기해했습니다. 상대방이 의아해하고 궁금해 한 것이고, 제자들은 상대방에게 자신들의 삶에 대해, 사건에 대해, 행동에 대해 설명하는 순서입니다. 이것이 증언입니다.

사건과 설명

예를 들어, 교회의 홍길동 전도사가 결혼을 했다고 가정해 보겠습니다.

다음날부터 홍길동이 '나는 아내의 요리솜씨를 전하는 전도사가 되어야겠다'고 마음먹고 만나는 사람에게 아내의 요리솜씨를 소개하는 것이 아닙니다. 만약 그러면 홍길동은 이상한 놈이 된 것입니다. 먼저 결혼한 홍길동에게 변화가 생겨야 합니다. 결혼한 후에 홍길동의 혈색이 좋아지고 몸이 좋아져야 합니다. 그 동안 키는 크지만 뭔가 좀 부실해 보였는데, 결혼하더니 부실해 보이는 게 없어지고 도리어 견실해 보이고 늠름해진 것 같아 보여야 합니다. 이렇게 홍길동의 모습이 변하면 사람들이 홍길동을 보고 궁금해 하며 묻습니다. 몇몇 친구들은 '다 놀라며 당황하여 너의 얼굴색이 좋아지고 아주 건강해 보인다. 어찌된 일이냐?'라고 묻고, 또 어떤 친구는 '조롱하여 이르되 얼굴과 몸이 부었나보다 하더라'입니다. 이때 홍길동이 서서 소리를 높여 이르되 '친구들과 나를 아는 모든 사람들아, 내가 혈색이 좋아지고 몸이 좋아진 이 일을 너희로 알게 하리니 내 말에 귀를 기울이라. 너희의 생각과 같이 얼굴이 부은 것이 아니라'고 말하기 시작합니다. 그리고 이어지는 말이 '결혼을 하여 나에게 아내가 생겼다. 아내가 아침과 점심과 저녁에 구첩반상을 차려준다. 황제가 받는 밥상도 부럽지 않을 만큼 잘 차려준다. 그리고 어쩌고 저쩌고!'로 이어집니다.

홍길동의 예와 같이, 증언을 하는 것이 먼저가 아니라 사람들이 보고, 신기해하고, 놀라고, 당황하는 사건, 상황, 변화가 먼저 있어야 합니다. 그러면 당연히 사람들이 변화를 궁금해 하고, 당사자가 자신에게 나타난 변화를 설명하려니 당연히 홍길동의 경우에는 결혼과 아내의 이야기가 등장합니다. 제자들의 경우에는 먼저 성령이 임하고, 성령이 임하여 제자들로 하여금 다른 언어로 말하게 하는 사건이 나타나고, 사람들이 제자들을 보고 놀라며 궁금해 하자 드디어 베드로가 일어나 예수의 이야기를 말하기 시작하는 순서입니다. 이것이 증언이 전개되는 과정입니다. 그러므로 당사자가 증언을 하겠다는 의욕이 먼저가 아닙니다. 증언을 해야 한다는 책임과 사명이 먼저가 아닙니다. 증언은 말 그대로 자신에게 이루어진 일, 자기가 보고, 듣고, 경험한 일을 말하는 것입니다. 그러려면 먼저 자기에게 이루어진 일이 있어야 하고, 자기가 자기에게 되어 진 결과 또는 자기가 변화된 것을 알아야 합니다. 그것을 알면 가장 자연스럽게, 가장 편안하게, 있는 그대로를 설명하는 것은 너무나 쉽습니다. 이것이 증언입니다. 이것이 사도행전 2장이 보여주는 증언입니다. 베드로와 제자들은 자신들에게 이루어진 일을 설명하려다 보니 예수 이야기, 부활 이야기를 하게 되었습니다. 설명하는 내용이 무엇인지는 다음 편에서 보겠습니다.

사도행전 3장에도 동일한 유형이 반복됩니다. 베드로가 성전 문에서 구걸하던 사람의 병을 고쳐줍니다. 베드로가 나면서 못 걷게 된 사람을 걷게 만드는 사건입니다. 그러자 사람들의 반응이 10절 "그가 본래 성전 미문에 앉아 구걸하던 사람인 줄 알고 그에게 일어난 일로 인하여 심히 놀랍게 여기며 놀라니라"입니다. 사람들이 놀란 것이 두 가지입니다. 하나는 병자가 일어났다는 것이요, 또 하나는 그 일을 베드로가 했다는 것입니다. 사람들이 모두 베드로를 쳐다보고 있습니다. 그러자 베드로가 하는 말이 12절 "베드로가 이것을 보고 백성에게 말하되 이스라엘 사람들아 이 일을 왜 놀랍게 여기느냐?"입니다. 증언을 위해서는 우선 '이 일'이 있어야 합니다. 이 일을 사람들이 보고 사람들이 반응해야 합니다. 그때 베드로가 "이 일을 왜 놀랍게 여기느냐 우리 개인의 권능과 경건으로 이 사람을 걷게 한 것처럼 왜 우리를 주목하느냐"고 말할 수 있는 기회가 생깁니다. 그리고 이 일을 설명할 때 자기가 했다고 설명하면 '자랑질'이고, 하나님이 하셨다고 하면 '증언'입니다. 2장과 3장이 모두 동일한 패턴, 동일한 내용입니다. 하나님이 만들어내신, 변화시킨 제자들의 삶, 제자들의 행동, 제자들의 모습이 있습니다. 그것을 사람들이 듣기도 하고, 보기도 하고, 경험하기도 해야 합니다. 제자들이 의도적으로 보여주는 것이 아니라 그냥 제자의 삶, 성도의 삶을 산 것인데 그것이 사람들에게는 놀랍고 신기하게 여겨졌습니다. 그래서 사람들이 궁금해 하고 의아해할 때 '나의 나됨이 하나님의 은혜로다'라고 설명하는 과정이 증언의 과정이요, 자기에게 이루어진 일을 자연스럽게 말하는 것이 복음전파입니다.

알게 할 것이니

하나님의 큰 일

사도행전 2장에는 제자들에게 되어 진 일이 있고, 제자들이 행한 일이 있습니다. 되어 진 것은 하나님이 행하신 것으로 제자들에게는 말 그대로 되어 진 일입니다. 성령이 임하였으니 성령을 받았고, 성령이 말하게 하시니 각각 다른 언어로 말하였습니다. 실제로 제자들이 행한 것은 딱 한 가지 바로 '말'입니다. 제자들은 없는 말을 지어낸 것도 아니고 모르는 것을 만들어 낸 것도 아닙니다. 자기들에게 이루어진 일, 그래서 자기들이 알고 있는 일을 말한 것뿐입니다. 너무나 쉬운 일입니다. 여기에 또 재미있는 것이 있습니다. 제자들이 각각 다른 언어로 말한 것에 대해 사람들이 '하나님의 큰 일을 말함을 듣는도다'라고 했습니다. 그러니 결과적으로 제자들이 하나님의 큰일에 대해서 말한 것입니다. 이것이 재미있는 이유는 사도행전 1장에서는 제자들이 하나님이나 하나님 나라나 하나님의 일에 대해서는 한 마디도 하지 않았기 때문입니다. 그러더니 성령을 받은 후에는, 성령이 말하게 하심을 따라 말하기 시작할 때에는 '하나님의 큰일'을 말했습니다. 제자들이 달라진 것, 제자들이 변화된 것이 무엇인지 아시겠습니까?

예수님이 아버지께서 약속하신 성령이 오실 것을 말씀하셨고, 성령이 오시면 진리를 가르치시고, 예수께서 말씀하신 것들을 모두 생각나게 하고, 알게 하신다고 하셨습니다. 그렇다면 성령이 오신 후에 제자들에게 어떤 현상이 발생할지, 어떤 변화가 이루어질지 다 예측이 가능합니다. 제자들은 이미 삼 년 동안 예수님과 동행하며 함께 생활했던 내용이 있습니다. 보고 들은 것이 있고, 직접 체험하고, 경험한 것이 있습니다. 단지 자신들이 삼 년 동안 보고 듣고 배운 것이 무엇을 의미하는지를 알지 못했습니다. 그런데 예수의 십자가 사건으로 말미암아 죄에게서 해방되었고, 성령이 임하여 진리를 가르쳐 주시매 드디어 제자들이 그 동안의 모든 과정을 이해하게 되었고, 그 동안 듣고 배웠던 모든 것을 깨달아 알게 되었습니다. 사람들은 제자들이 '다른 언어로 말하는 것'을 신기해했지만 정작 제자들은 다른 언어로 말하는 것 자체가 아니라 자기들에게 일어난 현상이 무엇을 의미하는지를 알게 되었다는 것이 중요합니다.

그래서 베드로는 자신이 아는 것을 말합니다. 이것은 너무나 쉬운 일입니다. 이미 자신에게 이루어진 일이요, 자신이 그 과정을 다 경험한 자요, 이제 그 결과를 직접 체험하고 있는 자이기 때문에 너무나 자신 있게 설명할 수 있습니다. 베드로는 '설교한다, 선포한다, 증언한다'고 말하지 않고 '너희로 알게 한다'고 표현합니다. 세상 사람들이 놀라는 것은 당연하고, 궁금해 하는 것은 당연하고, 모르는 것은 당연하다고 여깁니다. 불과 얼마 전까지 자신들도 모르고 있었습니다. 베드로가 말하는 것 중에 결코 자랑이나 교만을 발견할 수가 없습니다. 모르는 사람을 책망하고, 혼내고, 부끄럽게 만드는 것이 없습니다. 베드로가 겸손한 것이 아니라 결코 교만할 수 없습니다. 자신들만 아는 것처럼 자랑할 수 없고, 잘난 척 할 수 없습니다. 자기들이 수고롭게 공부하여 알아차린 것이 아니기 때문입니다. 하나님이 알게 하셔서 자신들이 알게 되었습니다. 그래서 베드로도 동일선상에서 말합니다. '너희가 알아야 한다'가 아니고, '너희가 깨달아라'가 아닙니다. 베드로가 '너희로 알게 할 것'입니다. 저들이 스스로 알 수 있는 방법은 없기 때문입니다.

베드로가 강조하는 것은 자신이 말할 것이요, 자신이 알게 할 것이라는 사실입니다. 상대방에게는 아무 것도 요구하는 것이 없습니다. 단순히 "이스라엘 사람들아 이 말을 들으라"입니다. 베드로가 들려주고 알게 할 것입니다. 기독교의 방식이 언제나 이와 같습니다. 예수님이 오셔서 제자들에게 들려주었습니다. 그리고 예수님이 일을 하셨습니다. 누구의 책임입니까? 당연히 아는 자의 책임입니다. 제자들도 이제 그것을 행합니다. 베드로의 결론이 무엇입니까? 36절 "그런즉 이스라엘 온 집은 확실히 알지니"입니다. 알지 못하면 예전의 자기와 같고, 알면 지금의 자기와 같기 때문입니다.

기독교의 중요 사역이 '가르침'입니다. 왜냐하면 인간에게서, 죄인에게서 진리가 나오지 않기 때문입니다. 예수님의 사역의 가장 많은 부분이 가르치는 것이었고, 제자들이 할 일도 가르치는 것이고, 바울의 핵심도 가르치는 일입니다. 이것은 상대방의 역할을 강조하는 것이 아니라 가르치는 자의 역할을 강조하는 표현입니다. 가르치는 자가 더 많이 가르쳐야 하고, 더 잘 가르쳐야 하고, 더 정확하게 가르쳐야 하고, 더 잘 알아듣게 가르쳐야 합니다. 기독교의 순서는 하나님이 은혜 주고, 내가 은혜 받고, 받은 은혜대로 누리며 살고, 나의 삶을 궁금해 하는 자에게 말하는 것으로 어려운 것이 없습니다. 하나님을 아시고, 하나님의 은혜를 누리시는 멋진 신앙 되시기를 주님의 이름으로 축원합니다.

9

이 일에 증인이로다

사도행전 2:16~36

16 이는 곧 선지자 요엘을 통하여 말씀하신 것이니 일렀으되 17 하나님이 말씀하시기를 말세에 내가 내 영을 모든 육체에 부어 주리니 너희의 자녀들은 예언할 것이요 너희의 젊은이들은 환상을 보고 너희의 늙은이들은 꿈을 꾸리라 18 그 때에 내가 내 영을 내 남종과 여종들에게 부어 주리니 그들이 예언할 것이요 19 또 내가 위로 하늘에서는 기사를 아래로 땅에서는 징조를 베풀리니 곧 피와 불과 연기로다 20 주의 크고 영화로운 날이 이르기 전에 해가 변하여 어두워지고 달이 변하여 피가 되리라 21 누구든지 주의 이름을 부르는 자는 구원을 받으리라 하였느니라 22 이스라엘 사람들아 이 말을 들으라 너희도 아는 바와 같이 하나님께서 나사렛 예수로 큰 권능과 기사와 표적을 너희 가운데서 베푸사 너희 앞에서 그를 증언하셨느니라 23 그가 하나님께서 정하신 뜻과 미리 아신 대로 내준 바 되었거늘 너희가 법 없는 자들의 손을 빌려 못 박아 죽였으나 24 하나님께서 그를 사망의 고통에서 풀어 살리셨으니 이는 그가 사망에 매여 있을 수 없었음이라 25 다윗이 그를 가리켜 이르되 내가 항상 내 앞에 계신 주를 뵈었음이여 나로 요동하지 않게 하기 위하여 그가 내 우편에 계시도다 26 그러므로 내 마음이 기뻐하였고 내 혀도 즐거워하였으며 육체도 희망에 거하리니 27 이는 내 영혼을 음부에 버리지 아니하시며 주의 거룩한 자로 썩음을 당하지 않게 하실 것임이로다 28 주께서 생명의 길을 내게 보이셨으니 주 앞에서 내게 기쁨이 충만하게 하시리로다 하였으므로 29 형제들아 내가 조상 다윗에 대하여 담대히 말할 수 있노니 다윗이 죽어 장사되어 그 묘가 오늘까지 우리 중에 있도다 30 그는 선지자라 하나님이 이미 맹세하사 그 자손 중에서 한 사람을 그 위에 앉게 하리라 하심을 알고 31 미리 본 고로 그리스도의 부활을 말하되 그가 음부에 버림이 되지 않고 그의 육신이 썩음을 당하지 아니하시리라 하더니 32 이 예수를 하나님이 살리신지라 우리가 다 이 일에 증인이로다 33 하나님이 오른손으로 예수를 높이시매 그가 약속하신 성령을 아버지께 받아서 너희가 보고 듣는 이것을 부어 주셨느니라 34 다윗은 하늘에 올라가지 못하였으나 친히 말하여 이르되 주께서 내 주에게 말씀하시기를

35 내가 네 원수로 네 발등상이 되게 하기까지 너는 내 우편에 앉아 있으라 하셨도다 하였으니 36 그런즉 이스라엘 온 집은 확실히 알지니 너희가 십자가에 못 박은 이 예수를 하나님이 주와 그리스도가 되게 하셨느니라 하니라

너희가 보고 듣는 이것

관심의 차이

사도행전 2장에서 사람들이 신기해하는 것과 베드로를 포함한 제자들이 말하려는 것에는 서로 차이가 있습니다. 사람들이 신기해 한 것은 제자들이 '각기 다른 언어로 말하는 것'이었습니다. 어떻게 그런 현상이 있을 수 있는지 궁금해 했습니다. 동서고금을 막론하고 사람들은 언제나 똑같습니다. 새로운 것을 신기해하고, 일상과 다른 것을 놀라워하고, 비범한 것을 대단하게 생각합니다. 예수님 당시에도 마찬가지였습니다. 예수가 바다를 걷는 것을 신기해하고, 오병이어의 기적이 일어나는 것을 놀라워하고, 물이 포도주가 되는 것을 대단하게 생각합니다. 귀신이 쫓겨나가는 것을 보고 놀라워하고, 병든 자가 치유되는 것을 보고 신기해하고, 죽은 자가 살아나는 것을 보고 대단하게 생각합니다. 그런데 실상은 그런 것들이 중요한 것이 아닙니다. 예수가 물 위를 걷고, 오병이어를 행하고, 물로 포도주를 만든다고 해서 자신들의 삶에 무슨 변화가 발생합니까? 아무런 변화가 없습니다. 예수가 귀신을 쫓고, 병자를 고치고, 죽은 자를 살린다고 해서 자신들에게 무슨 유익이 있습니까? 별로 없습니다. 이 사람을 고치면 저 사람이 병들고, 살아난 사람도 곧 있으면 또 죽습니다. 순간의 변화, 상황의 변화일 뿐 인간의 삶에 본질적 차이가 생기지 않습니다. 그러므로 사건들은 좀 특이하기는 하지만 별로 중요하지 않습니다.

혹시 주변 사람은 당사자가 아니라 중요하지 않을 수 있지만 정작 귀신 들렸던 사람이나 병 들었던 사람이나 죽었던 사람에게는 사건이 대단히 중요하다고 반문할 수 있습니다. 그러나 당사자에게도 별로 중요하지 않습

니다. 마태복음 20장 29절 이하에 맹인 두 사람이 예수님이 지나가신다 함을 듣고 소리를 질러서 마침내 보게 되는 사건이 나옵니다. 맹인이었던 사람이 보게 되었으니 정말 대단한 사건입니다. 하지만 맹인이 눈을 떠서 보게 되면 그냥 보통 사람처럼 된 것입니다. 세상에 허다한 눈 뜬 사람들은 어떤 삶을 사십니까? 눈을 뜨고 보게 되니 세상 걱정이 없나요? 염려가 없나요? 마냥 좋기만 한가요? 맹인이었던 사람에게는 눈 뜨는 것이 가장 절박한 것으로 여겨지지만 막상 눈을 뜨면 새로운 절박함이 생깁니다. 눈 뜨는 것으로 모든 것이 해결되는 것이 아니라는 것을 여러분은 알고 계십니다.

요한복음 11장에 나사로의 이야기가 나옵니다. 나사로가 죽었습니다. 이미 죽은 지 나흘이 지났고, 냄새가 났고, 아예 무덤에 놓여 있었습니다. 그런 나사로가 살아났고 수족을 동인 채로 나왔습니다. 아마 나사로가 '나는 두 번 태어난 것이다. 이제부터 새로운 인생이다'라고 했을 수도 있습니다. 하지만 며칠이 지나면 새로 태어났다는 감동은 없어지고, 무엇을 먹을까, 무엇을 마실까, 무엇을 입을까 걱정해야 되는 현실에 처하게 됩니다. 성경에 더 이상 이야기가 나오지 않아서 그렇지 아마 나사로의 삶을 추적해보면 실업으로 인해 염려하고, 얼마 후 다른 질병에 걸려 다시 죽었다는 이야기로 끝이 날 것입니다. 그래서 복음서에 보면 예수가 엄청난 사역을 행하셨는데 정작 예수 자신이나 성경이 전혀 대단하게 다루지 않습니다. 귀신을 쫓아내고 그냥 지나가시고, 병자를 고치시고 다른 동네로 가시고, 죽은 자를 살리시고 마치 아무 일도 없었던 것처럼 여상하게 지내십니다. 예수님이 호들갑을 떨지 않고, 자신의 능력과 권세를 자랑하지도 않습니다. 사람들이 관심 갖는 것과 예수님이 관심 갖는 것, 사람들이 궁금해 하는 것과 예수가 알려주는 것 사이에는 엄청난 간극이 있습니다.

일어난 사건

성령 강림사건도 마찬가지입니다. 사람들의 초점은 '다른 언어로 말하는 것'입니다. 그런데 다른 언어로 말한다는 게 어쨌다는 것입니까? 다른 언어로 말하는 것이 뭐가 그리 중요합니까? 정작 성령을 받은 제자들, 실제로 다른 언어로 말하는 당사자들인 제자들은 다른 것에 관심을 두고 있습니다. 제자들은 이미 더 크고 더 놀라운 일들을 많이 경험한 사람들입니다. 누가복음 10장에 제자들의 행적이 기록되어 있습니다. 1절 "그 후에 주께서 따로 칠십 인을 세우사 친히 가시려는 각 동네와 각 지역으로 둘씩 앞서 보내시며", 그래서 17절 "칠십 인이 기뻐하며 돌아와 이르되 주여 주의 이름이면 귀신들도 우리에게 항복하더이다"라고 합니다. 예수님의 말씀에 의하면 제자들은 엄청난 존재요, 엄청난 사역을 행했습니다. 18절 "예수께서 이르시되 사탄이 하늘로부터 번개 같이 떨어지는 것을 내가 보았노라 내가 너희에게 뱀과 전갈을 밟으며 원수의 모든 능력을 제어할 권능을 주었으니 너희를 해칠 자가 결코 없으리라"입니다. 대단하지 않습니까!

이런 경험을 한 제자들이요, 직접 이런 사역을 했던 제자들인데 자기들 입에서 '다른 언어로 말하는 것' 정도에 놀라겠습니까? 다른 언어로 말하니까 무슨 일이 일어납니까? 아무 일도 안 일어납니다. 그냥 다른 언어로 말하는 것뿐입니다. 다른 언어로 말한다고 입에서 불이 나가는 것이 아니고, 다른 언어로 말한다고 귀신이 나가고, 병이 낫는 것이 아닙니다. 다른 언어로 말한다고 달라지는 것이 하나도 없습니다. 그래서 제자들은 자신들이 다른 언어로 말한다는 것에 대하여 한 마디도 하지 않습니다. 다른 언어로 말하는 것을 자랑하지도 않고, 다른 언어로 말하지 못하는 사람을 조롱하지도 않고, 다른 언어로 말하는 것을 특별한 능력이나 권세로 전혀 인식하지 않습니다. 성경 전체에서 사람이 다른 언어로 말하는 것, 사람이 방언을 말하는 것에 대해 한편에서는 자랑하고 다른 한편에서는 부러워하는 모습이 없습니다. 한편에서는 교만을 떨고 다른 한편에서는 하고 싶어서 노력하는 모습이 없습니다. 한편에서는 우월감을 가지고 다른 한편에서는 하지 못해서 부끄러워하는 모습이 없습니다.

　도리어 정반대의 권면은 있습니다. 고린도전서 14장에서 바울은 다른 언어로 말하는 것 즉 방언에 대해서 피리와 거문고에 비유합니다. 7절 이하에 "혹 피리나 거문고와 같이 생명 없는 것이 소리를 낼 때에 그 음의 분별을 나타내지 아니하면 피리 부는 것인지 거문고 타는 것인지 어찌 알게 되리요 만일 나팔이 분명하지 못한 소리를 내면 누가 전투를 준비하리요 이와 같이 너희도 혀로써 알아듣기 쉬운 말을 하지 아니하면 그 말하는 것을 어찌 알리요 이는 허공에다 말하는 것이라"입니다. 사도행전 2장에서 제자들이 관심을 가졌던 것, 그래서 저와 여러분도 관심을 가져야 하는 부분이 바로 11절 중간 '하나님의 큰일을 말함'입니다. 제자들이 다른 언어로 말한 것이 놀라운 것이 아니라 하나님의 큰일을 말하였다는 것이 놀랍습니다.

하나님의 큰일을 말함

　예수님이 십자가 사건 이전이나 이후에 동일하게 약속하신 것이 '성령의 강림'이었습니다. 성령이 오신다는 것을 강조하였을 뿐 다른 언어로 말하는 것에 대해서는 한 마디도 하지 않았습니다. 그러므로 중요한 핵심은 '다른 언어로 말하는 것'이 아니라 성령의 강림입니다. 성령이 강림하시면 예수가 하신 말씀을 기억나게 하며 진리를 가르칠 것이라고 하셨으니, 성령을 받은 제자들이 진리를 배우고, 예수의 사역을 기억하고, 이해하기 시작했다는 것이 중요합니다. 예수님은 사도행전 1장 8절에서 "성령이 너희에게 임하시면 너희가 권능을 받고"라고 하셨습니다. 이때의 권능은 어떤 특정한 권세나 능력을 의미하지 않습니다. 갑자기 어떤 폭발적인 힘이 생기는 것을 의미하지 않습니다. 성령은 철저하게 '죄'와 연관이 되어 있습니다. 성령을 받은 제자들의 모습에서 갑자기 파워와 권세가 생긴 것을 느낄 수 없습니다. 대신 성령을 받은 베드로가 '하나님의 큰일을 말하는 것'이 바로 성령이 임한 증거요, 권능을 받은 증거입니다. 성령이 임하자 제자들이 예수의 사역에 대한 새로운 이해, 바른 이해가 시작되었다는 의미입니다.

그러므로 성령을 받은 증거는 '다른 언어를 말하는 것'으로 확인하는 것이 아니라 하나님을 알게 되는 것, 예수 그리스도의 사역을 이해하게 되는 것으로 확인할 수 있습니다. 어떤 사람이 하나님에 대하여 반응을 보이는 것, 예수 그리스도의 복음과 사역에 대하여 일말이라도 이해하는 듯한 조짐을 보인다면 그것이 바로 성령을 받은 증거입니다. 왜냐하면 성령으로 말미암지 않고는 하나님에 대해, 예수에 대해, 복음에 대해 전혀 반응할 수 없기 때문입니다. 이것을 가장 대표적으로 역설하는 것이 고린도전서 2장입니다. 성령 받지 않은 사람들에 대한 설명이 9절 "기록된 바 하나님이 자기를 사랑하는 자들을 위하여 예비하신 모든 것은 눈으로 보지 못하고 귀로 듣지 못하고 사람의 마음으로 생각하지도 못하였다 함과 같으니라"입니다. 그 다음 성령 받은 사람들에 대한 설명이 10절 이하 "오직 하나님이 성령으로 이것을 우리에게 보이셨으니 성령은 모든 것 곧 하나님의 깊은 것까지도 통달하시느니라 사람의 일을 사람의 속에 있는 영 외에 누가 알리요 이와 같이 하나님의 일도 하나님의 영 외에는 아무도 알지 못하느니라 우리가 세상의 영을 받지 아니하고 오직 하나님으로부터 온 영을 받았으니 이는 우리로 하여금 하나님께서 우리에게 은혜를 주신 것들을 알게 하려 하심이라"입니다. 오늘 날 교회 내에서 '성령을 받았느냐, 안 받았느냐? 방언을 할 줄 아느냐, 못하느냐?'의 갈등과 논쟁은 정말 어이없는 현상입니다. 성령 받는 것을 소홀히 여기는 것이 아니라 확인하는 방법에 대한 오해가 안타깝습니다. 사람들이 '다른 언어로 말하는 것'에 대해 궁금해할 때 제자들이 대답한 것이 2장 16절부터 36절입니다. 이 설명이 정말 멋있습니다.

성령의 반응

베드로의 설교가 아주 흥미롭습니다. 우선 베드로는 자신들에게 이루어진 일에 대해 잘 알고 있습니다. 베드로가 말하는 것에 망설임이 없고, 주저함이 없고, 어찌할 줄 몰라함이 없습니다. 제자들의 모습에 대해 아주 단순하게 '성령 받으면 이렇게 된다'고 말하면 안 됩니다. 이 사건은 하루아침에 이루어진 사건이 아니며 단지 성령 받는 것과만 관련된 독립된 사건이 아닙니다. 하나님의 관점에서는 죄인을 이 모습으로 변화시키기 위해 자그마치 창세기 12장부터 사역을 시작하셨고, 예수님의 관점에서는 죄인을 이 모습으로 변화시키기 위해 십자가의 죽음과 부활이라는 사역을 행하셨고, 제자들의 관점에서는 이 모습에 이르기까지 대략 삼 년 정도 예수님과 동행하며 보고 듣고 배운 경력이 있습니다. 삼 년 동안 듣고 보고 배운 것이 있는데 다만 이해를 못했습니다. 하나님의 말씀, 하나님의 사역을 죄의 기준, 죄의 방식으로 이해하려고 하니 도무지 이해가 안 되었습니다.

그러다가 이제 성령이 강림하매 그 동안 듣고 보고 배웠던 것에 대해 성령의 기준, 성령의 방식, 성령의 원리와 가치와 개념과 인식으로 바라보니 이해가 되기 시작하였습니다. 만약 제자들이 그 동안 듣고 보고 배운 것이 없었다면 성령이 임하였어도 깨달아지는 것이 없습니다. 깨닫지 못하는 것이 아니라 깨달을 내용이 없습니다. 교회에서 성도들이 자꾸 혼동하는 것이 바로 이것입니다. 제자들이 성령을 받고 변화되었다는 것만 생각합니다. 그래서 성령 받으면 지혜가 생기고, 성령 받으면 능력이 생기고, 성령 받으면 권세가 생기고, 성령 받으면 모든 것을 단 번에 알 수 있다고 생각하는 것이 정말 큰 오해입니다. 이것은 성경에 구약은 없고 신약만 있다고 착각하는 것이며, 또 이것은 신약에 복음서는 없고 단지 사도행전만 있는 줄로 착각하는 것입니다.

사도행전에 성령이 임하는 사건이 대표적으로 네 번 나옵니다. 첫 번째는 사도행전 2장의 성령 강림이고, 두 번째는 사도행전 9장의 바울에게 성령이 충만해지는 사건이고, 세 번째는 사도행전 10장의 고넬료의 가정에 성령이 임하는 사건이고, 네 번째는 사도행전 19장의 에베소 사람들에게 성령이 임하는 사건입니다. 성령이 임할 때 두 가지의 종류의 반응이 일어납니다. 하나는 제자들이나 바울의 경우처럼 성령을 통해 깨닫는 사건이 일어나는 경우입니다. 이러한 현상은 성령이 오셔서 '깨닫게 할 수 있는 내용'이 있을 때 일어납니다. 복음을 들은 적이 있습니다. 제자들의 경우 삼 년 동안 예수의 말씀을 들었고, 바울의 경우 구약 즉 하나님의 말씀을 이미 다 배웠고 알고 있었습니다. 이와 같이 들은 것이나 보고 배운 것이 있는 사람들에게 성령이 임하니 당연히 그들이 들었던 것과 배운 것들에 대해 성령의 가르침을 통해 이해가 되고 분별이 됩니다.

다른 하나는 이방인 고넬료의 경우와 같이 성령이 임하였는데도 별다른 차이가 없는 경우입니다. 이것이 너무나 당연한 것이 성령이 왔지만 고넬료가 하나님에 대하여, 하나님의 말씀에 대하여, 복음에 대하여 들은 것이 없고, 알고 있는 것이 없기에 깨달을 것이 없고, 이해할 것이 없기 때문입니다. 베드로와 바울은 말씀부터 들어 놓고 성령을 받는 경우이고, 고넬료의 경우는 성령부터 받고 말씀을 배우는 경우입니다. 오늘날 대부분의 성도의 경우는 바로 고넬료와 같은 경우입니다. 그런데 어이가 없는 것은 고넬료와 같은 입장에 있으면서 바울이나 베드로와 같은 상황을 기대하는 현상입니다. 실현 불가능한 기대입니다.

앞에서도 말씀드렸지만 '성령이 임하면 권능을 받고'에서 권능이 무슨 단기적인 능력, 단회적인 파워, 즉흥적인 능력, 순간적이고 신비한 힘을 의미하지 않습니다. 인간에게 성령이 등장하는 이유는 인간이 죄에 사로잡혀 있었기 때문입니다. 존재적으로 죄의 종이 되어있던 것을 예수의 십자가 사역으로 죄로부터 해방시켜 주셨습니다. 이제는 내용적으로 죄의 인식, 죄의 가치, 죄의 사상, 개념, 의미, 원리로부터 하나님의 인식, 하나님의 가치, 하나님의 사상, 개념, 의미, 원리로 변화시켜 주십니다. 이것은 철저하게 죄의 원리와 하나님의 원리라는 두 가지 내용을 알고, 두 가지 내용을 비교하는 과정을 거치게 됩니다. 구약이 있었던 이유가 바로 이것입니다.

베드로의 설교

증인

베드로가 말하는 것이 사도행전 2장 14절부터 36절까지입니다. 14, 15절은 '이 일을 설명하겠다'는 이야기이고 실제 베드로의 설명이 16절부터 시작됩니다. 베드로의 연설에 특징이 있습니다. 베드로의 설명이 단지 열정적인 것이 아니고, 단지 뜨거운 것이 아니고, 단지 권능적인 것이 아니고, 매우 섬세하고, 정교하고, 치밀하고, 지혜롭고, 매우 전거가 있는 내용전개라는 사실입니다. 그러므로 먼저 삼 년 동안 말씀을 들은 적이 없거나 배운 적이 없다면 이렇게 할 수 없습니다. 사람들은 성경이 제시하는 과정, 제가 설명하는 과정에 대해서 매우 답답해합니다. 언제 그렇게 하느냐고 하소연합니다. 우선 능력을 보여주고, 우선 권세를 보여주고, 우선 영향력이 있는 사건을 보여주면 복음이 잘 먹힌다고 생각합니다. 절대로 그렇지 않습니다. 절대로 그렇지 않다는 증거가 구약에 수십, 수백 번 나오고 복음서에 수십, 수백 번 나옵니다. 이적과 기적이 동원되고, 자신들이 보는 앞에서 예수의 수많은 사역이 전개되어도 사람들은 아무도 하나님을 믿지 않았고 예수를 믿지 않았습니다.

또 베드로는 사람들을 개종시키려는 시도, 사람들에게 하나님 나라를 확장시키려는 시도, 사람들에게 예수를 믿게 하려는 시도를 하지 않습니다. 성경은 인간에게 '인간을 변화시켜라, 제자들에게 다른 사람을 개종시켜라, 세상을 변화시키라'는 명령이나 지시를 내린 적이 없습니다. 오늘날 성도들은 하나님이 말씀하지 않은 것을 하려고 성경이 설명하지 않은 방식을 동원하기도 합니다. 예수님이 제자들에게 말씀하신 것은 '너희가 증인이 될 것이라'였습니다. 하나님이 제자들에게 열매를 나타내고, 하나님이 성도들에게 결과를 이루어 낼 것입니다. 그러면 성도는 자기에게 이루어진 열매와 결과를 풍성히 누리면 되고, 사람들이 궁금해 하면 그때 성도는 하나님이 자기에게 이루신 일을 증언하는 것으로 충분합니다. 제발 그 이상을 하려고 하지 마시기 바랍니다.

증인은 무엇을 하는 사람입니까? 아주 간단합니다. 증인은 '말'하는 사람입니다. 그냥 '말'만 하시면 됩니다. 대신 거짓말이 아니고, 구라가 아니고, 뻥이 아니고, 과장이 아니고 아주 당연하게 이루어진 일에 대해서 말만 하시면 됩니다. 실제로 성경에 나오는 많은 사람이 대표적으로 행한 것이 단지 '말'입니다. 모세는 바로에게 가서 주로 '말'을 했습니다. 사도행전 2장에서 베드로는 '말'을 합니다. 그것으로 충분합니다.

말의 구조

베드로가 말한 16절부터 36절까지 총 스물 한절에 걸친 내용 중에 실제로 베드로가 한 말은 많지 않습니다. 실제로 베드로가 한 말은 불과 아홉 절 뿐입니다. 그 아홉 절중에서도 다른 것과 연결된 내용을 제하면 순수하게 베드로가 설명한 것은 22, 23, 24절과 32, 33, 36절로 불과 여섯 절입니다. 가장 단순하게 정리해보면, 사람들이 궁금해 하는 것이 '다른 언어로 말하는 것'으로 14절 중간에 "유대인들과 예루살렘에 사는 모든 사람들아 이 일을 너희로 알게 할 것이니"에 나온 '이 일'입니다. 베드로는 '이 일'을 설명합니다. '이 일'에 대한 실제적 설명이 33절 "하나님이 오른손으로 예수를 높이시매 그가 약속하신 성령을 아버지께 받아서 너희가 보고 듣는 이것을 부어 주셨느니라"입니다. 사람들의 궁금증은 '이 어찌 된 일이냐?' 이고 베드로의 대답은 '그가 곧 예수가 너희가 보고 듣는 이것을 부어주셨다'입니다.

베드로의 연설의 특징은 자기 주장이 아니라 성경을 인용한다는 사실입니다. 베드로에게 질문을 한 사람들, 베드로가 설명해야 하는 대상은 주로 천하 각국으로부터 온 유대인과 유대교에 들어온 사람들입니다. 그러므로 유대인들은 베드로와 같이 구약에 대한 기본적인 이해가 있는 사람들입니다. 그런 사람들에게 설명하기 위해서 베드로는 철저하게 구약을 인용합니다. 또 구약을 인용할 때에도 유대인들이 가장 존경하는 사람, 유대인들이 가장 신뢰하는 사람, 유대인들에게 가장 영향력이 있는 사람의 말을 인용합니다. 그래서 베드로가 인용하는 대상이 한 사람은 예언자 요엘이고, 가장 대표적인 사람이 바로 다윗입니다. 베드로가 하고 싶은 말을 자신이 하는 말이 아니라 선지가가 한 말이요, 다윗이 한 말이라고 전거를 사용하고 있습니다. 즉 사람들에게 자신의 말을 듣게 하는 것이 아니라 요엘의 말을 듣게 하고, 다윗의 말을 듣게 합니다. 베드로의 말을 거부하면 선지자의 말을 거부하는 것이요, 베드로의 말을 부인하면 다윗의 말을 부인하는 것이 됩니다. 이때 만약 베드로가 자기의 유익을 위해서 이런 방식을 사용하면 '사악하다'고 하고, 듣는 사람의 유익을 위해서 이런 방식을 사용하면 '지혜롭다'고 하는 것입니다.

요엘

베드로는 일단 '이 일' 즉 사람들에게는 단지 '다른 언어로 말하는 것'이고 베드로나 제자들에게는 '성령을 받은 사건, 자신들이 하나님의 큰일을 말할 수 있게 된 사건'이 단순히 신기한 현상이 아니라 선지자 요엘을 통하여 말씀하신 사건이라고 선언합니다. 그러니 당연히 요엘 선지자의 예언을 먼저 소개합니다. 17절 이하 "하나님이 말씀하시기를 말세에 내가 내 영을 모든 육체에게 부어 주리니 너희의 자녀들은 예언할 것이요 너희의 젊은이들은 환상을 보고 너희의 늙은이들은 꿈을 꾸리라 그 때에 내가 내 영을 내 남종과 여종들에게 부어 주리니 그들이 예언할 것이요 또 내가 위로 하늘에서는 기사를 아래로 땅에서는 징조를 베풀리니 곧 피와 불과 연기로다 주의 크고 영화로운 날이 이르기 전에 해가 변하여 어두워지고 달이 변하여 피가 되리라 누구든지 주의 이름을 부르는 자는 구원을 받으리라"입니다. 강조점은 '하나님이 하나님의 영을 부어주셨다'입니다.

베드로와 함께 있는 사람들이 사도행전 1장 13, 14절에 의하면 제자들도 있고, 여자들도 있고, 예수의 어머니와 아우들도 있습니다. 즉 남녀노소가 함께 있습니다. 요엘의 예언에 의하면 하나님이 영을 부어주시는 대상이 '모든 육체에, 너희의 자녀들은, 너희의 젊은이들은, 너희의 늙은이들은, 내 남종과 여종들'입니다. 그러므로 자신들에게 요엘의 예언이 정확하게 이루어졌다고 말하고 있습니다. 또 성령이 임하는 것을 묘사한 것이 사도행전 2장 2, 3절에 의하면 '급하고 강한 바람 같은 소리', '마치 불의 혀처럼 갈라지는 것들'이었습니다. 요엘에 의하면 하나님이 주시는 징조가 '피와 불과 연기'로 불이 등장하는 것으로 일치합니다. 결국 베드로는 자신들의 모습, 자신들의 상태는 '하나님이 이루어내신 모습'이라고 설명하고 있습니다.

자신들에게 나타난 현상에 대해 15절에서는 "때가 제 삼 시니 너희 생각과 같이 이 사람들이 취한 것이 아니라"고 했습니다. 그렇다고 음주 측정을 해보이면 사람들이 인정하는 것이 아닙니다. 베드로는 사람들에게 객관적이고 과학적인 증명을 해 보이려는 것이 아니라 하나님의 말씀을 선언하는 것으로 설명합니다. 상대방이 내 말을 들을까, 상대방이 내 설명을 믿을까, 상대방이 내 방식을 받아줄까를 전혀 고민하거나 염려하지 않습니다. 두 가지를 잘 구분하셔야 합니다. 하나는 상대방이 누구냐에 따라 직접적으로 말할까, 요엘이나 다윗을 인용할까를 선택하는 지혜를 사용한 것이요, 다른 하나는 저들이 기대하고 요구하는 방법론을 사용한 것이 아니라 하나님의 말씀을 선언해 버리는 것입니다. 상대방에 맞는 지혜를 사용했으면 내용적으로도 저들의 요구에 맞춰 주어야 하지 않느냐고 생각할 수 있습니다. 그러나 그 방법은 이미 자신들이 충분히 경험했습니다. 하나님의 말씀을 깨닫는 것은 적절한 방법론을 사용한다고, 수긍할 만한 이적과 기사를 수반하거나, 과학적 객관적 증거를 제시한다고 이해될 수 있는 것이 아니라는 것을 자신들이 너무나 절실하게 경험했습니다. 그래서 지혜를 사용하지만 내용적으로는 저들의 기준과 요구에 맞추어주는 것이 아니라 그냥 말씀을 선포하는 것으로 진행합니다. 저들을 듣게 하는 것, 저들을 깨닫게 하는 것은 하나님이 하실 일이요, 성령이 하실 일이기 때문입니다.

하나님께서

우선 자기들에게 이루어진 일이 하나님께서 행하신 일이라고 선언해놓고 자초지종을 설명하는 것이 22, 23절입니다. 아주 말을 지혜롭게 합니다. 첫 마디가 "이스라엘 사람들아 이 말을 들으라 너희도 아는 바와 같이"입니다. 베드로의 수사학이 대단합니다. '너희는 모른다!'고 하지 않고 '너희도 아는 바와 같이'라고 합니다. 그리고는 "하나님께서 나사렛 예수로 큰 권능과 기사와 표적을 너희 가운데서 베푸사 너희 앞에서 그를 증언하셨느니라 그가 하나님께서 정하신 뜻과 미리 아신대로 내준 바 되었거늘 너희가 법 없는 자들의 손을 빌려 못 박아 죽였으나 하나님께서 그를 사망의 고통에서 풀어 살리셨으니 이는 그가 사망에 매여 있을 수 없었음이라"고 합니다. 참으로 절묘합니다.

'너희도 아는 바, 하나님께서, 너희 가운데'라고 언급하고, 중간에 살짝 '너희가 법 없는 자들의 손을 빌려 못 박아 죽였으나'라고 찌르고 갑니다. 강조는 '너희가 죽였다'가 아니라 그 다음 '하나님께서 살리셨다'입니다. 22, 23, 24절에 베드로가 이야기를 진행할 때마다 계속해서 반복하는 표현이 '하나님께서'입니다. 다 하나님께서 하셨다는 선언입니다. 베드로 연설의 리듬을 느끼셔야 합니다. 흔히 음악에서 리듬을 강조할 때 '강약 중강약'이라고 하는데 베드로는 '약 강 약 강'의 리듬을 타는 것 같습니다. '너희가 아는 바와 같이', '하나님이 하셨다', '너희가 죽였다', '하나님이 살리셨다'입니다.

다윗

여기서 베드로의 지혜가 다시 한 번 등장합니다. 결론은 이미 24절에서 "하나님께서 그를 사망의 고통에서 풀어 살리셨으니 이는 그가 사망에 매여 있을 수 없었음이라"고 말했습니다. 그런데 유대인들이 가장 존경하는 다윗의 말을 통해 이 일을 확증합니다. 얼마나 지혜로운지 확인해 보겠습니다. 다윗이 한 말이 시편 16편 8절로 11절로 하나님께서 자신을 지켜주실 것을 간구하고 고백하는 내용입니다. "내가 항상 내 앞에 계신 주를 뵈었음이여 나로 요동하지 않게 하기 위하여 그가 내 우편에 계시도다 그러므로 내 마음이 기뻐하였고 내 혀도 즐거워하였으며 육체도 희망에 거하리니 이는 내 영혼을 음부에 버리지 아니하시며 주의 거룩한 자로 썩음을 당하지 않게 하실 것임이로다 주께서 생명의 길을 내게 보이셨으니 주 앞에서 내게 기쁨이 충만하게 하시리로다"입니다. 이것이 다윗의 고백입니다.

베드로가 이 다윗의 고백을 예수 그리스도에 대한 말씀으로 인용하고, 이때 유대인들에게 설득력있게 하려고 다윗을 한껏 높여줍니다. 베드로가 다윗을 높여주는 것이 30절 '그는 선지자라'입니다. 다윗이 선지자니까 하나님의 말씀을 알고, 미리 보고, 장차 되어 질 일을 말했다는 것입니다. 30절을 보시면 "그는 선지자라 하나님이 이미 맹세하사 그 자손 중에서 한 사람을 그 위에 앉게 하리라 하심을 알고 미리 본 고로 그리스도의 부활을 말하되 그가 음부에 버림이 되지 않고 그의 육신이 썩음을 당하지 아니하시리라 하더니"입니다. 그래서 다윗이 미리 알고 그리스도의 부활을 말하였더니 32절 "이 예수를 하나님이 살리신지라"입니다. 핵심은 '다윗이 말한 대로 하나님이 행하셨다'입니다. 얼마나 절묘합니까! 이스라엘이 가장 존경하는 다윗이 말하고, 다윗이 말한대로 하나님이 하셨다고 하니 이 말을 듣는 사람들이 도무지 의심하면 안 될 것 같고, 거부하면 안 될 것 같게 말하고 있습니다.

이때 베드로의 수사학의 절정이 나옵니다. 그 다음도 멋있습니다. "우리가 다 이 일에 증인이로다"입니다. 이 말이 무슨 말입니까? 베드로가 자신들을 한 없이 낮춥니다. 이 일은 자신들이 말하는 것이 아니라 다윗이 말한 것이고, 이 일은 자신들이 행한 것이 아니라 하나님이 행한 것이고, 자신들은 단지 증인일 뿐이라, 자신들은 단지 이 일을 확인한 사람일 뿐이라는 의미입니다. 이것이 절정인 이유가 있습니다. 여기서 베드로가 자신들을 내세우면 안 됩니다. 왜냐하면 죄인들은 다른 사람이 본인들보다 낫다는 꼴을 보기 싫어하기 때문입니다. '너희가 아는 바와 같이'라고 상대를 높여주고, 상대방이 가장 존경하는 다윗을 언급하고, 자신들은 아주 미약한 존재로 낮추었습니다.

그리고 다시 하나님을 강조합니다. 33절 "하나님이 오른손으로 예수를 높이시매 그가 약속하신 성령을 아버지께 받아서 너희가 보고 듣는 이것을 부어 주셨느니라"입니다. 참 절묘하게 돌아옵니다. 베드로 설교의 처음이 '이 일'이고 끝이 '너희가 보고 듣는 이것'입니다. 그런데 내용은 철저하게 '예수의 부활'이고, 그것을 설명하기 위해 '하나님, 요엘, 다윗'을 동원합니다. 기가 막힙니다. 마지막에 예수의 승천에 관해 한 번 더 다윗을 통해 확증합니다. 34절 "다윗은 하늘에 올라가지 못하였으나 친히 말하여 이르되 주께서 내 주에게 말씀하기를 내가 네 원수로 네 발등상이 되게 하기까지 너는 내 우편에 앉아 있으라 하셨도다 하였으니"입니다. 혹시라도 사람들이 '사람이 승천 하는 게 어디 있냐? 그게 말이 되냐?'라고 따질 수도 있으니까 미리 봉쇄하는 것입니다. 이미 성경에, 이미 다윗이 승천에 대해 말했었고, 다윗이 말한 그 사건이 그리스도에게 이루어졌다는 설명이 36절 "그런즉 이스라엘 온 집은 확실히 알지니 너희가 십자가에 못 박은 이 예수를 하나님이 주와 그리스도 되게 하셨느니라 하니라"입니다.

아는 대로 말하기

이쯤 되면 베드로의 설교를 들은 사람들은 빼도 박도 못하고, 오도 가도 못하게 됩니다. 마치 예수님이 유대교 지도자들과 대화할 때 사용하신 수사법 같습니다. 오늘 본문에서 중요한 것은 베드로는 자신에게 이루어진 일에 대한 설명을 아주 지혜롭게 하는 것입니다. 무턱대고 예수의 부활을 강조하는 것이 아니며, 흥분해서 자기를 드러내는 것이 아니며, 우월감에 상대방이 굴욕감을 느낄 수 있는 표현도 전혀 사용하지 않습니다. 베드로의 말을 들은 사람들이 한 말이 4장에 나오는데 정말 실감이 납니다. 4장 13절에 "그들이 베드로와 요한이 담대하게 말함을 보고 그들을 본래 학문 없는 범인으로 알았다가 이상히 여기며"입니다. 베드로가 얼마나 지혜롭고 정교하게 설명하는지 관원들이 다 놀랐습니다.

그러면 베드로는 어떻게 이렇게 지혜롭게 말 할 수 있었을까요? 그 이유는 매우 간단합니다. 갑자기 지혜가 생긴 것이 아니며, 성령 받으니까 사람이 돌변해서 똑똑해 진 것이 아닙니다. 이 모든 일이 철저하게 자기들이 고민하던 일이요, 자기들이 배반했던 일이요, 자기들이 떠났던 일이요, 자기들에게 해결된 일이었기 때문에 리얼하게 실감하고, 몸소 겪은 일이기 때문입니다. 자초지종을 너무나 잘 알고 있고, 전개과정을 상세히 알고 있고, 문제가 무엇이었고, 해결이 무엇이었는지 철저하게 경험했기 때문입니다. 그래서 말할 수 있고, 특히 잘 말할 수 있었습니다. 더 나아가 자신들이 새로워진 후에 성경을 이해하게 되었고 예수의 사역을 이해하게 되었습니다. 자신이 경험 한 일, 자신이 이해하고 있는 일을 말하는 것이기에 충분히 차분하고 지혜롭게 말할 수 있었습니다. 이것이 성경이 우리에게 보여주는 증인의 모습입니다. 하나님의 은혜를 누리는 즐거운 믿음 생활, 신나는 교회 생활, 행복한 신앙 생활 되시기를 주님의 이름으로 축원합니다.

10
부르시는 자들에게

사도행전 2:37~42

37 그들이 이 말을 듣고 마음에 찔려 베드로와 다른 사도들에게 물어 이르되 형제들아 우리가 어찌할꼬 하거늘 38 베드로가 이르되 너희가 회개하여 각각 예수 그리스도의 이름으로 세례를 받고 죄 사함을 받으라 그리하면 성령의 선물을 받으리니 39 이 약속은 너희와 너희 자녀와 모든 먼 데 사람 곧 주 우리 하나님이 얼마든지 부르시는 자들에게 하신 것이라 하고 40 또 여러 말로 확증하며 권하여 이르되 너희가 이 패역한 세대에서 구원을 받으라 하니 41 그 말을 받은 사람들은 세례를 받으매 이 날에 신도의 수가 삼천이나 더하더라 42 그들이 사도의 가르침을 받아 서로 교제하고 떡을 떼며 오로지 기도하기를 힘쓰니라

사람들의 관심

사람들의 반응

사도행전 2장 16절로 36절에 걸친 베드로의 설명의 핵심은 자신들에게 이루어진 일들은 모두 하나님이 행하셨다는 것입니다. 그러면서 유대인들을 향해 살짝 첨부한 것이 23절 중간에 '너희가 법 없는 자들의 손을 빌려 못 박아 죽였으나'와 36절 중간에 '너희가 십자가에 못 박은'입니다. 그런데 정말 재미있는 것이 총 스물한 절 가운데 유대인들에 대한 언급이 딱 두 절이요, 헬라어로는 불과 일곱 단어 밖에 안 되는 말인데 유대인들은 그 말에만 즉 자신들에 대해 언급한 말에 필이 꽂혔다는 것입니다. 정말 인간은

자신이 듣고 싶은 말만 듣고, 자신과 관련된 말은 기가 막히게 알아듣는 것 같습니다. 이렇게 자기들에게 관계된 말만 알아듣은 반응이 37절처럼 '그들이 이 말을 듣고 마음에 찔려'입니다. 이것은 베드로의 말에 감동받았다는 의미가 아닙니다.

만약 유대인들이 베드로가 한 말을 바르게 이해했다면 정 반대의 반응이 나왔어야 합니다. 유대인들은 안도의 한숨을 쉬고 가슴 벅찬 기대와 소망을 피력했어야 합니다. 왜냐하면 자신들이 행한 일이 하나님의 계획을 망치지 않았기 때문입니다. 자신들 때문에 하나님의 목적이 실패하지 않았기 때문입니다. 모든 것이 하나님의 뜻대로 이루어졌기 때문입니다. 2장 22절 "하나님께서 나사렛 예수로 큰 권능과 기사와 표적을 너희 가운데서 베푸사", 23절 "그가 하나님께서 정하신 뜻과 미리 아신 대로 내준 바 되었거늘", 24절 "하나님께서 그를 사망의 고통에서 풀어 살리셨으니", 32절 "이 예수를 하나님이 살리신지라", 33절 "하나님이 오른손으로 예수를 높이시매" 36절 "이 예수를 하나님이 주와 그리스도가 되게 하셨느니라"입니다. 비록 유대인들이 예수를 찬성하지는 않았지만 그렇다고 예수가 졸지에 비명횡사한 것으로 끝난 것이 아니고, 하나님도 모든 것을 망친 것이 아닙니다. 여하튼 하나님의 뜻이 다 이루어졌고, 예수가 그리스도가 되었다고 하니 특별히 마음에 찔릴 것이 없어도 됩니다.

또 사람들이 조금만 상황을 바르게 파악했어도 반응이 달라질 수 있었습니다. 지금 자기들에게 말한 사람이 베드로입니다. 유대인들과 베드로를 비교한다면 누가 더 마음이 찔려야 합니까? 베드로입니다. 유대인들과 베드로의 행적을 비교한다면 누가 더 민망해 해야 합니까? 베드로입니다. 유대인들은 예수에 대해 애초부터 환영하지 않았고 끝까지 환영하지 않았습니다. 그에 비해 베드로는 한 때는 예수의 제자로서 활동하던 사람이었고, 나중에는 예수를 부인하고, 배반하고, 떠났던 사람입니다. 예수의 관점에서 보면 유대인은 처음부터 타인이었을 뿐이지만 베드로는 측근이었다가 배반한 사람입니다. 유대인들이 베드로의 연설을 들은 후에, 저런 배신자도 성령을 받고 당당하게 설 수 있다면 우리는 전혀 걱정할 것이 없겠다는 안도감이 들었어야 합니다.

이전의 모습들

37절의 뉘앙스를 잘 분별하셔야 합니다. 유대인들이 보인 반응인 '마음에 찔려'가 예수를 죽인 일을 후회하고 있다는 의미가 아닙니다. 예수가 살아나서 다행이라는 의미가 아닙니다. 왜냐하면 이 사람들은 예수가 살아났다는 개념이 없기 때문입니다. 비록 베드로가 하나님이 예수를 살리셨고, 하나님이 오른손으로 예수를 높이셨다고 말했을 지라도 이 사람들은 무슨 말인지 모릅니다. 1장에서 제자들은 부활한 예수와 사십 일을 동거해 놓고도 예수의 말을 전혀 못 알아들었는데, 부활한 예수를 만나지도 못한 사람들이 부활과 승천을 이해할 리가 없습니다. 그래서 단지 자신들이 행한 일에 대한 죄책감입니다. 살아난 예수로부터 오는 어떤 기대를 가지는 것이 아니라 죽은 예수에 대한 죄책감만 있습니다.

다음 질문도 그 연장선상에 있습니다. "베드로와 다른 사도들에게 물어 이르되 형제들아 우리가 어찌할꼬 하거늘"입니다. 이 말은 반성이 아니고, 그렇다고 다짐도 아니고, 결단도 아닙니다. 우선 반성이 아닌 이유는 자기들이 예수를 죽인 것에 대해 자책을 하는 것이 아무 소용이 없기 때문입니다. 반성하면 예수가 살아납니까? 자기들이 잘못했다고 시인한다고 해서 달라지는 것이 있습니까? 아무 것도 없습니다. 또한 다짐이나 결단도 아닙니다. 자신들이 무엇을 하겠습니까? 다짐하고 결단할만한 동기부여가 있어야 하는데 현재 이 사람들은 베드로가 한 말, 즉 예수가 살아났고, 승천했고, 성령이 왔다는 말을 전혀 못 알아 듣고 있기에, 무엇이 달라졌는지, 자신들이 무엇을 기대할 수 있는지를 전혀 알지 못하고 있기에 동기부여 자체가 없습니다.

그렇다면 여러분은 이 사람들이 왜 이런 말을 했을지 궁금해 하실 것입니다. 성경을 보시면 사람들이 이런 말을 한 것이 이곳만이 아니고, 이번만이 아니라는 것을 발견하실 수 있습니다. 이번이 처음이 아니고, 이번이 특별한 것이 아닙니다. 침례요한이 광야에서 선포할 때에도 사람들이 와서 요한에게 동일한 질문을 했습니다. 누가복음 3장 10절 "무리가 물어 이르되 그러면 우리가 무엇을 하리이까"입니다. 12절 "세리들도 침례를 받고자 하여 와서 이르되 선생이여 우리는 무엇을 하리이까"이고, 14절 "군인들도 물어 이르되 우리는 무엇을 하리이까"입니다. 또 예수님이 나타나서 하나님 나라의 복음을 선포하자 사람들이 예수께 나아와서 동일한 질문을 했습니다. 누가복음 10장 25절 "어떤 율법교사가 일어나 예수를 시험하여 이르되 선생님 내가 무엇을 하여야 영생을 얻으리이까"입니다. 18장 18절에도 "어떤 관리가 물어 이르되 선한 선생님이여 내가 무엇을 하여야 영생을 얻으리이까"입니다. 그러더니 이번에는 베드로가 나타나서 다른 나라의 언어로 말하고 하나님 나라의 큰일을 말하자 베드로에게 와서 하는 말이 '우리가 어찌할꼬?'입니다.

죄인들의 현상

재미있는 것을 발견하셨습니까? 첫 번째, 사람들은 누군가 나타나서 새로운 말을 선포하면 달려 나와서 질문을 했습니다. 침례 요한이기 때문에 나온 것이 아니고, 예수이기 때문에 물은 것이 아니고, 베드로이기 때문에 질문한 것이 아닙니다. 사람들은 누군가가 나타나서 새로운 가르침을 주면 언제나 달려 나갔습니다. 새로운 사람이 나타나고, 새로운 가르침이 나타나면 무엇인가 새로운 세상이 열릴 것 같고, 무엇인가 새로운 삶을 살 것 같은 막연한 소망을 가지고 언제나 나갔습니다. 두 번째, 이렇게 새로운 것을 기대하는 것에는 인간의 차이가 없습니다. 무리가 나아오고, 세리가 나아오고, 군인이 나아오고, 율법학자도 나아오고, 관원도 나아오고, 천하 각국에서 온 사람들도 나아왔습니다. 인간은 자신의 삶에, 자신의 환경에, 자신의 조건에 만족하며 살고, 행복을 누리며 사는 삶이 없습니다. 또 인간 중에 자신이 알고 있는 것이 바르고, 참되고, 진리라고 자부할 수 있는 사람도 없습니다. 그것이 죄인의 한계입니다.

그리고 세 번째, 사람들이 질문하는 내용이 언제나 동일합니다. 어떤 스승에게 나아갔든지, 어떤 사람이 나아갔든지 질문은 언제나 '우리가 무엇을 하리이까?'입니다. 즉 인간은 언제나 자신이 해야 하는 일에만 관심이 있습니다. 이것이 죄인에게 한편으로는 당연하고 한편으로는 어쩔 수 없는 일입니다. 인간들은 인간적 사고, 죄적 사고 방식만 가지고 있습니다. 죄의 원리에는 은혜가 없기에 철저하게 자기가 일해야 한다는 것만 남습니다. 가장 단순하게 '공짜는 없다'입니다. 그러니 무엇인가를 기대하려면 먼저 '자기가 무엇을 해야 하는가?'부터 생각하게 되어있습니다. 그러므로 37절에 나오는 사람들의 질문은 새로운 것이 아닙니다. 베드로의 말을 듣고 갑자기 달라진 것이 아니고, 평상시와 다른 행동을 하는 것이 아닙니다. '마음에 찔려'라고 해서 저들이 깨달음이 있거나 뉘우침이 있는 것이 아니고, '우리가 어찌할꼬?'라고 해서 저들이 다짐을 하고 각오를 하는 것이 아닙니다. 늘 하던 대로입니다. 일반적인 표현으로 '어디 좋다는 것이 있으면 무조건 다 쫓아다니는 것', '삶이 달라질 수만 있다면 무엇이라도 하겠다!'는 것입니다.

<h2 style="text-align:center">베드로의 대답</h2>

요한의 대답

사람들의 질문에 대해 살펴보았으면 이번에는 대답을 점검해볼 차례입니다. 성경은 참으로 오랜 세월동안, 참으로 다양한 방식으로 오해를 받아왔습니다. 어쩌면 이것은 당연합니다. 죄인들이 죄의 관점으로 성경을 읽거나 또는 성도들일지라도 하나님의 관점과 기준으로 성경을 보지 못해서 성경을 오해하는 수준이 너무나 유치할 정도입니다. 그저 37절이 질문이라고 생각하니까 아주 단순하게 38절이 대답이라고 생각합니다. 38절은 "베드로가 이르되 너희가 회개하여 각각 예수 그리스도의 이름으로 침례를 받고 죄 사함을 받으라 그리하면 성령의 선물을 받으리니"입니다. 그래서 이 구절에 근거하여 구원을 받으려면, 성령을 받으려면 회개하고, 침례를 받고, 죄 사함을 받아야 한다고 말합니다. 그것이 구원받는 조건, 성령 받는 조건이라고 합니다. 전혀 그렇지 않습니다.

사람들이 침례 요한에게 나아가서 질문했을 때 요한이 대답을 어떻게 했는지 확인해 보겠습니다. 무리들이 질문하는 것에 대해 누가복음 3장 11절 "대답하여 이르되 옷 두 벌 있는 자는 옷 없는 자에게 나눠 줄 것이요 먹을 것이 있는 자도 그렇게 할 것이니라", 세리들의 질문에 대해 13절 "이르되 부과된 것 외에는 거두지 말라 하고", 군인들의 질문에 대해 14절 "사람에게서 강탈하지 말며 거짓으로 고발하지 말고 받는 급료를 족한 줄로 알라 하니라"입니다. 이것은 대답이 아니고, 이것은 자격이나 조건을 제시하는 것이 전혀 아닙니다. 여러분은 이 대답을 듣고 성공하는 방법, 장차 올 진노를 피할 수 있는 비법이라는 생각이 드십니까? 세리가 부과된 것 외에 거두지 않는 것은 당연한 것이고, 군인이 강탈하지 않는 것과 거짓으로 고발하지 않는 것은 당연한 것입니다. 그러므로 요한은 특별한 비법을 알려준 것이 아니라 인간이 살아야 하는 지극히 정상적인 것을 말했을 뿐입니다. 침례 요한은 특별한 선포를 한 적도 없고, 특별한 사역을 한 적도 없고, 특별한 말씀을 가르친 적도 없습니다. 침례 요한은 그리스도가 아니었고, 구원자도 아니었기 때문입니다.

예수의 대답

예수님의 대답은 전혀 차원이 달랐습니다. 누가복음 10장에 율법교사가 와서 질문했을 때에는 그 유명한 '사마리아인의 비유'를 말씀하십니다. 율법을 지키는 것이 영생 얻는 방법이라고 생각하고 있으며, 동시에 자신이 율법을 잘 지켰다고 생각하고 있는 율법교사에게 '누가 강도 만난 자의 이웃이냐?'는 질문을 하십니다. 율법교사는 자기가 중심이 되어 자기가 생각하는 이웃을 설정하고, 그 이웃을 사랑하였기에 율법을 지켰다고 생각하였습니다. 그런데 예수님은 자기가 중심이 되는 것이 아니라 상대방이 중심이 되고, 상대방이 이웃으로서 사랑을 받았느냐를 기준으로 하여 율법을 지켰느냐고 질문하셨습니다. 이런 질문에는 대답할 사람이 지구상에 없습니다. 결국 율법교사가 생각한, 율법을 지키는 것이 영생을 얻는 방법이라는 사고방식이 틀렸다는 것을 지적해 주신 것입니다. 틀린 것을 지적해 주었으면 바른 것을 가르쳐 주었어야 하는데 예수님은 말씀이 없으셨습니다. 왜냐하면 죄인에게는 방법이 없기 때문이요, 좋은 방법을 알려주어도 행할 능력이 없기 때문입니다. 그래서 예수님이 오셨습니다. 예수님이 오셔서, 예수가 구원한다는 것이 유일한 방법이라는 것이 대답입니다.

동일한 내용이 누가복음 18장의 어떤 관리에게도 주어집니다. 이 관리도 율법을 잘 지켰다고 생각하고 있기에 예수님은 22절에서 "예수께서 이 말을 들으시고 이르시되 네게 아직도 한 가지 부족한 것이 있으니 네게 있는 것을 다 팔아 가난한 자들에게 나눠 주라 그리하면 하늘에서 네게 보화가 있으리라 그리고 와서 나를 따르라 하시니"라고 대답하십니다. 이 말을 들은 관리의 반응은 '심히 근심하더라'입니다. 그리고 이어지는 예수님의 대답이 "낙타가 바늘귀로 들어가는 것이 부자가 하나님의 나라에 들어가는 것보다 쉬우니라"입니다. 당연히 사람들이 질문합니다. "듣는 자들이 이르되 그런즉 누가 구원을 얻을 수 있나이까?" 당연히 예수님의 대답이 27절 "이르시되 무릇 사람이 할 수 없는 것을 하나님은 하실 수 있느니라"입니다. 그러므로 예수님은 대답을 하신 것이 아니라 은혜를 선포하신 것입니다. 하나님이 구원하신다고, 그것을 위하여 예수가 오셨다고 선포하신 것입니다.

　예수님의 말씀에 의하면 사람들이 하는 질문 즉 '우리가 무엇을 하여야' 또는 '우리가 어찌할꼬?'라는 질문에는 대답이 없습니다. '이렇게 하면 된다, 저렇게 하면 된다'라는 말이 도무지 등장할 수 없습니다. 유일한 말이 '하나님이 하신다!'입니다. 그것으로 족합니다. 이렇게 말씀하신 예수님이 십자가 사건을 행하셨습니다. 예수님이 부활하셨습니다. 예수님이 죄를 이기신 것이요, 죄인들을 사망에서 건지시고 구원하신 것입니다. 예수님의 사역이 완성된 이후인 사도행전에서 사람들이 '우리가 어찌할꼬?'라고 질문할 때 뭐라고 대답해야 합니까? '이렇게 하면 된다, 저렇게 하면 된다'라는 대답이 나올 수 있습니까? 예수님이 십자가 사건을 행하시기 전에도 그런 대답은 나올 수 없었는데, 실제로 예수님이 십자가 사건을 완성하신 이후에 그런 대답이 나올 수 있습니까? 절대로 나올 수 없습니다. 만약 '이렇게 하면 된다, 저렇게 하면 된다'는 대답이 나오면 그것은 예수의 십자가 사건을 원천적으로 부인하는 것이요, 예수의 강림 자체를 근본적으로 부정하는 것과 같아지는 것입니다. 이제 베드로의 대답을 확인해 보겠습니다.

베드로의 대답

　제가 안타까워하는 것은 성경의 어느 한 구절을 읽을 때 앞뒤의 정황, 전후 사정, 자초지종을 전혀 고려하지 않는다는 것입니다. 예수님의 경우, 십자가 사건이 인간에게 어마어마한 사건입니다. 죄인을 사로잡고 있는 죄를 물리친 사건이요, 인간을 죄에게서 해방시킨 사건입니다. 이미 하나님이 인간을 구원하신 사건입니다. 그런데 이제서야 베드로가 구원받는 조건, 죄 사함 받는 조건, 성령 받는 조건을 말할 리가 절대로 없습니다. 물론 예수가 부활하신 직후에는 베드로도 십자가 사건의 의미를 전혀 알지 못했었습니다. 그래서 사도행전 1장의 엉뚱한 말과 행동을 하기도 했습니다. 그런데 드디어 성령이 임했습니다. 성령이 오셔서 베드로에게 진리를 가르쳐

주셨습니다. 그 결과 베드로가 예수의 사역을 이해하고, 예수의 말씀을 이해하고, 자신의 성도됨, 자신의 구원받음을 이해하기 시작했습니다. 그래서 자기들에게 일어난 현상에 대해 말하면서 하나님께서 예수로 큰 권능과 기사와 표적을 행하셨다고, 하나님께서 정하신 뜻과 미리 아신 대로 예수를 내주셨다고, 하나님께서 예수를 사망의 고통에서 풀어 살리셨다고, 하나님께서 오른손으로 예수를 높이셨다고, 하나님께서 예수를 주와 그리스도가 되게 하셨다고 말할 수 있었습니다.

그런 베드로가 사람들이 질문하자 방금 전까지 자기가 했던 말을 모두 부인하는 대답을 하겠습니까? 자기가 그렇게 강조했던 하나님이 행하신 일을 모두 무가치하게 만들어버리는 조건을 제시하겠습니까? 심지어는 예수님이 자기들에게도 요구하지 않았고, 그래서 자신들도 전혀 하지 않은 것들을 방법이라고, 대답이라고 말하겠습니까? 전혀 그렇지 않습니다. 복음서에서 사람들의 질문에 대한 예수님의 대답이 폭탄 같은 선언이었다면, 사도행전에서 사람들의 질문에 대한 베드로의 대답은 핵폭탄 같은 선언입니다. 예수님의 대답이 장차 예수님이 이루실 일을 알려주는 것이었다면, 베드로의 대답은 예수님이 이미 이루신 일을 선언하는 것입니다.

복음의 선포

회개하라

베드로가 대답을 잘못한 것이 아니라 성경을 읽는 분들이 베드로의 대답을 잘못 이해하고 있습니다. 베드로가 한 말이 38절 "너희가 회개하여 각각 예수 그리스도의 이름으로 침례를 받고 죄 사함을 받으라 그리하면 성령의 선물을 받으리니"입니다. 우선 하나씩 풀어 드리고 후에 종합적으로 정리하겠습니다. 첫 번째, '너희가 회개하여'입니다. 아마도 많은 분들이 회개를 '돌아서다, 반성하다, 뉘우치다, 잘못을 빌다, 고백하다, 틀린 것을 인정하다'라는 의미로 이해하십니다. 그러나 지금 베드로는 사람들에게 '반성하고, 뉘우치고, 돌아서라'고 말하는 것이 아닙니다. 베드로는 사람들의 행동에 대해 언급하는 것이 아니라 사람들의 생각에 대해 언급하고 있습니다. 사람들의 인식, 사람들의 사고, 사람의 기준, 사람들의 방법, 사람들의 원리를 지적하고 있습니다. 베드로에게 나온 사람들이 예전과 똑같은 사고방식에 근거하여 예전과 똑같은 행동을 하고 있습니다. 누군가 새로운 말을 하면 모두가 달려가는 것도 똑같고, '우리가 무엇을 할꼬?'라고 자신들의 행동을 통하여 무엇인가를 이루어내려는 생각도 똑같습니다. 그런 생각, 그런 사고를 가지고 있는 사람들에게 베드로는 '회개하라' 즉 '그만', 또는 '멈추시오'라고 말합니다. '이제 그런 생각은 멈추시오. 이제 그런 사고에 근거한 행동을 중단하시오'라고 말합니다. 현재 가지고 있는 사고와 습성과 인식구조를 멈추라고 말합니다.

당연히 이렇게 나와야 합니다. 베드로 자신도 불과 얼마 전까지는 이 사람들과 같았습니다. 자기도 그들처럼 생각했고, 그들처럼 행동했습니다. 마치 자기가 열심을 내어야 하고, 자기가 무엇인가를 이루어내어야 한다고 생각했기에 예수를 따라다니는 일에 최선을 다했습니다. 행여 예수가 다칠까봐, 행여 예수가 잡힐까봐, 행여 예수가 죽을까봐 조심하고 집중하여 예수를 보호하려고 애썼습니다. 심지어는 예수가 죽을 것이라는 말에 예수를 막아서기까지 했었습니다. 실제로 예수가 잡혀가자 좌절감에, 절망감에 예수를 부인하기까지 했었습니다. 그런데 자기가 회개하지도 않았는데 예수가 찾아왔고, 자기가 반성하지도 않았는데 예수가 맞아주었고, 자기가 돌이키지도 않았는데 성령이 자기에게 임해버린 것을 경험했습니다. 지금 자기 앞에서 사람들이 자기가 예전에 가지고 있던 생각을 가지고 있고, 자기가 예전에 가지고 있던 행동을 하고 있고, 자기가 예전에 하던 말을 하고 있습니다. 그들에게 베드로가 선언합니다. '그만, 이제 그만, 그런 생각은 이제 그만 하시오. 그런 사고는 이제 멈추시오, 그런 인식은 이

제 하지 마시오!'라는 뜻입니다. 이것이 '회개하라'의 의미입니다.

받으라

사람들이 자신들의 수고를 통해 무엇인가를 만들어내려는 사고방식에 근거해서 '우리가 어찌할꼬'라고 물어볼 때, 그런 사고방식을 그만하라고 했으면, 사람의 수고와 노력의 대가로 얻어내는 것이 아니라고 말했다면 그 다음은 무슨 말을 해야 합니까? 사람의 일을 통해 대가나 보상을 받는 것이 아니라면, 그 다음은 하나님이 거저 주신다고, 하나님이 은혜로 주신다고, 하나님이 선물로 주신다고 선언해야 합니다. 38절이 바로 그 선언입니다. "예수 그리스도의 이름으로 침례를 받고 죄 사함을 받으라 그리하면 성령의 선물을 받으리니"입니다. 강조점은 '침례를 받으라, 죄 사함을 받으라'입니다. '받아야 한다'는 의미가 아니라 '주겠다'는 의미입니다. '거저 주겠다, 은혜로 주겠다, 선물로 주겠다, 공짜로 주겠다'는 것이 핵심입니다. 주겠으니 받으라는 선포입니다. 무엇을 행함으로 얻어내겠다는 생각을 버리고, 그냥 주겠으니 그냥 '받으라'입니다. 받는 사람의 입장에서 '받아야 한다'는 명령이나 의무가 아니라 주는 사람의 입장에서 '주겠다'는 것이요, 줄테니 '받으라'는 의미입니다.

2장 38절의 의미를 가장 오해하게 만드는, 가장 혼동하게 만드는, 아니 심지어는 의미를 왜곡하고 변질시킬 수 있게 만드는 가장 심각한 표현이 중간에 나오는 '그리하면'입니다. 그런데 본문에는 '그리하면'이 전혀 어울리지 않습니다. 왜냐하면 '그리하면' 다음에 나오는 표현이 '성령의 선물을 받으리니'이기 때문입니다. 선물을 준다고 하면서 앞에서 조건을 제시하면 그것은 선물이 아닙니다. 선물을 준다고 하면서 앞에서 자격을 운운하고, 행위를 운운하고, 조건을 운운하면 그것은 절대로 은혜가 아닙니다. 은혜가 은혜가 되려면, 선물이 선물이 되려면 아무 것도 요구하는 것이 없이, 무조건, 공짜로, 값없이, 그냥 주어야 합니다. 그것이 은혜요, 선물입니다.

그러므로 38절은 모두 하나님이 주신다는 것을 강조하는 것이요 인간이 받는다는 것을 강조하는 것입니다. '그리하면'의 원래 의미는 단순히 '그리고'입니다. 풀어보면 '너희는 예수 그리스도의 이름으로 침례를 받을 것이다', '너희는 죄 사함을 받을 것이다', '그리고' '너희는 성령의 선물을 받을 것이다'라는 어마어마한, 위대한 하나님의 선언입니다.

베드로는 이렇게 말할 수밖에 없는 것입니다. 왜냐하면 자신이 그렇게 받았기 때문입니다. 하나님이 이렇게 베드로를 은혜로 대해주지 않았다면 베드로는 이 자리에 서 있을 수 없습니다. 하나님이 이렇게 선물을 베풀어주지 않았다면 베드로는 단 한마디도 할 수 없습니다. 자신이 모든 것을 은혜로 받았습니다. 자신이 모든 것을 선물로 받았습니다. 그래서 베드로는 사람들에게 '멈추시오. 그리고 그냥 받으시오. 하나님이 선물로 주시는 것을 받으시오'라고 말할 수 있는 것입니다.

하나님의 약속

혹시 설득력이 약한 것으로 여기실까봐 하나 더 확실한 보증수표를 보여드리겠습니다. 그것이 39절 "이 약속은 너희와 너희 자녀와 모든 먼 데 사람 곧 주 우리 하나님이 얼마든지 부르시는 자들에게 하신 것이라"입니다. 지금 베드로가 하는 말은 자신의 생각이나, 자신의 사상이나, 자신의 경험담이나, 자신의 제안이 아니라는 강력한 주장입니다. 즉흥적으로 생각해낸 것도 아니고, 이랬으면 좋겠다는 기대나 바람도 아니라고 호소합니다. 하나님이 은혜를 주시는 것, 하나님이 선물을 주시는 것은 전적으로 '하나님의 약속'이라고 강조합니다. 그 약속도 막연하게 표현하는 것이 아니라 아주 구체적으로, 아주 실제적으로, 직접 당사자들을 향해 명명백백하게 선언합니다. "이 약속은 너희와 너희 자녀와 먼 데 사람 곧 주 우리 하나님이 얼마든지 부르시는 자들에게 하신 것이라"입니다.

여기서 그치지 않습니다. 보증수표에 이어 인감증명으로 도장까지 찍어

주는 것이 40절 "또 여러 말로 확증하며 권하여 이르되 너희가 이 패역한 세대에서 구원을 받으라" 입니다. 여기서도 강조하는 것이 '구원을 받으라' 입니다. '너는 구원을 받아야만 한다, 네가 구원을 받아내야만 한다' 는 의미가 아닙니다. 베드로는 사람들이 해야 할 일을 말하는 것이 아니라 사람들에게 되어 질 일을 말하고 있습니다. 하나님이 구원하신다고 말합니다. 하나님이 구원하셔서 너희들은 구원을 받을 것이라는 의미입니다. 전부 다 하나님이 행하셔서 사람에게 이루어질 일입니다. 앞에서부터 확인하면 '너희는 침례를 받을 것이다, 너희는 죄 사함을 받을 것이다, 너희는 성령의 선물을 받을 것이다, 너희는 패역한 세대에서 구원을 받을 것이다' 라는 위대한 선언입니다.

또 말 그대로 '여러 말로 확증하며 권하여 이르되' 입니다. '확증하며' 는 '증거하다, 엄숙히 확언하다, 진지하게 선언하다' 라는 의미입니다. 베드로는 사람들에게 제안하는 것이 아니라 확증하여 줍니다. 베드로의 말에서 저들의 반성을 기다리는 모습이 없습니다. 저들의 선택을 기대하는 모습도 없습니다. 저들의 결단과 도전과 각오를 촉구하는 모습도 없습니다. 그 다음 표현 '권하여' 는 권면이나 추천이라는 의미가 아닙니다. 이 단어는 '간청하다, 애원하다, 설득하다, 격려하다' 는 뜻입니다. 즉 여러 말로 확증하면서 강력하게 설득하고, 집요하게 설명하고, 끈질기게 알려줍니다. 하나님의 계획이었고, 하나님의 약속이었다는 것이며, 그래서 하나님이 성취하셨고 지금 사람들에게 하나님이 이루신다는 거듭거듭 반복합니다.

이 이야기의 시작은 제자들이 성령을 받은 사건이었습니다. 사람들은 단지 제자들이 다른 언어로 말하는 것을 궁금해 했었습니다. 베드로는 그 사건에서부터 시작하여 자신들의 모습이 하나님의 일하심의 결과로, 즉 하나님이 약속대로 행하신 결과이고, 자신들과 마찬가지로 지금 제자들을 궁금해 하는 사람들에게도 하나님이 약속을 지키실 것임을 선언하고 있습니다. 어떤 것도 요구하지 않고, 어느 누구도 제한하지 않고, '주 우리 하나님이 얼마든지 부르시는 자들에게 하신 약속'을 시행한다고 선언하기에 이런 것을 '복음 선포'라고 합니다.

삼천이나 더하더라

삼천이나

2장 41절은 "그 말을 받은 사람들은 침례를 받으매 이 날에 신도의 수가 삼천이나 더하더라"입니다. 우와, 정말 대단합니다. 베드로는 한 번의 설교로, 그것도 긴 시간이 아니라 불과 몇 분밖에 걸리지 않는 짧은 말씀을 선포했을 뿐인데 신도의 수가 삼천이나 더했다고 했습니다. 베드로가 누구보다 나은 것입니까? 당연히 예수보다 나은 것입니다. 예수님의 설교를 들은 사람들에게서 이런 반응이 일어난 적이 단 한 번도 없습니다. 애를 쓰기는 예수님이 더 애쓰셨습니다. 예수님은 말씀을 선포하실 때 어떨 때는 병자를 고치시고, 어떨 때는 귀신을 쫓으시고, 어떨 때는 오병이어도 행하셔서 먹을 것도 제공하셨는데도 이런 열매가 없었습니다. 그런데 지금 베드로는 다른 것은 아무 것도 하지 않았습니다. 달랑 말만 한 것입니다. 말만 해서 삼천 명이나 침례 받게 하면 비용 대비 효율 최고입니다. 예수님과 베드로 중 누가 더 능력이 있는 것입니까?

성경에서 하나님이 일하시는 순서를 잘 이해하셔야 합니다. 복음서에서 예수님 사역하던 때에는 이런 일이 일어난 적이 없습니다. 예수님의 수많은 이적과 기적을 보고도, 단지 본 정도가 아니라 당사자가 되어서 체험을 하고도 아무도 믿지 않았는데, 이게 어찌된 일입니까? 결론부터 말씀드리자면 이 사역을 절대로 베드로의 사역이라고 생각하시면 안 됩니다. 이 사역은 복음서 이후 즉 예수님의 사역이 있은 후, 예수님이 십자가를 지시고, 사망권세를 이기시고, 부활하신 후에, 성령이 강림한 후에 일어나는 사건임을 기억하셔야 합니다. 즉 이렇게 베드로가 전하는 '말'만 듣고도 '그 말을 받은 사람들'이 생겨날 수 있도록 이미, 벌써, 먼저 예수님이 사역을 해 놓으셨다는 것을 반드시 기억하셔야 합니다.

하나님의 말씀을 들으려면 하나님의 말씀을 들을 수 있는 귀가 있어야 합니다. 하나님의 말씀을 이해하려면 하나님의 말씀을 이해할 수 있는 하나님의 마음과 심정이 있어야 합니다. 예수님이 복음을 선포할 때 사람들이 아무도 반응하지 않은 이유는 아직 예수님이 십자가를 지시기 전이었기에, 즉 죄에게서 해방되기 전이었기에, 죄에 사로잡혀 있기에 하나님의 복음을 들을 수 있는 귀가 없었기 때문입니다. 죄인은 하나님 말씀에 대하여 소경이요, 귀머거리였습니다. 그래서 들을 수 없었고, 반응할 수 없었습니다. 그런데 예수님이 십자가를 통하여 죄를 이기시고, 죄인들을 죄에게서 구원하여 주셨습니다. 이제 죄인들이 하나님에 대하여 살아나게 된 것이요, 이제 죄인들이 더 이상 죄인이 아니요, 하나님의 말씀에 대하여 '들을 귀가 생겨난 것'입니다. 그래서 이제 베드로가 '말'하자 그 말을 들을 수 있게 되었습니다. 예수의 십자가 사건이 없었다면 이런 일은 절대로 발생할 수 없었습니다. 그렇다면 삼천 명이나 침례를 받는 역사는 베드로의 역사입니까, 하나님의 역사입니까? 당연히 하나님의 역사입니다. 베드로는 무엇을 한 것입니까? 단지 '말'만 하였습니다.

더하더라, 받은

그래서 본문에는 삼천 명에 대한 독특한 표현 두 가지가 나옵니다. 첫째는 '더하더라'입니다. 숫자가 자동적으로 늘어난 것이 아니라 누군가가 더했습니다. 47절에서 명확하게 밝혀줍니다. "하나님을 찬미하며 또 온 백성에게 칭송을 받으니 주께서 구원 받는 사람을 날마다 더하게 하시니라"입니다. 베드로가 침례를 주었다고 말하지 않고, 베드로가 전도했다고 말하지 않고, 베드로가 영혼을 구원했다고 말하지 않고, 아주 명쾌하게 "주께서 더하게 하시니라"입니다. 누가하신 것입니까? 하나님이 하셨습니다. 독특한 표현 두 번째가 41절에 나오는 "그 말을 받은 사람들은"에서 '받은'입니다. 베드로가 2장 14절 끝에 "내 말에 귀를 기울이라", 22절 "이스라엘 사람들아 이 말을 들으라"고 했습니다. 이렇게 베드로가 말하고 사람들에게 들으라고 해서 사람들이 들었습니다. 37절 "그들이 이 말을 듣고"입니다. 여기까지는 베드로가 말한 것이고, 사람들이 들은 것입니다. 베드로의 말을 들은 것이기에 '우리가 어찌할꼬'라는 질문을 했습니다. 그런데 이 사람들에게 베드로가 하는 하나님의 말씀, 하나님의 약속, 하나님의 사역을 이해할 수 있도록, 그 말씀을 순종할 수 있도록, 침례를 받을 수 있도록 누가 역사했느냐? 하나님이 하셨습니다. 하나님이 주신 것이 사람들에게 이루어졌습니다. 그래서 이번에는 '사람들이 듣고'라고 하지 않고 '이 말을 받은 사람들'이라고 하는 것입니다. 사람의 행동을 강조하는 '듣고'가 아니라 주시는 분의 행동을 강조하여 '받은'입니다. 이 말을 받은 사람들이 39절 "주 우리 하나님이 얼마든지 부르시는 자들"입니다. 하나님이 부르시고, 하나님이 주시고, 하나님이 받게 하시고, 하나님이 더하셨습니다. 전적으로 하나님이 역사하셨습니다. 이것이 사도행전이 저와 여러분에게 보여주려는 내용입니다. '보라, 하나님이 자신의 백성들을 구원하신다, 하나님이 땅끝에 있는 백성까지 구원하신다!'입니다.

성도는 '내가' 믿은 사람들이 아니라 '하나님이' 부르신 사람들입니다. 하나님의 부르심을 '받은' 사람들이기에 '나의' 행위와 믿음을 자랑 할 수 없습니다. 기독교는 복음을 선포하는 종교입니다. 하나님이 일하신 결과를 선포하는 종교입니다. 그것도 하나님이 하십니다. 성경을 읽고, 하나님을 알고, 하나님으로 인한 나의 성도됨을 알고, 늘 하나님으로 말미암아 자유롭고 평안한 삶을 풍성히 누리시기를 주님의 이름으로 축원합니다.

11
가르침을 받아

사도행전 2:42~47

42 그들이 사도의 가르침을 받아 서로 교제하고 떡을 떼며 오로지 기도하기를 힘쓰니라 43 사람마다 두려워하는데 사도들로 말미암아 기사와 표적이 많이 나타나니 44 믿는 사람이 다 함께 있어 모든 물건을 서로 통용하고 45 또 재산과 소유를 팔아 각 사람의 필요를 따라 나눠 주며 46 날마다 마음을 같이하여 성전에 모이기를 힘쓰고 집에서 떡을 떼며 기쁨과 순전한 마음으로 음식을 먹고 47 하나님을 찬미하며 또 온 백성에게 칭송을 받으니 주께서 구원 받는 사람을 날마다 더하게 하시니라

구원을 받으라

하나님이 하셨다

사도행전 2장은 오늘날 교회들에게 매우 중요한 의미를 제공합니다. 구원받은 성도들의 모습을 보여주기 때문입니다. 제자들이 성령을 받았고 각 사람이 다른 언어로 말하기를 시작했습니다. 대표로 베드로가 일어나서 자기들에게 일어난 현상을 설명합니다. 그런데 아주 재미있는 것은 사람들은 제자들이 '다른 언어로 말하는 것'을 놀라워하고 신기하게 여기고 있는데 정작 당사자들은 그것에 대하여 전혀 언급하지 않는다는 사실입니다. 다른 언어로 말하는 것을 자랑하지도 않고, 무엇인가의 증명 수단으로 삼지도 않고, 다른 사람에게도 다른 언어로 말하라고 요구하지도 않고, 다른 언어로 말하면 훨씬 좋다고 권고하지도 않습니다. 다른 언어로 말하는 것은

핵심 요소가 전혀 아니기 때문입니다.

2장 14절부터 37절까지에 나오는 베드로의 설명은 온통 '하나님이 하셨다'는 것에만 집중합니다. 자신들이 삼 년 동안 예수님을 따라다녔던 경력을 부각시키지 않습니다. 예수님이 부활하신 후에 자신들이 함께 모였던 것을 강조하지도 않습니다. 예수님이 승천하신 후에 자신들이 함께 모여 기도했던 것을 드러내지도 않습니다. 자신들이 성령을 사모했다고 말하지도 않고 이제 자신들의 모든 수고와 헌신을 보상받았다고도 말하지 않습니다. 이것은 겸손한 것이 아니라 당연한 사실입니다. 베드로의 설명이 증명합니다. 우선 베드로는 하나님이 선지자 요엘을 통하여 말씀하신 것을 언급했습니다. 하나님이 선지자 요엘을 통하여 말씀하신 것은 베드로가 출생하기 전입니다. 베드로가 예수님을 만나기도 전이었고, 베드로가 예수님과 어떤 일을 하기도 전에 있었던 일입니다. 그렇게 자기가 존재도 하기 전에 이미 하나님이 계획하신 일이었기에 자신들이 무엇을 해서 이 일이 이루어졌다고 주장할 근거가 없습니다. 또 베드로는 선지자 다윗에 대해서 언급합니다. 이미 다윗이 '미리 보고' 그리스도의 부활을 말하였고 그 예수를 하나님이 살리셨다고 말합니다. 다윗은 당연히 베드로보다 앞서고 심지어는 요엘 선지자보다 앞섭니다. 그렇게 훨씬 전에 다 계획되어 있었기에 자기들이 한 삼 년 예수를 따라 다녔다고, 자기들이 예수 승천 후에 며칠 함께 기도했다고 자랑하거나 무엇인가를 행했다고 주장할 수 없습니다. 오직 할 수 있는 유일한 말은 '하나님이 하셨다'는 것뿐입니다.

받으라

또 2장 37절부터 40절까지에 나오는 베드로의 권면은 온통 '받으라'는 것에만 집중합니다. 이것도 당연합니다. 하나님이 하셨다고 주장했으니 자신들은 받았을 뿐입니다. 자신들이 그렇게 받았으니 다른 사람에게도 오직 '받으라'는 말만 할 수 있습니다. 물론 사람들은 언제나 '내가 무엇을 할까?'를 질문합니다. 이때 기독교의 대답은 언제나 동일하게 '하나님이 행하셨다. 그러므로 하나님이 행하신 결과를 받으라'입니다. 그래서 기독교가 '복음'의 종교요, 기독교가 '선포'의 종교입니다. 안타깝게도 오늘날 기독교가 복음을 상실하고 선포를 상실하고 있습니다. 복음 대신 '비전'을 제시하고 선포 대신 '선동'이 판을 치고 있습니다. '하나님이 하신 일'을 말하지 않고 모두 '인간이 해야 할 일'만 권장하고 있습니다. 본문에 마치 '명령'처럼 표현된 것도 내용상으로는 전혀 명령이 아닙니다. 베드로가 말하는 '받으라'는 사람이 '받아 내야한다'는 의무를 부과하는 것이 아니며, '받으라'는 과업을 명령하는 것이 아닙니다. 아주 단순하게 그냥 '받으라'는 것입니다. 즉 하나님이 '주신다'는 것을 강조하는 표현으로 인간은 '받으면' 됩니다. 내가 '받는 행위'를 해야 하는 것이 아니라 '나에게 주어지는 것', 그래서 나는 '받은 것'을 의미합니다.

베드로가 한 말의 최종 결론이 40절 중간부에 나오는 "너희가 이 패역한 세대에서 구원을 받으라"입니다. 그리고 41절 "그 말을 받은 사람들은 침례를 받으매 이 날에 신도의 수가 삼천이나 더하더라"입니다. 41절은 38절과 40절에서 '받으라'고 한 것이 모두 이루어 진 것을 의미합니다. 38절에서 '각각 예수 그리스도의 이름으로 침례를 받고 죄 사함을 받고 성령을 받으라', 40절에서 '구원을 받으라'고 했습니다. 이 말을 받은 사람들이 '침례를 받으매 신도의 수가 삼천이나 더하더라'입니다. '침례를 받으매'만 나와 있다고 해서 침례만 받았을 뿐 죄 사함은 아직 못 받았고, 성령도 아직 못 받았고, 구원도 아직 못 받았다는 것이 아니라 침례를 받았고, 신도의 수라는 표현에 이 모든 것이 다 이루어진 것을 담고 있습니다. 마찬가지로 47절에도 "주께서 구원 받는 사람을 날마다 더하게 하시니라"입니다. '구원 받는 사람을 더하게 하셨다'고 표현되었다고 해서 구원만 받았을 뿐 침례를 아직 안 받았고, 죄 사함도 안 받았고, 성령도 안 받았다는 것이 아니라 모든 것을 다 받았다는 의미입니다. 성경의 강조는 '하나님이 하셨다는 것,

하나님이 주셨다는 것'입니다. 하나님이 행하신 것이기에 베드로가 무슨 조건을 제시하지 않으며, 단계를 구분하지 않으며, 하나하나를 분리하지도 않습니다. 하나님이 하셨다는 것을 이해하셔야 사도행전에 나오는 성도들의 삶을 이해할 수 있습니다.

구원을 받으라

2장 38절과 40절에 의하면 '침례를 받고, 죄 사함을 받고, 성령을 받고, 이 패역한 세대에서 구원을 받으라'고 했으며 41절에 의하면 '침례를 받고, 죄 사함을 받고, 성령을 받고, 구원을 받은 것'입니다. 베드로와 제자들 그리고 삼천이나 되는 사람들이 구원을 받았습니다. 그래서 그들이 무엇이 달라졌을까요? 더 근본적으로 점검해 본다면 예수님이 십자가 사역을 행하시고 부활하셨습니다. 예수님이 부활하시자 새 세상이 열렸습니까? 예수님이 부활하셔서 세상이 달라진 것이 무엇이고, 세상이 변화된 것이 무엇입니까? 예수님이 부활하셨어도, 성령이 임하셨어도, 다른 언어로 말하였어도, 믿는 사람의 수가 삼천이나 더하였어도 세상이 달라진 것이 없고 사람들의 삶의 환경이 달라진 것이 전혀 없습니다. 이것은 앞으로도 동일할 것입니다.

베드로는 한 때 세상을 변화시키려고 했던 사람입니다. 그 사람이 하는 말의 결론이 '이 패역한 세대에서 구원을 받으라'입니다. 핵심을 잘 파악하셔야 합니다. '패역한 세대를 변화시키라'가 아니라, '패역한 세대를 새롭게 하라'가 아니라, '패역한 세대를 개혁하라'가 아니라 '패역한 세대에서 구원을 받으라'입니다. 동일한 내용을 바울식으로 표현한 것이 로마서 12장 2절 "너희는 이 세대를 본받지 말고 오직 마음을 새롭게 함으로 변화를 받아"입니다. 기독교는 인간에게 집중합니다. 기독교는 세상을 새롭게 하는 것이 아니라 인간을 새롭게 합니다. 예수의 부활로 세상은 변한 것이 없습니다. 그런데 완전히 변한 것이 있습니다. 예수의 사역, 예수의 부활, 성령의 강림이 이루어낸 가장 위대한 결과요, 열매가 바로 인간의 변화입니다. 고린도후서 5장 17절의 선언이 "그런즉 누구든지 그리스도 안에 있으면 새로운 피조물이라 이전 것은 지나갔으니 보라 새 것이 되었도다"입니다.

세상 사람들은 언제나 세상 탓을 합니다. '이 썩을 놈의 세상'이라고 합니다. 그리고 늘 기대합니다. '더불어 함께 사는 세상'을 꿈꿉니다. 세상 사람들의 이야기에는 인간의 변화가 언급되지 않습니다. 기독교는, 성도는 세상 사람들과는 전혀 다른 생각, 전혀 다른 표현을 사용해야 합니다. 기독교에서만 할 수 있는 표현이 '인간이 새롭게 되었다, 하나님 나라가 임하였다'는 선언입니다. 기독교가 이렇게 선언하면 당장에 사람들이 질문할 것입니다. 인간이 언제, 어떻게 새롭게 되었으며, 하나님 나라가 어디 있느냐고 따질 것입니다. 사람들이 질문하는 이유는 '죄'를 인식하지 못하기 때문입니다. 베드로는 죄를 인식하고 있기에 '이 패역한 세대에서 구원을 받으라'는 세상에서는 전혀 사용하지 않는 선언을 할 수 있었습니다.

패역한 세상

베드로가 말한 '패역한 세대'는 사회, 정치, 경제, 문화의 상황을 언급하는 것이 아닙니다. 비도덕적이고, 비인격적이고, 비윤리적인 세태를 비난하는 것이 아닙니다. 특정 시대, 특정 지역, 특정 계층, 특정 인종, 특정 세력을 의미하는 것이 아닙니다. '패역한'은 '휘어진, 굽은, 구부러진, 비뚤어진, 어그러진'이라는 뜻입니다. 이렇게 휘어지고, 굽었고, 비뚤어졌으면 휘어지지 않았고, 굽지 않았고, 비뚤어지지 않은 것이 있어야 합니다. 바로 '기준'이 있어야 합니다. 이 기준이 바로 진리요, 하나님입니다. 그러므로 '패역한 세대'는 하나님을 떠나있는 것, 죄에 사로잡혀 있는 모든 것을 의미합니다. 결국 '패역한 세대에서 구원을 받으라'는 죄에서 구원을 받아 하나님께로 오라는 의미입니다. 죄의 사고방식, 인식체계, 가치, 방법, 원리를 벗어나서 하나님의 기준과 가치와 원리와 개념과 방법을 가지라는 뜻입니다.

사람들은 살기 좋은 세상이 오면 사람들이 순해질 것이라고 말하곤 합니다. 워낙 험한 세상이라 사람들도 인심이 흉흉하고 살벌해 졌다고 합니다. 성경은 정반대로 설명합니다. 사람이 죄인이라, 사람이 악한 마음을 가지고 있기에, 사람이 죄의 기준과 가치로 행동하고 있기에 세상이 험해졌다고 강조합니다. 세상이 바뀌어야 하는 것이 아니라 사람이 바뀌어야 한다고 선언합니다. 이때 이전의 상태에서 새로운 상태로 바뀌어야 하는 기준은 하나님입니다. 왜냐하면 사람은 각 사람마다 기준이 다르기 때문입니다. 세상 사람들의 관점에서 보면 예수의 부활은 참으로 어이없는 일입니다. 예수가 부활했다는데, 예수가 다시 살아났다고 그렇게 강력하게 주장하는데, 그래서 뭐가 달라졌느냐고 조롱합니다.

저와 여러분은 사도행전의 흐름을 이해하셔야 합니다. 예수가 부활하셨는데 세상은 하나도 달라지지 않았습니다. 예수가 부활하셔서 행하신 일이 기껏해야 옛날 제자들 다시 불러 모은 것 밖에 없습니다. 그렇다고 '예수는 사람을 남기셨다. 드디어 이 사람들이 세상을 변화시켜야 하는 사명을 받았다'고 말하시면 큰 일 납니다. 예수는 제자들에게 그런 사명을 주신 적이 없습니다. 예수는 이미 부활하셔서 죄인들을 구원하셨습니다. 예수는 죄의 문제를 해결하셨고, 패역한 세대를 물리치셨습니다. 제자들과 제자들의 삶이 바로 그 증거입니다. 제자들이 증거를 해야 하는 책임을 맡은 것이 아니라, 예수가 자신의 부활을 통해 이루어 놓은 사역을 증명하는 자료로 제시하는 것이 바로 제자들입니다.

성도들의 삶

가르침을 받아

제자들과 새로 신도가 된 삼천 명의 모습을 소개하는 것이 2장 42절 "그들이 사도의 가르침을 받아 서로 교제하고 떡을 떼며 오로지 기도하기를 힘쓰니라", 44절 이하 "믿는 사람이 다 함께 있어 모든 물건을 서로 통용하고 또 재산과 소유를 팔아 각 사람의 필요를 따라 나눠 주며 날마다 마음을 같이하여 성전에 모이기를 힘쓰고 집에서 떡을 떼며 기쁨과 순전한 마음으로 음식을 먹고 하나님을 찬미하며 또 온 백성에게 칭송을 받으니"입니다. 42절부터 47절까지에서 가장 중요한 것을 고르라면 여러분은 무엇을 고르시겠습니까? 정답은 '가르침을 받아'입니다. 구원받은 사람들이 하나님의 말씀을 배웠다는 것입니다. 이것이 빠지면 기독교는 불가능합니다. 패역한 세대는 '죄의 인식과 가치 체계'를 의미했고, 바로 그 패역한 세대에서 구원을 받으라고 한 것은 죄의 인식과 가치 체계를 버리고 하나님의 인식과 가치 체계를 가지라는 의미였습니다. 예수님의 십자가 사역은 죄인을 죄에게서 해방시킨 것이었고, 그렇게 죄에서 해방된 자에게 드디어 성령이 강림했습니다. 성령이 강림하여 행하는 핵심 사역은 바로 성도에게 하나님의 말씀, 하나님의 인식과 가치체계, 진리를 가르치는 일입니다. 그러므로 성도가 집중해야하는 가장 중요한 활동은 바로 '하나님의 말씀'을 배우는 일입니다.

인간은 태어나서 따로 죄를 배우지 않습니다. 죄를 가르치는 곳도 없고 죄의 경전도 없습니다. 그런데 저절로 죄를 습득하게 됩니다. 그래서 죄를 배웠다고 말하는 사람이 없습니다. 죄를 연습했다고, 죄를 훈련했다고, 죄를 전공했다고 말하는 사람은 단 한 사람도 없습니다. 이것이 죄의 비인격성이요, 죄의 잔악함이요, 죄의 폭력성입니다. 사람이 원하지도 않았고, 바라지도 않았고, 단 한 번의 눈길도, 마음도, 관심도 두지 않았는데 죄가 이미 사람을 지배하고 조종하고 있기 때문입니다. 아무도 죄를 선택한 사람이 없고, 죄를 인정한 사람이 없고, 죄를 좋아한 사람이 없습니다. 그럼에도 불구하고 사람들은 이미 죄를 행하고 있습니다. 사람들은 자신들이 의도적으로 죄를 배운 적이 없기 때문에 자신의 사고와 인식과 개념이 죄적이라고 생각하지 않습니다. 이것이 죄의 교활함입니다.

여기에서 기독교의 인격성을 인식하셔야 합니다. 하나님은 인간을 너무나 철저하게, 너무나 인격적으로, 너무나 배려적으로 대하십니다. 하나님의 말씀이 진리임에도 불구하고 인간을 강제적으로 조종하지 않습니다. 인간이 배우지 않고, 알지 않고, 원하지 않았는데 하나님의 진리가 자동적으로 행해지는 경우가 일체 없습니다. 그래서 성경을 배우지 않고는 하나님의 마음을 알 수 없으며, 본인이 의도적으로 직접 관심을 가지고 구체적으로, 실제적으로 성경을 읽고 배우지 않으면 하나님의 말씀, 즉 진리를 알 수 없습니다. 이것은 하나님께서 '배워야 하는 과정'을 거치게 했다는 것이 아니라 본인이 선택하고 '인정하게' 했다는 의미입니다. 진리가 인간에게 검증을 받고, 하나님의 말씀이 인간에게 선택을 받는 입장을 취했습니다. 진리라고 해서, 옳다고 해서, 하나님의 말씀이라고 해서 비인격적으로 인간에게 주입되는 것이 절대로 아닙니다. 행여 사람들이 기독교에 대해 조롱하는 비인격성, 폭력성, 공격성이 전혀 없습니다. 인간에게 성경을 배워보도록 하고, 배워보니 좋은 지 나쁜지, 본인에게 유익한지 해로운지를 결정하게 하십니다. 진리에는 일말의 강요, 협박, 요구, 명령이 존재하지 않습니다.

인간이 죄에 사로잡혀 있는 상태에서 죄에게서 벗어날 방법이 없었습니다. 인간에게 방법이 없는 것, 인간의 능력으로 도무지 행할 수 없는 것을 하나님이 은혜로 해결해 주셨습니다. 그것이 죄로부터의 구원입니다. 더 나아가 성령까지 주셨습니다. 인간이 할 수 없는 사항을 도와주시는 것이 하나님의 은혜입니다. 그런데 인간이 할 수 있는 일에 하나님이 개입하면 이것은 간섭입니다. 하나님은 은혜를 베푸실 뿐 간섭하지 않으십니다. 죄로부터 구원받고 성령까지 받은 성도는 이제 본인이 성경을 읽고 배워야 하며, 배운 것을 기초로 자신이 아는 것을 근거로 분별하고 판단해야 합니다. 그 동안 너무나 당연하게 생각했던 것들이 죄이었음을 분별하고, 새롭게 하나님의 말씀과 견주어서 어느 것이 옳고 어느 것이 선하고, 어느 것이 자신의 삶에 도움이 되는 지를 분별해야 합니다. 성경은 이 인간의 선택을 기다리며, 순종하기를 기대하고 있습니다.

가르치신 하나님

성경 전체의 핵심은 죄인에게 하나님을 가르치고, 하나님의 말씀을 가르치는 사역입니다. 구약에서도 하나님은 출애굽을 당장에 이루어도 되고, 가나안 입성을 단번에 이루어도 되지만 여러 가지 방법과 다양한 사역을 통해 오랜 기간에 행하셨습니다. 왜냐하면 출애굽이나 가나안 입성이 관심이 아니라 인간에게 하나님을 가르치기 위해서였습니다. 복음서에서 예수님도 단번에 십자가를 지셔도 되지만 자그마치 삼 년 동안이나 수많은 이적과 기적을 행하시고 유대인들, 바리새인들, 서기관들, 율법사들과 갈등과 충돌과 논쟁을 하셨습니다. 저들의 말처럼 굳이 안식일에 행하지 않아도 되는데 일부러 그렇게 하셨습니다. 왜냐하면 저들에게 하나님과 하나님의 말씀을 가르치는 것이 목적이었기 때문입니다.

복음서의 제자들과 사도행전의 제자들이 다르게 등장합니다. 그 중심에 성령의 강림이 있습니다. '성령 받았다'는 것은 '성령의 가르침을 받았다'는 것을 의미합니다. 제자들이 성령을 통하여 하나님의 말씀, 예수님께 듣고 배운 것들을 이해하게 되었습니다. '성령을 통해 가르침을 받았다'는 의미가 빠진 채 단순하게 성령 받았다는 것만 강조되면 절대로 안 됩니다. 서신서도 동일한 양식이 등장합니다. 서신서는 말 그대로 편지입니다. 그런데 안부를 묻는 편지가 아니라 가르치는 편지입니다. 로마서가 16장으로 되어있습니다. 로마서의 1장부터 11장까지가 구원에 관한 자세한 설명입니다. 그리고 '이렇게 하라, 저렇게 하라'는 실천의 권고는 12장부터 등장합니다. 왜냐하면 구원에 대해 배우지 않으면 권고하는 내용을 실천할 수 있는 원동력이 없기 때문입니다.

바울이 전도여행을 다녔습니다. 표현이 전도여행이라고 노방전도를 생각하시면 안 됩니다. 바울은 각 지역의 교회들을 다녔습니다. 교회에서 짧게는 육 개월부터 길게는 삼 년 여에 걸쳐 머물면서 계속하여 성경을 가르쳤습니다. 교회가 성경을 가르치지 않으면 성도는 하나님의 가치와 개념을 배울 곳이 없고, 성도가 성경을 배우지 않으면 하나님의 가치와 개념을 알 수 있는 방법이 없습니다. 교회가 가르치지 않고 성도가 배우지 않으면 성도의 가치와 인식이 달라지지 않고, 성도의 가치와 인식이 달라지지 않으면 성도의 생각과 행동과 삶이 달라지지 않고, 성도가 달라지지 않으면 세상은 전혀 달라지지 않습니다.

마음을 같이하여

사도행전 1장과 2장에는 동일한 표현이 반복되어 나옵니다. 그런데 사도행전 1장과 2장이라는 차이가 있다는 것을 기억하셔야 합니다. 사도행전 2장의 사건이 모두 하루에 이루어진 것으로 생각하시면 안 됩니다. 베드로가 설교하니까 삼천 명이 나왔고, 그날에 일사분란하게 침례식을 행하였고, 그날에 사도들이 가르침을 주었고, 사람들이 당장에 서로 교제하고 기도하기에 전념한 것이 아닙니다. 당연히 시간적인 흐름이 있습니다. 다만 사건을 중심으로 기록하였기에 마치 단회적인 것처럼 묘사되어 있을 뿐입니다. 중요한 것은 저들이 가르침을 받았다는 사실입니다. 즉 성령이 강림하여 '성령의 가르침을 받았다'는 것을 기준으로 전후가 나누어집니다.

한번 비교를 해보겠습니다. 2장 46절을 보시면 "날마다 마음을 같이하여"라고 나오고, 1장 14절에도 "마음을 같이하여"라고 나옵니다. 1장은 성령이 임하기 전이고 2장은 성령이 임한 후인데 1장과 2장에 헬라어로 동일한 표현인 '마음을 같이하여'가 등장합니다. 표현대로라면 인간은 성령을 받지 않아도, 가르침을 받지 않아도 '마음을 같이하여'가 됩니다. 그렇다면 성령의 가르침을 받지 않은 사람들의 '마음을 같이하여'와 성령의 가르침을 받은 성도들의 '마음을 같이하여'가 어떻게 다른가를 구분하셔야 합니다. 종종 사람들은 '마음을 같이 하는 것'이 어렵다고 생각합니다. 그런데 실상은 '마음을 같이하는 것'은 매우 쉽습니다. 인간은 공동의 목적이 존재하면 곧바로 마음을 같이합니다. 죄인들의 공통점은 마음을 같이한다는 것입니다. 죄로 똘똘 뭉칩니다. 누구 하나를 왕따 시키자고 하면 마음을 같이하여 당장 왕따 시킵니다. 이익집단들이 경쟁할 때 동종업계 종사자들이 얼마나 한 마음이 되는지 자주 보셨습니다. 무엇인가 사실을 감추기 위해서 관련된 모든 사람이 '마음을 같이하는 것'을 자주 보십니다. 그래서 '마음을 같이하자', '하나가 되자'라는 것이 표어가 되면 안 됩니다. 어느 공동체든 공동의 마음을 갖는 것은 당연합니다. 다만 '어떤 마음'으로 마음을 같이할 것인가를 밝혀야 합니다. '무엇을 위해, 무엇을 하는' 하나가 될 것인가를 밝혀야 합니다.

1장 14절의 '마음을 같이하여'와 2장 46절의 '마음을 같이하여'는 전혀 차원이 다릅니다. 기독교의 마음은 하나님이 주신 마음입니다. 기독교의 마음은 '성령으로 가르침을 받은 것'에 의한 마음입니다. 기독교의 마음은 하나님과 예수님도 같이 가졌던 마음이고, 예수님이 제자들과 하나가 되기를 원했던 마음입니다. 요한복음 17장 11절 "나는 세상에 더 있지 아니하오나 그들은 세상에 있사옵고 나는 아버지께로 가옵나니 거룩하신 아버지여 내게 주신 아버지의 이름으로 그들을 보전하사 우리와 같이 그들도 하나가 되게 하옵소서"입니다. 이러한 하나됨에 대해 에베소서 4장 3절은 "평안의 매는 줄로 성령이 하나 되게 하신 것을 힘써 지키라"고 합니다. 그러므로 기독교의 '마음을 같이하는 것'은 성경을 배우고, 성경을 통하여 알게 된 하나님의 마음, 하나님의 기준, 하나님의 가치, 하나님의 개념, 하나님의 원리, 하나님의 방법을 갖는 것을 의미합니다. 당연히 성경을 배우지 않으면 기독교의 '하나됨'은 없고, 성령의 가르침을 받지 않으면 '마음을 같이하여'가 불가능합니다.

기독교에서 말하는 '마음을 같이하여'는 인간의 뜻이 모아진 것을 의미하지 않습니다. 교회에서 '성경을 배우지 않으면' 마음을 같이하는 방법이 두 가지 중에 하나입니다. 첫 번째는 담임목사의 마음으로 같이하는 것입니다. 담임목사가 목회 철학을 발표하고 모두 따라줄 것을 요구합니다. 리더로 세웠으니, 책임자로 세웠으니, 담임으로 세웠으니 혹시 조금 다른 점이 있더라도 순종해달라고 합니다. 이것은 성경이 말하는 '마음을 같이하여'가 아닙니다. 두 번째는 '성도들의 의견'으로 '마음을 같이하는 것'입니다. 흔히 말하는 다수결이요, 공통의 의견입니다. 이 두 가지 방법은 세상의 모든 조직에서도 공통적으로 사용되는 것일 뿐입니다. 기독교의 마음을 같이 하는 것, 하나가 되는 것은 철저하게 말씀을 배우고, 모든 사람이 그 말씀을 인정하고 따르는 것을 의미합니다. 성경을 배워야 한다는 것을 반드시 기억하셔야 합니다.

기도하기를, 떡을 떼며

가르침을 중심으로 구분되는 또 하나의 행동을 확인해 보겠습니다. 1장 14절 끝에 "오로지 기도에 힘쓰더라"가 나오고 2장 42절 끝에도 "오로지 기도하기를 힘쓰니라"가 나옵니다. 참 재미있는 것은 헬라어 원문에는 '오로지'에 해당하는 단어가 없습니다. 기도를 강조하다보니 번역 과정에서 '오로지'를 첨가했습니다. 이것도 '마음을 같이하여'와 마찬가지입니다. 단순히 기도를 강조하면 안 됩니다. 기도하는 사람은 많습니다. 기독교만 기도하는 것이 아니라 타종교도 기도합니다. 누가복음 18장에 보면 기도하는 두 사람의 모습이 나옵니다. 바리새인도 기도했고 세리도 기도했습니다.

둘 다 오로지 기도했습니다. 그런데 기도의 내용이 전혀 달랐고, 의롭다 여기심을 받은 것이 전혀 달랐습니다. 마태복음에 의하면 유대인들도 기도했고 이방인들도 기도했습니다. '기도했다'는 것만 강조하면 기독교의 특징이 전혀 드러나지 않습니다.

복음서에서 사람들이 기도한 결과는 차별을 만들어 내는 것이었습니다. 오죽하면 예수님이 기도를 새로 가르쳐야 했습니까! 마태복음 6장에서 예수님은 하나님을 가르쳤습니다. 하나님에 대하여 바르게 배워야 기도가 달라질 수 있기 때문이었습니다. 사도행전 1장에서 제자들이 '마음을 같이하여', '오로지 기도에 전념'한 결과가 무엇이었습니까? 역시 차별을 만들어내는 것이었습니다. 그런데 사도행전 2장에서는 '가르침을 받은 것'입니다. 가르침을 받고 마음을 같이하고, 가르침을 받고 기도를 하니까 43절 이하의 모습이 등장합니다. 43절 이하에서는 차별을 만들어내는 모습은 일체 없고, 모두가 동등하게 여겨지는 모습이 나옵니다. 이것이 가르침을 받은 후 기도한 사람들의 모습입니다.

2장 42절, 46절의 '서로 교제하고 떡을 떼며'도 마찬가지입니다. 교제하고 떡을 떼는 일이 이때 처음 생긴 것이 아닙니다. 요한복음 13장에 주님의 만찬 즉 예수께서 잡히시기 전날 밤에 제자들과 함께 떡을 떼는 장면이 등장합니다. 성령을 통해 가르침 받기 전에도 떡을 떼며 교제하는 것이 있었습니다. 그때 떡을 떼며 무엇했습니까? 13장 22절 "제자들이 서로 보며 누구에게 대하여 말씀하시는지 의심하더라"입니다. 함께 떡을 떼며 '서로 의심'했습니다. 또 한 사람은 떡을 떼며 예수를 팔기로 각오했습니다. 떡을 떼며 교제했다는 것이 중요한 것이 아닙니다. 기독교는 언제나 '가르침을 받아'가 먼저입니다. 하나님의 말씀을 배워야 하고 하나님의 마음과 심정과 원리를 가져야 합니다. 떡을 떼기 전에 주님의 만찬이 의미하는 것이 무엇인지를 알아야 합니다. 주의 만찬은 인간의 차별을 없애는 방식입니다. 왜냐하면 성도가 된 것이 인간의 수고와 노력의 결과가 아니라 오직 하나님의 일하심, 하나님의 은혜임을 고백하는 것이기 때문입니다. 그래서 떡을 뗄 때에 떡을 먹을 수 있는 자격이 있는 사람과 없는 사람을 나누는 것은 정말 주의 만찬의 정신을 본질적으로 훼손하는 어처구니없는 일입니다. 하나님의 가르침을 받아야 함께 떡을 떼는 것의 의미를 알 수 있고, 의미를 알아야 떡을 떼며 연합과 일치가 가능해 집니다.

2장 42절로 46절의 핵심은 '가르침을 받아'입니다. 중간의 멋있는 표현에 현혹되면 안 됩니다. 44절 "믿는 사람이 다 함께 있어 모든 물건을 서로 통용하고 또 재산과 소유를 팔아 각 사람의 필요를 따라 나눠 주며"입니다. 이것은 가르침을 받은 결과일 뿐입니다. 이것이 목적이 아니고, 이것이 필수적인 것도 아닙니다. 성경은 이것을 모델로 제시하는 것이 아니며, 이와 같이 되라고 권고하는 것도 아닙니다. 이것이 가능할 수 있었던 것이 '가르침을 받아' 즉 하나님의 마음과 심정을 가진 결과요, 열매였다고 소개하고 있습니다. 이와 유사한 표현이 4장 32절 이하에 나오고, 이러한 행동과 관련된 가장 논란이 되는 사건이 5장에 나옵니다. 이러한 표현이 의미하는 것은 4장과 5장에서 심층적으로 다루어 드리겠습니다.

사람들의 반응

두려워하는데

이제 사람들의 반응을 보겠습니다. 2장 43절 "사람마다 두려워하는데 사도들로 말미암아 기사와 표적이 많이 나타나니"입니다. '두려워하다'로 표현된 헬라어 동사는 두 가지 의미가 있습니다. 하나는 '놀라다, 기이히 여기다'이고 다른 하나는 '두려워하다, 겁내다'입니다. 사도들 또는 교회가 행한 행동을 보고 사람들이 보인 반응이 사도행전의 다른 곳에도 나옵니다. 5장에서 아나니아와 삽비라가 재산을 팔은 것을 감추었다가 들통이 나서 죽습니다. 그 일이 있자 사람들의 반응이 5장 5절 "아나니아가 이 말을 듣고 엎드러져 혼이 떠나니 이 일을 듣는 사람이 다 크게 두려워하더라"입니다. 또 11절 "온 교회와 이 일을 듣는 사람들이 다 크게 두려워하더라"입니다. 모두 동일한 단어인데 5장에서는 '두려워하다'가 맞습니다. 왜냐하면 사람이 죽어나가니까 두려워할 수밖에 없습니다. 하지만 2장 43절에서는 '두려워하는데'라고 번역하기 보다는 '기이히 여기다', '놀라워하다'가 맞습니다. 왜냐하면 두려워해야하는 이유가 없기 때문입니다.

베드로가 설명을 하고, 사도들이 서로 물건을 나눠 쓰는 것을 보며 두려운 마음이 생기는 것이 아니라 매우 신기하게 여겨지는 것이 정상입니다. 두려워한 것이 아니라 신기해했다는 것을 보여주는 또 다른 설명이 47절 "온 백성에게 칭송을 받으니"입니다. 칭송을 받았다는 것은 사람들에게 호감을 얻었다는 의미입니다. 만약 두려워했으면 사람들이 호감을 보이지 않았을 것입니다. 죄인들이 보기에 교회는 놀라운 곳입니다. 왜냐하면 죄인들의 원리가 통용되지 않는 곳이기 때문입니다. 죄인들의 가치, 죄인들의 개념, 죄인들의 방법이 통용되지 않는 곳이기 때문입니다. 교회는 하나님의 말씀을 배워서 하나님의 마음, 하나님의 기준, 하나님의 가치와 개념과 방법이 적용되는 곳입니다. 죄인들의 관점에서 보면 도무지 존재할 수 없는 곳이요, 유지될 수 없는 곳입니다. 그런데 너무나 건강하게, 너무나 아름답게, 너무나 인격적으로 유지되는 곳이 바로 교회입니다. 종종 사람들은 교회도 사람이 모인 곳이요, 조직이기 때문에 경영원리가 도입되어야 한다고 말합니다. 사람의 역할이 중요하고, 리더쉽이 중요하다고 강조합니다. 하지만 그런 주장들은 교회이기를 포기하는 말들입니다. 조직이고 싶을 뿐 교회이기를 원치 않는 발언들입니다. 기독교와 교회에서 경영원리와 리더쉽이 강조되는 순간부터 아무도 교회를 놀라워하지 않게 되어버렸습니다. 기독교가 참 바보 같은 행동을 했습니다.

2장 43절의 '사람마다 두려워하는데'는 적절하지 않은 번역입니다. 왜냐하면 자고로 세상 사람들은 하나님을 두려워하지 않기 때문입니다. 왜냐하면 하나님이 세상이나 죄인들을 향해 힘을 과시하지 않기 때문입니다. 사사기에서 확인할 수 있듯이 이스라엘은 하나님을 버리고 떠나는데 망설임이 없었고, 구약 전체에서 확인할 수 있듯이 인간이 하나님을 배반하고 부인하는데 주저함이 없었고, 신약에서도 사람들이 예수님을 죽이는 데에 두려움이 없었습니다. 하나님이 무섭게 나타나지 않았고, 인간들을 위협하고 공포를 느끼게 행동하지 않았기 때문입니다. 오늘날도 마찬가지입니다. 많은 사람들이 하나님에 대하여 아무리 험한 욕을 해도 하나님이 단 한 번도 그들에게 진노나 저주를 내리지 않습니다. 하나님은 늘 인간에게 지십니다. 만왕의 왕이요, 전능한 주이신데 인간에게도 지십니다. 하나님은 인간에게 강자의 모습으로 나타나지 않고, 언제나 사랑과 자비와 긍휼의 모습으로만 대하십니다. 그러니 사람들이 하나님을 두려워하지 않습니다. 이러한 하나님의 모습을 답답해하시면 안 됩니다. 하나님이 이기는 것이 있습니다. 언제나 이기고, 반드시 이기는 것이 있습니다. 무엇입니까? 바로 죄입니다. 죄를 반드시 이기고, 죄인에게는 언제나 져 주십니다. 하나님이 죄인을 이기면 인간이 살 수 없기 때문입니다.

하나님을 배운 기독교, 하나님을 배운 교회, 하나님을 배운 성도는 하나님이 하시는 것처럼 해야 합니다. 그런데 오늘날에는 사람들이 교회를 신기해하지 않습니다. 그리고 말 그대로 교회를 두려워합니다. 왜냐하면 교회가 사나워졌기 때문입니다. 교회가 교활해졌기 때문입니다. 교회가 세력을 과시하고, 교회가 권력을 자랑하고, 교회가 재력을 사용하기 때문입니다. 참 성경과 달라졌습니다. 성경과 다른 것을 기독교라고 해야 할지 난감합니다.

주께서 더하시니라

사람들이 놀라워하고 호감을 갖는다고 해서 하나님을 믿기로 결심하는 것은 아닙니다. 죄인들은 신기해 할뿐, 호감을 보일뿐 진리에 대해, 하나님에 대해 스스로 반응할 수 없습니다. 사도행전 2장이 아주 의미 있게 구성되어 있습니다. 성령이 임하는 사건에 대해 2장 2절에 '홀연히'라고 해서 인간의 노력과 무관함을 밝혔고, 베드로는 연설을 통해 계속하여 '하나님이 하셨다'고 강조했고, 2장의 마지막은 47절 끝에 "주께서 구원 받는 사람을 날마다 더하게 하시니라"로 마무리 짓습니다. 이렇게 하나님을 강조하지 않으면 사람들은 또 제자들의 공로, 제자들의 업적, 믿는 사람들의 선행을 강조할 것이 뻔하기 때문입니다. 모두 하나님이 하셨습니다. 하나님이 일하신 결과가 성도들의 삶입니다. 부탁드리기는 성경을 읽으시고, 성경을 배우시기 바랍니다. 매주 이렇게 교회에 나와 성경을 배우시는 모습에 감사를 드립니다. 더욱 하나님 말씀을 배우셔서, 하나님의 자녀됨을 아시고, 성도에게 주어진 하나님의 복락들을 풍성히 누리며 사시기를 주님의 이름으로 축원합니다.

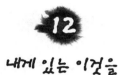

내게 있는 이것을

사도행전 3:1-10

1 제 구 시 기도 시간에 베드로와 요한이 성전에 올라갈새 2 나면서 못 걷게 된 이를 사람들이 메고 오니 이는 성전에 들어가는 사람에게 구걸하기 위하여 날마다 미문이라는 성전 문에 두는 자라 3 그가 베드로와 요한이 성전에 들어가려 함을 보고 구걸하거늘 4 베드로가 요한과 더불어 주목하여 이르되 우리를 보라 하니 5 그가 그들에게서 무엇을 얻을까 하여 바라보거늘 6 베드로가 이르되 은과 금은 내게 없거니와 내게 있는 이것을 네게 주노니 나사렛 예수 그리스도의 이름으로 일어나 걸으라 하고 7 오른손을 잡아 일으키니 발과 발목이 곧 힘을 얻고 8 뛰어 서서 걸으며 그들과 함께 성전으로 들어가면서 걷기도 하고 뛰기도 하며 하나님을 찬송하니 9 모든 백성이 그 걷는 것과 하나님을 찬송함을 보고 10 그가 본래 성전 미문에 앉아 구걸하던 사람인 줄 알고 그에게 일어난 일로 인하여 심히 놀랍게 여기며 놀라니라

성전에 올라갈새

유대 절기

종종 예수님이 개혁가나 혁명가로 인식되기도 합니다. 사회적 혁명가로 주장하는 사람들은 예수가 열심당원을 데리고 당시의 정치와 종교 세력과 대립하였다고 합니다. 종교적 혁명가로 주장하는 사람들은 예수가 원래는 유대교의 일원이었으나 후에 유대교로부터 분리하여 새로운 종파를 형성한 창시자라고 말하기도 합니다. 그런데 아주 재미있는 것은 예수님은 유대교와 충돌하시면서도 유대교를 떠나지 않았고, 유대교의 일상적인 활동

을 모두 따랐다는 것입니다. 그래서 사람들은 예수가 유대교인이었다고 주장하기도 합니다. 성경이 아주 흥미롭게 묘사하고 있는 것을 점검해 보겠습니다. 먼저, 예수님의 강림 후 즉 예수님의 유아시절에 대해서는 유대교와 관련된 부모의 행동이 소개되어 있습니다. 누가복음 2장 21절에 의하면 "할례 할 팔 일이 되매 그 이름을 예수라 하니 곧 잉태하기 전에 천사가 일컬은 바러라"입니다. 정확하게 할례를 했다고 밝히지는 않지만 정황상 할례를 한 것으로 여겨집니다. 또 22절에도 "모세의 법대로 정결예식의 날이 차매 아기를 데리고 예루살렘에 올라가니 이는 주의 율법에 쓴 바 첫 태에 처음 난 남자마다 주의 거룩한 자라 하리라 한 대로 아기를 주께 드리고 또 주의 율법에 말씀하신 대로 산비둘기 한 쌍이나 혹은 어린 집비둘기 둘로 제사하려 함이러라"입니다. 또 41절에 의하면 "그의 부모가 해마다 유월절이 되면 예루살렘으로 가더니 예수께서 열두 살 되었을 때에 그들이 이 절기의 관례를 따라 올라갔다가"입니다.

예수의 부모들은 당시의 관례대로 행동한 것 같습니다. 그런데 성경의 표현이 아주 절묘합니다. 예수의 부모들의 행동에 대해 성경은 유대교의 법대로, 유대교의 관례대로 행했다고 말하지 않고 의도적으로 다르게 표현합니다. 22절에 보면 '모세의 법대로', '주의 율법에 쓴바', '주의 율법에 말씀하신 대로'라고 행했다고 설명합니다. 예수님도 자신이 성전에 머문 것에 대하여 '성전에 있었다'고 말하지 않고, 누가복음 2장 49절 "예수께서 이르시되 어찌하여 나를 찾으셨나이까 내가 내 아버지 집에 있어야 될 줄을 알지 못하셨나이까 하시니"라고 합니다. 그러므로 성경은 요셉과 마리아 그리고 예수의 행동에 대해 유대교를 믿었다, 유대교 관례를 따랐다고 말하는 것이 아니라 하나님의 말씀을 믿었고, 하나님의 규례를 따랐고, 아버지의 집에 갔다고 강조합니다. 사람들은 예수와 유대교를 연결하지만 성경은 예수와 하나님을 연결하고 있습니다.

예수의 행동

예수께서 사역을 행하실 때에도 유사합니다. 마태복음 9장 35절에 의하면 "예수께서 모든 도시와 마을에 두루 다니사 그들의 회당에서 가르치시며"라고 했고, 마태복음 12장 9절과 13장 54절에도 회당에 들어가시고 가르치셨다고 기록되어 유대교 관련시설을 출입하고 있었음을 보여줍니다. 물론 성전에도 가셨습니다. 그런데 성전에 가서 유대교의 관례를 따라 성전의 종교행사에 참석한 것이 아닙니다. 마태복음 21장 12절 이하 "예수께서 성전에 들어가사 성전 안에서 매매하는 모든 사람들을 내쫓으시며 돈 바꾸는 사람들의 상과 비둘기 파는 사람들의 의지를 둘러엎으시고 그들에게 이르시되 기록된 바 내 집은 기도하는 집이라 일컬음을 받으리라 하였거늘 너희는 강도의 소굴을 만드는도다 하시니라"입니다.

한편으로는 안식일의 활동이 쟁점이 되었습니다. 마태복음 12장 1절 "그 때에 예수께서 안식일에 밀밭 사이로 가실새 제자들이 시장하여 이삭을 잘라 먹으니"로 충돌하고, 누가복음 6장에 의하면 굳이 안식일에 오른손 마른 사람을 고쳐주십니다. 누가복음 13장에 의하면 안식일에 회당에서 열여덟 해 동안이나 귀신들려 앓으며 꼬부라져 조금도 펴지 못하는 여자를 고쳐주십니다. 서기관과 바리새인들이 예수를 고발할 증거를 찾으려 하여 안식일에 병을 고치는가 엿보니 하시는 말씀이 "예수께서 그들에게 이르시되 내가 너희에게 묻노니 안식일에 선을 행하는 것과 악을 행하는 것, 생명을 구하는 것과 죽이는 것, 어느 것이 옳으냐"고 합니다. 유대교는 안식일에 '일하지 말라'고 규정하는데 예수님은 '선을 행하는 것, 악을 행하는 것, 구하는 것, 죽이는 것' 등 모두 행동에 관해서 말씀하십니다.

예수께서는 유대교의 성전, 유대교의 규정만이 아니라 유대교의 율법에 대해서도 난감한 행동을 하십니다. 요한복음 8장에 의하면 사람들이 간음하다가 현장에서 잡힌 사람을 예수에게 데리고 왔습니다. 저들의 주장이 5절 "모세는 율법에 이러한 여자를 돌로 치라 명하였거니와 선생은 어떻게 말하겠나이까"입니다. 이에 예수님의 대답이 7절 "너희 중에 죄 없는 자가 먼저 돌로 치라 하시고"이고 11절 "나도 너를 정죄하지 아니하노니 가서 다시는 죄를 범하지 말라 하시니라"입니다. 예수님은 유대교인입니까, 아닙니까? 예수님은 유대교의 관례를 따른 것입니까, 거부한 것입니까? 예수님이 유대교와 충돌하신 것이라면 이긴 것입니까, 진 것입니까? 예수님이 바리새인, 서기관들과 논쟁을 하셨다면 논리전개를 잘 하신 것입니까? 그래서 상대방으로부터 예수님의 말씀이 옳고 진리라는 고백을 받아내셨습니까? 아니면 늘 충돌하고, 늘 논쟁하다가 나중에는 판을 깨고, 새로운 세력을 구축하고, 신진 교파를 창설하려고 나온 것입니까? 분명히 예수님은 성전에 가셨고, 절기를 행하셨고, 율법을 지키셨습니다. 그런데 예수님이 행하신 모든 것은 하나님이 의도하신 대로 행하신 것이지 유대인들이 유대교로 행하는 방식으로는 지키지 않은 것입니다.

예수님은 논쟁을 하신 것도 아닙니다. 왜냐하면 진리를 아는 자와 진리를 모르는 자의 대화는 논쟁이 아니고, 충돌이 아니기 때문입니다. 예수님의 말씀은 사람들의 주장과 전혀 다릅니다. 예수님은 유대교를 개혁한 것도 아닙니다. 왜냐하면 조직이 문제가 아니고, 제도가 문제가 아니고, 책임자가 문제가 아니고, 규례가 문제가 아니기 때문입니다. 결국 예수님은 유대교와는 무관하게 행동하시고, 대신 본질인 죄인을 구원하는 사역을 행하셨습니다. 예수님은 종교개혁이 아니라 인간구원을 행하셨습니다. 예수님은 개혁자나 혁명가가 아니라 그리스도요, 구원자이십니다. 전혀 차원이 다르다는 것을 인식하셔야 합니다.

성전에 갈새

성경이 매우 재미있습니다. 복음서에서 예수님이 어찌 보면 순응적이요, 어찌 보면 파격적으로 행동하셨듯이 사도행전에서는 제자들이 아주 묘하게 행동했습니다. 제자들의 행동을 통해 종교의 본질이 무엇인지 점검해 보겠습니다. 사도행전 3장 1절을 보시면 "제 구 시 기도 시간에 베드로와 요한이 성전에 올라갈새"입니다. 제 구 시 기도시간은 유대인들이 기도하는 시간으로 한국으로 따지면 오후 세 시 기도회입니다. 유대교는 매일 시간을 정해 놓고 기도했고, 기간을 정해놓고 금식했습니다. 이것이 전형적인 종교행태입니다. 원래 기도는 종교적 의무가 아니라 필요한 사람이 하는 종교활동입니다. 기도하는 내용도 감사기도, 간구기도, 중보기도, 회개기도 등 여러 가지 일 수 있습니다. 감사기도는 감사할 일이 있는 사람이 합니다. 감사기도는 감사할 일이 일어났을 때 하는 기도입니다. 간구기도는 간구할 일이 있는 사람이 합니다. 간구기도는 간구할 일이 발생했을 때 하는 기도입니다. 회개기도는 회개할 일이 있는 사람이 합니다. 회개기도는 언제 하느냐면, 회개할 일을 행했을 때 하는 기도입니다. 즉 필요한 사람이 필요한 때에 하는 행동입니다.

필요 없는 사람이, 필요 없는 내용을 가지고 종교행위를 하는 것을 외식이라고 합니다. 왜냐하면 필요 없는 사람이 필요 없는 일을 하는 것은 단지 보이기 위한 것이요, 종교를 위한 종교행위에 불과하기 때문입니다. 유대인들이 행한 금식도 전형적인 종교행위에 불과합니다. 어떤 사람이 문제를 만났으면 밥을 먹어야 합니까, 금식해야 합니까? 당연히 밥을 먹어야 합니다. 왜냐하면 문제가 생겼으면 힘내서 일해야 하니까 일을 하려면 우선 밥을 잘 먹어야 합니다. 하지만 유대인들은 일도 없는데, 문제도 없는데 일주일에 두 번씩 정기적으로 금식을 했습니다. 금식할 필요가 없는데 금식을 하니까 이것은 아무 의미가 없습니다. 종교행위는 말 그대로 필요한 사람이 필요한 때에 필요한 만큼 하면 됩니다.

예수님이 기도하셨습니다. 필요하실 때에 필요한 만큼 기도하셨습니다. 예수님이 기도하셨다는 구절을 가지고 '기도회'라는 제도를 만들면 그것이 바로 외식이요, 그것이 바로 신앙을 종교로 변질, 왜곡시키는 행위입니다. 구약성경을 잘 읽어보시면 하나님이 인간들에게 '기도하라'고 말씀하신 적이 없습니다. 그런데 구약성경을 보면 이스라엘이 하나님께 기도하고, 부르짖은 적이 수도 없이 많습니다. 이스라엘이 하나님이 말씀하신 것은 거의 다 안 지켰습니다. 그런데 하나님이 시키지도 않은 것을 자발적으로, 능동적으로, 적극적으로 오랜 기간 동안 행한 것이 부르짖은 것입니다. 자신들의 상황이 절박했기 때문이요, 자신들에게 필요했기 때문입니다. 하나님은 저들에게 왜 명하지도 않은 것을 하느냐고 따지지 않으셨고, 기도 시간에 맞추어서 했느냐고 점검하지도 않으셨습니다. 백성이 필요하고 절박해서 부르짖자 하나님이 시도 때도 없이 응답하셨습니다. 필요한 사람에게 필요한 도움을 주는 것이 하나님의 은혜이기 때문입니다. 이것이 신앙의 본질입니다. 예수님은 하나님을 믿는 신앙생활을 하셨지 유대교를 믿는 종교생활을 하신 것이 아닙니다.

종교와 사람

베드로와 요한도 기도 시간에 성전에 올라갔습니다. 베드로와 요한이 기도 시간에 갔지만 기도하러 간 것이 아니고, 성전에 갔지만 제사하러 간 것이 아닙니다. 아마도 유대교 지도자들의 입장에서는 눈에 가시 같은 존재들이었을 것입니다. 유대교의 성전을 출입하려면 유대교의 규례를 잘 따르든가, 그렇지 않으면 아예 유대교를 떠나서 얼씬도 하지 말든가 해야 하는데 성전은 출입하는데 자기들과는 전혀 다른 이야기를 하니까 매우 불편했을 것입니다. 제자들은 종교개혁을 하지 않았고, 개종 선언을 한 것도 아닙니다. 가족과 형제를 떠난 것도 아니고, 살던 지역과 삶의 터전을 옮긴 것도 아닙니다. 신중하게 눈여겨보아야 할 것들입니다. 예수의 부활로 세상이 외형상으로는 아무런 차이가 없었고, 성령이 강림하였어도 제자들의 삶에 상황적으로 아무런 차이가 없었습니다. 기독교가 무슨 상황을 개선시키고, 외형을 변화시키고, 세상을 혁신하고, 종교를 개혁하는 것으로 오해하면 안 됩니다.

이렇게 말하면 사람들은 기독교가 보수적이라고 말합니다. 완벽한 오해입니다. 기독교는 급진 중에 급진, 혁신 중에 혁신, 진보 중에 진보입니다. 단 기독교는 외형을 변화시키는 것이 아니라 가장 본질적이고, 근원적인 인간을 변화시키는 것이며, 기독교는 철저하게 죄와 관련된 것을 변화시키고, 하나님과 관련된 것을 새롭게 하는 것입니다. 죄에게서 벗어나고 하나님께 속하는 것이 인간의 기준, 가치, 개념, 원리, 방식에 관련되어 있습니다. 예수의 삶과 사역, 제자들의 삶과 사역에서 혁명가다운 모습, 개혁자다운 모습이 거의 보이지 않습니다. 혁명이나 개혁을 하려면 구체적 타켓을 정하고, 나름의 목표와 이상을 수립하고, 이것을 구현하기 위한 세력을 규합하는 등의 내용과 과정을 세워야 합니다. 그런데 예수도 제자들도 전혀 그런 일을 하지 않습니다. 개혁하려는 의지도, 내용도, 비전도, 목표도 없습니다. 요한과 베드로가 성령을 받고서 드디어 유대교와 한판 뜨러 성전을 찾아가는 것이 아닙니다.

성전에 가는 사람들이 요한과 베드로만이 아니었습니다. 저와 여러분에게는 사도행전 2장의 엄청난 사건과 대단한 연설이 있었던 것으로 기억되지만 정작 당시의 유대인들에게는 사도행전 2장이 거의 주목받지 못한 사건이요, 연설이었습니다. 신도의 수가 삼천이나 더했지만 사람들이 거의 인식하지 않았습니다. 사회적 요동을 일으킨 것도 아니고 베드로와 요한이 주요 인물로 관찰 대상이 된 것이 아닙니다. 베드로와 요한이 성전에 올라가는 것은 너무나 평범한 일이었습니다. 예를 들면 2절과 같은 것입니다. "나면서 못 걷게 된 이를 사람들이 메고 오니 이는 성전에 들어가는 사람들에게 구걸하기 위하여 날마다 미문이라는 성전 문에 두는 자라"입니다. 그 당시의 사람들에게 베드로와 요한은 이 병자와 같은 수준에 불과합니다. 요한이나 베드로가 가는 곳마다 인파가 모여들고 사람들의 시선이 집중된 것이 아니었습니다. 성전에 올라가도 아무도 알아보지 않았고 접근하지도 않았습니다. 베드로와 요한을 바라본 사람이 있습니다. 단지 병자요 걸인입니다. 성경의 표현이 너무나 재미있습니다. 이 병자가 베드로와 요한을 왜 쳐다보았습니까? 진리를 배우려고요? 혁명가의 포스가 느껴져서요? 전혀 그렇지 않습니다. 단지평상시 하던 대로, '구걸하거늘'일 뿐입니다.

그러다가 베드로와 요한을 바라보았습니다. 4절 "베드로가 요한과 더불어 주목하여 이르되 우리를 보라"입니다. 즉 앉은뱅이는 처음에는 대충 쳐다보다가, 베드로와 요한이 먼저 앉은뱅이를 주목하고 자기를 보라고 요청해서 거지가 요구를 들어준 것이 '바라 본 것'입니다. 바라볼 때의 심정이 무엇이냐면 5절 "그가 그들에게서 무엇을 얻을까 하여"입니다. 앉은뱅이가 베드로와 요한을 주목한 것이 아닙니다. 처음부터 계속 별 관심이 없고, 무엇을 줄 수 있을 것으로 기대도 안했습니다. 척 보니까 없는 사람들입니다. 굳이 자신들을 바라보라고 하니까 '뭘 주려나'하고 도리어 의아해 했습니다.

이것을 네게 주노니

무엇을 얻을까 하여

이 구걸하는 사람의 모습이 예수와 관련된 사람들의 반응을 비교하게 해줍니다. 복음서에서는 예수님이 먼저 말씀을 하시고 사람들이 반응을 보인 경우가 많습니다. 예수님께서 천국복음을 선포하시자 사람들이 나왔습니다. 그런데 재미있는 것은 예수님이 먹을 것을 주실 때에는 나서서 '말하는' 사람이 없었습니다. 그냥 받아 가면 되었습니다. 또 예수님이 병자들을 고쳐 주실 때에도 나서서 '말하는' 사람이 없었습니다. 그냥 치유 받으면 되었습니다. 대신 예수님이 '구원을 받으라'고 선포하시면 사람이 나아와서 꼭 아는 척을 하고 말을 합니다. '내가 무엇을 하여'였습니다. 이것이 재미있는 것이, 사람이 다른 사람에게 구할 때는 자신이 무엇인가를 행할 테니 도움을 달라고 하는 것이 옳습니다. 하지만 하나님께 구할 때는 은혜로 달라고 하는 것이 옳습니다. 왜냐하면 사람끼리는 같은 수준이요, 같은 차원이기에 은혜를 달라고 하면 억지가 되는 것이요, 하나님은 인간보다 크고 강한 분이기에 약한 존재가 강한 존재에게 은혜를 달라고 구하는 것이 당연한 것이기 때문입니다.

그런데 죄인들은 이것을 거꾸로 합니다. 종교는 이러한 지극히 당연한 것을 왜곡, 변질시킵니다. 사람에게 구할 때는 '아이, 그냥 줘!'라고 말하고, 하나님께 구할 때는 '제가 이것을 또는 저것을 하겠습니다!'라고 합니다. 사람과 하나님 중에 누가 더 인색한 것입니까? 하나님이 훨씬 더 인색하다고 여겨집니다. 이런 왜곡을 만들어낼 때에는 종교나 제도 이전에 신에 대한 왜곡이 선행합니다. 하나님은 권세가 있고, 하나님은 의로우신 분이고, 하나님은 공평하신 분이기 때문에 죄인에게는 상을 줄 수 없고, 공짜로는 줄 수 없다는 왜곡입니다. 하나님에 대한 오해가 우선하고, 그러한 오해에 근거하여 종교와 종교행위가 왜곡됩니다. 그러므로 만약 종교를 개혁하려면 제도나 의식이나 규례를 개혁해서는 절대로 개혁이 안 됩니다. 하나님을 바로 알게 해야 합니다. 하나님을 알게 하려면 인간을 죄인인 상태로 두고 아무리 설명해도 가능하지 않습니다. 그래서 예수님이나 제자들은 유대교와 충돌하지 않았고, 유대교를 개혁하려고 하지도 않았고, 예수는 오직 십자가를 지심으로 인간을 구원하셨고, 제자들도 복음과 말씀을 전하는 일에 전념하였습니다.

본문에서도 앉은뱅이가 하나님이 아닌 사람들에게 무엇을 구하면서도 제시하는 것이 없고, 주저하는 것도 없습니다. 왜냐하면 자신은 약자요, 가난한 자요, 무능한 자이기 때문입니다. 비록 같은 인간일지라도 상대적 약자가 상대적 강자에게 선처를 바라고 은혜를 구하는 것이 정상입니다. 이것이 종교의 이름으로 왜곡되면 안 되고, 이것이 종교행위의 명분으로 변질되면 안 됩니다. 기독교에서 인간이 하나님께 나아가고, 인간이 하나님께 구하고, 인간이 하나님께 바라면서 자격을 운운하고, 조건을 운운하고, 합당한지의 여부를 따지는 것은 정말 어마어마한 하나님에 대한 왜곡이요, 종교적 변질, 은혜에 대한 완벽한 부정입니다. 실제로 베드로와 요한은 이 앉은뱅이를 치유하면서 아무 것도 묻지 않고, 아무 것도 요구하지 않고, 말 그대로 은혜를 베풀어줍니다. 이것이 신앙의 양식이요, 은혜의 원리입니다.

내게 있는 이것을

베드로와 요한이 하는 말이 6절 "베드로가 이르되 은과 금은 내게 없거니와"입니다. 이것은 아마도 사실일 것입니다. 실제로 금과 은을 가지고 있기는 쉽지 않습니다. 베드로가 이렇게 말하는 것은 아주 중요한 포인트를 강조하려는 의도입니다. 우선 만약 베드로에게 금과 은이 있었다면 금과 은을 주었을지 궁금합니다. 자신들도 부유한 상황이 아닌데 일상적으로 구걸하는 사람에게 금과 은을 주는 사람은 아마도 없을 것입니다. 베드로가 금과 은이 있었어도 주지 않았을 가능성이 많습니다. 또 하나는 베드로에게 전혀 줄 것이 없었는지의 여부입니다. 어차피 걸인에게 줄 것이면 동전 한 닢이면 됩니다. 베드로와 요한이 성전에 왔으니, 어쩌면 예물을 드릴 목적이나 아니면 환전할 목적이나, 그것도 아니면 평상시 들고 다니던 소액이라도 가지고 있었을 것입니다. 그런데 베드로는 자신이 무일푼이라고 말하지 않고 은과 금은 없다고 강조하고 있습니다. 다 이유가 있습니다.

그 다음에 아주 중요한 것이 "내게 있는 이것을 네게 주노니"입니다. 이것도 아주 지극히 정상입니다. 사람은 자신이 가지고 있는 것을 줄 수 있습니다. 없는 것을 줄 수는 없습니다. 사람은 저마다 가지고 있는 것이 달랑 하나 뿐인 것이 아닙니다. 이것 저것이 있을 수 있습니다. 베드로가 앞에서 '은과 금은 내게 없다'고 말한 것과 대조하여 이번에는 '내게 있는 이것'이라고 표현하고 이것을 '네게 주노니'입니다. 즉 베드로는 자신이 가지고 있는 것이 사소한 것이 아니라 얼마나 크고 귀중한 것인가를 강조하기 위하여 일부러 금과 은을 언급했습니다. 즉 금과 은은 못주는 대신 이 작고 초라한 것을 준다는 의미가 아니라, 정반대의 의미로 동전 한 닢이나 두 닢을 주는 정도가 아니라, 금과 은을 주는 것보다 더 크고 귀한 것을 너에게 주겠다는 선언입니다. 만약 금이나 은보다 못한 것을 주면서 금과 은을 운운하면 그것은 사람을 희롱하는 것입니다. 하지만 금이나 은보다 귀한 것을 준다면 금과 은을 언급해도 됩니다. 베드로가 자신에게 있는 것이 금이나 은보다 귀한 것이라고 여겼음을 보여주는 사건입니다.

예수 그리스도의 이름으로

베드로가 '내게 있는 이것을 네가 주노니'라고 하는 것이 '나사렛 예수 그리스도의 이름으로 일어나 걸으라'입니다. 베드로가 가지고 있다고 여긴 것이 바로 예수에 대한 이해입니다. 핵심을 바르게 파악하셔야 합니다. 베드로의 행동에서 가장 중요한 핵심은 '예수 이름으로 했다는 것'입니다. '베드로'가 예수의 이름으로 행한 것이 아니라, '예수의 이름으로' 행했습니다. 강조점은 베드로가 아니라 '예수'입니다. 베드로의 명령기도, 베드로의 선포기도가 아니라 예수 이름으로 했습니다. 베드로는 전혀 '자신이 할 수 있다'고 생각한 적이 없습니다. 자신이 명령기도 한다고, 자신이 예수의 힘을 입어서 한다고, 자신이 예수의 능력을 의지하여 한다고 생각하지 않았습니다. 강조점이 '내가 할 수 있다' 또는 '내가 할 수 없다' 등, '내가'에 대한 것이 아니라 오직 예수, 하나님께만 있어야 합니다.

기독교는 하나님이 일하시고, 하나님이 역사하시는 종교입니다. 기독교는 성도를 하나님의 도움을 받아 이제 하나님이 없어도 되는 자립할 수 있는 일꾼으로 키우는 것이 아닙니다. 기독교는 그리스도인을 하나님의 능력과 권세를 받아 이제 스스로 행할 수 있는 강한 군사로 키우는 것이 아닙니다. 기독교에서 말하는 강함, 성숙은 이제 하나님과 분리되어도 될 수 있는 존재가 아니라 더 많이 하나님께 의지하고, 더 하나님과 밀착하고, 더 하나님과 연합되는 것을 의미합니다. 기독교는 철저하게 하나님으로 말미암는 종교입니다. 기독교는 온전히 하나님의 지혜, 하나님의 능력, 하나님의 권세, 하나님의 원리, 하나님의 방법으로 행합니다. 이것은 인간을 존재적으로 하나님께 의존적으로 만든다는 의미가 아닙니다. 내용적으로 이해하셔야 합니다. 기독교에서는 성도가 대적해야 하는 대상이 사단이고, 사단을 이길 수 있는 것은 오직 하나님뿐이라고 선언합니다.

기독교 사역에서 가장 큰 오해가 '내가' 한다는 생각입니다. 하나님께 부름 받았으니 '내가' 해야 하고, 하나님의 사명 받았으니 '내가' 충성한다고 생각하는 것이 가장 큰 오해입니다. 대표적으로 기도에 대해서 오해를 풀어야 합니다. 기도는 '내가' 기도한다는 것이 강조되면 기도가 아닙니다. 기도하는 이유는 '내가' 할 수 없기 때문입니다. 내가 할 수 있으면 내가 하면 됩니다. 내가 하는 방법 중의 하나로 기도를 사용한 것이 아니어야 합니다. '내가' 기도해서 목표를 이루었으면 '내가'한 것에 불과합니다. 설교도 마찬가지입니다. 설교의 내용이 '내가' 연구하고 깨달은 것이면 '내' 이야기, 내 말, 내 사상, 내 생각에 불과합니다. 설교는 온전히 '하나님 말씀'이어야 합니다. 그래서 설교는 교훈을 말하거나 권면을 말하는 것이 아니라 오직 하나님의 말씀, 성경이 무슨 뜻이고, 무슨 의미인지를 풀어 설명하는 것이어야 합니다. 그래서 설교를 들은 성도들이 성경을 이해하고, 하나님의 말씀을 이해하는 반응이 나와야 합니다.

구원받은 성도를 강조하는 표현이 '예수 그리스도와 한 몸'입니다. 이때 머리가 예수 그리스도이고 성도가 지체입니다. 이것을 분리하면 안 됩니다. 성도가 말하거나 행동하는 모든 것의 근거가 예수에게서 나와야 하고, 내용이 예수에게서 나와야 하고, 권세가 예수에게서 나와야 하고, 능력이 예수에게서 나와야 합니다. 예수로 말미암지 않으면 발생한 사건은 이길 수 있는데 죄를 이길 수 없으며, 말씀으로 말미암지 않으면 상황은 해결할 수 있는데 죄를 해결할 수 없습니다. 기독교가 이렇게 하나님을 강조하고 예수를 강조하는 이유는 언제나 인간을 위해서입니다. 만약 인간을 부각시키면 곧바로 인간차별이 생깁니다. 성령 받은 사람과 못 받은 사람, 방언 할 줄 아는 사람과 못하는 사람, 신유의 은사가 있는 사람과 없는 사람으로 차별화를 합니다. 죄인의 주특기가 차별과 분리를 만들어내는 능력입니다. 차별과 분리가 만들어지는 순간 화해가 깨지고, 일치가 파괴되고, 연합과 안식이 사라지게 됩니다. 오직 하나님을 강조하는 것이 가장 인간을 강조하는 것임을 아셔야 합니다. 이것이 하나님의 인간 사랑의 극진한 배려적 표현인 것을 아셔야 합니다.

일어나 걸으라

베드로가 말한 '나사렛 예수 그리스도의 이름으로 일어나 걸으라'에서 핵심은 첫째, 예수 그리스도의 이름으로 했다는 것이고, 둘째는 '걸으라'가 강조점이 아니라는 것입니다. 제자들이 드디어 성령을 받고 권능을 받아서 병자를 치유하였다는 것이 절대로 핵심이 아닙니다. 나면서부터 못 걷은 사람을 걷게 한 것은 정말 놀라운 사건입니다. 당사자에게는 인생의 엄청난 전환점이 될 수 있는 사건입니다. 하지만 차분하게 생각하면 이것이 핵심이 아니고 강조점이 아님을 알 수 있습니다. 우선, 이 사람이 걷게 되었다고 모든 문제가 해결되는 것이 아니기 때문입니다. 여러분은 걸을 수 있는 분입니다. 그래서 문제가 없나요? 더 큰 문제를 모르면 직면한 문제가 가장 크게 보입니다. 그러나 더 큰 문제를 알면 작은 문제는 문제로 여겨지지 않습니다.

예를 들어보겠습니다. 창세기 말미에 가면 애굽 왕 바로가 꿈을 꾸고 요셉이 해몽을 하는데 칠 년간 풍년이 들고 이어서 칠 년간 흉년이 든다는 징조입니다. 실제로 칠 년간 풍년이 들었고 드디어 기근이 시작되었습니다. 처음에는 흉년이 문제처럼 여겨지지 않습니다. 왜냐하면 아직 먹을 것이 있기 때문입니다. 드디어 식량이 떨어지자 야곱이 아들들을 애굽으로 보내서 식량을 구해오게 합니다. 아들들이 애굽에 갔다가 시므온이 인질로 잡히고 막내 동생을 데리고 와야 첩자가 아닌 것을 인정해 주겠다고 합니다. 아들들이 아버지 야곱에게 이런 내용을 말해도 야곱은 막내 아들 베냐민을 보내지 않습니다. 도리어 아들들을 혼냅니다. 하지만 그것도 잠시, 식량이 떨어지자 다시 아들들을 보내려고 하지만 이번에는 아들들이 막내 동생과 함께 가지 않으면 안가겠다고 버팁니다. 그러자 야곱이 하는 말이 창세기 43장 13, 14절에 "네 아우도 데리고 떠나 다시 그 사람에게로 가라", "내가 자식을 잃게 되면 잃으리로다"입니다. 먹을 것이 없어 모두가 굶어죽게 되자 자식의 목숨도 중요하지 않더라는 것입니다. 더 큰 문제가 발생하자 가장 본질적 문제 이외에는 모든 것이 사소해 지더라는 것입니다. 굶어죽을 것 같은 문제 앞에 부모의 자식 사랑도 온데간데없더라는 것입니다. 이미 야곱은 백삼십 년이나 살았는데도, 어차피 노년이라 죽을 날이 가까이 왔는데도 하는 말이 "내가 자식을 잃게 되면 잃으리로다"입니다.

본문으로 돌아와서, 인간 문제의 본질이 바로 죄입니다. 이미 베드로는 이 사실을 강조했었습니다. 베드로는 2장에서 자신의 연설을 마무리 질 때에 마지막으로 한 말이 40절 '이 패역한 세대에서 구원을 받으라'입니다. 못 걷던 사람은 패역한 세대에서 못 걸었습니다. 이제 걷게 된 것은 패역한 세대에서 걸을 뿐입니다. 문제는 패역한 세대에서 구원을 받느냐인데 여전히 패역한 세대에 있으면서 걷느냐 못 걷느냐는 전혀 문제를 해결한 것이 아닙니다. 죄인은 지옥의 삶을 사는 것인데 앉은뱅이가 걷게 된 것은 지옥에서 걸은 것에 불과하고, 부자는 지옥의 부자에 불과합니다. 죄로부터의 구원이 없으면 인간에게 자유와 평화와 안식과 행복이 없습니다. 걷는 것이 사소하다는 것이 아니라 죄로부터의 구원이 더 중요하다는 의미입니다. 이 사건에 대한 베드로의 연설이 11절부터 시작됩니다. 베드로는 다른 사람들이 모두 걸을 수 있는 사람이기에 문제가 없다고 생각하지 않습니다. 멀쩡하게 걷는 사람들에게 하는 말이 19절 "그러므로 너희가 회개하고 돌이켜 너희 죄 없이 함을 받으라"입니다. 그러므로 베드로가 말하는 궁극적

결말은 '죄로부터의 구원'입니다. 이것을 강조하기 위하여 앉은뱅이가 걷는 사건이 소개되었습니다.

본문에 두 가지가 대조적으로 강조되는 양식을 취하고 있습니다. '은과 금'이 '내게 있는 것'과 대조가 되었습니다. 내게 있는 것이 은과 금보다 훨씬 귀하고 중하다는 뜻입니다. 그 증거로 '걷는 것'과 '은혜가 임한 것'이 대조가 되었습니다. 앉은뱅이가 하나님의 은혜를 받았다는 것, 하나님이 앉은뱅이를 돌아보셨다는 사실이 '그가 걸었다'는 것보다 훨씬 귀하고 중하다는 설명입니다. 걷는 것은 걸을 뿐이지만, 하나님의 구원의 은혜를 받는 것은 걸으면서도 여전히 사람들이 갈구하는, 가지려고 노력하는 자유와 평화와 안식을 얻는 것이기 때문입니다. 하지만 사람들은 앉은뱅이가 걸었다는 사실에 놀라고, 그 사건을 베드로가 행했다는 것에 주목할 뿐입니다. 그때 베드로가 하는 말이 12절 "이스라엘 사람들아 이 일을 왜 놀랍게 여기느냐 우리 개인의 권능과 경건으로 이 사람을 걷게 한 것처럼 왜 우리를 주목하느냐"입니다. 그리고 이어지는 설명에서 베드로는 오직 예수만을 드러냅니다.

성전과 예수

성경의 사건들, 성경의 등장 인물들, 성경의 장소들은 모두 매우 많은 의미를 담고 있습니다. 이 사건의 포인트는 '종교와 신앙'이고, 다른 표현으로 '성전과 예수'의 대조입니다. 앉은뱅이가 있는 곳이 성전입니다. 성전은 유대교에서 하나님이 임재한 곳의 상징입니다. 유대교 종교의 중심지요, 유대교 조직의 운영 본산이요, 종교적 권세와 부가 결집되어 있는 곳이요, 수많은 종교 지도자들이 모여 있는 곳이요, 다양한 종교행위들이 펼쳐지는 곳입니다. 그런데 너무나 어처구니없게도 앉은뱅이는 성전에서 하나님의 은혜를 구하는 것이 아니라 성전에 들어가는 사람들에게 은혜를 구하고 있습니다. 그렇다면 이 앉은뱅이에게는 하나님이 중요합니까, 사람이 중요합니까? 당연히 사람입니다. 왜냐하면 성전에서는 아무 것도 얻는 것이 없기 때문입니다. 유대교는 이 사람에게 아무 것도 해 준 것이 없습니다. 그가 머물러 있는 곳이 종교의 핵심부인데 그곳에서는 아무런 역사가 일어나지 않습니다. 치유도 구원도 선포되지 않습니다.

앉은뱅이뿐만이 아니라 건강한 다른 사람들도 마찬가지입니다. 사람들이 죄 사함을 받기 위하여 성전으로 갑니다. 그런데 정작 종교는 아무 것도 해주는 것이 없습니다. 죄 사함을 받으려면 죄 지은 사람이 회개를 해야 하고, 죄 지은 사람이 의를 행해야 하고, 죄 지은 사람이 예물을 들고 나가야 합니다. 종교와 종교 지도자들과 종교 행위는 아무 역할도 하지 않은 채 오직 '판단'만 합니다. 그 판단을 권세처럼 부리고 있습니다. 앉은뱅이는 성전에서 치유함을 받아서 걸으며 뛰며 자신이 살아갈 삶의 터전으로 달려 나온 것이 아닙니다. 도리어 성전 밖에서 치유함을 받고 성전 안으로 들어갔습니다. 왜냐하면 당시 유대교의 규례에 의하면 실제로 걸어도 성전에서, 종교가 '걷는다'는 것을 확인해주지 않으면 걸으면 안 되기 때문입니다. 종교가 얼마나 사람을 힘들게 하고, 종교가 어떻게 사람을 속박하고 있는지 보여주는 것이며, 종교의 무익함, 종교제도, 종교행위의 무익함이 극치에 달한 것을 입증해 주는 장면입니다.

유대교, 성전, 제사장들에 비하면 베드로와 요한은 너무나 허접한 존재들입니다. 베드로와 요한은 성전도 없는 사람들입니다. 종교적 직함도 없는 사람들입니다. 종교적 조직도 만들지 않은 사람들이요, 종교적 행위를 진행하지 않는 사람들이었습니다. 그들에게 있는 것이라고는 달랑 예수뿐이었습니다. 그 예수가 병자를 일으키고, 그 예수가 죄인을 구원하고, 그 예수가 인간에게 치유와 회복과 은혜와 자유와 평안과 안식과 행복을 주었습니다. 예수에게서 복음이 나왔습니다. 이것이 진정한 변화요, 개혁입니다. 성도는 예수를 아는 것이 은과 금을 가진 것보다 귀한 것을 가지고 있는 것으로 고백하는 사람들입니다. 성도는 죄인에게 하나님의 복음을 알게 하는 것이 앉은뱅이를 걷게 하는 것보다 더 놀랍고 귀한 것을 주는 것으로 고백하는 사람들입니다. 가장 귀한 것을 가지고, 가장 인격적으로 행동하고, 가장 본질적으로 삶을 변화시키는 사람들입니다. 혹시 아직 그런 고백이 나오지 않으면 아직 가장 귀한 것을 알지 못한 것입니다.

저는 여러분이 가장 귀한 것을 알고, 가장 귀한 것을 가지고, 가장 귀한 삶을 살기를 원합니다. 종교에 매이지 말고 신앙을 누리시고, 종교행위를 하지 말고 믿음을 누리시고, 종교인의 삶을 살지 말고 성도의 삶을 사시기를 원합니다. 성경을 읽고, 하나님을 배워서 하나님의 은혜를 풍성히 누리는 멋진 성도의 삶을 누리시기를 주님의 이름으로 축원합니다.

13

왜 우리를 주목하느냐

사도행전 3:11~16

11 나은 사람이 베드로와 요한을 붙잡으니 모든 백성이 크게 놀라며 달려 나아가 솔로몬의 행각이라 불리우는 행각에 모이거늘 12 베드로가 이것을 보고 백성에게 말하되 이스라엘 사람들아 이 일을 왜 놀랍게 여기느냐 우리 개인의 권능과 경건으로 이 사람을 걷게 한 것처럼 왜 우리를 주목하느냐 13 아브라함과 이삭과 야곱의 하나님 곧 우리 조상의 하나님이 그의 종 예수를 영화롭게 하셨느니라 너희가 그를 넘겨주고 빌라도가 놓아주기로 결의한 것을 너희가 그 앞에서 거부하였으니 14 너희가 거룩하고 의로운 이를 거부하고 도리어 살인한 사람을 놓아 주기를 구하여 15 생명의 주를 죽였도다 그러나 하나님이 죽은 자 가운데서 그를 살리셨으니 우리가 이 일에 증인이라 16 그 이름을 믿으므로 그 이름이 너희가 보고 아는 이 사람을 성하게 하였나니 예수로 말미암아 난 믿음이 너희 모든 사람 앞에서 이같이 완전히 낫게 하였느니라

종교의 행패

붙잡으니

사도행전 3장은 성전에서 발생한 사건을 소개하고 있습니다. 기도 시간이 되어 성전에 많은 사람이 출입하고 있었습니다. 각자 자신의 일에 집중하고 있었습니다. 그때 한 일행, 즉 베드로와 요한과 구걸하던 사람 이렇게 세 명이 성전으로 들어오는데 아주 요란법석입니다. 베드로와 요한은 평범한데 한 사람은 난리를 칩니다. 걷기도 하고, 뛰기도 하고, 하나님을 찬송하기도 합니다. 당연히 성전에 있던 모든 사람이 그 사람을 주목해서 바라

봅니다. 가만히 살펴보니 본래 성전 미문에 앉아 구걸하던 사람입니다. 사람들이 놀랐는데 성경의 표현이 정말 재미있습니다. 10절 끝에 "심히 놀랍게 여기며 놀라니라"입니다. 우리말로는 '놀라다'가 두 번 나오지만 실제로는 서로 다른 단어가 사용되었습니다. 앞에 나오는 '놀랍게 여겨'는 '정신의 이동, 얼빠짐, 무아경, 경악, 정신착란, 비몽사몽'의 의미입니다. 흔히 말하는 '어안이 벙벙하다, 혼이 쏙 빠지다'라는 뜻입니다. 뒤에 나오는 '놀라니라'는 두 단어가 합성된 것입니다. 하나는 '마비, 놀람, 무서움, 경악'이고 다른 하나는 '가득차다, 충만하다'입니다. 즉 마비로 가득차고, 놀람과 경악으로 충만해졌다는 뜻입니다. 사람들이 얼마나 황당해 하는지를 아주 리얼하게 표현하고 있습니다.

3장 11절은 "나은 사람이 베드로와 요한을 붙잡으니 모든 백성이 크게 놀라며 달려 나아가 솔로몬의 행각이라 불리우는 행각에 모이거늘"입니다. 걷지 못하다가 걷게 된 사람이 베드로와 요한을 붙잡았다고 합니다. 이 사람이 베드로와 요한을 잡은 것은 감사하려는 것도 아니요, 식사대접을 하려는 것도 아니요, 다른 사람들에게 소개하려는 것도 아닙니다. 이유는 오직 하나 베드로와 요한이 자신을 고쳤다는 것을 유대교 지도자들에게 증언해 주기를 바라기 때문입니다. 왜냐하면 병자가 치유 받아도, 앉은뱅이가 걸어도 치유 받았다는 사실보다, 걷게 되었다는 사실보다 중요한 것이 성전에서 유대교 지도자들이 치유 받았다고 선언하기 전에는, 걷게 되었다고 선언하기 전에는 병이 나았어도 나은 것이 아니며, 걸어도 걷는 것이 아니기 때문입니다. 이것이 종교의 횡포입니다. 종교가 사람을 자유하게 하는 것이 아니라 속박하고 통제하고 있습니다.

이 사람이 성전에 걸어 들어가서 유대교 지도자들을 만나면 그들이 '어떻게 걷게 되었느냐?'고 질문할 것입니다. 이때 이 사람이 자신이 치유 받을 수 있었던 근거를 대야 합니다. 자신이 의를 행했다던가, 자신이 공덕을 쌓았다던가, 자신이 치유받기에 합당한 자격과 조건을 제시해야 합니다.

그렇지 않으면 치유 받았음을 인정받지 못합니다. 그런데 예수님의 은혜로 치유함을 받은 사람들, 사도들을 통해 예수님의 이름으로 고침 받은 사람들은 자신이 치유 받은 근거를 설명한 내용이 없습니다. 유대교에 '의의 공로'라는 개념은 있어도 '은혜'라는 개념이 없기에 설명이 불가능합니다. 그러면 이 사람은 고침 받았다는 인증을 받을 수 없습니다. 참 종교권력의 아이러니요, 죄의 종교의 무식함입니다.

실제로 이런 일이 발생한 적이 있습니다. 요한복음 9장에 보면 날 때부터 맹인 된 사람이 있었습니다. 예수님께서 땅에 침을 뱉어 진흙을 이겨 그의 눈에 바르시고 실로암 못에 가서 씻으라고 하셨고, 그 사람이 가서 씻고 눈이 밝아졌습니다. 그러자 사람들이 하는 말이 10절 "그들이 묻되 그러면 네 눈이 어떻게 떠졌느냐?"입니다. 이 말은 눈을 떠서 다행이라는 것이 아니고, 어떻게 눈이 떠졌는지 과정이나 방법을 묻는 것이 아닙니다. 사람들이 의아해 하는 것은 '너 같은 놈이 어떻게 눈을 뜰 수 있느냐?'는 항변입니다. 그래서 사람들이 한 일이 이 사람을 바리새인들에게 데리고 갔습니다. 이때부터 심문이 시작됩니다. 맹인이었던 사람이 눈을 떠서 자기들 앞에 있는데도 과연 이 사람에게 눈을 떴다고 인증해줄 것인지를 논의합니다. 그들이 질문하는 것이 17절 "그 사람이 네 눈을 뜨게 하였으니 너는 그를 어떠한 사람이라 하느냐", 또 묻는 말이 26절 "그들이 이르되 그 사람이 네게 무엇을 하였느냐 어떻게 네 눈을 뜨게 하였느냐"입니다. 그 사람이 예수가 고쳤다고 하자 대답하는 것이 29절 "하나님이 모세에게는 말씀하신 줄을 우리가 알거니와 이 사람은 어디서 왔는지 알지 못하노라"이고, 결국 34절 "그들이 대답하여 이르되 네가 온전히 죄 가운데서 나서 우리를 가르치느냐 하고 이에 쫓아내어 보내니라"입니다. 결국 이 사람은 눈을 떠서 보게 되었다는 확인을 받지 못합니다. 도리어 18절 "유대인들이 그가 맹인으로 있다가 보게 된 것을 믿지 아니하고"로, 이 사람은 '원래 맹인이 아니었던 사람'이 되어버렸습니다.

사람들의 관심

사도행전 3장에서 걷게 된 사람은 스스로는 자신이 걷게 된 것을 설명할 방법이 없으니 자신을 고쳐준 베드로와 요한을 붙잡을 수밖에 없습니다. 이때 사람들이 모여들었고, 사람들의 반응이 11절 중간부에 나오는 "모든 백성이 크게 놀라며"입니다. 사람들이 놀란 것은 맞습니다. 못 걷던 사람이 걷게 되었으니 정말 놀라운 일입니다. 그런데 사람들이 놀란 이유는 정작 따로 있습니다. 사람들은 못 걷던 사람이 걸었다는 사실에 놀라는 것이 아니라, 걸을 수 없는 사람, 다른 표현으로 치유 받을 수 없는 사람, 치유 받을 수 있는 어떤 의로운 행동이나 공덕을 쌓은 일이 없는 사람이 치유 받았다는 사실에 더 놀라고 의아해 했습니다. 당시 유대교가 사람들에게 왜곡된 종교개념을 주입시켜 놓았습니다. 그래서 사람들이 너무나 일반적인 사고를 하지 않고 이상한 종교적 사고를 합니다. 앞에서 종교 제도, 종교권력의 행패를 설명드렸습니다. 종교의 위험성은 그렇게 외형적으로만 있는 것이 아니라 사람들의 생각, 인식, 사고에 깔려지게 되고, 결국 이상한 행동을 하게 됩니다. 그래서 종교의 왜곡과 변질이 위험합니다.

어떤 사람이 아프고 질병이 있습니다. 그러면 가장 먼저 생각해야 하는 것이 '얼마나 힘들까?'입니다. 그래서 마음을 같이 하여 아파해야 하고, 그를 위로하, 격려하고, 도우려고 해야 합니다. 그런데 종교가 '신께 불순종하면 벌 받는다, 그 벌은 질병일수도 있고, 경제적 파산일수도 있고, 가정의 파괴일수도 있다'고 해버립니다. 그러면 사람들은 병에 걸린 사람, 경제적으로 어려움을 겪는 사람, 가정의 해체를 당한 사람들을 보면서 긍휼히 여기는 것이 아니라 도리어 비판과 정죄를 하고, 야유와 조롱을 합니다. 같이 아파하는 것이 아니라 '선한 줄 알았더니 아주 큰 죄를 지었나보구만!' 이라고 하고, 같이 울어주는 것이 아니라 '당해도 싸다!'라고 말하고, 어떻게 도와주어야 하는지 생각하지 않고 '그 정도만 당한 것이 다행인줄 알아라!'고 잔인하게 말합니다. 그 말에는 동시에 아프지 않은 자신들, 경제적으로 파산하지 않은 자신들은 저 사람보다 의롭고 선하다는 교만이 깔려 있습니다.

실제로 날 때부터 맹인 된 사람을 보고 제자들이 예수님께 질문한 것이 요한복음 9장 2절에 나옵니다. "제자들이 물어 이르되 랍비여 이 사람이 맹인으로 난 것이 누구의 죄로 인함이니이까 자기니이까 그의 부모니이까" 입니다. 참으로 무섭고 살벌한 질문입니다. 세상 사람 중에는 이렇게 질문하는 사람이 없습니다. 왜냐하면 왜곡된 종교인식, 변질된 종교 사고가 없기 때문입니다. 종교가 왜곡되면 상식의 수준 이하로 전락합니다. 종교는 참으로 옳아야 하고, 진리이어야 합니다. 이러한 예가 복음서에도 허다합니다. 마태복음 20장에도 맹인 두 사람의 이야기가 나옵니다. 30절 "맹인 두 사람이 길 가에 앉았다가 예수께서 지나가신다 함을 듣고 소리 질러 이르되 주여 우리를 불쌍히 여기소서 다윗의 자손이여"라고 합니다. 그러면 이때 주변 사람들은 어떻게 해야 합니까? 당연히 자기들은 예수가 어디로 지나가는지도 알고 있고, 절박한 것도 아니니 이 사람들에게 자리를 비켜 주고, 도리어 방향을 모르는 이 사람들을 예수에게로 안내해 주어야 합니다. 그러나 사람들은 전혀 다르게 행동했습니다. 31절 "무리가 꾸짖어 잠잠하라 하되"입니다. 사람들이 이렇게 행동하는 이유는 맹인들은 부정하다고 생각하기 때문입니다. 맹인이라는 사실을 강조하는 것이 아니라 부정하다는 것을 강조합니다. 부정한 것들이 소리 지르고, 부정한 것들이 가까이 오면 자신들이 더러워질 수 있다고 염려합니다. 지독한 인간비하요, 지독한 경멸이요, 지독한 비인격적 행동이요, 지독한 왜곡된 종교 인식, 왜곡된 종교적 행동입니다. 종교가 왜 바른 내용, 바른 인식을 가져야 하는 지를 보여주는 장면들입니다.

사람들의 반응

왜곡된 종교는 불편한 상황에 처한 사람을 바라보는 군중의 모습만이 아니라 치유 받은 사람, 은혜 받은 사람들의 모습마저도 이상하게 만들어 버립니다. 누가복음 17장에 보면 한 마을에 나병환자 열 명이 예수를 만나는 사건이 소개되어 있습니다. 이때에도 예수께서 고쳐주시면서 하시는 말씀이 14절 "보시고 이르시되 가서 제사장들에게 너희 몸을 보이라 하셨더니 그들이 가다가 깨끗함을 받은지라"입니다. 그 중에 한 사람이 돌아왔는데 그 한 사람이 누구였는지 아십니까? 17절 "예수께서 대답하여 이르시되 열 사람이 다 깨끗함을 받지 아니하였느냐 그 아홉은 어디 있느냐 이 이방인 외에는 하나님께 영광을 돌리러 돌아온 자가 없느냐 하시고"입니다.

열 명이 나병에서 치유를 받았는데 돌아와서 고쳐준 사람에게 감사를 표현한 사람이 딱 한 사람입니다. 한 명이라는 것이 중요한 것이 아니라 그 사람이 어떤 사람이냐가 중요합니다. 예수님의 표현에 의하면 '이 이방인 외에는 하나님께 영광을 돌리러 돌아온 자가 없느냐'이므로 돌아온 사람은 이방인입니다. 예수님은 병자들에게 제사장들에게 가서 몸을 보이라고 했으니 제사장과 연관된 사람이요, 그렇다면 유대인들이었습니다. 유대인들은 자신이 치유를 받았을 때 제사장들에게 승인을 받아야 한다는 절차가 남아있었습니다. 그것이 유대교의 종교적 규례였기 때문입니다. 그러나 이방인은 유대교와 무관하고 종교적 규례와 무관했습니다. 그러니 종교적 절차를 최우선적으로 밟아야 한다고 생각한 것이 아니라, 고쳐준 사람에게 와서 감사를 표현하는 것이 우선이라고 생각하였습니다. 지극히 정상적인 생각입니다. 이 지극히 정상적인 것을 종교적 사고에 사로잡힌 사람은 행하지 않고 이상하게, 종교적으로 행동합니다. 이런 종교적 행위를 하는 사람을 일반인들이 정상으로 볼 리가 없고, 합당하고 공경할 만한 대상으로 여길 리가 없습니다.

바른 신앙의 모습

신앙의 바른 모습, 참된 종교의 모습을 보여주신 분이 바로 예수님입니다. 병자들이 나왔을 때 단 한 번도 무슨 죄를 지었느냐고 책망하지 않았습니다. 심지어는 현장에서 잡혀온 죄인에게 조차도 죄를 묻지 않았습니다. 예수님은 고쳐주는 조건을 제시하지 않았습니다. 일상적인 삶조차 살기 힘든 사람들에게 의를 요구하거나, 자비를 요구하거나, 공덕을 요구하는 것은 무리한 것임을 잘 알고 계셨기 때문입니다. 예수님은 고쳐주는 대가를 요구하지도 않았습니다. 병든 사람들, 귀신들린 사람들이 풍요할 리가 없고, 넉넉할 리가 없습니다. 대신 예수님은 고쳐주시면서 꼭 하시는 말씀이 '가서 제사장들에게 보이라'고 하십니다. 저들의 필요를 아시고, 저들에게 편의를 제공해주셨습니다.

사도행전은 제자들에게 성령이 강림하여 제자들이 가르침을 받았다는 것을 강조한다고 했습니다. 제자들의 변화된 모습이 어떻게 등장하는지 잘 분별하셔야 합니다. 제자들이 앉은뱅이를 고쳤다는 것이 변화된 증거가 아닙니다. 제자들은 이미 복음서에서도 병을 고쳤습니다. 마태복음 10장에서 예수님은 제자들에게 더러운 귀신을 쫓아내며 모든 병과 모든 약한 것을 고치시는 권능을 이미 주셨고, 누가복음 10장에 의하면 17절 "칠십 인이 기뻐하며 돌아와 이르되 주여 주의 이름이면 귀신들도 우리에게 항복하더이다"라고 보고합니다. 그러므로 병고치고 귀신 쫓는 것은 복음서에서도 행했습니다. 제자들이 변한 것, 성령을 통해 진리를 배운 것, 하나님의 말씀을 바르게 깨닫게 되어 달라진 것은 사람을 대하는 태도, 사람을 대하는 인식, 사람을 대하는 가치와 원리입니다. 요한복음 9장에 날 때부터 맹인인 사람이 예수에게 왔을 때 제자들이 질문한 것이 '이 사람이 맹인으로 난 것이 누구의 죄로 인함이니이까?'였습니다. 그런데 동일한 제자들이 자신들 앞에 앉아서 구걸하는 못 걷는 사람에게는 단 한마디도 질문하지 않으며, 무슨 죄를 지었느냐고 따지지도 않으며, 치유함을 받으면 하나님께 충성하겠느냐고 확인하지도 않습니다. 동일한 제자들인데 사람을 대하는 태도와 자세와 인식이 달라졌기 때문입니다.

하나님 말씀을 깨닫기 전에는 일반인들보다 못한 왜곡된 방식으로 사람을 대했습니다. 사람들은 불쌍히 여길 뿐 죄를 운운하지 않는데 제자들은 죄를 운운했습니다. 그런데 성령의 가르침을 받아 하나님 말씀을 깨닫자 일반인들과는 전혀 다른 방식으로 사람을 대했습니다. 사람들은 앉아서 구걸하는 사람들을 향해 단지 불쌍히 여길 수만 있습니다. 그래서 그 사람에게 구걸할 수 있도록 성전 미문 곁에 옮겨다 줄 수 있을 뿐입니다. 그런데 하나님의 말씀을 깨닫고 성령을 받은 제자들은 그 사람을 치유해 줄 수 있었고, 그 사람에게 새 삶을 살 수 있도록 만들어 줄 수 있었습니다. 이것이 신앙의 바른 모습이요, 인간에게 신앙이 필요한 이유입니다. 종교는 인간을 위해주는 역할을 해야 합니다. 종교 때문에 인간이 속박되면 안 되고, 도리어 종교 때문에 인간이 자유함을 얻어야 합니다. 기독교는 인간의 죄를 지적하는 것이 아닙니다. 또는 죄에서 벗어날 길을 제안하는 것도 아닙니다. 기독교는 예수 그리스도의 사역으로 인간의 죄 문제가 해결되었음을 선언합니다. 그래서 기독교의 소식을 복음이라고 합니다.

왜 우리를 주목하느냐?

권능과 경건

나면서 못 걷게 된 사람이, 평생 성전 미문에서 구걸만 하던 사람이, 죄를 지어 못 걷게 되었다는 정죄를 받았던 사람이 의를 행하고 덕을 쌓았을 리가 없습니다. 치유 받아 걷게 된 사람이 원래는 의를 행할 수 없는 사람이었다면 이 사람이 걷게 된 것에 대한 관심은 이 사람이 아니라 이 사람을 걷게 한 사람에게 모아지게 되어 있습니다. 그래서 사람들이 베드로와 요한에게로 모여 들었습니다. 모인 사람들의 관심이 무엇이었는지에 대해서는 베드로의 말 속에 힌트가 담겨있습니다. 모인 사람들에게 베드로가 하는 말에는 아주 독특한 표현이 담겨있습니다. 3장 12절 "베드로가 이것을 보고 백성에게 말하되 이스라엘 사람들아 이 일을 왜 놀랍게 여기느냐 우리 개인의 권능과 경건으로 이 사람을 걷게 한 것처럼 왜 우리를 주목하느냐"입니다. 사람들이 주목한 것은 못 걷던 사람이 걷게 됨으로 새로운 삶을 얻었다는 것이 아니었습니다. 사람들이 관심을 가진 것은 예수나 제자들이 아니었습니다. 사람들이 주목한 것은 베드로와 요한이 아니었습니다. 사람들이 관심을 가진 것은 바로 '권능과 경건'이었습니다.

사실 사람들이 베드로와 요한을 주목하는 것은 매우 기이한 반응입니다. 왜냐하면 사람들은 이전에 베드로가 예수와 함께 있는 것을 비난했던 적이 있었기 때문입니다. 마태복음 26장 69절 이하에서 예수가 잡혔을 때 베드로가 따라가자 '너도 갈릴리 사람 예수와 함께 있었도다', '이 사람은 나사렛 예수와 함께 있었도다', '너도 진실로 그 도당이라 네 말소리가 그를 표명한다'고 대적했었습니다. 사도행전 3장에서 베드로는 "나사렛 예수 그리스도의 이름으로 일어나 걸으라"고 했습니다. 베드로는 이전에는 예수를 따라다녔으나 지금은 결별했다고 말한 것이 아니라 도리어 이전에는 예수와 함께 한 것을 감추고 부인했으나 이번에는 아예 대놓고 예수 그리스도의 이름으로 선언했습니다. 그렇다면 사람들은 베드로에게 주목할 것이 아니라 베드로를 욕해야 하고, 이미 죽어버린 예수를 아직도 따라다니느냐고 불쌍히 여기는 표정을 지어야 정상입니다. 그런데 사람들은 베드로를 주목했습니다. 왜 이러는 것일까요? 사람들의 기억이 짧은가요? 미처 베드로가 그 사람인줄 알아보지 못하는 것일까요?

사람들의 행동에는 심오한 종교적 인식이 깔려있습니다. 유대인들을 포함한 사람들의 종교인식, 죄인들의 종교인식에는 가장 중요한 것이 '권능과 경건'입니다. 여기서 말하는 권능은 문제를 해결하는 능력을 의미하고, 경건은 종교심, 종교적 헌신, 종교적 태도를 의미합니다. 기독교를 제외한 모든 타종교, 인간의 종교, 죄의 종교의 특징이 바로 이것입니다. 종교가 요구하는 태도를 구비하면 권세와 능력을 얻을 수 있다는 사고방식입니다. 은혜의 개념은 없고 인간이 노력하면, 인간이 열심을 내면, 인간이 특정한 조건을 구비하면, 인간이 일정한 종교적 요구를 충족시키면, 인간이 종교적 경건함을 배양하면 '문제를 해결할 수 있는 권능'을 가질 수 있다는 인식입니다. 제가 지금 타종교의 특징, 죄의 종교의 특징이라고 소개했습니다. 마치 기독교도, 성도도 많이 경건하고 기도를 많이 하면 능력을 받고, 권능을 받을 수 있는 것으로 이해하시면 큰일 납니다. 그런 것은 타종교의 개념입니다.

타종교의 특징

타 종교의 '권능과 경건'에서 발견할 수 있는 기이한 특징 세 가지를 확인하고 기독교와 구별해 보겠습니다. 첫 번째는 자신들이 추구하는 '권능과 경건'이 어디로부터 오는지, 무엇을 위한 것인지를 전혀 고려하지 않습니다. 능력을 달라고 하는데 특정한 누구한테 달라는 것이 아니라 아무나 줄 수 있는 자가 주라고 합니다. 특정 대상에게 구하는 것이 아니라, 모든 신에게 구해서 그 중에 아무나 주면 그 신이 최고입니다. 두 번째는 특정한 대상에게 구하는 것이 아니기에 자신에게 권능을 주는 존재에 대해 전혀 알지도 못하고 알려고 하지도 않습니다. 자신에게 권능을 주는 존재의 뜻이 무엇인지, 마음이 무엇인지, 원리가 무엇인지, 자신에게 권능을 주는 목적이 무엇인지, 자신이 얻은 권능을 무엇을 위해 어떻게 사용해야 하는지 전혀 고려하지 않습니다. 그냥 내가 권능을 받으면 그 순간부터 권능이 자신이 것이 되어서, 자신이 마음대로 하려는 의도입니다. 이것은 아주 무서운 사고입니다. 세 번째는 권능과 자신의 삶, 권능과 자신의 인식과는 전혀 별개라고 생각합니다. 왜냐하면 권능을 준 존재에 대한 인식이 없기에, 권능의 목적과 원리와 개념이 없기에, 단지 자신은 수고를 통해 권능을 얻었을 뿐입니다. 권능으로 말미암은 자신의 변화는 전혀 고려하지 않고, 단지 권능을 사용하고 권능을 이용하여 얻어지는 혜택에만 관심이 모아질 뿐입니다. 이제부터 권능은 이 사람의 권력이 되고, 이 사람의 수단이 되고, 이 사람의 파워가 됩니다. 이 권능을 사용하면서 상대방의 인격을 전혀 고려하지 않을 것입니다. 이것이 세상의 권능, 타종교의 권능의 위험성입니다.

예를 들면 이런 것입니다. 사람들은 예수를 믿지 않았고 영접하지 않았습니다. 그런데 예수에게 나아와서 예수가 주는 빵을 먹고, 예수를 통해서 병을 고쳤습니다. 지금 빵을 주고 병을 고치는 존재가 누구인지는 전혀 중요하지 않습니다. 그래서 아무에게나 달려갑니다. 빵을 주는 사람이 있다면, 병을 고쳐주는 사람이 있으면 무조건 달려갑니다. 자신은 필요가 있고 상대가 권능이 있으면 찾아갑니다. 잠시 후에 그 사람이 맘에 안 들면 그냥 '죽여라' 소리 지르면 그만입니다. 그 현상이 베드로를 향한 반응에서도 반복됩니다. 자신들이 예전에 베드로가 예수를 따라다녔다는 것을 문제 삼았었는지도 신경 쓰지 않고, 지금 베드로가 예수의 이름으로 일어나 걸으라고 말했는지도 신경 쓰지 않습니다. 이 사람이 베드로라는 것 자체가 관심이 없고, 어떤 사람이 권능이 있다는 것에만 집중합니다. 베드로에게 모여들고 주목하였다고 해서 이후에 베드로가 행하는 연설을 신중하게 듣기로 마음먹은 것이 아닙니다. 베드로를 영접하고, 베드로가 가르치는 내용을 배우지도 않습니다. 베드로 말고 다른 권능 있는 사람이 등장하면 이번에는 우르르 그쪽으로 달려가고, 그 사람이 베드로가 한 말과 정반대의 연설을 하고 가르침을 주어도 전혀 고민하지 않습니다. 베드로가 그 사람들의 실체를 너무나 정확히 알고 있습니다. 자신도 예전에 그랬기 때문입니다. 그래서 베드로는 사람들이 자신에게 주목하지만 그것이 자신을 주목하는 것이 아니라는 것을 정확하게 알고 있습니다. 당연히 베드로가 사람들이 자기에게 몰려오고 주목하는 것에 전혀 고무되지 않고, 흥분하지 않고, 반가워하지도 않습니다.

왜 우리를 주목하느냐

타종교의 권능의 문제점을 지적했으니 이번에는 기독교의 권능이 어떻게 다른지를 세 가지로 설명해 보겠습니다. 첫째, 기독교의 권능은 하나님께로부터 옵니다. 인간이 수고와 노력과 헌신과 충성을 통해서 얻어낸 것이 아닙니다. 인간이 권능을 얻어낼 방법이 없습니다. 기독교에는 어떠한 인간의 방법론이 존재하지 않습니다. 오직 하나님이 은혜로 주십니다. 오직 하나님이 주시고 인간이 받은 것이기에 인간은 절대로 자랑하거나 교만할 수 없습니다. '하나님이 아무에게나 주시겠느냐!', '하나님이 믿을 만한 사람이니까 준거 아니냐?'는 등의 말을 해서는 절대로 안 됩니다. 둘째, 기독교의 권능은 당연히 하나님이 행하시는 사역입니다. 하나님이 사람에게 권능을 주셨다는 것은 그 사람에게 권능을 위임했다는 의미가 절대로 아니며, 이제 그 사람이 자유자재로 권능을 사용할 수 있다는 의미가 절대로 아닙니다. 하나님이 그 사람을 통해서, 하나님이 행하신다는 의미입니다. 하나님과 분리해서, 사람이 임의로, 사람의 마음대로 행할 수 있는 것이 아닙니다.

본문이 정확하게 그것을 설명해 줍니다. 베드로는 '내가' 한다고 말하지 않고, '예수 그리스도의 이름으로 일어나 걸으라'고 했습니다. 베드로가 역사를 행한 것이 아니라 예수 그리스도가 역사를 행하셨습니다. 그 설명이 13절부터 16절까지 이어지는 것입니다. 사람들이 자신을 주목해도 베드로는 자신이 권능을 받게 된 과정이나 자신이 권능을 사용하는 원리를 소개하지 않습니다. 자신의 권능을 통해 치유되고 싶은 사람을 모으지도 않고 그들에게 어떤 요구나 제시도 하지 않습니다. 베드로가 하는 말의 핵심은 '내가 한 것이 아니라 예수가 행했다'입니다. 3장 13절부터 16절은 "아브라함과 이삭과 야곱의 하나님 곧 우리 조상의 하나님이 그의 종 예수를 영화롭게 하셨느니라 너희가 그를 넘겨주고 빌라도가 놓아 주기로 결의한 것을 너희가 그 앞에서 거부하였으니 너희가 거룩하고 의로운 이를 거부하고 도리어 살인한 사람을 놓아 주기를 구하여 생명의 주를 죽였도다 그러나 하나님이 죽은 자 가운데서 그를 살리셨으니 우리가 이 일에 증인이라 그 이름을 믿으므로 그 이름이 너희가 보고 아는 이 사람을 성하게 하였나니 예수로 말미암아 난 믿음이 너희 모든 사람 앞에서 이같이 완전히 낫게 하였느니라"입니다. 베드로와 요한은 자기들 이야기를 한 마디도 하지 않고 오직 예수 이야기만 강조합니다. 그냥 '예수가 했다'고 하지, 너희가 죽였는데 하나님이 살렸다는 등의 이야기를 길게 하는 이유는 시선이 자신들에게 집중되지 못하게 하는 것이며, 자신의 권능을 강조하는 것이 아니라 예수를 강조하려고 하기 때문입니다.

사람의 변화

베드로가 "예수 그리스도의 이름으로 일어나 걸으라"고 한 것은 기독교의 독특한 표현양식입니다. 구약에서 하나님이 세운 사람들이 사역을 행할 때 '여호와의 영이 임했다'고 강조하는 표현이 있었습니다. 이적이나 표적을 행한 것은 사람이지만 그 사람들의 힘과 지혜와 능력으로 행한 것이 아니라는 것을 강조하는 것이 '여호와의 영이 임했다'고 말하는 것입니다. 하나님의 지혜, 하나님의 능력, 하나님의 권세, 즉 하나님이 행하셨다는 의미입니다. 동일한 방식이 신약의 제자들에게도 적용됩니다. 제자들에게 성령이 임했고, 제자들이 '예수 그리스도의 이름으로' 행했습니다. 하나님이 행하셨습니다.

기독교의 표현양식을 이해하셔야 합니다. 기독교에서 사역을 행한 주체를 설명할 때 하나님을 주어로 표현하면 '하나님이 하셨다'고 표현합니다. 이것을 인간을 주어로 표현하면 '인간이 성령으로 행했다'고 하거나, '인간이 믿음으로 행했다'고 표현합니다. 주어가 인간이라고 해서 '인간이 행한 것'으로 오해하시면 안 됩니다. 만약 인간이 행한 것이라면 '성령으로 또는 믿음으로'가 수반되면 안 됩니다. 그런데 성경은 인간이 행했는데 하나님이 행하셨다고 말합니다. 사도행전에서는 그 대표적 표현이 3장 6절 "베드로가 이르되 은과 금은 내게 없거니와 내게 있는 이것을 네게 주노니 나사렛 예수 그리스도의 이름으로 일어나 걸으라"입니다. 베드로가 말하는데, 그냥 '일어나 걸으라'고 하면 베드로가 행하는 것임이 분명합니다. 그런데 분명히 베드로가 말을 하기는 하는데, '예수 그리스도의 이름으로 일어나 걸으라'입니다.

기독교의 권능의 특징 세 번째는, 권능을 통해 다른 사람을 변화시키는 것이 아니라 자신이 변화된다는 것입니다. 사람들은 권능을 받으면 자신이 특별한 존재가 되었다고 생각하고, 이제부터 그 권능을 사용하여 다른 사람에게 영향력을 발휘하려고 합니다. 이것이 바보 같은 생각입니다. 왜냐하면 상대방은 지금 권능을 행하는 사람에게는 전혀 관심을 가지고 있지 않은데, 자기 혼자만 마치 자기가 영향력이 있는 것처럼, 자신이 우월한 존재인 것처럼, 자신이 상대방을 지배하고 상대방은 자신에게 종속되는 것처럼 착각하기 때문입니다. 기독교는 그 권능이 하나님께로부터 오고, 하나님이 권능을 행하신다는 것을 알기에, 당사자가 하나님을 알고, 하나님의 은혜를 알고, 하나님의 복을 알고, 하나님의 일하심을 알아서 자신이 변화되는 것입니다. 사도행전 2장과 3장의 핵심 포인트가 바로 이것입니다. 사도들이 성령을 받았다는 것이나, 사도들이 권능을 행한다는 것을 강조하는 것이 아니라 사도들이 변화되었다는 것을 증거하고 있습니다.

자신이 가지고 있는 것이 은이나 금보다 귀하다는 것을 알고 있다는 변화, 자신이 행하는 것이 아니라 예수가 행한다는 것을 강조하는 변화, 사람들이 자신들에게 주목하는 것을 거부하며 오직 예수를 소개하고 증거하려는 변화입니다. 그게 무슨 변화냐고 질문하신다면, 예수로 말미암은 자신들의 삶에 자유와 행복과 기쁨과 안식이 없다면 예수를 설명하려고 하겠느냐고 반문하겠습니다. 예수를 강조한다는 것 자체가 자신들이 예수로 말미암아 얻은 것이 있고, 성취한 것이 있고, 변화된 것이 있고, 누리고 있는 것이 있다는 증거입니다. 다시 한 번 기독교의 표현 양식을 생각하셔야 합니다. 분명히 베드로는 예수님을 이야기하고 있습니다. 이렇게 예수님을 말하면 사람들은 기독교인들은 예수만 강조할 뿐 인간을 소홀히 한다고 오해합니다. 예수를 이야기하는 것이 바로 베드로 자신, 즉 은혜 받고, 축복 받고, 변화 받은 인간을 이야기하는 것이라는 것을 이해하셔야 합니다. 이런 기독교의 표현을 어렵다고 복잡하다고 말하는 사람도 있지만, 이것은 고상한 것이며, 우아한 것이며, 수준 있는 것이라고 말해야 합니다.

기독교의 표현

기독교가 하나님을 강조하는지 인간을 강조하는지, 이것을 대립구도로 보시면 기독교에 대한 큰 오해입니다. 먼저 일상의 예를 들어보겠습니다. 부모들이 아이들에게 하는 질문 중에 가장 바보 같은 질문이 '엄마가 좋아, 아빠가 좋아?'입니다. 왜냐하면 엄마와 아빠는 비교 대상이나 경쟁 대상이 아니기 때문입니다. 둘 중에 하나를 선택해야 하는 것이 아닙니다. 성립될 수 없는 상황인데 이런 비교를 설정하고 선택을 질문한다면 그렇게 질문하는 사람이 가장 어리석은 것입니다. 이와 같은 설명이 마태복음 6장 24절에 아주 리얼하게 소개되고 있습니다. "한 사람이 두 주인을 섬기지 못할 것이니 혹 이를 미워하고 저를 사랑하거나 혹 이를 중히 여기고 저를 경히 여김이라 너희가 하나님과 재물을 겸하여 섬기지 못하느니라"입니다.

예수님 말씀의 앞부분은 모든 분들이 쉽게 이해하십니다. 한 사람이 두 주인을 섬기지 못하는 것이 당연합니다. 혹 이를 미워하고 저를 사랑하거나 혹 이를 중히 여기고 저를 경히 여기는 것이 당연합니다. 이렇게 두 주인을 섬길 수 있는 사람이 없고, 이런 시도를 하는 사람이 없습니다. 이 구절은 두 주인 중에 하나를 선택하라는 것이 아닙니다. 본문은 '그런 경우는 없다'는 것을 강조합니다. 그런 경우는 없는데 만약 어떤 사람이 두 주인을 섬기려고 노력한다면, 마치 자신은 두 주인을 균등하게 사랑하고, 두 주인을 모두 중히 여길 수 있을 것으로 생각하여 시도한다면 그 사람이 바보라는 의미입니다. 당연히 안 되는 것을 마치 될 것처럼 알고 시도하면 바보 중에 바보요, 멍청이 중에 멍청이요, 미련하기가 한이 없다는 의미입니다.

그것을 다시 한 번 강조한 것이 24절 마지막 표현입니다. "너희가 하나님과 재물을 겸하여 섬기지 못하느니라"를 오해하시면 안 됩니다. 이 구절을 '하나님과 재물을 겸하여 섬기지 못하니 하나를 선택하라는 것'으로 이해하시면 안 되고, 둘 중에 실제로는 재물을 사랑하지만 눈물을 머금고 어쩔 수 없이 하나님을 선택하려는 시도를 하면 안 됩니다. 먼저 하나님과 재물은 비교 대상이 아니며, 경쟁 대상이 아니며, 선택 사항이 아니라는 것을 알아야 합니다. 그런데 사람들이 하나님과 재물을 겸하여 섬기려는 시도를 행하면 그 사람이 바보라는 의미입니다. 좋은 선택이냐, 나쁜 선택이냐의 문제가 아니라 애초에 상황설정을 잘못한 것이라는 의미입니다.

또 성경의 구도를 오해하는 것에 이런 것들이 있습니다. 삶에서 중요한 것이 육적인 것이냐, 영적인 것이냐고 묻는 경우입니다. 이렇게 말하면 '육과 영'을 대립적으로 생각하는 것입니다. 그러나 성경은 인간의 삶에서 영과 육을 서로 상충하는 것으로 설정하고 하나를 선택할 것을 말하지 않습니다. 다른 표현으로 중요한 것이 '물질적이냐 영적이냐'는 질문입니다. 이렇게 말하면 '물질과 영'을 대립적으로 만들어 버립니다. 이렇게 대립구도를 잡으면 '육과 영'중에 영을 강조하면 '육'을 소홀히 하는 것으로 오해와 왜곡이 발생합니다. '물질과 영' 중에 '영'을 강조하면 '물질'을 속된 것으로 오해하게 만드는 것입니다. 가장 대표적으로 오해하는 또 하나가 '하나님 중심이냐, 인간 중심이냐'라는 질문입니다. 성경은 하나님과 인간을 대립구도로 설정하고, 하나를 선택해야 하는 것으로 간주하지 않습니다. 하나님을 사랑하는 것이 인간을 사랑하는 것이요, 인간을 사랑하는 것이 하나님을 사랑하는 것입니다.

기독교가 대결구도를 형성하는 것, 기독교가 성도에게 선택을 요청하는 것은 단 한 가지 '죄냐 하나님이냐'입니다. 죄의 원리를 따라가면 아무리 권능이 있고 경건이 있어도 인간이 행복하지 못하고, 하나님의 원리를 따라가면 모든 인간이 언제나 자유와 평안과 안식과 기쁨이 있습니다. 베드로가 죄의 원리를 따를 때에는 가는 곳마다 분열과 다툼을 만들어 냈습니다. 그러나 베드로가 하나님의 원리를 따를 때에는 가는 곳마다 치유와 회복과 연합과 일치를 만들어 냅니다. 베드로가 죄의 원리를 따를 때에는 자기가 주목받기를 원했습니다. 그러나 베드로가 하나님의 원리를 따를 때에는 '왜 우리를 주목하느냐'고 말합니다. 하나님을 아시고, 하나님의 마음과 심정과 원리로 행하셔서 하나님의 분복을 풍성히 누리는 삶 되시기를 주님의 이름으로 축원합니다.

14

악함을 버리게

사도행전 3:17~26

17 형제들아 너희가 알지 못하여서 그리하였으며 너희 관리들도 그리한 줄 아노라 18 그러나 하나님이 모든 선지자의 입을 통하여 자기의 그리스도께서 고난 받으실 일을 미리 알게 하신 것을 이와 같이 이루셨느니라 19 그러므로 너희가 회개하고 돌이켜 너희 죄없이 함을 받으라 이같이 하면 새롭게 되는 날이 주 앞으로부터 이를 것이요 20 또 주께서 너희를 위하여 예정하신 그리스도 곧 예수를 보내시리니 21 하나님이 영원 전부터 거룩한 선지자들의 입을 통하여 말씀하신 바 만물을 회복하실 때까지는 하늘이 마땅히 그를 받아 두리라 22 모세가 말하되 주 하나님이 너희를 위하여 너희 형제 가운데서 나 같은 선지자 하나를 세울 것이니 너희가 무엇이든지 그의 모든 말을 들을 것이라 23 누구든지 그 선지자의 말을 듣지 아니하는 자는 백성 중에서 멸망 받으리라 하였고 24 또한 사무엘 때부터 이어 말한 모든 선지자도 이 때를 가리켜 말하였느니라 25 너희는 선지자들의 자손이요 또 하나님이 너희 조상과 더불어 세우신 언약의 자손이라 아브라함에게 이르시기를 땅 위의 모든 족속이 너의 씨로 말미암아 복을 받으리라 하셨으니 26 하나님이 그 종을 세워 복 주시려고 너희에게 먼저 보내사 너희로 하여금 돌이켜 각각 그 악함을 버리게 하셨느니라

예수가 낫게 하였다

예수가 했다

사람들이 베드로에게 주목했을 때 베드로가 한 말이 3장 12절 "우리 개인의 권능과 경건으로 이 사람을 걷게 한 것처럼 왜 우리를 주목하느냐"입니다. 베드로는 앉은뱅이를 일으킨 것이 절대로 자신이 행한 것이 아니라고

말합니다. 전적으로 예수가 했다고 강조합니다. 우리는 베드로가 강조하는 것을 알아들어야 합니다. 그래서 예수 이외의 것을 이 사건의 근거로 언급해서는 안 됩니다. 그런데 사람들이 참으로 많은 엉뚱한 이야기를 합니다. 현장에 있던 사람들은 베드로의 설명을 듣기 전에 베드로를 주목했으니 나름 이해해줄 수 있습니다. 그런데 오늘날 즉 베드로가 왜 자신들을 주목하느냐고 항변하면서 예수가 했다는 설명까지 듣고도 계속하여 베드로를 주목하거나, 예수 이외의 것을 언급하는 것은 정말 납득하기 어렵습니다.

예를 들면 첫 번째, 베드로가 기도했다는 주장입니다. 물론 3장 1절에 '제 구 시 기도 시간에 베드로와 요한이 성전에 올라갈새'라고 나옵니다. 그렇다고 해서 베드로와 요한이 기도했다는 의미가 아니며, 앉은뱅이가 일어난 것이 베드로가 평상시 기도해서 권능을 쌓아 놓은 것이라는 의미가 아닙니다. 두 번째, 베드로가 믿었다는 주장입니다. 베드로가 '나사렛 예수 이름으로 일어나 걸으라'고 말했고, 직접 '오른손을 잡아 일으키니'라고 했으니 베드로는 자신이 이 병자를 일으킬 수 있을 것이라고 굳게 믿었다는 주장입니다. 과연 그럴까요? 그렇지 않습니다. 베드로가 한 말은 분명하게 '우리 개인의 권능과 경건으로 이 사람을 걷게 한 것처럼 왜 우리를 주목하느냐'입니다. 분명히 베드로 개인의 권능과 경건이 아니라고 했습니다. 베드로가 오늘날 교회의 설교를 듣는다면 '우리 기도와 믿음으로 이 사람을 걷게 한 것처럼 왜 우리를 주목하느냐'고 말할 것입니다. 권능과 경건이라는 말 대신에 그곳에 기도와 믿음이라는 표현으로 교묘하게 위장하면 안 됩니다. 베드로의 권능과 경건이 아니었고, 베드로의 믿음이나 기도가 아니었고, 베드로의 헌신이나 충성이 아니었습니다. 누가 했습니까? 오직 예수가 행하셨습니다. 어떻게 했습니까? 오직 예수가 행하셨습니다.

엉뚱한 이야기 세 번째는 이 사건이 일어난 장소가 성전이요, 오늘날로 말하면 교회라는 주장입니다. 그러므로 교회에서 이적과 기적이 일어난다는 주장입니다. 하나님이 교회에게 이런 권능과 권세를 주셨다는 주장입니다. 만약 이런 식으로 말한다면 들판에서 치유가 일어나면 하나님이 들판에 권세를 주신 것이요, 옥에서 역사가 일어나면 하나님이 옥에 권능을 주셨다고 주장해야 합니다. 억지를 쓰면 안 됩니다. 베드로는 아주 단순하게 그러나 아주 강력하게 예수가 행하셨다고 선언합니다. 3장 16절 "그 이름이 너희가 보고 아는 이 사람을 성하게 하였나니 예수로 말미암아 난 믿음이 너희 모든 사람 앞에서 이같이 완전히 낫게 하였느니라"입니다. 그러면 우리도 예수가 했다고 하면 됩니다. 제가 기도를 부정하거나 믿음을 부정하거나 성전이나 교회를 부정하는 것이 아니라 성경이 강조하는 것을 성경대로 강조하자는 주장입니다.

3장 16절에 믿음이라는 표현이 나옵니다. '그 이름을 믿으므로', '예수로 말미암아 난 믿음'입니다. 이 '믿음'이라는 표현이 베드로의 믿음이나, 베드로의 신앙을 나타내는 의미가 아니라 베드로의 행위 대신 '예수의 행위'를 강조하는 표현입니다. 이 표현양식을 잘 들어보십시오. 현장에 베드로는 있고, 예수는 없습니다. 앉은뱅이에게 말하고 잡아 일으킨 사람이 베드로이고, 예수는 아무 말도 어떤 행동도 안했습니다. 그때 베드로가 '예수가 했다'고 하면 사람들이 이해를 합니까? 예수가 부활했다는 것도 모르는 사람들에게, 현장에 있지도 않은 예수가 했다고 하면 사람들이 알아들을 가능성이 전무입니다. 이때 베드로는 말하고 행한 것은 자신이지만 결코 자신의 권능이나 능력이 아니라 예수가 행했다는 것을 설명하는 양식이 바로 '믿음으로 했다'고 표현합니다. 베드로가 했으면 '내가 했다'고 하면 됩니다. 베드로가 일체 개입하지 않고 예수가 했으면 '예수가 했다'고 하면 됩니다. 그런데 베드로가 행했는데 예수가 행한 것을 설명하는 방식이 '내가 믿음으로 했다'는 표현입니다. 이때 '믿음'은 베드로의 신앙상태를 의미하는 것이 아니라 예수를 의미하는 것이 됩니다.

성도

기독교의 존재 근거, 기독교의 특징은 오직 하나님입니다. 하나님이 존재하시고, 하나님이 일하시기에 기독교가 존재, 유지될 수 있고, 하나님의 일하신 결과가 인간에게 은혜로 주어주기에 인간이 수고하고 무거운 짐을 벗고 자유와 평화와 안식을 누릴 수 있는 복음이 선포될 수 있습니다. 그러므로 기독교가 기독교를 설명할 때 복음을 복음이 안 되게 말하면 안 되고, 은혜를 은혜가 아니게 말하면 안 됩니다. 복음이 복음으로 여겨지지 않으면 기독교의 자기모순이고, 은혜가 은혜가 아닌 것이 되어버리면 기독교는 거짓 종교가 됩니다. 그런데 기독교의 설명 중에 너무 자주, 너무 어리석게 기독교의 정체성, 기독교의 특성을 부인해버리는 발언이 난무하고 있습니다.

사도행전 3장의 사건과 연결지어 오해들을 풀어보겠습니다. 첫 번째, 하나님이 인간에게 사명을 주시고 하나님의 일을 위임하셨다는 오해입니다. 만약 하나님이 인간에게 사명을 주셔서 인간이 하나님의 일을 해야 한다면 그것은 복음이 아니고 은혜가 아닙니다. 인간이 자신의 삶을 살아가는 것뿐만 아니라 하나님의 일까지 대신 해주어야 한다면 인간이 하나님의 도구와 수단으로 전락해버리는 것이 됩니다. 행여 하나님이 상급이나 복이나 면류관을 준다고 할지라도 인간이 수고하고 일을 한 후라면 그것은 값이나 대가에 불과하기에 기독교는 은혜를 언급할 수 없습니다. 사도들이 하나님께 사명을 받았다, 사도들이 하나님의 권능을 위임받았다고 말하지 마시고, 여러분도 하나님께 사명을 받았다는 식의 표현은 적절하지 않습니다. 하나님은 하나님이 하실 일을 인간에게 시키신 적이 없습니다. 하나님이 하실 일을 인간에게 시키면 그것이야 말로 진정한 인간 억압이요, 속박이요, 지독한 굴레입니다.

사도행전을 말할 때에 복음의 전파나 하나님 나라의 확장이라는 측면에서 설명하는 경우가 많습니다. 사도행전 1장 8절에 근거해서 복음이 예루살렘에서 유대와 사마리아를 거쳐 땅끝까지 펼쳐진다고 말하고, 사도들이 그 사명을 맡았다고 말하기도 합니다. 그런데 사도행전을 유심히 읽어보면 사도들은 자신들이 복음을 전해야 한다는 사명감, 자신들이 우선 예루살렘에 전하고 2단계로 유대와 사마리아로 확장하고 3단계로 땅끝까지 간다는 생각이나 계획이나 전략이나 목표가 전혀 없습니다. 구체적 실행계획은 고사하고, 아예 개념조차 없습니다. 사도행전 8장에 사도들의 생각을 파악할 수 있는 힌트가 있습니다. 1절 중간부에 "그 날에 예루살렘에 있는 교회에 큰 박해가 있어 사도 외에는 다 유대와 사마리아 모든 땅으로 흩어지니라"입니다. 예루살렘에 박해가 있자 이 기회에 유대와 사마리아로 복음을 확장하자고 사도들이 가장 먼저 흩어진 것이 아닙니다. 도리어 다른 사람들은 흩어졌어도 사도들은 예루살렘에 남아 있었습니다. 또 사도행전 10장에서 하나님이 베드로에게 이방인 고넬료에게 복음을 전하라고 할 때에도 베드로는 드디어 복음이 이방인에게까지 확장된다고 달려 나가는 것이 아니라 안가겠다고 버티는 것을 볼 수 있습니다. 제자들이 사명감을 가지고 충성했다고 말할 수 없습니다. 사명감을 발견할 수 없습니다.

베드로는 하나님으로부터 사명을 위임받고 그 사명을 완수하기 위해 예루살렘을 복음화하려고 핵심부인 성전으로 올라가서 큰 역사를 시작한 것이 아닙니다. 베드로는 이 사명을 위해 하나님께로부터 권세와 권능을 물려받았다는 등의 표현을 한마디도 안 합니다. 다른 사람들에게 자신들이 위임받은 사도들인 것을 인정해 달라는 요청도 없습니다. 그냥 베드로처럼 말해야 합니다. 예수님이 하셨다고 말하면 됩니다. 자신이 병자에게 말을 했고 병자의 손을 잡고 일으켰지만, 자신이 한 것이 아니라는 것을 알고 있습니다. 아무리 자신이 말을 하고 손을 잡고 일으켜도 예수님이 역사하지 않으면 아무 일도 일어나지 않습니다. 그러므로 내가 말했다는 것이나, 내가 손을 잡고 일으켰다는 것이 중요한 것이 아니라 예수님이 행하셨다는 것만이 강조되어야 합니다. 예수님이 역사하시는 데 나를 통하여 하셨다는 사실에 내가 감격하고, 황홀해하고, 놀라워하고, 감사하는 것만이 내가 할 일입니다.

교회

또 하나의 오해가 교회에 관한 내용입니다. 하나님이 교회에게 권세를 주셔서 교회에 축복권, 권세, 능력이 있다고 말하면 안 됩니다. 교회를 예수와 분리된 집단이요, 따로 하나님께 위임받는 조직체라고 생각하시면 큰일 납니다. 유대교가 그런 착각을 했었고, 중세 로마 카톨릭이 그런 착각을 해서 종교사에 슬프고 아픈 역사가 있었습니다. 교회를 이해하실 때 교회라는 집단이나 조직에 예수를 머리로 모신 것으로 생각하시면 안 됩니다. 정반대로 예수 그리스도가 머리이시고 구원받은 성도가 예수에게 붙어 있는 것으로 이해하셔야 합니다. 그래서 교회를 결정하는 근거가 예수입니다. 예수와 분리된 교회, 예수로부터 위임받은 교회는 없습니다.

그러므로 개인이든 교회든 기독교가 타락하는 전형적인 방법은 하나님과 개인, 하나님과 교인을 분리하는 것입니다. 물론 '분리'라는 표현은 절대로 사용하지 않고 대신 사명을 받았다, 위임을 받았다, 하나님에 의해 세워졌다고 합니다. 그렇게 사명 받아서 본인이 중요하고 본인이 권세나 권능을 가졌다고 말하는 것, 그렇게 위임받아서 교회가 책임이나 권세를 소유했다고 주장하는 것이 바로 개인과 하나님, 교회와 하나님을 분리하는 것입니다. 그때부터는 사명 받은 개인이 중심이 되고, 권세 받은 교회가 주체가 되는 것, 그것이 개인과 교회가 변질되는 길에 들어섰다는 증거입니다. 기독교는 철저하게 하나님을 인정하고, 오직 하나님을 말하며, 모든 것을 하나님이 하셨다고 강조하며, 성도와 교회는 하나님의 마음과 심정과 원리와 능력과 권세로 죄를 이기는 것입니다. 죄를 이김으로 인간이 자유와 평화와 안식과 사랑을 누리며 나누며 사는 것이 본질입니다. 그 이외의 것을 하려면 기독교가 아니며, 그 이외의 것을 하려면 인간에게 목적과 야망이 생기게 되고, 그러면 이미 하나님의 마음과 뜻을 따를 의사가 전혀 없는 것입니다.

사도행전에서 베드로의 비전이나 목표를 만날 수 없으며, 초대교회의 비전이나 목표를 만날 수 없습니다. 성도를 향한 뜻을 세우는 분도 하나님이요, 교회를 위한 계획을 세우시는 분도 하나님이십니다. 그리고 하나님의 뜻은 하나님이 진행하고, 하나님이 일하시고, 하나님이 완성하십니다. 성도와 교회는 하나님의 일을 이루어드리는 수단이나 도구가 아니라 도리어 하나님이 일하신 결과와 열매입니다. 이 하나님의 일하심을 베드로가 얼마나 멋있게 설명하는지 본문에서 확인해 보겠습니다.

너희가 죽였도다

너희의 행동

베드로는 모든 것을 예수가 했다고 강조하는데 베드로의 연설에는 아주 독특한 표현이 나옵니다. 사도행전 2장에서도 나왔던 표현입니다. 2장 23절 "그가 하나님께서 정하신 뜻과 미리 아신 대로 내준 바 되었거늘 너희가 법 없는 자들의 손을 빌려 못 박아 죽였으나 하나님께서 그를 사망의 고통에서 풀어 살리셨으니"입니다. 36절에도 "너희가 십자가에 못 박은 이 예수를 하나님이 주와 그리스도가 되게 하셨느니라"입니다. 이스라엘이 예수를 죽였고, 이스라엘이 예수를 십자가에 못 박았다고 말합니다. 그런데 궁금한 것은 이 말을 하는 이유입니다. 너희가 죽였고 너희가 못 박았으니 너희는 죄가 많다는 것입니까? 이렇게 하나님의 뜻과는 다르게 행동했으니 너희는 구원받기 틀렸다는 것입니까? 이렇게 하나님의 사역을 방해했으니 너희에게는 진노와 저주가 임할 것이라는 말입니까? 도대체 이 말을 하는 이유가 무엇입니까? 이렇게 이스라엘이 죽었다고 강조해 놓고는 이스라엘에게 장차 어떤 일이 발생할지에 대해서는 아무 말이 없습니다. 책망도, 꾸중도, 징계도, 저주도 없습니다. 대신 이스라엘이 이렇게 죽였는데 '하나님이 살리셨다'고 강조합니다.

3장에서도 동일한 표현이 반복됩니다. 13절 "아브라함과 이삭과 야곱의 하나님 곧 우리 조상의 하나님이 그의 종 예수를 영화롭게 하셨느니라 너희가 그를 넘겨주고 빌라도가 놓아 주기로 결의한 것을 너희가 그 앞에서 거부하였으니 너희가 거룩하고 의로운 이를 거부하고 도리어 살인한 사람을 놓아 주기를 구하여 생명의 주를 죽였도다"입니다. 또 강조점은 15절 "그러나 하나님이 죽은 자 가운데서 그를 살리셨으니 우리가 이 일에 증인이라"입니다. 기껏 이스라엘이 행한 행동에 대해 거듭거듭, 조목조목 지적해 놓고는 이스라엘에 대해서는 언급이 없습니다. 그렇다면 이 말을 하는 이유가 무엇인지 알아야 합니다.

강조점

베드로가 말끝마다 이스라엘의 행동을 언급하는 강조점은 전혀 다른 곳에 있습니다. 이스라엘은 하나님의 뜻과 다르게 행동했습니다. 이스라엘은 하나님의 의도와 다르게 행동했습니다. 그런데 이스라엘이 이렇게 저렇게 하나님의 뜻과 의도와 다르게 행동하였을지라도 하나님의 사역을 방해할 수 없었다는 것입니다. 이스라엘이 예수를 죽이니까 하나님이 살려내십니다. 그렇다면 이스라엘은 예수를 죽이지 못한 것이요, 결국 이스라엘은 예수를 죽인 것이 아닙니다. 아무리 이스라엘이 예수를 넘겨주고 거부하였어도 하나님의 뜻이 어그러진 것이 아닙니다. 이스라엘이 빌라도의 제안마저 거부해서 생명의 주를 죽여 버렸습니다. 하지만 이런 이스라엘의 행동이 하나님의 사역을 온전히 망쳐버린 것이 아닙니다. 하나님이 죽은 자 가운데서 그를 살려내셨습니다. 그렇다면 이스라엘은 그리스도를 버리지 못한 것이요, 결국 이스라엘은 그리스도를 안 버린 것이 됩니다.

베드로의 강조점은 이스라엘의 어떤 행동이 하나님의 일을 방해하지 못하더라는 것입니다. 하나님이 세운 뜻과 목적은 사람이 어떻게 반응하든지 간에, 조금 순서를 틀어지게 한다든가, 상태를 나쁘게 한다든가, 시간을 지연 시키는 등의 정도가 아니라 심지어는 아예 하나님이 보낸 그리스도를 죽여 버릴지라도 결코 하나님의 일하심을 방해할 수 없습니다. 하나님의 계획, 하나님의 뜻, 하나님의 목적, 하나님의 사역은 이루어지고야 맙니다. 인간이 거부하고, 버리고, 죽여서 방해하면 하나님이 살려서 완성하고야 마십니다. 베드로가 이스라엘이 행한 일을 반복하여 언급하는 이유는 '이제 알라'는 것입니다. 예수 그리스도를 보내신 하나님의 목적은 반드시 이루어고야 마니, 이스라엘을 향하여 세우신 하나님의 목적, 인간을 향한 하나님의 계획도 반드시 이루어지고야 만다는 것입니다. 그렇다면 이스라엘이나 인간이 행할 일이 무엇입니까? 자신들이 예수를 거부하고 버린다고 버려지는 것이 아니며, 자신들이 죽인다고 죽어지는 것이 아닌 것처럼, 자신들이 예수를 영접하지 않는다고 영접하지 않을 수 있는 것이 아니고, 자신들이 예수를 믿지 않는다고 안 믿어지는 것이 아니고, 자신들이 돌아서지 않는다고 여전히 틀어져 있을 수 있는 것이 아니라는 것을 알아야 합니다. 그래서 등장하는 것이 17절 이하입니다.

이루셨느니라

3장 17절 "형제들아 너희가 알지 못하여서 그리하였으며 너희 관리들도 그리한 줄 아노라"입니다. 이스라엘 백성이나 관원들은 자신들이 지혜로운 줄, 자신들이 대단한 일을 하는 줄로 생각하고 예수를 버리고, 거부하고, 죽였지만 결국은 '모르고 한 일'에 불과하고 아무 소용없는 일에 불과할 뿐입니다. 18절 "그러나 하나님이 모든 선지자의 입을 통하여 자기의 그리스도께서 고난 받으실 일을 미리 알게 하신 것을 이와 같이 이루셨느니라"입니다. 유대인들과 관원들은 자기들 앞에 예수가 나타났을 때에야 겨우 일을 처리한 것에 불과하지만 하나님은 이미 수백 년 전부터 모든 선지자의 입을 통하여 이 모든 일을, 그리스도께서 고난 받으실 일을 모두 계획하셨고, 알리셨고, 계획하신 대로, 알리신 대로 다 이루셨습니다. 이렇게 하나님의 장엄한 역사가 펼쳐져 왔고, 하나님의 위대한 일하심이 진행되어 왔는데 겨우 유대인들과 관원들이 넘겨주고, 거부하고, 이런 행동들이 하나님의 뜻을 전혀 방해하거나, 중단시키거나, 실패하게 할 수 있는 차원이 아닙니다.

그렇다면 이제 남은 것이 무엇이겠습니까? 베드로가 진정으로 하고 싶은 말은 19절 이하 "그러므로 너희가 회개하고 돌이켜 너희 죄 없이 함을 받으라 이같이 하면 새롭게 되는 날이 주 앞으로부터 이를 것이요"입니다. 단지 하나님이 그리스도께서 고난 받으실 일을 미리 알게 하신 것을 이루어내셨다는 것을 아는 정도가 아니라, 하나님의 뜻은 그리스도의 고난이 아니라 그리스도의 고난을 통해서 결국은 인간이 죄 사함을 받고, 인간이 새로운 피조물이 되고, 인간이 새로운 삶을 사는 것이라는 의미입니다. 이것이 하나님의 뜻이라면, 그리고 하나님의 뜻은 반드시 이루어지고야 만다면, 인간은 죄 사함을 받을 것이요, 새로운 피조물이 될 것이요, 새로운 삶을 살게 된다는 의미입니다. 인간이 구원받고, 새사람 되고, 새 삶을 사는 것을 인간이 방해할 수 없고, 인간이 거부할 수 없고, 인간이 실패할 수 없습니다. 더 직설적으로 표현하면 '너희들은 구원받는다, 너희들은 새로워진다, 너희들은 자유와 평화와 안식과 기쁨과 행복을 누리며 살게 된다. 너희가 망설인다고 자유가 안 오는 것이 아니며, 너희가 예수를 죽인다고 기쁨이 못 누려지는 것이 아니다!'라고 강조하며 이것을 '알라'고 호소합니다. 너희를 행복하게 하려는 하나님의 뜻은 반드시 이루어지고 말 것이니, 너희는 행복해 지고야 말 것임을 알라고 권면하고 있습니다.

우리가 증인이라

베드로가 이렇게까지 담대하게 말할 수 있는 근거는 자신이 증인이라는 사실입니다. 그 표현이 15절 "하나님이 죽은 자 가운데서 그를 살리셨으니 우리가 이 일에 증인이라"입니다. 이것은 단지 예수가 부활했다는 것에 대한 증인이라는 의미가 아닙니다. 예수가 부활했는데, 베드로와 제자들의 삶의 변화가 없다면 예수가 부활했다는 사실이 아무런 의미가 없습니다. 정반대로, 지금 부활한 예수가 세상에 없습니다. 예수가 부활했다고 주장할 때 사람들이 부활한 예수가 어디 있느냐고 물어본다면 예수를 드러내 보일 수 있는 방법이 없습니다. 그러나 베드로는 예수의 부활을 증거 할 수 있습니다. 그 증거가 바로 자기 자신의 변화, 자신의 새로운 삶입니다. 예수가 부활하지 않았다면 현재의 베드로를 설명해 낼 수 없습니다. 예수가 부활하시고, 예수가 베드로를 새롭게 하고, 예수가 베드로를 통해 역사하지 않으면 자신은 절대로 앉은뱅이를 일으킬 수 없고, 사람들이 자신을 주목하는 것을 왜 주목하느냐고 말할 리가 없습니다. 베드로 자신이 자신의 변화를 위해 노력한 적이 없고, 베드로가 자신이 행한 권능을 연습하거나 훈련한 적이 없기에 예수의 부활을 언급하지 않으면 자신을 설명할 방법이 없습니다.

예수의 부활로 말미암아 베드로는 자신이 '되었다'고 증언합니다. 자신이 죄 사함을 받았고, 자신이 새로워졌고, 자신이 새 삶을 살고 있습니다. 그러니 베드로가 앉은뱅이를 일으켰을지라도 자신을 주장해야 할 이유, 자신이 주목받아야 할 목적, 자신의 권능과 경건을 앞세워야 할 이유가 없습니다. 어떤 사람이 자신을 드러내고 강조하고 주목받고 싶어 하는 것은 무엇인가 '이루어내야 할 비전이나 목적'을 가질 때 나타나는 행동인데, 자신은 이미 '되었다'는 것이요, '얻었다'는 것이요, '이루었다'는 것입니다. 자신이 그렇게 되고 보니 이스라엘 백성들의 모습이 눈에 훤히 보입니다. 자기가 예전에 예수가 답답해서 부인하기도 했고 도망가기도 했지만 현재 자신은 스스로 예수를 전하는 자가 되어 있습니다. 유대인들을 보니 자기의 예전의 모습을 반복하고 있습니다. 그래서 하는 말이 '알라'입니다.

사도행전 3장 11절부터 26절까지 연결된 베드로의 연설은 19, 20, 21절을 중심으로 앞과 뒤에서 반복하여 설명하는 구조입니다. 그리고 19, 20, 21절은 내용적으로 21, 20, 19절의 순서로 이어집니다. 19절은 조건이 아니고 제안이 아닙니다. 하나님이 정하신 일이요, 이루신 일이요, 완성하신 일로서 인간에게 적용되고, 구현되고, 누려질 내용입니다. 하나님은 인간에게 이미 죄 없이 함을 주신 것이고, 새롭게 되는 날을 주셨습니다. 왜냐하면 20절 "주께서 너희를 위하여 예정하신 그리스도 곧 예수를 보내시리니", 이일을 위하여 이미 그리스도가 오셨기 때문입니다. 20절과 21절은 미래의 일이나 재림 때의 일이 아니라 이미 오신 예수를 설명하고 있습니다. '너희를 위하여 예정하신 그리스도 곧 예수'가 벌써 오셨는데, 그 예수를 설명하는 것이 21절 "하나님이 영원 전부터 거룩하신 선지자들의 입을 통하여 말씀하신 바 만물을 회복하실 때까지는 하늘이 마땅히 그를 받아 두리라"입니다. 이렇게 만물을 회복하기 위하여 하늘에 계시던 예수 그리스도가 벌써 와서 십자가 사역을 다 이루었으니 너희는 이미 죄 사함 받았고, 새롭게 되는 날이 임하였다는 것을 알라는 호소입니다. 이것을 모르고 있으니 죄 없이 함을 누리지 못하고, 새롭게 되는 날을 맞이하지 못하고 있는 것이 안타깝다는 의미입니다. 제발 알아라, 알아듣고 죄 사함을 받고, 새롭게 되는 날을 맞이하고 누리라는 권고입니다.

악함을 버리게 하셨느니라

선지자들의 사역

3장 18절에 '하나님이 모든 선지자의 입을 통하여 자기의 그리스도께서 고난 받으실 일을 미리 알게 하신 것'이라고 나왔습니다. 이렇게 미리 알려진 예수가 이미 와서 모든 것을 이루었다는 것을 반복하여 강조하여 설명하는 것이 22절 이하 "모세가 말하되 주 하나님이 너희를 위하여 너희 형제 가운데서 나 같은 선지자 하나를 세울 것이니 너희가 무엇이든지 그의 모든 말을 들을 것이라 누구든지 그 선지자의 말을 듣지 아니하는 자는 백성 중에서 멸망 받으리라 하였고"입니다. 이것은 신명기 18장 15, 18, 19절에 나오는 구절입니다. 여기서 언급하는 세워질 선지자가 바로 예수 그리스도였습니다. 그 예수가 오셨고 십자가 사역을 행하셨습니다.

하나님의 계획은 달랑 모세 혼자만 말한 것이 아니라 그 후에 많은 선지자들이 말했습니다. 그것이 24절 "또한 사무엘 때부터 이어 말한 모든 선지자도 이때를 가리켜 말하였느니라"입니다. 사무엘도 그리스도를 말했고, 이사야도 그리스도를 말했고, 예레미야도 그리스도를 말했고, 에스겔도 그리스도를 말했고, 모든 선지자가 그리스도를 말했고, 그리스도가 와서 만물을 회복하실 것, 그중에서 가장 중요한 죄인들의 죄를 사하여 주실 것을 말했고, 인간을 새롭게 할 날에 대해서 말해 왔습니다. 이러한 선지자들의 말한 것이 '이 때를 가리켜 말한 것'인데 이때가 바로 예수 그리스도의 사역으로 말미암아 죄 사함을 받은 때, 새롭게 된 날이 임한 때입니다.

이렇게 하나님이 이미 오래 전부터 선지자를 통해서 미리 말씀하셨는데 그 이유가 25절 "너희는 선지자들의 자손이요 또 하나님이 너희 조상과 더불어 세우신 언약의 자손이라 아브라함에게 이르시기를 땅 위의 모든 족속이 너의 씨로 말미암아 복을 받으리라 하셨으니"입니다. 지금 이야기의 전개가 계속하여 이전으로, 이전으로 거슬러 올라갑니다. 예수 그리스도가 사역이 있었는데, 그것은 이미 선지자들을 통해 알려진 것이었다고 말했고, 선지자들을 통해 알린 것은 그 이전에 하나님이 아브라함과 세운 약속이 있었기 때문입니다. 결국 가장 먼저로는 하나님이 아브라함과 세운 언약이 있었는데 그 언약의 내용이 '땅 위의 모든 족속이 너의 씨로 말미암아 복을 받으리라'는 것이었습니다. 하나님이 모든 족속, 모든 인간에게 복을 주기 위하여 그리스도를 보내기로 계획하였고, 그것을 모세와 다른 선지자들을 통하여 알렸고, 실제로 그대로 다 이루어졌습니다.

앞 단락과 연결해서 설명해보면, 하나님은 이런 계획을 가지고 진행하셨는데, 유대인들과 관리들이 '알지 못하고' 예수를 거부하고, 넘겨주고, 죽였습니다. 하지만 하나님이 살려내셔서 너희들이 알지 못하고 행한 일은 쓸데없는 일이 되었고, 하나님은 하나님의 모든 뜻을 다 이루어내셨습니다. 유대인들이 이것을 알아야 합니다. 베드로는 자기 앞에 있는 유대인들에게 이제사 너희들의 행동 하나에 따라 무엇이 달라지는 것이 아니라고 말하고 있습니다. 너희가 넘겨준다고, 너희가 거부한다고, 너희가 죽인다고 달라지는 것이 아니라는 것입니다. 아브라함에게 약속한 내용, 모든 족속에게 복 주시겠다는 하나님의 계획이 장구하게 이루어져 왔다고 설명하고 있습니다.

악함을 버리게

하나님이 이렇게 일하신 결과, 하나님이 이렇게 이루어내신 열매, 땅 위의 모든 족속에게 복을 받게 하시는 내용이 26절 마지막 "너희로 하여금 돌이켜 각각 그 악함을 버리게 하셨느니라"입니다. 인간이 받은 복, 모든 족속이 받는 복의 내용이 바로 '악함을 버리는 것' 다른 표현으로 '죄 사함을 받는 것'입니다. 이 말을 하고 있는 사람이 베드로입니다. 그렇다면 베드로가 구원받은 것, 베드로가 성령 받은 것의 증거가 무엇이겠습니까? 바로 베드로가 악을 버렸다는 것입니다. 베드로가 악을 버린 것의 상징적 표현이 앉은뱅이에게 죄를 묻지 않고 하나님의 은혜를 나눈다는 것입니다. 사람을 대하는 마음과 태도가 달라졌다는 것입니다. 차별과 우열과 정죄를 만들어내는 것이 아니라 연합과 일치와 치유와 회복을 만들어내는 것입니다. 이것이 증거요, 이것이 열매입니다.

왜 이것이 중요하냐면, 성도가 성령을 받았으면, 그래서 성령으로 행했으면 당연히 맺어지는 열매가 '성령의 열매'이기 때문입니다. 그래서 성령으로 행하신 분들이 기대하고, 소망하고, 바라고, 꿈꾸는 열매가 성령의 열매이어야 하고, 성령으로 행하신 분들이 누리고, 즐기고, 구현하고, 적용하고, 실천하는 내용이 성령의 열매이어야 한다는 것입니다. 그 성령의 열매가 바로 "사랑과 희락과 화평과 오래 참음과 자비와 양선과 충성과 온유와 절제"입니다. 이것이 가장 좋은 것입니다. 이것을 다른 것과 바꾸려고 하지 마시고, 이것보다 더 나은 것이 있는 것으로 착각하거나 혼동하지 마시고 이것보다 못한 것을 얻으려고 기대하지 마시기 바랍니다.

성도님들이 성령 충만을 받으려고 애를 씁니다. 성령 충만을 받아서 성령으로 행하려고 부단히도 노력을 합니다. 권능을 받으려고 하고 권능을 행사하고 싶어 합니다. 그렇게 성령 충만 받으려고 애쓰고, 성령으로 행하려고 노력하고, 권능을 행하려고 수고해 놓고는 정작 성령의 열매는 바라지 않고 엉뚱한 것을 구합니다. 성령의 열매가 맺히도록 행동해 놓고는 성령의 열매인 "사랑과 희락과 화평과 오래참음과 자비와 양선과 충성과 온유와 절제"를 기대하지 않고 엉뚱한 것을 기대합니다. 다른 것을 기대하려면 굳이 성령 충만을 받고, 성령을 따라 행하려고 수고를 할 이유가 없습니다. 하나님을 아는 것이 행복이고, 하나님의 마음과 원리로 행동하는 것이 자유와 평화와 연합과 안식을 누리는 길입니다. 하나님의 은혜를 더욱 풍성히 누리는 삶 되시기를 주님의 이름으로 축원합니다.

15

싫어하여, 믿는 자

사도행전 4:1~12

1 사도들이 백성에게 말할 때에 제사장들과 성전 맡은 자와 사두개인들이 이르러 2 예수 안에 죽은 자의 부활이 있다고 백성을 가르치고 전함을 싫어하여 3 그들을 잡으매 날이 이미 저물었으므로 이튿날까지 가두었으나 4 말씀을 들은 사람 중에 믿는 자가 많으니 남자의 수가 약 오천이나 되었더라 5 이튿날 관리들과 장로들과 서기관들이 예루살렘에 모였는데 6 대제사장 안나스와 가야바와 요한과 알렉산더와 및 대제사장의 문중이 다 참여하여 7 사도들을 가운데 세우고 묻되 너희가 무슨 권세와 누구의 이름으로 이 일을 행하였느냐 8 이에 베드로가 성령이 충만하여 이르되 백성의 관리들과 장로들아 9 만일 병자에게 행한 착한 일에 대하여 이 사람이 어떻게 구원을 받았느냐고 오늘 우리에게 질문한다면 10 너희와 모든 이스라엘 백성들은 알라 너희가 십자가에 못 박고 하나님이 죽은 자 가운데서 살리신 나사렛 예수 그리스도의 이름으로 이 사람이 건강하게 되어 너희 앞에 섰느니라 11 이 예수는 너희 건축자들의 버린 돌로서 집 모퉁이의 머릿돌이 되었느니라 12 다른 이로써는 구원을 받을 수 없나니 천하 사람 중에 구원을 받을 만한 다른 이름을 우리에게 주신 일이 없음이라 하였더라

싫어하여

싫어하여

사도행전 4장 1절은 "사도들이 백성에게 말할 때에 제사장들과 성전 맡은 자와 사두개인들이 이르러"입니다. 3장에서 앉은뱅이가 일어난 사건이 성전에서 발생하였고, 성전에는 당연히 성전과 관련된 사람들이 있었을 것

이고, 성전에서 베드로가 하는 말을 들었습니다. 듣고 난 반응이 2절 "예수 안에 죽은 자의 부활이 있다고 백성을 가르치고 전함을 싫어하여"입니다. '싫어하다'에 사용된 단어는 '괴로워하다, 곤란에 빠지다, 애쓰다, 몹시 수고하다'라는 의미입니다. 단순히 호불호를 나타내는 것이 아니라 난처해졌다는 것이요, 불편해졌다는 의미입니다. 당연한 반응입니다. 이 사람들이 악해서도 아니요, 이 사람들이 이기적이기 때문도 아니요, 이 사람들이 죄책감 때문도 아닙니다. 이 사람들이 난처해하고 곤란해 하는 것은 도무지 베드로가 전한 내용을 이해할 수 없기 때문입니다.

분명히 예수가 죽었습니다. 제사장들과 성전 맡은 자와 사두개인들이 가장 잘 압니다. 자신들이 잡아들였고, 자신들이 고소했고, 자신들이 죽이라고 호소했고, 자신들이 예수 죽은 것의 증인들입니다. 분명히 예수가 죽었습니다. 자신들이 예수를 죽였다고 베드로도 말했습니다. 2장 23절에서 "너희가 법 없는 자들의 손을 빌려 못 박아 죽였으나", 36절 "그런즉 이스라엘 온 집은 확실히 알지니 너희가 십자가에 못 박은 이 예수를", 3장 13절 "너희가 그를 넘겨주고 빌라도가 놓아 주기로 결의한 것을 너희가 그 앞에서 거부하였으니 너희가 거룩하고 의로운 이를 거부하고 도리어 살인한 사람을 놓아 주기를 구하여 생명의 주를 죽였도다"입니다. 관원들은 자신들이 예수를 죽인 것에 대해 베드로가 자꾸 지적한다고 화를 내는 것이 아닙니다. 자신들은 정당했는데 왜 자꾸 자신들이 부당하게 죽인 것처럼 모함하느냐고 불편해하는 것이 아닙니다. 베드로가 관원들에게 예수를 죽였다고 비난하는 것에 대해서는 인정합니다. 저들은 예수를 죽였다고 자처합니다. 예수를 죽인 것은 분명하기 때문입니다.

관원들이 싫어하는 것, 곤란해 하는 것은 '예수 안에 죽은 자의 부활이 있다고 백성을 가르치고 전하는 것'입니다. 왜냐하면 사람이 죽는 것은 이해가 가능하지만, 죽은 사람이 살아나는 것, 죽은 사람이 부활하는 것이 이해가 되지 않기 때문입니다. 만약 왜 예수를 죽였느냐고, 왜 죄 없는 사람을 죽였느냐고 따지면 그것은 가능한 일에 대하여 정당하냐 부당하냐의 문제입니다. 어쨌거나 가능한 이야기이기에 상호간에 할 말이 있습니다. 그런데 불가능한 일, 도무지 납득이 되지 않는 일, 상식과 경험과 지혜와 모든 것을 동원해서도 전혀 설명할 수 없는 일을 말하면 그것은 헛소리요, 유언비어요, 낭설이요, 뜬금없는 말입니다. 말이 안 되는 말은 들을 수가 없고, 있을 수가 없는 일을 있을 수 있다고 할 수는 없습니다. 그러니 관원들은 황당할 수밖에 없습니다. 그 다음 구절은 저절로 이해가 됩니다. 3절 "그들을 잡으매 날이 이미 저물었으므로 이튿날까지 가두었으나"입니다. 관원으로서, 백성의 지도자로서, 사회의 질서를 관리하는 사람들로서 말도 안 되는 소리를 하고 다니는 사람들을 가만둘 수 없습니다. 그러니 잡을 수밖에 없습니다. 지금 본문은 저들이 얼마나 악한가, 저들이 얼마나 불의한가, 저들이 얼마나 부패한가를 설명하는 것이 아니라 저들이 얼마나 어쩔 수 없는가를 보여주고 있습니다.

믿는 자가

정말 재미있는 것이 4절 "말씀을 들은 중에 믿는 자가 많으니 남자의 수가 약 오천이나 되었더라"입니다. 베드로를 포함한 제자들이 말한 것이 두 가지였습니다. 하나는 이스라엘이 예수를 죽였다는 것이고, 다른 하나는 하나님이 예수를 살려냈다는 것입니다. 사도행전 2장과 3장에서 똑같이 반복된 내용입니다. 관원들은 자신들이 예수를 죽였다는 것은 인정 하지만 예수 안에 죽은 자의 부활이 있다는 것은 도무지 이해, 납득, 용납, 인정, 수용이 안 됩니다. 자신들이 아무리 생각하고, 모든 지혜를 총동원해도 그런 일은 가능하지 않기 때문입니다. 관원들의 반응이 지극히 정상이라고 했습니다. 그런데 4절에 '말씀을 들은 사람 중에 믿는 자가 많으니'라고 나옵니다. 제자들이 한 말 즉 하나님이 예수를 살려내셨다는 말, 예수 안에 죽은 자의 부활이 있다는 것을 '믿는 자'가 있었습니다.

여러분은 관원들의 행동이 아니라 이 믿은 사람들의 행동을 의아해 해야 합니다. 어떻게 죽은 자의 부활이 이해가 됩니까? 어떻게 그런 일이 있을 수 있습니까? 어떻게 설명할 수 있습니까? 어떻게 인정합니까? 상식과 경험과 지혜와 모든 학식을 총동원해도 그것이 어떻게 말이 됩니까? 그래서 사용된 표현이 '믿는 자'입니다. 이 '믿는다'라는 의미를 잘 이해하셔야 합니다. 믿음이라는 표현은 지극히 종교적 표현입니다. 종교적이라는 것은 종교분야에서 사용한다는 의미가 아니라 인간이 주체가 되는 용어가 아니라는 의미입니다. 구분을 해 보겠습니다. 사람들끼리도 '믿는다'는 말을 합니다. 사람들이 사용하는 믿는다는 말은 '알고 있다, 신뢰한다, 이해한다'는 의미입니다. 모르는 사람을 믿는다고 하는 사람이 없고, 모르는 내용을 믿는다고 말하는 사람이 없습니다. 추천서를 쓸 때에 흔히 '내가 믿는 사람입니다'라고 합니다. 당연히 추천인을 알고 있다는 뜻입니다. 겪어보니 신뢰할만하다는 의미입니다. 실상은 모르는데, 나도 이해가 안 되는데 '믿는다'고 말하는 경우는 세상에 없습니다. 그래서 세상에서 사람들이 사용하는 '믿는다'는 말은 종교적 용어가 아니라 일상적 용어요, 인간적 용어일 뿐입니다.

동일한 '믿는다'는 단어가 종교의 영역, 기독교의 영역으로 들어오면 의미가 완전히 바뀝니다. 기독교라고 해서 모르는 것을 안다고 말하거나, 이해가 안 되는 것을 이해가 된다거나, 겪어보지 않은 것을 신뢰한다고 말할 수는 없습니다. 기독교에서도 당연히 인간의 기준, 인간의 방법, 인간의 논리, 인간의 지혜, 인간의 상식, 인간의 경험으로는 이해할 수 없고, 수용할 수 없고, 알 수 없습니다. 그런데 이것이 이해가 되고, 용납이 되고, 인정이 되어버렸습니다. 이렇게 분명히 인간의 논리, 인간의 방법으로는 도무지 이해가 안 되는 것이 인간에게 이해와 인정이 되어버린 것을 설명할 때 사용하는 표현이 바로 '믿음'입니다. 인간으로는 이해가 되지 않는 것이 이해가 된 것은 하나님이 이해하게 해 주신 결과입니다. 이렇게 하나님이 해주신 것을 설명하는 표현이 '믿음'입니다. 즉 '믿음'이란 '인간이' 믿었다는 인간의 결단과 행동을 나타내는 단어가 아니라 '하나님'이 하셨다는 하나님의 의지, 하나님의 은혜, 하나님의 역사를 나타내는 단어입니다. 다시 한 번 강조합니다. '믿음'은 인간의 행동, 인간의 판단, 인간의 결정, 인간의 각오, 인간의 의지를 나타내는 표현이 절대로 아닙니다. 그래서 믿음에 관하여 인간은 자랑이나 교만이나 자기를 주장할 수 없습니다. 믿음은 하나님의 일하심, 하나님의 역사하심, 하나님의 은혜주심, 하나님의 사랑을 나타내는 표현입니다.

대조

사도행전 4장 1절로 4절이 얼마나 기가 막히게 표현하고, 얼마나 기가 막히게 대조하고 있는지를 보셔야 합니다. 1절에 등장한 사람들은 모두 인간의 대표들입니다. 제사장, 성전 맡은 자, 사두개인들입니다. 종교적으로 지도자들이요, 정치적으로 지도자들이요, 경제적으로 지도자들이요, 지혜적으로 지도자들입니다. 당대에서 이 사람들을 뛰어넘는 사람이 없습니다. 이 사람들이 모르면 모두가 모르는 것이요, 이 사람들이 이해를 못하면 이해할 사람이 없는 것이요, 이 사람들이 납득이 되지 않으면 납득할 사람이 없습니다. 이 지혜자요, 경륜자요, 경험자요, 지도자요, 리더요, 안내자들의 결론이 '예수 안에 죽은 자의 부활이 있다'는 것을 도무지 받아들일 수 없다는 것입니다. 이것이 당연합니다. 인간의 입장에서는 이 이상이 나올 수 없습니다. 이것 말고 다른 반응이 나오면 그것은 인간의 반응이 아닙니다.

인간의 반응이 아닌 하나님의 일하심의 결과가 바로 4절 "말씀을 들은 사람 중에 믿는 자가 많으니 남자의 수가 약 오천이나 되었더라"입니다. 관리들은 안 믿었는데 이 사람들은 믿었다는 것이 아닙니다. 제사장들과 사두개인들은 불신했는데 이 사람들은 영접했다는 것이 아닙니다. 지도자인 제사장들과 사두개인들이 이해를 못하면 백성에 불과한 자들, 민초에 불과한 자들, 무지한 자들, 어중이 떠중이에 불과한 자들이 이해하고 깨달을 수 있는 여지가 없습니다. 그런데 이들이 예수 안에 죽은 자의 부활이 있다는 것을 이해했습니다. 누가 한 것입니까? 하나님이 하셨습니다. 이 사람들의 지혜로, 이 사람들의 결단으로, 이 사람들의 머리로, 이 사람들의 의지로 행한 것이 절대로 아니라는 것을 강조하기 위해서 앞에 제사장, 사두개인들이 등장했고, 이 사람들을 설명할 때 '믿는 자'라고 표현하였습니다. 누가 하셨다고요? 하나님이 하셨습니다. 만약 이 사람들이 이해했으면 '이해한 자', '깨달은 자'라고 해야 합니다. 그러나 성경은 '믿는 자'라고 표현하고 있습니다.

하나님의 사역

성경의 표현이 정말 멋있습니다. 유사한 표현이 이미 2장에 나왔었습니다. 사도행전 2장에서 성령이 임한 사건에 대해 베드로가 설명을 했습니다. 그때 결론이 41절 "그 말을 받은 사람들은 침례를 받으매 이 날에 신도의 수가 삼천이나 더하더라"입니다. 이때에도 아주 독특한 표현이 등장했다고 했습니다. 그 말을 듣고 이해한 사람, 그 말을 듣고 납득이 된 사람, 그 말을 듣고 충분히 깨달은 사람이라고 하지 않고 '그 말을 받은 사람들'이라고 했습니다. 이런 표현은 세상에 없습니다. 이것도 그 사람의 행동을 강조하는 것이 아니라 그런 결과를 만들어 내신 하나님을 강조하는 표현입니다. 하나님이 주셨다는 의미입니다. 하나님이 말씀을 주셨고, 하나님이 이해를 주셨고, 하나님이 깨달음을 주셨습니다. 하나님이 하셨습니다. '그 말을 받은 사람들'을 4장에서는 4절에 '말씀을 들은 사람 중에 믿는 자가 많으니'라고 표현하였습니다.

'믿음'이라는 표현이 하나님의 일하심을 나타내는 것임을 조금 더 설명해 보겠습니다. 여러분은 사도행전 2장의 베드로의 연설, 4장의 베드로의 연설을 살펴보셨습니다. 제가 아주 간단히 요약해 보겠습니다. '너희가 예수를 죽였다. 그런데 하나님이 살리셨다!'입니다. 베드로가 한 말이 이것뿐입니다. '너희가 예수를 넘겨주고, 거부하고, 죽였다. 그런데 예수의 죽음은 이미 예언되어 있었던 것이고, 하나님이 예수를 살려내셨다'입니다. 이렇게 설명을 들어보시니 죽은 자가 살아났다는 것이 이해가 되십니까? 이 설명을 듣고 나니 부활이 가능하다는 것이 논리적으로 납득이 되십니까? 이 설명을 듣고 나니 창과 칼에 찔리고 뼈가 부러지고, 십자가에 여섯 시간 달려있어 피가 전부 빠져나가 죽은 사람이 살아났다는 것이 아주 자연스럽게 수용이 되십니까? 과연 베드로의 설명이 연역적이든 귀납적이든 설득력이 있어 보입니까? 과연 베드로의 연설이 자초지종이 있고, 논리성이 있고, 체계성이 있고, 누가 들어도 납득할 수 있는 객관성과 증거력이 있습니까? 과연 들어보니까 나도 들을 만하다, 일리가 있다, 충분한 설명이라고 다른 사람에게도 추천하시겠습니까? 과연 들어보니 만약 누가 나에게 죽은 자의 부활에 대해 질문하면 이렇게 대답하면 되겠다는 생각이 드십니까?

베드로의 설명, 베드로의 연설을 세상에서는 '강짜, 억지, 독설'이라고 합니다. 왜냐하면 논리적이지도 않고, 증거도 없고, 객관적이지도 않고, 도무지 수용 가능하지 않은 일을, 도무지 납득 가능하지 않은 말로 주장하고, 심지어 사람들에게 전하고 있기 때문입니다. 베드로의 말을 들은 사람들의 가장 인간적인 반응, 가장 상식적인 반응, 가장 일반적인 반응을 보인 사람들이 바로 제사장들과 성전 맡은 자와 사두개인들입니다. 이 사람들의 반응이 가장 당연합니다. 하나님이 역사하지 않으면, 하나님이 '믿음'을 주시지 않으면 이 범주를 벗어날 수 없습니다. 4장에서는 제사장들이나 사두개인들이 이상한 것이 아니라, 믿는 자 오천 명이 놀라운 일입니다. 이 현상을 어떻게 설명하시겠습니까? 하나님이 하셨다고 말할 수밖에 없습니다. 그것을 사람의 입장에서 표현하면 '그 사람들이 믿었다'고 표현합니다.

말하는 자의 관점

베드로의 입장

지금까지는 듣는 사람의 반응에 대해서 설명을 드렸습니다. 죄인 중에 복음을 듣고 납득할 사람이란 없습니다. 죄인 중에 진리를 듣고 알아들을 사람이란 없습니다. 그렇다면 한 번 반대로 생각해보겠습니다. 듣는 사람의 입장이 아니라 전하는 사람, 말하는 사람의 입장은 어떠하겠느냐는 것입니다. 사도행전 2장과 3장의 연설자는 베드로입니다. 2장에서는 멀쩡한 사람들이 갑자기 각각 자기가 사용하던 언어가 아니라 전혀 생뚱맞은 언어로 말하게 된 현상을 설명하는 연설이었습니다. 3장은 나면서 못 걷게 된 사람을 아주 단순하게 '은과 금은 내게 없거니와 내게 있는 이것을 네게 주노니 나사렛 예수 그리스도의 이름으로 일어나 걸으라'고 말한 것과 '오른손을 잡아 일으킨 것'으로 그 사람을 걷게 한 현상, 그것을 본 사람들이 모두 심히 놀랄 수밖에 없는 현상을 설명하는 연설이었습니다. 그런데 두 현상에 대해 설명하는 베드로의 내용이 똑같습니다. 과연 베드로는 자기가 설명하면 사람들이 수용할 줄로 기대하고 연설을 했을까요?

사람들은 어떻게 다른 언어를 전혀 배우지 않은 사람이 갑자기 다른 언어로 말할 수 있는 지를 궁금해 하는데 그때 설명이 너희가 예수를 죽였다, 그런데 하나님이 그 예수를 살렸다, 그래서 그 예수가 지금 우리로 하여금 다른 언어로 말하게 한다고 말하면 '아하~ 그렇구나!'라고 사람들이 반응할 걸로 예상한 것입니까? 그래서 자기가 그렇게 설명하면 적어도 한 삼천 명은 자신의 말이 일리가 있다고, 자신의 말이 옳은 것 같다고, 자신의 말이 충분히 설명이 되었다고 받아들일 것으로 생각했겠느냐는 것입니다. 3장도 마찬가지입니다. 나면서부터 앉은뱅이된 자를 어떻게 일으킬 수 있었는가를 알고 싶어 하는데 그때 설명이 너희가 예수를 죽였다, 그런데 하나님이 그 예수를 살렸다, 그래서 그 예수의 이름, 예수로 말미암아 난 믿음이 이같이 완전히 낮게 하였다고 말하면 '오, 좋은 설명입니다, 훌륭합니다. 일리가 있습니다'라고 사람들이 호응할 걸로 예상한 것입니까? 최소한 오천 명 이상은 회개하고, 개종할 것을 기대했을까요?

직접 들어보신 여러분이 대답해 보시기 바랍니다. 베드로의 연설을 들어보니 과연 설득력이 있던 가요? 그렇다면 여러분에게 이 연설문을 외워서 또는 이 연설문과 유사하게 문장을 만들어서 사람들에게 가서 전하고, 한 삼천이나 오천 명쯤 데리고 오라고 하면 가서 연설하시겠습니까? 혹시 기독교의 이적과 능력이 나타나는 현상에 대해 사람들이 궁금해 하면 이 연설문처럼 대답해주면 사람들이 모두 알아들을 것 같은가요? 솔직히 말해 봅시다. 이 연설 또는 설교가 말이 됩니까? 당연히 안 됩니다. 베드로도 자신이 이렇게 말하면 될 것으로 예상한 것이 아닙니다. 베드로도 자신이 가장 적절하게, 가장 설득력있게 말했다고 생각하지 않습니다. 만약 베드로가 스스로도 적절하게 또는 설득력있게 말했다고 생각하지 않으면 과연 베드로는 무슨 생각으로 이렇게 말했을까요?

말하시는 이

기독교의 표현들이 매우 독특하고 엄청난 사고의 전환을 담고 있다는 것을 기억하셔야 합니다. 기독교인들이 자주 사용하면서도 그 말이 무슨 의미인지를 인식하지 못하는 경우가 너무 많습니다. 베드로가 말을 했는데, 말도 안 되는 말을 했습니다. 그 말을 듣고는 아무도 설득되지 않습니다. 그런데 그 말을 듣고 자그마치 삼천 또는 오천 명이 믿었습니다. 삼천이나 오천 명의 반응에 대해서 성경은 '듣는 자의 관점'을 표현하는 것과 '말하는 자의 관점'을 표현하는 방식이 각각 다르게 등장하고 있습니다. 듣는 자의 관점으로는 앞에서 설명드린 대로 들었던 사람들의 결단이나 행동이 아니라 하나님이 듣게 하셨다, 하나님이 이해하게 하셨다는 의미로 '그 말을 받은 사람' 또는 '믿는 자'라는 표현을 사용했습니다.

그렇다면 말도 안 되는 말을 한 사람은 무엇을 한 것입니까? 정작 당사자는 말도 안 되는 말을 했는데, 실제 반응은 삼천이나 오천이 믿었습니다. 그럼 말하는 사람은 아무 말이나 해도 됩니까? 말하는 사람은 자기 말이 설득이 되는지 안 되는지, 상대방의 청취 여부와 아무 상관없이 그냥 아무렇게나 이말 저말 갖다 붙이면 됩니까? 어차피 진리를 알아들을 죄인은 없고, 죄인이 알아듣게 하는 것은 하나님이 하시는 일이라면 말하는 사람은 무슨 의미가 있고, 무슨 가치가 있습니까? 이것의 정답은 여러분이 너무나 잘 알고 있는 표현입니다. 마가복음 13장 11절을 보시면 이런 구절이 있습니다. "사람들이 너희를 끌어다가 넘겨 줄 때에 무슨 말을 할까 미리 염려하지 말고 무엇이든지 그 때에 너희에게 주시는 그 말을 하라 말하는 이는 너희가 아니요 성령이시니라"입니다. 이것이 정답입니다. 이것을 사도행전 식으로 표현하면 '성령이 말하게 하심을 따라', 또는 '성령이 충만하여 이르되'입니다.

성도님들이 성경의 의도를 모두 오해하고 있기에 자주 혼동합니다. 성도가 말을 해야 할 때에 '너희에게 주시는 그 말을 하라 말하는 이는 너희가 아니요 성령이시니라'고 하니까 사람들은 성령께서 가장 적절한 표현으로, 가장 옳은 단어로, 가장 정확한 논리로, 누구도 변명할 수 없는 명쾌함으로 말하게 하시는 줄로 착각합니다. 전혀 그렇지 않습니다. 죄인들을 꼼짝 못하게 하는 표현, 죄인들이 동의할 수밖에 없는 치밀한 논리, 죄인들이 수긍할 수밖에 없는 정확한 단어 및 구문, 죄인들이 더 이상 항변할 수 없는 명쾌한 설명은 지구상에 없습니다. 사람은 그런 설명을 당연히 할 수 없고, 성령님이 아무리 도와도 아니 아예 성령님이 직접 말씀하셔도 그런 설명은 없습니다. 왜냐하면 아무리 정확하게 말해도 죄인들이 알아들을 수 없기에 그런 설명은 없습니다. 죄인들은 진리에 대하여 죽은 자들입니다. 죽은 자들에게 아무리 정교한 논리가 무슨 소용입니까? 죄인들은 하나님 말씀에 대하여 들을 귀가 없는 자들입니다. 들을 귀가 없는 자들에게 가장 정확한 표현, 치밀한 논리, 설득력있는 증거들이 무슨 의미가 있습니까? 실제로 복음서에서 증명이 되었습니다. 예수님이 아무리 진리를 말씀하셔도, 아니 말씀 정도가 아니라 실제로 부활하여 살아나도 죄인들이 듣지 않았고, 믿지 않았습니다. 그러므로 '성령께서 말씀하신다, 성령을 따라 말한다, 성령이 할 말을 주신다'는 표현은 '때에 맞는 가장 좋은 말, 가장 적합한 말을 주신다'는 의미가 아닙니다.

성령을 따라

이해를 돕기 위해 성경의 다른 예를 들어보겠습니다. 가장 대표적으로 출애굽기의 모세를 생각해 보시기 바랍니다. 하나님이 모세를 애굽으로 돌려보내시면서 하시는 말씀이 출애굽기 3장 10절 "이제 내가 너를 바로에게 보내어 너에게 내 백성 이스라엘 자손을 애굽에서 인도하여 내게 하리라" 입니다. 이렇게 모세를 바로에게 보내시면서 주시는 방법이 '말하는 것'입니다. 출애굽시키는 방법이 '말'입니다. 아니 출애굽이 말로 됩니까? 모세가 말을 못한다고 하자 하나님의 말씀이 출애굽기 4장 12절 "이제 가라 내가 네 입과 함께 있어 할 말을 가르치리라", 그러면서 아론을 세워주시고 15절 "너는 그에게 말하고 그의 입에 할 말을 주라 내가 네 입과 그의 입에 함께 있어서 너희들이 행할 일을 가르치리라 그가 너를 대신하여 백성에게 말할 것이니 그는 네 입을 대신할 것이요"입니다. 분명히 하나님이 '할 말을 가르치리라'고 하셨습니다. 그래서 모세가 한 말이 무엇입니까? 5장 1절 "그 후에 모세와 아론이 바로에게 가서 이르되 이스라엘의 하나님 여호와께서 이렇게 말씀하시기를 내 백성을 보내라 그러면 그들이 광야에서 내 앞에 절기를 지킬 것이니라 하셨나이다"입니다. 그래서 어떻게 되었습니까? 하나님이 하신 말씀, 하나님이 가르쳐 주신 말씀을 들어보니 논리가 있고, 설득력이 있습니까? 과연 하나님이 가르쳐 주신 말씀이라 그런지 사람으로서는 도무지 생각해낼 수 없는 정확하고, 분명하고, 치밀한 구조로 되어있습니까? 하나님이 가르쳐 주신 대로 말하면 어떤 죄인이라도 더 이상 변명하지 못하고 들을 수밖에 없습니까? 이게 하나님이 가르쳐준 말씀입니까? 맞습니다. 하나님이 가르쳐 주셨습니다.

성경에서 말하는 '하나님이 가르쳐 주신다, 하나님이 할 말을 주신다, 일하시는 이가 하나님이요, 말씀하시는 이가 하나님이시다'라는 표현은 '하나님 말씀의 논리성'이 아니라 '그 말을 하나님이 책임지신다'는 의미입니다. 하나님이 모세에게 할 말을 가르치리라고 하신 것은 바로도 꼼짝 못할 말을 하게 한다는 것이 아니라 모세가 하는 말을 하나님이 책임지신다는 뜻입니다. 바로에게 가서 '내 백성을 보내라'는 요구는 얼토당토않은 말이지만, 하나님이 그 말을 주셨기에 그 말을 하나님이 책임지신다는 의미입니다. 그래서 하나님이 기어코 출애굽이 되게 하신다는 선포입니다. 하나님이 말을 주시는 것은 '그 말'로 이기라는 것이 아니라 하나님이 말을 주시는 대로 '하나님'이 이루어내신다는 의미가 됩니다.

'성령이 함께 하신다, 성령이 도우신다, 성령이 알려주신다'는 표현 모두가 성령이 지혜를 주어서 누가 봐도 합리적이고, 누가 들어도 옳고, 누가 판단해도 합당하게 말이나 일을 진행시켜 준다는 의미가 절대로 아닙니다. 방법과 결과, 과정과 결과를 오해하시면 안 됩니다. 구약에서 허다한 사건에 성령이 임하였고, 하나님의 영이나 여호와의 영이 임하였습니다. 그 사건들을 보면 모두가 말도 안 되는 방법이요, 터무니없는 과정이요, 도무지 납득할 수 없는 내용들입니다. 그런데 결과는 늘 하나님의 말씀대로 되었습니다. 이것이 당연합니다. 사사기에서 기드온에게 성령이 임해서 삼백 명을 데리고 전쟁에 나갑니다. 이게 말이 됩니까? 네, 말이 됩니다. 왜냐하면 죄인들을 이기는 것은 합리성이 아닙니다. 죄인들을 이기는 것은 정확성이 아닙니다. 죄인들은 진리에 대해 알지 못하고, 들을 귀가 없습니다. 죄인들을 이기는 방법은 도리어 죄인의 사고를 넘어서는 것입니다. 죄인들의 인식체계에 없는 방식을 동원하는 것입니다. 그래서 죄인들이 이해를 하게 하는 것이 아니라, 놀라게 하고, 기이하게 하는 것입니다. 자신들의 한계, 자신들의 무지를 드러내게 하는 것입니다.

사도행전에서도 마찬가지입니다. 베드로가 하는 말이 사람들을 설득할 수 있는 말이 아닙니다. 제가 들어봐도 터무니없습니다. 예수 믿는 우리끼리는 말이 되지만 예수 안 믿는 사람들에게는 아무 쓸모가 없는 말에 불과합니다. 그런데 그 말을 듣고 삼천 명, 오천 명이 믿었습니다. 이때 베드로가 자기의 연설에 대해서 뭐라고 해야 합니까? '내가 준비를 잘했다, 내가 단어 선정을 위해 고민했다, 내가 호소력 있게 말했다, 내가 성의를 다해 설명했다, 내 음성에 포스가 있다'고 해야 합니까? 이때 베드로가 할 말은 딱 한마디 '성령을 따라 말했다', '성령께서 말씀을 주셨다'입니다. 다른 표현으로 하면 '하나님이 하셨다'입니다. 자신이 말을 잘해서 결과가 나타난 것이 아니라, 베드로가 한 말에 대해서 성령이 결과를 만들어 내었다, 성령이 책임을 졌다는 것입니다. 이것이 성령을 따라 행한다는 의미입니다.

하나님의 사역

종종 세상 사람들이 기독교인들을 보면서 하는 말이 '저 사람들은 절대로 하나님을 믿지 않는다'고 합니다. 놀라고 신기해하는 말이 아니라 흥보며 조롱하는 말입니다. 왜냐하면 기독교인들의 사역 중에 하나님이 하실 일이 없어 보이기 때문입니다. 기독교는 하나님이 일하시는 종교라고 했습니다. 그렇다면 기독교의 계획, 기독교의 사역, 기독교의 일에는 하나님이 일하실 분야가 있어야 합니다. 그런데 오늘날 기독교의 계획에는 하나님이 없어도 됩니다. 교회들의, 성도들의 계획이 얼마나 치밀하고, 과정이 얼마나 정교하고, 내용이 얼마나 분명한지 그대로 하면 온 세상이 다 변화될 것 같습니다. 혹시 1단계에서 안 되면, 2단계가 준비되어 있고, 3단계까지 대책마련이 다 되어 있습니다. 그 계획대로라면 결과는 보나마나 입니다. 하나님 없어도 됩니다.

세상이 일하는 방식과 기독교가 일하는 방식이 어떻게 다른지를 설명해 보겠습니다. 세상은 하나님을 믿지 않습니다. 하나님이 일하신다, 하나님이 역사하신다는 생각 자체가 없습니다. 그러니 모든 것을 인간이 해야 합니다. 당연히 인간이 생각하기에 그럴듯해야 하고, 인간이 생각하기에 빈틈이 없어야 하고, 인간이 생각하기에 합당해야 합니다. 인간인 자기들의 생각에도 말이 안 되면 당연히 말이 안 됩니다. 그래서 계획과 말이 아주 그럴듯합니다. 반면에 기독교는 하나님을 믿는 사람들입니다. 하나님이 말씀하신다는 것, 하나님이 일하신다는 것, 하나님이 역사하신다는 것을 믿는 사람들입니다. 그래서 기독교의 계획에는 하나님이 하실 일이 가득 차 있고, 인간이 할 일은 별로 없습니다. 인간이 할 일은 아주 간단합니다. 가서 말하는 것입니다.

인간이 할 일이 단지 '가서 말하는 것'이라고 하니 너무 간단한 것으로 여기실 것 같아 조금 늘려보겠습니다. '가서', 가장 적절한 시기인지 아닌지 별로 생각하지 않고 그냥 갈만하면 가거나 갈 기회가 있으면 그냥 가면 됩니다. 가려고 했는데 사정이 여의치 않으면 안 가면 됩니다. 또 '말한다', 성경에 있는대로 예수님이 부활하셨다고, 하나님이 구원하신다고, 하나님이 인간을 사랑하고 축복하고 도우신다고 말하면 됩니다. 우리는 한국말을 하는데 상대방은 외국인들이라면 어떻게 해야 하나 고민하지 않습니다. 통역이 있으면 세우고, 없으면 그냥 한국말로 하면 됩니다. 상대방이 나보다 훨씬 지혜롭고, 부자고, 명예와 권세도 높고, 누가 봐도 저 사람이 나를 부러워할 이유가 전혀 없고, 도리어 나를 불쌍히 여길만한 상황이라면, 당황하지 않고 마치 바울이 옥에서 말했던 것처럼 '이 상황만 빼고 너도 나와 같이 되기를 원하노라'고 말하면 됩니다. 그것으로 족합니다. 기독교는 하나님이 일하시는 종교요, 하나님이 책임지는 종교요, 하나님이 결과를 만들어내는 종교입니다. 그런데 오늘날 기독교는 모두 인간이 일하는 종교요, 인간이 책임지는 종교요, 인간이 결과를 만들어 내야하는 종교가 되었습니다. 그래서 성령의 방법이 없어지고, 누가 봐도 될 것 같은 수단과 방법과 내용과 과정이 진행되고 있습니다. 그러니 기독교인들의 행동을 보고 사람들이 하나님을 안 믿는 것이 분명하다고 말합니다. 그 사람들이 하는 말이 일리가 있습니다.

베드로의 반응

베드로의 연설을 듣고 제사장들과 성전 맡은 자와 사두개인들은 베드로를 잡아서 가두었습니다. 그런데 말씀을 들은 사람 중에 믿는 자가 많으니 남자의 수가 오천이나 되었습니다. 누가 하셨다고요? 하나님이 하셨습니다. 하나님은 왜 오천이나 더했을까요? 지금 예수님이 제자들을 돕고 있다는 것을 기억하셔야 합니다. 제자들을 '자아도취'시키는 것이 아니라 제자들의 생각을 변화시켜 주고 있습니다. 제자들이 잡혔고 갇혔습니다. 자신들이 사람들에게 '말'을 전하지 못하게 되었고, 도리어 말한 사람이 갇히게 되었으니 이 사람들이 한 말이 무슨 영향력이 있고, 어떤 사람이 이런 말을 듣고 싶어 하겠습니까? 도무지 본이 되지 않고, 덕이 되지 않습니다. 절대로 부러워할 리가 없고, 이 사람들처럼 되고 싶을 리가 없습니다. 그렇다면 믿는 자가 늘어나야 합니까, 줄어야 합니까? 당연히 줄어야 합니다. 있던 사람들마저 떠나가야 합니다. 그런데 지난 번 2장 41절에서 자신들이 현장에서 쩌렁쩌렁 복음을 전파할 때도 삼천 명이었는데, 지금은 자신들이 옥에 갇혀있는데 오천 명이 믿습니다. 자신들이 믿어지겠습니까? 아니요. 누가 가장 놀랍니까? 말한 당사자들이 놀랍니다.

이런 상황을 경험하면 '내가' 전도하니까 사람들이 믿더라, '내가' 복음을 전하니까 반응이 좋다는 교만이 생길 수 있습니까? 전혀 없습니다. 예수님은 지금 제자들을 가르치고 있는 것이요, 제자들에게 거듭거듭 확인시켜주고 있습니다. 너희들이 하는 것이 아니라 '하나님의 사역'이라는 것을 확증하여 주십니다. 기독교는 하나님이 일하시는 종교입니다. 인간을 구원하시는 것을 하나님이 하십니다. 하나님 나라의 확장도 하나님이 하십니다. 하나님을 위해 일하려고 불편하고 부담되는 신앙생활이 아니라, 하나님 때문에 자유와 평화와 안식과 기쁨을 누리는 멋진 신앙되시기를 주님의 이름으로 축원합니다.

16

예수의 이름으로

사도행전 4:5-12

5 이튿날 관리들과 장로들과 서기관들이 예루살렘에 모였는데 6 대제사장 안나스와 가야바와 요한과 알렉산더와 및 대제사장의 문중이 다 참여하여 7 사도들을 가운데 세우고 묻되 너희가 무슨 권세와 누구의 이름으로 이 일을 행하였느냐 8 이에 베드로가 성령이 충만하여 이르되 백성의 관리들과 장로들아 9 만일 병자에게 행한 착한 일에 대하여 이 사람이 어떻게 구원을 받았느냐고 오늘 우리에게 질문한다면 10 너희와 모든 이스라엘 백성들은 알라 너희가 십자가에 못 박고 하나님이 죽은 자 가운데서 살리신 나사렛 예수 그리스도의 이름으로 이 사람이 건강하게 되어 너희 앞에 섰느니라 11 이 예수는 너희 건축자들의 버린 돌로서 집 모퉁이의 머릿돌이 되었느니라 12 다른 이로써는 구원을 받을 수 없나니 천하 사람 중에 구원을 받을 만한 다른 이름을 우리에게 주신 일이 없음이라 하였더라

승자의 모습

승자들

사람들의 사고방식에는 강자와 약자의 대결구도가 있습니다. 당연히 강자가 이길 것이라고 생각합니다. 또 진리와 거짓의 대결구도도 있습니다. 당연히 진리가 이길 것으로 압니다. 물론 강자가 이기고 진리가 이기는 것은 맞습니다. 그런데 이기는 모습, 승리의 상황은 사람들의 예상과는 전혀 다를 수 있다는 것을 생각하셔야 합니다. 예수님이 진리이시고 세상의 주관자이시기에 절대 강자입니다. 그런데 예수님은 복음서에서 일반적인 관

점에서의 승리자의 모습을 보여주지 않습니다. 관원들과의 논쟁에서 저들의 말문을 막히게 하였지만 관원들이 예수의 말씀을 배운 것이 아닙니다. 저들은 끝까지 예수의 말을 인정하지 않았고 따르지 않았습니다. 또 예수님은 관원들과 로마 군병들에 의해 죽임을 당했지만 사망권세를 물리치고 부활했습니다. 예수가 이겼고 승리하였습니다. 그러나 예수는 전혀 승자의 영광을 누리지 않았습니다. 관원들과 로마 군병들이 패자로서 굴욕을 당하지도 않았습니다. 부활한 이후에도 예수는 공개적으로 자신을 드러내기 보다는 제자들에게만 나타났을 뿐이고, 관원들은 여전히 자신들의 위치에서 자신들의 권세를 동일하게 누리고 있습니다. 과연 누가 승자입니까? 예수가 승자인 것은 분명한데 일반적인 승리의 모습과 다릅니다.

제자들의 모습도 사실은 여러분이 조금 당황하셔야 하는 상황입니다. 사도행전 2장에서 제자들이 다른 언어로 말하니까 모두들 놀랐고, 베드로의 설명을 듣고 그 말을 받은 자가 삼천이나 되었습니다. 그러면 일단 흥행몰이가 시작된 것이라고 여길 수 있을까요? 그 다음에 탄력 받아서 사도행전 3장에서 나면서 못 걷게 된 사람을 아주 간단하게 일으켜 세웠고, 역시나 허다한 사람들이 모여들었고, 모두 다 심히 놀랐고 다시 한 번 베드로의 연설을 듣고 믿는 자가 자그마치 남자만 오천이나 되었습니다. 단 두 번에 걸쳐서 베드로의 사역에 최소한 거부하지 않는 사람들, 적극적이든 소극적이든 귀담아 듣고 침례를 받는 등의 긍정적인 반응을 보인 사람들이 팔천 명이나 됩니다. 어마어마하게 많은 숫자입니다. 외형상으로만 보면 핵심 멤버 열두 명이 삼 년 동안 동고동락한 끈끈한 조직력이 있고 새로이 동조하는 수천 명의 세력이 있으니 갑자기 등장한 신흥 세력집단으로 여겨질 수 있습니다. 게다가 성령이 임하여 하나님의 도움까지 후원을 받고 있습니다. 거칠 것이 없고, 무소의 뿔처럼 전진하면 될 것으로 보입니다. 예수에게서 나타나지 않았던 승자의 모습이 과연 제자들에게서는 확연하게 드러날까요? 과연 어떻게 될까요?

그 실체가 4장 3절 "그들을 잡으매 날이 이미 저물었으므로 이튿날까지 가두었으나"입니다. 제자들이 잡혀 있을 때 오천 명이 늘어났지만 상황은 유사합니다. 21절 "관리들이 백성들 때문에 그들을 어떻게 처벌할지 방법을 찾지 못하고 다시 위협하여 놓아 주었으나"입니다. 관리들이 놓아 주었다고 해서 베드로와 제자들을 두려워한 것으로 생각하면 큰 오해입니다. 5장 17절 "대제사장과 그와 함께 있는 사람 즉 사두개인의 당파가 다 마음에 시기가 가득하여 일어나서 사도들을 잡아다가 옥에 가두었더니"입니다. 또 40절 "그들이 옳게 여겨 사도들을 불러들여 채찍질하며 예수의 이름으로 말하는 것을 금하고 놓으니"입니다. 이게 승리입니까? 이게 강자의 모습입니까?

경쟁과 승리

세상에서 경쟁을 언급하고 승리를 강조하는 것은 당연합니다. 왜냐하면 모든 사람이 서로 경쟁자이기 때문입니다. 오죽하면 생존경쟁이라고, 약육강식이라고 하겠습니까! 그러나 기독교는 전혀 가치가 다르고, 개념이 다르고, 인식이 다르고, 원리가 다릅니다. 성도는 세상을 바라보는 관점, 상황을 판단하는 가치, 사람을 대하는 원리, 행동하고 실천하는 방법들이 완전히, 원천적으로 다른 사람들입니다. 만약 성도가 이 차이점을 인식하지 못하면 성도가 가장 엉뚱한 신앙생활, 가장 이상한 신앙생활을 하고 있는 불쌍한 존재가 되고 맙니다.

세상과 기독교가 구별되는 가장 대표적인 것은, 기독교는 인간과 경쟁하지 않는다는 사실입니다. 기독교에는 경쟁이란 단어, 경쟁이라는 비교개념 자체가 존재하지 않습니다. 기독교가 누구와 경쟁하고, 누구와 싸워야 합니까? 타종교와 싸울까요? 아니면 대형교회와 싸울까요? 아니면 현 정권하고 싸울까요? 도대체 기독교가 누구와 경쟁하고 누구와 싸워야 하고 누구를 이겨야 합니까? 아마도 여러분은 '죄'라고 대답하실 것입니다. 맞습니다. 기독교의 상대는 오직 하나 죄뿐입니다. 그런데 그것도 충분한 답은 아닙니다. 죄와의 싸움이 아직 안 끝났습니까? 이제 죄와 붙어서, 이제 죄에게 승리해야 합니까? 만약 우리가 죄와의 싸움에서 지면 패배하는 것입니까? 혹시 우리가 패할 수도 있습니까? 절대로 그렇지 않습니다. 기독교가 죄와 싸우는 것은 맞지만 죄와의 싸움은 이미 예수 그리스도의 승리로 판결이 났습니다. 이 싸움은 이제부터 시작해야 하는 싸움이 아니고, 갈 때까지 가봐야 결과를 아는 싸움이 아니고, 이미 이긴 싸움입니다. 그래서 성도는 이 싸움에 임하는 태도, 자세, 준비 등 모든 것이 전혀 차원이 다릅니다. 이 관점을 가져야 복음서의 예수님의 사역이 이해가 되고, 사도행전의 제자들의 사역을 이해할 수 있습니다.

기독교가 비록 대립이라든가, 죄와의 싸움이라는 표현을 사용하지만 실제적으로는 전혀 차원이 다릅니다. 동등한 수준에서 경쟁하는 것이 아니라 아예 차원이 다른 존재이기에 경쟁이라는 설정이 없습니다. 차원이 다른 존재이기에 상대적 우위, 경쟁에서의 승리라는 개념 자체가 없습니다. 성도의 관심은 죄인에게 성도의 삶의 모습을 어떻게 적용시켜 주어야 하는가, 죄인에게 하나님의 분복을 어떻게 구현시켜야 하는가, 세상에 하나님의 나라를 어떻게 이루어낼 것인가를 생각합니다. 앞으로 설명해 나갈 것이고, 그런 관점에서 관원들과 베드로의 대화 장면을 상고해 보겠습니다.

관원들

4장 2절에서 제자들을 잡아두었던 관원들이 또 모였습니다. 5절 "이튿날 관리들과 장로들과 서기관들이 예루살렘에 모였는데 대제사장 안나스와 가야바와 요한과 알렉산더와 문중이 다 참여하여"입니다. 이 사람들은 예수님 당시 유대교의 지배세력으로서 장기간 군림했으며, 예수를 죽이는 과정에 직접적으로 가담했던 자들입니다. 누가복음 3장 2절을 보면 "안나스와 가야바가 대제사장으로 있을 때에 하나님의 말씀이 빈들에서 사가랴의

아들 요한에게 임한지라"입니다. 그러므로 침례 요한이 등장하기 이전부터 이들이 지배하고 있었습니다. 요한복음 18장 13절을 보면 "먼저 안나스에게로 끌고 가니 안나스는 그 해의 대제사장인 가야바의 장인이라"고 나옵니다. 그러므로 안나스와 가야바는 한 집안 사람입니다. 근래에 우리나라에 관료 세계를 주름잡는 관피아, 해양수산부를 쥐락펴락하는 해피아, 교육계를 휘두르는 교피아 등이 유행인데 제사장도 집안끼리, 아는 사람끼리 해먹는 제피아가 이미 이천 년 전에도 있었습니다.

이 사람들이 예수를 죽일 때에는 단지 감정적으로 싫어한 것이 아니며, 단지 권력에 눈이 어두워 정적을 제거한 것이 아닙니다. 가끔 악의적인 사람들도 있지만 대부분의 경우에는 본인들이 악을 행하고 있다는 것을 모르며, 심지어는 본인들이 선을 행한다고 강조하는 경향이 있습니다. 이런 일이 발생하는 이유는 그 사람의 사고방식, 그 사람의 가치체계, 그 사람의 인식구조 때문입니다. '우물 안 개구리'라는 말은 우물 안에 있는 개구리에게는 전혀 없는 인식입니다. '낫 놓고 기억자도 모른다'는 말은 낫을 든 사람에게는 아무 소용이 없는 말입니다. 낫을 든 사람의 관심은 낫이 잘 드는지만 궁금할 뿐, 낫이 무슨 글자를 닮았는지는 알고 싶지 않습니다. 명분상 관원들의 관심거리는 백성입니다. 관원들은 자신들이 백성들의 삶을 안전하게 해야 하고, 백성들이 어리석은 선동에 미혹되지 않도록 보호하는 책임을 맡고 있다고 생각합니다. 그 책임이 단지 자신들이 자청하거나 부담을 맡은 정도가 아니라 하나님으로부터 위임받은 엄중한 사명이고, 자신들은 그 역할에 충실해야 한다고 여깁니다.

이 사람들의 질문이 7절 "사도들을 가운데 세우고 묻되 너희가 무슨 권세와 누구의 이름으로 이 일을 행하였느냐"입니다. 이 질문을 어디선가 들은 기억이 나실 것입니다. 이 사람들은 예수님에게도 동일한 질문을 했었습니다. 마태복음 21장 23절 "예수께서 성전에 들어가 가르치실새 대제사장들과 백성의 장로들이 나아와 이르되 네가 무슨 권위로 이런 일을 하느냐 또 누가 이 권위를 주었느냐"입니다. 관원, 예수님, 제자들의 관계에서 예수님은 처음부터 끝가지 진리이셨습니다. 제자들은 예수의 십자가와 부활 사건이 있기 전에는 예수의 사역을 이해하지 못했으나 성령 강림 이후 변화되어 예수님의 사역을 온전히 이해하였습니다. 하지만 관원들은 십자가 사건이 있기 전이나 후에나, 성령 강림 사건이 있기 전이나 후에나 아무런 변화가 없습니다. 관원들이 변화되지 않은 것이 일반적인 현상이고, 제자들이 변한 것이 하나님의 은혜 받은 결과입니다. 변화되지 않은 사람과 변화된 사람 중에 누가 관용이 있어야 하며, 누가 배려가 있어야 하며, 누가 이해를 해 주어야 합니까? 성도는 이미 변화된 존재라는 것을 인식하면서 본문을 살펴야 합니다. 일반적인 관점에서는 베드로는 관원들과 경쟁하지 않으며, 관원들을 이기려고 하지도 않습니다.

평행선인 대화

질문의 의도

관원들은 예수님에게도 제자들에게도 유사한 질문을 했습니다. 관원들의 질문은 절대로 궁금해서 하는 질문, 알고 싶어서 하는 질문이 아닙니다. 성도들이 성경을 실제적으로 읽지 않고 너무나 순진하게 문장 그대로 읽는다는 것이 오해의 근원입니다. 일반적으로 사람끼리 말할 때에도 표현은 질문이지만 의미는 질문이 아닌 경우가 많습니다. 예를 들면, 학생이 어른에게 버릇없이 굴 때에 어른들이 하시는 말씀이 '학교에서 그렇게 가르치더냐?'입니다. 분명히 질문이지만 결코 질문이 아닙니다. 학교에서 어른에게 대들라고 가르치지 않는다는 것을 너무나 잘 알고 있으면서 이렇게 말합니다. 또 자녀가 편식을 하면 식탁에서 엄마가 아이에게 '채소 먹을래, 안 먹을래?'입니다. 문법적으로는 의문문이지만 결코 질문이 아닙니다. 채소 안 먹으면 밥을 못 먹게 하겠다는 협박입니다. 또 선거 유세 현장에서 후보자가 시민들에게 연설할 때 '여러분, 이 지역을 위한 진정한 일꾼이 누구입니까?'라고 묻습니다. 문법적으로는 묻는 말이지만 자기라는 말을 이렇게 돌려서 하는 것입니다.

마태복음 21장에서 관원들이 예수님께 했던 질문도 그와 같습니다. 저들은 질문을 하는 것이 아니라 함정을 팠습니다. 다행스럽게도 예수님은 관원들이 하는 질문의 의도를 아셨습니다. 관원들의 의도는 예수를 불법으로 규정하는 것입니다. 당시의 종교 체계는 유대교입니다. 종교 활동을 승인하고, 파송하고, 권위를 인정하고, 사역을 추인하는 모든 권한이 유대교 지도자들에게 있습니다. 자신들이 예수를 파송하지 않았으니, 자신들이 예수에게 권위를 주지 않았으니 예수의 모든 활동은 불법입니다. 예수가 무엇이라고 하든, 대답을 하기만 하면 그 순간 불법이라고 규정할 수 있기에 어떤 말이라도 하라고 질문을 하였습니다. 예수님은 질문에 대답을 하시는 것이 아니라 다른 질문으로 받아치셨습니다. 마태복음 21장 24절 "예수께서 대답하시되 나도 한 말을 너희에게 물으리니 너희가 대답하면 나도 무슨 권위로 이런 일을 하는지 이르리라 요한의 침례가 어디로부터 왔느냐 하늘로부터냐 사람으로부터냐"입니다. 관원들은 예수님의 질문의 의도를 너무나 쉽게, 너무나 빨리 알아차립니다. 왜냐하면 이미 자신들이 가졌던 것과 동일한 의도이기 때문입니다. "만일 하늘로부터라 하면 어찌하여 그를 믿지 아니하였느냐 할 것이요 만일 사람으로부터라 하면 모든 사람이 요한을 선지자로 여기니 백성이 무섭다 하여 예수께 대답하여 이르되 우리가 알지 못하노라"라고 합니다.

이 대답이 관원들로서는 매우 곤란합니다. 관원들은 양자택일로 대답을 해야 하는 절체절명의 순간에 양자택일의 대답을 포기하고 제 삼의 대답을 선택했습니다. 그런데 제 삼의 대답이 곤란을 벗어난 것이 아니라 실상은 더 나쁜 결과에 빠지게 되었습니다. 양자택일에서 하나를 선택했으면 어쨌거나 자신들의 의사를 밝히고 자신들의 결정권을 주장할 수 있는 것인데 제 삼의 대답은 '우리가 알지 못하노라'입니다. 이 대답이 가장 곤혹스러운 것은 자신들은 관원들이요, 지도자요, 리더요, 책임자들로서 그동안 모든 것을 알고 있고 모든 것을 가르쳐 주는 입장이었기 때문입니다. 그런데 자신들이 스스로 '우리가 알지 못하노라'고 했다는 것은 그 동안 자신들이 안다고 했던 것이 과연 아는 것이었는지, 자신들이 가르친 것들이 과연 옳은 것이었는지 근본부터 부정될 수 있었습니다. 예수님은 저들이 대답을 피할 것을 아시고, 피하면 더 곤란해지는 문제를 던진 것이요, 관원들은 자기 꾀에 자기들만 사로잡히고 말았습니다.

관원들의 질문에 예수님의 최종 대답은 "예수께서 이르시되 나도 무슨 권위로 이런 일을 하는 지 너희에게 이르지 아니하리라"였습니다. 예수님은 대답하지 않으신 것이고, 관원들은 '우리가 알지 못하노라'고 했습니다. 질문은 관원이 하고, 대답도 관원이 하고, 바보가 된 것도 관원들입니다. 하지만 관원들은 곧이어 뒤집기에 성공합니다. 예수를 죽였습니다. 어차피 질문이 그냥 질문이 아니었습니다.

누구의 이름으로

사도행전으로 돌아와서 관원들이 제자들에게 하는 질문을 다시 봅니다. 4장 7절 "사도들을 가운데 세우고 묻되 너희가 무슨 권세와 누구의 이름으로 이 일을 행하였느냐"입니다. 예수님께 물은 것과 표현이 조금 달라졌습니다. 예수에게는 '무슨 권위로'이고, 제자들에게는 '무슨 권세'라고 하는데 정확한 표현은 '권능 또는 능력'입니다. 이것이 달라진 이유는 이제 제자들에게는 '권위'를 물을 이유가 없기 때문입니다. 출처와 근거는 이미 예수를 다룰 때 처리되었습니다. 자신들이 예수를 죽인 것으로 이미 예수가 부당하다는 것이 입증되었습니다. 그래서 4장 1절로 4절에서 관원들은 질문하기 전에 이미 제자들을 잡아서 가두어 둘 수 있었습니다.

또 하나 예수의 활동과 제자의 활동의 차이점은 예수 때에는 예수의 가르침이 핵심 문제였습니다. 그러나 제자들은 새로운 가르침을 들고 나온 것이 아닙니다. 제자들은 예수의 말을 반복하고 있을 뿐이기에 이제 제자들이 가르치는 말은 새롭지도 않고, 신경 쓰지 않아도 됩니다. 그래서 예수가 죽은 후에 제자들을 추가적으로 잡아들이지도 않았고, 제자들의 행동을 제한하지도 않았습니다. 그렇다면 남은 것은 오직 하나입니다. 제자들이 '이적'을 일으키고 있는 것입니다.

관원들의 질문이 조금 달라졌지만 함정인 것은 여전합니다. 이미 권위에 대해서는 물을 것이 없다고 했습니다. 대신 저들이 이적을 행하는데 이것을 정상적인 것으로 간주해서는 안 됩니다. 당연히 이상하고, 단지 이상한 정도가 아니라 부정하다 또는 불의하다는 결정이 나도록 해야 합니다. 그래서 묻는 것이 '너희가 무슨 권세와 누구의 이름으로 이 일을 행하느냐?'인데, '무슨 권세냐?'는 것은 '무슨 능력이냐?'는 의미입니다. 그런데 '누구의 이름으로'가 따라 나옵니다. 왜 이런 질문을 하느냐면 답변이 정해져있기 때문입니다. 관원들의 생각에 능력이 나오는 출처는 크게 두 군데입니다. 하나는 하나님께로 부터이고, 다른 하나는 바알세불로부터입니다. 그런데 하나님은 자신들에게 권위를 주셨기 때문에, 제자들은 하나님이라고는 절대로 말을 할 수 없다는 것입니다. 그렇다면 남은 것은 바알세불뿐입니다. 예상대로 제자들이 '바알세불을 힘입었다, 바알세불의 이름으로 행한다'고 하면 부정한 세력, 불의한 행동으로 처벌할 수 있다는 생각입니다.

베드로의 대답

드디어 베드로가 대답할 차례입니다. 이때 베드로의 대답이 아주 재미있습니다. 사람들은 질문을 받으면 당연히 대답을 해 주려고 합니다. 그런데 대답하기 전에 먼저 생각해야 할 것은 그 질문이 바른 질문인지의 여부입니다. 엉뚱한 질문이라면 대답이 있을 수 없습니다. 많은 사람들이 이 함정에 빠집니다. 엉뚱한 질문인데 바른 대답을 하려고 합니다. 그러면 바른 대답이 곧 엉뚱한 대답이 되고, 틀린 대답이 되어버립니다. 본문에서 관원들의 질문의 의도를 알아야 베드로의 대답이 어떤 묘미가 있는지를 발견할 수 있습니다. 그런데 사람들이 전혀 그런 내용을 알지도 못하고, 알려고 하지도 않습니다. 그러니 기독교가 천박해지고, 기독교의 내용이 저급해집니다.

베드로를 보십시오. 7절에서 질문을 받았습니다. 그러면 아주 간단하게 8절에서 대답하면 될 것이라고 여겨집니다. 관원들이 '무슨 권세와 누구의 이름으로 이 일을 행하느냐'고 물었으니 너무나 당당하게, 진리이니까 자신감 있게, 만군의 여호와의 백성이요, 하늘 나라의 군사답게 대답하면 좋을 것 같습니다. 오늘날 사람들은 다 그렇게 대답하라고 권면합니다. 하지만 베드로는 그렇게 하지 않습니다. 8절은 "이에 베드로가 성령이 충만하여 이르되 백성의 관리들과 장로들아 만일 병자에게 행한 착한 일에 대하여 이 사람이 어떻게 구원을 받았느냐고 오늘 우리에게 질문한다면"입니다. 베드로는 저들의 질문에 대답을 하는 것이 아니라 우선 저들의 질문을 수정하고 있습니다. 그리고 저들이 묻지도 않고, 관심도 갖지 않는 것을 먼저 선언해 버립니다. 그것이 '이 병자에게 행한 착한 일'이라는 말입니다.

대제사장, 관리들, 장로들, 서기관들은 병자에게는 관심이 없습니다. 또 베드로에게도 관심이 없습니다. 오직 자신들과 대항할 수 있는 집단이나 제도 또는 체제가 무엇인가에만 관심이 있을 뿐입니다. 자신들이 곧 하나님을 대행하는 자들이라고 생각하기 때문입니다. 이미 자기들이 가르치고, 자기들이 시행하고 있는 제도만으로도 충분하다고 생각하기 때문입니다. 유대교가 시행되고 있지만 여전히 많은 사람이 죄인이 되고, 긍휼이 없고, 자비가 없고, 은총이 없는 것에 대해서는 '사람은 행한 대로 받는다'는 어이없는 공평과 정의를 주장하고 있을 뿐입니다. 이것이 죄인들의 사고방식이요, 죄인들이 전혀 인식하지 못하고 있는 죄의 어처구니없는 현상입니다. 그래서 나면서부터 걷지 못하는 사람을 일으켜주었는데 그 사람을 치유한 것에 대해서는 일언반구도 하지 않고, 베드로의 행위들을 불의한 일로 몰아세우려고 합니다. 저들의 마음속에는 행여 '자신이 공덕을 쌓지 않았는데도 은혜를 베풀어주면 세상 질서가 깨지고, 많은 사람들이 앞으로는 의로운 행동은 하지 않은 채 은혜만 바라며 살게 되고, 결국은 세상이 망하게 될 것'이라는 지극히 죄적인 사고방식이 자리 잡고 있습니다.

죄인의 실체, 죄인의 한계를 전혀 인식하지 못하기에 마치 자신들이 세상을 유지하고 있고, 자신들이 그나마 인간들을 교육하고, 사회질서를 만들어가고 있다고 착각합니다. 그런 인식체계를 가진 사람들에게 갑자기 나타나 병자를 치유하는 것은 바람직하지 않은 현상입니다. 도리어 불의하다고 주장합니다. 베드로가 그러한 대제사장들과 관원들의 사고방식을 꿰뚫고 저들의 인식체계를 통렬하게 지적하는 것이 '병자에게 행한 착한 일'이라는 표현입니다. 동시에 질문을 바꿉니다. "이 사람이 어떻게 구원을 받았느냐고 오늘 우리에게 질문한다면"입니다.

기독교의 대상

베드로의 말은 단순히 질문을 바꾼 것이 아니라 관원들과는 완전히 다른 인식 체계를 가지고 있다는 것을 스스로 밝히는 것입니다. 기독교가 단순히 신을 믿는 인간의 종교행위를 의미하는 것이 아니라, 하나님이 인간의 문제에 대한 진단과 해법이라는 차원이 있는 것입니다. 그렇다면 세상이 가지고 있는 진단과 해법이 있고, 하나님이 가지고 있는 진단과 해법이 있어서 두 관점이 극명하게 차이가 나는 것입니다. 관원들이 제시한 것은 현재 모든 지구상의 나라와 종교와 제도와 정치 방식입니다. 좋은 제도, 좋은 방식을 만들어서 좋은 인사가 잘 운영하면 된다는 생각입니다. 사도행전 당시에 이스라엘 사람들에게는 그것이 유대교였던 것이요, 그 책임자가 관원들인 것이고, 관원들은 자신들이 잘 운영하고 있는데 한 때는 예수가 나타나 물을 흐리더니 이번에는 제자들이 나타나 백성을 미혹한다고 여깁니다.

이에 비해 제자들은 하나님의 마음, 하나님의 능력을 제시합니다. 관원들이 하는 것을 부정하지도 않고, 제사장이나 지도자들의 행동을 폐지하지도 않습니다. 사람들이 하는 것은 그냥 하게 둡니다. 왜냐하면 진리를 모르는 사람들은 아무 것도 하지 않으면 더더욱 불안해하기 때문입니다. 무엇이라도 하고 있어야 합니다. 대신 제자들은 흔히 말하는 개혁도 하지 않고, 혁신도 하지 않고, 무슨 운동을 벌이지도 않습니다. 대신 자신들이 성도로서 하나님이 자신들과 함께 하며 역사하는 하나님의 마음과 하나님의 능력을 실제로 실천하며 적용하며 구현합니다. 자기들 앞에 병자가 있었습니다. 그렇다면 자신들이 해야 할 일은 병자를 불쌍히 여기는 것이며, 자신들이 병자를 위해 할 수 있는 일이 있으면 그것을 합니다. 그것이 바로 병자를 고쳐주는 것이었습니다. 그것으로 족합니다.

제자들은 지금 하나님 나라 확장의 사명을 감당하는 중에 병자를 고치면 사역의 영향력이 훨씬 클 것이라고 생각하는 것이 아닙니다. 이적과 기적을 행하면 더 많은 사람을 모을 수 있고, 더 많은 사람을 모으면 복음을 전할 기회가 더 많아지고, 이렇게 기회가 많아지면 땅끝까지 가서 제자 삼으라는 사역을 좀 더 빨리 완수할 수 있을 것이라고 생각하는 것이 아닙니다. 제자들에게는 사명을 위해 무엇인가를 수단 삼고, 목적을 위해 더 빠르고, 더 크고, 더 효과적인 방법을 이용한다는 개념이 없습니다. 삼천 명이 모였고 오천 명이 모였으니까 이제는 누구도 무시할 수 없는 집단이 되었고, 이제는 사회제도를 바꿀 수 있고, 지도자 그룹에 대표를 파견해도 보다 강력하게 의지를 표명하고, 좋은 정책을 내고 시행할 수 있으니 이전보다 훨씬 유리해지고 가능성이 많아 보인다는 인식이 없습니다. 이런 인식은 관원들이 가진 인식에 불과합니다. 역사적으로 기독교가 가장 하고 싶어 했고, 오늘날도 기독교가 가장 하고 싶어 하는 것과는 전혀 생각이 다르고 가치가 다르고 인식이 다릅니다.

자기 앞에 나면서 못 걷게 된 사람이 있습니다. 성도는 우선 그를 연약한 자로 보아야 합니다. 죄인은 그가 연약한 자로 보이지 않고 무능한 자로 보입니다. 죄의 가치로는 그가 유익한 자로 보이지 않고 무용한 자로 보입니다. 죄의 판단으로는 그가 도움이 될 만한 사람이기보다는 방해거리나 짐이 될 것으로 보입니다. 죄의 가치와 기준과 인식과 개념과 원리를 가진 사람은 그 사람을 민망히 긍휼히 여기지 않습니다. 그 사람이 냉정한 사람이라서가 아니라 그 사람의 인식이 그 사람에게 그렇게 행동하게 합니다. 그러나 성도는 하나님의 마음, 하나님의 인식과 가치와 개념을 가진 사람입니다. 그래서 그 사람을 바라볼 때에 하나님의 마음으로 바라보고, 하나님의 가치와 개념으로 바라보는 사람이 되었습니다. 이것이 죄인과는 다르게 성도가 가진 엄청난 특권입니다.

기독교의 능력

성도가 다른 사람을 위해 하나님의 마음을 가졌으면 그 다음엔 성도가 할 수 있는 일을 할 수 있는 만큼 하면 됩니다. 베드로가 병자를 고칠 때 한 일입니다. 3장 6절 "베드로가 이르되 은과 금은 내게 없거니와 내게 있는 이것을 네게 주노니 나사렛 예수 그리스도의 이름으로 일어나 걸으라"입니다. 이것이 지극히 쉬운 원리이고, 지극히 평범한 원리이고, 당연한 하나님의 원리입니다. 불쌍한 사람을 도와주어야 한다는 명령도 아니고, 힘에 겹도록 구제해야 한다는 과제도 아니고, 하나님의 지시이니까 자신의 상황을 고려하지 말고 무조건 복종해야 한다는 것도 아닙니다. 베드로가 왜 은과 금을 안 주었습니까? 아주 간단합니다. 은과 금이 없었으니까 못 주었습니다. 베드로가 왜 예수를 주었습니까? 아주 당연합니다. 자신에게 있는 것이 예수였기 때문입니다. 베드로가 왜 자기가 고쳐준다고 하지 않고 예수 이름으로 일어나 걸으라고 했습니까? 아주 분명합니다. 자신은 고칠 능력이 없고 예수가 고칠 수 있기 때문입니다. 베드로는 이 병자를 고쳐주어야 한다는 책임감을 가진 것도 아니고, 만약 이렇게 말했는데 걷지 못하면 어떻게 될까라는 걱정을 한 것도 아닙니다. 베드로는 자기가 아는 대로, 또 베드로는 성령이 자기에게 말하는 대로 말했을 뿐입니다. 자기가 할 수 있는 일을, 자기가 할 수 있는 만큼, 자기가 할 수 있는 대로 했습니다. 그것으로 족합니다.

베드로는 관원들의 질문을 바꾸었다고 했습니다. 바꾼 질문이 9절 "만일 병자에게 행한 착한 일에 대하여 이 사람이 어떻게 구원을 받았느냐고 오늘 우리에게 질문한다면"이고, 이에 해당하는 대답이 10절 "너희와 모든 이스라엘 백성들은 알라 너희가 십자가에 못 박고 하나님이 죽은 자 가운데서 살리신 나사렛 예수 그리스도의 이름으로 이 사람이 건강하게 되어 너희 앞에 섰느니라"입니다. '예수 이름으로'라고 말한 것은 베드로가 겸손한 것이 아니라, 가장 기독교적인 표현으로 '하나님을 의지하는 것' 또는 '하나님께 맡기는 것'입니다. 하나님을 의지하는 것이나 하나님께 맡긴다는 것은 내 목표를 하나님을 통해 이루어내는 것이 아니라 도리어 하나님의 일을, 하나님이, 하나님의 때에, 하나님의 방법으로, 하나님의 사람으로 이루어 내실 것을 인정하고 수용하는 것입니다. 뭐 하나 잘된다고 곧 다 이루어질 것처럼 호들갑을 떨지 않고, 뭐 하나 안 된다고 곧 모든 것이 끝장난 것처럼 좌절하거나 낙심하지도 않습니다. 인간의 일에 일희일비하지 않고, 하나님이 이루어 가심을 신뢰하는 것입니다.

베드로의 모습에서 어떤 비장함을 느끼십니까? 베드로의 대답에서 어떤 경쟁심과 반드시 이기려고 하는 승부욕을 느끼십니까? 아니면 베드로의 모습에서 오직 하나님의 영광을 드러내려는 거룩한 사명감을 느끼십니까? 기독교는 가장 자연스럽고, 가장 여유롭고, 가장 평안한 모습이어야 합니다. 인간 때문에 하나님이 달라지고, 인간 때문에 기독교가 달라지고, 인간 때문에 교회가 달라지는 것이 아닙니다. 신앙은 정반대입니다. 하나님 때문에 인간이 달라지고, 하나님 때문에 기독교가 타종교와 구분되고, 하나님 때문에 교회가 세상의 모임과 구별될 수 있습니다. 하나님을 위해 무엇을 하려고 하지 마시고, 도리어 하나님 때문에 내가 달라진 것이 무엇인지, 하나님 때문에 내가 자유하고 평안할 것이 무엇인지를 아셔야 합니다. 하나님으로 말미암은 즐겁고 신나고 행복한 신앙 생활, 믿음의 삶이 되시기를 주님의 이름으로 축원합니다.

우리에게 주신 것

사도행전 4:10-22

10 너희와 모든 이스라엘 백성들은 알라 너희가 십자가에 못 박고 하나님이 죽은 자 가운데서 살리신 나사렛 예수 그리스도의 이름으로 이 사람이 건강하게 되어 너희 앞에 섰느니라 11 이 예수는 너희 건축자들의 버린 돌로서 집 모퉁이의 머릿돌이 되었느니라 12 다른 이로써는 구원을 받을 수 없나니 천하 사람 중에 구원을 받을 만한 다른 이름을 우리에게 주신 일이 없음이라 하였더라 13 그들이 베드로와 요한이 담대하게 말함을 보고 그들을 본래 학문 없는 범인으로 알았다가 이상히 여기며 또 전에 예수와 함께 있던 줄도 알고 14 또 병 나은 사람이 그들과 함께 서 있는 것을 보고 비난할 말이 없는지라 15 명하여 공회에서 나가라 하고 서로 의논하여 이르되 16 이 사람들을 어떻게 할까 그들로 말미암아 유명한 표적 나타난 것이 예루살렘에 사는 모든 사람에게 알려졌으니 우리도 부인할 수 없는지라 17 이것이 민간에 더 퍼지지 못하게 그들을 위협하여 이 후에는 이 이름으로 아무에게도 말하지 말게 하자 하고 18 그들을 불러 경고하여 도무지 예수의 이름으로 말하지도 말고 가르치지도 말라 하니 19 베드로와 요한이 대답하여 이르되 하나님 앞에서 너희의 말을 듣는 것이 하나님의 말씀을 듣는 것보다 옳은가 판단하라 20 우리는 보고 들은 것을 말하지 아니할 수 없다 하니 21 관리들이 백성들 때문에 그들을 어떻게 처벌할지 방법을 찾지 못하고 다시 위협하여 놓아 주었으니 이는 모든 사람이 그 된 일을 보고 하나님께 영광을 돌림이라 22 이 표적으로 병 나은 사람은 사십여 세나 되었더라

버린 돌, 머릿돌

인식의 차이

기독교를 소개할 때 조심스러운 것이 있습니다. 기독교에서 자주 대조하

는 것이 세상과 하나님 나라입니다. 마치 세상에는 무관심하고 하나님 나라에 가는 것에 모든 초점을 맞추는 것으로 여겨집니다. 그러나 기독교에서 세상과 하나님 나라를 대조할 때에는 세상과 천국이라는 장소를 대조하는 것이 아니며, 현재의 세상과 내세의 천국이라는 세대를 대조하는 것도 아닙니다. 세상이라고 표현된 것은 죄의 인식을 의미하고, 하나님 나라라고 표현된 것은 하나님의 인식을 의미입니다. 대부분의 사람들은 직면한 상황에 대하여 누가 보아도 악이라고 간주하고, 아무리 좋게 보려고 해도 불의하다고 간주하고, 빨리 행동하고, 적극적으로 반응하고, 구체적으로 개혁하자고 주장합니다. 마치 그 상황이 문제이고, 그 제도가 문제이고, 그 책임자가 문제인 것처럼 행동합니다. 기독교는 전혀 다른 차원입니다. 기독교는 '어떻게 행동할 것인가?'를 논하기 전에 '어떻게 인식할 것인가?'를 먼저 강조합니다. 만약 제도가 문제이면 제도를 바꾸면 되고, 책임자가 문제이면 책임자를 바꾸면 됩니다. 하지만 더 나은 제도란 존재하지 않고, 더 적절한 책임자란 존재하지 않습니다. 제도를 결정하고 운영하는 것도 인간이요, 책임자를 선택하고 선택되는 것도 인간입니다. 모두가 죄인이라는 차원에서 동일한 존재들입니다.

단지 현재 한쪽은 강자의 위치에 있고, 다른 쪽은 약자의 위치에 있을 뿐입니다. 한쪽은 고용하는 쪽에 있고, 다른 쪽은 고용되는 쪽에 있을 뿐입니다. 한쪽은 갑이고, 다른 한쪽은 을일뿐입니다. 강자와 약자, 갑과 을의 관계에서는 언제나 강자와 갑은 보수가 되고, 약자와 을은 개혁을 주장합니다. 만고불변의 법칙입니다. 강자가 악하고, 약자가 선한 것이 아닙니다. 그렇다고 강자가 선하고, 약자가 악한 것도 아닙니다. 갑이 불의하고, 을이 정의로운 것이 아닙니다. 그렇다고 갑이 정의롭고, 을이 불의하다는 것이 아닙니다. 선하냐 악하냐를 떠나서 강자와 갑은 언제나 강자와 갑의 행동을 합니다. 정의로우냐 불의하냐를 떠나서 약자와 을은 언제나 약자와 을의 행동을 합니다. 이것이 죄의 원리요, 죄인 중에 이 원리를 벗어날 사람은 단 한 사람도 없습니다. 왜냐하면 선과 악의 기준, 정의와 불의의 기준이 언제나 자기를 중심으로 결정되기 때문입니다.

　예수님의 사역, 예수님의 행동에 대한 평가도 아주 다양합니다. 한쪽에서는 사회혁명가라고 합니다. 대신 실패한 혁명가라는 부제가 따릅니다. 과연 그럴까요? 예수님의 사역 어디에서도 사회를 개혁하려는 의지가 보이지 않습니다. 제도를 타파하고, 인사혁신을 주장하고, 새로운 시스템을 도입하자는 어떤 노력도 행하지 않았습니다. 다른 한쪽에서는 극단적 보수주의자라고 합니다. 민중을 체제에 순응하게 하는 마약 같은 존재라고 합니다. 과연 그럴까요? 그랬다면 당시의 유대교가 예수를 죽일 필요가 없었습니다. 이와 같이 예수의 행동에 대해 상반되는 이중적인 평가가 등장하는 것은 예수에 대해 전혀 파악하지 못하고 있다는 증거입니다. 예수의 사역을 당시 체제에 대해, 질서에 대해, 상황에 대해, 조건에 대해, 환경에 대해 어떤 태도를 보였는가를 기준으로 관찰하기 때문에 발생하는 어리석은 결과입니다.

　예수님이 강자편입니까? 아닙니다. 그럼 예수님이 약자편입니까? 아닙니다. 그럼 예수님이 갑의 편입니까? 아닙니다. 그럼 예수님이 을의 편입니까? 아닙니다. 예수님은 인간편입니다. 예수는 전혀 다른 차원을 가집니다. 예수는 죄와 대립한 것이요, 죄의 인식과 충돌한 것이요, 죄적 사고방식을 혁신한 것입니다. 오늘날로 표현하면 강자와 약자 중 어느 한쪽이 아니라 강자와 약자 모두의 마음속에 담겨있는 죄적 이기주의를 지적하신 것입니다. 갑과 을 중의 어느 한편이 아니라 갑과 을 모두의 속셈에 깔려있는 지독한 죄적 원리를 지적하신 것입니다. 그래서 예수는 갑에게도 거부당하고 을에게도 환영받지 못했습니다. 기독교는 절대로 강자의 편이 아니며 약자의 편이 아닙니다. 기독교는 인간의 편에 서는 것입니다. 강자에게 바꾸라고 말하지 않고, 약자에게 변하라고 말하지 않습니다. 인간이 변해야 한다고 선언합니다.

버린 돌

죄인들의 인식과 하나님의 인식의 차이를 가장 극명하게 보여주는 구절이 바로 사도행전 4장 10절과 11절 "너희와 모든 이스라엘 백성들은 알라 너희가 십자가에 못 박고 하나님이 죽은 자 가운데서 살리신 나사렛 예수 그리스도의 이름으로 이 사람이 건강하게 되어 너희 앞에 섰느니라 이 예수는 너희 건축자들의 버린 돌로서 집 모퉁이의 머릿돌이 되었느니라"입니다. 누가 예수를 죽였습니까? 당시 로마가 죽였습니까, 이스라엘이 죽였습니까? 당시 이스라엘의 강자가 죽였습니까, 약자가 죽였습니까? 당시 이스라엘의 갑이 죽였습니까, 을이 죽였습니까? 당시 이스라엘의 보수 세력이 죽였습니까, 개혁 세력이 죽였습니까? 성경은 이렇게 질문하지 않습니다. 왜냐하면 로마와 이스라엘, 강자와 약자, 갑과 을, 보수와 개혁을 구분하지 않기 때문입니다. 모두가 죄인입니다. 누가 예수를 죽였습니까? 본문대로 하면 '너희와 모든 이스라엘 백성'입니다. 즉 모든 인간들, 모든 죄인들이 죽였습니다.

당시 이스라엘을 통치하는 로마가 예수를 죽이려고 할 때 그래도 같은 민족인 이스라엘이 예수를 구출하려고 한 것이 아닙니다. 당시 이스라엘을 지배하는 정치와 종교의 지도자들이 예수를 죽이려고 할 때 그래도 예수로 말미암아 많은 혜택을 받았던 민중들은 예수를 구출하려고 한 것이 아닙니다. 로마와 이스라엘, 지도자와 민중, 강자와 약자, 갑과 을 모두가 예수가 죽이는 데에 한 마음 한 뜻이 되었습니다. 절대로 로마의 강압에 의해 이스라엘이 어쩔 수 없이 예수를 죽인 것이 아니며, 절대로 정치, 종교의 지도자들의 탄압에 의해 민중이 어쩔 수 없이 예수를 죽이는 일에 동참한 것이 아닙니다. 로마와 이스라엘의 지도자와 백성 중에 외형상으로는 가장 약자가 백성처럼 인식되지만, 예수를 죽인 일에 가장 악의적인 태도를 보인 사람들은 도리어 백성들입니다. 왜냐하면 로마와 지도자들은 처음부터 예수를 반가와 하지 않았고, 예수가 행하는 일에 전혀 동조하지 않았습니다. 그러나 백성들은 예수를 따라다니면서 병 고침 다 받고, 먹을 것 다 받아먹고, 이적과 기적을 다양하게 체험한 당사자들입니다. 그래놓고 마지막에는 '십자가에 매달아라'고 소리 질렀습니다. 인간이 다르다고 생각하는 것이 죄인들의 가장 큰 착각입니다. 그 중에 자신들이 약자요 을이라고 생각하는 것이 최고의 오해요, 착각이요, 교활한 생각입니다. 상대방이 변해야 한다고 주장하는 것이 인간이 주장하는 것 중에 가장 어리석은 것이요, 미련한 주장입니다.

　예수에 대한 인간의 반응은 강자와 약자, 갑과 을의 차이없이 동일했습니다. 11절에서 모든 인간을 상징하는 표현이 건축자들입니다. 건축자들은 건축의 전문가들입니다. 언제나 최상의 재료와 최고의 공법을 사용하여 건축합니다. 건축 전문가들이 돌을 하나 보았습니다. 건축에서 돌이 강조되는 것은 주춧돌을 의미합니다. 한국에서는 주춧돌을 중앙에 놓지만 이스라엘에서는 모퉁이에 둡니다. 그래서 본문에 등장하는 모퉁이 돌은 귀퉁이에 두는 사소한 돌이라는 의미가 아니라 건축 전체를 결정짓는 가장 핵심적인 돌을 의미합니다. 건축을 하고, 건축물의 안전을 책임지는 가장 중심이 바로 이 돌입니다. 건축자들이 이 돌을 구하는 것부터 건축이 결정되고, 이 돌을 놓은 것부터 건축이 시작됩니다. 그래서 돌을 구하다가 한 돌을 보았는데, 딱 보니까 쓸 만하지가 않습니다. 건축에 적합하지 않습니다. 그래서 버렸다는 것입니다. 전문가들이 버렸으면 그것은 쓰지 못하는 돌인 것이 분명합니다. 건축가들은 버렸지만 일반인들은 주었다는 것이 아닙니다. 건축가는 모든 사람의 대표이기에 건축 전문가가 그 돌을 인정하지 않았다면 일반인 중에 그 돌을 인정할 사람은 하나도 없습니다. 강자는 강자의 필요에 맞지 않아서 이 돌을 버렸고, 약자는 약자의 필요에 맞지 않아서 이 돌을 버렸습니다. 강자와 약자, 갑과 을, 보수와 진보의 구분 없이 모든 인간이 예수를 버렸습니다.

하나님이 주셨다

머릿돌

예수님이 이 땅에 강림하신 이래로 복음서에서도 그렇고 부활하신 후부터 지금까지도 인간 중에 예수를 인정한 사람이 없고, 예수를 선택한 사람이 없습니다. 그런데 예수가 집 모퉁이의 머릿돌이 되었습니다. 누가 하셨습니까? 하나님이 하셨습니다. 인간 중에 어떤 사람이 예수를 알아 본 것으로 착각하시면 안 됩니다. 인간 중에 어떤 부류가 예수를 모셔다가 극진하게 대접한 것으로 오해하시면 안 됩니다. 인간 중에는 그런 사람이 없습니다. 인간 중에 아무도 예수를 알지 못하고, 아무도 예수를 인정하지 않기에 하나님이 하셨습니다. 하나님은 인간들이 그럴 줄 이미 아셨기 때문입니다. 하나님이 십자가에 달리신 예수를 살려내시고, 하나님이 건축자들이 버린 돌을 모퉁이의 머릿돌이 되게 만들어내셨습니다. 이렇게 행하심으로 이 돌이 모퉁이 돌, 즉 주춧돌이 되어서 건물이 아주 잘 지어지고, 튼튼하게 유지되게 하심으로 이 돌을 버린 건축자들의 판단과 결정이 잘못되었다는 것을 증명하셨습니다. 죄인들의 인식이 틀렸고, 죄인들의 판단이 틀렸고, 죄인들의 해법이 틀렸고, 죄인들의 모든 것이 틀렸다는 것을 드러내셨습니다. 즉 예수를 머릿돌이 아닌 버린 돌로 취급하는 인간의 사고방식과 행동방식이 틀렸다는 것이 증명되는 것처럼, 결국 인간의 삶의 문제에 대한 인간의 사고방식과 행동방식이 모두 틀렸다는 것을 밝혀줍니다. 강자든 약자든, 갑이든 을이든 인간이 틀렸고, 하나님이 옳았습니다.

오늘날도 마찬가지입니다. 많은 사람들이 사회를 바르게 하려고, 인간의 삶을 안정되게 하려고 이런 제도를 찾고, 저런 인사를 구하러 다닙니다. 좋은 돌을 구하러 다니는 것과 같습니다. 그런데 결국은 예수라는 돌, 하나님의 원리라는 돌을 버리고 맙니다. 예수가 의미하는 것이 무엇인지, 기독교가 가지고 있는 사고와 가치와 개념과 인식과 방법이 어떤 것인지를 모르기 때문입니다. 분명히 유일한 모퉁이의 머릿돌인데 모두가 차버리고 맙니다. 물론 여기서 제가 정말로 탄식하고 세상을 향해 죄송하다는 말을 해야 할 수밖에 안타까운 현실이 있습니다. 예수님 당시에는 예수님이 머릿돌의 역할을 하셨는데 세상에 예수를 알아보지 못했지만, 지금은 기독교가 머릿돌의 역할을 전혀 하지 못하고 있습니다. 세상 기독교의 진가를 못 알아보는 것이 문제가 아니라 기독교 스스로가 기독교의 정체성을 알지 못하고, 기독교 스스로가 바보 같은 짓을 하고 있습니다. 현재 기독교의 모습으로는 세상이 기독교를 버린 돌로 판단하고 차버리는 것이 너무나 당연합니다.

하지만 그것은 예수 믿는 우리 사람들의 어리석음이나 미련함의 문제일 뿐 정작 기독교, 정작 하나님의 뜻, 정작 예수 그리스도의 가치와 원리와 개념과 방식은 버린 돌이 아니라 모퉁이의 머릿돌이라는 것이 분명합니다. 그러니 기독교부터, 교회부터, 성도부터 현재의 상황과 여건과 조건과 모든 것을 인간의 기준, 죄의 관점이 아닌 하나님의 기준, 하나님의 관점으로 인식하고, 인간의 방법이 아닌 하나님의 방법을 적용해야 합니다.

우리에게 주셨다

기독교가 강조하는 것은 하나님이 인간을 도와주셨다는 사실입니다. 하나님이 인간에게 해결책을 주셨다는 사실입니다. 하나님이 죄인의 문제를 풀어주셨다는 사실입니다. 죄인이 문제조차 알 수 없을 때 하나님은 문제도 알려주고, 해답도 알려주고, 단지 알려주는 정도가 아니라 아예 해결까지 완성해 주셨다는 사실입니다. 그것이 바로 사도행전 4장 12절입니다. 그런데 이 12절을 어떻게 설명하느냐에 따라서 기독교는 정말 멋있는 종교가 되느냐 정말 후진 종교가 되느냐로 갈라지게 됩니다. 베드로가 말하는 12절의 강조점이 무엇인지 들어보시기 바랍니다. "다른 이로써는 구원을 받을 수 없나니 천하 사람 중에 구원을 받을 만한 다른 이름을 우리에게 주신 일이 없음이라 하였더라"입니다. 강조점이 하나님이 구원 받을 만한 이름인 예수를 우리에게 주었다는 것입니까, 아니면 천하 사람 중에 구원을 받을 만한 다른 이름을 우리에게 주신일이 없다는 것입니까? 만약 하나님이 도무지 구원받을 만한 방법이 없는 인간들을 위해 구원받을 만한 이름인 예수를 주셨다는 것을 강조하면 하나님은 배려적인 분이 되는 것이고, 만약 하나님이 다른 이름을 절대로 주신 일이 없다고 강조하면 하나님은 배타적인 분이 됩니다. 과연 하나님이 예수라는 이름을 주신 것입니까, 다른 이름을 주신 일이 없는 것입니까? 정답은 구원받을 만한 이름을 주셨다는 것입니다.

그런데 기독교가 이 구절의 설명을 어리석게 해서 하나님이 독선적인 분으로, 기독교가 배타적인 종교로 오해되게 하고 있습니다. 만약 하나님이 배타적인 분이 되려면 다른 방법을 차단해야 합니다. 죄인들이 구원받을 만한 방법이 있고, 수단이 있고, 길이 있는데 하나님이 그 방법을 막고, 그 수단을 통제하고, 그 길을 폐쇄하고, 오직 예수만 믿으라고 강요한다면 그것은 당연히 배타적이라고 욕을 먹어야 합니다. 다른 길도 있는데 하나의 길만 주장하면 독선이고, 그 하나의 길마저도 오직 자신이 제공하는 대로만 하라고 한다면 그것은 신의 권세와 능력을 무기로 인간을 탄압하고 협박하는 아주 패역한 신이 되는 것으로, 그런 신은 당연히 거부해야 하고, 몰아내야 합니다. 과연 하나님이 그렇게 하셨습니까? 하나님이 실제로 독선적이며 배타적으로 행동하셨습니까? 기독교가 하나님의 유일성, 하나님의 전능성, 하나님의 주관성을 강조하려다가 엉뚱하게 하나님이 하지도 않은 것을 했다고 주장하고, 하나님의 속성의 원리와 전혀 맞지 않는 생떼를 쓰는 미련함을 범하면 안 됩니다.

성경의 예

구약성경 전체와 현재의 세상을 보면 분명해 집니다. 하나님이 단 한번이라도 인간의 시도, 인간의 수단, 인간의 방법을 막으신 적이 없습니다.

구약에서 이스라엘이 하나님 대신 우상을 섬길 때에 하나님이 망하게 하시던가요? 하나님을 다른 종교를 가진 애굽이나 가나안을 파멸시키던가요? 구약에 나타난 수많은 전쟁 이야기 중에는 하나님이 하나님을 믿는 않는 사람들과 나라들을 쳐들어간 전쟁이 단 한 번도 없습니다. 또 이스라엘이 승리한 전쟁 중에서 이스라엘을 침략에서 막아준 것, 즉 수비적인 전쟁 외에는 공격적인 전쟁이 한 번도 없습니다. 이스라엘이든, 이방 나라든 다른 신을 믿든, 다른 종교를 믿든 하나님이 막으신 적이 없습니다. 하나님을 버리고 다른 신을 섬기면 죽여 버린다고 협박한 적도 없습니다. 그래서 구약에서 이스라엘이 하나님을 버릴 때에 주저하는 적이 없고, 이스라엘이 다른 신을 섬길 때에 망설이거나 두려워하는 것을 볼 수 없습니다. 하나님이 막지 않고, 겁주지 않고, 차단하지 않았기 때문입니다.

예수님 때에도 마찬가지입니다. 예수님이 혹시 예수님을 의지하는 대신 다른 의원을 찾아간 사람은 믿음 없다고 고쳐주지 않은 것이 아닙니다. 다른 치유방법을 다 해보고 더 이상 갈 데가 없어서 예수님께 나아온 사람에게 왜 이리 갔다 저리 갔다 하느냐고 제외시킨 적이 없습니다. 귀신들린 사람은 귀신하고 짝이 된 것이니 하나님과 어울리지 않는다고 그냥 버려두신 적이 없습니다. 심지어는 예수님께 고침 받고도 예수님께 돌아오지 않고 떠나버린 사람조차도 재발하게 만들지 않고 그냥 고쳐주셨습니다. 하나님이 인간의 선택을 막은 적이 없고, 인간의 자유를 제한한 적이 없고, 인간의 의지를 꺾은 적이 없습니다. 하나님은 어떠한 명분으로도 배타적이라는 말을 들어야하는 이유가 없습니다.

본문이 강조하는 것이 바로 이 사실입니다. 다른 좋은 돌이 있는데도 불구하고 절대 사용해서는 안 되고 좋든 싫든, 훌륭하든 나쁘든, 무조건 하나님이 주신 예수를 머릿돌로 사용해야 한다고 강요한 것이 아닙니다. 건축자들이, 나름대로 전문가라고 하는 사람들이, 인간 중에 지혜있고, 능력있고, 경험있다고 자부하는 사람들이 고르고 싶은 대로, 선택하고 싶은 대로,

마음대로 자유롭게 분별해보고, 점검해보고, 살펴보고, 따져보고, 골라보게 다 두셨습니다. 그런데 알아보지를 못했습니다. 가장 좋은 반석이요, 가장 튼튼한 머릿돌인데 진가를 알아보지 못하고 버렸습니다. 하나님이 막은 것이 절대로 아닙니다. 인간이 모든 것을 동원해서 결국 버려버리는 어리석음을 행할 때에 하나님은 기어코 인간을 위해서 머릿돌을 제공하셨습니다. 이것이 배타적입니까? 배타적이 아니라 배려요, 은혜입니다. 지금도 다른 길이 있다고 생각하면 가시면 됩니다. 다른데 가셔도 하나님이 허락하시고, 다시 돌아오셔도 하나님이 또 받아주십니다.

하지 말라

인간들의 행태

인간들의 가장 괘씸한 행태가 평상시에는 하나님의 은혜를 전혀 감사하지 않다가 자신들이 일을 저질러 놓고는 하나님이 뭐하느냐고 따지는 것입니다. 가장 대표적인 것이 농사입니다. 하나님이 때와 시절에 맞게 햇빛과 비와 바람을 주셔서 농작물이 자라게 하셨습니다. 그러다 가끔 홍수가 나기도 하고, 어떤 때는 가뭄이 나기도 해서 농사를 망치기도 합니다. 그러면 갑자기 하나님을 원망합니다. 아흔아홉 번 잘해준 것은 온데간데 없고 한 번 자신들의 기대와 다른 것은 난리를 칩니다. 또 만약 한 번 날씨가 이상해서 농작물이 피해를 보았을 때에는 곰곰히 생각해보면 전 해에 농작물이 풍년이 들어서 금년에 먹는 것에 지장이 없습니다. 또 한 가지 농작물이 피해를 보았으면 다른 절기에 열매를 맺는 다른 농작물이 풍성해져서 결국 인간이 먹고 사는 것에는 별 문제가 없게 하십니다. 그런데 사람들은 오직 한 가지, 내가 심은 농작물, 내가 추수할 농작물에만 관심을 갖고, 자기에게 손해가 나면 무조건 하나님을 원망합니다. 또 하나님이 조금만 풍년을 주시면 이번에는 남는다고 추수를 안 하고 갈아 엎어버립니다. 농부들을 홍보하는 것이 아니라 인간의 심리, 인간의 심보를 지적하는 것입니다. 인간이 그렇게 행동한다고 해서 하나님이 그 사람을 징계하거나 벌주지 않습니다. 인간 삶의 가장 문제는 인간의 마음을 사로잡고 있는 죄입니다. 죄가 인간의 인식을 왜곡시키고, 인간의 가치를 왜곡시키고, 인간의 본질을 왜곡시킵니다.

사도행전 4장 13절로 22절에서는 하나님이 인간을 대해주시는 태도, 즉 인간의 자유와 선택을 허용하시며 부족하고 어리석은 인간을 위해 은혜를 베풀어주시는 것과 대조적으로 실제적으로는 인간이 얼마나 인간을 제한하고 통제하고 억압하는지를 보여줍니다. 그래서 인간이 문제라는 것이 아니라 그 인간의 마음, 심리, 즉 죄인의 원리가 얼마나 인간을 힘들게 하는지를 보여주고 있습니다. 14절 "또 병 나은 사람이 그들과 함께 서 있는 것을 보고 비난할 말이 없는지라", 16절 "이 사람들을 어떻게 할까 그들로 말미암아 유명한 표적 나타난 것이 예루살렘에 사는 모든 사람에게 알려졌으니 우리도 부인할 수 없는지라"입니다. 자기들 스스로도 분명하게 인정했습니다. 그런데 하는 짓이 17절 "이것이 민간에 더 퍼지지 못하게 그들을 위협하여 이 후에는 이 이름으로 아무에게도 말하지 말게 하자 하고 그들을 불러 경고하여 도무지 예수의 이름으로 말하지도 말고 가르치지도 말라 하니"입니다.

이것이 관원들의 행태, 강자들의 행태, 갑의 행태라고 생각하시면 안 됩니다. 이것이 인간의 행태입니다. 21절도 마찬가지입니다. "관리들이 백성들 때문에 그들을 어떻게 처벌할지 방법을 찾지 못하고 다시 위협하여 놓아 주었으니"입니다. 처벌할 방법이 없으면 공손히 놓아주어야 하는 것이 정상입니다. 그런데 인간은 정상적으로, 상식적으로, 윤리적으로 행동하지 않습니다. 놓아줄 때 놓아주더라도 기어코 위협을 하고 놓아줍니다. 하나님의 인간 사랑과 비교가 되십니까? 머릿돌을 구별할 줄 몰라서 부인하고, 거부하고, 차버린 인간들을 위해서 죽은 자를 살려내시고, 버린 돌을 머릿돌로 세워주시는 분이 하나님이십니다. 자격 없고, 실력 없고, 가치 없는 인간을 위해주시는 분이 하나님이십니다.

인간의 인식

본문에는 베드로가 관원들에게 던지는 질문이 있습니다. 19절 "베드로와 요한이 대답하여 이르되 하나님 앞에서 너희의 말을 듣는 것이 하나님의 말씀을 듣는 것보다 옳은가 판단하라 우리는 보고 들은 것을 말하지 아니할 수 없다"입니다. 이 말은 베드로가 이방인에게 하는 말이 아닙니다. 이 말은 제자들이 하나님을 안 믿는 사람들에게 하는 말이 아닙니다. 이 질문을 받은 사람들이 4장 1절에 의하면 '제사장들과 성전 맡은 자와 사두개인들'이요, 5절에 의하면 '대제사장 안나스와 가야바와 요한과 알렉산더와 및 대제사장의 문중'이요, 15절에 의하면 '공회 회원들'이요, 21절에 의하면 '관리들'입니다. 모두 이스라엘 사람들이요, 유대교 지도자들이요, 하나님을 믿는다는 사람들이요, 백성의 지도자요, 관리자요, 보호자요, 책임자들입니다. 오늘날 사람들은 이 사람들에게 '지도자의 역할을 하시오, 책임자의 역할을 하시오, 관리자의 역할을 하시오, 강자의 역할을 하시오, 갑의 역할을 하시오'라고 요구합니다. 그런데 복음서의 예수님이나 사도행전의 제자들은 그런 요청, 그런 기대, 그런 질문을 전혀 하지 않습니다. 정확하게 말하면 상대방에게 어떤 요구도 하지 않습니다.

오늘날 많은 사람들은 상대방에게 특정한 역할, 특정한 활동, 특정한 책임을 요구합니다. 그것이 어리석은 기대입니다. 마치 구약시대에 이스라엘 백성이 하나님께 왕을 요구하고, 자신들이 세운 왕이 자신들을 위해 대신 싸워줄 것을 기대했던 것과 똑같은 실수를 범합니다. 죄의 사고방식에 잡혀 있는 인간은 어떤 위치에 있든지, 어떤 신분에 있든지 결코 상대방을 이해하고, 상대방을 위해주는 역할을 하지 않습니다. 예수님은 그것을 아시기에 인간에게 기대하거나 요구하는 것이 없습니다. 복음서의 제자들은 그것을 몰랐기에 예수와 함께 판을 엎을 생각을 했다가 예수 부활 후, 성령이 강림하여 진리를 깨닫고 죄인의 실체를 깨달은 후에는 전혀 생각이 달라지고 행동이 달라졌습니다. 제자들도 이제는 인간에게, 관리에게, 지도자에게, 누구에게도 어떤 것을 기대하거나 요구하지 않습니다.

그렇다고 하나님께 지도자를 보내달라고 기도하지도 않고, 리더를 세워 달라고 간구하지도 않고, 세상을 바꾸어 달라고 매달리지도 않습니다. 만약 제자들이 하나님께 '지도자를 보내 달라, 리더를 세워 달라, 세상을 변화시킬 인재를 키워달라, 응답해 달라'고 하면 하나님은 '이미 너희들의 기도에 응답해서 지도자를 보냈고, 리더를 보냈고, 인재를 키웠다'고 하십니다. 그게 누구입니까? 바로 제자들이요, 바로 성도들입니다. 그래서 제자들은 다른 사람에게 요구하는 것이 아니라 자신들이 행동합니다. 자신들이 하나님께 보고 들은 것을 말하는 것, 자신들이 하나님께 배우고 알게 된 것을 그대로 살아갑니다. 자신들은 옳은 것을 행하는 것이요, 좋은 것을 행하는 것이요, 유익한 것을 행합니다. 그것을 관원들에게 질문합니다.

본문은 로마인과 제자들을 대조시킨 것이 아닙니다. 왜냐하면 로마인과 제자들은 아예 차원이 다르기 때문입니다. 로마인은 애초에 하나님을 모르는 사람들입니다. 그러나 관리들은 하나님을 안다하는 자들입니다. 안다고 하는데 잘못알고 있으니, 자신들은 제자들을 위협하는 것이 하나님을 지키고, 하나님을 영화롭게 하고, 하나님을 기쁘게 하는 일이라고 생각하고 어리석음을 범합니다. 그들에게 제자들이 질문하고, 세상의 모든 사람들에게 제자들이 질문합니다. 잘 들어보고, 잘 생각해보고, 잘 판단해보라 합니다. '너희의 말을 듣는 것이 하나님의 말씀을 듣는 것보다 옳은 가 판단하라'입니다. 이 판단을 하려면 적어도 두 가지를 알아야 합니다. 너희의 말 즉 사람들의 말을 알아야 하고 하나님의 말씀을 알아야 합니다. 어느 것이 더 인간을 위한 것일까요? 어느 것이 더 인간을 자유롭게 하고 평화롭게 할까요? 어느 것이 더 인간을 안전하게, 행복하게 할까요? 제자들은 판단하였습니다. 하나님 말씀을 듣는 것이 좋다고 결정하였습니다.

여러분 앞에도 언제나 동일한 것이 놓여있습니다. 좋은 것을 하시기 바랍니다. 유익한 길을 가시기 바랍니다. 참된 것을 따르시기 바랍니다. 설령 위협을 받더라도 너무 좋아서 계속 하고 싶은 것, 설령 경고를 받더라도 너무 귀해서 하지 않을 수 없는 것을 하시기 바랍니다. 하나님 때문에 즐겁고, 신나고, 자유롭고, 행복한 것을 하시기 바랍니다. 하나님은 우리를 위해 주시는 분입니다. 하나님은 우리를 도와주시는 분입니다. 하나님은 우리를 섬겨주시는 분입니다.

18

과연, 이제도

사도행전 4:23~31

23 사도들이 놓이매 그 동료에게 가서 제사장들과 장로들의 말을 다 알리니 24 그들이 듣고 한마음으로 하나님께 소리를 높여 이르되 대주재여 천지와 바다와 그 가운데 만물을 지은 이시요 25 또 주의 종 우리 조상 다윗의 입을 통하여 성령으로 말씀하시기를 어찌하여 열방이 분노하며 족속들이 허사를 경영하였고 26 세상의 군왕들이 나서며 관리들이 함께 모여 주와 그의 그리스도를 대적하도다 하신 이로소이다 27 과연 헤롯과 본디오 빌라도는 이방인과 이스라엘 백성과 합세하여 하나님께서 기름 부으신 거룩한 종 예수를 거슬러 28 하나님의 권능과 뜻대로 이루려고 예정하신 그것을 행하려고 이 성에 모였나이다 29 주여 이제도 그들의 위협함을 굽어보시옵고 또 종들로 하여금 담대히 하나님의 말씀을 전하게 하여 주시오며 30 손을 내밀어 병을 낫게 하시옵고 표적과 기사가 거룩한 종 예수의 이름으로 이루어지게 하옵소서 하더라 31 빌기를 다하매 모인 곳이 진동하더니 무리가 다 성령이 충만하여 담대히 하나님의 말씀을 전하니라

하나님 이해

상황 판단

베드로와 요한이 공회에 잡혔을 때 당황해야하는 사람은 베드로와 요한입니다. 공회의 권위에 눌려야 하고, 공회의 위협과 경고에 두려워해야 합니다. 그리고 어찌될까, 자신들이 풀려날 수 있을까 고민하면서 하나님께 부르짖어야 합니다. 그런데 상황은 정 반대입니다. 13절 "그들이 베드로와 요한이 담대하게 말함을 보고 그들을 본래 학문 없는 범인으로 알았다

가 이상히 여기며"입니다. 전혀 잡혀온 사람의 모습이 아닙니다. 관원들이 제자들을 겁을 주는 표현이 세 번 나옵니다. 17절에서 "이것이 민간에 더 퍼지지 못하게 그들을 위협하여", 18절 "그들을 불러 경고하여 도무지 예수의 이름으로 말하지도 말고 가르치지도 말라", 21절에는 "다시 위협하여 놓아 주었으니"입니다. 세 번의 표현이 모두 다른 단어입니다. 첫 번째는 말 그대로 '협박하다, 겁을 주다'라는 의미이고, 두 번째는 '권위로 지시하다, 명령하다, 엄히 말하다'이고, 세 번째는 '더욱 위협하다, 다시 위협하다, 추가적으로 위협하다'라는 의미입니다. 그러니까 잡아온 사람들이 겁을 주기 위해서 다양한 시도를 했습니다.

이렇게 겁을 주면 겁을 먹어야 합니다. 명색이 당대의 최고의 권위자들이요, 통치자들이요, 지배자들이 명령을 하면 기가 죽어야 하고, 두려워하는 기색을 보여야 합니다. 그런데 상황이 아주 재미있습니다. 제자들은 살려달라고 애원하는 것이 아니라, 풀어달라고 간청하는 것이 아니라, 자기들이 먼저 '풀어만 주면 다시는 아무 말도 하지 않겠다고' 자청하고 나서는 것이 아니라 아주 천연덕스럽게 질문까지 합니다. 그 질문이 19절 "베드로와 요한이 대답하여 이르되 하나님 앞에서 너희의 말을 듣는 것이 하나님의 말씀을 듣는 것보다 옳은가 판단하라"입니다. 관원들에게는 질문을 던지는 것이고, 자기들로서는 이미 자기들의 행동을 결정했다는 통보입니다. 20절 "우리는 보고 들은 것을 말하지 아니할 수 없다"입니다. 자기들은 관원들의 협박을 전혀 개의치 않겠다는 것이며, 앞으로 계속하여 예수의 이름으로 말도 할 것이고, 가르치기도 할 것이라는 통보입니다. 이것이 잡힌 사람들의 태도입니까?

오늘날 성도들의 반응이나 행동과 아주 다르다는 것을 분별하셔야 합니다. 오늘날 어떤 성도가 복음을 전하다가 잡혀가면 우선 본인이 핍박받는다고 생각합니다. 고난을 받는다, 십자가의 길을 간다, 가시밭길을 간다고 생각합니다. 당연히 힘들어하고, 불편해하고, 어려워합니다. 그러면서 믿음의 삶, 신앙의 삶이 결코 쉽지 않다고 여깁니다. 그리고 그 다음 단계는 풀려날 수 있게 해달라고 기도합니다. 이렇게 잡혀있으면 복음 전하는 길이 막히는 것이고, 더 이상 주의 일을 할 수 없으니까 가능한 빨리 풀려 날 수 있도록 하나님이 주변 인물을 동원하시고, 아예 옥문을 열어 달라고 합니다. 동시에 바깥에 있는 사람들에게 기도 부탁을 합니다. 아주 공식입니다. 전형적인 행동패턴입니다. 이런 기도 부탁 많이 들어보셨을 것이고, 어떨 때는 긴급 기도 요청을 받기도 하셨을 것입니다. 그런데 사도행전의 제자들은 우리와 달랐습니다. 전혀 다르게 행동했습니다.

스데반의 경우

한 번만 이런 것이 아닙니다. 5장 18절을 보면 "사도들을 잡아다가 옥에 가두었더니"입니다. 이때에도 사도들은 별다른 행동이 없습니다. 잡혔다고 억울해 하지도 않고, 놓아달라고 기도하지도 않습니다. 12장 5절을 보면 "이에 베드로는 옥에 갇혔고 교회는 그를 위하여 간절히 하나님께 기도하더라"입니다. 이 기도가 '베드로가 옥에서 나오게 해 달라'는 기도였을까요? 정작 당사자인 베드로는 기도하지 않습니다. 6절 "헤롯이 잡아 내려고 하는 그 전날 밤에 베드로가 두 군인 틈에서 두 쇠사슬에 매여 누워 자는데"입니다. 그냥 잠만 잘 잡니다. 베드로만이 아닙니다. 6장 이하에 나오는 스데반의 경우도 유사합니다. 10절부터 보면 "스데반이 지혜와 성령으로 말함을 그들이 능히 당하지 못하여 사람들을 매수하여 말하게 하되 이 사람이 모세와 하나님을 모독하는 말을 하는 것을 우리가 들었노라 하게 하고 백성과 장로와 서기관들을 충동시켜 와서 잡아가지고 공회에 이르러 거짓 증인들을 세우니"입니다. 스데반으로서는 억울한 일을 당했습니다. 그것도 권세자들이 음모하여 사람들을 매수한 것이요, 공회에서도 거짓 증언을 하게 했으니 공정한 재판을 받지도 못했습니다. 스데반이 어떻게 할까요? 부정한 권력은 물러가라고 할까요? 법 질서를 문란하게 만드는 불의

한 행동을 멈추라고 할까요? 억울하게 잡혔으니 풀려나게 해 달라고 하나님께 간청할까요? 교회는 매일 공회 앞에서 일인 시위를 하고, 석방 촉구 기도회를 열까요? 스데반의 얼굴이 분노에 차서 붉어지고, 억울함을 삭히지 못하여 열이 오르고, 어떻게든 벗어나려고 눈에서 불꽃이 튈까요? 아닙니다.

성경은 아주 이상하게 표현합니다. 6장 15절 "공회 중에 앉은 사람들이 다 스데반을 주목하여 보니 그 얼굴이 천사의 얼굴과 같더라"입니다. 모든 것을 포기해서 이럴까요? 그래서 결과가 어떻게 될까요? 이렇게 천사같은 얼굴, 평온한 얼굴을 하고 있으니 하나님께 은혜 받아서 풀려날까요? 아닙니다. 결국 스데반이 죽습니다. 그것도 돌에 맞아 죽습니다. 억울하게 잡힌 정도가 아니라 억울함에 억울함이 겹치도록 자신보다 의롭지 못한 사람들에 의해서 돌 맞아 죽습니다. 그럼 죽는 순간에 뭐라고 할까요? '내 원한을 갚아 달'고 할까요? 아니요. 7장 60절 "무릎을 꿇고 크게 불러 이르되 주여 이 죄를 그들에게 돌리지 마옵소서"입니다. 오늘날 교회와 성도들의 모습과 많이 다릅니다.

과연

대주재여

다른 제자들의 반응을 확인해 보겠습니다. 23절 "사도들이 놓이매 그 동료에게 가서 제사장들과 장로들의 말을 다 알리니"입니다. 사로잡혔다가 놓인 사람이 그간의 사정을 이야기 합니다. 동료들은 뭐라고 할까요? 우선 두부부터 먹였을까요? 애썼다고, 수고했다고, 고생했다고 위로했을까요? 물론 성경에는 시시콜콜한 대화를 모두 기록한 것이 아니기에 실제로 무슨 대화를 했는지 정확하게는 알 수 없습니다. 그런데 성경에 기록된 내용을 근거로 이 사람들의 마음과 반응과 생각과 행동을 충분히 알 수 있습니다. 사도행전의 제자들은 개개인의 모습이 아니고, 자기들이 노력하고 훈련하여 스스로 변화된 모습이 아니라 죄에서 구원받고, 성령을 받아 하나님의 말씀을 깨달은 사람들, 하나님이 만들어낸 성도의 모습입니다. 사로잡혀 갔던 사람이나 밖에 있던 사람들이나 하나님의 은혜로 구원받은 성도의 모습입니다. 그러니 사로잡혔던 사람들의 반응을 보면 밖에 있었던 사람들의 반응도 충분히 알 수 있습니다. 이제 그들의 말을 통해서 확인해 보겠습니다.

24절로 26절 "그들이 듣고 한마음으로 하나님께 소리를 높여 이르되 대주재여 천지와 바다와 그 가운데 만물을 지은 이시요 또 주의 종 우리 조상 다윗의 입을 통하여 성령으로 말씀하시기를 어찌하여 열방이 분노하며 족속들이 허사를 경영하였는고 세상의 군왕들이 나서며 관리들이 함께 모여 주와 그의 그리스도를 대적하도다 하신 이로소이다"입니다. 세 절을 읽었는데 이 구절에 제자들이 하나님을 부르는 것이 한 번, 하나님을 소개하는 것이 두 번 나옵니다. 하나님을 부르는 것은 '대주재여'입니다. '대주재여'라는 단어는 당시에 자기보다 높은 사람을 호칭할 때 사용되는 '퀴리오스'인데, 우리말로 '주여'라는 것보다 한층 차원이 높은 표현입니다. 퀴리오스가 '상전, 선생, 주인, 남편, 장관'등으로 높은 사람을 통치하는 의미로 사용되지만 '대주재여'는 번역하자면 '주권자, 통치자, 주인, 주재'등으로 다분히 '다스림'과 관련되어 있습니다. 제자들은 관원들, 지배자들, 통치자들에게 사로잡혔다가 풀려났는데, 그 순간에 하나님을 '대주재, 진정한 주권자, 참 통치자'로 불렀습니다. 하나님이 대주재요, 통치자요, 주권자이면 자신들을 잡고 위협하고 경고하던 관원들, 지배자들은 비록 그들이 실권을 잡은 것처럼 보이지만 실제로는 아무 것도 아니라고 인식하고 있었습니다.

자신들이 대주재께 속한 사람들이기에, 관원이나 권세자들이 자신들에게 행하는 것이 아무런 의미가 없는 것으로 간주했습니다. 그러니 겁을 먹을 이유가 없었고, 두려워하거나 불안해하지 않을 수 있었습니다. 제자들은 더 큰 권세자인 대주재의 통치와 다스림을 받고 있기에 어떤 권세나 어떤 관원들이 자신들을 어찌할 수 없다는 생각을 하고 있었습니다.

하나님의 속성

제자들이 하나님을 부른 것은 '대주재여'이고, 제자들이 하나님을 소개한 것이 두 가지입니다. 하나는 24절 '천지와 바다와 그 가운데 만물을 지은 이'고, 또 하나가 25절로 26절을 '말씀하신 이'입니다. 그러니까 제자들은 '대주재시요, 당신은 만물을 지으신 이시요, 25절과 26절을 말씀하신 분입니다'라고 말했습니다. 하나님을 소개한 이 두 가지가 엄청나게 중요합니다. 제자들이 말한 이 두 가지가 어떤 의미인지를 분별해야 옥에 간 제자나, 밖에 있던 제자들의 천연덕스러움을 이해할 수 있습니다. 첫 번째, 하나님은 천지와 바다와 만물을 지으신 이시요, 당연히 그것을 통치하고 주관하고 다스리는 분이라는 사실입니다. 어느 것도 하나님의 통치에서 벗어날 것이 없고, 어느 것도 하나님의 다스림의 영역에서 제외된 것이 없습니다. 하나님이 세력싸움에서 밀린 적이 없고, 하나님이 실권을 놓친 적이 없고, 하나님이 모르는 영역이 있거나 하나님이 손대지 못하는 영역이란 존재하지 않습니다. 그러니 자신들이 관원들에게 사로잡히거나, 위협을 받거나, 경고를 받은 것은 아무런 의미가 없습니다. 왜냐하면 그들이 주권자가 아니기 때문입니다. 그들이 권세자가 아니기 때문입니다. 자신들은 대주재와 함께하고 있으니 어느 누구도 자신들을 어찌할 수 없다는 의미입니다.

이렇게 하나님을 대주재라고 인식하기에 자연스럽게 하나님에 대한 두 번째 소개가 등장할 수 있습니다. 하나님은 다윗을 통해 25, 26절처럼 말씀하신 분입니다. 하나님이 말씀하신 부분만 다시 읽어봅니다. "어찌하여 열방이 분노하며 족속들이 허사를 경영하였는고 세상의 군왕들이 나서며 관리들이 함께 모여 주와 그의 그리스도를 대적하도다"입니다. 이것이 제자들이 인식하고 있던 역사관이요, 제자들이 가지고 있던 세계관입니다. 대주재이신 하나님이 이렇게 말씀하셨습니다. 이 말씀이 무슨 뜻인지 풀어보겠습니다. 바로 앞에서 대주재요, 모든 것을 창조하신 분이요, 창조하신 모든 것을 주관하시는 분임을 선언했습니다. 그 하나님이 '어찌하여 열방이 분노하며 족속들이 허사를 경영하였는고' 말씀하셨습니다. '열방이 분노하며'의 분노는 화를 냈다는 것이 아니라 '수선을 떨다, 소란을 피우다'라는 의미입니다. 즉 열방 또는 나라들이 무엇인가를 한다고 분주하고, 일을 벌이고, 진행하고, 수고를 합니다. 대주재이신 하나님이 그것을 의아하게 생각하십니다. 천지만물을 하나님이 주관하시는데, 왜 나라들이 마치 자기들이 주관자인 것처럼, 마치 자기들이 계획하면 이룰 수 있는 것처럼, 마치 자기들이 진행하면 결과를 얻을 수 있는 것처럼 생각하고 행동하는지 의아해 하십니다. 열방들, 나라들, 또는 사람들이 계획하고 진행하는 모습은 수선떠는 것에 불과하고 소란 피우는 것에 불과합니다. 그래서 '왜 수선 떨고 그래? 왜 소란 피우고 그래?'라고 하십니다.

또 '어찌하여 족속들이 허사를 경영하였는고'입니다. '족속'은 '백성, 민족, 국민, 사람들'입니다. 앞에서 했던 '열방'이란 말의 다른 표현입니다. 사람들이 무엇인가를 경영한다고 계획세우고, 진행하고, 점검하고, 확인하고, 이것저것을 하는데, 결국엔 그것이 '허사'를 경영한 것, 즉 다 헛된 것, 무익한 것, 쓸모없는 것이라는 뜻입니다. 왜냐하면 하나님이 창조자요, 하나님이 주관자요, 하나님이 대주재자인데 하나님의 뜻을 알지도 따르지도 않으면서 마치 자신들이 책임자인 것처럼 행동하기 때문입니다. 그래서 대주재자께서 하시는 말씀, '쟤들 왜 저래?'라고 하셨다는 것입니다. 또 26절 '세상의 군왕들이 나서며 관리들이 함께 모여 주와 그의 그리스도를 대적하도다'입니다. 세상의 군왕들과 관리들이 다 모였습니다. 모여서 합의를 하고, 모여서 중지를 모으고, 모여서 연합을 하고, 모여서 함께 하고, 모여서 힘을 합치고, 여하튼 모여서 서로 지혜를 모으고 갖은 방법을 동원하여 무엇인가를 한다고 하는데 결국은 그것이 주, 즉 하나님과 그의 그리스도,

즉 하나님이 세운 사람들의 일하심을 대적하는 일입니다. 사람들이 이러는 이유는 하나님을 모르고 마치 자기들만 있는 것처럼, 마치 자기들이 하면 할 수 있는 것처럼 생각하고 행동하기 때문입니다. 대주재께서 보시기에 참으로 어이없는 일입니다. 그래서 열방들, 족속들, 군왕들, 관리들이 하는 행동을 보시면서 딱 한마디 하시기를 '어찌하여?'입니다.

과연

3장 24절로 26절이 제자들이 하나님을 어떻게 알고 있는가, 세상의 주관자와 통치자가 누구이신가에 대한 세계관을 보여주는 것이라면 27절은 제자들의 역사관을 보여주는 것입니다. 27절 "과연 헤롯과 본디오 빌라도는 이방인과 이스라엘 백성과 합세하여 하나님께서 기름 부으신 거룩한 종 예수를 거슬러 하나님의 권능과 뜻대로 이루려고 예정하신 그것을 행하려고 이 성에 모였나이다"입니다. 24절로 25절에 하나님이 말씀하신 것을 단지 하나님이 말씀하셨다고만 생각하는 것이 아니라 실제로 역사에 일어난 사건을 하나님의 말씀대로 이루어진 것으로 이해하고 있습니다. 27절이 단순한 말이 아닙니다. 왜냐하면 단지 과거에 지난 역사를 이해한다는 의미가 아니라 자신들이 당사자이기 때문입니다. 자신들의 시대에, 자신들의 지역에서, 자신들의 대표와 자신들에게 일어났던 일입니다. 그래서 자신들이 믿고, 의지하고, 따르던 예수가 죽었습니다. 그들은 어찌 보면 원수요, 어찌 보면 대적자요, 어찌 보면 도무지 용납 못할 사람들입니다. 한두 사람이 아니라 헤롯, 빌라도, 이방인, 이스라엘 백성 모두입니다.

그런데 제자들은 자기들이 당한 사건을 '당한 것으로' 이해하지 않습니다. 저들이 가해자요, 자신들이 피해자라고 생각하지 않습니다. 저들이 예수를 죽였고, 예수는 죽임을 당했다고 생각하지 않습니다. 저들이 자신들의 공동체를 해체시켰고, 자신들은 피해와 손해를 당했다고 생각하지 않습니다. 도리어 정반대로 인식하고 있습니다. 대주재이신 하나님께서, 이미 하나님의 권능과 뜻대로 이루시려고 그리스도를 이 땅에 보내셨고, 그리스도를 십자가에 죽고 부활하게 하시려는 계획을 가지고 계셨고, 진행하고 계셨습니다. 그런데 헤롯과 빌라도와 이방인들과 이스라엘 백성들은 자신들이 예수를 대적하는 줄로, 자신들이 예수를 죽이는 줄로, 자신들이 예수의 모든 계획을 물거품으로 만드는 줄로, 자신들이 예수를 이기는 줄로 알고 행한 것에 불과합니다. 그렇게 기껏 행한 것이 결국은 하나님이 예정하신 것을 이룬 것일 뿐입니다. 27절에서 가장 중요한 단어, 제자들의 심정을 가장 극명하게 표현하는 단어가 '과연'입니다. 과연 말씀하신 대로 이루어진 것을 인식했다는 의미입니다.

예수는 죽임을 당한 것이 아니라 하나님의 예정대로 행하신 것이요, 제자들은 저들의 권력에 속수무책인 것이 아니라 도리어 관원들의 모든 행동이 하나님의 뜻을 이룬 것일 뿐 아무 의미가 없습니다. 그러니 제자들이 약자가 아니요, 패배자가 아니요, 작은 자가 아니요, 소수가 아니요, 사로잡힌 자가 아닙니다. 도리어 자신들이 대주재에게 속한 자요, 자신들이 열방과 족속과 군왕과 관리들의 행사를 허사를 경영하는 것으로 만들어 버리는 하나님의 원대한 사역에 동참하고 있음을 알고 있습니다. 관원들과 제자들 중에 누가 큰 자입니까? 당연히 제자들입니다. 관원들과 제자들 중에 누가 강한 자입니까? 당연히 제자들입니다. 관원들과 제자들 중에 누가 실제적인 일을 행하는 자입니까? 당연히 제자들입니다. 관원들과 제자들 중에 누가 사로잡힌 자입니까? 당연히 관원들입니다.

복음서의 제자들의 상황인식과 사도행전의 제자들의 상황인식이 완전히 달라졌습니다. 무엇이 달라졌습니까? 하나님에 대한 인식이 달라졌고, 하나님의 일하심에 대한 인식이 달라졌습니다. 그렇게 하나님과 하나님의 일하심에 대한 인식이 달라지니까 당연히 자신들의 상황, 자신들의 처지, 자신들의 역할에 대한 인식이 달라졌습니다. 그렇게 달라지니까 또 당연히 제자들의 행동이 달라졌습니다. 이것이 성령의 역사요, 성령의 능력입니다. 복음서에서 예수가 잡혀가게 될 것 같으니 모든 것이 끝장나는 줄로 알아 막아서려고 했고, 실제로 예수가 잡혀가자 모든 것이 끝났다고 여기고 다 흩어졌었습니다. 하나님이 어떤 계획이 있었고, 하나님의 계획을 어떻게 진행하는지에 대해서 전혀 몰랐었습니다. 그런데 지금은 예수는 승천하여 육신적으로 자신들의 눈에 보이지 않고, 자신들은 관원들에게 잡혀 위협 받고, 경고 받고 있는데도 불구하고 전혀 걱정이 없고, 두려움이 없고, 자신들의 일이 막혔다는 생각, 자신들의 계획이나 목표가 중단되고 방해받고 있다는 생각이 전혀 없습니다.

2장과 3장의 베드로의 연설에서 공통적으로 등장했던 표현이 '너희가 예수를 죽였다. 그러나 하나님이 살려내셨다'는 것이었습니다. 결국 사람들이 하나님의 일을 막을 수 없고, 사람이 하나님의 일을 방해할 수 없다는 것이었습니다. 지금 사로잡혔다가 놓인 제자들을 맞이하는 동료들의 고백에서 동일한 내용을 듣는 것입니다.

주여 이제도

사도행전의 패턴

저와 여러분이 사도행전을 읽으면서 현재 4장까지 왔습니다. 그런데 사도행전의 구성에 있어서 아주 독특한 패턴을 눈치 채셨어야 합니다. 이 패턴이 10장까지 반복됩니다. 이 패턴이 무엇인지를 알아채기 위해서 복음서와 대조해보면 쉬워집니다. 복음서에 예수님의 설교가 많이 등장할까요, 예수님의 사역 즉 치유, 축사, 이적과 기적이 많이 등장할까요? 물론 설교도 등장하고, 사역도 등장하지만 비율적으로 따져보면 많은 사역이 등장하고, 사역에 이어 간단간단한 설교, 선포, 가르침, 비유 등이 등장합니다. 그렇다면 사도행전에는 제자들의 설교가 많이 등장할까요, 사역이 많이 등장할까요? 정답은 설교입니다. 오늘날 많은 성도님들은 정반대일 것으로 생각합니다. 예수님이 율법을 대신하는 새로운 복음을 선포하시니까 당연히 많은 설교가 있고, 제자들은 자신들이 새로운 복음을 만들어내는 것이 아니니까 말보다는 이제 성령을 받고, 권능을 받고, 능력을 받아서 많은 이적과 기적을 행한 것으로, 성경에서 확인도 하지 않고, 그냥 그렇게 생각해 버립니다.

그러나 실상은 예상과는 다릅니다. 사도행전을 보시면 2장에 제자들이 성령 받아 다른 언어로 말하는 사건이 나옵니다. 제자들이 이적을 행한 것이 아니라 이적을 당했습니다. 이 사건이 있고 베드로가 2장 14절로 36절까지 길게 설교하는 장면이 이어집니다. 3장에서는 베드로와 요한이 나면서 못 걷게 된 사람을 고치는 사건이 등장하고 12절부터 26절까지 또 길게 설교하는 장면이 등장합니다. 4장에서는 제자들은 아무 이적도 행하지 않고 대신 자신들의 하나님에 대한 이해를 고백하는 장면이 등장하고, 5장에서는 잡혔다가 풀려나서 또 설교하고, 7장에서는 스데반이 단 하나의 이적도 행하지 않고 잡혀 있는 상태에서 1절부터 53절까지 아주 길게 설교하는 장면이 이어집니다. 8장에서는 사마리아로 흩어져서 설교하고, 9장에서 사울이 이적이나 기적은 나타내지 않고 설교만 하고, 10장에서 베드로가 이방인 고넬료의 집에 가서 병자를 고치거나 귀신을 쫓거나 이적이나 기적을 행하는 것이 아니라 달랑 설교만 합니다.

사도행전은 제자들이 능력을 행하는 것, 역사를 행하는 것을 강조하는 것이 아니라 제자들이 성령을 받아 진리에 대해 가르침을 받아 인식이 달라진 것, 가치가 달라진 것, 개념이 달라진 것, 원리가 달라진 것, 세계관이 달라진 것, 역사관이 달라진 것, 신앙관이 달라진 것을 강조하고 있습니다. 이렇게 인간에 대한, 신에 대한, 세상에 대한, 역사에 대한, 진리에 대한 내용이 달라져야 행동이 달라질 수 있습니다. 기독교는 인간의 행동을 먼저 고치는 종교가 아니라, 죄인에서 성도로 존재를 새롭게 하고, 죄의 인식에서 하나님의 인식으로 인식을 새롭게 하고, 그 결과로 죄를 따르는 삶을 버리고 성령을 따르는 삶을 살게 되는 것을 강조합니다. 그러므로 기독교의 가장 우선적인 일은 하나님을 아는 것, 진리를 아는 것, 성경을 아는 것, 성도의 성도됨을 아는 것이어야 합니다.

아는 것과 행하는 것

사람들이 자주 하는 말 중에 '얼마나 아느냐가 중요한 것이 아니라 얼마나 행동하느냐, 실천하느냐가 중요하다'는 말이 있습니다. 완전히 틀린 말입니다. 축구경기에서 축구 이론에 해박한 것보다 중요한 것은 골을 넣는 것이라고 말할 수 있습니다. 그러나 틀린 말입니다. 물론 골을 넣은 선수가 전문적 축구용어를 사용해서, 체계적 논리로 설명하지는 못한다 할지라도 자신이 공차는 방식, 자신이 경기하는 원리를 말하라고 하면 다 말을 합니다. 인터뷰할 때 '그냥 뻥 찼더니 들어갔습니다, 다음 경기에도 아무 생각 없이 그냥 뻥 차겠습니다'라고 말하는 선수는 없습니다. 또 요리에 대해서도 '레시피가 어떻고, 계량용기가 어떻고 많이 아는 것보다 요리를 맛있게 하는 것이 중요하다. 며느리가 아무리 인터넷 뒤지고 이론이 해박해도 할머니의 맛을 따라올 수 없다'고 말할 수 있습니다. 완전히 틀린 말입니다. 그 할머니에게 가서 요리에 대해서 물어보면 할머니의 언어와 할머니의 표현방식에 의한 레시피가 있다는 것을 확인할 수 있습니다. 내용 없는 결과란 존재하지 않습니다.

신앙의 영역에서 가장 왜곡된 표현이 '성경을 많이 아는 것보다 중요한 것은 성경대로 사느냐는 것이다. 신앙은 말에 있지 않고 능력에 있다'는 말입니다. 가장 바보 같은 말이고, 가장 반기독교적인 말이고, 가장 하나님을 모욕하는 표현입니다. 그렇게 말한 결과가 현재의 한국 기독교의 현실입니다. 이게 기독교인지 아닌지 전혀 구분이 가지 않습니다. 그러나 하나님의 가장 중요한 사역은 하나님을 알리는 것이었습니다. 하나님의 자기 계시의 결정체가 성경이고, 기독교는 성경을 알고 성경의 내용에 따라서 진행됩니다. 성경을 모르면 성경대로 산다는 것은 원천적으로 불가능합니다. 신앙인들이 하나님의 뜻에 순종하기를 원합니다. 그렇다면 가장 기초, 가장 원천적인 출발점은 하나님의 뜻을 아는 것부터입니다. 그런데 성경을 읽지 않고, 배우지 않고, 알려고 하지 않습니다. 그런 의미에서 사도행전은 성도들의 사고방식을 뒤집어 놓습니다. 사도들을 소개할 때 능력의 사도로 소개하는 것이 아니라, 성령을 통해 진리를 배운 사도의 모습을 소개합니다.

주여 이제도

본문은 관원들에게 잡혔다가 풀려난 사도들을 만난 동료들의 대화입니다. 4장 24, 25, 26절에 하나님에 대한 고백이 등장하고 27, 28절에 자기들에게 일어났던 사건 즉 예수와 관련된 역사적 사건에 대한 완전히 새로워진 이해가 소개되고, 드디어 29, 30절에 제자들의 기도 또는 간구가 등장합니다. 여기서 중요한 단어가 '주여, 이제도'입니다. 27절에서 하나님의 일하심에 대한 고백을 표현한 것이 '과연'이었다면, 동일한 하나님의 일하심을 인정하고 기대하는 것이 29절의 '이제도'입니다. 과연 헤롯과 빌라도가 했던 일이 결국은 허사를 경영하는 것이요, 도리어 하나님의 예정을 이루신 것이었듯이, 이제도 관원들이 자기들을 사로잡고, 위협하고, 경고하는 일들이 여전히 허사를 경영하는 것에 불과할 뿐이요, 하나님이 자신들과 함께 하시고, 성숙시키고, 하나님 나라의 분복을 누리게 하시겠다는 약속은 이루어질 것임을 알고 기대하고 있습니다. 그래서 29, 30절의 내용이 아주 멋있습니다.

24절에 '그들이 소리를 높여 이르되'라고 했습니다. 제자들은 기도회를 하는 것이 아니고, 하나님께 고백하고 말하고 있습니다. 그래서 31절에 '빌기를 다하매'라고 되어있지만 이것은 '빌었다, 기도했다'는 의미가 아닙니다. 이 단어는 신약에서 기도하는 행위를 표현할 때 사용한 단어와는 전혀 다른 단어입니다. 말 그대로 '말하고, 고하고, 구하고, 기대했다'입니다.

29, 30절에 제자들이 사용한 동사가 두 개입니다. 하나는 29절의 '굽어보시옵고'이고 다른 하나는 29절 끝에 '주시옵고'입니다. 제자들이 하나님께 드린 말씀은 첫째, 그들이 위협하고 있는 것을 보시라는 뜻입니다. 그렇게 보시면 하나님이 하실 일은 무엇인지 알게 될 것인데 그것이 바로 '주시옵고'입니다. '보시고 주시라'는 것인데 무엇을 주시라, 즉 무엇을 달라는 것이냐면 '하나님 말씀을 전할 수 있는 담대함'을 주시라는 간구입니다. 제자들이 하나님께 기대한 것은 관원들을 물리치는 것이 아니요, 자기들의 상황이 호전되는 것이 아니고, 복음 전하기 좋은 조건과 여건을 만들어 달라는 것이 아니고, 단지 하나 자신들이 복음을 전할 수 있는 '담대함'을 달라고 한 것입니다. 이 단어는 명사적으로 '명백, 확신, 자신감,' 또는 부사적으로 '자유롭게, 대담하게, 명쾌하게, 분명하게, 드러나게, 기탄없이'라는 의미입니다.

제자들이 하나님께 말한 핵심은 '담대함을 주시옵고'이고, 뒤에 첨가한 것이 30절입니다. 일종의 기원문입니다. 30절의 핵심은 '하나님이 하시옵소서'입니다. 풀어서 설명하면 '당신의 거룩한 예수 그리스도의 이름으로 병이 낫고, 표적과 기사가 이루어지도록 당신의 손을 내미소서'입니다. 제자들은 자신들이 예수의 이름으로 행할 수 있도록 자신들에게 능력과 권세를 달라고 한 것이 아닙니다. 그것은 하나님이 하시라는 요청입니다. 하나님이 필요하다고 여기는 때에, 필요한 장소에서, 필요한 방식으로, 하나님이 하시라는 청원입니다. 자신들이 구한 것은 오직 하나 '담대함'입니다. 그렇다면 담대함은 어떻게 생깁니까? 구약에는 정반대의 상황, 즉 사람이 하나님께 담대함을 구하는 것이 아니라 하나님이 인간에게 담대하라고 권면하는 장면이 있습니다. 여호수아 1장 6절 "강하고 담대하라", 7절 "오직 강하고 극히 담대하여", 9절 "강하고 담대하라"입니다. 이때 하나님이 강하고 담대할 수 있도록 알려주신 것이 8절 "이 율법 책을 네 입에서 떠나지 말게 하며 주야로 그것을 묵상하여"입니다. 결국은 하나님을 아는 것이요,

하나님의 일하심을 아는 것이요, 하나님의 말씀을 아는 것입니다.

아이의 소원과 어른의 소원이 다릅니다. 왜냐하면 어른이 되면서 인생을 알기 때문입니다. 마찬가지로 죄인의 소원과 성도의 기대가 다릅니다. 왜냐하면 성도가 되면서 인생을 알고, 세상을 알고, 죄를 알고, 하나님 말씀을 알기 때문입니다. 성경을 안다는 것은 종교적 지식에 불과한 것이 아니라, 인생과 역사와 진리와 세상과 삶에 대한 전혀 새로운 차원을 갖는 것입니다. 하나님을 아셔서 풍성한 삶, 행복한 삶을 풍성히 누려 가시기를 주님의 이름으로 축원합니다.

19

큰 권능, 큰 은혜

사도행전 4:32~37

32 믿는 무리가 한마음과 한 뜻이 되어 모든 물건을 서로 통용하고 자기 재물을 조금이라도 자기 것이라 하는 이가 하나도 없더라 33 사도들이 큰 권능으로 주 예수의 부활을 증언하니 무리가 큰 은혜를 받아 34 그 중에 가난한 사람이 없으니 이는 밭과 집 있는 자는 팔아 그 판 것의 값을 가져다가 35 사도들의 발 앞에 두매 그들이 각 사람의 필요를 따라 나누어 줌이라 36 구브로에서 난 레위족 사람이 있으니 이름은 요셉이라 사도들이 일컬어 바나바라(번역하면 위로의 아들이라) 하니 37 그가 밭이 있으매 팔아 그 값을 가지고 사도들의 발 앞에 두니라

변화된 사람들

손가락

대화중에 종종 당사자가 말하려는 것을 상대방이 다르게 받아들이는 경우를 비유할 때 '달을 가리키면 달을 봐야지 손가락을 보면 안 된다'고 하는 말이 있습니다. 이 말이 아주 의미심장한 말입니다. 같은 장소에서, 같은 곳을 바라보며, 같은 말을 하니까 다 같은데 딱 하나 다른 것이 내용입니다. 이런 말이 생겼을 정도면 세상에서도 이런 어이없는 현상이 자주 발생한다고 볼 수 있습니다. 이것은 비단 세상에서만이 아니라 성경을 이해할 때에도 너무나 자주 발생합니다. 어쩌면 성경을 보면서 이런 오해가 발생하는 것은 지극히 정상이라고 할 수 있습니다. 왜냐하면 성경은 하나님

의 관점에서 기록한 것이고 사람들은 죄인의 관점에서 관찰하기 때문입니다. 본문을 바르게 이해하기 위하여 먼저 성경의 다른 장면을 예로 들어 보겠습니다.

구약에서 가장 유명한 사건, 대표적인 사건을 뽑으라면 아마도 출애굽일 것입니다. 책 제목도 출애굽기이고, 사건의 내용도 애굽에서 나오는 것이라 이 사건의 핵심은 출애굽이요, 이 사건의 주제는 애굽의 종살이하던 삶에서 해방되어 자유를 얻는 것이라고 생각합니다. 이 사건의 메시지는 하나님께서 인간을 고통으로부터 해방시키고 억압으로부터 풀어주시고, 자유로운 삶을 만들어주시는 것이라고 생각합니다. 과연 그럴까요? 과연 이스라엘은 노예로부터의 해방을 원했고, 억압으로부터의 자유를 소망했을까요? 하나님은 사람들이 원하는 것을 이루어주신 것일까요?

만약 그렇다면 자유를 갈구하던 이스라엘 백성이 애굽을 벗어나자마자 하는 말이 조금 이상합니다. 홍해 앞에서 출애굽기 14장 11절 이하에 "그들이 또 모세에게 이르되 애굽에 매장지가 없어서 당신이 우리를 이끌어 내어 이 광야에서 죽게 하느냐 어찌하여 당신이 우리를 애굽에서 이끌어 내어 우리에게 이같이 하느냐 우리가 애굽에서 당신에게 이른 말이 이것이 아니냐 이르기를 우리를 내버려 두라 우리가 애굽 사람을 섬길 것이라 하지 아니하더냐 애굽 사람을 섬기는 것이 광야에서 죽는 것보다 낫겠노라"고 합니다. 만약 출애굽이 인간의 자유를 강조하는 것이라면, 이스라엘은 '자유가 아니면 차라리 죽음을 달라'고 말했어야 합니다. 또는 '애굽에서 다시 노예로서 인간 같지 않은 삶을 살 바에야 광야에서 하루라도 자유를 맛보며 살다 죽는 것이 좋다'고 했어야 합니다.

재미있는 것은, 성경에는 애굽에서 나온 이스라엘 백성들은 자유를 얻게 되었다고 좋아하는 표현이 단 한마디도 나오지 않습니다. 성경이 강조하려는 것과 사람들이 이해하고 있는 것이 다릅니다. 출애굽기에 가장 많이 반복되는 단어가 '너희가 내가 여호와인줄 알리라'입니다. 즉 하나님은 출애굽 사건을 통해 하나님을 계시하고 있는데, 사람들은 노예와 해방이라느니, 종속과 자유라느니 다른 이야기를 합니다.

부활사건

신약에서 가장 유명한 사건, 가장 대표적인 사건을 뽑으라고 하면 아마도 예수 사건일 것입니다. 예수 사건은 예수의 십자가 죽음과 부활 그리고 성령의 강림이라는 하나로 연결된 사건입니다. 어쩌면 신약의 대표적 사건 정도가 아니라 대부분의 성도님들은 구약과 신약을 통털어 가장 중요한 사건이라고 생각하고 있을 것입니다. 과연 그럴까요? 물론 예수 사건이 아주 중요한 사건입니다. 제가 질문하는 것은 성경이 강조하려는 것이 무엇이냐는 것입니다. 예수 사건의 포인트, 예수 사건의 핵심이 예수가 살아났다는 것이냐는 질문입니다. 예수가 왜 죽었고, 예수가 왜 살았고, 성령이 왜 왔습니까? 예수는 죽어도 살아난다는 것을 보여주는 게 목적입니까? 예수가 무덤의 돌을 옆으로 밀쳐내고 나왔다는 것을 강조하려는 것입니까? 그래서 예수가 살았다는 것이 핵심이라면 이제 예수가 부활한 사도행전부터는 살아난 예수가 종횡무진하게 활동하는 모습이 등장해야 합니다. 사망을 이긴 예수가 이제 거칠 것이 없이, 이제는 신출귀몰할 것이 아니라 보무도 당당히 진군에 진군을 거듭하는 모습이 소개되어야 합니다. 그런데 사도행전은 전혀 다른 모습입니다. 사도행전에는 예수가 활동하는 모습이 거의 없습니다. 사도행전에는 온통 사도들이 활동하는 모습만 나옵니다. 이 차이점을 분별하셔야 합니다.

복음서는 예수의 사역에 초점이 맞추어져 있습니다. 복음서는 예수를 말하려고 예수를 말하는 것이 아니라 인간을 말하려고 예수를 말합니다. 즉 예수가 십자가에서 죽었고, 부활했고, 성령이 강림했습니다. 이 모든 것의 결론은 그래서 죄인이 구원받았다는 것입니다. 그래서 죄인이 새로운 피조물이 되었다는 것입니다. 그래서 죄인이 의인, 성도가 되었다는 것입니다.

결국 성경의 강조는 인간에 관한 것입니다. 인간을 구원하기 위해 구약에서 하나님이 일했고, 복음서에서 예수가 사역했습니다. 이러한 관점을 알면 우리네의 표현과 행동이 아주 다르게 나타나야 합니다. 기독교는 매년 봄 즈음에 부활절을 지킵니다. 부활절의 대표적인 표어가 '예수 다시 사셨네!'나 '사망권세 이겼네!'입니다. 그래서요? 예수가 다시 사셔서요? 예수가 사망권세 이겨서요? 부활절에는 예수가 다시 사셨다고 강조하는 것에 그치면 아무 소용이 없습니다. 예를 들어, 동네 아저씨가 갑작스런 심근경색으로 응급차에 실려갔는데 다행히 치료받고, 퇴원했다는 소식을 들을 수 있습니다. 내가 아는 한 사람이 간암 말기라 병원에서도 다 죽었다고 말했는데 암세포를 다 이기고 지금 건강해졌다는 말이 들려올 수 있습니다. 물론 다행스러운 소식이고, 기쁜 소식입니다. 하지만 나와 관계없는 내용입니다. 다른 사람의 심근경색이 낫고, 암세포가 죽었다는 것이 나에게 아무런 영향을 주지 못하고, 나의 존재, 나의 삶을 바꾸어주지 않습니다. 그것은 그분들에게는 엄청나게 소중한 사건이지만 나에게는 의미가 없습니다.

예수 사건이 중요한 이유는 예수가 사망을 이겼다는 것 때문이 아니라 그 사건으로 말미암아 내가 구원받았다는 사실 때문입니다. 내가 새로운 피조물이 되었기 때문입니다. 그러므로 부활절의 표어는 '나 구원받았네! 보라 내가 새것이 되었도다!'라고 해야 합니다. 사람들이 자주 부르는 복음성가 제목이 '살아 계신 주'입니다. 맞습니다. 예수는 살아계십니다. 하지만 예수가 살아 계시다고 노래할 것이 아니라 더 나아가 예수가 살아 계심으로 내가 어떻게 다르게 살고 있는가를 말해야 합니다. 그런데 우리는 살아 계신 주만 말합니다. 또 사람들이 자주 하는 고백이 '하나님은 전능하시다'입니다. 절대적으로 하나님은 전능하십니다. 하지만 하나님이 전능하다고 주장할 것이 아니라 더 나아가 하나님이 전능하기 때문에 나의 생각, 가치, 개념, 목적, 방법이 어떻게 세상 사람과 다른가를 말해야 합니다. 성경은 예수가 부활한 증거, 성령이 강림한 결과를 예수에게서나, 성령에게서 확인시켜주는 것이 아니라 성도에게서 확인시켜 줍니다. 그래서 사도행전은 예수 십자가 사건을 통해서 인간이 어떻게 변화되었는가, 성령의 강림을 통해 인간이 어떻게 새로워졌는가를 보여줍니다.

침례 요한

복음서와 사도행전의 사이에는 엄청난 사건이 존재합니다. 하나님을 중심으로 표현하면 예수의 십자가와 부활 사건 그리고 성령 강림 사건이 있습니다. 인간을 중심으로 표현하면 죄에서 구원되고 성령을 받고 진리를 가르침 받는 사건이 있습니다. 그러므로 복음서와 사도행전의 가장 큰 차이점은 인간이 달라진 것입니다. 죄인이 의인이 되었다는 것, 죄의 자녀가 하나님의 자녀가 되었다는 것, 진리를 모르던 자가 진리를 알게 되었다는 것, 세상과 상황과 조건에 대하여 바라보는 관점과 판단의 기준과 가치와 행동하는 원리와 방법이 완전히 달라진 것입니다. 그래서 사도행전을 보실 때에는 복음서의 구원받기 이전의 인간과 구원받은 이후의 인간의 차이점, 오늘날로는 구원받지 않은 세상 사람들과 구원받은 성도의 차이점을 분별할 수 있어야 합니다. 성경은 사도행전을 통해서 과연 성도는 '새로운 피조물이구나!', '과연 진리를 아는 사람이구나!', '과연 하나님의 마음과 심정과 원리와 방법을 가진 사람이구나!'라는 것을 보여줍니다. 서두의 달과 손가락 비유에서, 사도행전이 보여주는 달이 '성도의 변화된 모습'인데 사람들이 보는 손가락이 병자를 고치는 것, 하나님 나라가 확장되는 것 등입니다. 저와 여러분은 손가락이 아니라 달, 즉 성경이 보여주려는 것을 볼 줄 알아야 합니다.

사도행전 4장에 사도들이 사로잡히는 사건이 등장합니다. 복음서에는 사도들이 사로잡히는 사건이 없었습니다. 그래서 직접적인 대조를 할 수 없지만, 복음서에 예수님과 관련된 사람 중에 잡혀서 옥에 있던 사람의 반응과 사도행전에서 사도들이 잡혀서 옥에 있을 때의 모습을 비교해서 복음서의 사람과 사도행전의 사람이 어떻게 달라졌는지를 대조해 보겠습니다. 먼저 복음서를 보면 마태복음 11장에 침례 요한이 옥에 잡혀 있습니다. 요한이 옥에 갇히게 된 사연은 마태복음 14장에 설명이 나옵니다. 분봉 왕 헤롯이 동생 빌립의 아내를 차지하자 그것이 옳지 않다고 간언을 하였다가 미움을 사서 갇히게 되었습니다. 요한의 입장에서는 정의로운 일을 한 것이고 억울한 일을 당했습니다. 그런데 옥에서 그리스도께서 하신 일을 들어보니까 이상합니다. 그래서 제자들을 보내서 질문합니다. 11장 3절 "예수께 여짜오되 오실 그이가 당신이오니이까 우리가 다른 이를 기다리오리이까"입니다. 이렇게 질문한데에는 여러 가지 사유가 있지만 요한의 입장에서 본다면 만약 예수가 그리스도라면, 예수가 정의를 시행할 하나님의 사자라면, 이사야의 예언에 의한 사람이라면 지금처럼 해서는 안 됩니다.

이사야 선지자는 61장 1, 2절에서 "주의 성령이 내게 임하셨으니 이는 가난한 자에게 복음을 전하게 하시려고 내게 기름을 부으시고 나를 보내사 포로 된 자에게 자유를, 눈 먼 자에게 다시 보게 함을 전파하며 눌린 자를 자유롭게 하고 주의 은혜의 해를 전파하게 하려 하심이라"고 예언했습니다. 침례 요한의 생각에는 이런 예언에 따라 오신 그리스도라면, 지금 자기가 옥에 있는데, 그것도 정의를 행하다가 억울하게 잡혀 있는데 예수가 전혀 자기를 돌아보지 않는 것이 너무나 이상합니다. 또 자기는 예수의 길을 예비했던 사람이요, 예수에게 침례까지 주었던 사람입니다. 그런데 자기가 옥에 있는데 예수는 풀어주려는 어떤 노력도, 억울함을 호소하려는 어떤 시도도 하지 않습니다. 그러니 궁금할 수밖에요, 의심이 들 수밖에요, 제자들을 보내 예수에게 물어볼 수밖에요.

침례요한은 예수가 그리스도로 오셔서 어떤 방법으로 사역을 행하실지를 전혀 알지 못하고 있습니다. 마치 제자들이 그랬던 것과 똑같습니다. 제자들이 예수의 사역을 이해하지 못한 대표적인 사건이 베드로가 예수님이 고난을 받고 죽임을 당하고 제 삼일에 살아나야 한다고 말씀하셨을 때 '주여 그리 마옵소서. 이 일이 결코 주께 미치지 아니하리이다'라고 말했던 것과, 실제로 예수가 잡혀가실 때 칼을 뽑아 저항했던 사건입니다. 그러니까 복음서에서는 비록 베드로가 옥에 갇히지는 않았지만, 만약 갇혔다면 침례 요한과 같은 반응을 보였을 것입니다.

베드로

그랬던 베드로가 사도행전에서는 실제로 옥에 잡혔습니다. 이번에도 너무너무 억울한 일을 당했습니다. 누구에게 싫은 소리를 한 것이 아닙니다. 통치자의 행동이 불의하다고 바른 소리를 해서 미움을 받은 것도 아닙니다. 나면서부터 걷지 못하는 병자를 고쳐준 것 뿐입니다. 선을 행했고 자비를 베풀었습니다. 한 사람의 인생에 일대 전환을 이루어주었습니다. 무엇을 잘못했습니까? 왜 잡혀야 합니까? 어찌 보면 너무 원통해하고, 분노하고, 백방으로 하소연하고, 예수에게 풀려나게 해 달라고 매어 달릴 만합니다. 그런데 전혀 그렇지 않았습니다. 사도행전을 보면서 세상 사람들은 매우 의아하게 생각할 것입니다. 사도행전만이 아니라 그리스도인들의 간증을 들으면 세상 사람들이 은혜를 받는 것이 아니라 어이없어 하게 되어있습니다. 일반적으로 간증이 되려면 옥에 간 사람이 풀려나야 합니다. 곤경에 처해있던 사람의 상황이 개선되어야 합니다. 물론 베드로와 요한이 옥에서 풀려나지만 이것은 전혀 간증거리가 아닙니다. 왜냐하면 베드로는 원래 옥에 안 가던 사람이었기 때문입니다. 옥에 안 가던 사람이 옥에 가게 된 것이 나아진 것입니까, 악화된 것입니까? 악화된 것입니다. 그러니까 사도행전에서 성도가 변화된 존재라는 것을 설명하려면 옥에서 풀려났다는 것을 강조하면 안 됩니다. 기도했더니 풀려났다고 해도 안 됩니다. 만약 풀려난 것을 강조하면 잠시 뒤 스데반이나 바울은 풀려나지 못하기 때문입니다.

사도행전 3장에서 중요한 것은 앉은뱅이를 고쳤다는 것이 아니고, 4장에서 중요한 것은 옥에서 풀려났다는 것이 아니라, 제자들의 생각, 사고, 가치, 개념, 상황에 대한 판단, 하나님의 일하심에 대한 이해, 자신들의 삶의 목적과 원리에 대한 이해가 달라졌다는 것입니다. 관원에게 잡히는 것을 잡히는 것으로 인식하지 않는 판단 변화, 자신들이 관원들에게 위협받고 경고 받는 것을 전혀 두려운 일이 아니라고, 전혀 자신들의 삶이 곤란해지거나 역경에 처한 것이 아니라고, 자신들이 하는 일이 방해를 받거나, 막혔다고 생각하지 않는다는 인식의 변화가 있다는 것입니다. 그것을 보여주는 것이 24절부터 28절이었습니다. 죄로 바라보고, 죄로 판단하고, 죄로 인식하던 것을 이제는 하나님으로 바라보고, 하나님의 마음으로 판단하고, 하나님의 관점으로 인식하고 있습니다. 그러니 예전에 걱정하던 것이 이제는 평안하고, 예전에 불안해하던 것이 이제는 담대하고, 예전에 염려되던 것이 이제는 자유하고 있습니다.

오늘날 성도들이 하는 간증과 성경이 보여주는 간증은 전혀 차원이 다릅니다. 오늘날의 간증은 모두 성공담입니다. 대부분 상황변화입니다. 대부분 일시적인 개선입니다. 대부분 예수의 부활과 아무 관련이 없는 내용입니다. 대부분 성령과 연관이 없습니다. 대부분 재수가 좋은 경우입니다. 세상에서도 사람이 크게 변하는 경우가 종종 있습니다. 하나는 아이였다가 어른이 되는 경우입니다. 흔히 철이 들었다고 합니다. 또 하나의 경우는 나이와 상관없이 죽을 뻔 하다가 살아난 경험을 한 경우입니다. 인생관이 달라졌다고, 이제부터는 덤으로 사는 것이라고 말하곤 합니다. 그러나 며칠 지나면 똑같아집니다. 이것이 죄의 한계입니다. 그러나 구원은, 죄인에서 성도가 되는 것은 이것들과는 차원이 다른 본질적, 원천적 변화입니다. 성도의 간증은 이 존재의 변화, 인식의 변화를 증거해야 합니다. 이 변화를 말하지 않으면 베드로가 사로잡힌 사건, 옥에서 놓인 사건을 설명할 수 없습니다.

큰 권능, 큰 은혜

공동 생활

사도행전에서 사람들의 변화된 모습을 소개하는 것이 일반적인 예상과는 전혀 다르다고 했습니다. 2장에서 베드로가 설교를 하니까 말씀을 받은 사람들이 삼천이나 더했습니다. 그때 그 사람들의 모습을 소개한 것이 43절 이하 "사람마다 두려워하는데 사도들로 말미암아 기사와 표적이 많이 나타나니 믿는 사람이 다 함께 있어 모든 물건을 서로 통용하고 또 재산과 소유를 팔아 각 사람의 필요를 따라 나눠주며"입니다. 이런 구절을 보면 무슨 생각이 드십니까? 예수 믿어서, 구원 받아서 나아졌다는 생각이 드십니까? 변화된 사람들처럼 보입니까? 이 사람들처럼 되고 싶다는 생각이 드십니까? 유사한 표현이 4장에 다시 나옵니다. 베드로가 옥에 갇혀있는데도 말씀을 들은 사람 중에 믿는 자가 남자의 수가 약 오천이나 되었고, 그 사람들의 모습을 소개한 것이 32절 이하 "믿는 무리가 한마음과 한 뜻이 되어 모든 물건을 서로 통용하고 자기 재물을 조금이라도 자기 것이라 하는 이가 하나도 없더라", 34절 "그 중에 가난한 사람이 없으니 이는 밭과 집 있는 자는 팔아 그 판 것의 값을 가져다가 사도들의 발 앞에 두매 그들이 각 사람의 필요를 따라 나누어 줌이라"입니다. 이 표현을 보시고서 무슨 생각이 드십니까? 예수님이 정말 좋아지는구나, 구원받으니까 정말 행복해진다는 생각이 드십니까? 여러분도 이러한 공동체를 만들고 싶고, 그런 공동체가 있다면 여러분도 들어가고 싶습니까?

지금 제가 강조하려는 것은 이 장면들이 소개하려는 내용이 사람들이 예상하는 것과 다르다는 점입니다. 이 장면을 초대교회의 아름다운 모습으로 소개하는 것이 아닙니다. 이 장면이 오늘날 성도들이나 교회들이 따라야할 모범적인, 모델적인 상황으로 제시하는 것이 전혀 아닙니다. 성경 전체에서 하나님은 인간에게 공동생활을 권고하신 적이 없습니다. 인간에게 유무상통의 삶을 기대하지 않습니다. 인간에게 무소유의 삶을 살라고 권장하지 않습니다. 그래서 구약에 이러한 삶의 예가 전혀 등장하지 않으며, 복음서에서 예수님도 제자들을 데리고 이러한 공동체를 구상하지도 않았고, 실제로 이러한 삶의 모습을 실천하신 적도 없습니다. 예수님도 재산을 팔아 낸 적이 없고, 제자들에게도 재산을 팔아서 가져오라고 하신 적도 없습니다. 또한 사도행전 2장과 4장의 모습은 바로 다음 장면인 5장과 6장에서 전혀 다른 모습으로 등장합니다.

이 장면을 인간적 관점에서 생각해보겠습니다. 이것이 삶의 형편이 나아진 것이 아닙니다. 이것이 삶의 부족함을 해결하는 방법이 아닙니다. 이것이 살기 좋아진 것이 아닙니다. 경제적으로만 생각해도 이것은 전혀 나아진 것이 아닙니다. 삶이 나아지고, 풍성해지고, 윤택해지려면 없던 것이 생겨야 합니다. 복음서의 사건 하나와 비교해 보겠습니다. 요한복음 6장에 보면 보리떡 다섯 개로 적어도 오천 명 이상이 함께 먹은 이야기가 등장하고, 마태복음 15장에는 떡 일곱 개로 여자와 어린이 외에 사천 명이 먹은 이야기가 나옵니다. 두 사건에서 사람들이 각자 도시락을 가지고 왔는지 확인은 안 되지만 여하튼 어린 아이가 가져온 보리떡 다섯 개와 물고기 두 마리를 가지고 장정만 최소한 오천 명이 먹었고 남은 광주리가 일곱 광주리이고, 떡 일곱 개로 여자와 어린이 외에 사천 명이 먹고 남은 바구니가 열두 바구니입니다. 이것은 나아진 것입니까, 악화된 것입니까? 당연히 나아졌고 풍성해졌습니다. 사람들이 먹을 때 적당히 먹을 리가 없습니다. 아마도 배가 부르게 먹었을 것입니다. 또 단순히 먹기만 했을 리가 없습니다. 각자 주머니에 넣고, 보자기에 싸고, 바구니에 담고, 광주리에 챙기고 여하튼 가지고 갈 수 있는 한 최대한으로 거두었을 것입니다. 그러고도 남았습니다. 이게 남는 것입니다. 빈 손들고 왔다고 풍성히 가지고 가는 것이 남는 것이요, 횡재한 것이요, 재수가 있는 것입니다.

개선 or 개악

복음서의 오병이어와 비교하면 사도행전 2장과 4장의 모습은 전혀 나아진 모습이 아닙니다. 없는 것이 생긴 것이 아니고 자기네 그룹이 아닌, 외부인이나 제 삼자 또는 타인이 가져다 준 것도 아닙니다. 자기가 가지고 있는 것을 팔아서 자기들이 함께 나누어 썼을 뿐입니다. 나아지거나 개선된 것이 전혀 없습니다. 이런 것을 우리나라 옛말로 '봉사 제 닭 잡아먹기'라고 합니다. 복음서에서 사람들이 예수를 따라다녔습니다. 오병이어, 칠병이어의 기적이 일어나니까 따라다녔습니다. 예수님도 말씀하시길 요한복음 6장 26절에 "너희가 나를 찾는 것은 표적을 본 까닭이 아니요 떡을 먹고 배부른 까닭이로다"라고 하셨습니다. 오병이어의 현상이 생기면 사람들이 따라 다니는 것이 당연해 보입니다. 그런데 전혀 생기는 것이 없으면, 도리어 있는 것이 없어질 상황인데도 따라 다닌다면 그것을 어떻게 설명하시겠습니까?

오늘날 교회는 성경이 보여주고 말하는 것과 참으로 다르게 말하고 다르게 행동합니다. 많은 성도들이 하나님께 기도하는 내용이 주로 복을 받게 해 달라는 것입니다. 그 이유가 본인이 먼저 복을 받아서 넉넉하고, 풍성하고, 여유있게 살지 못하면 전도가 안 된다는 것입니다. 본인도 못 살면, 본인이 남보란 듯이 살지 못하면 어떻게 다른 사람에게 예수 믿으라고 할 수 있겠느냐고 합니다. 또 많은 성도들이 하나님께 기도하는 내용이 주로 십일조 많이 하게 해 달라는 것입니다. 그 이유가 본인이 잘 살겠다는 것이 아니라 하나님께 많이 바쳐서, 하나님의 일을 크게 해 보겠다고 합니다. 그런 분들에게 사도행전 2장과 4장의 사람들의 모습은 아무 쓸데없는 이야기에 불과합니다. 성경에 왜 이런 이야기가 있는지 도리어 불편할 것입니다.

본문의 앞뒤 정황을 조금 더 살펴보겠습니다. 성경이 아주 재미있습니다. 복음서에서 베드로가 처음 등장하는 것이 마태복음 4장입니다. 갈릴리 해변에서 베드로와 안드레가 그물을 던지고 있었는데 예수가 그들을 보고 부르셨습니다. 그러자 그들이 곧 그물을 버려두고 예수를 따랐습니다. 또 세베대의 아들 야고보와 그의 형제 요한도 아버지 세베대와 함께 배에서 그물을 깁고 있었는데 예수께서 보시고 부르시니 그들이 곧 배와 아버지를 버려두고 예수를 따랐습니다. 이렇게 베드로를 비롯한 대부분의 제자들은 예수를 따라나설 때 이미 자신들의 재산을 모두 두고 떠난 사람들입니다. 그리고 예수님과 동행한 삼 년 동안에 재산을 형성할 여지가 없었습니다. 오병이어의 기적 이후에 빵을 모아서 판 것 같지도 않고, 병을 고쳐주고 돈을 받은 것 같지도 않습니다. 여기저기서 예수님을 공궤하는 사람들의 도움을 받아가면서 생활했던 것 같습니다. 십자가 사건 이후에 베드로와 제자들이 각자 흩어졌지만 불과 며칠뿐이었고 예수님이 부활하신 후에 다시 모인 것이 사도행전입니다. 그러므로 제자들은 밭이나 땅이 별로 없습니다.

더욱 재미난 것은 사도행전 2장에서 사람들이 모든 물건을 서로 통용하고 또 재산과 소유를 팔아 각 사람의 필요를 따라 나눠 주었다고 하는데 그 기록이 침례를 받은 사람이 삼천 명이나 더하더라는 사건 다음에 등장합니다. 사도행전 4장에서도 자기 재물을 자기 것이라고 하지 않고, 밭과 집 있는 자는 팔아 그 판 것의 값을 가져다가 사도들의 발 앞에 두었다고 하는 내용이 베드로의 말을 듣고 믿는 자가 오천 명이나 되었다는 사건 다음에 등장합니다. 또 밭과 집을 팔아 사도들 앞에 두었다고 합니다. 상황을 정리하면 사도들이 집을 팔았다는 이야기, 사도들이 밭을 팔았다는 이야기, 베드로나 안드레, 야고보와 요한은 어부 출신이니까 배를 팔았다는 이야기, 그물을 팔았다는 이야기가 전혀 없습니다. 만약 이 사건이 제자들부터 솔선수범하여 모든 재산을 내어놓고 모두가 공동소유와 공동생활을 했다는 것을 강조하려고 했다면 다른 사람들이 제자들의 수에 들어오기 전부터 나왔어야 합니다. 그런데 제자들과 재산에 관련된 내용은 전혀 언급이 없습니다. 또 늘어난 믿는 자의 수가 한번은 삼천 명, 다음엔 오천 명이나 됩니다. 기본만 팔천 명입니다. 이 사람들이 모두 공동생활을 하고, 이 사람들 중에 밭과 집이 있는 모든 사람이 다 팔아서 가져왔다고 보기도 힘듭니다. 그러므로 이 사건의 핵심 포인트는 물건을 통용했다, 재산을 팔아서 내놓았다는 것이 아닙니다.

큰 권능, 큰 은혜

사도행전의 강조점은 사람이 달라졌다는 것입니다. 대표적으로 제자들의 모습이 복음서와 달라졌습니다. 어떻게 달라질 수 있었습니까? 새로운 각오와 비전을 가졌나요, 어디서 능력과 기술과 재주를 익혀왔나요, 제자들의 주변 정황이 복음을 전하기에 적합하도록 개선되었나요? 아닙니다. 외형상으로는 아무 것도 좋아진 것이 없습니다. 도리어 예전에는 예수가 함께 있기라도 했는데, 이제 예수도 없고, 없는 예수를 부활했다고, 부활했는데 승천했다고 말해야 합니다. 예수가 부활한 결과로 세상이 변한 것이 없습니다. 어디에도 '이것이 예수가 부활한 결과로 달라진 것이다'라고 자랑스럽게 내세울 만한 외형적인 증거, 세상의 변화가 없습니다. 또 정의가 이기는 것도 아닙니다. 제자들은 아무런 잘못도 없는데 관원들에게 잡혀가고, 위협받고, 경고를 받습니다. 소리 높여 '보라, 정의가 이긴다, 드디어 하나님의 정의가 구현된다!'라고 외칠 수도 없습니다. 제자들이 전하는 복음을 듣고 사람들이 이렇게 쉽게, 이렇게 많이 말씀을 받아들이고, 침례를 받을 수 있는 상황이 절대로 아닙니다.

또 제자들의 무리들이 삼천 명이 늘어나서 강력한 세력 집단이 되어 사회적 주도권을 잡은 것도 아닙니다. 사도들이 먼저 모든 재산을 털어 내 놓은 것도 아니고, 또 막말로 별로 부유하지도 않은 사도들이 어느날 불쑥 나타나 사람들에게 재산을 팔아 내 놓으라고 요구해도 순순히 자기 재산을 팔아 사도들의 발 앞에 내어 놓을 리가 없습니다. 공동체에 재력과 물력이 늘어난 것도 아닙니다. 그나마 있는 밭과 집을 팔아서, 함께 나누어 썼으니 물질은 점점 줄어가고 있을 뿐입니다. 어느 면으로 보아도 복음을 담대히 전할 만한 상황이 아닙니다. 어느 면으로 보아도 사람이 복음을 받아들일 만한 상황이 아닙니다. 성경이 말하려고 하는 것이 바로 이것입니다. 그런데 복음이 전해지더라는 사실입니다. 그런데 복음을 전하면 믿는 자가 나오더라는 것입니다. 그런데 사람들이 복음에 반응하고, 사람들이 자기 말고 주변 사람을 돌아보는 자비와 긍휼의 마음이 나오더라는 것입니다. 이 모든 것이 어떻게 가능할까요? 본문 4장 32절로 37절에서 가장 핵심 구절은 물건을 통용했다는 32절이 아니고, 가난한 사람이 없고, 집 팔아 가져왔다는 35절이 아닙니다. 가장 핵심 구절은 바로 33절입니다. "사도들이 큰 권능으로 주 예수의 부활을 증언하니 무리가 큰 은혜를 받아"입니다. 사도행전의 모든 역사를 주관하시는 분이 바로 하나님이십니다.

하나님은 제자들에게 어려운 상황가운데서도 낙심하지 말고 복음을 전하라고 격려하는 정도가 아니라, 제자들에게 좁은 길과 가시밭길을 가더라도 지치지 말라고 독려하시는 정도가 아니라 친히 하나님이 제자들을 변화시키시고, 친히 하나님이 제자들이 전하는 복음에 능력이 있게 하시고, 친히 하나님이 믿는 자를 더하게 하시고, 친히 하나님이 사람들 가운데 복음을 통한 삶의 변화가 나타나도록 역사하시고 계시다는 것을 보여줍니다. 사도행전에 보면 유독 반복되는 단어가 '놀라더라, 두려워하더라, 주목하더라' 등의 사람들의 반응입니다. 이때 가장 놀라는 사람, 가장 기이히 여기는 사람들이 누구일까요? 당연히 제자들입니다. 자신들이 원래 이렇게 잘하던 사람들이 아닙니다. 이렇게 담대하던 사람들이 아닙니다. 그런데 자신들이 담대하게 말하고, 큰 권능이 나타나고, 믿는 자들이 더해지는 일련의 과정을 거치면서 제자들은 계속하여 자신들이 달라진 모습을 확인하고, 하나님이 자신들을 돌보고, 책임지고, 보호하고, 역사하고 계시다는 것을 거듭 거듭 확인하고 있습니다.

설교의 맨 앞부분에 달과 손가락 이야기를 했습니다. 사도행전이 보여주려는 달은 '복음사역은 하나님이 하나님의 방법으로, 하나님의 능력으로, 하나님이 하신다'는 것입니다. 그런데 사람들이 바라본 손가락은 '재산을 팔았더라'였습니다. 기독교의 하나님은 인간의 것을 빼앗으시는 분이 아니라 도리어 하나님의 것을 주시는 분입니다. 기독교의 하나님은 사도들의 수고를 통해 영광을 받으시는 것이 아니라 하나님의 수고를 통해 사도들의 사역이 열매 맺어지도록 역사하시는 분입니다. 성경의 강조점을 바로 알고, 하나님의 은혜를 바로 알고, 하나님이 주신 복을 바로 알아 풍성히 누리는 삶이 되시기를 주님의 이름으로 축원합니다.

두려워하니라

사도행전 5:1~11

1 아나니아라 하는 사람이 그의 아내 삽비라와 더불어 소유를 팔아 2 그 값에서 얼마를 감추매 그 아내도 알더라 얼마만 가져다가 사도들의 발 앞에 두니 3 베드로가 이르되 아나니아야 어찌하여 사탄이 네 마음에 가득하여 네가 성령을 속이고 땅 값 얼마를 감추었느냐 4 땅이 그대로 있을 때에는 네 땅이 아니며 판 후에도 네 마음대로 할 수가 없더냐 어찌하여 이 일을 네 마음에 두었느냐 사람에게 거짓말한 것이 아니요 하나님께로다 5 아나니아가 이 말을 듣고 엎드러져 혼이 떠나니 이 일을 듣는 사람이 다 크게 두려워하더라 6 젊은 사람들이 일어나 시신을 싸서 메고 나가 장사하니라 7 세 시간쯤 지나 그의 아내가 그 일어난 일을 알지 못하고 들어오니 8 베드로가 이르되 그 땅 판 값이 이것뿐이냐 내게 말하라 하니 이르되 예 이것뿐이라 하더라 9 베드로가 이르되 너희가 어찌 함께 꾀하여 주의 영을 시험하려 하느냐 보라 네 남편을 장사하고 오는 사람들의 발이 문 앞에 이르렀으니 또 너를 메어 내가리라 하니 10 곧 그가 베드로의 발 앞에 엎드러져 혼이 떠나는지라 젊은 사람들이 들어와 죽은 것을 보고 메어다가 그의 남편 곁에 장사하니 11 온 교회와 이 일을 듣는 사람들이 다 크게 두려워하니라

사람들의 모습

이상한 사건들

성경에서 가장 핫 한 사건, 가장 뜨거운 논쟁의 사건을 살펴보겠습니다. 본문은 4장 36절부터 연결됩니다. 사도행전 2장과 4장에 재산을 팔았다는 이야기가 나옵니다. 2장 45절 "또 재산과 소유를 팔아 각 사람의 필요를 따

라 나눠주며", 4장 34절 "그 중에 가난한 사람이 없으니 이는 밭과 집 있는 자는 팔아 그 판 것의 값을 가져다가 사도들의 발 앞에 두매"입니다. 여기에는 사람의 이름이 등장하지 않습니다. 그런데 본문에는 두 사람의 이름이 등장합니다. 한 사람은 4장 36절에 나옵니다. "구브로에서 난 레위족 사람이 있으니 이름은 요셉이라 사도들이 일컬어 바나바라 번역하면 위로의 아들라 하니 그가 밭이 있으매 팔아 그 값을 가지고 사도들의 발 앞에 두니라"입니다. 또 한 사람은 5장 1절에 나옵니다. "아나니아라 하는 사람이 그의 아내 삽비라와 더불어 소유를 팔아 그 값에서 얼마를 감추매 그 아내도 알더라 얼마만 가져다가 사도들의 발 앞에 두니"입니다. 공통점은 이름이 등장한다는 것, 소유를 팔았다는 것, 사도들의 발 앞에 가져왔다는 것입니다. 차이점은 한 사람은 전부를 드렸고, 다른 한 사람은 일부만 드렸다는 것입니다.

그런데 이 차이점은 작은 차이가 아니라 엄청난 차이를 만들어 냅니다. 베드로의 말에 의하면 아나니아와 삽비라가 재산의 일부를 감춘 것이 성령을 속인 것이요, 하나님께 거짓말을 한 것이라고 합니다. 결론부터 말씀드리자면 아나니아도 죽었고, 삽비라도 죽었습니다. 부부가 세 시간 간격으로 죽었고, 그것도 남편은 아내도 없는 상태에서 급사했고, 아내는 남편이 죽은 줄도 모르는 상태에서 또 급사했습니다. 이해가 되십니까? 납득이 가십니까? 기독교가 전하는 소식을 복음, 기쁜 소식이라고 하는데 들어보니까 기뻐지십니까? 예수 믿기를 잘했다는 생각이 드십니까? 마음이 편안해지십니까? 소유를 팔아서 얼마를 감추고 얼마를 내었으면, 많이 감추었다면 일반적으로 따지면 절반이라고 하고, 심하게 하면 칠대 삼이나 팔대 이가 될 수 있습니다. 아니 아주 심하게 구대 일이라고 합시다. 아홉을 감추고 하나를 냈다고 해도 그렇지 재산을 감춘 것과 사람이 죽는 것이 같은 차원이 될 수 있습니까? 얼마를 감추었느냐가 아니라 거짓말을 한 것이 핵심이라면 거짓말을 한 것과 사람의 목숨이 서로 맞바꿀 수 있는 것입니까?

사람에게 거짓말을 한 것이 아니라 하나님께 거짓말을 한 것이고, 성령을 속인 것이 중요하다고 주장하면, 명색이 하나님인데 인간이 하나님을 속인 것이 죽어야 할 만큼 큰 것입니까? 죄인들끼리도 거짓말을 하거나 속이면 화를 내고 성질을 내기는 하지만 상대방을 죽이지는 않습니다. 그런데 명색이 신이라는 분이, 인간보다 더 넓고, 크고, 인자하고, 긍휼하시다는 신이 그깟 거짓말에 인간을 죽인다면 말이 되겠습니까? 그럼 신이 인간보다 더 옹색하고 옹졸한 것입니까?

이야기가 나온 김에 성경에서 더 기이한 사건, 해괴한 사건, 사람들이 도무지 이해하지 못하겠다는 사건을 소개시켜 드리겠습니다. 여호수아서에 나오는 사건입니다. 이스라엘 백성이 여리고 성을 정복했는데 아간이 범죄를 했답니다. 여호수아 7장 20절 이하에 "아간이 여호수아에게 대답하여 이르되 참으로 나는 이스라엘의 하나님 여호와께 범죄하여 이러이러하게 행하였나이다 내가 노략한 물건 중에 시날 산의 아름다운 외투 한 벌과 은 이백 세겔과 그 무게가 오십 세겔 되는 금덩이 하나를 보고 탐내어 가졌나이다 보소서 이제 그 물건들을 내 장막 가운데 땅 속에 감추었는데 은은 그 밑에 있나이다 하더라"입니다. 아간이 도적질을 한 결과가 7장 5절 "아이 사람이 그들을 삼십육 명쯤 쳐 죽이고 성문 앞에서부터 스바림까지 쫓아가 내려가는 비탈에서 쳤으므로 백성의 마음이 녹아 물같이 되지라"입니다. 도적질한 것 때문에 전쟁에서 패하여 삼십육 명이 죽었습니다. '외투 한 벌, 은 이백 세겔, 오십 세겔 되는 금덩이 하나'의 값이 도대체 얼마 길래 삼십육 명이 죽어야 합니까? 금덩이와 사람을 바꿀 수 있습니까? 의복 한 벌과 사람 목숨이 비교가 됩니까? 여러분이 속으로만 하던 말을 제가 직접 말해주니까 시원하십니까?

전제와 이해

본문을 이해하기 위해서 부모와 자녀 간에 발생하는 이야기를 하나 해

보겠습니다. 자녀가 청소년기에 들어가면 흔히들 사춘기라고 합니다. 요즘은 아이들이 다양한 매체를 통해서 많은 정보를 얻기 때문에 성숙하고 간접 경험을 많이 하지만 예전에는 자녀들의 삶이 매우 좁고 답답했습니다. 사춘기 아이들이 갖는 생각 중에 하나는 '부모가 나를 사랑할까?'라는 것이었습니다. 그래서 종종 신문지상에 자녀들의 가출 또는 도둑질이 기사로 나곤했습니다. 아이가 경찰서에 잡혀 있으면 부모가 쫓아와서 울면서 경찰들에게 아이를 선처해달라고 호소합니다. 이때 경찰이 아이에게 왜 이런 일을 했느냐고 질문하니 그때 대답이 부모가 나를 사랑하는지 확인하고 싶었다고 합니다. 그게 무슨 말이냐고 물으면, 부모가 말을 너무 과격하게 하고 때로는 체벌을 너무나 살벌하게 하고, 도무지 자신을 배려하거나 인정하지 않는 듯한 행동을 해서 과연 내 친부모인가, 나를 사랑하는가 의심이 들었다는 것입니다.

아이의 이런 고백을 들은 부모는 너무나 어이없어 합니다. 부모와 자식의 기본적인 전제가 서로 다릅니다. 부모는 자식을 사랑한다는 전제가 있었습니다. 부모의 훈계와 체벌은 모두 자녀를 바르게 키워보겠다는 의욕이 만들어낸 것이었습니다. 하지만 철이 없는 자녀는 부모의 전제를 이해하지 못하고, 단지 부모의 행동을 통해서 부모의 의도를 파악하려고 했기에 서로 불협화음이 발생했고, 불행한 행동이 일어났습니다. 물론 부모가 자녀를 사랑한다는 전제가 있기 때문에 부모의 행동이 모두 정당화 된다는 의미는 절대로 아닙니다. 다만 자녀가 부모에 대한 인식에 기본적인 오해가 있어서 부모의 행동을 오해했습니다.

성경에 나타난 사건을 접할 때에도 유사한 상황이 발생합니다. 인간들이 하나님이 대하여 오해하고 있습니다. 성경을 읽을 때 가장 기본적인 전제, 가장 본질적인 내용은 하나님은 인간을 사랑하신다는 사실입니다. 여기에서 더 나아가 하나님은 인간을 사랑한다는 명분으로 인간에게 불편하고, 힘들고, 불의하고, 부당한 행동을 절대로 행하시는 분이 아니라는 사실과 하나님은 인간을 강하게 하고, 능력있게 한다는 명분으로 어려운 시험과 역경과 고난을 연단이라는 이름으로 행하시는 분이 절대로 아니라는 사실입니다. 하나님은 절대적으로 인간을 사랑하시는 분, 인간을 위해주시는 분, 어떤 모양으로든 인간에게 유익이 되게 행동하시는 분, 선을 위해 악한 방법을 사용하지 않으시는 분, 의를 위하여 불의한 수단을 동원하지 않으시는 분, 하나님을 위하여 인간을 이용하지 않으시는 분이라는 것을 기억하고 계셔야 합니다.

이렇게 하나님은 인간을 사랑하신다는 분명한 개념을 가지고 성경을 읽으면 성경에 등장하는 사건들은 이상한 사건이 아니고, 난해한 사건이 아니고, 불편한 사건이 아니라는 것을 금방 알아차릴 수 있습니다. 그런데 사람들은 하나님에 대한 이해를 가지고 성경을 읽는 것이 아니라 성경의 사건을 통해서 하나님을 인식하려고 합니다. 당연히 그 사건이 이상한 것이고, 사건이 이상하니 하나님이 이상해집니다. 그런데 여기에서 한발 더 나가는 아주 심각한 현상이 발생합니다. 사건이 이상한데 그 사건을 바르게 이해하려고 하지 않고, 어떻게든 하나님을 합리화시켜 보려고 억지 노력을 합니다. 하나님은 위대하고, 하나님은 통지자요, 주권자이기 때문에 아무도 하나님이 하시는 일에 시비를 걸 수가 없다고 생각하여, 그 사건이 이상하건 말건, 부당하건 말건, 불의하건 말건, 악하건 말건, 하나님이 하셨다면 하신 것이고, 하나님이 하셨으면 무조건 옳고 정당하다고 우겨댑니다. 그러면서 본인은 철저하게 하나님 편에 섰다고 생각하고, 하나님께 충성했다고 생각합니다. 이것이 가장 위험하고 무서운 일입니다.

하나님은 인간에게 맹종을 요구하시는 분이 아닙니다. 기독교를 계시의 종교라고 하는 의미를 이해하셔야 합니다. 계시는 '드러내다, 나타내다, 가르치다, 알리다, 설명하다'라는 의미입니다. 즉 하나님은 인간에게 알아듣게 하시려고 말씀하시고, 일하시고, 역사하십니다. 그러면 인간은 당연히 알아들어야 하고, 납득해야 하고, 이해해야 하고, 수긍해야 합니다. 기독교에서 성도가 하는 가장 아름다운 말은 '몰라요, 그냥 믿어요!'가 아니라 '아하! 그렇군요. 그런 이야기였네요. 이제 알겠습니다!'라는 말입니다. 하나님이 계시하시니 인간이 알았다는 반응이 나오는 것이 가장 아름다운 반응입니다.

이상한 설명들

교회의 거룩성

성경에 사도행전 5장과 같은 사건들이 등장한다는 것에 매우 불편하고 난감한 것이 대부분의 성도들의 느낌입니다. 그런데 이런 사건들 보다 성도들을 훨씬 더 불편하고, 더 난감하고, 더 황당하게 만드는 것이 있습니다. 그것은 이런 사건들에 대한 너무나 납득이 되지 않는 해석들, 도무지 동의하기 힘든 설명들입니다. 가장 대표적으로 설명되는 것, 하지만 가장 수용하기 힘든 설명을 하나 예를 들어보겠습니다. 아나니아와 삽비라 사건에 대한 가장 일반적인 설명은 '교회의 거룩성'에 관한 내용입니다. 사도행전의 첫 부분은 제자들이 하나님의 명령에 따라 복음을 선포하며, 교회를 세워가는 과정이라는 주장입니다. 그래서 교회가 처음 세워지는 단계에서 교회의 거룩성, 교회의 정결성, 교회의 의로움을 지켜야 한다는 주장입니다. 그래서 하나님은 교회에 거짓말이 있는 것, 교회에서 성령을 속이는 것을 용납할 수 없었다고 합니다. 흔히 말하는 일벌백계의 교육이요, 일종의 기선제압이요, 성도들의 주의를 집중하게 하고, 모든 사람들에게 교회에 대한 경건성을 가지게 하기 위해 하나님이 이렇게 행하셨다는 주장입니다. 얼핏 들으면 그럴 듯하지만 전혀 기독교적이지 않은 설명이고, 하나님의 성품과 맞지 않는 해석이요, 하나님이 교회를 세우신 의도와 완벽하게 대치되는 엉뚱한 설명, 설명이기 보다는 도리어 왜곡을 양산하는 그릇된 주장입니다. 본문을 이해하기 위해서 우선 잘못된 설명을 제거하는 작업부터 해 보겠습니다.

교회의 이해

위의 설명이 잘못된 것은 교회에 대한 이해가 틀렸기 때문입니다. 교회는 사람이 하나님을 위해 세운 것이 아니라 하나님이 성도를 위해 세우신 기관입니다. 하나님의 관점에서 중요한 것은 교회가 아니라 성도입니다. 하나님이 교회를 먼저 세우고, 교회를 중요시하고, 교회를 유지하게 위하여 성도를 구원하여 교회의 소속으로 끌어들인 것이 아닙니다. 하나님은 교회의 거룩성, 교회의 정결성을 가장 중요시하며 교회를 위하여 어떤 희생이라도, 비록 성도가 죽는 것일지라도 감수하는 것이 절대로 아닙니다. 정반대입니다. 하나님은 인간을 구원하셨습니다. 인간을 구원하기 위하여 예수 그리스도의 십자가 사역까지 친히 행하셨습니다. 그렇게 구원한 성도를 절대로 잃어버리지 않기 위하여, 하나님의 자녀요, 하나님 나라의 백성 된 성도를 절대로 놓치지 않으며, 성도가 실족하지 않을 수 있도록 완벽하게 보호하고 돌보기 위하여 하나님이 성도를 위해 동원한 수단이 바로 교회입니다. 그래서 성도를 위하여 예수 그리스도를 머리로 세우고 성도를 예수와 연합하는 지체로 연결하여 예수와 성도가 한 몸이 되게 하셨습니다. 교회를 세우신 것은 전적으로 성도를 보호하기 위해서 입니다.

이제 어떤 세력도 성도를 해치기 위해서는 머리되신 예수와 대적해야 하고, 행여 성도를 미혹하거나 실족시키기 위해서는 예수를 꺾어야 하는 난관을 헤쳐야 하고, 성도를 예수와 분리시키기 위해서는 예수와 경쟁해야 하는 상태에 이르게 하셨습니다. 이제 성도는 예수와 연합되어 있기에 난공불락이 된 것이고, 도무지 하나님께로부터 떨어져 나갈 수 없게 된 것이고, 하나님 나라에서 분리될 수 없으며, 하나님의 모든 풍성한 유업과 분복을 누리는 일에 실패할 수 없게 되었습니다. 이렇게 성도를 견고하게 하기 위하여, 성도를 풍성하게 하기 위하여, 성도를 안식하게 하기 위하여 하나님이 세우신 기관, 하나님이 만드신 안전장치가 바로 교회입니다. 그러므로 교회가 우선이 아니라 성도가 우선입니다. 이것이 하나님의 의도요, 하나님의 뜻이요, 하나님의 원리입니다. 그러므로 교회 때문에 성도가 피해를 입으면 그것은 교회의 존재목적을 파괴하는 것입니다. 도리어 교회 때문에 성도가 보호되고, 교회를 통하여 성도가 살아나야 합니다. 교회의 거룩성을 지키기 위하여 성도의 부정함을 징계하면 안 됩니다. 도리어 성도의 부정함을 치유하고, 거룩성을 만들어 가기 위하여 하나님과 교회가 일하여야 합니다.

누누이 반복하지만 성경에 소개되는 하나님은 일하시는 분입니다. 죄인에게 하나님을 알리기 위하여 계시의 일을 하시는 분이고, 인간을 구원하기 위하여 십자가 사역의 일을 하시는 분이고, 성도를 보호하기 위하여 교회를 세우시고 친히 머리의 역할을 감당하시는 분입니다. 하나님의 일하심으로 인간이 자유와 평화와 안식을 누리며 사는 것, 그것이 기독교의 본분입니다. 그러므로 하나님의 교회론에 근거할 때에 교회의 거룩성을 지키기 위하여, 교회의 정결함을 유지하기 위하여 거짓말을 한 성도를 죽였다는 것은 전혀 수용될 수 없는 설명입니다.

하나님의 사역

저와 여러분은 사도행전 1장부터 5장까지 상고해 왔습니다. 1장부터 5장까지 누가 일하는 것 같습니까? 누가 열심을 내는 것 같습니까? 누가 충성을 하는 것 같습니까? 제자들일까요, 하나님일까요? 정답은 하나님입니다. 사도행전 1장에는 예수님의 선언이 등장합니다. 1장 8절 "오직 성령이 너희에게 임하시면 너희가 권능을 받고 예루살렘과 온 유대와 사마리아와 땅끝까지 이르러 내 증인이 되리라 하시니라"입니다. 이것은 명령이 아니라 예수님의 약속이요, 선언이라고 했습니다. 예수가 성령을 보내주실 것이며, 진리를 가르침으로 권능을 주실 것이며, 마침내 제자들이 증인 되게 하시겠다는 예수님이 하실 일, 예수님이 책임지실 일의 선언이었습니다. 그래서 사도행전은 명령을 받은 사도들이 명령을 이행하기 위해, 사명을 달성하기 위해 충성하는 이야기가 절대로 아니라고 했습니다. 도리어 약속을 하신 하나님이 약속을 이루기 위해 신실하게 역사하시는 이야기입니다.

사도행전 2장에서 성령이 임합니다. 왜 임할까요? 사도들이 성령을 구했나요? 아닙니다. 사도들이 성령 달라고 밤새 기도했나요? 아닙니다. 사도들이 성령 안 주면 아무데도 안 가고 아무 것도 안하겠다고 태업했나요? 아닙니다. 그런데 성령이 왔습니다. 성경의 표현대로 '홀연히' 왔습니다. 모든 사람들에게 성령이 임했습니다. 왜냐하면 예수님이 보내주신다고 약속하셨기 때문입니다. 그리고 사도들이 다른 방언으로 말했습니다. 성경은 아주 간단명료하게 밝히고 있습니다. '그들이 다 성령의 충만함을 받고 성령이 말하게 하심을 따라 다른 언어들로 말하기를 시작하니라'입니다. 사도들이 다른 언어로 말하려고 노력하고, 수고하고, 애쓴 것이 아닙니다. 다른 언어로 말하려고 연습하고 훈련한 것이 아닙니다. 성령이 말하게 하심을 따라, 즉 하나님이 하셨습니다.

사도행전 3장에 베드로와 요한이 성전에서 나면서 못 걷게 된 사람을 치유했습니다. 누가 했습니까? 베드로가 했습니까? 아닙니다. 당사자인 베드로가 하는 말이 '이스라엘 사람들아 이 일을 왜 놀랍게 여기느냐 우리 개인의 권능과 경건으로 이 사람을 걷게 한 것처럼 왜 우리를 주목하느냐'입니다. 그리고 이어서 '예수로 말미암아 난 믿음이 너희 모든 사람 앞에서 이 같이 완전히 낫게 하였느니라'입니다. 예수가 하셨습니다. 4장에서도 마찬가지입니다. 베드로와 요한이 관원들에게 잡혔고 위협과 경고를 받았지만 담대하게 복음을 전했습니다. 왜 이렇게 했습니까? 베드로와 요한이 하나님께 받은 명령을 완수하기 위하여 했습니까? 자신의 사명이라 했습니까? 아닙니다. 베드로와 요한이 안 해도 됩니다. 하나님이 베드로와 요한에게 사명을 감당하라고 협박하신 적이 없습니다. 만약 하나님이 협박하셨다면 베드로와 요한을 협박한 관원들과 다를 것이 무엇이 있습니까? 결국 베드로와 요한은 하나님의 협박과 관원들의 협박 중 하나님의 협박이 더 무서워서 한 것입니까? 절대로 아닙니다. 베드로와 요한이 복음을 전하는 것에 대하여 성경은 4장 8절 "성령이 충만하여 이르되", 31절 "무리가 다 성령이 충만하여 담대히 하나님의 말씀을 전하니라"고 소개하고 있습니다. 누가 돕고 계십니까? 성령께서, 하나님께서 일하시고 계십니다.

또 사도들이 복음을 전하니 삼천 명, 오천 명이 믿고 침례를 받았다고 했습니다. 이것도 누가 한 것입니까? 성경에 '주께서 구원받는 사람을 날마다 더하게 하시니라'입니다. 사도행전은 사도들이 일하는 것이 아니라 하나님이 일하고 계십니다. 사도들의 수고를 통하여 하나님이 영광을 받으시는 장면들이 아니라, 하나님의 일하심을 통하여 사도들이 확증을 받으며, 담대함을 받으며, 강건해져 가는 장면입니다.

위하여

제자들의 활동으로 말미암아 하나님에게 보탬이 되는 것이 무엇이 있습니까? 제자들이 다른 언어로 말했습니다. 그래서 하나님이 뭐가 좋아지십니까? 제자들의 말을 듣고 믿는 자가 삼천, 오천이나 더했습니다. 그래서 하나님에게 무슨 유익이 있습니까? 밭이나 집을 가진 사람이 그것을 팔아서 제자들에게 가져왔다고 합니다. 그것이 하나님에게 무슨 보탬이 됩니까? 하나님이 그 것을 받아서 무엇에 쓰십니까? 1장 8절을 기억하실 텐데 사도들이 1장 8절을 명심하고, 1장 8절을 달성하기 위한 프로젝트를 구성하는 장면이 보입니까? 1단계 예루살렘은 1년 내에, 2단계 온 유대는 3년 내에, 3단계 사마리아는 10년 내에, 4단계 땅끝은 언어와 법률 전문가 바울을 영입하여 20년 내에 완수하자는 프로그램이 있습니까? 저는 전혀 찾을 수 없습니다.

도리어 사도행전 1장부터 4장까지를 돌아보면 우리가 할 수 있는 말은 단 한마디 '아~ 하나님이 하셨구나!' 뿐입니다. 사도들이 말한다고 누가 들겠습니까? 그런데 들은 자가 삼천이요, 오천입니다. 누가 했습니까? 하나님이 하셨습니다. 사도들이 손을 잡고 일으킨다고 어떻게 나면서 걷지 못하던 사람의 발과 발목이 힘을 얻고, 그 사람이 뛰어 서서 걸을 수 있겠습니까? 그런데 그 사람이 걷기도 하고 뛰기도 하였습니다. 누가 했습니까? 하나님이 하셨습니다. 사도들은 재산이 없어서 내어놓지 않았는데 사람들에게 밭과 집을 팔아서 가져오라고 하면 어떤 사람이 그 말을 듣고 밭과 집을 팔아 내 놓아서 다른 사람의 필요를 채워주겠습니까? 그런데 말하지도 않았는데, 부탁하지도 않았는데, 명령하지도 않았는데 그런 사람이 나왔습니다. 누가 했습니까? 하나님이 하셨습니다. 사도들 자체도 마찬가지입니다. 복음을 전한다고 밥이 생기는 것도 아니요, 떡이 생기는 것도 아닌데, 또 모든 사람들에게 영광을 받는 것도 아니고, 도리어 복음 전한다고 사로잡히고, 위협받고, 경고를 받는데 누가 복음 전하는 일을 계속하겠습니까? 그런데 사도들이 계속 전합니다. 누가 했습니까? 하나님이 하셨습니다. 사도행전은 사도들의 수고를 통해 교회가 세워지는 것이 아닙니다. 하나님의 수고를 통해 사도들이 세워지고 있습니다. 그러므로 하나님이 교회의 거룩성을 지키기 위해 아나니아와 삽비라를 죽이실 리가 절대로 없습니다.

성경의 사건들

누가 행했는가

성경의 사건을 이해하기 위해서 또는 오해를 피하기 위해서 첫째는, 하나님의 성품 즉 하나님이 인간을 위해주신다는 사실에 기초해야 한다고 설명 드렸습니다. 두 번째는, 성경에 나타난 사건이 과연 누가 행한 사건인가를 정확하게 알아야 합니다. 사람들이 자주 혼동하는 것은 정작 성경에 하나님이 행하신 사건을 사람이 행한 것으로 착각하고, 사람이 행한 사건을 하나님이 행한 것으로 착각하는 것입니다. 성경에는 당연히 하나님이 주체가 되어서, 하나님이 주도적으로 역사하시는 사건들이 등장합니다. 그러나 동시에 성경에는 하나님의 뜻과는 무관하게, 하나님의 의도와는 상관없이, 하나님이 개입하지 않고, 하나님이 일체 일하시지 않았는데도 인간들이 단독으로, 인간들이 의도적으로, 인간들이 계획적으로, 인간들이 자의적으로, 인간들이 자기들끼리 행하는 사건들도 많이 있다는 것을 기억하셔야 합니다. 그래서 성경의 사건을 보실 때 하나님이 행하신 사건인가, 인간이 행한 사건인가를 구별하셔야 합니다.

아주 쉽게 기독교의 역사에서 확인해 보겠습니다. 중세 시대에 십자군 전쟁이 있었습니다. 성지를 탈환하자는 명분으로 예루살렘에 쳐들어가서 온갖 만행이란 만행은 다 저지른 기독교 역사에 아주 끔직한 죄악적 사건입니다. 이 사건을 행한 주체가 누구입니까? 하나님이 로만 카톨릭에게 성령 충만함을 주어서 십자군 사건을 기획하게 하시고, 친히 성령으로 동행하시며 만행을 주도하신 것입니까? 절대로 그렇지 않다는 것을 모두가 알고 있습니다. 하나님의 뜻과는 무관하게, 변질된 종교가, 타락한 종교가 신의 이름을 빗대어, 종교적 명분을 내세워 악을 자행한 사건입니다. 또 중세에 온갖 종교재판과 마녀사냥과 끔직한 부패가 있었습니다. 이것이 하나님이 친히 역사하신 것입니까, 아니면 죄인들이 신의 이름으로 악을 행한 것입니까? 기독교에서 발생한 사건이지만 하나님이 행하신 사건이 아니라 인간이 행한 사건들입니다.

흔히 중세를 암흑시대라고 합니다. 누구의 암흑입니까? 세상 역사가들은 종교가 판을 치고, 종교가 우세하고, 신이 높임을 받았고, 인간이 무시당하고, 인간이 압제당하고, 인간이 멸시를 받아서 '인간의 암흑'이라고 주장합니다. 과연 그럴까요? 그렇지 않습니다. 사실은 정반대입니다. 중세는 인간이 득세하고, 인간이 판을 폈습니다. 인간이 종교의 얼굴로, 인간이 신앙의 가면으로 종횡무진했던 시기이고, 중세에 가장 잊혀지고, 왜곡되고, 변질되고, 모욕당한 것은 바로 하나님이었습니다. 그래서 중세는 '인간의 전성시대, 신의 암흑시대'입니다.

사람의 사건

성경에서 확인해 보겠습니다. 성경에 가장 많이 등장하는 것은 당연히 하나님이 행하신 사건입니다. 하나님이 주도자이고, 하나님이 직접 진행하신 사건들입니다. 노아를 통해 인간을 심판에서 구원하신 사건, 아브라함, 모세, 여호수아 등을 통해 죄인들에게 하나님을 계시하신 사건, 예언자들을 통해 그리스도가 강림하실 것을 알리신 사건, 예수가 십자가를 지시고, 죽으시고, 부활하심으로 인간을 구원하신 사건들입니다. 하나님이 행하신 사건들의 공통점은 모두 하나님이 인간을 위해 일하셨다는 점입니다. 더욱 강조한다면 자격이 없는 자들, 합당하지 않은 자들을 위해 친히 일하셨습니다.

성경에 등장하는 사건들의 또 하나의 유형은 사람들이 행한 사건입니다. 이것은 성경에 기록되어 있지만 하나님의 의도와는 아무 상관이 없는 사건입니다. 다시 한 번 말씀드립니다. 이 사건들은 하나님의 의도와는 관계없이, 말 그대로 사람들이 행하는 사건들입니다. 어떤 것들은 쉽게 구별이 됩니다. 예를 들면 아브라함이 자기 아내를 누이라고 속인 사건입니다. 하나님이 그런 지혜를 주신 것이 아니라 아브라함이 그렇게 말했습니다. 또 다윗이 밧세바를 취한 사건입니다. 하나님이 다윗에게 그런 담대함을 주신 것이 아니라 다윗이 자기 생각대로 행했습니다. 이런 사건들에 대해서는 사람들이 오해를 하지 않습니다. 정작 중요한 것은 사람들이 자기 뜻대로 행동하면서 하나님의 이름을 부르거나, 하나님을 위한다는 명분을 내세우거나, 하나님의 뜻이라고 생각하는 사건들입니다. 이런 사건들을 주로 오해합니다. 마치 하나님이 주도한 것처럼 보이기 때문입니다. 대표적인 사건이 구약의 입다 사건이고, 신약의 아나니아와 삽비라 사건입니다.

먼저 구약의 입다 사건으로 사사기 10장 이하에 나오는 이야기입니다. 당시에 암몬 자손이 이스라엘을 공격해 왔고, 이스라엘은 자신들이 내쫓았던 입다를 찾아가서 자신들을 위하여 장관이 되어 달라고 요청합니다. 이런 저런 정황을 거쳐서 마침내 입다가 암몬을 치러 나가면서 서원을 하는 것이 사사기 11장 30절 "그가 여호와께 서원하여 이르되 주께서 과연 암몬 자손을 내 손에 넘겨주시면 내가 암몬 자손에게서 평안히 돌아올 때에 누구든지 내 집 문에서 나와서 나를 영접하는 그는 여호와께 돌릴 것이니 내가 그를 번제물로 드리겠나이다 하니라"입니다. 입다의 서원, 입다의 행동은 여호와의 뜻, 하나님의 의도와 아무런 상관이 없습니다. 상관이 없는 정도가 아니라 하나님을 심각하게 왜곡하는 것이며, 여호와 신앙을 너무너무 변질시키는 행동입니다. 입다가 사사로 쓰임 받고 있지만 하나님의 마음과 심정과 원리와는 전혀 별개의 행동입니다. 입다의 행동을 보고 감동받으시면 안 되고, 하나님의 은혜를 받기 위한 조건인 것처럼 생각하시면 절대로 안 됩니다. 사사기에 입다의 이러한 행동이 기록되어 있는 것은 사사조차도 이런 엉뚱한 행동을 할 정도니 사사시대에 이스라엘이 하나님에 대해 얼마나 무지했는가를 보여주기 위한 장면입니다.

오해에서 이해로

인간의 행동을 하나님의 행동으로 오해하는 신약의 대표적 사건이 아나니아와 삽비라 사건입니다. 사도행전 2장과 4장에 나타난 제자들의 모습은 잘한 행동이 분명하지만 반드시 '이래야 한다는 규정'은 아닙니다. 그런데 2장 43~47절과 4장 32~35절의 모습이 정작 그 일을 행한 사람들에게는 '모범적인 모습'으로 간주되었고, 모든 구성원의 '필수적인 행동'으로 규범적 성격을 띠게 됩니다. 하나님은 명령하지 않았는데 사람들은 그렇게 생각합니다. 하나님이 재산을 내놓으라고 말씀하신 적이 없습니다. 아나니아와 삽비라가 재산을 팔아서 일부를 내놓았고 일부는 감추었습니다. 일부만 내놓아도 되고, 하나도 안 내놓아도 됩니다. 아나니아와 삽비라가 믿음이 없다거나, 진정한 제자가 아니라고 말해서는 안 됩니다. 왜냐하면 그 중에 원래부터 믿음이 있던 자가 없고, 원래부터 진정한 제자가 있는 것이 아니었기 때문입니다.

베드로는 집을 판 것이나 조금 내놓은 것을 뭐라고 하지 않고 거짓말을 한 것을 문제 삼습니다. 거짓말 좀 하면 어떻습니까? 거짓말과 사람 목숨 중에 어느 것이 중요합니까? 당연히 사람 목숨입니다. 그런데 '하나님을 위한다'는 명분이 생기면, 하나님의 명예와 인간의 목숨 중에 무엇을 중요시하게 생각하느냐면 하나님의 명예입니다. 이것이 종교의 타락이요, 이것이 종교의 부패입니다. 이것이 하나님을 오해하는 것이요, 이것이 하나님과 진리에 대한 왜곡입니다. 처음부터 끝까지 기독교 신앙, 하나님에 관한 신앙에서 견고하게 기억하고 있어야 하는 것은 '하나님이 인간을 위하는 것이지, 인간이 하나님을 위하는 것이 아니라는 것'입니다. 죄인을 위해 십자가에서 죽었던 예수가, 거짓말 때문에 인간을 죽여버리면 이게 말이 됩니까? 죄인과 거짓말 중에 하나님은 거짓말을 도무지 참지 못하시는 것입니까? 절대로 그렇지 않습니다. 그렇게 거짓말하는 자를 죽이려면, 거짓 종교를 일삼고 있는 유대교를 통째로 다 죽였어야 합니다. 괜히 구원받아서 거짓말해서 죽을 바에야 그냥 타종교를 믿고 오래오래 사는 것이 좋겠습니다.

이 사건들의 의미는 사람들이 어떻게 하나님의 의도와 다르게 행동하는가를 보여주고, 인간이 그렇게 엉터리로 행동해도 하나님은 어떻게 수습하시는가를 보여주는 것입니다. 사람들이 행한 이 사건의 결과가 11절 "온 교회와 이 일을 듣는 사람들이 다 크게 두려워하니라"입니다. 말 그대로 두려움이요, 공포입니다. 하나님이 행하시는 사역의 결과는 놀라움이요, 평안이지만, 사람들이 행하는 사역의 결과는 두려움이요, 불안함입니다. 사도들이 행하는 대로 두면 복음이 전파되겠습니까? 아닙니다. 그래서 하나님이 일하십니다. 하나님이 도우시고, 하나님이 치유하시고, 하나님이 고치시고, 하나님이 역사하십니다. 성경의 사건들을 바로 이해하여, 성경으로 인해 두려움이 생기는 것이 아니라 평화와 안식이 누려지기를 주님의 이름으로 축원합니다.

21

가르치더라

사도행전 5:12-32

12 사도들의 손을 통하여 민간에 표적과 기사가 많이 일어나매 믿는 사람이 다 마음을 같이하여 솔로몬 행각에 모이고 13 그 나머지는 감히 그들과 상종하는 사람이 없으나 백성이 칭송하더라 14 믿고 주께로 나아오는 자가 더 많으니 남녀의 큰 무리더라 15 심지어 병든 사람을 메고 거리에 나가 침대와 요 위에 누이고 베드로가 지날 때에 혹 그의 그림자라도 누구에게 덮일까 바라고 16 예루살렘 부근의 수많은 사람들도 모여 병든 사람과 더러운 귀신에게 괴로움 받는 사람을 데리고 와서 다 나음을 얻으니라 17 대제사장과 그와 함께 있는 사람 즉 사두개인의 당파가 다 마음에 시기가 가득하여 일어나서 18 사도들을 잡아다가 옥에 가두었더니 19 주의 사자가 밤에 옥문을 열고 끌어내어 이르되 20 가서 성전에 서서 이 생명의 말씀을 다 백성에게 말하라 하매 21 그들이 듣고 새벽에 성전에 들어가서 가르치더니 대제사장과 그와 함께 있는 사람들이 와서 공회와 이스라엘 족속의 원로들을 다 모으고 사람을 옥에 보내어 사도들을 잡아오라 하니 22 부하들이 가서 옥에서 사도들을 보지 못하고 돌아와 23 이르되 우리가 보니 옥은 든든하게 잠기고 지키는 사람들이 문에 서 있으되 문을 열고 본즉 그 안에는 한 사람도 없더이다 하니 24 성전 맡은 자와 제사장들이 이 말을 듣고 의혹하여 이 일이 어찌 될까 하더니 25 사람이 와서 알리되 보소서 옥에 가두었던 사람들이 성전에 서서 백성을 가르치더이다 하니 26 성전 맡은 자가 부하들과 같이 가서 그들을 잡아왔으나 강제로 못함은 백성들이 돌로 칠까 두려워함이더라 27 그들을 끌어다가 공회 앞에 세우니 대제사장이 물어 28 이르되 우리가 이 이름으로 사람을 가르치지 말라고 엄금하였으되 너희가 너희 가르침을 예루살렘에 가득하게 하니 이 사람의 피를 우리에게로 돌리고자 함이로다 29 베드로와 사도들이 대답하여 이르되 사람보다 하나님께 순종하는 것이 마땅하니라 30 너희가 나무에 달아 죽인 예수를 우리 조상의 하나님이 살리시고 31 이스라엘에게 회개함과 죄 사함을 주시려고 그를 오른손으로 높이사 임금과 구주로 삼으셨느니라 32 우리는 이 일에 증인이요 하나님이 자기에게 순종하는 사람들에게 주신 성령도 그러하니라 하더라

성경의 이해

일관성

어떤 사건을 설명할 때에는 일관성이 있어야 합니다. 그때그때마다 나름대로는 설명한다고 했는데 여러 사건을 연결해 보니 도무지 연결이 안 되면 좋은 설명 또는 설득력 있는 설명이라고 할 수 없습니다. 그런데 이런 어이없는 현상이 성경의 사건들을 설명할 때 자주 발생합니다. 조금 잘 되는 사건이 있으면 하나님이 도우신다고 하고, 조금 안 되는 사건이 있으면 하나님이 시험하신다고 합니다. 하나님이 당근도 주시고 채찍도 주시고, 하나님이 사랑도 하시고 징계도 하시고, 하나님이 은혜도 주시고 저주도 주신다고 합니다. 서로 공존할 수 있는 내용인지, 서로 대립되는 내용인지 조차도 구분을 하지 않는 해괴한 설명들을 합니다. 성경에 이런 저런 사건들이 있는 것은 알겠는데 왜 그 사건이 일어나는지, 왜 그렇게 일어나는지, 왜 그때 일어나는지 연결이 안 됩니다. 하나님이 아브람을 불러서 세 가지 약속을 하셨다는데 왜 다섯 가지가 아니라 세 가지인지, 세 가지의 내용이 왜 땅과 민족과 복인지 궁금한데 설명이 없습니다. 국제정세에서 이스라엘이 팔레스타인을 공습하는 것 때문에 국제적으로 비난을 받고 있는데 왜 하나님은 이스라엘을 출애굽 시켜서 가나안으로 데리고 가는지 납득할 만하게 설명해주는 사람이 없습니다.

사도행전의 경우도 마찬가지입니다. 1장부터 4장까지는 하나님이 도우신다고 강조하고, 5장에서 아나니아와 삽비라 사건에 대해서는 하나님이 징계하신다고 강조하고, 5장 후반부에서는 또 하나님이 도우신다고 강조하면 앞뒤가 맞지 않습니다. 그동안 보여준 제자들의 행동과 아나니아와 삽비라 부부의 행동이 별로 다르지 않습니다. 또 성도를 보호하기 위해 교회를 세우신 하나님의 목적과 교회의 거룩을 지키기 위해 성도를 징계하신다는 설명이 하나님의 성품과 맞지 않습니다. 성경이 말하고자 하는 핵심을 잘못 파악하면 강조를 이상하게 합니다. 사도행전 8장 2절에 이런 내용이 있습니다. "그 날에 예루살렘에 있는 교회에 큰 박해가 있어 사도 외에는 다 유대와 사마리아 모든 땅으로 흩어지니라"입니다. 이 구절을 어떤 분이 설명하기를 '사도들이 예루살렘에 안주하면서 복음 전하는 사명을 소홀히 하니까 하나님이 복음을 확장시키기 위해서 예루살렘에 박해가 있도록 했다'고 합니다. 오늘날도 교회가 복음사업에 전념하지 않고, 자기들끼리 잘 먹고 잘 살자고 하면 하나님이 교회에 핍박을 내리실 것이라고 합니다. 하나님이 자기 백성을 핍박하신다는 것이 도무지 말이 되지 않습니다. 성경에 대한, 하나님에 대한 큰 오해입니다.

성경에 하나님의 일하시는 모습이 다양하게 등장하곤 합니다. 다양한 정도가 아니라 어느 때는 완전히 반대되는, 극과극의 모습이 등장하기도 합니다. 그래서 사람들은 하나님의 인격성을 의심했습니다. 도무지 동일한 하나님이라고 인정하기가 어렵다고 곤혹스러워했습니다. 정말 하나님의 다양한 모습이 나옵니다. 하나님이 다양하게, 극과 극으로 다르게, 마치 모순된 것처럼 행동하시는 이유가 중요합니다. 사람들이 곤혹스러워하는 것은 인간도 그 정도까지는 하지 않기 때문입니다. 종종 다중인격이 있고, 사이코 패스가 있지만 그것은 말 그대로 질병이라든가, 정신에 이상이 있는 환자일 경우입니다. 평상시의 일반인은 일정한 행동양식을 가지고 있습니다. 갑자기 돌변하거나, 자기의 일상의 패턴을 크게 벗어나지 않습니다. 특히나 도덕적이고, 윤리적이고, 관계적인 차원에서는 일정한 기준이 있고, 누구라도 수용할 수 있는, 양심 있는 사람들이 받아들일 수 있는 범주를 넘어서지 않습니다. 그런데 하나님은 너무나 자유분방하시고, 조변석개하시고, 돌출적이고, 파격적인 경우가 많습니다. 차마 하나님이 틀렸다고 말할 수는 없고, 어쨌든 하나님이 행하시는 일이기에 옳다고는 해야겠는데, 도무지 납득이 되지 않아서 곤란해 합니다. 그런데 그것이 큰 착각입니다.

하나님의 행동을 이해하시려면 하나님이 왜 그렇게 행동하시는가를 이해하셔야 합니다. 사람도 하지 않는 파격을, 마치 기준도 없는 것과 같은 양극단을 오가는지 그 이유를 아셔야 합니다. 하나님이 일관성이 없거나, 하나님이 기준이 없거나, 하나님에게 인격이 없어서가 아니라 모든 것이 인간 때문이라는 것을 아셔야 합니다. 인간은 나름대로 일관성이 있는데 하나님이 파격적인 것이 아니라, 인간이 겉으로는 일관성이 있는 것 같지만 죄의 교활함으로 위장하고 있을 뿐 실제로는 인간이 도무지 종잡을 수 없는 일탈과 변절과 부도덕과 패역함을 범합니다. 그런 죄인된 인간을 대하시다보니 하나님의 활동이 다양하게 등장하는 것입니다. 죄인이 정말 교활한 것이, 하나님은 인간을 포기하지 않기 위해, 인간을 도와주기 위해 다양한 양상으로 사역을 하셨는데 정작 하나님을 그렇게 만든 장본인인 인간은 마치 딴전 피듯, 마치 자기는 전혀 아닌 것 같은 표정을 지으면서 하나님을 이해할 수 없다고 의아해합니다.

하나님의 공의

하나님이 일하시는 원리를 '공의'라고 하고, 다른 표현으로 '은혜'라고 합니다. 종종 사람들은 공의와 은혜가 서로 대치되는 개념인줄로 착각합니다. 하나님이 사랑이라고 말하면서, 징계나 저주가 나오는 것을 설명하기가 힘드니까 징계나 저주도 사랑하기 때문에 하는 것이라고 억지로 말을 만들어 내기도 합니다. 왜냐하면 성경의 공의, 하나님의 공의의 개념을 오해하기 때문입니다. '공의'는 국어사전에 '공정한 도의', 그리고 친절하게 예를 들어 주었는데 '선악을 공평하게 제재制裁하는 하느님의 적극적인 품성'이라고 나옵니다. 이것이 사람들의 오해입니다. 하나님의 공의를 '선과 악'의 기준, '행한 대로 갚는다'는 원리로 생각하기 때문입니다. 이것은 하나님의 성품만 고려하고 인간의 상태는 전혀 고려하지 않았기 때문에 발생하는 오해입니다. 죄인에게는 사람들이 말하는 공의가 적용될 수 없습니다. 왜냐하면 이미 죄인이기 때문입니다. 죄인은 생각하는 것이 죄요, 행동하는 것이 죄요, 바라는 것이 죄요, 소망하는 것이 죄요, 모든 것이 죄입니다. 죄인은 죄만 가능한 존재입니다. 그런 죄인에게 죄를 지으면 벌을 주고, 의를 행하면 상을 준다는 공의가 어떻게 적용될 수 있습니까? 불가능한 자에게 불가능한 것을 요구하고, 불가능한 것을 하지 못했다고 징계하는 것을 공평하다고 말할 수 없습니다.

하나님의 공의는 세상의 공의와 완전히 다릅니다. 왜냐하면 인간에 대한 인식이 세상과 다르기 때문입니다. 하나님의 공의는 필요한 자에게 필요한 것을 제공하는 것을 의미합니다. 배고픈 자에게는 밥이 필요하니까 밥을 주고, 무지한 자에게는 지혜가 필요하니까 지혜를 주고, 죄인에게는 의가 필요하니까 하나님의 의를 제공해 주는 것, 그것이 하나님의 공의이고, 인간에게 필요하다는 것은 인간 스스로 해결할 수 없다는 것이기에 하나님이 베풀어 주시는 것이기에 은혜라고 합니다. 그래서 하나님의 공의와 하나님의 은혜가 같을 수 있습니다. 이러한 하나님의 원리, 하나님의 기준을 알면 하나님의 일하심이 너무나 당연하게 이해되고, 성경의 사건들도 너무나 쉽게 이해할 수 있습니다. 절대로 성경이 어렵거나, 하나님이 이상하게 일하시는 분이 아닙니다. 사람들의 인식, 사람들의 생각이 하나님의 기준과 개념과 가치와 원리가 아닌 것이 오해의 원인입니다.

신앙생활에서 가장 오해하는 것이 바로 이것입니다. 저 사람보다 내가 더 충성했는데 내가 저 사람보다 은혜를 더 많이 받지 못한 것에 대해 공정하지 않다고 생각합니다. 본인이 충성했다고 자부하는 사람가운데 자신이 충성한 만큼 복을 받았다고 생각하는 사람이 별로 없습니다. 본인이 열심을 내었기에 자신이 받은 것이 늘 작아 보이는 것이고, 상대적으로 다른 사람은 자신보다 열심이나 충성이 적었는데도 자신보다 많이 받은 것 같아 보이는 것 같아 억울하게 느낍니다. 큰 오해입니다. 하나님의 은혜는 보상의 개념, 상급의 개념, 면류관의 개념이 아니라 말 그대로 은혜의 개념, 필요한 자에게 필요한 것을 제공한다는 공급의 개념입니다. 하나님을 잘 믿는 사람과 이제 막 믿으려고 하는 사람 중에 이적과 기적이 어디에 나타나느냐면 당연히 이제 막 믿으려고 하는 사람입니다. 왜냐하면 잘 믿는 사람은 이미 잘 믿고 있기 때문입니다. 목사와 초신자가 기도하면 기도 응답이 잘 오는 사람은 초신자입니다. 왜냐하면 초신자에게 하나님을 경험할 필요가 더 많기 때문입니다. 이미 복음화가 된 나라와 이제 막 선교가 시작된 선교지 중에 당연히 선교지에서 많은 이적과 기적이 나타납니다. 선교지에는 복음전파를 위해 전적인 하나님의 도우심이 필요하기 때문입니다.

사도행전의 전개

사도들의 필요

하나님의 공의의 원리, 하나님의 은혜의 원리를 알면 성경의 사건이나 이야기 흐름도 쉽게 예상할 수 있고, 이해할 수 있습니다. 사도행전 5장에서 사도들의 과도한 행동이 있었습니다. 열정이 넘치고, 의욕이 넘쳐서 재산에 관한 문제로 소속원들이 죽어나가는 사건이 발생하자 당시 사회에 두려운 집단이 되어버렸습니다. 그렇잖아도 소수의 집단이었고, 죽은 예수가 살아났다는 수용하기 힘든 주장을 하고 있었는데 그 단체에 소속된 사람이 죽어 나갔다는 소문이 퍼졌으니 사람들이 두려워하는 것이 당연합니다. 이때 이 사람들에게 필요한 것이 무엇이겠습니까? 하나님이 이 사람들을 도와주시려면 어떻게 도와주셔야 겠습니까? 그 장면이 12절 이하에 나오는 "사도들의 손을 통하여 민간에 표적과 기사가 많이 일어나매 믿는 사람이 다 마음을 같이하여 솔로몬 행각에 모이고"과 15절 "심지어 병든 사람을 메고 거리에 나가 침대와 요 위에 누이고 베드로가 지날 때에 혹 그의 그림자라도 누구에게 덮일까 바라고 예루살렘 부근의 수많은 사람들도 모여 병든 사람과 더러운 귀신에게 괴로움 받는 사람을 데리고 와서 다 나음을 얻으니라"입니다.

이 장면을 앞뒤 다 잘라내고 단지 이 본문만 보면 베드로는 완전 신입니다. 어쩌면 예수님보다 뛰어납니다. 복음서를 아무리 뒤져도 예수님이 그림자로 병자를 고쳤다는 기록은 없습니다. 과연 본문이 베드로를 띄우려는 것일까요? 이 본문이 예수님이 요한복음 14장 12절에서 하신 "내가 진실로 진실로 너희에게 이르노니 나를 믿는 자는 내가 하는 일을 그도 할 것이요 또한 그보다 큰일도 하리니 이는 내가 아버지께로 감이라"는 말씀이 이루어진 것이라는 증거 본문일까요? 그렇지 않습니다. 병든 자 고치고, 귀신 쫓아내는 것은 이미 복음서에도 많이 나왔습니다. 심지어 복음서에는 죽은 자가 살아나는 역사도 있었습니다. 그러나 이적과 기사로 사람들의 마음이 달라지고 복음에 대하여 좋은 반응이 나온 적이 없습니다.

그러므로 이 본문에서 중요한 것은 사도들의 손을 통하여 표적과 기사가 많이 일어나는 사건이 지금 등장하는 이유입니다. 평상시에는 이적과 기적이 많이 나타나도 사람들은 이적과 기사를 구경만 할뿐 믿는 경우가 별로 없었습니다. 그런데 이 본문에서는 믿는 자가 많습니다. 그러므로 12절부터 16절에서 중요한 구절을 고르라고 하면 14절 "믿고 주께로 나아오는 자가 더 많으니 남녀의 큰 무리더라"입니다. 본문이 강조하려는 것은 하나님이 제자들을 돕고 계시다는 사실입니다. 교회의 거룩성을 유지하기 위해 성도를 죽이시는 하나님이 아니라 도리어 교회가 세상의 두려운 존재가 되어버리고, 사도들과 상종하는 사람이 없어지는 때에 하나님이 이적과 기적을 행하여 세상의 빛과 소금의 역할을 하게 하시고, 믿는 자를 많게 하사 많은 사람들이 사도들과 함께 하도록 하여 사도들이 소외되지 않도록, 고립되지 않도록 후원하고 계시다는 사실입니다.

베드로와 제자들이 이적과 기사를 마음대로 행할 수 있는 사람들이 아닙니다. 하나님으로부터 능력과 권세를 위임 받아서 손만 대면 앉은뱅이가 일어나고 말만 하면 귀신이 쫓겨 가는 것이 아닙니다. 베드로의 손과 입을 통해 이적과 기사가 나타나지만 그것은 베드로의 사역이 아니라 하나님의 사역입니다. 실제로 성경에 제자들이 이적과 기적을 행한 것이 별로 많지 않습니다. 그리고 제자들이 자기들이 원하는 때에, 자기들이 원하는 방식으로, 자기들이 원하는 사람에게 이적과 기적을 마음대로 행한 적이 없습니다. 왜냐하면 자신들의 능력이 아니기 때문입니다. 사람들은 자꾸 하나님의 역사를 사람의 역사로 오해합니다. 그래서 하나님을 알고, 하나님의 마음과 뜻과 원리를 닮아가려고 해야 하는데 늘 사람의 능력을 닮고 싶어합니다. 자주 사용하는 것이 엘리사가 했던 말로 '당신의 능력이 내게 갑절이나 있게 하옵소서'입니다. 말로는 하나님이 하셨다고 하면서도, 실제로는 베드로가 했다고 생각하는 것입니다. 그래서 베드로처럼 되고 싶어합니다. 하지만 성도가 위기에 처했을 때, 교회가 어려움에 처했을 때 하나님이 도와주고 계신 것임을 알아야 합니다.

옥에 가두었더니

세상 사람들은 사람들의 원리를 알고 있습니다. 그래서 인생을 많이 사신 분들은 세상 돌아가는 원리를 압니다. 개인이나 사회든 어떤 현상이 발생하면 젊은 사람들은 '어찌 이런 일이 있을 수 있는가?'라고 말하고, 어르신들은 '내 그럴 줄 알았다!'라고 말씀하십니다. 하지만 세상에는 사람들의 원리만 있는 것이 아니라 하나님의 원리도 있습니다. 성도는 사람의 원리와 하나님의 원리 모두를 알고 있습니다. 그래서 성도는 연령과 관계없이, 세상 경륜과 관계없이 세상 돌아가는 이치에 대해 세상의 그 어떤 어른들보다 해박할 수 있는 것입니다. 성도는 세상 돌아가는 것이 보여야 합니다. 죄인들의 원리가 보여야 하고, 죄인들의 속셈이 보여야 하고, 죄인들의 결말이 보여야 하고, 동시에 그 죄인들을 돌보시는 하나님의 일하심, 하나님의 은혜주심이 보여야 합니다. 이렇게 사람의 원리와 하나님의 원리를 알고 있으면 성경의 사건들이 저절로 이해가 됩니다. 또 다음 장면이 충분히 예상이 됩니다.

본문에서 확인해보면, 5장 전반부에 제자들이 어려움을 겪고 있고 교회가 위기에 처하자 하나님이 도우셨습니다. 교회에서 불행한 사태가 발생했을 때 하나님은 이적과 기사를 중단한 것이 아니라 더 많이 베풀어 주셨습니다. 왜냐하면 필요한 곳에 필요한 것을 공급해 주시는 것이 하나님의 은혜의 원리, 공의의 원리이기 때문입니다. 그렇다면 하나님이 교회를 도우실 때 사람들, 즉 당시의 관원들이 교회를 어떻게 대할지도 알 수 있습니다. 하나님이 사도들을 도와 주셨고, 사도들의 손을 통하여 이적과 기적이 나타나도록 역사해주셨습니다. 당연히 베드로를 비롯한 사도들에게 사람들의 이목이 집중되었습니다. 능력도 대단하고 권세도 대단합니다. 그러면 사도들이 대중적 인기를 얻어서 교회가 파죽지세로 성장할까요? 전혀 그렇지 않습니다. 사람들은 다른 사람들의 세력이 확장되는 것을 좋아하지 않습니다. 그 결과가 17절 "대제사장과 그와 함께 있는 사람 즉 사두개인의 당파가 다 마음에 시기가 가득하여 일어나서 사도들을 잡아다가 옥에 가두었더니"입니다. 이것을 보고 가슴아파하거나 안타까워하면 안 됩니다. 사도들은 복음 전하느라고 애썼는데 하나님은 왜 사도들에게 상을 주지는 않고 옥에 갇히게 하셨느냐고 불평하면 안 됩니다. 이런 구절을 보면서 여러분은 한마디 하셔야 합니다. '내 그럴 줄 알았다!'입니다.

그렇게 사도들이 옥에 갇혔습니다. 그 다음엔 어떻게 될까요? 19절 "주의 사자가 밤에 옥문을 열고 끌어내어 이르되"입니다. 풀려났습니다. 이때 여러분은 뭐라고 하셔야 합니까? '내 그럴 줄 알았다!'입니다. 일련의 사건에서 중요한 것은 옥에서 풀려났다는 것이 아닌 것을 이제 아실 것입니다. 왜냐하면 옥에서 풀려난 것을 간증하면 사람들은 감동먹지 않습니다. 다른 사람들은 아예 잡히지도 않았고 옥에 들어가지도 않았기 때문입니다. 옥에 갇혔는데 풀려났다는 간증은 옥에 있는 사람들에게는 귀가 솔깃한 이야기겠지만 사로잡지 않은 사람에게는 아무 소용이 없는 이야기입니다. 중요한 것은 지금 하나님이 왜 이렇게 일하고 계시는가를 생각하셔야 합니다.

하나님이 이미 하신 일이 무엇인지를 알아야 하고, 하나님이 지금 하고 계시는 일이 무엇인지를 알아야 하고, 하나님이 장차 하실 일이 무엇인지를 알아야 합니다. 이렇게 하나님을 안다는 것은 동시에 인간을 안다는 의미입니다. 이미 나에게 이루어진 일이 무엇인지를 안다는 것이고, 지금 나에게 이루어지고 있는 일이 무엇인지를 안다는 것이며, 장차 나에게 이루어질 일을 안다는 것입니다. 성도는 이렇게 다 알고 사는 사람입니다.

사도들의 반응

사도행전의 다음 장면을 미리 걱정하시는 분도 계십니다. 하나님이 도와주셔서 매번 사도들이 살아나는 것이 아니라 7장에 가면 스데반은 결국 돌에 맞아 죽는 사건이 나온다는 것을 아시는 분은 그때에는 목사가 뭐라고 말할지 궁금해 하십니다. 그때에도 대답은 동일합니다. '그럴 줄 알았다!'입니다. 스데반이 잡혀가서도 조금도 굴하지 않고 아주 장엄하게 이스라엘 역사를 회고하고, 이스라엘이 예수를 죽였고, 성령을 거슬렀다고 지적합니다. 그런 소리하면 어떻게 될까요? 당연히 죽습니다. 그렇게 죽으면 어떻게 될까요? 과연 교회가 소멸할까요? 교회에 절대 절명의 위기가 닥칠까요? 아닙니다. 하나님이 또 다른 역사를 펼치셔서 교회를 이어가실 것입니다. 그러면 그때 또 뭐라고 합니까? '내 그럴 줄 알았다!'입니다. 성도가 성경을 안다는 것은 단지 한 구절을 안다는 것이 아니라 하나님을 알고, 인간을 알고, 세상을 알고, 진리를 아는 것입니다.

사도행전에서 자주 경험하게 되는 아주 재미있는 사실을 하나 알려드리겠습니다. 종종 성경을 읽는 성도들은 사도행전의 사건 전환에 때로는 긴장하고, 때로는 안심하곤 합니다. 때로는 걱정하고, 때로는 감사하곤 합니다. 당연히 사도들의 여정이 순탄할 때는 감사하고, 위기가 닥치면 걱정합니다. 그런데 정작 사도행전에는 사도들이 당황하거나 놀라거나 불안해하거나 걱정하는 모습이 거의 등장하지 않습니다. 사도행전에 '놀라다, 기이히여기다, 두려워하다, 당황하다'라는 표현이 자주 나옵니다. 그런데 이런 표현들은 모두 세상 사람들의 반응입니다. 제자들이 행하는 일, 하나님이 행하시는 사역을 보면서 '이런 일이 있을 줄 몰랐다, 이렇게 될 줄 몰랐다' 입니다. 하나님의 역사에 대한 세상 사람들의 반응은 몰랐다는 것입니다. 그래서 놀랍니다.

하지만 사도들은 옥에 갇혀도 당황하지 않고, 풀려나도 마치 죽었다 살아난 것처럼 감동하지 않고, 돌 맞아 죽어도 모든 것이 좌절된 것처럼 절망하지 않고, 예루살렘에 박해가 와도 절대 절명의 위기처럼 두려워하지 않습니다. 이미 더 큰 일을 알고 있기 때문입니다. 상황 상황에 연연하는 것이 아니라 이미 역사를 알고 있습니다. 지난 역사만이 아니라 장차 이루어질 역사도 모두 알고 있고, 현재 자신들이 행하고 있는 역사까지도 모두 알고 있습니다. 이것이 성도의 삶입니다.

사도들의 사역

주의 사자의 부탁

5장 17절로 32절은 길지만 이야기는 간단합니다. 본문에서 가장 많이 등장하는 단어가 있습니다. 물론 동일한 장면을 이 사람 저 사람이 말하니까 많이 등장합니다만 여하튼 반복되는 단어가 있습니다. 바로 '가르치다'입니다. 예수님과 유대교, 제자들과 유대교가 처음부터 갈등하고 충돌했던 것이 아닙니다. 복음서에서 예수님이 사역을 행한 것이 삼 년 정도입니다. 예수께서 요단강에서 침례를 받고 올라오는 순간부터 관원들이 잡으려고 쫓아온 것이 아닙니다. 병자를 고칠 때, 귀신을 쫓을 때, 바다를 걸을 때, 오병이어를 행할 때 관원들이 죽이려고 덤빈 것이 아닙니다. 사도행전도 마찬가지입니다. 사도들과 관원들의 충돌, 제자들과 당시 종교 지도자들과의 충돌의 포인트가 무엇인지를 잘 살펴야 합니다. 1장부터 3장까지는 충돌이 등장하지 않습니다. 처음 등장하는 것이 4장 1, 2절 "사도들이 백성에게 말할 때에 제사장들과 성전 맡은 자와 사두개인들이 이르러 예수 안에 죽은 자의 부활이 있다고 백성을 가르치고 전함을 싫어하여"입니다. 기독교의 핵심은 복음을 전하고 가르치는 것이며, 기독교를 가로막는 핵심은 복음을 가르치지 못하게 하는 것입니다.

2장에 제자들이 다른 언어를 말하는 사건이 나옵니다. 하지만 제자들 중 어느 누구도 새로 믿게 된 삼천 명, 오천 명에게 다른 언어로 말할 수 있도록 훈련시키지 않았고, 유대교 관원들 중 어느 누구도 다른 언어로 말하지 못하게 하려고 막은 적이 없습니다. 3장에 나면서부터 못 걷게 된 자를 치유한 사건이 나옵니다. 하지만 제자들 중 다른 열 명도 베드로와 요한처럼 병 고치는 능력을 가지려고 노력한 사람이 없으며, 베드로와 요한도 다른 사도들이나 다른 믿는 자들에게 병 고치는 능력을 갖게 하려고 시도한 적이 없습니다. 마찬가지로 유대교 관원들 중 어느 누구도 제자들로 하여금 병자를 고치지 못하게 막은 적이 없습니다. 병자를 고쳤다는 사실을 부인한 적도 없습니다. 4장 16절 "이 사람들을 어떻게 할까 그들로 말미암아 유명한 표적 나타난 것이 예루살렘에 사는 모든 사람에게 알려졌으니 우리도 부인할 수 없는지라"입니다. 다른 언어로 말하는 것을 인정했고, 병 고친 것을 인정했습니다.

그런데 유대교 관원들이 계속하여 차단하려고 했던 것, 유일하게 사도들의 활동을 막으려고 했던 것이 바로 '가르치는 것'이었습니다. 4장 2절에 나왔고, 18절에도 "그들을 불러 경고하여 도무지 예수의 이름으로 말하지도 말고 가르치지도 말라 하니"입니다. 5장에서도 마찬가지입니다. 옥에서 풀려나간 제자들을 다시 잡아온 것이 27절입니다. 그때에도 뭐라고 하는지 확인해 보면 27절 "그들을 끌어다가 공회 앞에 세우니 대제사장이 물어 이르되 우리가 이 이름으로 사람을 가르치지 말라고 엄금하였으되"입니다. 예수님이나 제자들에 대하여 관원들이 막아선 것은 복음을 전하는 것, 진리를 전하는 것, 하나님 나라의 내용을 가르치는 것이었습니다.

가르치더니

그럼 제자들은 왜 가르치려고 했을까요? 하나님의 명령에 순종한 것일까요? 5장 19절에 주의 사자가 옥문을 열고 제자들을 꺼내주면서 하는 말이 20절 "가서 성전에 서서 이 생명의 말씀을 다 백성에게 말하라"입니다. 그래서 목숨을 살려주면서 요구한 조건이 복음 전파이기 때문에 제자들이 전하는 것일까요? 29절이 의미하는 것이 무엇일까요? "베드로와 사도들이 대답하여 이르되 사람보다 하나님께 순종하는 것이 마땅하니라"입니다. 이 말이 사람에게 불순종하면 사람은 단지 목숨만 죽이지만, 하나님께 불순종하면 하나님은 영원토록 죽이시니까 차라리 하나님께 순종하는 것이 낫다는 의미입니까? 절대로 아닙니다. 기독교가 성도의 행동에 대해서 가장 어리석게 설명하는 것이 바로 '명령'이라고 말하는 것입니다. 전도가 명령이다, 찬양이 명령이다, 감사가 명령이다, 예배가 명령이다, 권세자이신 하나님의 명령이니 인간은 복종해야 된다는 주장입니다. 이것이 기독교를 가장 비인격적으로 만드는 것이며, 인간을 가장 굴욕스럽게 만드는 어리석은 표현들입니다. 하나님은 인간에게 하나님의 능력과 권세를 명분으로 명령하시는 분이 절대로 아닙니다.

5장 21절에 의하면 옥에서 풀려난 제자들이 새벽에 동이 트자마자 성전에 가서 가르칩니다. 28절에서 또 관원들이 사로잡고, 협박하고, 위협해도 또 가르칩니다. 제자들의 모습에서 하나님의 명령에 두려워하는 모습, 행여 하나님의 명령에 불순종하면 어떤 징계를 받을까 겁내는 모습이 보이지 않습니다. 이렇게 위기의 순간에도 당당하게 지속적으로 가르칠 수 있다는 것은 저들이 삶을 보는 전혀 다른 인식이 있기 때문입니다. 가르칠 내용이 있고, 가르칠 근거가 있고, 가르칠 자신이 있고, 가르칠 확신이 있고, 가르칠 약속이 있습니다. 혹자들이 복음을 가르치다가 옥에 갇히지 말고 너나

편하게 살라고 말할 때, 자신들의 삶이 실패가 아니고, 자신들이 루저가 아니요, 자신들의 사역이 헛된 것이 아니라는 것을 알고 있습니다. 아는 것이 없이는, 단지 아는 정도가 아니라 자신들의 삶이 자신들이 아는 것과 일체가 되어 있지 않으면 절대로 행할 수 없는 것이 제자들의 삶의 모습입니다.

주의 사자가 가서 '생명의 말씀을 전하라'고 말한 것은 명령이 아니라 이미 제자들에게 새로운 인식과 가치와 개념을 심어주었다는 것이요, 제자들에게 가서 말할 수 있는 내용과 근거를 제공해 주었다는 것이며, 주의 사자의 말을 듣고 제자들이 나아가서 실제로 새벽부터 전할 수 있었다는 것은 제자들도 자신들에게 이루어진 변화, 자신들에게 이루어진 새로운 삶의 인식과 가치와 개념을 알고 있었다는 의미입니다. 하나님의 마음과 뜻과 역사하심을 알고 나니 유대인들이 행한 것이 무엇이었는지 알게 되었고, 자신들이 행하고 있는 것이 무엇인지도 알게 되었습니다. 30절 "너희가 나무에 달아 죽인 예수를 우리 조상의 하나님이 살리시고 이스라엘에게 회개함과 죄 사함을 주시려고 그를 오른손으로 높이사 임금과 구주로 삼으셨느니라"입니다. 제자들이 전하고 가르치는 것에는 원망이 없고, 원한이 없습니다. 이스라엘의 행동에 대한 정죄가 없고, 보복의 감정이 없습니다. 도리어 저들을 향한 기대가 있고, 소망이 있습니다. 도리어 이스라엘에게 회개함과 죄 사함을 주시려는 하나님의 복음을 전합니다.

이러한 복음을 전하는 자신들을 잡아 가둔 사람들에게, 자신들을 협박하는 사람들에게 당당하게 말하는 것이 32절 "우리는 이 일에 증인이요 하나님이 자기에게 순종하는 사람들에게 주신 성령도 그러하니라 하더라"입니다. 자기들이 하는 일을 당연하게 여기고, 자기들이 하는 일에 성령이 함께 하신다는 것을 알고 있기에 자기들이 잡히는 것, 자신들이 위협받는 것에 대해 전혀 실패니, 좌절이니, 위기니, 불안이니 등의 반응이 일체 없습니다. 이제 제자들은 당시 사회의 지도층과 지배 계층이 두려워하는 진리를 아는 자요, 복음을 전하는 자들이 된 것입니다. 관원들 앞에서 담대히 말할 수 있으며, 체계 있고 설득력 있게 말할 수 있는 내용을 가지고 있는 자들이 되었습니다. 오늘 우리 성도들도 복음을 알고, 하나님을 알고, 성도됨을 알고, 역사를 알아서 세상을 향해, 죄인들을 향해 참된 삶의 복된 내용을 가르칠 수 있는 성숙한 성도가 되시기를 주님의 이름으로 축원합니다.

22

하나님께로부터 났으면

사도행전 5:33~42

33 그들이 듣고 크게 노하여 사도들을 없이하고자 할새 34 바리새인 가말리엘은 율법교사로 모든 백성에게 존경을 받는 자라 공회 중에 일어나 명하여 사도들을 잠깐 밖에 나가게 하고 35 말하되 이스라엘 사람들아 너희가 이 사람들에게 대하여 어떻게 하려는지 조심하라 36 이 전에 드다가 일어나 스스로 선전하매 사람이 약 사백 명이나 따르더니 그가 죽임을 당하매 따르던 모든 사람들이 흩어져 없어졌고 37 그 후 호적할 때에 갈릴리의 유다가 일어나 백성을 꾀어 따르게 하다가 그도 망한즉 따르던 모든 사람들이 흩어졌느니라 38 이제 내가 너희에게 말하노니 이 사람들을 상관하지 말고 버려 두라 이 사상과 이 소행이 사람으로부터 났으면 무너질 것이요 39 만일 하나님께로부터 났으면 너희가 그들을 무너뜨릴 수 없겠고 도리어 하나님을 대적하는 자가 될까 하노라 하니 40 그들이 옳게 여겨 사도들을 불러들여 채찍질하며 예수의 이름으로 말하는 것을 금하고 놓으니 41 사도들은 그 이름을 위하여 능욕 받는 일에 합당한 자로 여기심을 기뻐하면서 공회 앞을 떠나니라 42 그들이 날마다 성전에 있든지 집에 있든지 예수는 그리스도라고 가르치기와 전도하기를 그치지 아니하니라

하나님의 마음

순리

세상에는 순리라는 것이 있습니다. 순리는 '마땅한 이치나 도리'라는 뜻으로 가장 자연스럽고, 합리적이고, 누구라도 동의할 수 있는 옳은 원리를 의미합니다. 순리의 반대말은 역리입니다. 역리는 사리 또는 순리에 어

굿난다는 의미입니다. 사람들은 모두 세상이 순리대로 되어지기를 원합니다. 이 말은 다른 표현으로 하면 세상은 순리대로 되어져야 하는데 실상은 순리대로 되어지지 않는다는 의미입니다. 순리가 적용되는 것은 둘째 치고 순리 자체가 왜곡되어 있습니다. '냉수에도 위 아래가 있다'는 말도 순리에 맞지 않습니다. 냉수든 온수든 물은 위 아래의 순서대로가 아니라 목마른 순서대로 마셔야 합니다. 또 '권선징악'이라는 말도 순리에 맞지 않습니다. '착한 일을 권장하고 악한 일을 징계한다'는 의미인데, 착한 일을 행하라고 권장하면 동일하게 악한 일을 피하라고 권장해야지 징계부터 하면 부당합니다. 사람들은 순리를 생각할 때 합당성, 정당성, 당위성을 강조합니다.

사람들이 자주 사용하는 말이 '순리대로 하자'입니다. 순리를 다른 말로 하면 법입니다. 그래서 갈등이나 분쟁이 발생하면 법대로 하자고 합니다. 사람들이 말하는 순리대로, 법대로의 가장 큰 강조점은 '누가 옳으냐? 무엇이 옳으냐?'입니다. 여기에는 가장 중요한 것 바로 '인간'이 빠져있습니다. 사람의 기준은 사실의 옳고 그름입니다. 사실이 강조될뿐 사람이 빠집니다. 미디어에 두 가지 기사가 났습니다. 하나는 차량 충돌사고입니다. 중형차 한 대와 수입차 한 대가 충돌을 했습니다. 사고비율이 중형차가 3이고 수입차가 7로 수입차의 과실이 훨씬 많았습니다. 비율대로 상대방의 차를 수리해 주어야 하는데 여기서 아이러니가 발생했습니다. 과실이 3밖에 안 되는 중형차가 과실이 7이나 되는 차를 수리해주어야 하는 비용이 자기 차를 팔아도 감당이 안 되는 실정입니다. 과연 이것이 순리입니까?

또 하나의 이야기는 고급 수입차와 폐지를 줍는 할머니의 손수레의 충돌 사고입니다. 수입차가 주차되어 있었고, 할머니와 손자가 끄는 손수레가 실수로 수입차를 긁었습니다. 당연히 할머니의 과실입니다. 이때 수입차의 주인이 나와서 할머니에게 정중하게 사과를 했답니다. 자신이 주차 공간이 아닌 곳에 주차를 해서 할머니가 손수레를 끌고 가는데 불편을 드려서 정말로 죄송하다고 했습니다. 이때 만약 주인이 자신이 주차 위반을 했으니 그것을 과태료를 물을 것이고, 할머니는 차량을 긁었으니 수리비를 내라고 했다면 그것이 순리대로입니까? 사람들의 사고방식에는 순리라는 내용, 표현이 있기는 합니다. 그러나 사람들의 행동양식에는 순리가 적용되지 않습니다. 모두가 순리대로 되어야 한다고 말을 하지만 아무도 본인이 순리대로 행동하려고 하지 않습니다. 물론 순리대로 행동하는 경우가 있습니다. 자신과 무관한 일에 대하여 입니다. 남의 일, 객관적인 일에는 순리가 통합니다. 그러나 본인이 당사자가 되었을 때 순리를 받아들이는 경우는 거의 없습니다. 본인도 억지인 것을 알면서도, 본인도 생떼라는 것을 알면서도 멈출 수 없는 것이 인간의 한계입니다. 그런데 대부분의 사람들은 자신들이 순리를 따르고 있다고 생각합니다.

진리

세상이 순리라고 표현하는 것을 기독교에서는 진리라고 표현합니다. 흔히 진리라고 하면 옳은 것, 맞는 것, 사실인 것, 정의로운 것을 떠올립니다. 그것이 진리에 대한 오해입니다. 만약 진리를 '옳은 것, 맞는 것, 사실인 것, 정의로운 것'이리고 정의한다면 그것은 세상의 순리의 차원에 불과합니다. 그렇다면 진리도 사실여부에만 집중할 뿐 정작 순리의 적용대상인 인간을 놓치는 것입니다. 기독교에서 사용하는 진리라는 표현은 가장 먼저 '하나님'이 떠올라야 합니다. 그리고 하나님이라는 표현에는 가장 먼저 '인간'이 떠올라야 합니다. 왜냐하면 하나님의 모든 일, 모든 내용은 전적으로 인간을 위한 것이기 때문입니다. 그래서 기독교의 진리는 인간에게 유익한 것, 인간에게 도움이 되는 것, 모든 인간이 자유와 평화와 안식을 누리며 사는 것을 의미합니다.

그러므로 세상의 순리와 기독교의 진리는 기준 자체가 완벽하게 다릅니다. 이것을 순리도 이치대로 행하는 것이고, 진리도 사실대로 행하는 것이니까 순리나 진리는 같은 말이라고 생각하시면 안 됩니다. 순리는 이치에 맞게 행동하자는 것이고, 진리는 인간에 맞게 행동하는 것입니다. 그래서 기독교가 가장 인간적입니다. 가장 인간을 위해주고, 가장 인간에게 적합하고, 가장 인간에게 유용합니다. 그래서 기독교에는 인간의 자유가 제한당하는 것, 인간이 억지로 행하는 것, 인간에게 명령이 주어지는 것, 인간이 자신의 것을 포기하는 것, 인간에게 무리하고 과도한 짐이 주어지는 것, 인간에게 힘들고 어려운 일을 행하라는 내용이 일체 없습니다. 기독교에 대하여, 신앙에 대하여, 하나님을 믿는 것에 대하여 어렵고, 힘들고, 고되고 무겁고, 버겁다는 생각이 드시면 그것은 기독교에 대하여, 하나님에 대하여, 신앙에 대하여 잘못 알고 계시는 것입니다. 기독교는 좋고, 쉽고, 편하고, 간단하고, 유익한 것입니다.

제가 설교자로서 가장 집중하려는 것이 바로 '기독교의 내용을 바로 알리는 것'입니다. 사람들은 알려고 하지 않고, 모두 오해한 채로 힘들어하고 있습니다. 가장 먼저 기독교의 내용을 바로 알아야 합니다. 그런데 사람들은 성경에 있는 표현들을 읽어보고는 그대로 오해를 해버립니다. 왜 그렇게 기록되어 있는지, 그 표현이 무슨 의미인지, 그렇게 말씀하신 하나님의 의도가 무엇인지, 그 말에 담긴 하나님의 뜻이 무엇인지를 생각하지 않습니다. 성경에 기록되어 있으면 표현된 그대로 받아드립니다. 이런 것을 믿음 좋다고 말하지 않고, 전문적으로는 '문자주의'라고 하고, 쉽게 표현하면 '생각하지 않는다'고 하고, 풍자적으로는 '뇌가 없다'고 합니다.

성경의 의미

기독교에 대해서 사람들이 자주 오해하는 것이 하나님이 명령하셨다는 생각입니다. 그래서 하나님께 복종해야 한다는 느낌을 갖는 것이 기독교에 대한 심각한 오해입니다. 세상의 순리대로라면 이것은 오해가 아닙니다. 왜냐하면 강한 자가 약한 자에게 명령하고 지시하는 것이 당연하기 때문입니다. 그러나 기독교에서는 이것이 진리가 아니고 왜곡입니다. 왜냐하면 약자인 인간의 입장에서는 강자이신 하나님이 인간을 도와주어야 인간이 조금 더 나은 삶, 자유와 평화의 삶을 살 수 있기 때문입니다. 그래서 기독교의 진리에 의하면 하나님은 인간에게 명령이나 지시를 해서는 안 되고, 도리어 하나님이 수고하고 일해서 인간을 도와주어야 힙니다. 이것이 기독교의 진리이기에 기독교에는 하나님이 인간에게 명령하는 것이 존재할 수 없습니다.

안타까운 것은 세상 사람들은 기독교의 내용을 바로잡으려고 애쓰는데, 정작 기독교의 성도들은 기독교의 내용을 왜곡하는데 애쓰고 있는 모습입니다. 실제로 세상 사람들에는 기독교에 대하여 강자이신 하나님이 인간을 불쌍히 여겨야지 힘을 빌미로 인간에게 명령하고 억압하면 안 되는 것 아니냐고 따지는 분이 있습니다. 그때 성도는 맞다고 맞장구를 쳐주어야 합니다. 정말로 그렇다고, 그래서 하나님은 인간에게 명령한 적이 없다고 말해주어야 합니다. 그런데 기독교인이 엉뚱하게 말을 합니다. 하나님이 창조자요, 통치자로서 권세가 있으니 명령하실 수 있고, 인간은 피조물이니 하나님의 명령에 복종해야 된다고 말해버립니다. 이렇게 말하면 기독교가 바보가 됩니다. 그렇게 말하면 하나님이 인간의 수준으로 전락하고, 기독교의 진리가 인간들의 순리로 몰락합니다. 기독교의 내용을 왜곡하는 주범이 세상이 아니라 기독교인이라는 것이 정말로 안타깝습니다.

사도행전에 나왔던 두 구절을 통해서 확인해 보겠습니다. 4장 19절 "베드로와 요한이 대답하여 이르되 하나님 앞에서 너희의 말을 듣는 것이 하나님의 말씀을 듣는 것보다 옳은가 판단하라", 5장 29절 "베드로와 사도들이 대답하여 이르되 사람보다 하나님께 순종하는 것이 마땅하니라"입니다. 하나님과 인간이 대조되어 어느 하나를 선택해야 하는 것처럼 묘사되어 있습니다. 많은 사람들이 이것을 '누구에게 복종하느냐?'의 문제라고 생각하는 것이 오해입니다. 하나님께 복종하느냐, 사람에게 복종하느냐의 문제가 절대로 아닙니다. 복종의 문제가 아니라 선택의 문제입니다. 하나님의 말을 듣는 것과 사람의 말을 듣는 것은 하나님의 가르침과 사람의 가르침이 있는데, 어느 것을 선택하는 것이 인간에게 유익하고 보탬이 되는지 고르는 것입니다. 바로 그때 하나님의 말을 듣는 것 즉 하나님의 원리, 하나님의 가르침을 듣는 것이 훨씬 좋습니다. 복종이 아니라 선택입니다.

제자들은 하나님의 명령에 복종하겠다는 의미가 아니라 그 동안 알고 있었던 사람의 원리가 있고, 예수에게서 배웠던 하나님의 원리가 있는데, 예전에는 사람의 원리를 따랐으나 예수의 부활과 성령 강림을 통해 하나님의 말씀이 옳다는 것을 알게 되었으니 이제부터는 자신들에게 더 좋은 하나님의 말씀을 따르겠다고 선택하고 결정했습니다. 자신이 더 좋은 것을 선택하겠다는 의지의 표현입니다. 내가 좋아하는 것이 있는데 하나님 때문에 포기한다는 개념이 아니라 내 앞에 있는 것들 중에 하나님의 것이 가장 좋다는 의미입니다. 좋은 것을 선택하는 것이기에 복종이니, 희생이니, 섬김 등의 의미를 가지는 것이 아닙니다. 제자들은 관원들에게 사로잡히고, 옥에 갇히고, 협박을 받아도 여전히 전하고 가르치고 있습니다. 하나님의 말씀이, 하나님으로 말미암아 달라진 자신들의 삶이 그런 것들에 연연하지 않을 만큼 좋다는 것입니다. 제자들은 단지 선택의 차원이 아니라 그것을 훨씬 넘어서고, 하나님 말씀은 인간의 가르침과 동등한 수준에서 비교적 우위를 가지는 것이 아니라 전혀 다른 차원입니다.

하나님께로부터 났으면

옳게 여겨

5장 33절은 "그들이 듣고 크게 노하여 사도들을 없이하고자 할새 바리새인 가말리엘은 율법교사로 모든 백성에게 존경을 받는 자라"입니다. 가말리엘을 율법교사요, 모든 백성에게 존경을 받는 자라고 소개하는 것은 당시의 여러 지식인 중의 하나라는 의미가 아니요, 당시의 여러 영향력있는 종교적 인사 중의 하나라는 의미가 아닙니다. 성경에 등장하는 사람들은 언제나 대표적 성격, 즉 샘플의 성격을 갖습니다. 어떤 그룹의 지도자가 되었다는 것, 어느 단체의 대표가 되었다는 것은 그 그룹과 단체에 속한 사람이 그의 뜻을 따른다는 것을 의미합니다. 그 사람이 말하고 가르치는 권면하는 것이 옳다고 간주하고 함께 행동한다는 뜻입니다.

대부분의 사람들이 사도들을 없이하고자 할 때에 가말리엘이 조심할 것을 권면합니다. 그리고 예로 드는 것이 36, 37절에 등장하는 드다와 유다에 대한 이야기입니다. 먼저 36절 "이 전에 드다가 일어나 스스로 선전하매 사람이 약 사백 명이나 따르더니 그가 죽임을 당하매 따르던 모든 사람들이 흩어져 없어졌고"입니다. 여기서 중요한 단어는 '스스로 선전하매'입니다. 그리고 37절 "그 후 호적할 때에 갈릴리의 유다가 일어나 백성을 꾀어 따르게 하다가 그도 망한즉 따르던 모든 사람이 흩어졌느니라"입니다. 여기서 중요한 단어는 '꾀어'입니다. 즉 드다와 유다는 한 때 많은 사람이 따랐으나 결국은 다 흩어졌습니다. 그 이유가 38절 "이제 내가 너희에게 말하노니 이 사람들을 상관하지 말고 버려두라 이 사상과 이 소행이 사람으로부터 났으면 무너질 것이요"입니다. 즉 드다와 유다가 망한 것은 이들이 '사람으로부터 났기 때문'입니다. 그 증거로 드다에 대해서는 '스스로 선전하매'라고 했고, 유다에 대해서는 '꾀어'라고 했습니다. 가말리엘은 관원들에게 순리를 강조하는 것입니다. 그래서 권면하는 내용이 '이 사람들을 상관하지 말고 버려두라'입니다.

이어지는 말은 너무나 아름다운 신앙고백처럼 보입니다. 39절 "만일 하나님께로부터 났으면 너희가 그들을 무너뜨릴 수 없겠고 도리어 하나님을 대적하는 자가 될까 하노라"입니다. 아멘이지요? 여러분도 동의하시지요? 이 사람이 구구절절이 옳은 말을 했다고 여겨지지요? 말이 얼마나 멋있습니까? '사람에게서 났으면 무너질 것이요 하나님께로부터 났으면 무너뜨릴 수 없다'입니다. 가말리엘은 왜 사람으로부터 났으면 무너질 것이라고 생각할까요? 사람에게서 난 것은 다 무너집니까? 과연 바리새인이 하나님을 신실하게 믿고, 하나님의 일하심을 인정하는 것일까요? 가말리엘의 말을 들은 사람들의 반응이 40절에 나옵니다. 제가 앞에서 성경의 등장인물은 대표의 성격이 있다고 했습니다. 그렇다면 지도자가 말한 것, 모든 백성에게 존경을 받는 자가 말한 것에 대한 반응은 확인해 봐야 압니까, 안 봐도 압니까? 당연히 안 봐도 압니다. 그것이 40절 '그들이 옳게 여겨'입니다. 그들이 옳게 여겼다면 모든 사람이 동의했다는 것인데, 그럼 실제로 모든 사람이 가말리엘의 말처럼 하나님의 일하심을 믿고 '이 사람들을 상관하지 말고 버려두라'고 한 것을 따랐을까요? 전혀 그렇지 않습니다. 그러므로 가말리엘이 한 말 즉 모든 사람이 옳게 여긴 말 속에는 어마어마한 죄인의 교만과 하나님에 대한 오해가 들어있습니다. 이것을 분별하셔야 합니다.

금하고 놓으니

일단, 가말리엘이 한 말 자체는 일리가 있습니다. '이 사상과 이 소행이 사람으로부터 났으면 무너질 것이요 하나님께로부터 났으면 무너뜨릴 수 없다는 것'입니다. 이렇게 말했다고 해서 말 그대로 상관하지 말고 기다려 보자는 것이 아닙니다. 실제로 그들이 한 행동이 40절 "그들이 옳게 여겨 사도들을 불러 들여 채찍질하며 예수의 이름으로 말하는 것을 금하고 놓으니"입니다. 가말리엘의 말, 즉 '내버려두라'를 옳게 여겼습니다. 내버려두라는 말을 옳게 여겼으면 내버려 두어야 합니다. 그런데 옳게 여겼다고 하면서 내버려 둔 것이 아니라 '채찍질하며 예수의 이름으로 말하는 것을 금하고'입니다. 즉 조치를 취했습니다. 금지한 것이요, 대적한 것이요, 핍박한 것입니다. 말은 멋있게 했지만 실제 행동은 전혀 말처럼 하지 않은 것입니다.

한 단계 더 들어가 보겠습니다. 가말리엘과 관원들은 '말과 행동'이 달랐다는 것이 핵심이 아닙니다. 이 사람들은 자신들이 말한 대로 생각하고 있었습니다. 자신들이 말한 대로 생각하고 있었기에 자신들이 말한 대로, 자신들이 생각하고 있는 대로 행동하였습니다. 그러므로 이 사람들은 말과 행동이 달랐던 것이 아니라 일치했습니다. '상관하지 말고 버려두라'고 말해놓고 상관해서 '채찍질하며 예수의 이름으로 말하는 것을 금지한 것'은 서로 말과 행동이 다른 것이 아니라 그들에게 말과 행동이 일치했다는 의미입니다.

이해를 돕기 위해서 복음서의 한 곳을 살펴보겠습니다. 마태복음 21장 23절 "예수께서 성전에 들어가 가르치실새 대제사장들과 백성의 장로들이 나아와 이르되 네가 무슨 권위로 이런 일을 하느냐 또 누가 이 권위를 주었느냐"입니다. 관원들이 질문하였으면 예수는 대답하면 됩니다. 그리스도로 오셨으니까 '나의 권세는 하나님께로부터 온 것이다'라고 하면 될 것처럼 보이는데 예수님은 대답해 주지 않으십니다. 왜냐하면 저들의 질문이 질문이 아니고, 대답을 하면 어떤 결론이 날지 예수님은 이미 알고 계시기 때문입니다. 즉 예수님은 저들이 질문하는 의도와 그 다음에 취할 조치까지도 이미 다 알고 계셨습니다. 여러분도 그 의도를 파악하셔야 예수님의 대답을 이해하실 수 있고, 이 이야기를 파악하셔야 사도행전 5장의 이야기를 이해하실 수 있습니다.

유대교의 생각

유대교 관원들이 하는 말은 자신들이 유대교 관원이라는 정체성에 근거한 말입니다. 즉 자신들이 유대교의 대표인데, 유대교는 자신들이 세운 종교가 아니라 하나님이 이스라엘을 선택하여 만드신 집단이요, 공동체의 대표라는 인식입니다. 결국 유대교와 유대교의 지도자들은 자신들은 하나님께로부터 난 것이요, 하나님께로부터 권위를 받은 것이요, 이 땅에서 하나님의 역할을 위임받은 자들이라고 생각하고 있습니다. 자신들을 하나님을 대행하는 자로 생각하고 있습니다. 이러한 인식을 가지고 예수에게 질문한 것이 '네가 무슨 권위로 이런 일을 하느냐 또 누가 이 권위를 주었느냐'입니다. 이때 만약 예수께서 '하나님께로부터 받은 권위다'라고 말하면 관원들은 즉시로 '그 말은 거짓말이다'라고 선언해 버릴 것입니다. 왜냐하면 자신들이 하나님의 대행자이기 때문에 자신들이 주지 않은 권위는 하나님의 권위가 아니기 때문입니다. 하나님이 자신들을 하나님의 대행자로 세웠는데, 하나님이 먼저 세우신 자신들을 제쳐두고 다른 권위를 부여하시면 하나님 스스로 하나님이 부여하신 권위를 부정하는 것이 됩니다. 그래서 관원들은 예수에게 질문하면서 '제발 하나님이 주신 권세라고 대답하라'고 바라고 있었습니다. 그 대답만 하면 예수를 거짓말쟁이요, 사기꾼이요, 하나님을 모욕한 사람으로 몰아세울 수 있었기 때문입니다. 이러한 속셈을 다 알고 계시니까 예수님은 절대로 대답해 주지 않으셨습니다.

사도행전에 나오는 유대교 관원들도 동일한 인식을 바탕에 깔고 있습니다. 자신들이 하나님께로부터 났고, 자신들이 하나님께로부터 권위를 받았고, 자신들이 하나님의 역할을 위임받아서 행하고 있다고 생각합니다. 그렇다면 이미 모든 결정이 났습니다. 자신들이 아니고는, 자신들이 허락하지 않은 것은, 자신들이 파송하지 않은 것은 모두 사람에게서 난 것이라는 결론에 도달합니다. 이러한 저들의 인식을 바탕에 깔고 38절과 39절을 읽어야 하는 것입니다. 결론을 내놓고 읽어보겠습니다. 결론은 '유대교는 하나님께로부터 났고 제자들의 사상과 소행은 사람으로부터 났다'입니다. 그러면 자신들이 속해 있는 유대교는 무너지지 않고 제자들의 사상과 소행은 무너질 것이며, 제자들이 계속하여 관원들이 경고하는 말 즉 '다시는 예수의 이름으로 말하지 말라'는 지시를 따르지 않는 것은 '하나님을 대적하는 자들'이 됩니다.

이런 판단을 하고 있는 사람들이라면, 하나님을 대적하는 제자들을 그냥 두어야 할까요, 아니면 저들을 징계하고 처벌해야 할까요? 어느 것이 하나님의 역할을 위임받았다고 생각하는 자들의 행동일까요? 당연히 제자들을 채찍질하며, 사로잡으며, 옥에 가두며, 위협하는 것입니다. 관원들은 그것이 하나님을 위하는 것이며, 하나님이 맡겨주신 역할에 충실한 것이라고 여기고 있습니다. 이제 38, 39절의 말이 유대교의 신실한 믿음이 아니며, 하나님이 어떻게 행하시는지 하나님의 뜻을 기다리며 순종하자는 의미가 절대로 아니라는 것을 이해하실 것입니다. 이렇게 설명드리면 종종 '성경은 왜 이렇게 복잡하게 말을 해 놓았느냐?'고 따지시는 분이 있는데 성경이 복잡하게 말을 하는 것이 아니라 죄인들의 속셈이 얼마나 교활하고, 죄인들의 말이 얼마나 교묘한지를 아셔야 합니다. 성경이 의미를 꼬아놓은 것이 아니라 죄인들이 말에 몇 단계 트릭을 감추어 놓은 것입니다. 탓을 하시려면 성경이 아니라 죄인들을 탓하셔야 합니다. 사람 속을 알아내는 것이 어렵지 성경의 뜻을 알아내는 것은 매우 쉽습니다. 우리나라 옛말에 '열 길 물 속은 알아도 한 길 사람 속은 모른다'는 속담이 있는데 성경과 관련하여 표현해보면 '한 길 성경 속은 알아도 열 길 죄인 속은 모른다'고 할 수 있을 것입니다.

제자들의 생각

여기까지 오면 성경이 정말 재미있는 책이라는 것과 성경에 담긴 문학적 표현양식이 매우 절묘하다는 사실에 놀라실 것입니다. 영화나 드라마를 보시면 명대사가 있습니다. 명대사를 누가합니까? 주연이 합니까, 악당이 합니까? 당연히 주연이 합니다. 그런데 주연이 하면 명대사의 멋이 떨어집니다. 정의로운 사람이 정의로운 말을 하면 당연하게 여겨집니다. 그런데 악당이 정의로운 말을 하면, 참 어이가 없으면서도 그 말이 중요하게 다가옵니다. 그리고 관객들이 제발 '저 말대로 되라, 그래서 저 악당들이 자기들이 말한 대로 당해라'는 소원이 생깁니다. 그것이 영화나 문학을 고급스럽고 품위 있게 만드는 수사학적 기술입니다.

지금 사도행전 4장과 5장에서 유대 관원들과 제자들은 서로 갈등하고 충돌하고 있습니다. 4장과 5장에서 말을 많이 한 사람이 제자들이었습니다. 관원들은 짧고 위협적으로 '말하지 말라, 가르치지 말라, 잡아오라'고만 했고, 제자들은 다윗이 한 말과 선지자들이 한 말이 이루어졌다는 등, 너희가 죽인 예수를 하나님이 살리셨다는 등, 회개함과 죄 사함을 주시려고 한다는 등 많은 말을 했습니다. 이때 정작 제자들이 해야 할 말, 하나님을 의지하고 순종하는 사람들이 해야 하는 멋있는 말을 그 동안 별 말이 없던 유대교 관원들이 합니다. 자신들이 말한 대로 절대로 행동하지 않을 사람들, 가장 틀려 있고, 왜곡되어 있고, 변질되어 있는 사람들이 가장 옳은 말, 가장 진리인 말, 가장 하나님을 인정하는 말을 합니다. 이 어마어마한 반전과 역설이 보여야 합니다. 그래야 성경이 놀랍고, 재밌고, 흥미진진합니다.

본문에서 38, 39절은 말은 유대 관원들이 했는데 실제로 이렇게 생각하고 이렇게 행동한 사람들은 유대 관원들이 아니라 바로 제자들입니다. 제자들은 이렇게 행동함으로써 자신들이 이렇게 생각하고 있다는 것을 증명하였습니다. 제자들, 사도들이야말로 '사람에게서 났으면 무너질 것이요 하나님께로부터 났으면 무너뜨릴 수 없다'는 것을 실천했고, '상관하지 말고 버려두라'는 것을 실천한 사람들입니다. 본문에는 없지만 제자들이 한 말이 '이제 유대교에 대하여 말하노니 이 유대교를 상관하지 말고 버려두라. 유대교의 사상과 소행이 사람으로부터 났으면 무너질 것이요, 만일 하나님으로부터 났으면 그들을 무너뜨릴 수 없다'입니다. 그래서 사도들은 유대교와 대적하고 않고, 유대교의 부당성을 주장하지도 않고, 유대교 폐지 운동을 전개하지도 않고, 유대교 지도자들의 퇴진을 요구하지도 않습니다. 당시에 유대교는 단지 하나님을 왜곡한 단체일 뿐만 아니라 사도들을 핍박하고 압제하고 있습니다. 사도들이 유대교로 말미암아 직접적인 피해를 받고 있습니다. 피해자로서, 억울한 고난을 당하는 자들로서 유대교에 대하여 할 말이 많습니다. 그런데 전혀 그런 행동을 하지 않습니다.

또한 제자들은 자신들이 사로잡히고, 투옥되고, 채찍질 당하고, 위협을 받아도 슬퍼하지도 낙망하지도 좌절하지도, 복음사역이 장차 어떻게 될까 걱정하지도 불안해하지도 않습니다. 제자들의 모습을 소개하는 것이 41절 "사도들은 그 이름을 위하여 능욕 받는 일에 합당한 자로 여기심을 기뻐하면서 공회 앞을 떠나니라"입니다. 사도들의 행동을 소개하는 것이 42절 "그들이 날마다 성전에 있든지 집에 있든지 예수는 그리스도라고 가르치기와 전도하기를 그치지 아니하니라"입니다. 제자들의 행동을 어떻게 설명해야 합니까? 세상 표현대로 미쳤다고 해야 합니까? 아주 간단합니다. 저들은 알고 있었기 때문입니다. '이 사상과 이 소행이 사람에게서 났으면 무너질 것이요 하나님께로부터 났으면 무너뜨릴 수 없다'는 것을 정확하게, 분명하게 알고 있었습니다. 자기들이 무너지지 않을 것을 알고 있기 때문에 가능한 행동입니다.

기독교와 교회는 이것을 알고, 이것에 근거한 신앙의 모습을 보여야 합니다. 개별적 교회가 아니라 기독교가, 성도가 하나님께로부터 났기에 세상이 아무리 대적해도 무너뜨릴 수 없다는 것을 알고 있어야 합니다. 그래서 기독교를 대적하기 위해서 세상이 무슨 일을 해도 '상관하지 말고 버려두라'고 말할 수 있는 신앙의 넉넉함, 믿음의 풍성함이 있어야 합니다. 본문에는 두 집단이 등장하고 두 집단의 정체성이 소개되었습니다. 하나는 말을 멋있게 했지만 실제로는 자신들이 한 말을 스스로 믿지 못하여 늘 어떤 세력의 등장과 활동에 민감하고, 가능한 조치를 취하여 막으려 했던 유대교입니다. 다른 하나는 자신들의 삶과 행동을 통해 자신들의 정체성을 증거 했던 제자들입니다. 역사적으로볼 때에 기독교는 외부 세력에 의해 쇠퇴한 적이 없습니다. 언제나 기독교 자체의 타락과 부패로 인해 쇠퇴했을 뿐입니다. 성경을 읽으시고, 성경을 배우시고, 저와 여러분, 교회, 그리고 기독교가 하나님께로부터 난 것을 바로 알고, 하나님의 지킴과 돌봄과 보호 아래 있음을 알아, 하나님으로 말미암는 자유와 평화와 안식과 관용과 배려의 삶을 풍성히 누리시기를 주님의 이름으로 축원합니다.

사람을 택하라

사도행전 6:1~7

1 그때에 제자가 더 많아졌는데 헬라파 유대인들이 자기의 과부들이 매일의 구제에 빠지므로 히브리파 사람을 원망하니 2 열두 사도가 모든 제자를 불러 이르되 우리가 하나님의 말씀을 제쳐 놓고 접대를 일삼는 것이 마땅하지 아니하니 3 형제들아 너희 가운데서 성령과 지혜가 충만하여 칭찬 받는 사람 일곱을 택하라 우리가 이 일을 그들에게 맡기고 4 우리는 오로지 기도하는 일과 말씀 사역에 힘쓰리라 하니 5 온 무리가 이 말을 기뻐하여 믿음과 성령이 충만한 사람 스데반과 또 빌립과 브로고로와 니가노르와 디몬과 바메나와 유대교에 입교했던 안디옥 사람 니골라를 택하여 6 사도들 앞에 세우니 사도들이 기도하고 그들에게 안수하니라 7 하나님의 말씀이 점점 왕성하여 예루살렘에 있는 제자의 수가 더 심히 많아지고 허다한 제사장의 무리도 이 도에 복종하니라

성경의 의미 파악

사람의 표현

고고학을 전공하는 사람들은 유적 탐사의 현장에서 어떤 물건을 관찰할 때에도, 만질 때에도 매우 신중합니다. 그 물건이 어디에 놓여있는가, 어느 쪽을 향하고 있는가, 어떤 높이에 있는가, 그 옆에 있는 것은 무엇인가 등을 세밀하게 살핍니다. 심리학이나 상담학을 전공하는 사람들은 내담자의 행동 하나하나, 표현 하나하나, 시선 하나하나에도 아주 민감하게 주의합니다. 옷차림새, 모자, 가방, 안경, 핸드폰의 위치, 말을 할 때에는 억양, 악

센트, 사용한 단어, 말의 속도, 크기까지 면밀하게 살핍니다. 이유는 아주 간단합니다. 사람이 절대로 단순하지 않기 때문입니다. 사람은 말 그대로 천의 얼굴을 가졌습니다. 사람은 정말로 다재다능합니다. 그래서 아프면서 기쁜 표정을 할 수 있고, 좋으면서 싫은 것처럼 말할 수 있고, 즉흥적이고 툭 던지는 것처럼 말하면서 실제로는 자신이 오랫동안 가지고 있던 속내를 전달할 수도 있습니다. 그래서 사람을 표현하는 말이 참으로 다양합니다. 표정과 마음이 다른 것에 대해 인면수심이라 하고, 인간의 의도가 하도 겹겹이라 양파와 같다고 합니다. 또는 사람인데도 요물이라고도 합니다. 왜냐하면 사람을 들었다 놨다 하기 때문입니다.

성경이 어려운 것은 절대로 하나님이 말씀을 어렵게 하기 때문이 아닙니다. 하나님과 사람이 대화할 때 하나님이 먼저 대화하시는 경우는 이해하기가 아주 쉽습니다. 하나님이 있는 그대로, 하나님의 의도 그대로, 하나님이 행하실 일 그대로 말씀하시기 때문입니다. 하나님이 아브람과 만나서 먼저 말씀하셨습니다. 창세기 12장 1절 "너는 너의 고향과 친척과 아버지의 집을 떠나 내가 네게 보여 줄 땅으로 가라 내가 너로 큰 민족을 이루고 네게 복을 주어 네 이름을 창대하게 하리니 너는 복이 될지라"입니다. 복잡하지 않고, 트릭이 감추어져 있지 않고, 암호로 되어있지 않습니다. 하나님이 모세와 만나서 먼저 말씀하셨습니다. 출애굽기 3장 9절 "이제 가라 이스라엘 자손의 부르짖음이 내게 달하고 애굽 사람이 그들을 괴롭히는 학대도 내가 보았으니 이제 내가 너를 바로에게 보내어 너에게 내 백성 이스라엘 자손을 애굽에서 인도하여 내게 하리라"입니다. 아주 분명하고 깔끔합니다. 예수님이 베드로와 만나서 먼저 말씀하셨습니다. 마태복음 4장 19절 "나를 따라오라 내가 너희를 사람을 낚는 어부가 되게 하리라"입니다. 예수의 계획 또는 목적이 분명하게 밝히 드러나 있습니다. 거짓말 탐지기를 통해 진실 여부를 확인할 필요가 없습니다.

하나님과 사람이 만나서 대화할 때 사람이 먼저 말을 시작하는 경우는 이해하기가 아주 복잡합니다. 마태복음 19장 16절 "어떤 사람이 주께 와서 이르되 선생님이여 내가 무슨 선한 일을 하여야 영생을 얻으리이까"입니다. 이 말이 말 그대로 질문이 아니고, 궁금한 것이 아니고, 알고 싶어서 하는 말이 아닙니다. 예수님께서 '네가 생명에 들어가려면 계명들을 지키라'고 하니 청년의 대답이 '이 모든 것을 내가 지키었사온대'입니다. 그러므로 속셈은 물어보려는 것이 아니라 자기는 지켰다고, 그래서 자기는 의롭다고, 그래서 자기는 영생을 얻을 수 있다는 말을 하고 싶은 속셈이었습니다. 성경이 조금이라도 어렵다고 생각하시는 분은 하나님 탓을 하시면 안 되고, 사람 탓을 해야 합니다. 사람이 말을 삐딱하게 시작하니까 그 사람을 다루려고 하니, 사람의 삐딱한 말을 받아치려고 하니 예사롭지 않게 대화가 진행되었습니다. 성경을 바르게 이해하기 위해서는 사람을 제대로 파악해야 합니다.

사건의 주체

또 하나 성경을 바르게 이해하기 위해서 정말 신중하게 관찰해야 하는 것은 이 사건 또는 이 이야기, 이 말의 성격입니다. 어떤 사건이 등장합니다. 그러면 첫 번째, 이 사건이 하나님이 행하신 일인가 아니면 사람들이 행한 일인가를 생각해야 합니다. 성경에 나오는 사건이 모두 하나님이 행하신 것이 아닙니다. 물론 하나님이 행하시고 사람들이 따른 것도 있습니다만 사람들이 일을 만들면 하나님이 뒤처리 하신 것도 무지하게 많습니다. 같이 제사 드려놓고 괜히 동생을 때려 죽인 것이 가인입니다. 자기는 친 동생을 죽여 놓고 사람들이 자기를 만나면 죽일까 두렵다고 합니다. 그래서 하나님이 표를 주어 가인을 보호해 주셨어야 합니다. 또 야곱의 열한 아들이 작당해서 자기 동생 요셉을 팔았습니다. 사람을 판 것도 사람이고, 사간 것도 사람입니다. 하나님이 요셉과 동행하고 돌보셔서 총리가 되게 하시고, 이 요셉이 도리어 형제들을 보호할 수 있도록 하나님이 일하셨습니다.

성경에 사건이 나올 때 두 번째, 모범적 사례로 제시하는가 아니면 잘못된 사례로 제시하는가를 분별해야 합니다. 성경에 좋은 이야기, 옳은 행동만 나오는 것이 아닙니다. 막무가내로 성경대로 하자, 사건에 나오는 대로 행하자고 하면 큰일 납니다. 다윗이 밧세바를 취하는 사건은 모범 사례가 아니라 악한 사례입니다. 솔로몬이 일천 번제를 드린 것은 모범 사례가 아니라 오바한 사례입니다. 성경에 사건이 나올 때 세 번째, 설령 하나님의 사람들의 입을 통해 말해졌을지라도, 제사장이나 왕이나 예언자나 제자가 말을 할지라도 하나님의 마음과 심정과 기준을 드러내는 표현인가, 사람의 마음의 심정과 기준, 즉 죄의 원리를 드러내는 표현인가를 신중하고 세밀하게 관찰해야 합니다. 마태복음 16장에서 예수님께서 장차 관원들에게 잡혀서 고난을 받고 죽임 당할 것을 알려주셨습니다. 그때 베드로가 한 말이 아주 예수님을 위해주는 것 같습니다. 22절 "베드로가 예수를 붙들고 항변하여 이르되 주여 그리 마옵소서 이 일이 결코 주께 미치지 아니하리이다"입니다. 베드로는 예수님을 위한다고 한 말입니다. 그러나 돌아온 반응은 "예수께서 돌이키시며 베드로에게 이르시되 사탄아 내 뒤로 물러가라 너는 나를 넘어지게 하는 자로다 네가 하나님의 일을 생각하지 아니하고 도리어 사람의 일을 생각하는도다"입니다.

이전의 설교에서 관원들이 한 말을 살펴보았습니다. 바리새인 가말리엘이 정말 멋있는 말을 합니다. 사도행전 5장 38절 "이 사람들을 상관하지 말고 버려두라 이 사상과 이 소행이 사람으로부터 났으면 무너질 것이요 만일 하나님께로부터 났으면 너희가 그들을 무너뜨릴 수 없겠고 도리어 하나님을 대적하는 자가 될까 하노라"입니다. 말이 멋있다고 은혜 받으면 안 되고, 멋있는 말을 했다고 그 사람들을 존경하려고 하면 절대로 안 됩니다. 관원들은 말만 멋있게 했을 뿐입니다. 만약 자신들이 그렇게 말한 대로 행동하려고 했다면 예수님이 하신 것처럼 했어야 합니다. 예수님은 본인이 관원들에게 잡혀서 고난을 받고 십자가에 죽은 후에 삼일 만에 살아날 것이라고 말했습니다. 그래서 관원들이 잡으러 올 때 잡혀 갔고, 채찍질하니까 맞았고, 십자가에 달려 그곳에서 죽었습니다. 관원들에게 저항하지 않았고, 십자가를 거부하지 않았습니다. 예수 자신의 사역이 하나님께로부터 났으면 아무도 막을 수 없다는 것을 알고 있었기 때문입니다. 성경을 읽을 때 주의 깊게 읽어야 합니다.

사람을 택하라

사람들의 방식

사도행전 6장 1절은 "그때에 제자가 더 많아졌는데 헬라파 유대인들이 자기의 과부들이 매일의 구제에 빠지므로 히브리파 사람을 원망하니"입니다. 사람이 모여 있으니 이런 저런 일이 있는 것은 당연합니다. 문제가 발생하는 것이 문제가 아니라, 문제를 해결하는 것이 문제입니다. 사도들이 문제를 해결하기 위해서 제안을 합니다. 그 제안이 2절로 4절 "열두 사도가 모든 제자를 불러 이르되 우리가 하나님의 말씀을 제쳐 놓고 접대를 일삼는 것이 마땅하지 아니하니 형제들아 너희 가운데서 성령과 지혜가 충만하여 칭찬 받는 사람 일곱을 택하라 우리가 이 일을 그들에게 맡기고 우리는 오로지 기도하는 일과 말씀 사역에 힘쓰리라"입니다. 아주 좋은 제안이고 일리가 있는 제안입니다. 사도들의 제안을 들은 모든 사람들이 합당한 방식이라고 동의했습니다. 그래서 일이 순조롭게 진행되었습니다. 5절 "온 무리가 이 말을 기뻐하여 믿음과 성령이 충만한 사람 스데반과 또 빌립과 브로고로와 니가노르와 디몬과 바메나와 유대교에 입교했던 안디옥 사람 니골라를 택하여 사도들 앞에 세우니 사도들이 기도하고 그들에게 안수하니라"입니다.

아마 대부분의 교회들이 이와 같이 일처리를 할 것입니다. 교회에서 작은 갈등이 시작되면 큰 분열로 이어지는 경우가 있는데 초기 교회는 아주 지혜롭게, 덕스럽게 화합도 이루어 내고, 한 단계 더 나아가 교회의 분업화를 잘 이루어낸 것처럼 보입니다. 내용상에 별 이상한 점이 보이지 않습니다. 그래서 오늘날 대부분의 교회가 이 장면을 교회의 모범적 사례로 생각하고, 교회에서 집사나 직분자를 뽑을 때 이 경우의 예를 본받으려고 애를 씁니다. 교회가 직분자를 뽑을 때 최소한의 기준이 무엇입니까? '성령과 지혜가 충만하여 칭찬 받는 사람!' 이렇게 나옵니다. 교회뿐만 아니라 대부분의 모임이나 조직에 문제가 생기면 일반적으로 이런 절차로 일을 처리합니다. 이것이 일반적인 방식이라는 의미입니다. 사람이 있는 곳에서 일을 처리하는 보편적인 방식입니다. 제가 자꾸 강조하려는 것이 '일반적', '대부분', '사람들이 모인 곳'입니다. 즉 이런 식으로 일을 진행하는 것은 굳이 교회이어야 할 필요가 없고, 이런 식으로 일을 처리하는 것을 보고 '아, 이 모임이 교회구나!'라고 생각할 사람이 하나도 없습니다. '과연 하나님이 일하시는구나!'라고 하나님을 떠올리고, 하나님을 인식할 사람이 단 하나도 없습니다. 결국 세상과 교회가 하나도 다르지 않습니다. 지금 성경이 초기 교회도 결국은 사람이 모인 곳이니까 사람들이 행하는 일반적 방식을 따르는 것임을 보여주려는 것일까요? 전혀 그렇지 않습니다.

사도행전은 하나님이 계시다는 것, 하나님이 교회를 세워 가시고, 하나님이 교회를 보호하시고, 하나님이 교회를 유지하시고, 하나님이 교회를 책임지시고, 하나님이 교회를 이끌어 가신다는 것을 보여줍니다. 그래서 사도행전의 교회의 모습에서 사람들의 일반적인 모습을 발견하는 것이 아니라, 만약 하나님이 도우시지 않았다면 진즉에 교회가 무너졌을 것이요, 하나님이 지켜주지 않았다면 교회가 핍박에 이미 해체됐을 것이요, 하나님이 돌보지 않았다면 교회가 분열로 이미 갈기갈기 찢어졌을 것이요, 사람들이 모여서 사람들이 수고한 것 같지만 교회는 하나님이 세워가는 것임을 보여주려는 것이 사도행전의 목적입니다. 그래서 본문은 인간의 측면에서는 모범 사례가 아니라 실패 사례입니다. 그래서 교회들은 이 방식을 따라 하면 안 됩니다.

우리 가운데서

사건의 배경을 잘 이해해야 하고 사람들이 말하는 내용의 의미를 잘 파악하셔야 합니다. 사도행전 1장에 예수의 제자들이 있고, 2장부터 초기 교회에 사람들이 들어오기 시작합니다. 몇 사람이 들어오기도 하고, 한 때는 삼천 명이 오기도 하고, 한 때는 오천 명이 오기도 하고, 한 때는 믿는 무리가 더하기도 합니다. 여하튼 많은 무리가 모였습니다. 이때, 이렇게 모인 사람들 중에, 이렇게 초기 교회에 들어온 사람들 중에 자기의 능력으로, 자기의 실력으로, 자기의 지혜로 교회에 들어온 사람은 하나도 없습니다. 본인이 혼자 영성을 키우다가 영적인 깨달음이 있어 교회에 들어온 사람이 없고, 개인이 종교에 대하여 연구하던 중에 제자들이 전하는 종교 방식이 가장 지혜로운 것으로 동의해서 들어온 사람이 없습니다. 그동안 신에 대하여 갈망하다가 하나님이 참 신이고, 예수가 참 그리스도라는 믿음이 강건하여져서 자발적으로 초기 교회에 들어온 사람이 없습니다.

교회에 들어온 모든 사람은 하나같이 하나님에 대하여는 죄인이었고, 믿음과 성령에 대하여는 모두가 전혀 알지 못하던 자들이었습니다. 각자 개별적으로 성령을 받아서 들어온 사람이 없고, 각자 종교적 열심을 통해서 다른 사람보다 더 성령의 충만한 수준에 도달한 사람이란 존재하지 않습니다. 그들이 성령을 받게 된 것은 하나님이 주시겠다고 약속하였기 때문이고, 그들이 믿음이 있게 된 것은 하나님이 그들을 구원하셨기 때문입니다. 그러므로 초기 교회에는 누가 믿음이 더 있는가, 누가 성령이 더 충만한가를 따질만한 상황이 전혀 아닙니다. '우리 가운데서 사람을 선발하자'라는 제안이 가능하지 않습니다. 그곳에 모인 사람들 중에 우열을 가릴 수 있는 집단이 전혀 아닙니다. 왜냐하면 다른 사람, 구별된 사람, 더 나은 사람, 탁월한 사람이 존재할 수 없기 때문입니다. 애초에 전혀 대상자가 아닌 자들만 모아놓은 것이기에 모인 사람 중에서 누가 더 나은가를 따지는 것은 정말 어이없는 일입니다.

예를 들어보겠습니다. 여름에 시골의 초등학교 즉 산촌의 초등학교와 섬에 있는 초등학교의 학생들을 모아 단체 영어캠프가 열렸습니다. 그동안 교육의 혜택을 거의 받아보지 못한, 영어는 들어보지도 못하고, 영어를 말하는 사람을 만나보지도 못한 어린이들만 골라서 모아 놓았습니다. 당연히 그 캠프에 모인 학생들은 영어는 한마디도 할 줄 모르는 사람들만 모였습니다. 본인들이 원해서 모인 것이 아니라 해당 교육청에서 후원해서 아무나 모인 영어 캠프, 그저 캠프 프로그램 중에 영화 보여주고, 연예인도 만날 수 있는 시간이 있고, 맛있는 식사도 제공된다는 것에 솔깃해서 모인 학생들입니다. 캠프가 시작되면 첫 날 처음 하는 일이 조를 나누고 조장을 선발하는 일입니다. 그때 학생 중 한 명이 제안하기를 '조장은 영어에 감각이 있고 발음이 좋은 사람을 뽑기로 하자'고 하면 아주 코메디입니다. 그곳에 모인 학생들은 다양한 학생들이 모였지만 모두에게 공통점이 하나 있는데 바로 영어에 문외한이라는 사실입니다. 그러니까 영어를 기준으로 선발을 하면 선발을 할 사람이 아무도 없습니다. 반대로 표현하면 만약 영어를 기준으로 조장을 선발한다면 '아무나 해도 된다'는 결론이 됩니다.

성령 충만

열두 사도가 제안 한 것이 3절 "형제들아 너희 가운데서 성령과 지혜가 충만하여 칭찬 받는 사람 일곱을 택하라"였습니다. 제자들이 착각하고, 이 본문을 읽는 대부분의 사람들이 착각하는 것이 바로 이것입니다. 자기들 중에 다른 사람과 비교하여 '성령과 지혜가 충만한 사람'이 따로 있다는 생각입니다. 어떤 사람은 보통인데 특별히 성령과 지혜가 충만한 사람, 다른 사람과 비교하여 선택을 받을 만한 자격이 있다고 생각되는 사람이 존재한다고 여기는 것이 착각입니다. 우선, 당연히 초기 교회에는 성령이 충만한 사람이 있었습니다. 그런데 성경이 설명하는 것이 아주 의미심장합니다. 성령이 제자들에게 임한 것이 사도행전 2장입니다. 2절 이하에 "홀연히 하늘로부터 급하고 강한 바람 같은 소리가 있어 그들이 앉은 온 집에 가득하며 마치 불의 혀처럼 갈라지는 것들이 그들에게 보여 각 사람 위에 하나씩 임하여 있더니 그들이 다 성령의 충만함을 받고 성령이 말하게 하심을 따라 다른 언어들로 말하기를 시작하니라"입니다. 분명히 성령이 임했는데 '모두'에게 임했습니다. 그래서 성령이 충만한 사람이 있는데 누가 충만했느냐면 '그들이 다' 성령의 충만함을 받았습니다.

또 사도행전 4장에서 제자들이 사로잡히자 교회가 함께 모여 기도했는데 그 결과가 31절 "빌기를 다하매 모인 곳이 진동하더니 무리가 다 성령이 충만하여 담대히 하나님의 말씀을 전하니라"입니다. 이번에도 성령이 충만하게 되었는데 '무리가 다' 성령이 충만해졌습니다. 성경은 제자들의 성령 충만을 언급할 때 모든 사람을 동일하게 '무리가 다'라고 표현하고 있습니다. 이것이 당연한 것이고 옳은 것입니다. 성경에 '성령 충만'이라는 표현이 나오니까 많은 사람들은 '성령 충만'이 있고, '성령 불충만' 또는 '성령 부족'이 있다고 착각하고 오해합니다. 그러나 성경에는 '성령 충만'이라는 표현만 있지 성령이 부족하거나 모자라거나 미흡하거나 결핍하다고 묘사하는 것은 단 한 곳도 없습니다. 그러니 당연히 제자들 중에 성령이 충만한 사람과 보통인 사람 또는 성령이 아주 적은 사람의 구분도 존재하지 않습니다. 성경에서 제자들 중에 성령을 받아내려고 노력한 사람, 성령을 충만하게 하려고 시도한 사람, 성령을 보충하려고, 성령을 더 많이 받거나 가지려는 마음을 가진 사람이 단 한 사람도 없습니다.

종종 사람들이 성령 받은 사람과 성령 못 받은 사람을 비교하는 장면으로 사도행전 19장을 예로 들곤 합니다. 그 장면의 의도를 완전히 오해하는 것입니다. 19장 1절 "아볼로가 고린도에 있을 때에 바울이 윗 지방으로 다녀 에베소에 와서 어떤 제자들을 만나 이르되 너희가 믿을 때에 성령을 받았느냐 이르되 아니라 우리는 성령이 계심도 듣지 못하였노라"입니다. 성령이 있는 지도 몰랐으니 성령을 받지도 못했고, 성령을 받지도 못했으니 성령 충만은 근처에도 못갔습니다. 그래서 결론이 어떻게 됩니까? 6절 "바울이 그들에게 안수하매 성령이 그들에게 임하시므로 방언도 하고 예언도 하니"입니다. 결론은 '그 사람들도 성령을 받았다, 그 사람들도 먼저 성령 받은 사람들과 똑같아졌다'입니다. 그러므로 19장 사건은 성령 받은 사람과 못 받은 사람을 차별화하는 것이 아니라, 도리어 모든 사람을 같은 수준, 같은 차원이 되도록 만들어주는 사건입니다. 바울은 이 사건에서 성령 받지 못한 사람을 조롱하거나 비난하지 않습니다. 수준 낮은 성도로 멸시하지도 않습니다. 먼저 성령 받은 사람들을 존경하라고 하지도 않습니다. 그리고 성령을 받기 위한 준비를 요구하지도 않습니다. 성령을 받을 수 있도록 사모하고 훈련하라고 하지도 않습니다. 성령이 있는 줄도 몰랐다고 하니까 얼른 성령이 있다는 것을 알려주고, 또 얼른 성령을 받을 수 있도록 도와주었습니다. 차별화나 우열화나 구별은 어디에도 없습니다.

성령이 등장하는 이유

성경에는 세상 사람들이 전혀 언급하지 않는 표현이 등장합니다. 바로 사람들이 행하는 사건이나 행동에 '여호와의 영, 주의 영, 또는 성령'이 임했다고 표현하는 것입니다. 세상에는 사람이 한 행동에 '성령'을 언급하지 않습니다. 왜냐하면 그 일은 그 사람이 행한 것이기 때문입니다. 그 사람이 했으니 그 사람이 했다고 하면 됩니다. 그런데 성경은 다릅니다. 하나님이 하신 것은 그냥 하나님이 하셨다고 합니다. 또 사람이 한 것은 그냥 사람이 했다고 합니다. 그런데 분명히 말을 한 것도 사람이고, 행동한 것도 사람이지만 그 사람이 한 것이 아니라 하나님이 행하신 것을 설명할 때 '여호와의 영, 성령'이라는 표현이 등장합니다. 그래서 성령 충만이라는 표현도 마찬가지입니다. 여호와의 영이나 성령을 언급하는 것은 인간의 행위가 아니라 하나님의 행위임을 강조하는 것이기에, 성령 충만이라는 표현은 하나님이 온전히 일하신다는 것을 강조하는 의미이지, 결코 인간의 수준과 상태를 묘사하는 것이 아닙니다.

성경에 성령이 나오면 하나님이 하셨다는 것을 강조하는 것이기에 성경에서 성령이 인간에게 임할 때는 늘 충만하다고 표현합니다. 구약 출애굽기에서 성막을 지을 때 하나님이 성막의 기구를 만들 사람을 세우시는 장면이 있습니다. 31장 2절 "내가 유다 지파 훌의 손자요 우리의 아들인 브살렐을 지명하여 부르고 하나님의 영을 그에게 충만하게 하여 지혜와 총명과 지식과 여러 가지 재주로 정교한 일을 연구하여 금과 은과 놋으로 만들게 하며 보석을 깎아 물리며 여러 가지 기술로 나무를 새겨 만들게 하리라"입니다. 신약 누가복음에서 침례 요한의 부모가 요한을 임신한 사건을 설명하는 장면이 있습니다. 먼저 요한의 어머니에 대해서 1장 41절 "엘리사벳이 마리아가 문안함을 들으매 아이가 복중에서 뛰노는지라 엘리사벳이 성령의 충만함을 받아"이고, 아버지에 대해서 67절에 "그 부친 사갸라가 성령의 충만함을 받아 예언하여 이르되"입니다. 사도행전에서는 앞에서 확인한 대로 2장 4절 "그들이 다 성령의 충만함을 받고", 4장 31절 "무리가 다 성령이 충만하여"라고 표현하였습니다.

사람들의 방식

성경이 강조하는 것은 하나님의 일은 하나님이 하신다는 사실입니다. 그런데 사람들은 늘 사람이 행한다고 생각합니다. 물론 사람이 각자 자기가 행해야 하는 것은 자기가 일해야 합니다. 그러나 인간이 하나님의 일을 한다, 또는 인간이 하나님을 위해서 일을 한다는 생각이 오버입니다. 하나님의 일은 하나님이 하시는 것이고, 인간이 하나님이 사역에 부름 받는 것은 일하고, 수고하고, 헌신하라는 의미가 아니라 하나님이 하시는 일을 보고, 하나님의 은혜를 체험하고, 하나님을 알라는 의미입니다. 그래서 하나님은 구약과 신약에서 하나님께서 사람을 세우실 때 준비된 사람, 탁월한 사람, 우수한 사람을 선발한 적이 없습니다. 선발을 하지 않은 것이 아니라 원천적으로 선발할 이유가 없었고, 선발을 하려고 해도 선발할 수 있는 대상이 존재하지 않습니다.

이삭의 쌍둥이 아들 에서와 야곱 중에 '믿음과 지혜와 성령이 충만한 사람'을 선택한 적이 없습니다. 이스라엘의 초대 왕의 자리를 놓고 사울과 다윗 중에 '믿음과 지혜와 성령이 충만한 사람'을 선택한 적이 없습니다. 예수님이 열두 제자를 뽑을 때에 온 이스라엘에 광고 내고 '믿음과 지혜와 성령이 충만한 사람'을 선발한 적이 없습니다. 예수님이 따로 높은 산에 올라가서 변형되사 그 얼굴이 해 같이 빛나며 옷이 빛과 같이 희어졌을 때 열두 제자 중에 세 명만 데리고 가셨는데 그때 '믿음과 지혜와 성령이 충만한 사람'을 골랐던 것이 아닙니다. 기독교에는 자격 있는 사람, 준비된 사람, 조건에 합당한 사람을 선발, 선출한다는 개념 자체가 존재하지 않습니다. 왜냐하면 기독교의 모든 사역은 하나님이 하시기 때문입니다.

교회가 혹은 성도가 가장 잘 알고 있는 듯하면서도 가장 쉽게 망각하는 것이 바로 이것입니다. 많은 성도들이 자신들이 하나님을 위해 일을 한다고 생각합니다. 그러니까 자신들의 재주, 자신들의 지혜, 자신들의 능력, 자신들의 물질, 자신들의 의지를 강조하려고 하고, 단순히 자신이 가지고 있는 것을 강조하는 것도 모자라서 다른 사람과 비교하고, 다른 사람보다 낫다는 것을 부각시키려고 애를 씁니다. 물론 교회가 먼저 비교를 조장하니까 성도들도 그렇게 반응합니다. 이것이 성경에 나오는 제자들부터 뿌리 깊게 이어져 내려오는 죄성입니다. 인간 중에 자격이 있는 줄로 생각하는 것, 그래서 합당한지 합당하지 않은지를 자꾸 가르려고 하는 것이 인간의 방식입니다. 제자들임에도 불구하고 이러한 인간의 방식, 죄의 방식으로 행하려는 시도가 사도행전만 적어도 세 번이 나옵니다. 하나는 1장에 나오고, 또 하나가 6장이고, 다른 하나가 9장에 나옵니다.

사도행전 1장에서 유다가 죽은 자리에 새로운 사람을 뽑는 장면이 나옵니다. 그때 제자들이 한 말이 1장 21절 "이러하므로 요한의 침례로부터 우리 가운데서 올려져 가신 날까지 주 예수께서 우리 가운데 출입하실 때에 항상 우리와 함께 다니던 사람 중에 하나를 세워"입니다. 정작 삼년 동안 예수와 같이 한 자기들도 하나도 달라진 것이 없는데 그것을 자격과 조건으로 제한합니다. 못 된 방식이고, 하나님의 원리와 맞지 않습니다. 두 번째가 6장에서 업무 분담을 위해서 사람을 뽑는데 '지혜와 성령이 충만하여 칭찬 받는 사람을 택하라'입니다. 자기들은 지혜와 성령이 충만하다고 자부하는 것 같습니다. 그리고 세 번째가 사도행전 9장에서 사울, 나중에 바울이 되는 사울에게 예수님이 나타나셨고 다메섹에 있던 아나니아라는 제자에게 사울을 마중 나가라고 할 때 아나니아가 하는 말로 13절 "아나니아가 대답하되 주여 이 사람에 대하여 내가 여러 사람에게 듣사온즉 그가 예루살렘에서 주의 성도에게 적지 않은 해를 끼쳤다 하더니"입니다. 자기는 하나님의 사역에 퍽이나 도움이 된 줄로 아는가 봅니다.

기독교의 성도는 모든 면에 '하나님의 은혜'를 감사하는 사람입니다. 하나님의 은혜로 구원받았고, 하나님의 은혜로 지금도 살고 있습니다. 내가 은혜로 구원받았듯이 옆 사람도 하나님의 은혜로 구원받았습니다. 괜히 옆 사람 보면서 '하나님은 아무나 구원하시나?'라고 하시면 안 됩니다. 자기를 보면서 '하나님은 아무나 구원하시는구나!'라고 감격해야 합니다. 기독교의 사역은 하나님이 하십니다. 사람이 일을 한다고 생각하면 자꾸 사람의 기준이 작용하고, 사람을 차별화하게 됩니다. 하나님을 아시고, 하나님의 원리를 아셔서, 하나님의 마음과 심정으로 감사하시고, 함께 하는 성도를 수용하고 인정하며, 아름답고, 화목하고, 평화로운 신앙의 삶을 누려 가시기를 주님의 이름으로 축원합니다.

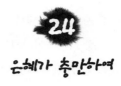

은혜가 충만하여

사도행전 6:7~15

7 하나님의 말씀이 점점 왕성하여 예루살렘에 있는 제자의 수가 더 심히 많아지고 허다한 제사장의 무리도 이 도에 복종하니라 8 스데반이 은혜와 권능이 충만하여 큰 기사와 표적을 민간에 행하니 9 이른 바 자유민들 즉 구레네인, 알렉산드리아인, 길리기아와 아시아에서 온 사람들의 회당에서 어떤 자들이 일어나 스데반과 더불어 논쟁할새 10 스데반이 지혜와 성령으로 말함을 그들이 능히 당하지 못하여 11 사람들을 매수하여 말하게 하되 이 사람이 모세와 하나님을 모독하는 말을 하는 것을 우리가 들었노라 하게 하고 12 백성과 장로와 서기관들을 충동시켜 와서 잡아가지고 공회에 이르러 13 거짓 증인들을 세우니 이르되 이 사람이 이 거룩한 곳과 율법을 거슬러 말하기를 마지 아니하는도다 14 그의 말에 이 나사렛 예수가 이 곳을 헐고 또 모세가 우리에게 전하여 준 규례를 고치겠다 함을 우리가 들었노라 하거늘 15 공회 중에 앉은 사람들이 다 스데반을 주목하여 보니 그 얼굴이 천사의 얼굴과 같더라

하나님의 말씀

말씀이 왕성하여

어떤 사건에 대하여 내부인인 경우와 외부인인 경우 각각 사건을 이해하는 데에 장단점이 있습니다. 사건과 무관한 외부인인 경우에는 사건을 객관적으로 볼 수 있습니다. 사건의 흑막이 무엇인지, 장차를 위한 어떤 안배가 담겨있는지를 고려하지 않고 있는 그대로를 볼 수 있습니다. 대신 구체적인 자초지종을 파악하기 힘들다는 단점이 있을 수 있습니다. 반대로 내

부인인 경우는 자세한 내막을 알고 있다는 장점이 있지만 이미 내부인의 관점이라는 고정된 안목에 사로잡혀 있습니다. 성경을 읽을 때 성도와 비성도의 차이가 이와 같습니다. 비성도들은 성경을 읽으면서 말 그대로 객관적으로 읽습니다. 그래서 성경의 의도를 파악하지 못하는 경우가 많이 있습니다. 반대로 성도들은 성경을 읽을 때 이미 각자의 신앙경험에 따른 고정된 선입견을 가지고 있습니다. 그래서 오해할 여지가 많습니다.

사도행전 6장 7절은 "하나님의 말씀이 점점 왕성하여 예루살렘에 있는 제자의 수가 더 심히 많아지고 허다한 제사장의 무리도 이 도에 복종하니라"입니다. 이런 구절이 나오면 여러분의 관심이 어디에 모여집니까? '하나님의 말씀'입니까, '제자의 수가 더 심히 많아지고'입니까? 사도행전이라고 할 때 많은 성도님들이 사도들의 사명이라는 선입견이 있습니다. 그래서 성경을 읽을 때에 강조점이 달라지는 것입니다. 우선 생각이 교회에 집중되어 있습니다. 교회가 부흥한다, 교회가 성장한다, 교회가 복음을 전파한다, 교회가 하나님 나라의 확장을 위해서 헌신, 충성한다고 생각합니다. 그러나 사도행전의 강조점은 사도들의 행동, 사도들의 하나님 나라를 위한 사역이 아니라 하나님의 행동, 성도들을 위한 하나님의 사역입니다. 7절을 보시면 '하나님의 말씀이 점점 왕성하여'입니다. '교회가 부흥하더라'가 아니라 '하나님의 말씀이 왕성하여'입니다.

하나님과 인간의 관계를 파악하시되 그 순서를 정확하게 분별해야 하는 것처럼, 말씀과 교회의 상관성을 파악하시되 그 순서를 정확하게 분별하셔야 합니다. 하나님과 인간의 관계에서 언제나 하나님이 먼저 역사하십니다. 하나님의 역사하심에 따라, 그 결과로서, 그 열매로서, 그 결실로서 인간의 변화, 새로움이 가능해집니다. 마찬가지로 하나님의 말씀의 왕성함에 따라서 교회가 부흥하고, 하나님의 말씀의 흥왕함에 따라서 성도가 성숙해집니다. 언제나 하나님, 하나님의 말씀이 먼저 역사합니다.

하나님의 사역

사도행전 12장 24절에도 "하나님의 말씀은 흥왕하여 더하더라"고 나오고, 19장 20절에도 "이와 같이 주의 말씀이 힘이 있어 흥왕하여 세력을 얻으니라"고 나옵니다. 사도행전에서 교회는 사역의 주체가 아니라 주로 하나님의 사역의 대상입니다. 교회가 박해를 받자 하나님이 교회를 지키시고 하나님이 교회를 견고하게 하십니다. 그 핵심은 하나님의 말씀이 왕성하고 하나님의 말씀이 흥왕한 것입니다. 하나님의 말씀이 흥왕하니 교회가 견고해집니다. 사람으로 따지면 밥을 먹으니 건강해지는 이치입니다. 그렇게 건강한 사람이 행하는 것이 사역입니다. 사람이 밥을 먹지 않았는데 몸이 커지면 그것을 '몸이 부었다'고 합니다. 만약 말씀이 흥왕하지 않았는데 교회가 커지면 그것을 '교회가 부패한다'고 합니다.

사람들은 참으로 기독교와 기독교의 표현에 대해서 오해를 많이 하고 있습니다. 7절의 강조점이 '하나님의 말씀이 왕성한 것'이라고 했습니다. 강조점이 하나님 말씀에 있다는 것이 결코 하나님과 인간 중에 '하나님을 우선시 하는 것'을 의미하지 않습니다. 하나님의 말씀을 강조한다는 것은 곧 인간을 중요시한다는 의미입니다. 왜냐하면 하나님의 말씀이 존재하는 이유가 인간을 위한 것이기 때문입니다. 하나님이 말씀을 하신 것, 하나님이 계시를 하신 것이 모두 인간을 위해서입니다. 하나님의 말씀은 명령이 아니고, 지시가 아니고, 인간에게 일이나 사명을 맡기는 것이 절대로 아닙니다. 하나님이 말씀하신 이유는 인간이 자신이 죄인이 되었다는 것을 모르고, 인간이 죄를 이길 수 있는 것을 모르기 때문에 하나님이 알리고, 나타내고, 보여주고, 가르쳐 주신 것입니다. 하나님이 말씀하셔서 하나님에게 유익이 되는 것이 없습니다. 하나님의 말씀이 왕성하고 흥왕해서 하나님이 좋아질 것이 전혀 없습니다. 하나님이 말씀하신 이유와 목적이 인간을 위해서이기 때문에, 하나님 말씀이 왕성하고 흥왕할 때 그 모든 유익은 인간에게 주어집니다. 하나님이 말씀을 왕성하게 하신다는 것은 결국 인간을 더욱 행복하고, 인간을 더욱 자유롭게, 인간을 더욱 견고하게, 인간을 더욱 풍성하게 하신다는 의미입니다.

하나님의 영광

기독교 신앙의 가장 큰 오해는 아마도 '하나님의 영광'일 것입니다. 인간의 존재 이유가 하나님의 영광이라고 생각하고, 인간의 최우선 과제가 하나님의 영광이라고 표현하고, 인간은 사나 죽으나 오직 하나님의 영광이라고 고백하고, 노래하기도 합니다. '부름 받아 나선 이 몸'이라는 찬송가 가사 중에 '존귀 영광 모든 권세 주님 홀로 받으소서 멸시 천대 십자가는 제가 지고 가오리다'가 나옵니다. 그러나 이 찬송가 가사는 기독교의 내용과는 정 반대입니다. 멸시 천대 십자가는 예수님이 지고 가셨고, 그 결과 죄인에서 의인이 되고, 죄의 종에서 하나님의 자녀가 되고, 하나님 나라의 유업을 잇게 되는 존귀와 영광을 받은 존재가 바로 성도, 인간입니다. '영광을 돌린다'는 개념은 높은 자가 낮은 자를 존귀하게 해준다는 의미입니다. 낮은 자는 높은 자를 높일 수 없습니다. 낮은 자로 인해서 높은 자가 높아지는 경우란 없습니다. 낮은 자가 자기보다 높은 자를 높아지게 할 수 있는 어떠한 가능성도 없기에 원천적으로 불가능합니다. 그래서 낮은 인간이 크고 높으신 하나님을 영화롭게 할 수 없습니다.

아마 여러분 속에 '성경에 하나님께 영광을 돌리다'라는 표현이 있지 않느냐는 생각이 떠오르고 계실 것입니다. 물론 있습니다. 그런데 하나님의 영광과 관련해서 구약과 신약의 표현이 다르다는 것도 떠올리셔야 합니다. 구약에서는 '하나님의 영광이 나타나다, 드러나다, 임하다, 보여지다'라고 되어있습니다. 그런데 신약에서 유대인들이 하나님께 영광을 돌린다는 표현을 사용하기 시작합니다. 그러면 분별하셔야 하는 것이 신약에서 유대인들이 바른 신앙을 가지고 있었는지의 여부입니다. 워낙 하나님을 잘 믿고 있어서, 예수님도 유대인들의 신앙을 보시면서 칭찬할 정도였는지를 파악해야 합니다. 복음서에서 유대인들은 하나님의 신앙을 대단히 왜곡하고 있었습니다. 예수님도 유대인들을 보고 '독사의 자식들'이라고 할 정도였고, 그들의 종교 활동을 보고 '외식하는 자들'이라고 하실 정도였습니다. 그러니 그들이 한 말, 그들이 한 행동이 옳았을 가능성이 거의 없다는 것을 기억하셔야 합니다. 그런데 사람들은 그냥 복음서에서 사람들이 '하나님께 영광을 돌렸다'고 하니까, 다 그게 옳은 줄 알고, 성경에 기록되어 있으니까 '우리도 다 그렇게 해야 되는 줄'로 착각합니다. 유대인들의 종교 활동에 대해 예수님은 '너희가 성경도, 하나님도 모르고 오해하도다'라고 선언하셨다는 것을 꼭 기억하셔야 합니다. 이런 말씀을 드리는 이유는 본문에서 하나님의 강조점과 사람들의 강조점이 어떻게 차이가 나는지를 구분하셔야 하기 때문입니다.

하나님의 기대

인간의 행복

하나님의 목적, 하나님의 기대는 인간의 행복입니다. 그렇다면 하나님이 생각하시는 인간의 행복을 위한 방법이 무엇입니까? 이것은 정반대로 인간들, 즉 죄인들이 어떻게 행복을 만드는가를 확인하면 됩니다. 사람들이 만들어내는 행복의 방법은 '상대적 우월감'입니다. 내가 저 사람보다 낫다는 것을 통해서 기쁨, 성취감, 자랑, 행복을 느낍니다. 이것을 '비교'라고 합니다. 죄인들은 끊임없이 비교합니다. 여하튼 '자기는 다르다는 것'을 부각시키려고 갖은 수단과 방법을 다 동원합니다. 성경에 등장하는 사건들은 단지 이스라엘 사람의 예만 보여주는 것이 아니라, 유대인들을 통해 전 인류가 죄인이고, 모든 죄인이 얼마나 교활하게 비교를 통한 우월감을 드러내고, 다른 사람과 차별화를 만들어내려고 애쓰는지를 보여줍니다.

비교는 정말 다양한 모습으로 등장합니다. 가장 대표적인 것이 커지는 것, 높아지는 것입니다. 그래서 예수님의 제자들 중에 세베대의 아들들의 어머니가 예수에게 와서 '주의 나라에서 하나는 주의 좌편에, 하나는 주의 우편에 앉게 해 달라'고 했습니다. 그러자 그 말을 들은 나머지 제자들이 모두 분노했습니다. 정반대의 경우도 있습니다. 바리새인이 성전에 와서 기도하는 내용 중에 이런 것이 있습니다. 누가복음 18장 11절부터 "나는 다른 사람들 곧 토색, 불의, 간음을 하는 자들과 같지 아니하고 이 세리와도 같지 아니함을 감사하나이다 나는 이레에 두 번씩 금식하고 또 소득의 십일조를 드리나이다"입니다. 차별화와 자랑거리 중에 금식도 들어있습니다. 이레에 두 번씩 금식한다고 합니다. 그렇다면 바리새인들 중에 이 사람보다 더 나아지고 싶은 사람은 무엇을 자랑할까요? 아마도 그 사람은 닷새에 세 번씩 금식한다고 해야 할 것입니다. 그럼 수석 바리새인은 매일 금식한다고 할 것입니다. 참 바보 같은 자랑이지만 이것이 죄인들의 모습입니다.

예수님이 이 땅에 오셔서 오직 하나님의 은혜로 인간을 구원하셨습니다. 인간의 자격이나 조건을 묻지 않으셨고, 어떤 수고나 결단을 요청하지 않으셨고, 인간의 공적이나 의를 따지지 않으셨고, 오직 하나, 하나님의 은혜로 구원하셨습니다. 그 이유는 바로 교회 내에 인간의 자랑거리, 자랑을 통한 인간의 차별화를 없애려는 것이었습니다. 그래서 고린도전서 1장 26절 이하에 이렇게 나옵니다. "형제들아 너희를 부르심을 보라 육체를 따라 지혜로운 자가 많지 아니하며 능한 자가 많지 아니하며 문벌 좋은 자가 많지 아니하도다 그러나 하나님께서 세상의 미련한 것들을 택하사 지혜 있는 자들을 부끄럽게 하려 하시고 세상의 약한 것들을 택하사 강한 것들을 부끄럽게 하려 하시며 하나님께서 세상의 천한 것들과 멸시 받는 것들과 없는 것들을 택하사 있는 것들을 폐하려 하시나니 이는 아무 육체도 하나님 앞에서 자랑하지 못하게 하려 하심이라"입니다. 동일한 내용이 에베소서 2장 5절부터도 나옵니다. "허물로 죽은 우리를 그리스도와 함께 살리셨고 너희는 은혜로 구원을 받은 것이라 또 함께 일으키사 그리스도 예수 안에서 함께 하늘에 앉히시니 이는 그리스도 예수 안에서 우리에게 자비하심으로써 그 은혜의 지극히 풍성함을 오는 여러 세대에 나타내려 하심이라 너희는 그 은혜에 의하여 믿음으로 말미암아 구원을 받았으니 이것은 너희에게서 난 것이 아니요 하나님의 선물이라 행위에서 난 것이 아니니 이는 누구든지 자랑하지 못하게 함이라"입니다. 너무나 멋있습니다!

교회 안에는 원천적으로 차별이 가능할 수 없게 되었습니다. 교회에 모인 분은 오직 하나님의 은혜로 이곳에 왔기 때문입니다. 다른 방법이란 없었습니다. 그러므로 이곳에 오신 분은 다 똑같습니다. 은혜를 받았다는 차원에서 동일합니다. 다른 말을 할 수가 없으니 자랑할 수가 없고, 자랑이 안 되니 비교가 안 되고, 비교가 없으니 차별이 불가능하고, 차별이 불가능하니 당연히 연합과 일치와 한 마음이 가능합니다. 이것이 하나님의 지혜요, 하나님의 인간 사랑입니다. 지구상에 인간이 자랑하지 않고, 교만하지 않고, 서로를 인정하고, 용납하고, 수용하고, 하나됨을 고백할 수 있는 유일한 곳이 바로 교회입니다. 교회는 정말 멋있는 곳입니다. 교회는 정말 행복한 곳입니다.

대상의 차별화

그런데 이런 아름다운 교회에도 차별화가 들어왔습니다. 이때 여러분은 죄인들 또는 죄인 출신들은 매우 교활하다는 것을 유념하셔야 합니다. 차별화가 가능하지 않은 곳에서 차별화를 행할 때에는 절대로 차별하는 것이 드러나도록 말하지 않고 행동하지 않습니다. 얼핏 보면 전혀 차별화가 아닌데 자세히 보면 매우 심각한 차별화인 것을 알아차려야 합니다. 그것을 알아차리지 못하면 결국은 차별화가 굳어지고, 결국은 교회에 은혜는 없어지고 세상과 같아집니다. 아주 교활한, 아주 교묘한 차별화가 시도된 것이 바로 사도행전 6장에 나오는 집사 선발이었습니다. 명분은 너무나 멋있었습니다. 2절 "열두 사도가 모든 제자를 불러 이르되 우리가 하나님의 말씀을 제쳐 놓고 접대를 일삼는 것이 마땅하지 아니하니 형제들아 너희 가운데서 성령과 지혜가 충만하여 칭찬 받는 사람 일곱을 택하라 우리가 이 일을 그들에게 맡기고 우리는 오로지 기도하는 일과 말씀 사역에 힘쓰리라"입니다. 이런 구절을 너무 은혜롭게 받아들이시면 안 됩니다. 냉철한 눈으로 이런 표현 속에 담긴 죄인의 교활한 발톱을 잡아내셔야 합니다. 이 구절 속에는 두 개의 아주 지독한 차별화가 담겨있습니다.

첫 번째는 대상의 차별화입니다. 초기 교회의 제자들은 하나님에 의해 교회에 들어왔고, 하나님에 의해 성령을 받았고, 하나님에 의해 모두가 동일한 차원에 속하게 된 것인데 마치 자기들 중에 '성령과 지혜가 충만한 사람이 있고, 그렇지 않은 사람이 있는 것'으로 차별화를 만들어 내었습니다. 지난 번에 설명 드린 것처럼 어느 누구도 성령 받으려고 노력한 사람이 없고, 어느 누구도 다른 사람과 구별되게 성령 충만을 위해 수고하고 애쓴 사람이 없습니다. 모두 하나님의 약속에 의해 성령을 받았고, 하나님의 은혜로 모두 다 성령 충만을 받았습니다. 성경이 성령을 언급하는 이유는 모든 사역이 사람의 힘이나 지혜가 아니라 하나님이 하신다는 것을 강조하기 위해서 입니다. 그러므로 사람 중에 다른 사람보다 더 성령과 지혜가 충만한 사람이 존재하지 않습니다. 그런데 제자들은 이런 차별화 발언을 합니다. 죄인 출신들이 이렇게 교활할지라도 하나님은 속지 않습니다. 하나님은 정말 정확하시고 분명하십니다. 게다가 하나님은 정말 재미있으시고, 유머가 있으시고, 재치가 있으십니다.

사람은 혹시 누가 잘난 척을 하면 그 꼴을 못 봅니다. 그래서 당장에 손을 들고 소리를 지르거나 항의를 해서 분위기를 살벌하게 만듭니다. 하지만 하나님은 아주 고수이십니다. 사도들이 틀린 것, 아니 의도적으로 차별화를 만드는 것을 정확하게 집어내셔서 바르게 교정하시는데 제자들을 비난하거나 책망하거나 조롱하지 않고 도리어 아주 멋있게 반전을 시킵니다. 확인해 보겠습니다. 제자들이 교회에서 일곱 사람을 선택할 때 기준이 3절에 '성령과 지혜가 충만하여 칭찬 받는 사람'이었습니다. 그래서 교회 사람들이 선택한 사람이 5절에 '온 무리가 이 말을 기뻐하여 믿음과 성령이 충만한 사람'입니다. 마치 훌륭한 기준이 제시되었고 다행스럽게 그 기준에 적절하고 합당한 사람이 적어도 일곱 명이 있었던 것으로 생각할 수 있습니다. 하지만 정말 재미있는 표현이 8절입니다. 3절의 기준대로 5절에 뽑힌 사람 중의 하나가 스데반이고, 스데반을 소개하는 것이 8절인데 그 표현이 아주 희한하다는 것입니다. "스데반이 은혜와 권능이 충만하여 큰 기사와 표적을 민간에 행하니"입니다.

눈치 채셨습니까? 3절대로라면 '성령과 지혜가 충만한 사람 스데반'이어야 하고 5절대로라면 '믿음과 성령이 충만한 사람'이어야 합니다. 그런데 8절은 성령이나 지혜나 믿음을 전혀 언급하지 않고 느닷없이 '은혜가 충만하다'고 합니다. 혹시 지혜나 믿음이 스데반의 개인적 특성이라고 오해할 수 있지만, 은혜는 전혀 스데반의 개인적 특성으로 소개될 수 없습니다. 그러니까 열두 제자와 나머지 제자들이 성령 즉 하나님이 행하신다는 것을 강조하는 대신에 마치 자기들 중에 지혜와 믿음이 탁월한 사람이 따로 있는 것으로 여기고 사람을 선출하니까 성경은 제자들의 그런 사고방식을 싹 제외시키고 원래 성경이 강조하려는 대로, 성령을 언급하는 것이 의도하는 것, 즉 사람이 행하는 것이 아니라 하나님이 하신다는 것을 강조하기 위하여 새로운 표현 '은혜가 충만하여'라고 한 것입니다. 재미있지 않습니까! 제자들의 차별화 시도를 단 한마디로 제압합니다. 그것도 아주 조용하고, 차분하고, 다른 어떤 변명이나 핑계가 발생하지 못하게 하면서도 우아하게 상황을 정리합니다. 하나님의 방법이 가장 멋있고 수준이 있습니다. 가장 미련한 것은 차별화는 안 된다고 상대방을 몰아쳐서, 상대방을 죄인 만들고, 결국은 모임을 깨는 것입니다. 일치하자고 소리 질러서 일치를 깨는 바보들입니다. 교회에 이런 바보가 가득합니다. 수준있게 해야 합니다. 본질을 놓치지 말아야 합니다.

사역의 차별화

또 성경이 얼마나 고상한지 하나 더 확인해 보고 제자들의 사고가 얼마나 어이없는 것이었는지, 성경이 제자들의 사고를 얼마나 우아하게 지적하는지 보겠습니다. 제자들이 일곱 사람을 선택하는 명분 또는 목적이 2절과 4절에 나옵니다. "우리가 하나님의 말씀을 제쳐 놓고 접대를 일삼는 것이 마땅하지 아니하니, 우리가 이 일을 그들에게 맡기고 우리는 오로지 기도하는 일과 말씀 사역에 힘쓰리라"입니다. 즉 차별화의 두 번째는, 일곱 사람이 하는 일과 자신들이 하는 일의 차별화입니다. 이것이 단순히 사역을 나누어서 각 사람이 적합한 대로, 은사 대로 행하겠다는 의도가 절대로 아닙니다. 심하게 말하면 말씀을 전하는 일을 할 수 있는 자격은 오직 사도들, 자신들에게만 있다는 인식입니다. 선발한 일곱 사람은 성령과 지혜가 충만할 지라도, 믿음과 성령이 충만할 지라도 접대하는 일만 가능할 뿐 절대로 말씀 전하는 일을 할 수 있는 자격이 없다는 사고입니다. 사도들이 이렇게 생각하는 근거를 점검해 보겠습니다.

사도행전 1장으로 가 보겠습니다. 예수님이 승천하신 후에 제자들이 결정한 것이 하나 있습니다. 열두 제자 중에 죽은 유다를 대신하여 한 사람을 보충하는 것이었습니다. 그때 베드로가 한 말, 그 말 속에 담긴 의미를 잘 파악해야 합니다. 21절 이하 "이러하므로 요한의 침례로부터 우리 가운데서 올려져 가신 날까지 주 예수께서 우리 가운데 출입하실 때에 항상 우리와 함께 다니던 사람 중에 하나를 세워 우리와 더불어 예수께서 부활하심을 증언할 사람이 되게 하여야 하리라"입니다. 간단하게 말하면 '아무나 하면 안 된다'입니다. 왜냐하면 예수의 부활을 증언해야 하는 것이기에 예수와 함께 했던 사람, 예수와 동행했던 사람, 예수를 보고, 듣고, 이적과 기적의 현장에 함께 했던 사람이어야 한다는 주장입니다. 그렇지 않은 사람은 본 적이 없기 때문에 전할 자격이 없다는 인식입니다.

이런 사고방식이 사도행전 6장에서도 동일하게 적용되고 있습니다. 교회에 많은 사람이 들어왔습니다. 천하 각국에서부터 온 사람들이 교회에 들어왔습니다. 예수를 보지 못한 사람, 예수의 이적과 기적의 현장에 있지도 않은 사람, 예수의 가르침을 듣지도 않은 사람은 말씀을 전하는 일에 적합하지 않다고 생각합니다. 말씀을 전하는 일은 예수와 동행했던 자신들이 할 것이고, 무리 중에서 선발한 사람은 단지 접대하는 일 정도만 하라는 구별입니다. 같이 있다고 같은 수준이 아니라는 생각이요, 같이 있다고 같은 일을 할 수 있는 것이 아니라는 인식입니다.

제자들의 너무나 어이없는 차별화에 대해 성경이 얼마나 우아하게, 수준 있게 받아치는지 보겠습니다. 8절로 10절 "스데반이 은혜와 권능이 충만하여 큰 기사와 표적을 민간에 행하니 이른 바 자유민들 즉 구레네인, 알렉산드리아인, 길리기아와 아시아에서 온 사람들의 회당에서 어떤 자들이 일어나 스데반과 더불어 논쟁할 새 스데반이 지혜와 성령으로 말함을 그들이 능히 당하지 못하여"입니다. 열두 사도들이 스데반이 이런 사역을 할 것으로 예상이나 했을까요? 아마 이런 것은 사도들만 할 줄 생각했을 것입니다. 사도행전 5장 12절 "사도들의 손을 통하여 민간에 표적과 기사가 많이 일어나매"를 경험했기 때문입니다. 그런데 접대하는 일을 맡기려고 했던 스데반이 큰 기사와 표적을 행하고 있습니다. 또 자신들만 말씀을 잘 전하는 줄 알았습니다. 사도행전 4장 13절 "그들이 베드로와 요한이 담대하게 말함을 보고 그들을 본래 학문 없는 범인으로 알았다가 이상히 여기며"를 경험했기 때문입니다. 그런데 접대하는 일을 맡기려고 했던 스데반이 '큰 기사와 표적을 민간에 행하고'있으니 속으로 얼마나 놀랐을까요? 또 논쟁에서도 스데반이 다 이기고 있으니 아마 제자들이 매우 멋쩍었을 것입니다.

또 7장에서 확인하겠습니다만 스데반의 설교가 예수님과 동행하며 직접 설교를 들었던 베드로와 비교해서 절대로 뒤떨어지지 않습니다. 또 8장에서 확인하겠습니다만 말씀을 전하는 일, 예루살렘을 넘어 사마리아 지역에 말씀을 전하는 일을 열두 사도가 하는 것이 아니라 접대하는 일을 맡기기 위해 선택한 집사 중의 다른 한 사람인 빌립이 합니다. 자, 이쯤 되면 대상의 차별화와 사역의 차별화를 만들어내려 한 열두 사도들의 의도는 아주 잠잠히 사라지게 됩니다. 하나님은 열두 사도에게 '너희는 왜 그러느냐?'고 말씀하지 않으셨습니다. 어떠한 분쟁이나 갈등을 만들지 않고 아주 조용하게 화합과 일치를 유지하셨습니다. 얼마나 은밀하게 해결하셨는지 대부분의 성도님들이 무엇이 해결되었는지도 눈치 채지 못할 만큼 조용하게 해결하셨습니다. 하나님의 사역이 너무 멋있습니다!

지혜와 성령으로

마지막으로 한 가지만 더 점검하겠습니다. 10절 "스데반이 지혜와 성령으로 말함을 그들이 능히 당하지 못하여"입니다. 이런 구절을 보고 '과연 스데반은 지혜와 성령이 충만했구나!'라고 생각하시죠? 그렇게 하시면 안 됩니다. 제자들은 마치 성령 충만이 몇몇 사람의 특권으로 생각했습니다. 그러나 성경이 성령을 언급하는 이유는 어떤 사람의 영적 상태를 설명하기 위해서가 절대로 아닙니다. 스데반이 지혜와 성령으로 말함을 사람들이 능히 당하지 못했다고 하여 스데반이 실제로 지혜와 성령이 충만했다는 의미가 아닙니다. 만약 스데반이 평상시 다른 사람들과의 논쟁에서 모두를 이길 수 있을 만큼 탁월한 지혜와 연설 능력이 있었다면 제자들은 스데반에게 접대하는 일을 맡기려고 하지 않았을 것입니다. 성경에 등장하는 이런 표현은 그 당사자의 수준이나 능력, 각 개인의 자질이나 은사, 신앙 상태를 묘사하기 위한 것이 아닙니다.

실제로 사도행전에는 말을 하는 사람마다 모두 성령과 관계되어 있습니다. 2장 4절 "성령이 말하게 하심을 따라", 4장 8절 "이에 베드로가 성령이 충만하여 이르되", 31절 "무리가 다 성령이 충만하여 담대히 하나님의 말씀을 전하니라"입니다. 이런 구절을 볼 때마다 '사도들이 성령 충만했다, 베드로가 성령 충만했다, 무리가 성령 충만했다, 그러니까 주의 일을 하려면 성령 충만해야 한다, 주의 일은 아무나 하는 것이 아니라 성령 충만 받은 사람이 한다'고 말하면 코메디입니다. 성경은 정반대의 말 즉 '하나님의 일은 하나님이 하신다'입니다. 설령 사람이 쓰임을 받는다고 할지라도 그 사람이 자격이 있거나 준비된 영성이 있기 때문이 아니라 하나님이 그 사람과 함께 하셔서 그 일이 가능해지도록 하나님이 역사하신다는 선언입니다. 그 사람의 지혜, 그 사람의 능력, 그 사람의 재주, 그 사람의 믿음, 그 사람의 신실함, 그 사람의 충성이 있기 때문이 아니라 하나님의 임재, 하나님의 동행, 하나님의 일하심, 하나님의 도우심, 하나님이 역사하신다는 것을 강조하는 표현으로 성령이 등장합니다. 그래서 이런 표현들을 볼 때에 '그 사람은 성령 충만했구나!'라고 그 사람을 칭찬하거나 존경할 것이 아니라 '하나님이 그 사람과 함께 하셨구나!'라고 하나님을 감사해야 합니다.

준비된 사람이 있다고 하면 사람이 차별화되고, 그 사람 때문에 일이 가능했다고 하면 교회 내에 분열과 차별이 생기게 되는 것이요, 하나님이 하셨다고 하면 모두가 하나님 앞에 동일화되고, 하나님 때문에 일이 가능했다고 하면 더더욱 교회 내에 하나님을 중심으로 연합하고 일치할 수 있습니다. 하나님의 원리가 얼마나 오묘하고, 하나님의 원리가 얼마나 인간을 하나 되게 하는지 분별하시기 바랍니다. 사도행전 6장에서 위험한 것은 관원들의 위협이 아닙니다. 11절 이하에 등장하는 매수와 거짓 증언과 조작된 공회가 아닙니다. 세상의 어떤 권세도 진리를 위협할 수 없습니다. 기독교는 외부의 압박에 의해 망한 적이 없습니다. 진정으로 위험한 것은 진리가 왜곡되는 경우입니다. 하나님의 원리를 인간의 필요에 따라 조금 바꾸는 것, 하나님의 마음을 인간의 욕망에 따라 살짝 변개하는 것, 하나님의 방식을 인간의 기준에 따라 잠깐 멀리하는 것입니다. 진리가 진리되지 않는 것이 기독교를 부패시키는 가장 위협 요소입니다.

죄의 원리는 인간을 상호간에 차별화하는 것이고, 하나님의 원리는 인간을 상호간에 동일한 존재로 여기게 하는 것입니다. 하나님은 하나님과 인간의 관계에서도 차별화를 주장하지 않습니다. 하나님은 신이고 인간은 피조물이라는 간격을 기억하라고 하지 않고, 도리어 하나님이 인간이 되시어 구원하시고, 구원받은 인간을 예수 그리스도를 머리로 하는 교회로 모으고, 하나님과 인간이 한 몸이 되게 하십니다. 그런 하나님이 인간 상호간에, 심지어는 교회의 성도 간에 차별을 만들어 내실 리가 없습니다. 행여 교회에서 성도 간에 차별을 만들어지는 어떠한 조짐도 잘 차단하고, 오직 하나님의 은혜를 강조해야 합니다. 하나님을 아시고, 하나님을 고백하시고, 하나님의 마음과 원리로 행동하셔서 모든 성도가 함께 자유와 평안과 안식과 행복을 풍성히 누려 가시기를 주님의 이름으로 축원합니다.

25
내 손으로 지은 것

사도행전 7:1-53

1 대제사장이 이르되 이것이 사실이냐 2 스데반이 이르되 여러분 부형들이여 들으소서 우리 조상 아브라함이 하란에 있기 전 메소보다미아에 있을 때에 영광의 하나님이 그에게 보여 3 이르시되 네 고향과 친척을 떠나 내가 네게 보일 땅으로 가라 하시니 4 아브라함이 갈대아 사람의 땅을 떠나 하란에 거하다가 그의 아버지가 죽으매 하나님이 그를 거기서 너희 지금 사는 이 땅으로 옮기셨느니라 5 그러나 여기서 발 붙일 만한 땅도 유업으로 주지 아니하시고 다만 이 땅을 아직 자식도 없는 그와 그의 후손에게 소유로 주신다고 약속하셨으며 6 하나님이 또 이같이 말씀하시되 그 후손이 다른 땅에서 나그네가 되리니 그 땅 사람들이 종으로 삼아 사백 년 동안을 괴롭게 하리라 하시고 7 또 이르시되 종 삼는 나라를 내가 심판하리니 그 후에 그들이 나와서 이 곳에서 나를 섬기리라 하시고 8 할례의 언약을 아브라함에게 주셨더니 그가 이삭을 낳아 여드레 만에 할례를 행하고 이삭이 야곱을, 야곱이 우리 열두 조상을 낳으니라 9 여러 조상이 요셉을 시기하여 애굽에 팔았더니 하나님이 그와 함께 계셔 10 그 모든 환난에서 건져내사 애굽 왕 바로 앞에서 은총과 지혜를 주시매 바로가 그를 애굽과 자기 온 집의 통치자로 세웠느니라 11 그 때에 애굽과 가나안 온 땅에 흉년이 들어 큰 환난이 있을새 우리 조상들이 양식이 없는지라 12 야곱이 애굽에 곡식 있다는 말을 듣고 먼저 우리 조상들을 보내고 13 또 재차 보내매 요셉이 자기 형제들에게 알려지게 되고 또 요셉의 친족이 바로에게 드러나게 되니라 14 요셉이 사람을 보내어 그의 아버지 야곱과 온 친족 일흔다섯 사람을 청하였더니 15 야곱이 애굽으로 내려가 자기와 우리 조상들이 거기서 죽고 16 세겜으로 옮겨져 아브라함이 세겜 하몰의 자손에게서 은으로 값 주고 산 무덤에 장사되니라 17 하나님이 아브라함에게 약속하신 때가 가까우매 이스라엘 백성이 애굽에서 번성하여 많아졌더니 18 요셉을 알지 못하는 새 임금이 애굽 왕위에 오르매 19 그가 우리 족속에게 교활한 방법을 써서 조상들을 괴롭게 하여 그 어린 아이들을 내버려 살지 못하게 하려 할새 20 그 때에 모세가 났는데 하나님 보시기에 아름다운지라 그의 아버지의 집에서 석 달 동

안 길리더니 21 버려진 후에 바로의 딸이 그를 데려다가 자기 아들로 기르매 22 모세가 애굽 사람의 모든 지혜를 배워 그의 말과 하는 일들이 능하더라 23 나이가 사십이 되매 그 형제 이스라엘 자손을 돌볼 생각이 나더니 24 한 사람이 원통한 일 당함을 보고 보호하여 압제 받는 자를 위하여 원수를 갚아 애굽 사람을 쳐 죽이니라 25 그는 그의 형제들이 하나님께서 자기의 손을 통하여 구원해 주시는 것을 깨달으리라고 생각하였으나 그들이 깨닫지 못하였더라 26 이튿날 이스라엘 사람끼리 싸울 때에 모세가 와서 화해시키려 하여 이르되 너희는 형제인데 어찌 서로 해치느냐 하니 27 그 동무를 해치는 사람이 모세를 밀어뜨려 이르되 누가 너를 관리와 재판장으로 우리 위에 세웠느냐 28 네가 어제는 애굽 사람을 죽임과 같이 또 나를 죽이려느냐 하니 29 모세가 이 말 때문에 도주하여 미디안 땅에서 나그네 되어 거기서 아들 둘을 낳으니라 30 사십 년이 차매 천사가 시내 산 광야 가시나무 떨기 불꽃 가운데서 그에게 보이거늘 31 모세가 그 광경을 보고 놀랍게 여겨 알아보려고 가까이 가니 주의 소리가 있어 32 나는 네 조상의 하나님 즉 아브라함과 이삭과 야곱의 하나님이라 하신대 모세가 무서워 감히 바라보지 못하더라 33 주께서 이르시되 네 발의 신을 벗으라 네가 서 있는 곳은 거룩한 땅이니라 34 내 백성이 애굽에서 괴로움 받음을 내가 확실히 보고 그 탄식하는 소리를 듣고 그들을 구원하려고 내려왔노니 이제 내가 너를 애굽으로 보내리라 하시니라 35 그들의 말이 누가 너를 관리와 재판장으로 세웠느냐 하며 거절하던 그 모세를 하나님은 가시나무 떨기 가운데서 보이던 천사의 손으로 관리와 속량하는 자로서 보내셨으니 36 이 사람이 백성을 인도하여 나오게 하고 애굽과 홍해와 광야에서 사십 년간 기사와 표적을 행하였느니라 37 이스라엘 자손에 대하여 하나님이 너희 형제 가운데서 나와 같은 선지자를 세우리라 하던 자가 곧 이 모세라 38 시내 산에서 말하던 그 천사와 우리 조상들과 함께 광야 교회에 있었고 또 살아 있는 말씀을 받아 우리에게 주던 자가 이 사람이라 39 우리 조상들이 모세에게 복종하지 아니하고자 하여 거절하며 그 마음이 도리어 애굽으로 향하여 40 아론더러 이르되 우리를 인도할 신들을 우리를 위하여 만들라 애굽 땅에서 우리를 인도하던 이 모세는 어떻게 되었는지 알지 못하노라 하고 41 그 때에 그들이 송아지를 만들어 그 우상 앞에 제사하며 자기 손으로 만든 것을 기뻐하더니 42 하나님이 외면하사 그들을 그 하늘의 군대 섬기는 일에 버려 두셨으니 이는 선지자의 책에 기록된 바 이스라엘의 집이여 너희가 광야에서 사십 년간 희생과 제물을 내게 드린 일이 있었느냐 43 몰록의 장막과 신 레판의 별을 받들었음이여 이것은 너희가 절하고자 하여 만든 형상이로다 내가 너희를 바벨론 밖으로 옮기리라 함과 같으니라 44 광야에서 우리 조상들에게 증거의 장막이 있었으니 이것은 모세에게 말씀하신 이가 명하사 그가 본 그 양식대로 만들게 하신 것이라 45 우리 조상들이 그것을 받아 하나님이 그들 앞에서 쫓아내신 이방인의 땅을 점령할 때에 여호수아와 함께 가지고 들어가서 다윗 때까지 이르니라 46 다윗이 하나님 앞에서 은혜를 받아 야곱의 집을 위하여 하나님의 처소를 준비하게 하여 달라고 하더니 47 솔로몬이 그를 위하여 집을 지었느니라 48 그러나 지극히 높으신 이는 손으로 지은 곳에 계시지 아니하시나니 선지자가 말한 바 49 주께서 이르시되 하늘은 나의 보좌요 땅은 나의 발등상이니 너희가 나를 위하여 무슨 집을 짓겠으며 나의 안식할 처소가 어디냐 50 이 모든 것이 다 내 손으로 지은 것이 아니냐 함과 같으니라 51 목이 곧고 마음과 귀에 할례를 받지 못한 사람들아 너희도 너희 조상과 같이 항상 성령을 거스르는도다 52 너희 조상들이 선지자들 중의 누구를 박해하지 아니하였느냐 의인이 오시리라 예고한 자들을 그들이 죽였고 이제 너희는 그 의인을 잡아 준 자요 살인한 자가 되나니 53 너희는 천사가 전한 율법을 받고도 지키지 아니하였도다 하니라

사람들의 고소

스데반

사도행전 6장에 보면 초기 교회에 헬라파 유대인들과 히브리파 유대인들이 함께 있었습니다. 아직은 이방인이 들어오지 않았기에 모두 유대인들입니다. 헬라파와 히브리파는 언어를 중심으로 한 구분입니다. 히브리파는 아람어를 사용하는 유대지역 출신의 유대인들입니다. 일종의 본토인들입니다. 헬라파는 헬라어를 사용하는 디아스포라 출신 즉 유대지역이 아닌 곳에서 출생하고 자랐다가 남은 여생을 고향에서 보내려고 유대지역으로 이주해 와서 사는 사람들이었습니다. 구제하는 일은 교회에서 처음으로 시작한 사역이 아니라 이미 유대교가 행하고 있던 사역입니다. 유대교는 실직자들에게 날마다 음식을 제공했고, 일주일에 한 번씩 빈민들에게 음식과 의류를 제공했었다고 합니다. 본토출신과 해외출신의 특성과 1절을 통해서 유추해 볼 때 아마도 히브리파 유대인들이 주류를 이루었던 것 같습니다. 그래서 헬라파 유대인들이 자기의 과부들이 구제에 빠지므로 히브리파 사람을 원망하기에 이르렀습니다. 이런 연유로 교회에서는 접대를 담당할 사람을 선출하기로 계획하였고 결국 일곱 사람이 선택되었습니다.

선출된 일곱 명의 이름은 스데반, 빌립, 브로고로, 니가노르, 디몬, 바메나, 니골라입니다. 무슨 느낌이 드십니까? 당연히 아무 느낌이 없으실 것입니다. 왜냐하면 이름의 언어적 특성을 모르니까 당연히 아무 생각이 안 듭니다. 한번 예를 들어보겠습니다. 한국에서 국제 청소년 복음 캠프가 열

렸고 우리나라의 청년들과 세계 각국에서 교포 청년들이 많이 왔습니다. 아무래도 주류는 한국 청년들이고, 외국에서 온 교포 청년들은 약간 소외 감을 느꼈습니다. 그때 조장을 뽑기로 했는데 뽑힌 사람의 이름이 헨리, 브라이언, 샘 해밍턴, 오추리, 써니, 우노유노, 닉쿤입니다. 무슨 느낌이 드십니까? 뽑힌 사람이 주류일까요 비주류일까요? 비주류입니다. 이 느낌이 일곱 집사의 이름에서 느껴져야 합니다. 일곱 사람의 이름이 유대식 이름이 아니라 헬라식 이름입니다. 지난 시간에 집사를 선택하는 과정에 두 가지 차별화 즉 대상의 차별화와 사역의 차별화가 있었다고 했습니다. 열두 제자는 기도와 말씀 전하는 사역에 전념하고 새로 뽑는 사람은 접대하는 일을 맡기자고 했습니다. 그런데 뽑힌 것을 보니 헬라파 사람입니다. 결국 열두 제자는 주류인 히브리파에 속한 사람들로서 말씀 전하는 사역에 전념할 자격이 있고, 비주류인 헬라파에 속한 사람들은 말씀 전하는 일을 맡은 자격이 없다고 생각하고 있습니다. 접대하는 일에 모두 헬라파 사람이 뽑혔다는 것은 이 사람들의 마음속에 차별화가 얼마나 견고하게 자리잡혀있는가를 보여줍니다.

　스데반이 헬라파 유대인이었다는 것을 아는 것이 매우 중요합니다. 스데반이 헬라파 유대인이고, 말씀 사역이 아닌 접대를 맡는 사역을 위해서 선출되었다는 것은 스데반이 베드로와 같은 사람이 아니고, 나중에 보게 될 바울과 같은 사람이 아니라는 의미입니다. 베드로와 같다는 것은 예수와 삼 년 동안 동행하며 직접 예수로부터 말씀을 듣고 많은 이적과 기적을 보았다는 것이요, 그래서 복음을 전하는 일에 할 말이 많고 적합하다는 의미입니다. 그런데 스데반은 베드로와 같지 않으니까 말씀 전하는 일에 선택되지 않았습니다. 바울과 같다는 것은 구약에 능통하고 율법에 능통하다는 의미입니다. 평상시에 율법을 늘 연구하며 아예 율법을 통째로 외우고 있으며, 늘 율법을 지키며 사는 것에 자부심을 느껴서, 입만 열면 율법에 대해 자유자재로 말할 수 있는 사람이라는 의미입니다. 그런데 스데반은 베드로와 같지 않고, 바울과 같지 않았습니다. 그래서 스데반은 단지 접대하는 일을 맡는 자로 뽑혔고, 당시 제자들이나 교회에 모인 사람 중에 아무도 스데반이 이렇게 복음을 전할 수 있을 줄 예상하지 않았습니다.

그런 스데반이 말을 잘했다면, 그런 스데반이 관원들과의 논쟁에서 상대방을 제압했다면 스데반의 실력이 어디서 왔다고 말하겠습니까? 스데반의 지식이라고, 스데반의 경력이라고, 스데반의 영성이라고 말할 수 있는 근거가 없습니다. 그래서 할 수 있는 말이 6장 10절 '스데반이 지혜와 성령으로 말함'이라고 묘사합니다. 그러므로 6장 10절은 스데반이 준비된 사람이었다고 말하려는 것이 아니고, 스데반의 인간적인 자격이나 조건이나 특성을 말하려는 것이 아니라, 스데반의 모든 사역이 스데반에 의한 것이 아니라 하나님이 행하신 역사라는 의미를 강조하는 표현입니다.

고소

스데반과 논쟁을 한 사람들의 관점에서 생각하면 스데반이 이렇게 말을 잘하는 줄 알았다면 아예 논쟁을 시작하지도 않았을 것입니다. 그런데 처음에 스데반과 몇 마디 말을 해 보니까, 척 들어보니까 이름이 헬라식이고, 발음이 헬라식이고, 악센트가 헬라식입니다. 그렇다면 스데반이 자신들보다 율법에 대해 능통할 가능성이 적다는 생각이 드는 것이고, 스데반과 논쟁에서 충분히 이길 수 있다고 생각했습니다. 그런데 이렇게 허접해 보이는 사람에게 능히 당하지 못하였으니 얼마나 화가 나고, 분하고, 속상하겠습니까? 스데반이 지혜와 성령으로 말함으로 관원들이 능히 당하지 못했다고 하니 과연 얼마나 지혜롭게 말했기에, 얼마나 논리적으로 말했기에, 얼마나 설득력있게 말했기에, 도대체 어떻게 말했는지 궁금하시죠? 스데반이 말한 것을 보여주는 것이 7장 2절부터 53절입니다. 읽어보시면 깜짝 놀라실 것입니다. 그런데 실제로 본문을 읽어보신 분 중에 깜짝 놀라시는 분이 거의 없습니다. 과연 관원들이 당하지 못할 만하다고 동의하시는 분이 거의 없습니다. 왜냐하면 스데반이 한 말을 대부분 이해하지 못하기 때문입니다.

그럼 왜 스데반이 한 이야기를 이해하지 못할까요? 그 이유는 성경의 흐름 또는 전후 문맥을 파악하며 읽지 않기 때문입니다. 성도님들이 성경을 읽을 때 어디부터 어디까지가 한 단락인가를 분별을 잘 안 합니다. 왜냐하면 성경을 너무 나누어서 읽기 때문입니다. 대표적인 것이 마태복음 5장부터 7장입니다. 다행스럽게도 세장에 걸쳐 기록되어 있지만 이것이 한 단락이라는 것은 아십니다. 하도 사람들이 강조해서, '산상수훈'이라고 제목까지 붙여놓은 덕분입니다. 실제로 읽어보면 5장 2절이 '입을 열어 가르쳐 이르시되'로 시작하고 7장 28절에 '예수께서 이 말씀을 마치시매'라고 나옵니다. 그러므로 5장부터 7장까지가 하나로 연결된 가르침입니다. 그런데 산상수훈에 하도 좋은 말씀이 많이 나오니까 다 따로따로 이해하려는 경우가 많습니다. 그래서 전체적 의미를 자주 놓칩니다.

스데반의 연설은 7장에 나오지만 그 시작은 6장부터입니다. 사도행전 6장 9절에 논쟁이 나오고, 10절에는 사람을 매수한 이야기가 나오고, 12절에는 공회에 도착하였고, 13절에는 거짓 증인들의 거짓 증언이 나옵니다. 유대 사람들이 스데반을 고소하였는데 고소 내용은 13절 "이 사람이 이 거룩한 곳과 율법을 거슬러 말하기를 마지 아니하는도다"입니다. 즉 성전과 율법을 모독했다는 것입니다. 엄밀하게 말하면 저들의 주장은 새로운 것이 아니고 전혀 근거가 없는 것이 아닙니다. 14절 "그의 말에 이 나사렛 예수가 이곳을 헐고 또 모세가 우리에게 전하여 준 규례를 고치겠다 함을 우리가 들었노라"입니다. 우선 예수가 했다는 말은 실제로 예수가 한 말입니다. 예수가 실제로 성전을 헐라고 했고, 사흘 만에 새로 짓겠다고 말씀하신 적이 있습니다. 또 율법에 관한 내용은, 예수가 규례를 고치겠다고 한 적이 없지만 예수가 해석한 대로라면 유대인들이 듣기에는 규례를 고치는 것과 같은 의미가 될 것입니다. 스데반이 논쟁을 하면서 예수가 성전에 대해 말한 것과 율법에 대해 말한 것을 스데반도 말했을 것이니 저들의 고소가 생판 억지 주장은 아닌 것입니다. 여하튼 고소인들의 주장이 있은 후 드디어 대제사장이 묻습니다. 7장 1절 "대제사장이 이르되 이것이 사실이냐"입니다.

스데반의 연설

반론

사도행전 6장 12절에 의하면 7장이 전개되는 장소가 공회입니다. 상황을 정리하면 한편에서 스데반을 고소하였고, 드디어 스데반이 고소한 내용에 대해 대답할 순서입니다. 대제사장이 고소 내용에 대해 '이것이 사실이냐?'고 물었으니 이제 7장 2절부터는 스데반의 반론이 등장합니다. 고소된 내용은 스데반이 성전과 율법을 모독한다는 것입니다. 그렇다면 스데반이 하는 연설이 무엇과 연관되었겠습니까? 당연히 성전과 율법입니다. 이것을 꼭 기억하시면서 읽어야 합니다. 2절을 보면 '스데반이 이르되 여러분 부형들이여 들으소서'로 시작해서 53절까지입니다. 개역개정 성경에서 6장을 보시면 7절과 8절에 동그라미 표시가 있습니다. 정확한 것은 아니지만 단락을 구분할 수 있다는 의미를 가리키는 장치입니다. 7장 2절에 동그라미 표시가 있고 54절에 다시 동그라미가 나타납니다. 이미 저와 여러분에게 2절부터 53절까지는 한 단락이라고 알려주는 힌트입니다. 그래서 성경을 읽으실 때 2절로 53절까지는 중간에 끊어 읽으면 안 되고, 큐티를 해도 중간을 두 번, 세 번 나누어서 묵상하면 안 됩니다. 중간에 아무리 훌륭한 사람이 나와도, 중간에 아무리 멋있는 표현이 나와도 나누면 안 되고, 한 번에 읽고, 한 번에 묵상해야 합니다.

사람들은 단지 본문이 길다고 여겨서, 그리고 다음에 워낙 유명한 사건, 훌륭한 인물이 나오니까 중요한 메시지라고 생각하고 나눕니다. 그러나 그러면 안 됩니다. 2절로 53절은 하나의 이야기, 즉 스데반이 성전과 율법에 대해 어떻게 생각하고 있는가를 보여줍니다. 2절부터 읽어보면 아브라함부터 시작해서 8절에 이삭과 야곱이 나오고, 9절부터 요셉 이야기가 이어지고, 20절부터는 구국의 영웅 모세와 출애굽 사건이 길게 나오고, 41절에는 시내산의 금송아지 사건, 45절에는 여호수아, 그리고 드디어 46절에 다윗이 하나님의 처소를 준비하게 해 달라고 기도한 이야기에 이어, 47절에 "솔로몬이 그를 위하여 집을 지었느니라"고 나옵니다. 이런 역사적 인물들과 사건들이 등장하지만 역사 이야기를 하는 것이 아니고, 국가의 영웅이야기를 하는 것이 아니라 성전과 율법 모독에 관한 이야기를 하고 있다는 것을 기억하셔야 합니다. 아브라함 이야기도 성전과 관계 있고, 이삭·야곱·요셉·모세·여호수아의 모든 이야기가 다 성전과 율법에 관한 이야기라는 것입니다. 아브라함이 나온다고 '믿음의 조상'에 관한 것이 아니고, 요셉이 나온다고 '꿈'에 관한 것이 아니고, 모세가 나온다고 '출애굽'에 관한 것이 아니고, 여호수아가 나온다고 '가나안 입성'에 관한 것이 아닙니다.

실제로 현장에서 스데반의 연설을 들은 사람들은 이 사실을 알았을까요? 당연히 알았습니다. 한번 예측해 본다면, 관원들이 스데반에 대해 성전과 율법을 모독한다고 고소를 했으니 고소를 당한 스데반이 뭐라고 했을 것 같습니까? 성전과 율법을 모독한 적이 없다고 했을까요? 아니면 성전이 정말 아름답고 소중하다고 했을까요? 율법을 잘 지켜서 복 받자고 했을까요? 아니면 지금이라도 성전을 부셔버리자고 했을까요? 성경에 스데반의 연설이 끝난 후에 사람들의 반응이 기록되어 있습니다. 7장 54절 "이 말을 듣고 마음에 찔려 그를 향하여 이를 갈거늘"입니다. 마음이 찔렸다고 하니 자신들이 한 말과 관련이 되었다는 것이고, 이를 갈았다는 것을 보니 아마도 그 내용이 듣기에 매우 불편했던 것 같습니다. 스데반이 유대인들의 염장을 질렀던 것 같습니다. 현장에 있던 사람들은 스데반의 말을 알아들었습니다. 이제 저와 여러분 차례입니다. 저와 여러분이 관원들의 입장에서 스데반의 말을 듣고, 즉 성전과 율법을 모독한다는 고소에 대해 뭐라고 반론을 펴는가, 도대체 왜 마음이 찔렸을까, 왜 이를 갈았을까를 분별하셔야 합니다. 그리고 관원들은 이를 갈았지만 저와 여러분은 통쾌함을 느껴야 합니다.

땅

이해를 돕기 위해서 다른 이야기를 하나 해 보겠습니다. 두 사람이 만나서 밥을 먹으려고 합니다. 그때 한 사람이 비빔밥을 먹자고 하고 가장 가까운 분식집에 들어가자고 합니다. 그랬더니 다른 사람이 하는 말이 '비빔밥을 먹는데 분식집이 웬 말이여! 비빔밥은 전주비빔밥이지! 자 전주로 가자, 전주가 아닌 곳에서 먹는 비빔밥은 비빔밥이 아닌 것이다'고 합니다. 이 말은, 이 사람이 왜 전주가 비빔밥으로 유명한지, 전주비빔밥의 맛의 특성이 무엇인지, 어떻게 먹어야 맛있게 먹는지에 관한 내용들을 모두 알고 있다는 것을 전제로 하는 말입니다. 이때 이 사람에게 전주가 아닌 다른 곳에서 먹자고 주장하려면 이 사람을 설득해야 합니다. 이 사람이 알고 있는 전주비빔밥의 내력을 모두 알고 있으며, 그 사람이 모르는 내용까지 더 자세히 알고 있어야 그 사람을 설득할 수 있습니다.

지금 스데반의 연설이 그와 같습니다. 유대인들이 성전에 대해 거룩함을 주장하고 스데반이 성전을 모독했다고 말을 하니까 스데반이 성전이 무엇이며, 성전의 의미가 무엇이며, 성전의 기원이 무엇이며, 성전의 내력이 무엇인가를 설명하고, 자기가 성전을 모독한 것이 아니라는 반론을 펴기 위해서 아브라함부터 이야기를 시작합니다. 먼저 성전을 중요시하는 사람들이 가지고 있는 기본 생각을 점검해 보아야 스데반의 반론을 이해할 수 있습니다. 첫째, 성전을 강조하는 것은 단지 건물을 의미하지 않습니다. 이것이 성전이기만 하면 아무 곳에나 있어도 된다고 생각하는 것이 아닙니다. 이 거룩한 성전은 어디에 있어야 합니까? 당연히 예루살렘입니다. 예루살렘이라는 땅이 중요합니다. 두 번째는 성전을 지은 이유입니다. 바로 하나님을 위해서 지었다는 주장입니다. 세 번째는 성전을 지은 사람입니다. 만약 불순종의 아이콘인 사울이 지었다고 하면 명성이 떨어집니다. 다윗이 간구해서 솔로몬이 지은 것이 중요합니다. 이런 생각을 가지고 있으니까, 유대인들이 성전에 대한 자부심·경외심을 가지고 있으니까 스데반을 고소한 것이고, 이에 대해서 드디어 스데반이 반론의 연설을 시작합니다.

이제부터 스데반의 연설 또는 반론을 상고해 보겠습니다. 첫 번째, 스데반의 연설에서 가장 먼저 등장하는 것이 아브라함이고, 아브라함의 이야기에서 이삭과, 야곱, 요셉, 모세, 출애굽의 이야기가 전개되는 동안 가장 많이 반복되는 단어가 있습니다. 그것이 바로 '땅'입니다. 2절부터 보시면 "우리 조상 아브라함이 하란에 있기 전 메소보다미아에 있을 때에 영광의 하나님이 그에게 보여 이르시되 네 고향과 친척을 떠나 내가 네게 보일 땅으로 가라", 4절 "아브라함이 갈대아 사람의 땅을 떠나 하란에 거하다가 그의 아버지가 죽으매 하나님이 그를 거기서 너희 지금 사는 이 땅으로 옮기셨느니라 그러나 여기서 발붙일 만한 땅도 유업으로 주지 아니하시고 다만 이 땅을 아직 자식도 없는 그와 그의 후손에게 소유로 주신다고 약속하셨으며"입니다. 그리고 이어지는 이야기는 이삭과 야곱을 지나 요셉 때에 흉년 때문에 야곱의 가족이 모두 애굽으로 옮겨갔는데 하나님이 요셉을 통해 정착했고, 후에 애굽에서 노예가 되었을 때에 모세가 나타나서 출애굽을 시켜서 다시 약속의 땅으로 돌아오게 되었다고 설명합니다.

스데반의 강조점은 너희가 성전이 세워졌다고 자랑하는 예루살렘, 그 땅이 어디서 났느냐는 질문입니다. 이 땅이 예사 땅이 아니라 신령한 땅이요, 거룩한 땅이라고 자부심이 대단한데, 그 땅이 어디서 났느냐고 묻습니다. 마치 자신들이 그 땅을 준비한 듯, 마치 자신들이 그 땅을 마련한 듯, 마치 자신들이 그 땅을 비싼 돈 주고 산 듯, 마치 자신들이 그 땅을 하나님을 위해 바친 듯 자랑하고 있는데, 실제로 그 땅이 어디서 났느냐고 따집니다. 스데반은 유대인들에게, 그 땅은 너희들이 준비한 것이 아니라 하나님이 주신 것이라는 선포합니다. 너희가 구한 땅이 아니라 하나님이 주신 땅이기에 너희가 그 땅에 대해서 자랑할 것이, 떵떵거려야 할 명분이 없다는 주장입니다.

왜 지었는가

두 번째, 유대인들이 성전에 대해 자부심을 갖는 것이 성전은 자기들의 욕심을 위해서가 아니라 '하나님을 위해서' 지었다는 자랑인데, 스데반은 이것을 정면으로 뒤집어 버립니다. 이 이야기가 39절부터 44절입니다. 우선 39절 "우리 조상들이 모세에게 복종하지 아니하고자 하여 거절하며 그 마음이 도리어 애굽으로 향하여 아론더러 이르되 우리를 인도할 신들을 우리를 위하여 만들라 애굽 땅에서 우리를 인도하던 이 모세는 어떻게 되었는지 알지 못하노라 하고 그 때에 그들이 송아지를 만들어 그 우상 앞에 제사하며 자기 손으로 만든 것을 기뻐하더니"입니다. 시내산에서 이스라엘이 송아지를 만들었는데 하나님을 위해서 만든 것이 아니었습니다. 핵심이 '자기 손으로 만든 것을 기뻐하더니'입니다. 괜히 자기가 불안해져서 자기들 불안감을 벗어나려고, 자기 좋으려고 우상을 만들었습니다. 이것에 대한 하나님의 반응이 42절 "하나님이 외면하사 그들을 하늘의 군대 섬기는 일에 버려두셨으니"입니다. 이것을 설명하는 것이 선지자의 글로 표현되어 있습니다. 아모스 5장 25절로 27절에 나오는 것으로 사도행전 7장 42절 이하 "이스라엘 집이여 너희가 광야에서 사십 년간 희생과 제물을 내게 드린 일이 있었느냐 몰록의 장막과 신 레판의 별을 받들었음이여 이것은 너희가 절하고자 하며 만든 형상이로다 내가 너희는 바벨론 밖으로 옮기리라 함과 같으니라"입니다. 즉 이스라엘이 송아지를 만든 것이 결국은 몰록의 장막과 레판의 별을 받든 것과 같기에 '하늘의 군대 섬기는 일에 버려두셨다'고 표현했습니다.

그 다음이 정말 중요합니다. 이스라엘이 형상을 만들었습니다. 자기들

좋자고 형상을 만들었습니다. 그러면 그 다음에 필요한 것이 무엇이겠습니까? 여기서 우상 이야기가 성전으로 연결됩니다. 44절 "광야에서 우리 조상들에게 증거의 장막이 있었으니 이것은 모세에게 말씀하신 이가 명하사 그가 본 그 양식대로 만들게 하신 것이라"입니다. 무슨 말씀이신지 분별이 되십니까? 많은 사람들이 구약의 성막이 하나님이 하나님의 영광을 위해서 지은 것이라고 생각하는데, 지금 스데반은 '지혜와 성령으로 말하는데' 성막이 지어진 것이 하나님 때문이 아니라 이스라엘의 우상 숭배 때문이라고 지적합니다. 하나님이 성막이 필요했던 것이 아니라 이스라엘이 성막이 없으면 종교를 감당하지 못하니까 하나님이 이스라엘을 위해서 하나님은 필요하지도 않은 성막을 짓게 하셨다고 항변합니다. 그 성막이 어떻게 되었습니까? 45절로 47절 "우리 조상들이 그것을 받아 하나님이 그들 앞에서 쫓아내신 이방인의 땅을 점령할 때에 여호수아와 함께 가지고 들어가서 다윗 때까지 이르니라 다윗이 하나님 앞에서 은혜를 받아 야곱의 집을 위하여 하나님의 처소를 준비하게 하여 달라고 하더니 솔로몬이 그를 위하여 집을 지었느니라"입니다. 핵심 포인트가 나왔는데, 다윗이 누구를 위하여 짓겠다고 했습니까? 하나님이 아니라 '야곱의 집을 위하여'입니다.

누가 지었는가?

그리고 세 번째, 성전을 지은 사람에 관한 내용입니다. '솔로몬'이 지었습니다. 유대인들은 이 성전을 다윗이 계획해서 다윗의 아들 솔로몬이 지었다고 자부심을 가지고 있었습니다. 이때 스데반도 똑같은 말을 합니다. 다윗이 간구해서 솔로몬이 지었다고 인정합니다. 그런데 의미가 완전히 다릅니다. 스데반이 말하는 '누가 지었느냐'는 것은 사울이냐, 다윗이냐가 아니고, 아합 왕이냐 솔로몬이냐가 아니라 누가 지었든지 간에 '인간이 지은 것'이라는 의미입니다. 인간이 필요해서, 인간을 위해서, 인간이 지었습니다. 유대인들의 생각을 완벽하게 뒤집습니다. 하나님을 위해서 성전을 지었다고 엉터리 자부심을 가지고 있는 자들에게 '너희가 필요해서, 너희를 위해서, 너희가 지었잖아!'라고 내지르고 있습니다. 여기서 통쾌해 하시면 안 됩니다. 마지막 한 방이 남아 있습니다. KO펀치를 날립니다. 48절부터 50절 "그러나 지극히 높으신 이는 손으로 지은 곳에 계시지 아니하시나니" 입니다. 그것도 단순히 자기의 생각을 주장하는 것이 아니라 하나님의 말씀을 인용하여 선언합니다. 49절 "선지자가 말한 바", 이 선지자는 이사야 입니다. 이사야 66장 1절 이하에 나오는 말입니다. "주께서 이르시되 하늘은 나의 보좌요 땅은 나의 발등상이니 너희가 나를 위하여 무슨 집을 짓겠으며 나의 안식할 처소가 어디냐 이 모든 것이 다 내 손으로 지은 것이 아니냐 함과 같으니라"입니다. 이런 것을 폭탄선언이라고 합니다.

관원들이 스데반을 고소한 이유가 성전을 거슬러 말한다는 것이었는데, 스데반은 성전을 거슬러 말하는 정도가 아니라 아예 성전 자체를 원천적으로 부인합니다. 아주 심하게 비꼬고 아주 심하게 비아냥거립니다. 하늘이 하나님의 보좌요 땅이 하나님의 발등상이고, 하늘과 땅 모든 것을 하나님이 지으신 것인데 누가 감히 하나님의 집을 지으며, 누가 감히 하나님의 안식할 처소를 지으며, 누가 도대체 어디에 하나님의 집을 지으며, 누가 도대체 어디를 하나님의 처소라고 말할 수 있느냐고 말합니다. 너희가 준비한 땅이 아니라 하나님이 주신 땅에서, 하나님을 위해서가 아니라 너희 자신을 위해서, 하나님이 지으신 것이 아니라 자신들이 지은 것에 대해서 거룩하다느니, 영광스럽다느니, 신령하다느니 하면 그것이 바로 교만의 극치이고, 그것이 바로 신성모독이라는 선언입니다.

스데반은 유대인들이 하나님은 알지도 못하고, 하나님의 뜻과 원리와 마음과 심정과, 하나님의 구원과 은혜와 복에 대해서는 알지도 못한 채, 자신들이 필요해서 자신들이 지은 성전을 자랑하고, 자신들의 교만에 푹 빠져 있는 유대인들을 향해 저들이 존경하는 아브라함부터 시작해서 저들이 자랑스러워하는 모든 신앙의 조상들을 하나하나 점검하며 저들의 어리석고 왜곡된 종교를 완전히 박살내고 있습니다. 성전이라고, 하나님을 위한 집이라고 지은 것에 대해서 선포하는 말이 '지극히 높으신 이는 손으로 지은 곳에 계시지 아니하시도다'입니다. 너무나 당연한 말씀입니다. 그래서 다시 한 번 읽어보겠습니다. '하늘은 나의 보좌요 땅은 나의 발등상이니 너희가 나를 위하여 무슨 집을 짓겠으며 나의 안식할 처소가 어디냐! 이 모든 것이 다 내 손으로 지은 것이 아니냐!' 인간이 하나님의 집을 짓겠다는 것 자체가 어불성설이요, 인간이 하나님을 영화롭게 하겠다는 것이 신성모독이요, 하나님이 지으신 세상에서 인간이 하나님의 땅의 일부를 차지하고 신성하게 만들고, 거룩하게 만들겠다는 사고방식 자체가 참람합니다.

율법

스데반이 고소 받은 것이 두 가지 즉 성전과 율법이었는데 지금까지는 성전에 관한 반론이었고, 율법에 관한 반론은 아주 짧습니다. 율법에 관한 이야기는 아주 간단하게 처리합니다. 왜냐하면 성전에 대해 왜곡하는 것을 통해서 이미 유대인들이 하나님에 대해 얼마나 엉뚱하고 어리석게 행동하고 있는지가 확인이 되었기 때문입니다. 그렇다면 하나님의 마음과 심정을 담은 율법을 바르게 이해할 가능성이 아예 없기 때문에 길게 이야기를 시작조차 할 수 없습니다. 그래서 아주 통렬하게 한 마디로 잘라 버리는 것이 51절부터입니다. "목이 곧고 마음과 귀에 할례를 받지 못한 사람들아 너희도 너희 조상과 같이 항상 성령을 거스르는도다 너희 조상들이 선지자들 중의 누구를 박해하지 아니하였느냐 의인이 오시리라 예고한 자들을 그들이 죽였고 이제 너희는 그 의인을 잡아 준 자요 살인한 자가 되나니 너희는 천사가 전한 율법을 받고도 지키지 아니하였도다 하니라"입니다.

첫째는, 너희는 목이 곧고 마음과 귀에 할례를 받지 못한 사람들이라고 합니다. 율법을 전혀 알아들을 수 없는 사람들입니다. 둘째는, 그래서 너희는 너희 조상과 같이 항상 성령을 거스른다고 합니다. 아주 절묘한 단어입니다. 6장 13절에 스데반을 고소한 증인들이 한 말이 "이 사람이 이 거룩한 곳과 율법을 거슬러 말하기를 마지 아니하는도다"였습니다. 관원들이 스데반에게 '거슬러 말한다'고 고소하자 스데반은 실상은 너희가 항상 '거스른다'고 반론합니다. 셋째는, 그렇게 거슬러 행동하니 아예 율법을 지키지 않는 것이라고 선언해 버립니다.

여호와 신앙

이방 종교의 대표적 특성이 형상이고, 방법이고, 차별화입니다. 형상이 있으면 당연히 신전이 있고, 신전은 당연히 신의 위엄에 합당하게 화려하고, 빛나고, 폼 나고, 딱 보는 순간 장엄함에 압도되어야 하고, 들어서는 순간 저절로 영성이 생길 듯한 경건성이 느껴져야 하고, 그런 장소는 신령하다는 인식입니다. 그것이 종교를 드러내는 최소한의 양식입니다. 이것은 단순히 신전에만 머물지 않습니다. 신전이 만들어지면 그 다음은 신전에 종사하는 자들로 연결됩니다. 멋있는 신전에 초라한 복장을 한 사람이 있으면 어울리지 않는다고 생각합니다. 그러니 신전에 걸 맞는 화려한 복장과 화려한 장식과 화려한 예식이 동원됩니다. 신전을 다른 장소들과 차별화를 만들어 내면 당연히 종교 종사자들도 차별화를 만들어 냅니다. 그것이 아예 다른 종교의 종사자들과 차별화를 만들어 내기도 하지만, 같은 그룹 내에서도 차별화를 만들어내고, 그 차별을 누가 보더라도 알 수 있도록 구별시키는 것이 복장입니다. 그래서 계급별로 색깔을 정하고, 직급별로 디자인을 따로 정해서 아무나 할 수 없게 만드는 것입니다. 이것이 세상 종교의 공통된 특징입니다.

이러한 사고방식과 종교양식에 사로잡힌 자들에게 나타난 예수의 모습, 제자들의 모습은 과연 어떤 느낌이었을까요? 하나님의 아들이라고 하는데 볼품이 전혀 없습니다. 그리스도라고 하는데 사람들과 차별화를 전혀 만들어 내지 않습니다. 하나님을 예배하고, 하나님의 뜻을 행한다고 하는데 종교양식이 하나도 없습니다. 그들 생각에 이게 무슨 종교입니까? 이것이 기독교의 특징입니다. 죄의 원리와 완전히 다른 것, 죄의 인식과는 완전히 다른 것이 기독교의 특징입니다. 기독교의 특징에 관하여 스데반이 말한 것을 기준으로 하면, 이 말이 자그마치 이천 년 전에 선포된 말입니다. 애초에 선지자가 다윗에게 말한 것을 기준으로 하면, 이 말이 자그마치 삼천 년 전에 선포된 말입니다. 그런데 현재의 기독교는 아름답고, 숭고하고, 인간을 존중하는 모습을 상실한 채 한낱 종교의 모습으로 변해버렸습니다. 제발 부탁드리기는 하나님을 아시기 바랍니다. 성경을 배우셔서 하나님을 아시고, 기독교를 아시고, 교회를 아시고, 신앙을 아시기 바랍니다. 그래서 하나님 때문에 행복하고, 하나님 때문에 즐겁고, 하나님 때문에 자유로운 멋진 신앙, 풍성한 믿음 되시기를 주님의 이름으로 축원합니다.

26

이 말을 하고 자니라

사도행전 7:54~60

54 그들이 이 말을 듣고 마음에 찔려 그를 향하여 이를 갈거늘 55 스데반이 성령 충만하여 하늘을 우러러 주목하여 하나님의 영광과 및 예수께서 하나님 우편에 서신 것을 보고 56 말하되 보라 하늘이 열리고 인자가 하나님 우편에 서신 것을 보노라 한대 57 그들이 큰 소리를 지르며 귀를 막고 일제히 그에게 달려들어 58 성 밖으로 내치고 돌로 칠새 증인들이 옷을 벗어 사울이라 하는 청년의 발 앞에 두니라 59 그들이 돌로 스데반을 치니 스데반이 부르짖어 이르되 주 예수여 내 영혼을 받으시옵소서 하고 60 무릎을 꿇고 크게 불러 이르되 주여 이 죄를 그들에게 돌리지 마옵소서 이 말을 하고 자니라

기독교의 소식

놀라더라

기독교가 전하는 소식을 '복음' 즉 복된 소식이라고 합니다. 일반적으로 '복되다'는 표현을 잘 안 쓰니 그냥 '좋다'라는 의미로 '좋은 소식'이라고 하겠습니다. 기독교의 내용을 들어보면 좋은 내용이라는 의미입니다. 사람들이 어느 곳에 가서 교육을 받거나 연설을 들으면 내용이 만족스럽지 못했을 때는 말할 필요가 없고, 가기를 잘했다거나 듣기를 잘했다고 생각할 때 반응하는 표현이 '새롭다, 신선하다, 창의적이다, 독특하다' 등이 있지만 가장 대표적인 것이 '좋다'입니다. 훌륭한 강연은 청중들에게서 '좋다'라는 반응을 많이 받는 경우입니다. 당연히 내용도 좋아야 하고, 강사도

좋아야 하고, 전달도 좋아야 하고, 장소도 좋아야 하고, 또 하나 필수적인 것이 사은품도 좋아야 합니다. 하지만 결론은 자기에게 유익이 되어야 합니다. 기독교의 소식이 '복음' 또는 '좋은 소식'이라는 것은 기독교의 내용이 전적으로 인간을 위한 것임을 의미합니다.

이렇게 좋은 내용, 좋은 소식의 대표가 기독교인데 성경을 보면 기독교의 소식을 '복음' 또는 '좋은 소식'이라고 불러야 할지 좀 난감한 상황을 발견하게 됩니다. 구약과 신약을 통 털어서 하나님이 전하는 소식을 들은 사람들 중에 '좋다'고 반응한 사람이 한 사람도 없습니다. 성경에서 직접 하나님이 전하는 소식을 듣거나, 하나님이 보낸 사람들을 통해서 하나님의 말씀을 들은 사람들이 가장 많이 나타낸 반응이 무엇인지 아십니까? '좋다'가 아니었습니다. 사람들의 반응은 바로 '놀랍다'라는 것이었습니다. 사람들이 보인 '놀랍다'는 반응은 긍정적인 의미의 놀라움이 아닙니다. 긍정적 의미 즉 '대단하다, 훌륭하다, 엄청나다, 신기하다'는 의미가 아닙니다. '부럽거나, 기대하거나, 되고 싶다'는 의미가 아닙니다. 도리어 부정적인 의미의 '어이없다, 이상하다, 낯설다, 어색하다'는 것이요, 또는 행여 자신에게 이루어질까봐 '걱정된다, 부담된다, 거북하다'는 의미의 '놀랍다'입니다.

하나님은 '좋은 소식'을 주셨는데 사람들은 전혀 좋아하지 않았습니다. 여기에는 다 이유가 있습니다. 가장 중요한 것은 하나님의 말씀이 사람들의 생각과 달랐기 때문입니다. 단지 '달랐다'는 정도가 아니라, 하나님의 말씀에는 '사람들이 할 수 없다'는 것이 전제되어 있기 때문입니다. 사람들은 어떤 말을 들을 때 자동적으로 자신이 할 수 있는 일인가, 자신이 할 수 있는 방법인가, 자신이 도달할 수 있는 비전인가를 점검하게 되어 있습니다. 누구에게든, 어떤 말을 듣든, 가장 먼저 자신이 할 수 있는 일인가를 판단하는 것은 본인이 의도하지 않아도 인간에게 저절로 생각이 들고, 저절로 따져보게 되는 본능적 행동입니다. 예외가 없습니다. 이때 자신이 할 수 있다, 가능성이 있다고 판단되는 것을 '목표, 비전, 꿈'이라고 하고, 할 수 없는 것을 '망상, 헛된 꿈'이라고 합니다.

하나님의 일

사람의 연설이나 교훈과 대조하여 하나님의 가르침이 갖는 근본적 차이가 바로 여기에 있습니다. 사람들이 하는 연설은 최소한 '사람이 할 수 있는 일'입니다. 왜냐하면 다른 사람에게 해보라고 권유해야 하는 일이기 때문입니다. 상대적으로 하나님의 말씀, 하나님의 가르침은 '하나님이 하실 일'이거나, '하나님이 하신 일'입니다. 그래서 '사람이 할 수 있느냐, 없느냐?'에 대한 전제가 없습니다. 하나님이 하실 것이니까 하나님이 하실 수 있는 것이요, 하나님이 하실 수 없는 일이 없으니까 인간이 생각하기에는 '신기한 일, 놀라운 일, 엄청난 일'이 등장합니다. 하나님은 정말 말도 안되는 말을 하셔도 됩니다. 왜냐하면 어차피 하나님이 하실 것이니까 괜찮습니다. 또 하나님은 정말 기상천외한 일을 계획하셔도 됩니다. 왜냐하면 어차피 하나님이 이루어 내실 일이니까 어떤 말씀이든, 어떤 목표든 다 괜찮습니다. 하나님 말씀의 핵심은 모든 일은 하나님이 행하시고, 모든 결과는 인간에게 주신다는 것입니다. 그러니 하나님이 어떤 말씀을 하셔도 인간은 다 좋습니다. 그래서 하나님의 말씀이 좋은 소식입니다.

그런데 사람들은 하나님의 말씀을 하나님이 하실 일이라고 생각하지 않고, 하나님이 자기들에게 행하라고 명령하는 줄로 착각합니다. 그런 생각으로 하나님 말씀을 들어보니 도무지 감당할 수 없는 일입니다. 도무지 상상도 할 수 없는 일입니다. 도무지 해 낼 방법이 없는 일입니다. 그러니 절망의 놀라운 반응이 나올 수밖에 없습니다. 세상 사람들이 성경의 가르침에 대해 놀라고 오해하는 것은 당연합니다. 성경을 모르고 하나님의 뜻을 모르니 오해하고, 부정적인 의미로 놀라는 것이 당연합니다. 그러나 성도는 하나님을 아는 자들이요, 성경을 배우는 사람들입니다. 그래서 성도도 성경을 읽으면서, 하나님 말씀을 듣고 배우면서, 놀라긴 놀라는데 긍정적인 의미의 놀라움이어야 합니다. 알아들었다는 의미의 놀라움이어야 합니다. '와, 이 정도였어!', '우와, 정말 대단하다!', '기가 막히다!, 이런 복이 나에게 오다니!'라는 의미이어야 합니다. 하지만 성도가 성경의 사건에 대해 엉뚱한 반응, 마치 세상 사람과 별로 다를 것이 없는 반응을 나타내는 것이 참으로 안타까운 일입니다. 성경을 전혀 알아듣지 못했다는 증거입니다. 성경의 본문이 강조하는 포인트가 무엇인지 파악하지 못했다는 증거입니다. 성경이 세상의 이야기와 교훈과 무엇이 다르고, 어떻게 다르고, 얼마나 다른지 분별하지 못했습니다. 그 예 중의 하나로 본문을 점검해 보겠습니다.

설교자에 대한 묘사

사도행전에는 여러 편의 설교가 등장합니다. 십여 차례의 설교가 있지만 정작 설교를 한 사람은 불과 네 명입니다. 가장 먼저 나오는 것이 베드로의 설교입니다. 두 번째가 스데반의 설교이고, 세 번째는 설교라고 할 정도의 분량은 아니고 '신앙 상담'이라고 할 분량이지만 여하튼 하나님 말씀을 전하는 사람으로 빌립의 설교이고, 네 번째가 분량이나 횟수로 가장 많이 차지하는 바울의 설교입니다. 그런데 네 명의 설교자에 대한 묘사와 설교가 끝난 후의 반응이 아주 기이하게 되어 있습니다.

우선 설교자에 대한 묘사부터 보면, 베드로에 대해서는 '성령이 충만하였고, 성령이 충만하여 말하였다'고 소개하고 있고, 스데반에 대하여도 '믿음과 성령이 충만한 사람'이었고, '성령으로 말하였다'고 소개하고 있습니다. 빌립도 집사로 선택되었으니 당연히 '믿음과 성령이 충만한 사람'이었습니다. 바울에 대하여는 워낙 분량이 있으니까 '성령이 충만하였다, 성령에 매여, 성령으로'라는 표현이 많이 등장합니다. 그런데 설교자를 소개할 때에 스데반과 빌립에는 조금 독특한 것이 있습니다. 먼저 빌립이 말씀을 전하는 과정에 대해서는 '성령으로 말했다' 또는 '성령의 충만함으로 말했다'는 표현이 없습니다. 물론 성령과 관계는 있습니다. 8장 29절 '성령이 빌립더러 이르되', 39절 '주의 영이 빌립을 이끌어간지라'라고 나오지만 빌립이 성령의 인도함을 받았을 뿐, 빌립의 행동에 관하여는 성령을 언급하지 않습니다.

스데반에 관하여는 아주 독특합니다. 다른 사람에는 전혀 없는 모습이 나옵니다. 단지 베드로, 빌립, 바울과 비교해서만 독특한 것이 아니라 신약성경 전체에서 아주 독특합니다. 사도행전 6장 15절 "공회 중에 앉은 사람들이 다 스데반을 주목하여 보니 그 얼굴이 천사의 얼굴과 같더라"입니다. 또 7장 55절 이하 "스데반이 성령 충만하여 하늘을 우러러 주목하여 하나님의 영광과 및 예수께서 하나님 우편에 서신 것을 보고 말하되 보라 하늘이 열리고 인자가 하나님 우편에 서신 것을 보노라"입니다. 얼굴이 천사의 얼굴과 같다는 표현은 오직 스데반에게만 등장합니다. 또 하나님과 예수님의 모습을 보는데 우선은 이 장면 자체가 독특합니다. 바울도 하나님의 영광을 보는 장면이 나오기는 하지만 바울의 경우에는 바울의 의사와는 관계없이 하나님이 주도적으로 임재하는 모양새이고, 스데반의 경우에는 스데반이 스스로 하늘을 우러러 주목하여 봅니다. 표현상으로만 따져본다면, 만약 성령 충만을 측량할 수 있다면 아마도 스데반이 일등일 정도로 거창하게 묘사되어 있습니다.

설교에 대한 반응

설교자에 대한 묘사를 비교해 보신다면, 이 사람들이 설교했을 때에 설교를 들은 사람들의 반응이 어떻게 나올지 조금은 예상하실 수 있습니다. 한번 생각해 보십시오. 연설자를 소개하는데 가장 거창한 소개를 한 사람과 가장 대충 소개를 한 사람이 있습니다. 소개하는 사람이 이미 결과를 예상하고 있습니다. 거창하게 소개한 사람을 소개하는 이유가 무엇이겠습니까? 거창한 결과를 기대하고 있기 때문입니다. 그런데 설교에 대한 반응은 저와 여러분의 예상을 완전히 빗나갑니다. 우선 평범하게 소개되었던 베드로의 설교에 대한 반응입니다. 베드로가 설교하였을 때 사도행전 2장 41절에 의하면 신도의 수가 삼천이나 더했다고 하고, 4장 4절에 의하면 말씀을 들은 사람 중에 믿은 자가 많으니 남자의 수가 약 오천이나 되었다고 합니다. 정말 대단한 결실이요, 열매입니다.

상대적으로 가장 빈약하게 소개되었던 빌립이 설교하였을 때 사도행전 8장 6절에 '무리가 빌립의 말도 듣고 행하는 표적도 보고 한마음으로 그가 하는 말을 따르더라'입니다. 35절에 의하면 '빌립이 입을 열어 이 글에서 시작하여 예수를 가르쳐 복음을 전하니 길 가다가 물 있는 곳에 이르러 그 내시가 말하되 보라 물이 있으니 내가 침례를 받음에 무슨 거리낌이 있느냐 이에 명하여 수레를 멈추고 빌립과 내시가 둘 다 물에 내려가 빌립이 침례를 베풀고'입니다. 몇 명인지는 기록되지 않았지만 '무리'라고도 하고, 특정인이 등장하기도 합니다. 바울의 경우는 너무나 많은데 해당 본문이 나올 때 확인해 보기로 하겠습니다. 여하튼 베드로, 빌립, 바울의 경우는 복음을 듣고 믿은 자, 침례를 받은 자, 흔히 말해서 전도의 열매가 있었습니다.

그런데 가장 거창하게 소개되었던 스데반이 설교한 후의 반응은 7장 54절 "그들이 이 말을 듣고 마음에 찔려 그를 향하여 이를 갈거늘"입니다. 믿은 자도 없고, 침례를 받은 자도 없습니다. 아니 조금이라도 호의적인 태도를 보인 사람조차 없습니다. 물론 스데반이 저들이 듣기에 좋은 소리를 한 것이 아닙니다. 스데반의 설교 내용이 성전과 율법에 대해 거슬러 말한다는 고소에 대한 반론인데, 성전에 대한 결론이 48절 "지극히 높으신 이는 손으로 지은 곳에 계시지 아니하나니"이고, 율법에 대한 결론이 51절로 53절 "목이 곧고 마음과 귀에 할례를 받지 못한 사람들아 너희도 너희 조상과 같이 항상 성령을 거스르는도다 너희 조상들이 선지자들 중의 누구를 박해하지 아니하였느냐 의인이 오시리라 예고한 자들을 그들이 죽였고 이제 너희는 그 의인을 잡아 준 자요 살인한 자가 되나니 너희는 천사가 전한 율법을 받고도 지키지 아니하였도다"입니다.

분명 듣기 좋은 소리가 아니었던 것만은 확실합니다. 그런데 스데반만 이런 식으로 말한 것이 아닙니다. 베드로의 설교는 훨씬 더 강했고, 유대인들의 잘못에 대해서 훨씬 던 신랄하게 비난했었습니다. 베드로의 설교에서 반복되는 것이 '너희가 그리스도를 죽였도다'입니다. 설교를 듣고 기분 나쁘기로는 베드로의 설교가 훨씬 심했습니다. 그런데 스데반의 설교가 끝난 후에 사람들의 반응은 이를 가는 것이었고, 결국 스데반의 운명은 58절 "성 밖으로 내치고 돌로 칠새", 59절 "그들이 돌로 스데반을 치니" 그리고 마지막은 60절 끝에 "이 말을 하고 자니라"입니다. 한 명도, 단 한 명도, 단 한 번도 스데반의 설교에 의한 열매도, 결실도, 긍정적인 반응도 없습니다. 이렇게 끝날 거면 스데반을 소개할 때 왜 그렇게 거창하게 했을까요?

오해들

사도행전이 스데반을 묘사하는 것과 스데반의 설교에 대한 반응을 묘사하는 것에 대해 이해하기 위하여 먼저 사람들이 오해하는 것을 점검해 보겠습니다. 첫째로, 스데반의 설교를 듣고 믿은 자가 없다는 사실 때문에 어떤 사람들이 스데반을 비하하기도 합니다. 베드로는 예수님의 제자요, 사도로서 비록 과거에 부족함이 있었을지라도 예수와 동행하며 듣고 배운 바가 있어 설교하니 과연 능력이 있었고, 많은 사람을 회개시켰다고 합니다. 그에 반하여 스데반은 비록 믿음과 성령이 충만했을지라도 선출된 집사였기에 결국 능력도 설교도 집사 수준이었다고 조롱합니다. 이것이 사도와 집사의 차이라는 말을 하기도 합니다. 물론 웃자고 하는 말이겠지만 이런 소리를 하는 분들에게 '그 입 다물라'고 하고 싶습니다.

두 번째, 어떤 분이 신학교의 설교학 교수들이 베드로의 설교와 스데반의 설교를 분석했다는 이야기를 하셨습니다. 그 결과 논리력, 설득력, 수사력, 전달력 등 모든 면에서 스데반이 탁월한 점수를 받았다고 합니다. 그런데 어떻게 베드로의 설교에는 열매가 있고, 스데반의 설교에는 열매가 없었느냐는 질문에 대해 그 목사님은 '과연 설교는 사람의 말로 되는 것이 아니라 성령으로 하는 것'이라고 말씀하셨습니다. 이 평가를 정말 잘 이해해야 합니다. '과연 설교는 사람의 말로 되는 것이 아니라 성령으로 하는 것'이라는 말이 맞습니다. 하지만 이 말이 베드로는 성령으로 행했고, 스데반은 논리력이나 수사력으로 했다는 의미가 아닌 것입니다. 소개해 드린 대로 베드로도 성령으로 말했고, 스데반도 성령으로 말했습니다. 두 사람의 영성이나 설교 스타일이 비교 대상이 되어서는 안 됩니다.

　지금 소개한 두 가지 견해는 모두 사도행전의 의도를 왜곡하는 것입니다. 이 두 가지 견해는 마치 베드로는 성공한 사역이고, 스데반은 실패한 사역인 것으로 생각하는 왜곡입니다. 베드로는 열매와 결실이 있고, 스데반은 아무런 열매와 결실이 없는 것으로 생각하는 오해입니다. 그러니 당연히 베드로와 같은 성도가 되고 싶을 뿐 스데반과 같은 성도의 모습은 결코 닮고 싶지 않다고 생각하게 됩니다. 과연 그럴까요? 과연 스데반을 실패하는 모습으로 소개하려고 스데반에 대하여 거창하게 소개했던 것일까요? 사도행전은 신약에서 복음서 다음에 나오는 책입니다. 복음서에는 하나님이 인간을 구원하시는 사역이 기록되어 있습니다. 그렇게 예수 그리스도의 십자가 사역을 통하여 죄인이 구원받아 성도가 되었습니다. 복음서 다음에 나오는 사도행전에는 구원받은 성도의 모습이 소개되고 있습니다. 그렇다면 사도행전이 구원받은 성도의 모습으로, 죄를 이긴 하나님의 자녀의 모습으로, 하나님 나라의 유업을 이은 새로운 피조물의 모습으로, 사망권세를 이긴 승리자의 모습으로 우리에게 샘플로 증거 하는 모습이 과연 무엇이고, 과연 누구일까요? 결론부터 말씀드리면 성도가 보여주는 성도다운 삶의 증인이 바로 스데반입니다. 그렇다면 과연 스데반의 어떤 모습이 성도다운 삶의 증거일까요?

성도의 사랑

아브라함

먼저 성경에 나오는 성도의 모습, 믿음 없는 사람에게 하나님이 찾아오셔서 많은 은혜를 주셔서 믿음 있는 사람으로 변화시켜 주신 결과가 무엇인지 아셔야 합니다. 하나님이 아브라함을 찾아오셨는데 그 목적이 창세기 18장 19절에 나옵니다. "내가 그로 그 자식과 권속에게 명하여 여호와의 도를 지켜 공의와 정의를 행하게 하려고 그를 택하였나니"입니다. 하나님이 아브라함에게 아들을 주고, 땅을 주고, 복을 주시는 것은 궁극적 목적을 이루어가기 위한 수단, 하나님을 가르치기 위한 방법일 뿐입니다. 정작 하나님이 기대하신 것은 '여호와의 도를 지켜 공의와 정의를 행하는 것'입니다. 그래서 성경이 아브라함의 변화된 모습, 아브라함의 성숙한 모습, 아브라함의 믿음 있는 모습, 아브라함의 성도다운 모습의 증거로 등장하는 것이 하나는 이삭 사건이고, 다른 하나가 아비멜렉과 언약하는 사건입니다. 이삭을 바치는 사건의 핵심은 이삭을 바쳤다는 것이 아니라 아브라함이 하나님을 알았다는 증거입니다. 하나님을 위해서는 귀중한 아들조차도 귀한 것으로 여기지 않고 드렸다는 것이 절대로 아니고, 하나님이 자신과 약속하신 것을 지킬 것으로 분명하게 알았다는 것이 강조점입니다.

또 하나 중요한 것이 아비멜렉과의 언약사건입니다. 창세기 21장 22절 "그 때에 아비멜렉과 그 군대 장관 비골이 아브라함에게 말하여 이르되 네가 무슨 일을 하든지 하나님이 너와 함께 계시도다. 그런즉 너는 나와 내아들과 내 손자에게 거짓되이 행하지 아니하기를 이제 여기서 하나님을 가리켜 내게 맹세하라 내가 네게 후대한 대로 너도 나와 네가 머무는 이 땅에서 행하여 보이라"입니다. 이 장면이 아브라함이 세력을 확장하자 주변 사람들이 아브라함과 타협하러 나오는 상황입니다. 아브라함을 경계하고, 두려워하고, 이미 아브라함에게 지고 들어가는 장면으로 제발 공격하지 말아 달라는, 자신들을 압제하지 말아 달라는 부탁입니다. 이때 세상 사람들, 믿음 없는 사람들, 죄의 원리를 가진 사람들, 하나님을 모르는 사람들은 어떻게 행동합니까? 정답은 정복해 버리는 것입니다. 승리의 기회가 왔을 때 기회를 잡아야 합니다. 이것이 당연한 강자의 논리요, 죄의 논리입니다. 그런데 아브라함은 자기가 객지에 와서 사는 이주민이면서도, 자기가 주도권을 잡을 수 있는 기회가 왔음에도 불구하고 그들의 요구를 다 들어주고 그들에게 평화를 보장해 줍니다.

성경은 이것을 성숙한 성도의 모습, 믿음 있는 자의 모습, 하나님을 아는 자의 모습으로 제시합니다. 그 이유가 중요합니다. 단지 정복하지 않았다는 것, 단지 주변 사람들과 평화를 유지했다는 것이 이유가 아니라 아브라함이 이렇게 행동할 수 있었던 것은 삶에 대한 이해가 달랐기 때문입니다. 아브라함은 삶의 안정이 힘에 있다고 생각하지 않았다는 것, 주변 사람들과 평화하는 것이 강력한 군사력에 있다고 생각하지 않았다는 것, 성공의 기준과 평가가 다른 사람보다 크고 높아지는 것이라고 생각하지 않았습니다. 즉 삶에 대한 기준과 개념과 가치와 원리와 평가가 '죄의 원리'가 아니라 '하나님의 원리'에 근거하고 있습니다.

이삭

동일한 장면이 이삭에게서도 반복됩니다. 창세기 26장에는 이삭에 대한 두 가지 사건이 나옵니다. 하나는 12절 "이삭이 그 땅에서 농사하여 그 해에 백 배나 얻었고 여호와께서 복을 주시므로 그 사람이 창대하고 왕성하여 마침내 거부가 되어 양과 소가 떼를 이루고 종이 심히 많으므로"입니다. 많은 성도님들이 좋아하는 구절이요, 부러워하는 구절입니다. 그런데 이 구절에는 이삭의 재산 목록만 기록되어 있을 뿐, 삶의 양식, 삶의 태도, 삶의 가치가 언급되어 있지 않습니다. 정작 성경이 제시하려는 이삭의 모습은 그 다음에 나옵니다. 14절 후반부에 "블레셋 사람이 그를 시기하여 그 아버지 아브라함 때에 그 아버지의 종들이 판 모든 우물을 막고 흙으로 메웠더라 아비멜렉이 이삭에게 이르되 네가 우리보다 크게 강성한즉 우리를 떠나라"입니다. 이런 것을 세상에서는 텃세, 억지, 생떼라고 합니다. 이삭이 잘못한 것이 없는데, 이삭의 아버지가 판 우물인데, 막무가내로 동네 사람들이 이삭을 쫓아내려고 합니다. 이유는 하나 '시기하여'입니다. 성경의 표현대로라면 이삭이 훨씬 강성합니다. 그런데 이삭이 우물을 남겨두고 조용히 떠납니다. 그랄 골짜기에 와서 샘 근원을 얻자 그랄 목자들이 빼앗고, 다른 우물을 파자 또 빼앗습니다. 그때마다 이삭은 우물을 파서 주변사람들에게 줍니다. 저들의 입장에서는 빼앗는 것이지만 이삭의 입장에서는 나누어 주는 것입니다. 이러한 행동을 더 이상 쫓아오지 않고, 더 이상 빼앗지 않을 때까지 합니다.

여러분은 사람을 평가할 때 조건이나 상황으로 평가합니까 아니면 주변 사람들과 관계 또는 성품으로 평가합니까? 당연히 성품과 관계로 평가해야 하지만 현실은 그렇지 않습니다. 그래서 부자는 돈 많은 사람이라고 하지 좋은 사람이라고 하지 않습니다. 공부 많이 한 사람은 똑똑한 사람이라고 하지 훌륭한 사람이라고 하지 않습니다. 높은 자리에 앉은 사람은 성공한 사람이라고 하지 나이스한 사람이라고 하지 않습니다. 옷 잘 입는 사람은 멋있는 사람이라고 하지 고마운 사람이라고 하지 않습니다. 성경이 저와 여러분에게 보여주려는 사람은 '좋은 사람'이고, 성경이 저와 여러분에게 보여주려는 삶은 '행복한 삶'입니다. 이삭의 모습에서 이삭이 어떻게 이렇게 행동할 수 있었는지가 중요합니다. 어떻게 사막지역에서 생명과도 같은 우물을 쉽게 내어줄 수 있고, 자신이 더 강성하면서도 생떼 쓰는 사람들의 요구를 들어줄 수 있었는지가 핵심입니다. 그것은 바로 삶에 대한 기준과 가치와 평가와 원리와 방법이 죄인들과 달랐기 때문이요, 하나님의 마음과 심정이었기 때문입니다.

요셉

세상의 기준에서 강자는 이기는 자입니다. 그런데 하나님의 기준에서 강자는 져주는 자입니다. 세상의 기준에서 강자는 자기 목적을 이루는 자입니다. 그런데 하나님의 기준에서 강자는 상대방을 위해주는 자입니다. 그 대표적인 모습이 바로 요셉입니다. 요셉이라고 하면 아마도 가장 먼저 '총리'가 떠오릅니다. 높아졌다는 것이요, 성공했다는 의미입니다. 그러나 '높아져서, 성공해서' 어떻게 행동했는지 가장 중요합니다. 총리가 되어서 사람들과의 관계를 어떻게 맺었는지가 중요합니다. 재산 여부를 묻지 말고, 지위 여부를 묻지 말고, 학력을 묻지 말고, '그의 삶, 사람들과의 관계'를 물어야 합니다. 성경의 강조는 요셉이 총리가 되었다는 것이 아니라 자기를 팔았던 형제들과의 관계입니다. 형제들과 요셉이 서로의 신분을 확인했을 때, 흔히 말하는 원수 관계임이 드러났을 때 형들은 당연히 두려움에 쌓여있고, 살려고 발버둥을 칩니다. 형들이 근심하는 말이 창세기 50장 15절 "요셉의 형제들이 그들의 아버지가 죽었음을 보고 말하되 요셉이 혹시 우리를 미워하여 우리가 그에게 행한 모든 악을 다 갚지나 아니할까"입니다. 그래서 아버지의 이름으로 부탁하는 말이 17절 "네 형들이 네게 악을 행하였을지라도 이제 바라건대 그들의 허물과 죄를 용서하라"입니다.

이때 중요한 것이 요셉의 태도입니다. 요셉은 아버지의 말씀대로 형제를 용서하는 것이 아닙니다. 요셉은 승리한 자로 원수를 용서하는 것이 아닙니다. 요셉은 상황에 대한 전혀 다른 기준, 다른 판단, 다른 개념, 다른 마음을 갖고 있습니다. 그것이 20절 "당신들은 나를 해하려 하였으나 하나님은 그것을 선으로 바꾸사 오늘과 같이 많은 백성의 생명을 구원하게 하시려 하셨나니"입니다. 조금 더 정확하게 표현하면 창세기 45장 5절 "당신들이 나를 이곳에 팔았다고 해서 근심하지 마소서 한탄하지 마소서 하나님이 생명을 구원하시려고 나를 당신들보다 먼저 보내셨나이다"입니다. 요셉은 하나님의 은혜를 체험한 후 형들이 자신을 팔았다고 생각하지 않고,

하나님이 먼저 보냈다고 생각했습니다. 이렇게 생각하면 형들은 자신을 판적이 없는 것이고, 당연히 형은 자신의 원수가 아닌 것이고, 당연히 자신은 형들을 미워하지 않는 것이고, 당연히 자신은 형들을 용서하는 것이 아닌 것이 됩니다. 도리어 만약 자신으로 말미암아 형들이 평화와 안식을 누리지 못하면 자신의 사역이 실패하는 것이 됩니다. 그래서 적극적으로 형들을 맞이해야 하고, 보다 책임을 지고, 형들을 돌보아야 합니다. 지금 성경은 요셉에게서 '넓은 마음, 이해심, 용서, 자비, 형제애'를 언급하는 것이 아닙니다. 요셉이 죄의 가치관에서 하나님의 가치관으로 변화되었다는 것을 강조합니다. 상황에 대한 하나님의 기준, 관계에 대한 하나님의 원리, 지위와 직분에 대한 하나님의 원리와 역할을 보여줍니다.

스데반

이러한 하나님의 관점, 하나님의 기준에 근거해서 스데반의 삶을 분별해야 합니다. 안타깝게도 사람들은 사도행전에서 죄의 기준으로 사람을 평가합니다. 결국 몇 명이나 믿는 자가 생겼느냐를 기준으로 삼습니다. 죄의 기준에 근거한 성과주의 또는 실적주의입니다. 이러한 기준을 적용하면 베드로는 능력자요, 성공자이고 스데반은 실패자입니다. 그리고 그러한 성과는 성경이 강조하려는 것과 전혀 다릅니다. 성경은 베드로가 설교를 잘해서 많은 사람을 교회로 인도했다고 칭찬하는 것이 아니라 '주께서 믿는 자를 더하게 하셨다'고 선언합니다. 물론 스데반을 어느 정도는 긍정적으로 평가하려는 시도도 있습니다. 즉 스데반이 복음을 위하여 순교했다는 생각입니다. 이것이 가장 일반적이지만 가장 비기독교적인 생각입니다. 왜냐하면 기독교는 인간이 하나님을 위할 수 없고, 더군다나 인간이 하나님의 일을 위해 희생한다는 개념이 존재하지 않기 때문입니다. 하나님이 인간에게 복음전파나 하나님 나라의 확장이라는 사명을 주신 적이 없고, 당연히 복음 전파나 하나님 나라를 위해 인간을 수단이나 방편으로 삼는 일이 없습니다.

　아브라함, 이삭, 요셉의 경우처럼 사람이 주변 사람들을 어떻게 대했는가를 기준으로 관찰할 때, 상황이 아니라 업적이 아니라 인간 상호간의 관계를 중심으로 살펴볼 때 사도행전에서 저와 여러분에게 보여주는 가장 성숙한 성도의 모습이 바로 스데반입니다. 60절 "무릎을 꿇고 크게 불러 이르되 주여 이 죄를 그들에게 돌리지 마옵소서"입니다. 사람들이 생각하는 정의는 '옳고 그름을 밝히는 정의'입니다. 그러나 하나님의 마음을 가진 스데반의 정의는 '다른 사람을 살려내는 정의'입니다. 죄인들이 생각하는 성공은 자신이 높아지거나 커지는 것입니다. 그러나 하나님의 마음을 가진 스데반의 성공은 죄인의 한계를 알고 죄인의 연약함을 감당해주는 것입니다. 사람들은 결국 스데반이 죽었다는 사실에 집착하지만 성경은 스데반이 어떤 삶을 살았느냐를 부각시키고 있습니다.

　그리고 스데반의 이러한 삶이 어떻게 가능했었느냐는 것에 대하여 성경은 55절을 말합니다. "스데반이 성령 충만하여 하늘을 우러러 주목하여 하나님의 영광과 및 예수께서 하나님 우편에 서신 것을 보고"입니다. 즉 스데반이 하나님의 일하심을 알았고, 예수의 삶의 의미를 알았고, 동시에 자신의 삶에 이루어진 것이 무엇이고, 하나님께 기업으로 받은 것이 무엇인지를 모두 알았다는 설명입니다. 그러기에 스데반은 성공을 목적으로 한 자가 아니라 이미 성공한 자로서 성공한 사람답게 행동했다는 설명입니다. 스데반은 행복을 비전으로 둔 자가 아니라 이미 죄를 이긴 행복자로서 자신이 행복하고 다른 사람이 평화와 행복을 누릴 수 있도록 행동했다는 설명입니다. 이것이 성도에게 기대되는 삶의 모습입니다.

　예수님의 사역을 기억하시면 의미를 정확하게 파악하실 수 있습니다. 예수는 이 땅에 왜 왔는지, 어떻게 될 것인지를 모두 알았습니다. 그래서 잡혀가는 것이 실패가 아니었고, 불의한 재판을 받는 것과 십자가를 지는 것이 억울한 것이 아니었습니다. 예수님은 그것이 형통함이었고, 완성이었고, 성취였습니다. 그래서 기꺼이 감당하셨습니다. 예수가 그리스도로서 자신의 정체성을 알고 그리스도답게 살았고, 스데반이 성도의 정체성을 알고 성도답게 살았듯이 오늘날 성도가 구원받은 성도의 정체성, 행복자요, 자유자요, 완성자인 성도의 정체성을 알고, 성도답게 살 때에 세상에 자유와 평화와 안식이 구현됩니다. 모든 성도님들이 하나님의 마음과 심정으로 행하셔서 본인이 하나님의 자녀의 삶을 누리시고, 함께하는 모든 사람에게 하나님 나라의 삶을 증거하는 복된 삶 되시기를 주님의 이름으로 축원합니다.

27

큰 기쁨이 있더라

사도행전 8:1~13

1 사울은 그가 죽임 당함을 마땅히 여기더라 그 날에 예루살렘에 있는 교회에 큰 박해가 있어 사도 외에는 다 유대와 사마리아 모든 땅으로 흩어지니라 2 경건한 사람들이 스데반을 장사하고 위하여 크게 울더라 3 사울이 교회를 잔멸할새 각 집에 들어가 남녀를 끌어다가 옥에 넘기니라 4 그 흩어진 사람들이 두루 다니며 복음의 말씀을 전할새 5 빌립이 사마리아 성에 내려가 그리스도를 백성에게 전파하니 6 무리가 빌립의 말도 듣고 행하는 표적도 보고 한마음으로 그가 하는 말을 따르더라 7 많은 사람에게 붙었던 더러운 귀신들이 크게 소리를 지르며 나가고 또 많은 중풍병자와 못 걷는 사람이 나으니 8 그 성에 큰 기쁨이 있더라 9 그 성에 시몬이라 하는 사람이 전부터 있어 마술을 행하여 사마리아 백성을 놀라게 하며 자칭 큰 자라 하니 10 낮은 사람부터 높은 사람까지 다 따르며 이르되 이 사람은 크다 일컫는 하나님의 능력이라 하더라 11 오랫동안 그 마술에 놀랐으므로 그들이 따르더니 12 빌립이 하나님 나라와 및 예수 그리스도의 이름에 관하여 전도함을 그들이 믿고 남녀가 다 세례를 받으니 13 시몬도 믿고 세례를 받은 후에 전심으로 빌립을 따라다니며 그 나타나는 표적과 큰 능력을 보고 놀라니라

성경의 전개 방식

이야기 전개

영화나 드라마에서 스토리를 전개하는 방식에는 크게 두 가지가 있습니다. 하나는 시작할 때 미리 결론을 알려주는 방식이고, 다른 하나는 결론을 가능한 마지막까지 감추는 방식입니다. 예를 들어 영화 타이타닉은 배에서

살아난 할머니가 옛날을 회상하는 장면으로 시작합니다. 그러므로 이미 결론이 드러나 있습니다. 할머니로 등장하는 여인은 배가 아무리 침수되어도 살아나게 되어 있습니다. 하지만 대부분의 스릴러 영화나 범죄 영화는 슬쩍 슬쩍 범인인 것처럼 여겨지는 힌트를 주지만 끝에 가면 대부분 반전이 생겨서 전혀 예측하지 못했던 사람이 범인이 되는 경우가 많습니다. 그래서 영화의 마지막 장면까지 꼭 봐야만 궁금증이 풀립니다. 두 가지 방식 중 대세는 끝까지 감추는 방식입니다. 사람들은 결론이 밝혀져 있다고 하면 아무래도 긴장감이 떨어지고 재미가 줄어들 것이라고 생각하기 때문입니다.

그렇다면 성경은 어떤 방식일까요? 미리 알려주는 방식일까요 아니면 끝까지 지켜보게 하는 방식일까요? 정답은 '미리 알려주는' 방식입니다. 성경을 잘 생각해보시면 대부분의 사건은 이미 결론이 드러나 있다는 것을 확인하실 수 있습니다. 대표적으로 두 세 곳만 확인해 본다면 첫 번째, 창세기 6장에 보면 인간들의 포악함이 땅에 가득찼다고 합니다. 이럴 때 사람들은 '세상이 어찌 될라고 그러나, 이러다 세상 끝장나는 거 아냐?'라고 걱정하고 불안해합니다. 그러나 결론이 나와 있습니다. 6장 18절부터 20절 "너와는 내가 내 언약을 세우리니 너는 네 아들들과 네 아내와 네 며느리들과 함께 그 방주로 들어가고 혈육 있는 모든 생물을 너는 각기 암수 한 쌍씩 방주로 이끌어 들여 너와 함께 생명을 보존하게 하되"입니다. 하나님이 말씀하신 대로 세상이 끝장나지 않고, 인간이 끝장나지 않고, 동물들이 끝장나지 않고 모두 생명을 보존하게 됩니다.

출애굽 사건이나 가나안 입성 사건도 시작하기 전에 이미 결론이 정해져 있습니다. 비록 출애굽의 당사자들인 이스라엘이나 지도자인 모세조차도 불가능하다고 생각했고, 아예 시도하려고도 하지 않았던 사건이지만 이미 출애굽이 있기 사백 년 전에 하나님이 약속하셨고, 또 모세를 통해서도 출애굽기 3장 10절에 "이제 내가 너를 바로에게 보내어 너에게 내 백성 이스라엘 자손을 애굽에서 인도하여 내게 하리라", 12절에 "네가 그 백성을 애굽에서 인도하여 낸 후에 너희가 이 산에서 하나님을 섬기리니 이것이 내가 너를 보낸 증거니라"고 선언하셨습니다. 가나안 입성도 마찬가지입니다. 여호수아 1장 3절 "내가 모세에게 말한 바와 같이 너희 발바닥으로 밟는 곳은 모두 내가 너희에게 주었노니 곧 광야와 이 레바논에서부터 큰 강 곧 유브라데 강까지 헷 족속의 온 땅과 또 해 지는 쪽 대해까지 너희의 영토가 되리라", 6절 "강하고 담대하라 너는 내가 그들의 조상에게 맹세하여 그들에게 주리라 한 땅을 이 백성에게 차지하게 하리라"고 결론이 나와 있습니다.

성경의 사건들, 하나님의 사역은 이미 결론을 알려주는 정도가 아니라 시작할 때 이미 끝났다는 것을 실제로 증명해 보여주기까지 합니다. 신약으로 넘어오면 예수님의 사역도 처음부터 결론이 밝혀졌습니다. 단지 예언되었다는 정도가 아닙니다. 예수께서 요단강에서 침례를 받음으로 사역을 공식으로 시작하십니다. 그리고 첫 번째 사역이 바로 성령에게 이끌리어 마귀에게 시험을 받는 사건입니다. 마귀와의 싸움이 복음서의 메인이벤트로서 마지막까지 미뤄두는 것이 아니라 맨 앞에, 가장 먼저 등장합니다. 자그마치 세 번의 시험이 치러지고 예수가 세 번 모두 승리합니다. 이미 마귀를 세 번이나 이겼기에 이후에 등장하는 어떤 시험이나 역경이나 고난이나 위험이나 전혀 두려워할 것이 없고 걱정할 것이 없습니다. 왜냐하면 이미 마귀를 이겼기에, 마귀보다 더 센 놈이 남아있지 않으니까 어떤 상황을 만나도 승부가 이미 결정이 났습니다. 그래서 실제로 그렇게 되었습니다.

성경의 특징

제가 영화의 방식을 예로 들면서 성경은 '결과를 미리 알려주는 방식'이라고 소개를 드렸습니다. 하지만 방식상으로는 유사하지만 내용상으로는 완전히 다르다는 것을 분별하셔야 합니다. 세상의 영화나 드라마가 결과를 알려주는 방식을 사용할 수 있는 것은 이미 지난 사건, 이미 끝난 사건, 시간적으로 과거의 사건을 다루기 때문에 가능합니다. 감추어진 것을 알려주는 것이 아니고, 아무도 모르는 것을 알려주는 것도 아니고, 다른 결말이 발생할 수 있는 여지가 있는 것도 아닙니다. 이미 모두가 다 알고 있는 사실이기에, 차라리 결과를 알려주고 대신 전개를 흥미롭게 하려는 의도입니다. 만약 발생하지 않은 사건, 진행 중인 사건을 다룰 때에는 이런 방식을 절대로 사용할 수 없습니다.

이에 비하여 성경은 지난 사건, 끝난 사건, 과거의 사건이 아닙니다. 하나님은 모든 것이 끝난 후에 회상하며 성경을 말씀하시는 것이 아니라 하나님의 말씀을 받는 당사자들에게 모두 미래의 사건, 아직 일어나지도 않은 사건, 장차 어떤 변수가 생기며 어떤 결말이 이루어질지 아무도 모르는 사건에 대하여 '결론을 알려주는 방식'으로 일하십니다. 이러한 성경의 방식은 세상에서는 절대로 사용할 수 없고 오직 하나님만 사용하실 수 있는 방식입니다. 왜냐하면 인간은 자기 자신의 삶조차도 분별해내지 못하고 감당하기가 벅차지만, 하나님은 인간의 삶을 주관하시며 섭리하실 수 있기 때문입니다. 이것이 하나님의 방식이라면, 저와 여러분이 하나님의 자녀요 하나님께 속한 사람들이라면, 하나님의 뜻과 원리와 방법을 따르는 사람들이라면 저와 여러분의 삶에도 이 원리가 적용되고 있습니다. 저와 여러분은 이미 죄를 이긴 사람들입니다. 결론이 나와 있습니다. 죄를 이겼고, 성도가 되었고, 의인이 되었고, 하나님의 자녀가 되었고, 하나님 나라의 유업을 이었습니다. 이 결론이 취소되거나 변경되지 않습니다. 물론 삶 가운데 신앙이 약해질 수 있고, 시험에 들 수 있고, 배교의 위험도 있고, 죄에게 미혹당하는 경우도 수도 없이 발생할 수 있습니다. 그러나 그러한 상황과 조건들이 발생한다고 해서 결정된 내용이 변경되지 않습니다.

이것에 대한 위대한 선언이 로마서 8장에 나옵니다. 8장 31절부터 "그런즉 이 일에 대하여 우리가 무슨 말 하리요 만일 하나님이 우리를 위하시면 누가 우리를 대적하리요 자기 아들을 아끼지 아니하시고 우리 모든 사람을 위하여 내주신 이가 어찌 그 아들과 함께 모든 것을 우리에게 주시지 아니하겠느냐 누가 능히 하나님께서 택하신 자들을 고발하리요 의롭다 하신 이는 하나님이시니 누가 정죄하리요 죽으실 뿐 아니라 다시 살아나신 이는 그리스도 예수시니 그는 하나님 우편에 계신 자요 우리를 위하여 간구하시는 자시니라 누가 우리를 그리스도의 사랑에서 끊으리요 환난이나 곤고나 박해나 기근이나 적신이나 위험이나 칼이랴", 38절 "내가 확신하노니 사망이나 생명이나 천사들이나 권세자들이나 현재 일이나 장래 일이나 능력이나 높음이나 깊음이나 다른 어떤 피조물이라도 우리를 우리 주 그리스도 예수 안에 있는 하나님의 사랑에서 끊을 수 없으리라"입니다.

하나님의 원리

하나님의 원리는 미리 결론을 밝혀주는 방식입니다. 그래서 사람이 결론을 보장받은 상태에서 자유와 평안과 안식을 가지고 사랑과 인내와 온유와 화평을 행하며 누릴 수 있도록 합니다. 그런데 종종 자칭 똑똑하다고 하는 사람들은 이렇게 결론이 밝혀져 있고 보장되어 있다는 것을 싫어합니다. 마치 이것을 운명론으로 생각하고 삶이 지루할 것이라고 생각합니다. 마치 자신은 미지의 삶을 개척하기를 좋아하고 도전과 모험을 즐기는 듯한 태도를 보입니다. 그것이 죄인들이 가지는 가장 미련하고 바보같은 생각입니다. 돈 중에 가장 좋은 돈은 '공짜로 생긴 돈'입니다. 그런데 사람들은 '공짜 돈은 귀한 줄을 모른다'고 하면서 '힘들여 수고해서 번 돈'이 소중하다고 말합니다. 그 생각이 바보입니다. 힘들여 번 돈이 소중하면 공짜로 생긴 돈은 더욱 소중하게 다루면 되는데, 바보같은 생각이 공짜로 생긴 돈은 소중한 줄로 여기지 않습니다.

미리 결론을 밝혀주는 하나님의 원리는 생뚱맞은 것이 아니라 이미 저와 여러분의 삶에서 늘 체험되고 있습니다. 올여름도 여지없이 무척 더웠습니다. 그런데 여름이 아무리 더워도, 태양이 아무리 뜨거워도 저와 여러분은 이미 결론을 알고 있습니다. 곧 여름이 지나갑니다. 더위도 가시고 곧 차가운 가을바람이 불어온다는 것이 이미 결정되어 있습니다. 가을도 마찬가지, 겨울도 마찬가지입니다. 겨울이 아무리 추워도 곧 따뜻한 햇살이 비추는 봄이 오기로 정해져 있습니다. 그래서 지루하십니까? 여름 다음에 가을이 온다는 결말이 밝혀져 있어서 여름엔 긴장감이 떨어지고 삶이 짜증나십니까? 올해도 예외 없이 가을에는 추석이 옵니다. 봄부터 가을이면 추석이 온다는 것이 정해져 있어서 재미없었습니까? 또 내년에도 다시 추석이 올 것이라는 사실이 벌써부터 내년까지 살아갈 맥이 빠집니까?

세상의 창조자가 하나님이시고, 세상의 주관자가 하나님이시기에 삶속에는 이미 하나님의 원리가 적용되고 있습니다. 다만 사람들이 하나님의 원리가 구현되고 있는 것을 모르고 있고, 또 알더라도 그것이 자연의 원리라고 생각할 뿐 하나님의 원리라고 생각하지 못할 뿐입니다. 단지 계절만이 아닙니다. 근자에 청년실업 문제가 심각하고 청년의 삶을 살아가기가 매우 힘들다고 합니다. 그래서 기성 세대에서 청년들을 위로하고 격려하는 메시지와 책들이 많이 나왔습니다. 그 중에 대표적인 슬로건이 무엇입니까? 바로 '이 또한 지나가리라'입니다. 군대 말로 하면 '국방부시계는 거꾸로 매달아 놓아도 간다'입니다. 그래서 지루하고 짜증나십니까? 신경질 나십니까? 보장되고 약속된 것을 모두 없애버리고 싶습니까?

그렇다면 정반대로 생각해 보시기 바랍니다. 아무 것도 정해진 것이 없고 결정된 것이 없다고 생각하면 흥미진진할 것 같습니까? 드라마틱할 것 같습니까? 서로 도전 정신과 모험의식이 솟구칠 것 같습니까? 아닙니다. 죄인은 본질적으로 안전을 추구하게 되어있습니다. 불안과 걱정과 두려움으로는 사람이 살아갈 수 없습니다. 모험이나 도전이나 긴장이니 이런 것들은 이미 보장과 결론을 가지고 있는 사람들이 삶을 좀 더 즐겁게 살아가는 방식일 뿐입니다. 결론이 없는 사람들, 보장이 없는 사람들, 안정이 없는 사람들은 모험이나 도전이나 긴장이 없습니다. 그들은 생존을 위한 투쟁을 할 뿐입니다. 하나님의 원리가 얼마나 인간적이고, 얼마나 인간의 삶을 도와주는 것인지를 알아야 합니다. 이렇게 하나님의 원리가 우리 삶의 주변에 이미 분명하게 적용되고 있는데 안타깝게도 사람들이 그것을 알아차리지 못하고, 하나님의 원리의 유용성을 누리지 못하고 있습니다. 성경의 내용도 마찬가지입니다. 이미 성경에도 하나님의 원리가 적용되고 있는데, 성경을 읽으면서도 하나님의 원리를 전혀 이해하지 못하고, 하나님의 원리에 따라 전개되는 성경의 흐름을 전혀 파악하지 못하고 있습니다.

승리한 종교

사도행전

하나님이 일하시는 방식, 성경이 전개하는 방식을 아셔야 성경에 나타난 사건들, 사역들의 흐름과 특징을 이해하실 수 있습니다. 사도행전도 전형적인 하나님의 사역방식, 성경의 사역방식을 따라 기록되어 있습니다. 사람들은 사도행전의 주체가 사도들인 줄로 생각합니다. 예수님은 '땅끝까지 복음을 전파하라'는 명령을 주셨고, 이제 사도들이 그 사명을 감당하기 위해서 고군분투하는 내용이 펼쳐지는 줄로 착각합니다. 절대로 그렇지 않습니다. 창세기부터 요한계시록까지 성경의 모든 내용, 인류 역사의 주체자는 언제나 하나님이십니다. 당연히 사도행전의 주체자도 하나님이십니다. 제자들이 성령을 구하거나 바라지 않아도 은혜로, 선물로 베풀어주시는 분이 하나님이십니다. 스데반이 죽는다고 사도행전이 중단되지 않고, 베드로가 고넬료의 집에 가지 않겠다고 버틴다고 이방인에게 복음이 전파되지 못하는 것이 아닙니다. 사울이 교회를 잔멸하려고 백방으로 뛰어다닌다고 교회가 잔멸되는 것이 아닙니다. 하나님이 주체자이기에 사람이 하나님의 일을 방해할 수 없습니다.

사도행전의 주체자가 하나님이시기에, 당연히 사도행전은 하나님의 원리대로 이미 모든 것의 결론을 알려줍니다. 사도행전이 28장까지 있습니다. 저와 여러분은 지난주까지 사도행전 7장을 상고했습니다. 그런데 사도행전 1장에서 미리 결론이 선고되어 있었고, 실제로 7장까지에서 이미, 장차 완성될 결론이 모두 증명되었습니다. 사도행전 1장에서 예수님이 승천하시기 전에 제자들에게 약속하시고 선언하신 것이 바로 8절입니다. "오직 성령이 너희에게 임하시면 너희가 권능을 받고 예루살렘과 온 유대와 사마리아와 땅끝까지 이르러 내 증인이 되리라 하시니라"고 하셨습니다. 이 말씀은 명령이 아니라 제자들에게 이루어질 일, 제자들에게 성취될 일의 선언입니다. 예수님이 '증인이 되리라'고 선언하셨으니 결론은 제자들은 증인이 될 것입니다. 그렇다면 과연 성취될까요? 그것을 사도행전 28장까지 살펴봐야 확인할 수 있는 것이 아니고, 인류역사의 끝까지 가봐야 확인할 수 있는 것이 아닙니다.

이미 사도행전 7장까지에서 모든 것이 이루어졌음이 증명되었습니다. 첫째, '오직 성령이 임하시면'입니다. 2장에서 보신대로 성령이 임하셨습니다. 사람의 행동에 따라, 사람의 조건과 업적에 따라 임한 것이 아니라 사람의 입장에서는 '홀연히', 하나님의 관점에서는 '약속하신 대로' 성령이 임하신 것입니다. 둘째, '권능을 받고'입니다. 성령이 임하자 제자들이 그동안 알지 못하고 깨닫지 못하던 것을 알게 되었습니다. 자신들이 이전에 죄인이었음을, 자신들의 행위가 모두 죄의 원리와 방식이었음을 알았고, 성령을 통해 죄를 이길 수 있는 하나님의 말씀, 하나님의 진리, 예수 그리스도가 말씀하신 내용들과 예수 그리스도가 사역하신 일들의 의미를 알게 되었습니다. 그래서 죄를 따르는 것이 아니라 하나님을 따를 수 있는 권능을 가지게 되었습니다. 예수님이 말씀이 이루어졌습니다.

세 번째, '땅끝까지 이르러'입니다. 땅끝까지 이르는 방식은 두 가지가 있습니다. 하나는 직접 땅끝까지 가는 방식이고, 다른 하나는 땅끝에서 사람들이 나아오는 방식입니다. 그런데 이미 두 번째 방식으로 이 말씀도 성취되었습니다. 성령이 임하셨을 때에 '천하 각국으로부터' 사람들이 와서 제자들이 하나님의 큰일 말함을 들었습니다. 안타깝게도 사람들은 자기들이 가는 것만 생각합니다. 그래서 어느 대륙에는 갔다는 둥, 어느 족속에게는 갔다는 둥, 아직 몇 부족이 남았다는 둥 엉뚱한 말을 하고 있습니다. 우리가 이 사명을 완수하기 위해서, 그것도 예수가 재림하기 전까지 완수하기 위해서 빨리 가야한다고, 더 많은 사람이 가야한다고 엉뚱한 소리를 하고 있습니다. 이 모든 사역의 주체자가 하나님이라는 것을 잊고 있습니다. 그리고 이미 결론이 나있다는 것을 인식하지 못하고 있습니다.

네 번째, '내 증인이 되리라'입니다. 이것도 이미 이루어졌음이 증명되었습니다. 제자들이 사로잡혀도 증인이 되었고, 위협을 받아도 증인이 되었고, 옥에 갇혀도 증인이 되었고, 돌에 맞아도 증인이기를 거부하지 않았습니다. 사도행전에서 하나님의 말씀이 이루어졌다는 증명이 왜 2장이 아니고 7장으로 보느냐고 질문하실 수 있습니다. 그 이유는 스데반의 죽음 사건이 있기 때문입니다. 하나님을 대적하는 사단의 가장 큰 무기가 사망입니다. 과연 성도가 죄를 이길 수 있는가, 하나님의 뜻과 약속이 성취될 수 있는가를 확인하는 것은 죄의 권세, 사단의 권세인 '사망'을 이길 수 있는가로 확인되는 것이기 때문입니다.

스데반 사건은 죽음을 강조하는 것이 아니라 삶을 강조합니다. 어떻게 죽었느냐를 말하려는 것이 아니라 어떤 삶을 살았느냐를 말합니다. 스데반은 이미 얻은 성도의 삶, 하나님의 자녀의 삶, 구원받은 삶을 어느 것과도 바꾸지 않았습니다. 이미 은혜 받은 삶, 복 받은 삶을 버리지 않았습니다. 자신의 삶이 가장 좋고 귀하다는 것을 부인하지 않았습니다. 이미 자유와 평화와 안식과 행복을 얻었기에 다른 무엇인가를 더 얻을 것이 있다고 생각하지 않았습니다. 이미 자신이 성취자요, 완성자요, 행복자이었기에 자신을 죽이는 자들을 불쌍히 여길 수 있었고 긍휼히 여길 수 있었습니다. 이

제 사도행전은 7장에서 결론을 증명해 보였고, 8장부터는 새로운 것이 없습니다. 동일한 결론이 다양한 사건들을 통해 다양하게 반복적으로 증명되는 것일 뿐입니다.

하나님의 사역

기독교는 정말 멋있는 종교요, 정말 좋은 종교요, 가장 인간을 위한 종교요, 인류에게 너무나 유익한 종교인데 정작 기독교인부터 전혀 기독교에 대해 알지 못하기 때문에 현재 기독교의 비극이 펼쳐지고 있습니다. 조금 전까지 제가 사도행전은 7장까지를 통해서 이미 하나님의 모든 계획이 성취되었고 결론이 났다는 것을 보여준다고 말씀드렸습니다. 이렇게 말씀을 드리면 사람들은 8장부터는 내용이 확 달라질 것으로 예상합니다. 그런데 성경과 다른 예상, 엉뚱한 예상을 합니다. 이겼으니까, 결론이 났으니까, 이루어졌으니까, 승리했으니까 이제 승리의 모습으로, 강자의 모습으로, 권세자의 모습으로 등장할 것으로 기대합니다. 그것이 기독교에 대해서 모르기 때문입니다. 사람들이 복음서의 승리를 전혀 인식하지 못하는 것, 예수가 사망권세를 이기고 부활했다는 것을 전혀 인식하지 못하는 것과 같습니다. 복음서에서 예수가 이긴 것이 무엇인지 모르는 것이고, 사도행전에서 교회가 이긴 것이 무엇인지를 모르는 것입니다. 왜냐하면 죄와 인간의 관계, 인간과 하나님과의 관계를 생각하지 않기 때문입니다. 예수는 죄를 이겼는데 안타깝게도 성도들은 세상을 이기길 원합니다. 교회는 죄를 이겼는데 안타깝게도 교인들은 세상을 이기길 원합니다. 죄를 이겨서 사랑과 희락과 화평과 오래 참음과 자비와 양선과 충성과 온유와 절제가 생겼는데 그것을 알지 못합니다. 죄를 이김으로 성령의 열매가 맺어졌고, 성령의 열매가 나타남으로 자유와 평화가 행복이 생겼는데 그것을 알지 못합니다. 무엇을 이겼는지 알지 못하고, 무엇이 이루어졌는지 알지 못합니다.

사도행전 7장은 하나님의 관점으로 바라보면 너무 멋있는 장면인데, 세상의 관점으로 보면 너무나 힘든 장면입니다. 스데반이 돌에 맞아 죽은 것이 패배가 아니라 승리인데 종종 성도들도 마치 패배인 것처럼 인식하기 때문입니다. 8장도 마찬가지입니다. 하나님의 관점으로 바라보면 매우 재미있는 광경인데, 세상의 관점으로는 너무 불편한 장면입니다. 2절 "그 날에 예루살렘에 있는 교회에 큰 박해가 있어 사도 외에는 다 유대와 사마리아 모든 땅으로 흩어지니라"입니다. 외형적으로는 세상이 이긴 것처럼 보입니다. 유대교는 박해를 하고 성도들은 박해를 받고, 유대교는 주도권을 계속 유지했고 성도들은 삶의 터전에서 쫓겨나고 있습니다. 3절은 더 심합니다. "사울이 교회를 잔멸할새 각 집에 들어가 남녀를 끌어다가 옥에 넘기니라"입니다. 이런 구절에서 성도들이 안타까워하는 마음을 가지면 안 됩니다. 안타까워하는 것은 결론을 모르기 때문입니다. 어찌될지 모르니까 불안하고 염려합니다.

그러나 저와 여러분은 이미 두 가지를 알고 있습니다. 하나는, 성도들은 자신들의 존재와 삶에 대해 죄와는 전혀 다른 가치와 개념과 원리와 방법을 가졌다는 것이고, 다른 하나는, 죄가 성도의 삶이나 교회를 이길 수 없다는 명백한 사실입니다. 그래서 이런 구절을 읽을 때 성도들은 도리어 사울을 보고 혀를 차야 합니다. 사울이나 유대교의 행동을 보고 마치 어른이 어린아이를 보듯이, 상황을 다 아는 사람이 뭣도 모르고 날뛰는 사람을 보듯이, 저들의 헛수고가 보이니까, 저들의 어리석음이 보이니까 어이없어해야 합니다. 동시에 다음 장면도 충분히 예상할 수 있어야 합니다. 제자들에 대한 박해는 이미 4장부터 시작되었는데 1절에 '제사장들과 성전 맡은 자와 사두개인'이라고 나오고, 5장 17절에는 '대제사장과 그와 함께 있는 사람 즉 사두개인의 당파'라고 나오고, 6장 12절에는 '백성과 장로와 서기관들'이라고 나옵니다. 즉 단체로만 나올 뿐 특정인의 이름이 등장하지 않았습니다. 그런데 8장으로 들어오면 1절 "사울은 그가 죽임 당함을 마땅히 여기더라", 3절 "사울이 교회를 잔멸할새 각 집에 들어가 남녀를 끌어다가 옥에 넘기니라"고 사울의 이름이 등장합니다. 그렇다면 당연히 잠시 후에 9장이나 10장에서는 사울이 회개하는 장면이 나올 것이라고 예상할 수 있습니다.

사도 외에는

종종 세상에서 교양으로 성경을 읽으시는 분들이 있습니다. 그분들은 성경은 내용을 종잡을 수 없다고 합니다. 성경은 뜬금없기도 하고 심지어는 엽기적이기도 하다고 말합니다. 앞뒤 장면이 도무지 조화가 되지 않는다고 생각하기 때문입니다. 구약에서는 하나님이 인간을 사랑하신다고 하시는데 징계와 저주를 하시고, 복음서에서는 예수님은 하나님이시고 바람과 바다도 잔잔하게 하신다고 하시는데 정작 본인은 십자가에 달려 죽어버리고, 사도행전 8장에서는 1절로 3절을 보면 복음 때문에 예루살렘에서는 스데반이 죽고, 사람들이 쫓겨나고, 교회가 잔멸되고, 사람들이 잡혀서 옥에 넘겨지는데, 4절로 8절을 보면 복음 때문에 사마리아에서는 사람들이 한마음이 되고, 귀신이 쫓겨나고, 많은 중풍병자와 못 걷는 사람이 낫고, 결론적으로 복음 때문에 그 성에 큰 기쁨이 있었다고 합니다. 여러분은 예루살렘과 사마리아 중 어느 도시에 살고 싶으십니까?

사도행전이 저와 여러분에게 거듭 증명하려는 것은 죄인은 언제나 하나님의 복음, 하나님의 은혜에 대해 긍정적이지 않다는 사실입니다. 반대로 하나님은 계속 죄인에게 은혜와 치유와 회복과 사랑을 베푸신다는 사실입니다. 거듭 말씀드리지만 하나님의 사역은 하나님이 하십니다. 사도행전은 인간이 사명감과 충성심으로 하나님의 명령을 이루기 위해 열심을 내는 장면이 아닙니다. 예루살렘에 박해가 있자 제자들이 드디어 예수님의 말씀처럼 예루살렘을 넘어 온 유대와 사마리아로 확장될 시점이 되었다고 생각한 것이 아닙니다. 8장 2절을 보시면 "사도 외에는 다른 사람들은 다 유대와 사마리아 모든 땅으로 흩어지니라"입니다. 사도들이 솔선수범한 것이 아닙니다. 제자들이 선봉에 선 것이 아닙니다. 복음전파를 위한 유대 프로젝트, 사마리아 프로젝트를 시행한 것이 아닙니다. 왜 그랬는지 사도들은 예루살렘을 떠나지 않았습니다. 도리어 접대하는 일을 맡기로 했던 집사들은 흩어졌고, 그래서 사마리아 성에 하나님 말씀을 전한 것은 사도들이 아니라 집사 빌립이었고, 에디오피아 사람에게 복음을 전한 것도 집사 빌립이었고, 40절에 의하면 "빌립은 아소도에 나타나 여러 성을 지나 다니며 복음을 전하고 가이사랴에 이르니라"입니다.

또 11장 19절에 보면 "그때에 스데반의 일로 일어난 환난으로 말미암아 흩어진 자들이 베니게와 구브로와 안디옥까지 이르러 유대인에게만 말씀을 전하는데 그 중에 구브로와 구레네 몇 사람이 안디옥에 이르러 헬라인에게도 말하여 주 예수를 전파하니 주의 손이 그들과 함께 하시매 수많은 사람들이 믿고 주께 돌아오더라"입니다. 원래 말씀 전하는 일에 전념하기로 한 것은 사도들 아닙니까? 처음부터 사도의 조건을 제시한 것도 제자들이었고, 사도의 사명을 정한 것도 제자들이었고, 사람을 선출하면서 사역을 분리한 것도 제자들이었는데, 정작 제자들의 의도와는 전혀 다르게 전개되었습니다. 제자들을 비난하자는 것이 아니라 하나님이 일하시는 모습을 보실 수 있어야 합니다.

큰 기쁨이 있더라

또 유대교 관원의 관점에서 생각하면 자신들이 예수 믿는 자들을 잡아들였고, 돌로 쳐 죽였고, 예루살렘에서 쫓아냈습니다. 교회를 잔멸하려는 시도입니다. 자기들이 쫓아내니까 성도들이 흩어졌는데, 그렇게 흩어진 것이 교회의 세력을 약화시킨 것이 아니고, 복음을 소멸시킨 것이 아니라 도리어 확장하도록 도와준 꼴이 되어버렸습니다. 성도들 가운데 대표적인 제자들, 말씀 사역을 담당한 제자들을 잡아들이면 더 이상 복음을 전하는 사람이 없을 줄로 알았는데 제자들이 잡히니까 나머지 모든 성도가 복음을 전하는 사람이 되어서 도리어 복음 전하는 사람이 더 많아지도록 협력한 모양새가 되어버렸습니다. 유대교 관원의 관점에서는 박해를 해야 합니까, 말아야 합니까? 성도들을 쫓아내야 합니까, 모아두어야 합니까? 이런 모습을 성경은 '세상이 감당치 못하더라'고 합니다.

성경은 유대교인들은 나쁘고 제자들은 착하다고 사람을 구분하려는 것이 아닙니다. 누구나 동일한 죄인들이었습니다. 그래서 유대인들이나 제자들의 행동이 같습니다. 물론 제자들이 달라진 모습을 보여주었습니다. 그것은 제자들이 잘나서가 아니라, 제자들이 지혜로와서가 아니라 하나님이 은혜를 주신 결과이었습니다. 마찬가지로 성경은 예루살렘 사람들은 나쁘고 악질이고, 사마리아 사람들은 순하고 착하다고 구분하려는 것이 아닙니다. 본문에는 사마리아 사람들에 대해 매우 긍정적으로 묘사되어 있습니다. 5절 "빌립이 사마리아 성에 내려가 그리스도를 백성에게 전파하니 무리가 빌립의 말도 듣고 행하는 표적도 보고 한마음으로 그가 하는 말을 따르더라"입니다. '따르더라'는 '믿었다, 순종했다, 받아들였다'는 의미가 아니라 '주시하다, 감시하다, 집착하다, 집중하다'라는 의미입니다. 순순히 받아들인 것이 아니라 미심쩍어 하면서 들어보고, 궁금해 하면서 따져보려고 했습니다.

사마리아 사람들이 복음을 믿든 안 믿든, 하나님은 빌립을 통해 표적도 행하고, 많은 사람들에게 붙었던 더러운 귀신도 내 쫓아주었고, 많은 중풍병자와 못 걷는 사람도 낫게 하셔서 그 성에 큰 기쁨이 있게 하셨습니다. 이것이 하나님의 은혜입니다. 이것이 하나님의 사랑입니다. 이것이 하나님의 긍휼입니다. 기독교의 역사는 사람에 의해 펼쳐지는 것이 아니라 하나님이 이루어가시고, 세상의 역사 또한 인간이 성취해가는 것이 아니라 하나님이 이루어 가십니다. 그리고 저와 여러분은 그 하나님의 역사가 어떻게 이루어질지 다 알고 있는 사람들입니다. 다 알고 있기에 평안한 마음으로, 넉넉한 마음으로, 온유한 마음으로, 담대한 마음으로, 성령의 마음으로 죄인들을 긍휼히 여겨주며, 사랑해주며, 인내해주며, 품어주며, 감싸주며, 대신 감당해 줄 수 있습니다. 성도의 풍성함을 세상에 증거하는 멋진 성도들 되시기를 주님의 이름으로 축원합니다.

28
하나님의 선물

사도행전 8:9~24

9 그 성에 시몬이라 하는 사람이 전부터 있어 마술을 행하여 사마리아 백성을 놀라게 하며 자칭 큰 자라 하니 10 낮은 사람부터 높은 사람까지 다 따르며 이르되 이 사람은 크다 일컫는 하나님의 능력이라 하더라 11 오랫동안 그 마술에 놀랐으므로 그들이 따르더니 12 빌립이 하나님 나라와 및 예수 그리스도의 이름에 관하여 전도함을 그들이 믿고 남녀가 다 세례를 받으니 13 시몬도 믿고 세례를 받은 후에 전심으로 빌립을 따라다니며 그 나타나는 표적과 큰 능력을 보고 놀라니라 14 예루살렘에 있는 사도들이 사마리아도 하나님의 말씀을 받았다 함을 듣고 베드로와 요한을 보내매 15 그들이 내려가서 그들을 위하여 성령 받기를 기도하니 16 이는 아직 한 사람에게도 성령 내리신 일이 없고 오직 주 예수의 이름으로 세례만 받을 뿐이더라 17 이에 두 사도가 그들에게 안수하매 성령을 받는지라 18 시몬이 사도들의 안수로 성령 받는 것을 보고 돈을 드려 19 이르되 이 권능을 내게도 주어 누구든지 내가 안수하는 사람은 성령을 받게 하여 주소서 하니 20 베드로가 이르되 네가 하나님의 선물을 돈 주고 살 줄로 생각하였으니 네 은과 네가 함께 망할지어다 21 하나님 앞에서 네 마음이 바르지 못하니 이 도에는 네가 관계도 없고 분깃 될 것도 없느니라 22 그러므로 너의 이 악함을 회개하고 주께 기도하라 혹 마음에 품은 것을 사하여 주시리라 23 내가 보니 너는 악독이 가득하며 불의에 매인 바 되었도다 24 시몬이 대답하여 이르되 나를 위하여 주께 기도하여 말한 것이 하나도 내게 임하지 않게 하소서 하니라

하나님의 사역

이적과 기적에 대하여

일반인들이 성경을 읽고 난 후의 느낌은 기쁨이나 감사가 아니라 의아함

과 어이없음입니다. 기독교가 성경을 하나님의 말씀이라고, 진리라고 강조하기에 사람들은 성경을 대할 때에 최소한의 경외심을 가지고 읽기 시작합니다. 당연히 창세기부터 하나님의 진리가 선포되고, 계속하여 참되고 근엄한 하나님의 말씀이 나열될 것으로 예상합니다. 그런데 정작 성경을 읽어보니 진리가 나열되어 있는 것이 아니라 이야기가 나옵니다. 진리를 이야기의 패턴으로 풀어나가는 것이 아니라 그냥 이야기 같아 보이기에 의아해 합니다. 세상의 동화는 선악간의 구별이 확실하고, 잘한 것과 잘못한 것의 구분이 명확하게 밝혀져 있습니다. 그런데 성경을 보면 누가 착한 사람이고 누가 나쁜 사람인지 구분이 잘 안되고, 무엇이 잘한 일이고 무엇이 나쁜 일인지가 명쾌하게 구별되어 있지 않습니다. 성경을 읽으니 진리가 분명해지는 것이 아니라 더 혼란스러워집니다. 두 번째 느끼는 것이 어이없음입니다. 어이없게 느끼는 이유는 성경에 나오는 사건들이 너무 황당무계하기 때문입니다. 사람들은 각자가 생각하는 기준이 있고 상식이 있습니다. 물론 세상을 살다보면 기준과 상식을 뛰어넘는 일이 발생하기는 하지만 그래도 정도가 있습니다. 그런데 성경을 보면 상식과 기준을 너무 멀리 넘어선 것처럼 보입니다. 그래서 이적과 기적이라기보다는 차라리 뻥처럼 여겨지고, 아예 무협지 수준으로 느껴집니다.

이렇게 사람들이 느끼는 의아함과 어이없어함은 당연합니다. 그러면 저와 여러분은 성경이 왜 이런 양식을 사용하였느냐는 것을 분별하셔야 합니다. 하나님이 왜 진리를 나열하는 방식이 아니라 이야기 방식을 사용하셨고, 사람들이 납득할 만한 정도의 이적과 기적이 아니라 무협지로 여길만한 역사를 펼치셨는지 그 이유를 아셔야 합니다. 성경에는 많은 이적과 기적이 등장합니다. 성경에 이적과 기적이 등장한다고 해서 오직 성경에만 이적과 기적이 등장하는 것은 아닙니다. 세상에서도 정말 다양한 종류의 이적과 기적이 펼쳐지고 있습니다. 타종교에서도 허다한 이적과 기적이 발생합니다. 또 성경에 이적과 기적이 등장한다고 해서 모두 하나님이 행하셨거나 또는 하나님이 세운 사람만이 행한 것도 아닙니다. 성경에서조차도 하나님이 행하시지 않은 많은 이적이 나옵니다.

대표적인 사건이 출애굽기에 나옵니다. 모세가 바로 앞에 갔을 때 지팡이를 던져 뱀이 되게 하였습니다. 그랬더니 애굽의 요술사들도 지팡이를 던져서 뱀이 되게 하였습니다. 또 첫 번째 이적으로 나일 강의 물을 피로 변하게 하였더니 애굽의 요술사들도 자기들의 요술로 그와 같이 행했다고 기록하고 있습니다. 두 번째 이적인 개구리 사건에서도 요술사들이 모세와 동일하게 행하였고, 세 번째 이적인 티끌 사건에서도 요술사들이 모세와 똑같은 이적을 행했습니다.

기적에 대한 반응

성경이 이적과 기적을 기록한 것은 이적과 기적을 행하는 것이 하나님 말씀을 받아들이는데 도움이 될 것으로 기대하고 있다는 의미가 전혀 아닙니다. 실제로 이적과 기적이 나타났어도 사람들은 전혀 이적을 행하신 하나님을 믿지 않았습니다. 대표적인 것이 다니엘 사건입니다. 어느 날 바벨론의 느부갓네살 왕이 꿈을 꾸었습니다. 그런데 문제는 자신이 무슨 꿈을 꾸었는지를 모른다는 것이요, 더 심각한 문제는 왕이 자신도 기억하지 못하는 꿈을 다른 사람이 꿈도 알아맞히고, 그 해석도 해내라는 요구입니다. 이때 다니엘이 혜성같이 등장해서 꿈도 맞추고 해석까지 제공합니다. 이때 느부갓네살 왕이 하는 말이 다니엘서 2장 47절 "너희 하나님은 참으로 모든 신들의 신이시요 모든 왕의 주재시로다 네가 능히 이 은밀한 것을 나타내었으니 네 하나님은 또 은밀한 것을 나타내시는 이시로다"라고 합니다. 그리고는 끝입니다. 이렇게 멋지게 신을 높였으면, 신의 지혜와 능력에 감탄했으면 그 신을 믿을 것이라고 예상합니다. 그런데 느부갓네살은 다니엘에게 상을 내리고는 여전히 자신이 섬기는 신을 섬길 뿐입니다.

유사한 사건이 열왕기상 17장 18절에도 나옵니다. 하나님이 말씀하시자 삼년 동안이나 이스라엘에 비가 오지 않았습니다. 이때 엘리야가 바알의 선지자들을 불러놓고 신에게 요청하여 불을 내리게 하자는 제안을 합니다. 만약 평상시에 이런 이적을 행할 수 없었다면 이 제안을 수용하지 않았을 것입니다. 그런데 기꺼이 수용하는 것은 이미 이런 일이 수차례 있었다는 의미입니다. 그 결과도 마찬가지입니다. 엘리야가 불을 내리게 해서 여호와가 참 신인 것이 밝혀졌습니다. 이 소식을 들은 이세벨은 전혀 놀라지도 않고 당황하지도 않습니다. 여호와를 참 신으로 인정하지도 않고 엘리야를 하나님의 사람으로 대접하지도 않습니다. 이적과 기적이 일어났는데도 불구하고 전혀 긍정적인 반응이 없습니다. 도리어 열왕기상 19장 2절 "이세벨이 사신을 엘리야에게 보내어 이르되 내가 내일 이맘때에는 반드시 네 생명을 저 사람들 중 한 사람의 생명과 같게 하리라 그렇게 하지 아니하면 신들이 내게 벌 위에 벌을 내림이 마땅하니라 한지라"입니다. 엘리야가 불을 내리게 한들, 곧이어 삼 년 동안 비가 안 오던 이스라엘에 비가 내리게 한들, 이세벨은 전혀 달라지지 않았습니다.

물론 복음서에 가장 많은 증거가 나옵니다. 예수님이 허다한 이적과 기적을 행하셨고, 유대인들이 단순히 옆에서 이적과 기적을 본 것이 아니라, 자신들이 이적과 기적의 당사자들이었고, 그 모든 혜택을 누린 자들이었지만 단 한사람도 이적과 기적을 통하여 예수를 영접한 사람이 없었습니다.

하나님의 은혜

성경이 이적과 기적을 동원하는 것은 놀라운 일이나 신기한 일을 펼쳐 보이기 위함이 아닙니다. 성경의 목적은 하나님을 알게 하는 것인데, 죄인들이 하나님을 알 수 없기에 하나님을 알 수 있게 하기 위한 수단으로 이적을 사용했을 뿐입니다. 하지만 여기서도 한 발 더 나아가야 합니다. 결국은 이적과 기적을 통하여도 죄인에게 하나님을 알리는 것이 불가능합니다. 그러므로 만약 인간이 하나님을 알았다면 그것이 지구상의 가장 큰 기적이고, 그것이야말로 전적으로 하나님이 행하신 역사임이 분명합니다.

이러한 관점을 이해하면서 사도행전을 읽어야 합니다. 사도행전에서 삼천 명이나 오천 명이 되는 사람들이 하나님을 믿은 것에 대해 사도들이 설교를 잘했다거나 병자를 고쳤다거나 능력을 행한 결과라고 생각하면 절대로 안 됩니다. 스토리 전개상 제자들이 다른 언어로 말하는 사건과 베드로의 설교 다음에 하나님을 믿었다고 표현하지만 이러한 사도들의 놀라운 행적이 있었기에 믿는 자가 생겼다고 설명해서는 안 됩니다. 기독교에서는 오직 한마디 하나님이 하셨다고만 설명해야 합니다. 이것을 보여주는 또하나의 증거가 바로 8장에 나오는 빌립의 전도와 시몬의 반응에 관한 내용입니다.

하나님의 선교

빌립의 선교

예루살렘에 박해가 있어 여러 사람이 여러 지역으로 흩어졌는데 빌립은 사마리아로 내려갔습니다. 8장 5절 이하 "빌립이 사마리아 성에 내려가 그리스도를 백성에게 전파하니 무리가 빌립의 말도 듣고 행하는 표적도 보고 한마음으로 그가 하는 말을 따르더라 많은 사람에게 붙었던 더러운 귀신들이 크게 소리를 지르며 나가고 또 많은 중풍병자와 못 걷는 사람이 나으니 그 성에 큰 기쁨이 있더라"입니다. 이런 구절들을 읽으실 때 성경이 강조하려는 것이 무엇인지를 잘 분별하셔야 합니다. 무엇인가를 설명할 때 제일 좋은 방법은 직접 그것을 설명하는 것입니다. 그런데 직접적으로는 설명할 방법이 없을 때에는 다른 징표를 동원하여, 관련된 사건들을 동원하여 내용을 설명하는 방식이 사용됩니다. 진리를 설명해야 하는데 설명할 방식이 없으니까 이야기를 동원했고, 사람들의 불가능성을 증명하기 위해 이적과 기적을 사용한 것과 마찬가지입니다.

사도행전의 가장 큰 핵심은 주체가 누구냐는 것입니다. 사도들이 복음 전파와 하나님 나라의 확장을 위해 애쓰는 것인가 아니면 하나님이 죄인들을 구원하시고, 구원한 성도들의 삶을 책임지고 돌보시며, 하나님 나라의 삶을 살도록 후원하시는 것인가에 관한 것입니다. 사람들은 너무나 간단히 사도들이 사명을 가지고 충성하고 있다고 생각합니다. 처음에는 베드로의 활약이 나타나고, 중간에 스데반과 빌립이 활동하고, 후반부에는 바울이 두각을 나타낸다고 생각합니다. 그리고 최종적으로는 오늘날의 성도들이 그 사명을 이어받아서 땅끝까지 복음을 전하는 사명을 완수해야 한다고 말합니다. 성경은 그것이 아니라고 강조할 때 설명하는 방식으로 제자들과 집사들을 대조하여 주었습니다. 제자들이 말씀전하는 사역을 전담한다고 스스로 결정하고, 사람을 뽑고, 계획을 진행시키는데 정작 스토리 전개는 제자들의 의도와는 전혀 다른 방향으로 펼쳐집니다. 제자들의 계획대로라면 실패하거나 중단되어야 마땅합니다. 그런데 훼방이 있고 박해가 있어도 믿는 자는 늘어나고, 정작 제자들이 흩어지지 않아도 복음이 확장되고, 말씀을 전파하기로 예정된 자가 전하지 않아도 말씀이 전해졌습니다. 그래서 사도행전 어디에도 '복음 전파의 주체자는 하나님이다'라는 구절이 없어도 사도행전을 읽는 사람이 '아, 복음 전파의 주체자는 하나님이시구나!'라는 것을 깨달을 수 있게 합니다.

빌립이 사마리아에서 그리스도를 전파했다는 것이 당연한 것이 아니라 매우 기이합니다. 또 빌립이 표적도 행하고, 귀신도 쫓고, 병자도 고쳤다는 것이 예상했던 것이 아니라 매우 놀라운 일입니다. 왜냐하면 빌립은 말씀을 전하는 것에 대해 전혀 준비되지 않았던 사람이기 때문입니다. 만약 빌립이 예루살렘에 있을 때 이미 복음 전파의 탁월한 소질을 보였고 귀신 쫓고 병 고치는 은사가 뚜렷하게 보였다면 빌립이 단지 구제하는 일이나 접대하는 일을 전담하는 역할에 뽑혔을 리가 없습니다. 아무도 빌립이 이런 은사와 능력이 있는 줄 몰랐습니다. 정확하게 말하면 몰랐던 것이 아니라 예루살렘에서는 이런 일을 해본 적이 없습니다. 그런데 사마리아에 오자, 사마리아에는 복음 전하는 사람도 없고 치유를 행하는 사람도 없자, 하나님이 빌립을 도와 복음도 전하게 하시고 치유도 행하게 하셨습니다. 그러므로 모든 초점은 빌립에게 맞추는 것이 아니라 하나님께 맞추어야 합니다. 성경은 '초점을 하나님께 맞추라'고 말하지 않습니다. 성경을 읽는 성도들이 성경의 전개방식을 이해해야 합니다.

빌립의 변화

또 하나는 빌립의 변화입니다. 본문에는 빌립의 사역에 대해 4절 '복음의 말씀을 전할새', 5절 '그리스도를 백성에게 전파하니'라고 소개합니다. 이렇게 간단히 나와 있지만 저와 여러분은 그 속에 담긴 의미를 파악하셔야 합니다. 빌립이 복음의 말씀을 어떻게 전했을까요? 그리스도를 뭐라고 전파했을까요? 오늘날 많은 성도님들이 복음을 전하기 위해서는 먼저 본인이 복음을 전할 만한 상황이 되어야 한다고 말합니다. 그런 관점이라면 빌립이 복음을 전할 만한 상황이 준비되었나요? 복음 때문에 빌립이 나아진 것이 있다고 사람들에게 자랑할 것이 있나요? 그리스도 때문에 빌립이 좋아진 것이 있다고 사람들에게 주장할 만한 것이 있나요? 객관적인 상황으로는 빌립은 도망자이거나 피난자입니다. 빌립은 복음 때문에 상황이 나아진 것이 아니라 더 악화되었습니다. 자신이 살던 거주지를 떠나게 되었습니다. 사울이라는 유대교 열성분자에게 쫓기고 있습니다. 사마리아도 자기의 새로운 정착지가 아닙니다. 사마리아에 얼마나 거주할 지도 모릅니다. 실제로 26절을 보면 '주의 사자가 빌립에게 말하여 이르되 일어나서 남쪽으로 향하여 예루살렘에서 가사로 내려가는 길까지 가라 하니 그 길은 광야라 일어나 가서 보니'입니다. 생활터전을 또 옮겼습니다. 또 39절을 보면 '주의 영이 빌립을 이끌어간지라', 그래서 40절 '빌립은 아소도에 나타나 여러 성을 지나 다니며 복음을 전하고 가이사랴에 이르니라'입니다. 정착하여 살지 못하고, 평안하고 안정된 삶을 살지 못하고, 계속하여 옮겨 다녔습니다.

이 상황을 정말 잘 설명해야 합니다. 빌립이 이렇게 다른 사람에게 썩 권장할 만한 상황이 아님에도 불구하고 가는 곳마다 복음을 전파했다고 합니다. 어떻게 이렇게 할 수 있었을까요? 과연 무엇을 전했을까요? 이 순간에 빌립의 활동에 대해 '사명감'이라고 설명하면 안 됩니다. 제자들과 집사들은 하나님으로부터 복음 전파의 사명을 받았고, 땅끝까지 가라는 하나님의 명령을 받았기에, 하나님의 말씀에 충실하기 위하여 어떠한 상황에도 개의하지 않고 사명완수를 위해 충성했고, 이렇게 충성했을 때 장차 하나님 나라에서 받을 상급을 기대하며 현실의 모든 어려움을 극복할 수 있었다고 강조하면 안 됩니다. 사도행전에는 그렇게 제자들과 빌립에게 상급을 약속하고 면류관을 기대하라는 권고가 등장하지 않습니다. 이 장면에서 상급과 면류관을 동기부여로 제시하는 것이 가장 비기독교적인 설명입니다. 이런 식의 엉뚱한 설명이 제시되는 이유는 성경의 전개방식을 파악하지 못하기 때문입니다.

예를 들어보겠습니다. 저녁을 맛있게 먹어서 아주 배가 부르고 매우 행복합니다. 포만감과 행복감을 표현하라면 어떻게 하시겠습니까? 배가 부르다는 것을 보여주기 위해서 배 안에 내시경을 집어넣을까요? 아니면 초음파를 배에다 대서 배가 비어있지 않고 무엇인가로 가득차 있다는 것을 보여줄까요? 또 행복하다는 것을 어떻게 설명할까요? 포만감과 행복감은 설명할 방식이 없습니다. 그래서 드라마나 영화 또는 소설에서는 저녁을 먹고, 집 주변을 천천히 산책하는 장면을 내보냅니다. 배를 살짝 앞으로 내밀고, 손은 뒷짐을 지고, 얼굴에는 살짝 미소를 띠고, 느릿느릿한 걸음으로 녹음이 우거진 동네를 한 바퀴 돕니다. 이때 주인공은 한 마디도 말을 하지 않습니다. 그냥 말없이 달빛 아래를 여유롭게 주변을 산책하는 것으로 포만감과 행복감을 전달합니다. 그 장면에서 이 사람이 행복하다는 것을 느낄 수 있습니다. 이때 주인공이 신고 있는 신발의 메이커가 무엇인지를 클로즈업하면 내용이 엉뚱해집니다. 무척 여유롭게 산책하는데 알고 보니 신발은 유명 브랜드도 아니고, 그냥 길거리표 운동화인걸 보니 사는 게 넉넉하진 않은가 보다고 말하면 이 장면의 의미를 전혀 파악하지 못하는 것입니다.

초점은 빌립이 구원 받은 것, 성령 받은 것, 하나님의 자녀가 된 것을 어떻게 묘사하는지, 빌립의 행동을 어떻게 설명하는지에 맞추어져 있습니다. 가장 정확한 설명은 이미 빌립은 예수가 그리스도라는 사실, 즉 예수의 십자가 사건과 부활 사건을 통해 자신에게 이루어진 구원을 너무나 분명히 알고 있었고, 그것은 자신이 성도됨으로 말미암아 맞이하게 된 박해와 피난이라는 상황을 거뜬히 감수하고도 남을 만큼 소중한 것임을 알고 있었고, 누리고 있었다는 것입니다. 어떤 상황도, 고난이나 역경도 빌립이 복음 전도하고 싶은 마음을 꺾을 수 없을 정도로 이미 빌립은 결과를 얻었고, 내용을 얻었습니다. 무엇인가를 얻기 위한 수단으로 복음을 전하는 것이 아니라, 정반대로 무엇으로도 복음을 전하려는 빌립의 충만함을 저지할 수 없었습니다. 죄에서 구원받은 행복자요, 하나님 나라의 유업을 이은 풍성한 자요, 더 이상 죄에 얽매이지 않은 자유자요, 하나님의 책임과 보호를 받고 있는 안식 안에 있는 자의 삶을 증거하려고 할 때 여러분은 어떻게 표현하시겠습니까? 성경이 표현한 방식은 무엇으로도 빌립을 막을 수 없다는 것으로 설명합니다. 동일하게 하나님의 은혜를 극명하게 강조하려면 가장 은혜답지 않은 방식을 동원합니다. 그것이 바로 시몬 사건입니다.

하나님의 선물

시몬의 행적

사도행전 8장에는 시몬이라는 사람이 등장합니다. 조금 전까지 살펴보았던 빌립과 비교할 때 빌립과 시몬 중에 더 화려한 활동을 한 사람은 시몬입니다. 9절 이하 "그 성에 시몬이라 하는 사람이 전부터 있어 마술을 행하여 사마리아 백성을 놀라게 하며 자칭 큰 자라 하니 낮은 사람부터 높은 사람까지 다 따르며 이르되 이 사람은 크다 일컫는 하나님의 능력이라 하더라 오랫동안 그 마술에 놀랐으므로 그들이 따르더니"입니다. 흔히 말하는 '자칭 타칭'입니다. 자칭 '큰 자'이고 타칭 '크다 일컫는 신의 능력이라'입니다.

여기서 말하는 마술은 서커스가 아니고 눈속임으로 하는 마술을 의미하는 것이 아닙니다. 본문에 나오는 마술을 행하는 사람을 마술사라고 하는데 그 단어는 예수님이 강림하실 때 맞으러 나왔던 동방의 '박사'들을 소개할 때 사용한 단어와 같습니다. 동방의 박사들은 점성술사 또는 천문학자라고 알려져 있습니다. 그러므로 시몬은 손장난이나 눈속임을 하는 마술사가 아니고, 시몬이 행한 것은 큰 마술쇼나 대형 이벤트가 아니라 실제로 이적이나 기적을 행하고 종종 귀신을 쫓고, 꿈을 해석하고, 사람들이 알지 못하는 것을 알려주거나 했던 사람, 일종의 구약의 다니엘과 같은 일을 했던 사람입니다. 그러니 자칭 큰 자요, 타칭 신의 능력을 행하는 사람이라고 불릴 수 있었습니다. 사람들이 자신들이 할 수 없는 큰일을 행하는 시몬을 보고 쫓아다닌 것은 흔히 볼 수 있는 현상입니다.

그런데 시몬이 활동하는 사마리아 지역에 빌립이 나타났습니다. 그리고 빌립도 마술을 행했습니다. 즉 빌립이 이적과 기적을 행했고 귀신들도 쫓아내고 병자들도 고친 것입니다. 사람들은 누가 이적을 행하느냐에 관심을 갖지 않고, 이적의 근원이 어디인가에 관심을 갖지 않고, 단순히 이적이라면 신기해서 쫓아다닙니다. 여기에서 진짜 재미있는 것은 빌립을 따라 다닌 무리 중에 시몬도 끼었다는 것입니다. 8장 13절 "시몬도 믿고 침례를 받은 후에 전심으로 빌립을 따라다니며 그 나타나는 표적과 큰 능력을 보고 놀라니라"입니다. 아주 재미있는 장면입니다. 본문에는 '전심으로'라고 나

오는데 이 단어는 다른 표현으로 하면 '스스로'라는 의미도 됩니다. 즉 시
몬은 빌립이 행하는 것을 보고서는 '스스로' 빌립을 따라나섰습니다. 이런
것을 '고수끼리는 알아본다'고 합니다.

시몬의 반응

시몬의 관점에서 보면 자신도 마술을 행하는 사람인데 빌립도 마술을 행
하는 사람입니다. 그런데 자기가 하는 마술과 빌립이 하는 마술을 비교해
보면 빌립이 하는 마술이 훨씬 수준이 높아 보입니다. 왜냐하면 자기는 마
술을 하나 행하려면 무지 애를 써야 하기때문입니다. 시몬의 마술이 점성
술이었든 축사이었든 치유이었든 여하튼 일상적이지 않은 행동을 하기 위
해서는 자기의 평상시의 행동을 뛰어넘는 무엇인가를 행해야 했습니다.
그냥 간단히 행하면 이적이 아니고, 쉽게 행하면 기적이 아니고, 아무렇지
도 않게 행하면 사람들에게 '크다 일컫는 신의 능력'이라는 소리를 들을 수
없습니다. 그래서 세상의 이적을 행하는 자는 그것을 행한 후에 본인이 가
장 먼저 탈진하는 것을 자주 보게 됩니다. 그만큼 애쓰고 노력합니다.

시몬이 빌립을 보니까 너무나 쉬워 보입니다. 빌립은 빌립 자신의 수단
과 능력으로 행하는 것이 아니기 때문입니다. 엄밀하게 말하면 빌립은 자
신이 행하는 것이 아니라 하나님이 행하시는 것입니다. 빌립은 스스로 이
적을 행하려는 의도도 없고 표적을 나타내려는 계획도 없습니다. 단지 복
음의 말씀을 전하고 그리스도를 백성에게 전파하는 이적이 나타나는 것이
요, 표적이 따릅니다. 하나님이 행하신다는 것을 모르는 시몬의 관점에서
는 정말 빌립이 부럽습니다. 그런데 시몬이 전혀 감을 잡지 못하는 것이 하
나 있습니다. 그것은 빌립이 어떻게 이적과 표적을 행하는지 분별할 수 없
다는 것입니다. 즉 방법론이 보이지 않습니다. 흉내를 내고 싶어도, 모방을
하고 싶어도, 같은 마술사로서 자기도 빌립처럼 되고 싶어도, 자신은 마술
을 하는 방법론이 있는데 빌립에게는 그것이 보이지 않습니다. 그래서 계

속 따라다니고 있습니다.

이때 시몬에게 너무나 획기적인 장면이 포착됩니다. 그것이 14절 부터입니다. 14절에 보면 베드로와 요한이 사마리아에 도착합니다. 그리고 15절이하 "그들이 내려가서 그들을 위하여 성령 받기를 기도하니 이는 아직 한 사람에게도 성령 내리신 일이 없고 오직 주 예수의 이름으로 침례만 받을 뿐이더라 이에 두 사도가 그들에게 안수하매 성령을 받는지라"입니다. 지금 시몬에게는 성령이 임했다는 것이 전혀 중요하지 않습니다. 시몬이 관심 갖는 것은 오직 한 가지 '어떻게 하면 이적을 행할 수 있는가?'라는 방법에 관한 것뿐입니다. 시몬은 자신이 행하는 마술과 빌립이 행하는 표적이 다른 것이라고 생각하지 않습니다. 자신이 행하는 마술과 베드로와 요한이 성령을 내리게 한 것이 다른 차원이라고 생각하지 않습니다. 자신도 마술사인데 빌립은 자신보다 더 탁월한 마술사입니다.

하지만 시몬은 빌립에게는 어떤 제안도 하지 않습니다. 왜냐하면 빌립에게는 방법론이 없습니다. 무엇을 어떻게 해야 하는지 아무리 관찰해 봐도 답이 나오지 않습니다. 빌립에게는 무엇을 가르쳐 달라고 해야 할지 조차도 분간이 되지 않습니다. 바로 그때 시몬의 생각에 베드로와 요한은 방법론을 보여주고 있는 것으로 보입니다. 그것은 바로 '손을 얹는 것' 즉 '안수'였습니다. 드디어 방법 또는 수단을 찾은 것입니다. 그리고 베드로와 요한의 수단은 자신의 방법과 비교할 때 손만 얹으면 되니까 너무나 쉽고 간단하게 보입니다. 그래서 시몬이 제안하는 것이 18절 "시몬이 사도들의 안수로 성령 받는 것을 보고 돈을 드려 이르되 이 권능을 내게도 주어 누구든지 내가 안수하는 사람은 성령을 받게 하여 주소서 하니"입니다.

시몬의 오해

성경이 시몬을 등장시키는 것은 시몬을 통해 하나님의 은혜를 더욱 극명하게 강조하려는 의도입니다. 시몬은 네 가지를 오해하고 있습니다. 첫 번째는, 빌립의 사역을 하나님이 행하시는 것임을 알지 못하고 빌립이 행하는 것으로 오해하고 있습니다. 동시에 베드로와 요한의 사역도 하나님의 사역이 아니라 베드로와 요한 개인의 사역으로 착각하고 있습니다. 베드로와 요한이 손만 얹으면 자동으로 성령이 임하는 것으로 생각하고 있습니다. 그러나 지금까지 상고해본 바대로 성령은 전적인 하나님의 선물이었습니다. 사람들이 원하거나 바라서 된 것이 아니라 하나님의 약속으로, 하나님이 주셨습니다. 하나님이 주시지 않으면 베드로와 요한이 아무리 손을 얹은들, 아무리 주문을 외운들, 아무리 기도한들 성령이 임하지 않습니다. 그러나 시몬이 이러한 내용을 알 리가 없습니다.

시몬이 오해한 두 번째가 바로 하나님의 은혜에 관한 것입니다. 엄밀하게 말하면 시몬은 매우 합리적인 사람입니다. 왜냐하면 사도들의 안수로 성령 받는 것을 보고 돈을 드려 그 권능을 사려했기 때문입니다. 가장 일반적이고, 가장 상식적이고, 가장 인간적인 것이고, 동시에 가장 죄적입니다. 시몬은 거저 달라고 하고 않습니다. 또 시몬은 억지로 빼앗은 것도 아닙니다. 값을 지불하겠다, 정당한 대가를 제공하겠다는 취지입니다. 세상에는 공짜가 없다는 것을 너무나 정확히 알고 있고 직접 실천하는 사람입니다.

인간적인 관점에서는 가장 공정한 것이고 합리적인 것인데, 기독교의 관점, 하나님의 관점에서는 가장 미련한 것이고, 가장 어리석은 행동입니다. 왜냐하면 은혜로 받을 수 있는 것을 돈을 주고 사려고 하기 때문입니다. 거저 주는 것, 선물로 주는 것, 값없이 주는 것은 거저 받아야 하고, 선물로 받아야 하고, 값없이 받아야 합니다. 하지만 죄인들에게는 은혜라는 개념이 없습니다. 베드로의 대답에 분명하게 나옵니다. 20절 "베드로가 이르되 네가 하나님의 선물을 돈 주고 살 줄로 생각하였으니 네 은과 네가 함께 망할지어다"입니다. 이것은 책망이 아니고 저주가 아닙니다. 하나님의 귀한 은혜를 감히 돈 주고 살려고 하느냐고, 이것은 돈을 주고도 살 수 없다고 주장하는 것이 아닙니다. 정반대입니다. '왜 선물을 돈 주고 사려고 하느냐?'고 어이없어 하는 말입니다. 또 감히 하나님의 선물을 사려고 하여 하나님을 모욕했으니 망하라고 저주를 퍼붓는 것도 아닙니다. '망할지어다' 는 '허비하다, 낭비하다'라는 의미입니다. 만약 돈을 주고 산다면 그것은 돈을 낭비하는 것이요, 그것은 네가 쓸데없는 일을 하는 것이라는 의미입니다.

빌립도 베드로와 요한도 지금까지 하나님의 복음을 전했습니다. 거저 주는 하나님의 선물을 나누어 주었습니다. 그 동안 사람들 중에 제발 은혜를 달라고 요청한 사람이 없었고, 성령을 받게 해 달라고 애원한 사람도 한 사람도 없었습니다. 그렇게 알지도, 찾지도, 원하지도 않는 사람에게도 성령을 받을 수 있도록 기도해 주었습니다. 그런데 처음으로 자신들에게 부탁하는 사람이 생겼습니다. 그것도 빈 손 들고 와서 애걸하는 것이 아니라 돈을 주며 사겠다고 제안합니다. 그냥도 주었는데 돈을 내면 더 줄 수 있어야 되는 것 아닙니까? 그런데 제자들은 발끈합니다. 값없이는 주어도 돈을 받고는 안 줍니다. 은혜로는 주어도 돈을 받은 대가로는 주지 않습니다.

왜 그런지 아십니까? 그 이유가 21절 "하나님 앞에서 네 마음이 바르지 못하니 이 도에는 네가 관계도 없고 분깃 될 것도 없느니라"입니다. 또 23절 "내가 보니 너는 악독이 가득하며 불의에 매인 바 되었도다"입니다. 반복되는 동일 유형의 표현이 '마음이 바르지 못하니', '악독이 가득하고', '불의에 매인 바'입니다. 그리고 이것들의 기준이 되는 '하나님 앞에서'가 맨 앞에 나옵니다. 즉 시몬의 마음이 하나님의 의도와 다릅니다. 시몬이 하나님의 기준, 하나님의 원리, 하나님의 가치, 하나님의 마음, 하나님의 개념이 아닙니다. 그래서 이 사람에게 성령이 임하는 것을 방법론으로 인식하여, 만약 시몬의 표현대로 그 권능을 갖게 된다면, 시몬은 그것을 은혜로 사용하지 않을 것입니다. 은혜로 받아도 은혜로 행하기 쉽지 않은 것이 죄의 속성이기 때문입니다. 하물며 값을 주고 사면 은혜로 행하지 않을 것이 너무나 뻔하기 때문입니다.

시몬의 두려움

시몬이 오해한 것 세 번째는 두려움입니다. 베드로는 시몬을 책망한 것이 아니고 저주한 것이 아닙니다. 시몬이 하나님의 선물에 대해 오해하고 있는 것을 지적하였고, 단지 지적으로 끝난 것이 아니라 22절 "그러므로 너의 이 악함을 회개하고 주께 기도하라 혹 마음에 품은 것을 사하여 주시리라"고 하였습니다. 여기 등장하는 '혹'은 '혹시, 행여, 어쩌면'이라는 의미가 아닙니다. 본문에 맞게 번역하면 '그러면, 결과적으로, 그래서, 따라서'의 의미입니다. 영어 구문에서 '명령문, and'이 용법이 있습니다. '~하라, 그러면 ~ 될 것이다'의 의미입니다. 지금 이 본문이 바로 그 용법입니다. '회개하라'가 문법적으로 명령법, 즉 '회개하라 그러면 당연히 사함 받는다'는 약속의 선언입니다. 그런데 시몬은 하나님의 은혜도 몰랐고, 하나님의 사함도 몰랐습니다. 베드로와 요한의 말을 책망의 말로 들었고, 자신이 신에 대해 잘못하였기에 신에게 저주를 받을 것으로 예상했습니다. 그래서 하는 말이 24절 "시몬이 대답하여 이르되 나를 위하여 주께 기도하여 말한 것이 하나도 내게 임하지 않게 하소서"입니다. 하나님을 알면 즐겁고, 평안하고, 자유로운 신앙인데, 하나님을 모르면 괜한 두려움에 빠집니다. 하나님과 무관한데 하나님을 두려워합니다. 하나님은 저주하거나 징계하지 않는데 모두 하나님을 무서워합니다.

시몬이 오해한 것 네 번째는 성령이 무엇인지 모른 것입니다. 성령이 임한 결과가 빌립과 같았습니다. 시몬이 손을 얹어 성령이 임하는 권능을 갖게 되면 자신이 어떻게 될 것이라고 기대했을까요? 빌립처럼 본향에서 쫓겨나고 박해받을 것으로 기대했을까요? 아니면 지금도 이미 '큰 자'인데 '더 큰 자'가 될 것이라고 기대했을까요? 대답은 후자입니다. 하나님이 성령을 주시는 것은 '죄를 이기기 위한 것'입니다. 죄를 이겨야 행복할 수 있기 때문입니다. 그 증거가 스데반이고, 빌립입니다. 기준과 가치가 변해야만 이것을 이해할 수 있습니다. 성도는 세상에서 경쟁하는 것이 아니고, 경쟁에서 이기는 것이 아니라 세상과 구별되는 것, 세상과 달라지는 것입니다. 세상에 있으면서, 세상의 것으로는 세상과 달라질 수 없기에, 하나님이 도우시고, 성령을 부어주십니다. 그래서 하나님으로 말미암아 달라지고, 또 하나님으로 말미암아 달라졌기에 전혀 자랑할 수 없기에 인간 간에 사랑과 평화와 안식을 더불어 함께 누릴 수 있게 됩니다. 하나님을 아시고, 하나님이 주신 복락을 풍성히 누리는 복된 삶이 되시기를 주님의 이름으로 축원합니다.

29

무슨 거리낌이 있느냐

사도행전 8:25~40

25 두 사도가 주의 말씀을 증언하여 말한 후 예루살렘으로 돌아갈새 사마리아인의 여러 마을에서 복음을 전하니라 26 주의 사자가 빌립에게 말하여 이르되 일어나서 남쪽으로 향하여 예루살렘에서 가사로 내려가는 길까지 가라 하니 그 길은 광야라 27 일어나 가서 보니 에디오피아 사람 곧 에디오피아 여왕 간다게의 모든 국고를 맡은 관리인 내시가 예배하러 예루살렘에 왔다가 28 돌아가는데 수레를 타고 선지자 이사야의 글을 읽더라 29 성령이 빌립더러 이르시되 이 수레로 가까이 나아가라 하시거늘 30 빌립이 달려가서 선지자 이사야의 글 읽는 것을 듣고 말하되 읽는 것을 깨닫느냐 31 대답하되 지도해 주는 사람이 없으니 어찌 깨달을 수 있느냐 하고 빌립을 청하여 수레에 올라 같이 앉으라 하니라 32 읽는 성경 구절은 이것이니 일렀으되 그가 도살자에게로 가는 양과 같이 끌려갔고 털 깎는 자 앞에 있는 어린 양이 조용함과 같이 그의 입을 열지 아니하였도다 33 그가 굴욕을 당했을 때 공정한 재판도 받지 못하였으니 누가 그의 세대를 말하리요 그의 생명이 땅에서 빼앗김이로다 하였거늘 34 그 내시가 빌립에게 말하되 청컨대 내가 묻노니 선지자가 이 말한 것이 누구를 가리킴이냐 자기를 가리킴이냐 타인을 가리킴이냐 35 빌립이 입을 열어 이 글에서 시작하여 예수를 가르쳐 복음을 전하니 36 길 가다가 물 있는 곳에 이르러 그 내시가 말하되 보라 물이 있으니 내가 세례를 받음에 무슨 거리낌이 있느냐 37 (없음) 38 이에 명하여 수레를 멈추고 빌립과 내시가 둘 다 물에 내려가 빌립이 세례를 베풀고 39 둘이 물에서 올라올새 주의 영이 빌립을 이끌어간지라 내시는 기쁘게 길을 가므로 그를 다시 보지 못하니라 40 빌립은 아소도에 나타나 여러 성을 지나 다니며 복음을 전하고 가이사랴에 이르니라

사역의 주체

주의 사자가

　대화를 할 때 말하는 사람의 의도와 듣는 사람의 의도가 서로 다른 경우가 많이 있습니다. 식당 이름 중에 '엄마가 차려준 밥상'이 있습니다. 저는 그곳에 절대로 안 갑니다. 결혼한 지 이십 년쯤 되니까 이제 식성과 입맛이 완전히 아내에게 길들여져서 가끔 부모님 댁에 가서 밥을 먹으면 맛이 없습니다. 오랜 만에 어린 시절에 엄마가 차려준 맛있는 밥상이 생각나는 것이 아니라 아내가 차려준 밥상이 아니기에 먹을 것이 없고 맛도 없습니다. 물론 본가에 가서는 말을 반대로 합니다. 그 식당 주인님이 가게 이름을 지은 의도와는 아무 상관없이 제 마음대로 생각하고, 제 멋대로 적용해본 경우입니다. 성경의 구절이나 표현에 대해 인간들이 이런 오해 또는 왜곡을 너무 쉽게, 너무 많이 합니다. 사도행전 8장에서 빌립의 행보를 설명할 때마다 반복적으로 등장하는 표현이 '성령'입니다. 26절 "주의 사자가 빌립에게 말하여 이르되 일어나서 남쪽으로 향하여 예루살렘에서 가사로 내려가는 길까지 가라", 29절 "성령이 빌립더러 이르시되 이 수레로 가까이 나아가라", 39절 "주의 영이 빌립을 이끌어간지라"입니다.

　기독교를 반대하는 사람들, 하나님이 인간을 통제하고 조종한다고 오해하는 사람들은 이런 구절을 매우 싫어합니다. 마치 빌립은 가기 싫어하는데, 빌립은 원하지도 바라지도 않는데 하나님이 빌립을 하나님의 목적을 위해 이리저리 끌고 다니는 것처럼 생각합니다. 기계적으로 등장하는 것이 '하나님의 뜻과 자유의지', '기독교에는 인간의 자유가 있는가?'라는 주제입니다. 그러나 성경의 의도는 하나님이 인간을 좌지우지 한다는 것이 아닙니다. 도리어 하나님이 빌립을 도와주고 있다는 설명입니다. 가장 원론적으로 신이 완성해야 할 무슨 과제가 있고, 신이 누군가의 도움을 받아야 할 필요가 있습니까? 빌립이 어디를 가든, 빌립이 무엇을 하든 하나님이 간섭할 이유가 무엇입니까? 하나님이 빌립을 도와주어야 할 이유가 무엇입니까? 도대체 어떤 사람이 신의 후원을 받으며 살 수 있습니까? 그런데 하나님이 이렇게 인간의 삶에 동행하십니다. 하나님은 멀리 계신 분이 아니라, 단지 인간의 삶이 끝난 후에 심판하려고 기다리고만 있는 분이 아니라, 현세에는 무관하다가 사후에는 권세를 떨치는 존재가 아니라 인간이 살아갈 때에 임재하고, 동행하고, 후원하고, 역사하십니다.

성경의 사람들

세상 사람들은 하나님이 하나님의 목적과 계획을 세우고 그것을 이루기 위해 인간을 이용하고 계신 것으로 오해하면 안 됩니다. 동시에 성도들도 마치 하나님의 뜻을 이루어 드리기 위해 본인이 희생하고 있다고 착각하면 절대로 안 됩니다. 기독교에서 '믿음 좋은 사람, 신앙심이 깊은 사람, 교회 다닌 연조가 많은 사람'이라고 하면 가장 먼저 떠오르는 이미지가 성령의 열매이어야 합니다. '희락 즉 즐거운 사람, 온유한 사람, 인내하는 사람, 화평 즉 주변 사람들과 매우 친근한 사람, 절제하는 사람' 등입니다. 그런데 실제로는 교인 그러면 '충성하는 사람, 비장한 사람, 대쪽같은 사람, 사명감이 있는 사람, 하나님 또는 교회를 위해 열심을 내는 사람' 등이 떠오릅니다. 잘 생각해보시면 성경이 강조하는 이미지는 사랑, 희락, 화평, 오래 참음, 자비, 양선, 충성, 온유, 절제로 모두 다른 사람과의 관계에 대한 표현들입니다. 혼자 사랑하거나, 혼자 오래 참는 것이 아니라 다른 사람을 사랑하고, 다른 사람의 잘못이나 실수에 대해 온유합니다. 그런데 실생활에서의 이미지는 모두 성도 개인에 관한 성향, 성품, 기질입니다. 비장하다, 대쪽같다, 소신이 있다는 것은 다른 사람의 관계에 대한 표현이 아니라 그냥 당사자의 태도, 의지, 행동 양식에 관한 것일 뿐입니다.

기독교는 하나님이 지시하고 인간이 복종하는 종교가 아닙니다. 하나님이 과업을 맡기고, 인간이 사명으로 감당하는 종교가 아닙니다. 성경을 잘 살펴보시면 성경에 등장하는 인물 중에 하나님이 주신 사명을 감당하려고 늘 긴장하고, 늘 애쓴 모습을 보여주는 사람이 없습니다. 하나님이 맡겨주신 과업을 이루어내려고 노심초사하고, 안절부절하고, 행여 실수할까 봐, 하나님 명예에 누가될까 봐 좌불안석하는 모습이 없습니다. 하나님에게 주눅 들고, 늘 하나님 눈치를 보는 소심한 행동을 하는 것이 없습니다. 어찌 보면 정반대입니다. 아브라함이 하나님께 기죽은 적이 없습니다. 도리어 아브라함은 하나님의 말씀을 무시하기도 합니다. 아들 준다는 약속을 받았는데 십 년이 지나도 아들이 안 생기자 아들에 관한 기대를 접고 아예 자신이 상속자를 정해 버립니다. 그러면서 창세기 15장 3절에 "주께서 내게 씨를 주지 아니하셨으니 내 집에서 길린 자가 내 상속자가 될 것이니이다"라고 선언해 버립니다. 아주 당당하게 하나님께 큰소리칩니다. 한 번만이 아닙니다. 하나님이 재차 아들을 약속하자 또 하는 행동이 창세기 17장 17절에 "아브라함이 엎드려 웃으며 마음속으로 이르되 백 세 된 사람이 어찌 자식을 낳을까 사라는 구십 세니 어찌 출산하리요 하고 아브라함이 이에 하나님께 아뢰되 이스마엘이나 하나님 앞에 살기를 원하나이다"입니다. 아주 거침이 없습니다. 모세도 출애굽을 달성하려고 본인이 애쓰는 것이 없고, 여호수아가 가나안 정복 과제를 완수하려고 힘들어하는 모습이 없습니다. 많은 성도님들이 '사명'이란 말을 자주 사용하지만 정작 개역개정 성경에도 '사명'이라는 단어는 단지 두 번밖에 나오지 않습니다. 신앙은 인간이 하나님을 위하는 것이 아니라, 하나님으로 말미암아 즐거워하는 삶입니다.

하나님의 은혜

에디오피아 사람

본문에 에디오피아 사람이 등장합니다. 그런데 소개가 거창합니다. 8장 27절 "에디오피아 사람 곧 에디오피아 여왕 간다게의 모든 국고를 맡은 관리인 내시"입니다. 국적, 신분, 지위, 역할을 모두 나타냅니다. 이렇게 소개하는 것은 이 사람을 높이려는 의도일까요, 낮추려는 의도일까요? 당연히 높이려는 의도입니다. 이 소개에 근거하여 이 사람을 프로파일링 해 본다면 이 사람은 지혜로운 사람일까요, 미련한 사람일까요? 아마도 지혜로운 사람일 것입니다. 상황이나 판세를 바라보는 관점이 좁은 사람일까요, 넓은 사람일까요? 아마도 넓은 사람일 것입니다. 왜냐하면 에디오피아 여왕 간다게가 미련한 사람, 시야가 좁은 사람에게 자기 나라의 국고를 맡길 리가 없기 때문입니다. 물론 이 사람이 낙하산 인사일 수도 있고, 무능한 측근이나 친족일 수도 있지만 일반적으로 생각하기에는 나름대로 지혜와 재능과 업무 능력이 탁월한 사람으로 간주할 수 있습니다.

성경이 이 사람의 신분을 다양하게 강조하는 것은 다음에 나타날 이 사람의 행동에 대한 예고입니다. 흔히 문학에서 말하는 '복선'입니다. 이 사람이 예배하러 예루살렘에 왔다가 수레를 타고 자기 나라로 돌아가고 있습니다. 이 사람이 고국으로 돌아가는 수레에서 예루살렘에서 구한 책을 읽습니다. 28절 "돌아가는데 수레를 타고 선지자 이사야의 글을 읽더라"입니다. 만약 이 사람이 운동선수였다면, '수레에서도 윗몸 일으키기를 하더라'고 나왔을 것이고, 만약 이 사람이 연예인이었다면, '수레에서 공항패션을 고르고 있더라'고 나왔을 것입니다. 어떻게 구했는지는 모르지만 여하튼 자국으로 돌아가는 수레에서 선지자 이사야의 글을 읽고 있었습니다. 원래는 이사야 53장 7절로 8절이고 사도행전에는 8장 32절과 33절에 나옵니다. "그가 도살자에게로 가는 양과 같이 끌려갔고 털 깎는 자 앞에 있는 어린 양이 조용함과 같이 그의 입을 열지 아니하였도다 그가 굴욕을 당했을 때 공정한 재판도 받지 못하였으니 누가 그의 세대를 말하리요 그의 생명이 땅에서 빼앗김이로다"입니다.

빌립이 성령의 인도로 내시에게 가까이 가서 두 사람의 대화가 시작됩니다. 30절 "빌립이 달려가서 선지자 이사야의 글 읽는 것을 듣고 말하되 읽는 것을 깨닫느냐'입니다. 빌립이 지극히 정상적인 질문을 했습니다. 이때 내시의 대답이 31절 "지도해 주는 사람이 없으니 어찌 깨달을 수 있느냐"입니다. 내시 이야기에서 가장 중요한 포인트가 바로 이것입니다. 즉 26절부터 내시에 관한 이야기가 전개되어 온 것, 특별히 내시를 아주 유력한 사람으로 소개한 것은 모두 이 31절을 드러나게 하기 위한 것이었습니다. 만약 어떤 무식한 사람이 글을 읽고 '무슨 말인지 모르겠네?'라고 하면 다른 사람이 별로 관심을 갖지 않습니다. 어차피 무식한 사람이기 때문입니다. 그러나 학문에 일가견이 있는 사람, 단지 배우는 정도가 아니라 적어도 지도자급에 있는 사람, 말단 직원이 아니라 한 나라의 대표요, 사신에 속할 정도의 사람, 공부할 때에 모르는 것이 나오면 '독서백편의자통'讀書百遍義自通 즉 '백번을 읽으면 깨닫지 못할 것이 없다'라고 말하는 그룹에 속한 사람, 누군가에게 배우는 위치가 아니라 가르치는 위치에 있는 사람이 말하기를 '지도해 주는 사람이 없으니 어찌 깨달을 수 있느냐?'고 말한다면 그것은 정말 모르는 것입니다. 그리고 그 사람이 모르면 다른 사람도 거의 다 모르는 것입니다.

니고데모

이런 패턴은 이미 복음서에도 여러 차례 나왔습니다. 본문을 이해하기 위해서 복음서의 한 예를 점검해 보도록 하겠습니다. 가장 대표적인 것이 요한복음 3장의 니고데모 사건입니다. 요한복음 3장 1절을 보면 "그런데 바리새인 중에 니고데모라 하는 사람이 있으니 유대인의 지도자라"고 나옵니다. 굳이 '바리새인, 지도자'라고 강조합니다. 이런 사람은 남에게 질문하는 사람이 아닙니다. 종종 복음서에 바리새인과 서기관들, 제사장들이 예수께 나아와 질문하는 장면이 있습니다. 하지만 그들은 실제로 질문한 적이 거의 없습니다. 단지 예수를 잡으려고, 예수를 시험하려고 일부러 애매하고 대답하기 곤란한 것만 질문이라는 방식을 통해 함정을 놓는 것에 불과합니다. 니고데모도 마찬가지입니다. 먼저는, 예수께 나와서 질문하는 것이 아니라 판단을 합니다. 니고데모가 지도자로 백성의 하나인 예수의 행적에 대해 평가를 내립니다. 그것이 2절 "그가 밤에 예수께 와서 이르되 랍비여 우리가 당신은 하나님께로부터 오신 선생인 줄 아나이다 하나님이 함께 하시지 아니하시면 당신이 행하시는 이 표적을 아무도 할 수 없음이니이다"입니다.

그런데 이어지는 대화에서 니고데모는 어른이요, 학문 연구에 전념하는 바리새인이요, 백성을 가르치는 지도자로서는 도무지 상상할 수 없는 어이없는 말을 합니다. 예수님이 거듭나야 한다는 말씀에 대하여 하는 말이 4절 "니고데모가 이르되 사람이 늙으면 어떻게 날 수 있사옵나이까 두 번째 모태에 들어갔다가 날 수 있사옵나이까"입니다. 이런 일은 불가능하다는 것을 삼척동자도 다 아는데 이 말을 어린이가 하는 것이 아니라 니고데모가 합니다. 그래서 하이라이트가 10절 "예수께서 그에게 대답하여 이르시되 너는 이스라엘의 선생으로서 이러한 것들을 알지 못하느냐"입니다. 앞에서 지도자라고 했던 소개가 뒤에서는 선생이라는 소개로 반복되고, 핵심은 지도자이든 선생이든 예수의 말씀을 알아듣지 못하더라는 것입니다. 다시 한 번 쐐기를 박는 것이 "내가 땅의 일을 말하여도 너희가 믿지 아니하거든 하물며 하늘의 일을 말하면 어떻게 믿겠느냐"입니다.

물론 결론은 니고데모를 망신주거나 혼내는 것이 아니라 하나님의 은혜를 설명하는 것입니다. 니고데모 사건에 이어서 16절에 그 유명한 말씀이 등장합니다. "하나님이 세상을 이처럼 사랑하사 독생자를 주셨으니 이는 그를 믿는 자마다 멸망하지 않고 영생을 얻게 하려 하심이라"입니다. 믿어야 한다는 조건을 제시하는 것이 아니라 선생도 모르니 알 사람이 없는 것이요, 만약 아는 사람이 구원받는다고 하면 모두가 멸망당해야 하는데 하나님은 인간이 멸망당하기를 원하지 않고 도리어 영생을 얻게 하려고 하신다는 의미입니다. 그래서 17절 "하나님이 그 아들을 세상에 보내신 것은 세상을 심판하려 하심이 아니요 그로 말미암아 세상이 구원을 받게 하려 하심이라"로 연결됩니다.

빌립이 입을 열어

이제 사도행전의 이야기로 돌아와 보겠습니다. 에디오피아에서 국고를 맡을 정도의 고관이 책을 읽으면서도 이해하지 못합니다. 이 사람이 무식한 사람이라는 의미가 아니고, 이 책이 어려운 책이라는 것이 아닙니다. 핵심은 이 사람은 죄인이고, 이 책은 하나님의 말씀이라는 사실입니다. 죄인은 아무리 지혜가 있든, 아무리 학식이 많든, 경험이 풍성하든, 읽은 책이 많든 관계없이 하나님의 말씀을 이해할 수 없습니다. 하나님 말씀이 복잡하고, 난해하고, 어렵다는 것이 아니라 죄인의 생각, 죄인의 기준, 죄인의 관념, 죄인의 인식, 죄인의 사고방식과는 전혀 차원이 다르기 때문입니다. 만약 하나님 말씀이 사람의 기준, 사람의 사고방식에 근거한 것이었다면 인간 중에 지혜로운 사람이라고 대표될 수 있는 한 나라의 관원이 모를 리가 없습니다. 그런데 하나님 말씀은 죄의 기준이 아니라 하나님의 기준, 죄의 가치관이 아니라 하나님의 가치관입니다. 죄인의 지혜와는 전혀 다릅니다.

이 정도 되면 여러분은 본문에서 또 하나의 반전이 등장한다는 것을 벌써 예상하셨을 것입니다. 본문에서 내시가 한 말이 첫 번째가 31절 "지도해 주는 사람이 없으니 어찌 깨달을 수 있느냐"였습니다. 내시가 두 번째 한 말이 34절 "그 내시가 빌립에게 말하되 청컨대 내가 묻노니 선지자가 이 말 한 것이 누구를 가리킴이냐 자기를 가리킴이냐 타인을 가리킴이냐"입니다. 눈치 채셨습니까? 여기 등장하는 반전이 바로 빌립입니다. 35절 "빌립이 입을 열어 이 글에서 시작하여 예수를 가르쳐 복음을 전하니"입니다. 여러분, 빌립이 누구입니까? 무명인입니다. 빌립이 뭐하는 사람입니까? 그 시대의 루저 그룹인 예수 믿는 사람들이 모인 곳에서 구제하는 일을 담당하던 사람입니다. 현재는 예루살렘에서 사마리아로 피난 나온 사람입니다. 내시와 빌립은 서로 어울리는 사람이 아닙니다. 어울리기는 고사하고 만날 수 있는 기회가 원천적으로 불가능한 사람들입니다. 국고를 맡은 내시와 자원봉사 센터에서 급식하던 사람의 신분적 간격, 지혜와 학식이 많은 사람과 지극히 평범한 백성 중의 한 사람의 지혜적 간격이 너무나 큽니다.

두 사람을 대조하는 것은 인간적 비교가 아니고, 한 사람을 높이고 한 사람을 낮추려는 것이 아닙니다. 내시, 즉 인간 중에 지식을 대표하는 사람이 전혀 이해하지 못하는 것을 빌립, 즉 인간 중에 지식이 없는 사람, 그러나 성령을 받은 사람, 성령의 인도함을 받은 사람, 성령의 가르침을 받은 사람은 이해하더라는 것입니다. 결론이 무엇입니까? 하나님의 말씀은 인간의 지혜로 이해하는 것이 아니라, 인간의 탐구와 연구로 깨달아지는 것이 아니라, 하나님이 은혜로 깨닫게 하시는 것이라는 사실입니다. 그래서 성령을 받은 빌립이 깨달았고, 더 나아가 그 빌립을 성령이 인도하여 내시에게 인도하였고, 빌립을 인도한 그 성령이 내시에게도 빌립을 통하여 가르침을 주사 깨닫게 하셨습니다. 하나님 말씀의 사역, 하나님을 전파하는 것도, 말씀을 깨닫게 하는 것도 모두 하나님이 하신다는 것입니다. 할렐루야!

이렇게 하나님이 하신다는 것을 인정하면 성도는 오직 한 마디 '나의 나 된 것은 오직 하나님의 은혜로다'라고 고백할 수밖에 없습니다. 이렇게 고백하는 사람들이 모인 교회 안에서, 신앙인들 사이에서 어떻게 자랑이 생기고, 경쟁이 생기고, 분열이 생기고, 갈등이 생기고, 다툼이 생기겠습니까! 모든 성도들은 다 겸손할 수밖에 없고 모든 신앙인들은 다 온유할 수밖에 없습니다. 그래서 교회 안에 사랑과 평화가 가능해집니다. 기독교, 하나님의 말씀이 정말 멋있습니다. 인간 삶의 유일한 해결책인 것이 분명합니다.

거리낌이 있느냐?

거리낌이 있느냐?

본문이 가르쳐주는 복음의 진수를 하나 더 확인해 보겠습니다. 36절 이하에 "길 가다가 물 있는 곳에 이르러 그 내시가 말하되 보라 물이 있으니 내가 침례를 받음에 무슨 거리낌이 있느냐 이에 명하여 수레를 멈추고 빌립과 내시가 둘 다 물에 내려가 빌립이 침례를 베풀고"입니다. 내시의 질문이 '무슨 거리낌이 있느냐?'는 것이고, 빌립의 대답이 '아무 거리낌이 없다!'입니다. 이것이 너무나 당연합니다. 지금 내시가 깨달은 것이 내시의 실력이 아니고 빌립의 공헌이 아닙니다. 빌립이 깨달은 것도 성령의 사역 즉 하나님의 은혜요, 내시가 깨달은 것도 하나님의 은혜입니다. 죄인에게서 하나님에 대한 반응, 죄인에게서 하나님의 말씀에 대한 반응, 죄인에게서 하나님을 향한 어떠한 조짐이라도 생긴다면 그것은 전적으로 하나님이 일하신 결과입니다.

이미 하나님께서 일하셨다면, 하나님께서 그를 받아주셨다면, 하나님께서 그 사람에게 은혜를 주셨다면 그 사람이 신앙인이 되는 것, 교인이 되는 것, 침례를 받는 것, 하나님의 자녀가 되는 것, 하나님 나라의 백성이 되는 것에 무슨 거리낌도 없고, 어떤 거리낌도 없고, 인간의 자격이니 조건이니 검증이니 운운할 것이 없습니다. 하나님이 하셨으면 이미 모든 것이 완성입니다. 그래서 내시가 당장에 침례를 받아도 되겠느냐고 질문한 것이 지극히 정상인 것이요, 빌립이 당장에 침례를 준 것이 지극히 정상입니다. 하나님이 행하신 일에 인간이 끼어들 필요도, 자리도, 이유도 전혀 없습니다.

안타까운 것은 오늘날 교회가, 오늘날 기독교가 이러한 하나님의 일하심을 인정하지 않는 것 같아 보이는 현상입니다. 하나님으로 말미암아 복음이 전파되고, 하나님으로 말미암아 성도가 세워지고, 하나님으로 말미암아 교회가 세워지고, 하나님으로 말미암아 기독교가 존재하는 것임에도 불구하고 마치 인간의 수고로 말미암아 복음이 전파되고, 성도의 수고로 말미암아 교회가 세워지고, 인간의 애씀과 노력으로 기독교가 존재하는 듯한 양상을 보입니다. 하나님으로 말미암아 인간이 존귀해지는 것이 아니라 마치 인간이 하나님을 높여 드리는 듯한, 마치 인간이 하나님께 영광을 드리는 듯한 오만에 빠져있습니다. 그래서 교회를 지킨다는 명분으로, 성도의 수준을 높인다는 명분으로 온갖 자격과 조건을 따지고, 갖은 절차와 단계를 만들어서 죄인이 교회에 들어오는 데 '허다한 거리낌'이 있고, 성도가 하나님의 은혜를 누리는데 '수많은 거리낌'이 존재합니다. 비극이요, 비성경적입니다.

시몬과 내시

본문에서 확인했듯이 성경이 어떤 사건을 소개할 때에 주로 대조라는 방법을 많이 사용합니다. 왜냐하면 그래야 차이점 또는 강조점이 극명하게 드러나기 때문입니다. 26절로 40절까지에는 내시와 빌립이 대조되어 있습니다. 그런데 좀 더 넓게 확장해보면 사도행전 8장에는 두 사건이 등장하고 두 사건 자체가 대조되고 있다는 것을 보실 수 있습니다. 9절로 24절에 시몬에 관한 사건이 등장했었고 그 뒤에 내시에 관한 사건이 등장합니다. 시몬 사건과 내시 사건도 아주 재미있는 대조입니다. 시몬과 내시라는 개인의 성격, 개인의 기질을 대조하는 것이 아닙니다. 인간의 본성은 죄인이라는 의미에서 똑같습니다. 다만 본성을 드러내는 표현방법이 다를 뿐입니다. 죄인의 하나님의 대한 반응도 똑같습니다. 죄의 인식, 죄의 마음으로는 하나님의 말씀을 깨달을 수 없고 하나님을 알 수도 없습니다.

시몬 사건에서는 시몬이 관심을 가진 것이 빌립이 행하던 표적과 권능이었고, 베드로와 요한이 행하던 안수하여 성령이 임하게 하는 신비한 능력이었습니다. 그리고 시몬의 행동은 돈을 주고 능력을 사려는 것이었습니다. 결과는 하나님의 은혜를 알지 못했고, 아무런 변화가 없었습니다. 내시 사건에서는 아무런 이적도 표적도 능력도 나타나지 않았습니다. 단지 하나님의 말씀을 읽고 배운 것뿐이었습니다. 그런데 결과는 말씀을 깨달았고, 하나님의 자녀가 되기로 고백하는 침례를 당장에 받고 싶어 했고, 받았습니다. 두 사건을 통해서 대조하는 것은 죄인이 하나님의 사역에 관심을 갖는다면 그것은 하나님의 사랑과 은혜에 관한 것이 아니라 자기의 죄적 욕심에 근거할 뿐이라는 것과, 죄인이 하나님의 사역에 동참하게 된다면 그것은 전적으로 하나님의 은혜의 결과라는 사실입니다. 죄의 생각으로 행동한 시몬은 제자들이 말한 '너의 이 악한 마음을 회개하고 주께 기도하라 혹 마음에 품은 것을 사하여 주시리라'는 권고에 도리어 두려워할 뿐이었고, 하나님의 은혜를 받은 내시는 기꺼이 자원하여 즐겁고 평안한 마음으로 침례 받는 일에 참여하였습니다.

저와 여러분은 본래 죄인 출신이었다는 것을 잊으시면 안 됩니다. 그리고 오직 하나님의 은혜로 성도가 되었고, 지금도 하나님의 은혜를 받고 있고, 누리고 있다는 것을 잊으시면 안 됩니다. 신앙의 연조가 깊어질수록, 교회생활의 경륜이 늘어날수록, 직분과 역할이 많아질수록, 인간의 행적이 늘어날수록 사람은 자신의 행위를 강조하고 싶은 본성이 있습니다. 그 결과는 자랑과 갈등과 분열입니다. 성도는 처음이 하나님의 은혜요, 과정이 하나님의 은혜요, 결과가 하나님의 은혜임을 기억하고 고백하는 사람입니다. 성경을 읽고 성경을 배워서 하나님의 은혜를 알고, 하나님으로 말미암아 성도된 감격을 겸손한 마음으로 풍성히 누려가시기를 주님의 이름으로 축원합니다.

나를 보내어

사도행전 9:1-19

1 사울이 주의 제자들에 대하여 여전히 위협과 살기가 등등하여 대제사장에게 가서 2 다 메섹 여러 회당에 가져갈 공문을 청하니 이는 만일 그 도를 따르는 사람을 만나면 남녀 를 막론하고 결박하여 예루살렘으로 잡아오려 함이라 3 사울이 길을 가다가 다메섹에 가 까이 이르더니 홀연히 하늘로부터 빛이 그를 둘러 비추는지라 4 땅에 엎드러져 들으매 소리가 있어 이르시되 사울아 사울아 네가 어찌하여 나를 박해하느냐 하시거늘 5 대답하 되 주여 누구시니이까 이르시되 나는 네가 박해하는 예수라 6 너는 일어나 시내로 들어 가라 네가 행할 것을 네게 이를 자가 있느니라 하시니 7 같이 가던 사람들은 소리만 듣고 아무도 보지 못하여 말을 못하고 서 있더라 8 사울이 땅에서 일어나 눈은 떴으나 아무 것 도 보지 못하고 사람의 손에 끌려 다메섹으로 들어가서 9. 사흘 동안 보지 못하고 먹지도 마시지도 아니하니라 10 그 때에 다메섹에 아나니아라 하는 제자가 있더니 주께서 환상 중에 불러 이르시되 아나니아야 하시거늘 대답하되 주여 내가 여기 있나이다 하니 11 주 께서 이르시되 일어나 직가라 하는 거리로 가서 유다의 집에서 다소 사람 사울이라 하는 사람을 찾으라 그가 기도하는 중이니라 12 그가 아나니아라 하는 사람이 들어와서 자기 에게 안수하여 다시 보게 하는 것을 보았느니라 하시거늘 13 아나니아가 대답하되 주여 이 사람에 대하여 내가 여러 사람에게 듣사온즉 그가 예루살렘에서 주의 성도에게 적지 않은 해를 끼쳤다 하더니 14 여기서도 주의 이름을 부르는 모든 사람을 결박할 권한을 대 제사장들에게서 받았나이다 하거늘 15 주께서 이르시되 가라 이 사람은 내 이름을 이방 인과 임금들과 이스라엘 자손들에게 전하기 위하여 택한 나의 그릇이라 16 그가 내 이름 을 위하여 얼마나 고난을 받아야 할 것을 내가 그에게 보이리라 하시니 17 아나니아가 떠 나 그 집에 들어가서 그에게 안수하여 이르되 형제 사울아 주 곧 네가 오는 길에서 나타 나셨던 예수께서 나를 보내어 너로 다시 보게 하시고 성령으로 충만하게 하신다 하니 18 즉시 사울의 눈에서 비늘 같은 것이 벗어져 다시 보게 된지라 일어나 세례를 받고 19 음 식을 먹으매 강건하여지니라 사울이 다메섹에 있는 제자들과 함께 며칠 있을새

찾아오시는 예수

사울의 모습

사도행전에서 사울이 등장하는 것은 7장부터입니다. 스데반 사건의 말미에 7장 57절 "그들이 큰 소리를 지르며 귀를 막고 일제히 그에게 달려들어 성 밖으로 내치고 돌로 칠새 증인들이 옷을 벗어 사울이라 하는 청년의 발 앞에 두니라", 그리고 스데반이 죽자 8장 1절에 "사울은 그가 죽임 당함을 마땅히 여기더라", 이어서 3절에 "사울이 교회를 잔멸할새 각 집에 들어가 남녀를 끌어다가 옥에 넘기니라"입니다. 여기까지를 아셔야 9장 1절이 분명해 집니다. 1절 이하에 "사울이 주의 제자들에 대하여 여전히 위협과 살기가 등등하여 대제사장에게 가서 다메섹 여러 회당에 가져갈 공문을 청하니 이는 만일 그 도를 따르는 사람을 만나면 남녀를 막론하고 결박하여 예루살렘으로 잡아오려 함이라"입니다. 핵심 단어는 '여전히'입니다. 7장부터 9장까지가 시간이 얼마나 지났는지는 정확히 모릅니다. 여하튼 하루이틀은 아니고 스데반의 죽음, 예루살렘의 박해, 성도들의 피신, 집사들이 여러 지역을 다니면서 복음을 전하는 사건이 이어졌으니 짧지 않은 시간이 지난 것은 분명한데 그 와중에도 사울은 '여전히' 살기등등 했습니다.

이러한 모습은 대체로 자의식이 강하고, 자기기 하는 일에 사명감을 느끼고, 무슨 일이든 열심을 내는 사람들의 전형적인 태도입니다. 대체적으로 인간의 교육은 '자신이 중심'이라고 생각하게 합니다. 인간들의 교육을 통하여 인간이 가지는 가장 중요한 착각은 '자신이 자신의 삶을 만들어 가는 줄로 안다'는 생각입니다. 물론 소소한 부분에서는 인간이 주도적으로, 창의적으로 행동하는 것이 있습니다. 지극히 부분적인 것에 불과한데 마치 전체적인 것처럼 자신이 삶을 개척해가고, 자신이 뜻하고 목적한 바를 이루기 위해 열정을 가지고, 사명감을 가지고, 능동적이요, 진취적으로 몰입하여 사는 것이 대단한 것인 줄로 압니다. 그런데 인간의 삶은 실제로는 자신이 행한 것보다는 자신이 되어진 것이 더 많습니다. 가장 먼저, 출생도 자신이 한 것이 아니고 되어 진 것이고, 가장 나중인 사망도 자신이 하는 것이 아니라 되어지는 것입니다. 출생과 사망 빼고도 주로 자신이 행하는 것이 아닙니다. 물론 사람들은 자신이 결정하고 선택을 합니다. 그런데 곰곰이 생각해보면 되어져서 사는 것에는 후회나 한탄을 하는 경우가 적습니다. 도리어 인생에서 가장 자주 실패하고 후회하는 것은 아이러니하게도 바로 자신이 결정하고 선택한 일들입니다.

우리네 삶에서 표면적으로는 자신이 선택하고 결정하는 것 같지만 엄밀하게 말하면 전혀 그렇지 않은 경우가 많습니다. 다만 인식을 잘 못하는 것뿐입니다. 예를 들어 진학할 때 학교를 결정하는 것이나, 취업을 위해 직장이나 직업을 결정할 때, 결혼을 위해 배우자를 선택할 때 가장 자주 하고, 자주 듣는 권고가 무엇인지 아십니까? '잘하는 것을 해, 좋아하는 것을 해, 맞는 것을 해, 생긴 대로 해, 마음 맞는 사람을 골라, 자기 적성에 맞는 것을 해!'라는 말입니다. 이 모든 것이 무엇입니까? 이미 자신에게 주어진 것을 활용하라는 권고입니다. 잘하는 것, 좋아하는 것, 적성은 출생할 때 '받은' 성품이요, 재능이요, 달란트입니다.

성인이 되어서 가장 신중하게 결정했던 직업이나 결혼에 실패한 후에 그 원인을 분석하면 사람들이 가장 많이 고백하는 것이 직업의 경우에는 적성에 맞지 않는다는 것이고, 결혼의 경우 배우자와 성격차이입니다. 결국 자기가 되어진 것을 넘어서지 못했다는 고백입니다. 결국 인간의 삶은 없는 것을 만든 것이 아니라 있는 것을 활용한 것에 불과합니다. 이것은 삶을 운명으로 받아들이라는 강요가 아니라 하나님이 얼마나 각 사람에게 적합에게 삶을 부여하셨고, 모든 사람이 함께 다양하고 풍성한 삶을 살도록 배려해 놓으셨음을 의미합니다. 그런데 인간들은 어떤 위치와 신분을 가지면 마치 그것이 자기의 성취인 줄 알고, 자기의 능력인 줄 알고 우쭐합니다. 더불어 함께 살도록 하나님이 배려하신 것으로 인간의 삶을 불행하고,

곤고하게 만들어 버리는 참 어리석은 행동입니다. 죄인들의 전형적인 삶의 양식이요, 대표적인 인물이 본문의 바울입니다.

사울을 찾아오시는 하나님

사울처럼 사람이 이렇게 본분을 모르고 나대면, 자신의 삶을 미련하게 살면 하나님께로부터 무엇을 받습니까? 은혜를 받습니다. 왜냐하면 은혜를 받아야 본분을 알게 되고, 은혜를 받아야 지혜로운 삶, 본인이 행복한 삶, 다른 사람을 행복하게 하는 삶을 살 수 있기 때문입니다. 그래서 예수님이 사울을 찾아오십니다. 3절 "사울이 길을 가다가 다메섹에 가까이 이르더니 홀연히 하늘로부터 빛이 그를 둘러 비추는지라"입니다. 3절에서 가장 집중해야 하는 한 단어는 '홀연히'입니다. 하나님의 은혜는 인간의 자격이나 조건과 관계없고, 인간의 사모함, 준비함의 결과가 아닙니다. 인간 측에서는 알지도 못했고, 기대도 하지 않았고, 바라지도 원하지도 않았는데 전적인 하나님의 긍휼하심으로 말미암아 주어지는 것이기에 하나님의 사건은 언제나 인간에게 '홀연히' 임합니다. 멋있는 말로는 '홀연히'이고 조금 순박한 표현으로는 '졸지에'이고, 매우 우아한 말로는 '은연중에'이고, 매우 논리적 표현으로는 '까닭없이'이고, 매우 신앙적으로 표현하면 '은혜로'입니다.

하나님의 찾아오심, 하나님의 은혜주심이 얼마나 '홀연히'인가를 증명하는 것이 5절 "대답하되 주여 누구시니이까 이르시되 나는 네가 박해하는 예수라"입니다. 즉 예수님은 예수님을 알아보지도 못하는 사람에게도 찾아오셨습니다. 아예 예수님을 알지도 못하니 믿는 것도 아니요, 순종하는 것도 아니요, 믿음이 있는 것도 아니요, 충성한 것도 아니요, 도무지 내세울 것이 아무 것도 없는 사람에게도 오셔서 은혜를 주셨습니다. 이것이 하나님의 은혜입니다.

하나님이 '먼저' 인간을 찾아오시는 것은 성경 전체에서 무한 반복되는 패턴입니다. 죄인 중에 스스로 먼저 하나님을 찾아온 인간은 창조 이래 단한 명도, 단 한 번도 없습니다. 하나님이 먼저 아담을 찾아오셨고, 하나님이 먼저 아브라함을 찾아오셨고, 하나님이 먼저 모세를 찾아오셨고, 하나님이 먼저 사무엘을 찾아오셨고, 하나님이 먼저 다윗을 찾아오셨고, 하나님이 먼저 기드온을 찾아오셨고, 하나님이 먼저 예언자들을 찾아오셨고, 예수님이 먼저 베드로를 찾아오셨고, 하나님이 먼저 사울을 찾아오셨고, 하나님이 먼저 저와 여러분을 찾아오셨습니다. 그래서 성도 중에 은혜 받지 않은 사람이란 존재하지 않습니다. 그래서 성도 중에는 자랑이나 교만이 존재할 수 없습니다.

하나님이 홀연히 찾아오시는 것이 너무나 천만다행입니다. 사람들은 '홀연히'를 싫어합니다. 예상을 못해서, 자기가 원하는 대로가 아니라서, 자기가 기대한 방식이나 내용이 아니라서 당황스럽다는 의미입니다. 하지만 '홀연히'가 정말 은혜입니다. 왜냐하면 '홀연히'는 언제나 인간이 예상한 것보다 못한 경우가 없기 때문입니다. 종종 사람들은 '왜 자신이 기도할 때 응답하지 않았느냐, 자기가 원할 때 이루어지지 않았느냐?'고 하나님께 따지기도 합니다. 그런데 실상 하나님께 받은 은혜를 생각해보면 내가 원한 것보다 부족한 경우는 거의 없습니다. 미처 내가 모르는 것을 먼저 해주셔서 내가 필요한지 조차 깨닫지 못하기에 커 보이지 않을 뿐입니다. 그런데 일단 은혜를 받고 난 후 받은 은혜를 헤아려 보면 어마어마하게 귀하다는 것에 깜짝 놀라게 됩니다. 그렇게 하나님의 은혜를 깨닫게 되면 다음부터는 괜히 섣부른 기도를 조심하게 되고, 어설픈 소망을 하나님 앞에 말하는 것을 망설이게 됩니다. 왜냐하면 분명 하나님이 홀연히 주시는 은혜가 더 큰데, 나의 쪼잔한 말로 복을 차버리는 것은 아닐까 염려되기 때문입니다.

박해받는 예수

또 예수님이 하시는 말씀이 너무너무 멋있습니다. 4절 "땅에 엎드러져 들으매 소리가 있어 이르시되 사울아 사울아 네가 어찌하여 나를 박해하느냐 하시거늘"입니다. 이런 구절을 읽으실 때마다 신중하게 생각하셔야 합니다. 여러분, 이런 표현이 예수님께 적당하다고 생각하십니까? 예수님이 사단도 이기셨는데, 엄밀하게 말하면 사단은 스스로 예수님을 시험하러 나오지도 못할 때에 예수님이 성령에 이끌리어 스스로 사단에게 시험을 받으러 가셨고, 세 번에 걸친 시험도 거뜬하게 이기셨고, 사단의 부하들인 귀신들이 벌떼같이 달려들어도 여유롭게 이기셨고, 바람과 바다도 잔잔하게 통치하셨고, 사단의 최후 권세인 사망도 아주 가볍게 승리하셨는데 겨우 바리새인에게, 겨우 천방지축 날뛰는 사울에게 박해를 받으신다는 것이 논리적으로 말이 된다고 생각하십니까? 이런 일이 가능하다고 여겨지십니까? 이 장면이 예수께서 박해받는 것이 너무 힘들고 어려워서, 제발 벗어나고픈 심정에서 사울에게 달려와서 '어찌하여 나를 박해하느냐?'고 하소연하시는 것처럼 보이십니까? 전혀 그렇지 않습니다.

7장의 스데반 사건에서 확인했던 것처럼 사람들은 스데반을 박해한다고 하는데 정작 스데반은 박해받고 있지 않습니다. 박해하는 자와 박해받는 자중에는 박해받는 자가 절박한 자입니다. 관용과 배려는 박해하는 쪽에서 나와야 합니다. 그런데 스데반 사건에서는 정반대가 되었습니다. 절박한 사람은 스데반이 아니라 스데반을 고소한 사람들이었습니다. 스데반이 '보라 하늘이 열리고 인자가 하나님 우편에 서신 것을 보노라'고 말하자, 고소한 사람들의 반응이 '그들이 큰 소리를 지르며 귀를 막고 일제히 그에게 달려들어 성 밖으로 내치고 돌로 칠새'입니다. 관원들의 모습은 강자의 모습, 박해하는 자의 모습이 아닙니다. 마치 견딜 수 없는 자들, 무엇인가에 눌리고 있는 자들, 절박한 상황에 처한 사람들의 모습입니다. 반대로 박해받고 있는 스데반은 '주여 이 죄를 그들에게 돌리지 마옵소서'라고 합니다. 용서와 배려와 탄원을 하고 있습니다. 전혀 박해를 받고 있는 절박한 자의 모습이 아닙니다. 외형상으로는 관원이 박해하고 스데반이 박해 받는데, 내용상으로는 관원들이 절박하고 스데반이 여유로운 것입니다. 예수와 바울의 경우도 마찬가지입니다. 성경적 사고로 말하면, 세상의 그 누구도 예수나 성도를 박해할 수 없습니다. 왜냐하면 예수는 이미 승리하였기 때문입니다. 패배한 세력이 승리한 세력을 박해하는 법은 지구상에 없습니다.

사울의 모습

6절은 "너는 일어나 시내로 들어가라 네가 행할 것을 네게 이를 자가 있느니라 하시니"입니다. 이때 사울의 모습이 가관입니다. 8절 "사울이 땅에서 일어나 눈은 떴으나 아무것도 보지 못하고 사람의 손에 끌려 다메섹으로 들어가서 사흘 동안 보지 못하고 먹지도 마시지도 아니하니라"입니다. 예수가 사울에게 박해받아서 꼼짝 못하는 상황이 전혀 아닙니다. 박해를 이기지 못해서 당하고 있는 것이 아닙니다. 도리어 사울은 하늘로부터 빛만 비춰도 어찌할 수 없습니다. 만약 예수가 박해를 받는다면 그것은 당해주는 것일 뿐입니다. 사울의 기세등등한 모습은 간데 없고. 하나님이 사울을 꺾는 데는 그저 '홀연히' 하나면 충분합니다.

나를 보내어

아나니아의 생각

성경이 정말 재미있습니다. 10절은 "그 때에 다메섹에 아나니아라 하는 제자가 있더니 주께서 환상 중에 불러 이르시되 아나니아야 하시거늘 대답하되 주여 내가 여기 있나이다 하니"입니다. 하나님이 특별히 아나니아를 불러서 사울에게로 보내려고 합니다. 그러면 하나님이 아무나 불렀겠습니까, 그 중에 순종하는 사람을 불렀겠습니까? 사울에게 보내려고 하는데 사울의 현재 상태가 예수님을 박해하려 살기가 등등합니다. 예수님의 입장에서는 가장 예수님의 말을 안 듣던 사람입니다. 그러면 그런 사울에게 사람을 보내려면 가장 예수님의 말씀을 잘 듣는 사람을 보내야 정상입니다. 그래야 사울에게 샘플이 될 수 있습니다. 말 안 듣던 사울이 말 잘 듣는 아나니아를 보는 순간 부끄러워야 합니다. 자기는 하나님 말씀에 불순종했는데 보니까 아나니아는 순종 그 자체라는 장면이 만들어져야 합니다.

하지만 정작 성경은 그렇지 않습니다. 13절 "아나니아가 대답하되 주여 이 사람에 대하여 내가 여러 사람에게 듣사온즉 그가 예루살렘에서 주의 성도에게 적지 않은 해를 끼쳤다 하더니 여기서도 주의 이름을 부르는 모든 사람을 결박할 권한을 대제사장들에게 받았나이다 하거늘"입니다. 한마디로 하면 '안 가겠다'는 저항입니다. 사람 중에 원래부터 하나님의 말씀에 순종하는 사람은 없습니다. 예비된 사람, 준비된 사람, 헌신된 사람은 없습니다. 행여 성경에서 순종적인 사람이 나오면 그것은 원래 그런 사람이 아니라 이미 하나님께 큰 은혜를 받은 결과일 뿐입니다.

아나니아가 무조건 불순종하는 것은 아닙니다. 나름대로 이유가 있고 명분이 있습니다. 들어보면 다 그럴듯한 말입니다. 엄밀한 의미에서 아나니아가 한 말은 모두 맞는 말입니다. 모두 사실입니다. 그런데 꼭 기억하셔야 하는 것은 사실은 그냥 사실일 뿐이라는 사실입니다. 때로는 사실이 도리어 사람을 물러서게 하고, 사실이 사람을 두렵게 하고, 사실이 사람으로 하여금 아무 것도 하지 못하게 합니다. 종종 세상에서 '진리는 힘이 있다'고 말을 합니다. 하지만 이 말이 맞지 않습니다. 첫째, 세상에는 사실만 있을 뿐 진리가 없습니다. 둘째, 그 말을 하는 사람도 그 말을 신뢰하지 않습니다. 왜냐하면 진리가 힘이 있고, 진리가 살아있다고 신뢰한다면 진리를 의지할 수 있어야 합니다. 자신과 진리 중에 진리가 있고, 자신과 진리 중에 진리가 자신을 지켜야 합니다. 그런데 사람들은 자신이 진리보다 힘이 있다고 생각하고, 자신이 진리를 지키려고 합니다. 그러니까 '진리가 살아 있다, 진리는 힘이 있다'고 말하지만 그 말을 스스로 인정하지 않는 것입니다. 좋은 말을 하는 것과 그 말을 실제로 인정하는 것은 전혀 다릅니다. 사람들은 모두 누가 더 좋은 말, 누가 더 멋있는 말을 하느냐에 집중합니다. 하지만 '좋은 말, 멋진 말'은 그냥 말일 뿐입니다.

말의 허상

사도행전 5장에서 유대 관원 중에 바리새인 가말리엘이 정말 멋있는 말을 했었습니다. 5장 38절 "이제 내가 너희에게 말하노니 이 사람들을 상관하지 말고 버려두라 이 사상과 이 소행이 사람으로부터 났으면 무너질 것이요 만일 하나님으로부터 났으면 너희가 그들을 무너뜨릴 수 없겠고 도리어 하나님을 대적하는 자가 될까 하노라"입니다. 말은 정말 멋있습니다. 사람으로부터 났으면 무너지고 하나님으로부터 났으면 무너뜨릴 수 없다는 진리입니다. 그 말을 하고 어떻게 했습니까? 기다렸습니까? 이 사상과 소행을 인정했습니까? 말만 했지, 전혀 말대로 행동하지 않았습니다. 좋은 말이 아무 소용이 없습니다.

말 자체로는 바른 말, 맞는 말, 옳은 말을 저도 입만 열면 다 할 수 있습니다. 몇 가지만 말해보겠습니다. 시험에서 백점 맞는 방법을 알려드리겠습니다. 첫째, 정답만 쓴다. 둘째, 틀린 답은 피한다. 셋째, 애매모호할 때에는 정답에 가까운 답을 쓴다. 모두 맞는 말입니다. 다음은 건강에 관한 사실을 말씀드리자면 첫째, 건강은 건강할 때 지킨다. 둘째, 다칠만한 운동을 하지 않는다. 셋째, 부상을 당했을 경우에는 빨리 병원을 찾아 치료한다. 분명한 사실입니다. 다음은 돈에 관한 옳은 말입니다. 첫째, 가능한 돈을 많이 벌어라. 둘째, 들어온 돈을 절대 나가지 않게 하라. 셋째, 돈의 흐름을 파악하라. 넷째, 돈이 돈을 벌게 하라. 이와 같이 말로는 모든 좋은 말, 옳은 말을 할 수 있습니다.

구약성경 민수기 13장에는 이스라엘 백성이 광야에서 가나안을 정탐하고 온 보고가 기록되어 있습니다. 열두 명이 정탐을 다녀왔는데 가장 정확한 보고, 가장 객관적이고 사실적인 보고는 여호수아와 갈렙을 제외한 열 명의 보고였습니다. 열 명의 보고가 13장 25절부터 나옵니다. "사십 일 동안 땅을 정탐하기를 마치고 돌아와 바란 광야 가데스에 이르러 모세와 아론과 이스라엘 자손의 온 회중에게 나아와 그들에게 보고하고 그 땅의 과일을 보이고 모세에게 말하여 이르되 당신이 우리를 보낸 땅에 간즉 과연 그 땅에 젖과 꿀이 흐르는데 이것은 그 땅의 과일이니이다 그러나 그 땅 거주민은 강하고 성읍은 견고하고 심히 클 뿐 아니라 거기서 아낙 자손을 보았으며 아말렉인은 남방 땅에 거주하고 헷인과 여부스인과 아모리인은 산지에 거주하고 가나안인은 해변과 요단 가에 거주하더이다"입니다. 이 보고서의 잘못이 무엇입니까? 이 보고서에 허위 사실이 있습니까?

여호수아와 갈렙은 정탐꾼이나 관찰자로서는 아주 부적절한 주장을 합니다. 30절 "갈렙이 모세 앞에서 백성을 조용하게 하고 이르되 우리가 곧 올라가서 그 땅을 취하자 능히 이기리라 하나"입니다. 이런 것을 선동이라고 합니다. 어떤 근거로 이런 주장을 합니까? 과연 이게 합리적입니까? 백성들이 듣고, 믿고, 따를만한 자료를 제공하거나 객관적 판단을 할 수 있는 소스를 언급했습니까? 전혀 없습니다. 아주 단순, 과격, 무식 그 자체입니다. '우리가 올라가서 그 땅을 취하자 능히 이기리라'고 합니다. 이것이 정탐자가 할 보고입니까? 이것이 관찰자가 제공하는 정보입니까? 반면 나머지 열 명을 보시면 31절 이하 "그와 함께 올라갔던 사람들은 이르되 우리는 능히 올라가서 그 백성을 치지 못하리라 그들은 우리보다 강하니라 하고 이스라엘 자손 앞에서 그 정탐한 땅을 악평하여 이르되 우리가 두루 다니며 정탐한 땅은 그 거주민을 삼키는 땅이요 거기서 본 모든 백성은 신장이 장대한 자들이며 거기서 네피림 후손인 아낙 자손의 거인들을 보았나니 우리는 스스로 보기에도 메뚜기 같으니 그들이 보기에도 그와 같았을 것이니라"입니다. 얼마나 친절합니까? 제가 지금 열 명을 칭찬하고 여호수아와 갈렙을 비난하려는 것이 아닙니다. '말' 자체만 두고 봤을 때의 허상을 지적하는 것입니다.

말과 사람, 말과 하나님

사람들은 '말과 사람' 중에 말을 의지합니다. 그래서 '말에는 힘이 있다'는 말은 있지만 '사람에게는 힘이 있다'는 말은 없습니다. '말이 씨가 된다'는 말은 있지만 '사람이 씨가 된다'는 말은 없습니다. 기독교 서적에도 '당신의 말이 당신을 좌우한다'는 책은 있어도 '당신이 당신의 말을 좌우한다'는 책은 없습니다. 이게 얼마나 바보 같은 일입니까! 말과 사람 중에 말이 사람을 바꾸고, 말이 사람을 변화시킬 수 있다는 허무맹랑한 주장입니다. 그 말을 하는 사람이 사람인데, 정작 말은 그 사람이 했는데, 말한 사람이 자기가 한 말에 의해서 휘둘린다고 말을 하니 이 말이 도대체 무슨 말입니까! '말과 사람' 중에 중요한 것은 사람입니다. 말에는 힘이 있는 것이 아니라 힘이 있는 사람이 힘 있는 말을 할 수 있습니다. 말이 씨가 되는 것이 아니라 그 말을 한 사람이 그 말을 이루어가는 노력을 해서 그 말이 씨가 되도록 만들어 냅니다. 말 자체는 말뿐이요 아무 힘도 능력도 없습니다.

말에 관한 대표적 표현이 하나님 말씀에 관계되어 있습니다. 하나님 말씀에 관한 표현들도 강조점을 잘 인식하셔야 합니다. 기독교에서 '말씀에는 힘이 있다'는 말을 아주 많이 합니다. 이때에 그 말 자체는 맞는 말이지만 그 말의 강조점은 '말씀'이 아니라 그 말씀이 '하나님의' 말씀이라는 의미에서 힘이 있다는 의미입니다. 구약에서 가나안 정탐꾼의 말이나 사도행전 9장의 아나니아의 말이나 모두 맞는 말입니다. 사실입니다. 그러나 진리는 아닙니다. 왜냐하면 진리는 하나님이 기준이요, 하나님의 마음과 뜻과 의지와 원리와 방법과 능력을 담고 있어야 하기 때문입니다. 그런 의미에서 세상에는 진리는 없고, 오직 사실만 있습니다. 가나안 정탐꾼과 아나니아의 말에 빠져있는 것이 바로 '하나님'입니다. 사실을 말했는데 힘이 생긴 것이 아니라 힘이 빠졌고, 순종한 것이 아니라 불순종했습니다. 왜냐하면 자기들이 해야 한다고 생각했기 때문입니다.

신앙은 주체를 변화시키는 것입니다. 신앙의 주체는 하나님입니다. 하나님이 주도자요, 하나님이 진행자요, 하나님이 책임자입니다. 인간이 하나님의 일하심의 결과요, 열매요, 하나님의 사역의 수혜자입니다. 그런데 많은 신앙인들이 하나님을 믿으면서 '주체자'를 바르게 인식하지 못하고 있기 때문에 들지 않아도 되는 시험에 빠집니다. 받지 않아도 되는 스트레스를 받습니다. 가지지 않아도 되는 염려를 가집니다. 지지 않아도 되는 부담을 집니다. 가장 미련한 신앙입니다. 아나니아가 가기 싫으면 그냥 한 마디 '싫습니다'만 하면 됩니다. 그런데 싫다고 하면 괜히 벌 받을 것 같아서 겁은 나고, 가자니 무섭고, 그래서 하는 말이 늘 '변명, 핑계'입니다. 가고는 싶지만 갈만한 상황이 아니라고 둘러댑니다. 제가 아나니아에게 묻고 싶은 말이 '사울에 대하여 당신도 아는 것을 하나님이 모르시겠냐?'입니다. 제가 아나니아를 심하게 몰아치는 것 같이 생각해서 서운해 하지 마시기 바랍니다. 여러분은 10장에서 제자 중의 한 사람, 사람들이 흔히 수제자라고 하는 베드로도 아나니아와 똑같은 행동을 하는 것을 또 보시게 될 것입니다.

나를 보내어

하나님이 아나니아를 어떻게 하셨을까요? 아나니아는 불순종했고 변명했습니다. 그것뿐이 아닙니다. 아주 심각한 잘못을 했습니다. 사울에 대하여 부정적인 의견을 제시했습니다. 말은 맞는 내용이었지만 그 말의 뉘앙스는 '그렇다는 것입니다'가 아니라 '그래서 그 놈은 나쁜 놈입니다!'이었습니다. 더 나아가면 '하나님이 그 놈을 쓰시면 안 됩니다!'이었습니다. 이렇게 말하는 아나니아를 하나님이 어떻게 하셨을 것 같습니까? 불순종한 아나니아를 징계하셨습니까? 아니면 부정적인 아나니아를 이제 제자에서 버리셨습니까? 아니면 소극적이고 비우호적인 아나니아를 더 이상 쓰시지 않았습니까? 15절에서 하나님은 아나니아에게 '가라'고 말씀하시고 사울을 향한 하나님의 계획을 설명하십니다. 하나님은 아나니아를 혼내지도 않았고, 벌하지도 않았고, 책망하지도 않았고, 버리지도 않았고, 그냥 동일하게 대해 주셨습니다. 아나니아를 받아 주셨습니다. 왜냐하면 그것이 아나니아의 수준이기 때문입니다.

이 장면이 감동적입니다. 예수님과 아나니아가 대화하는데 마치 예수님이 아랫사람인 것처럼, 윗사람에게 계획을 설명하고 아나니아의 재가를 받는 것처럼 설득하고 있습니다. 윽박지르는 것이 없고, 명령하고 지시하는 것이 없습니다. 그 사람을 있는 그대로 받아주시는 것, 그것이 은혜이고 그 은혜를 통해서 그 사람이 또 성숙해 갈 수 있도록 하나님이 도우십니다. 17절에 아나니아의 행동이 나옵니다. "아나니아가 떠나 그 집에 들어가서 그에게 안수하여 이르되 형제 사울아 주 곧 네가 오는 길에서 나타나셨던 예수께서 나를 보내어 너로 다시 보게 하시고 성령으로 충만하게 하신다 하니"입니다. 제발 하나님이 일하시는 것 앞에 '인간의 자격이나 조건'을 운운하지 말고, 또 하나님이 일하시고 난 뒤에 '인간의 수고니 헌신'이니 공로를 운운하지 마시기 바랍니다. 이때 그냥 아나니아처럼 말해야 합니다. 아나니아는 자기가 나아온 것에 대하여 아주 진솔하게 말합니다. 있는 그대로를 말합니다. "주 곧 네가 오는 길에서 나타나셨던 예수께서 나를 보내어"입니다.

또 자기가 하는 일에 대하여도 아주 담백하게 말합니다. "예수께서 나를 보내어 너로 다시 보게 하시고 성령으로 충만하게 하신다"입니다. 아나니아는 자기가 하는 것이 아니라 예수께서 하신다고 말합니다. 어디에도 자랑이 없고, 단 한 마디도 과장이 없고, 자기를 드러내는 것이 없습니다. 이것은 겸손한 것이 아니고, 자기를 낮추는 것이 아닙니다. 있는 그대로입니다다. 그래서 신앙이 가장 쉬운 것입니다. 자기가 억지로 할 것도 없고, 자기가 할 수 없는 것을 죽기 살기로 하는 것도 아닙니다. 하나님이 하시는 대로 행하는 것, 그것이 신앙입니다. 나를 향한 하나님의 은혜를 알고, 그 은혜를 누리고, 그 누림을 감사하는 것이 신앙입니다. 하나님 때문에 행복한 신앙되시기를 주님의 이름으로 축원합니다.

31

믿지 아니하니

사도행전 9:19~31

19 음식을 먹으매 강건하여지니라 사울이 다메섹에 있는 제자들과 함께 며칠 있을새 20 즉시로 각 회당에서 예수가 하나님의 아들이심을 전파하니 21 듣는 사람이 다 놀라 말하되 이 사람이 예루살렘에서 이 이름을 부르는 사람을 멸하려던 자가 아니냐 여기 온 것도 그들을 결박하여 대제사장들에게 끌어 가고자 함이 아니냐 하더라 22 사울은 힘을 더 얻어 예수를 그리스도라 증언하여 다메섹에 사는 유대인들을 당혹하게 하니라 23 여러 날이 지나매 유대인들이 사울 죽이기를 공모하더니 24 그 계교가 사울에게 알려지니라 그들이 그를 죽이려고 밤낮으로 성문까지 지키거늘 25 그의 제자들이 밤에 사울을 광주리에 담아 성벽에서 달아 내리니라 26 사울이 예루살렘에 가서 제자들을 사귀고자 하나 다 두려워하여 그가 제자 됨을 믿지 아니하니 27 바나바가 데리고 사도들에게 가서 그가 길에서 어떻게 주를 보았는지와 주께서 그에게 말씀하신 일과 다메섹에서 그가 어떻게 예수의 이름으로 담대히 말하였는지를 전하니라 28 사울이 제자들과 함께 있어 예루살렘에 출입하며 29 또 주 예수의 이름으로 담대히 말하고 헬라파 유대인들과 함께 말하며 변론하니 그 사람들이 죽이려고 힘쓰거늘 30 형제들이 알고 가이사랴로 데리고 내려가서 다소로 보내니라 31 그리하여 온 유대와 갈릴리와 사마리아 교회가 평안하여 든든히 서 가고 주를 경외함과 성령의 위로로 진행하여 수가 더 많아지니라

다메섹으로, 예루살렘으로

종교의 가치

현대사회에서 행복한 삶에 대한 권면에서 빠지지 않는 것 하나가 취미활동입니다. 그래서인지 운동이든, 예술이든, 문화이든 각 분야별로 취미활

동을 안내하고, 가르치고, 또 동호회 식으로 교제하는 프로그램이 너무 많아졌고 동호인들도 많이 늘었습니다. 그런데 참으로 어이없는 것이 분명히 행복한 삶을 누리기 위해 시작한 취미활동 모임에서 도리어 갈등이 생기고 분쟁이 발생하는 일입니다. 목회자 운동 모임의 경우도 시합할 때마다 공정성 시비가 붙고, 언성을 높이고, 경기가 중단되고, 그래서 서로 편을 가르고, 인사도 안하고 결국은 탈퇴를 하는 일들이 자주 생깁니다. 목적과 활동이 뒤집어진 경우들입니다. 이렇게 취미활동하는 사람들의 어이없는 현상을 조금 비웃는 것보다 더욱 어이없는 경우, 그래서 많은 사람들이 정말로 이상하게 생각하는 경우가 바로 종교 활동입니다.

종교는 말 그대로 인간이 위로받고, 치유 받고, 회복되고, 전적으로 인간의 행복을 위한 활동입니다. 종교에 참여하는 인간 중에 자신이 신보다 낫다고 생각하는 사람은 없습니다. 자신이 신을 위해주고, 신을 도와주고, 신에게 편의를 제공해주겠다고 생각하는 사람은 없습니다. 인간이 신보다 풍부해서 신을 구제한다거나, 인간이 신보다 권세가 많아 신에게 혜택을 베풀어준다는 생각을 하는 사람은 아마도 한 사람도 없을 것입니다. 모든 종교 활동은 인간이 신에게서 도움을 받으려고 하는 행위입니다. 그러므로 신 때문에 인간이 불편하고, 힘들고, 어려워지면 그것은 종교의 아이러니요, 지극히 악한 종교의 부작용입니다. 인간은 신의 수단이 되어서도 안 되고, 종교에 매여서도 안 됩니다.

우리나라의 경우는 대표적으로 유교, 불교, 기독교의 삼대 종교가 갈등 없이 공존하는 평화로운 종교다원주의 국가에 해당됩니다. 그런데 일반인들에게 종교에 대한 호감도 조사를 하면 안티 세력이 많은 종교가 바로 기독교입니다. 그 이유가 우선은 기독교 또는 교회가 세상에 덕을 세우지 못했기 때문입니다. 교회의 분쟁으로 성도간에 법정에 서는 일이 허다하고, 교회 쟁탈을 위해 1층과 2층에서 따로 예배를 드리고, 심지어는 서로 경호를 위해 경찰을 동원하는 일이 많이 있었습니다. 그래서 안위를 얻고자 하는 종교에서 도리어 근심과 걱정을 하고 있다고 조롱을 받곤 합니다. 그러나 또 하나의 이유는 기독교의 표현에 대한 오해 때문이기도 합니다. 기독교에는 종교의 일반적인 표현과는 아주 상반되는 표현이 자주 등장합니다. 대표적인 것이 '하나님의 영광을 위하여 산다'입니다. 조금 심하게 표현하면 '하나님의 영광을 위해서라면 나의 삶, 나의 행복을 기꺼이 포기할 수 있다'입니다. 또 다른 표현이 '하나님의 뜻을 따른다'입니다. 조금 불편하게 표현하면 '내 뜻, 내 생각, 내 의지, 내 기대를 모두 버리고 오직 하나님의 명령대로, 하나님이 지시하는 대로 산다'입니다. 불신자들이 이런 표현을 긍정적으로, 좋게 받아들이기가 쉽지 않습니다. 불신자들은 차치하고 성도들도 이런 표현들을 정말 신중하게 분별하고 이해하셔야 합니다.

사도행전

사도행전을 강해하면서 주안점을 두고 있는 것이 바로 사역의 주체에 관한 것입니다. 거듭 강조하지만 사도행전은 예수님이 승천하시기 전에 제자들에게 사명을 맡기고 가시고, 이제 제자들이 하나님을 위하여 맡은 바 사명의 완수를 위해 목숨을 걸고 충성하고 있는 장면이 절대로 아닙니다. 사도행전에는 제자들의 비장함이 묻어나지 않고, 구절마다 결사각오의 의지가 보이는 것이 아닙니다. 제자들이 하나님 나라 확장 계획을 짜고, 단계별 전략을 실천하고, 더 빠르고 더 큰 효과를 얻기 위하여 영향력 있는 인사를 모셔오고, 땅끝까지 가기 위하여 막혀있는 곳을 몰래 들어가고, 서로 파송할 사람을 모집하고, 동원하고, 선발하는 등의 작업이 일체 없습니다.

기독교가 하나님이 일하시는 종교이기에 성경은 전체가 하나님이 일하시는 주체로 등장하고, 당연히 사도행전에서도 하나님이 모든 사역의 주체자로 등장하십니다. 사도행전의 한 장, 한 장이 이어질 때마다 모든 연결고리를 하나님이 연결하십니다. 사람들 때문에 일이 성사되는 것이 아니라 하나님 때문에 일이 성사되고 있습니다. 하나님이 약속의 성령을 보내주셨고, 하나님이 제자들로 하여금 성령으로 말하게 하셨고, 하나님이 이적과 기적이 나타나게 하셨고, 하나님이 믿는 자를 더하셨습니다. 지금과 마찬가지로 초기 교회에도 여지없이 재산 때문에 갈등이 일어났습니다. 심지어는 살인 사건도 일어났고, 직분 때문에 내부 분열의 조짐마저 발생했었습니다. 엄밀하게 말하면 분열의 조짐이 아니라 분열이 일어난 것입니다. 사도와 집사들이 업무를 나누었지만 솔직하게 말하면 집사들은 허드렛일을 하고 사도들만 말씀 전하는 일을 전담하기로 한 차별화가 발생했습니다. 헬라파 유대인들과 히브리파 유대인들의 갈등이 있었는데 집사로 선출된 사람이 모두 헬라파 유대인이라는 것은 갈등이 아름답게 치유 되었다기 보다는 한쪽은 모든 것을 포기하고, 다른 한쪽 세력이 일방적으로 모든 것을 맡은 것으로 여겨지기도 합니다. 사도행전에 마냥 우아한 이야기만 나오는 것이 절대로 아닙니다.

하나님께서 인간이 말썽을 일으키는 장면, 장면마다 기가 막히게 조율을 하십니다. 예루살렘에 박해가 있음에도 사도들은 예루살렘을 떠나지 않고 집사들을 포함한 다른 사람들은 여러 지역으로 흩어졌습니다. 사도들이 정한 역할 분담의 원칙을 따르면 말씀 전하는 일은 사도들만 하기로 했는데 사도들이 예루살렘을 떠나지 않았으니 예루살렘 외에는 말씀이 전해질 수 없었습니다. 그런데 하나님이 흩어진 집사들을 통하여 사마리아에 복음이 전파되게 하셨고, 많은 사람이 믿고 침례를 받게 하셨습니다. 참 오묘한 것은 이렇게 집사를 통하여 복음이 확장되게 하셨는데, 정작 사마리아의 성도들에게 성령이 임한 것은 예루살렘에 있던 사도들이 와서 안수함을 통해서 이루어졌습니다. 참으로 기가 막힙니다. 하나님은 어느 한쪽을 지지한 것이 아니라 서로 교만할 수 없고, 서로 협력할 수밖에 없도록 절묘하게 사역을 행하셨습니다. 사도행전 9장의 사울 사건도 하나님의 관점에서 바라보아야 합니다.

사울을 부르심

사울이 성도들을 박해하자 성도들이 할 수 있는 일은 그저 피하는 것뿐입니다. 그때 하나님은 사울을 찾아가셨습니다. 사울이 예수 믿는 성도들을 박해했다는 것은 특별히 악한 것이 아닙니다. 다른 사람들에 비하여 사울이 하나님께 큰 죄를 지은 것도 아닙니다. 왜냐하면 죄인 중에 하나님을 아는 사람이 하나도 없고, 하나님을 찬성한 사람도 없고, 죄인 중에 하나님께 죄를 짓지 않은 사람이란 하나도 없기 때문입니다. 우리는 은연중에 자꾸 사람을 나누는 경향이 있습니다. 죄인도 그냥 죄인이 있고, 못돼 먹은 죄인이 있고, 보통 죄인이 있고, 악질 죄인이 있다고 생각합니다. 그렇지 않습니다. 죄인은 하나님을 모른다는 사실이 같고, 죄인은 오직 죄만 행할 줄 안다는 것이 같고, 죄인은 아무도 하나님을 믿지 않았다는 차원에서 똑같습니다. 그래서 예수님은 죄인을 찾아오셨고, 하나님은 하나님을 대적하는 자에게 벌을 주셔야 하는 것이 아니라 은혜를 주셔야 한다는 것이 모두 같습니다.

하나님이 사울을 찾아오신 장면에서 인간의 실태, 너무나 평범한 인간의 전형적인 사고방식을 보여주는 아나니아를 보게 됩니다. 아나니아가 한 말이 '내가 여러 사람에게 들사온즉 그가 예루살렘에서 주의 성도에게 적지 않은 해를 끼쳤다 하더니'입니다. 제가 아나니아를 비방하려는 것이 아닙니다. 아나니아는 하나님과 대화를 하고 있습니다. 그러니까 하나님을 거부하는 사람이 아니라 믿는 사람이며, 아나니아가 말하는 것은 복음 전파를 방해하려는 것이 아니라 행여 사울 때문에 복음 전파가 방해받을까 걱정하는 것입니다. 그런데 이것이 바로 그리스도인들의 착각, 사역의 착각입니다. 기독교인 중에 사역은 '하나님은 손 놓으셨고 인간이 해야한다'고 말하는 사람은 없습니다. 모든 목사, 모든 선교사, 모든 성도가 입만 열면 모두 '하나님이 하신다'고 말합니다. 그렇게 말을 하는데 실제로는 모두 아나니아처럼 말하고 행동합니다. 실제로 사도행전에서 다른 제자들도 모두 아나니아처럼 행동했습니다. 26절 "사울이 예루살렘에 가서 제자들을 사귀고자 하나 다 두려워하여 그가 제자 됨을 믿지 아니하니"입니다. 누구보다도 앞장서서 하나님의 복음의 사역을 인정하고 동역해야할 사도들이 하나님이 사울을 부르신 것, 하나님이 사울을 세우시는 것, 하나님이 사울과 함께 일하시는 것, 즉 사울의 변화를 믿지 못하고 있습니다.

물론 상황적으로는 충분히 이해가 갑니다. 얼마 전까지 예수 믿는 사람을 박해하던 주동자가 돌변하여 예수를 증거하고 다닌다는 것이 납득하기 쉽지 않습니다. 그런데 그런 생각은 제 삼자가, 예수와 관계없는 사람이, 객관적 입장에 서 있는 사람이 가질 수 있는 생각입니다. 제자들 말고 유대인들은 당연히 이상하게 생각할 수 있고, 사울의 진실성을 믿지 않고, 의심할 수 있습니다. 사람들의 반응이 21절 "듣는 사람이 다 놀라 말하되 이 사람이 예루살렘에서 이 이름을 부르는 사람을 멸하려던 자가 아니냐 여기 온 것도 그들을 결박하여 대제사장들에게 끌어가고자 함이 아니냐 하더라"입니다. 이것이 당연합니다. 사람들은 사울에 대하여 이랬다저랬다 한다고 비난할 수도 있습니다.

제자들의 행적

그러나 제자들은 그래서는 안 됩니다. 왜냐하면 본인들이 바로 얼마 전까지 사울과 동일한 행동을 했던 당사자들이기 때문입니다. 엄밀하게 말하면 자신들은 훨씬 더 했습니다. 왜냐하면 변신에 변신을 거듭했기 때문입니다. 베드로의 경우를 예로 들어보겠습니다. 베드로는 갈릴리 해변에서 고기잡이를 하던 어부였습니다. 예수님이 찾아오신 그 날의 장면이 마태복음 4장 18절 "갈릴리 해변에 다니시다가 두 형제 곧 베드로라 하는 시몬과 그의 형제 안드레가 바다에 그물 던지는 것을 보시니 그들은 어부라"입니다. 그렇게 그물을 던지다가 예수님이 '나를 따라오라'고 하시자, 곧 그물을 버려두고 예수를 따랐습니다. 이 장면을 보고 다른 사람들이 뭐라고 하겠습니까? 정상이라고 생각하겠습니까? 베드로의 판단과 행동을 믿을 수 있겠습니까? 이것으로 끝난 것이 아닙니다. 그렇게 예수를 따라다닌 것이 어언 삼 년입니다. 이제 '어부 베드로'는 기억에서 사라지고, '예수의 제자 베드로'로 각인되었을 것입니다.

그런데 또 어느 날 베드로가 돌변을 합니다. 예수가 잡혀가게 되자 뒤를 쫓아갑니다. 어떤 사람이 베드로에게 예수의 제자가 아니냐고 묻자 완전히 돌변하여 딱 잡아뗍니다. 마태복음 26장 70절 "베드로가 모든 사람 앞에서 부인하여 이르되 나는 네가 무슨 말을 하는지 알지 못하겠노라", 72절 "베드로가 맹세하고 또 부인하여 이르되 나는 그 사람을 알지 못하노라", 74절 "그가 저주하며 맹세하여 이르되 나는 그 사람을 알지 못하노라"입니다. 사람이 맨 정신으로 이럴 수 있습니까? 지금 이 말이 진심입니까, 작전입니까? 여하튼 이 사건이 있은 후에 베드로는 예루살렘을 떠나 다시 고향 갈릴리로 돌아가서 어부가 됩니다. 다시 고기잡이를 하는 것이 진짜 돌아온 것입니까, 아니면 위장취업입니까?

그런데 이것도 끝이 아닙니다. 베드로는 또 돌변을 합니다. 부활하신 예수께서 갈릴리로 찾아오시자 베드로는 다시 예수를 따라 나섭니다. 성령을 받고 복음 전파의 선봉에 섭니다. 이때 동네사람들이 뭐라고 하겠습니까? '그것 봐, 요새 며칠 간 고기잡이 한 것은 잠시 피난 온 것이었어. 위장취업이 맞았다니까!' 그렇게 말하지 않았겠습니까? '괜시리 옛날로 돌아온 줄로 알았다간 큰일 날 뻔 했어!' 그렇게 말했을 것입니다.

저는 지금 사람이 과거를 잊으면 안 된다고 말하려는 것이 아닙니다. 세상 사람들이 말하는 '개구리 올챙이 적 생각 못한다'는 말을 하려는 것이 아닙니다. 이 말은 백 번해도 소용이 없습니다. 왜냐하면 일반적으로 성공한 사람들의 공통적인 특징은 매우 고생을 했다, 엄청난 노력을 했다는 것입니다. 세월이 흘러서 저절로 성공한 것이 아니라 자기가 그만한 대가를 지불했습니다. 그런 사람의 입장에서 다른 사람을 보면 자기가 노력한 만큼 노력을 안 하는 것으로 보이고, 게으르고 나태해 보입니다. 그런 사람을 도와주어야할 이유가 없습니다. 당연히 자신이 올챙이 적이었던 시절을 생각하지 않고, 다른 올챙이들도 생각하지 않습니다. 이런 사람에게 '올챙이 적을 생각하라'고 말하는 것은 아무 의미가 없습니다. 또 사람들이 자주 하는 말이 '있는 사람들이 더한다'입니다. 그런데 있는 사람들의 입장에서는 '없는 사람들이 더한다'고 합니다. 왜냐하면 없는 주제에, 그것도 나만큼 열심히 살지 않아서 없는 주제에 달라고까지 하기 때문입니다.

세상 사람 모두가 개구리 올챙이 적 생각을 하지 않더라도 성도는 개구리 올챙이 적 생각을 해야 합니다. 왜냐하면 자기가 수고하고 노력해서 개구리가 된 것이 아니기 때문입니다. 여전히 올챙이였는데 하나님의 은혜로 개구리가 되었습니다. 엄밀하게 말하면 올챙이 적 생각을 하라는 것이 아니라 '하나님의 은혜'를 생각해야 합니다. 현재 자신의 상태에 대하여 '자신의 수고의 결과'라고 생각하는 사람과, '하나님의 은혜'라고 생각하는 사람의 태도는 전혀 다릅니다. 자신이 은혜 받았다는 것을 고백하면 다른 사람도 하나님의 은혜 받았다는 것을 인정하는 것이 신앙의 가장 기본입니다. 하나님의 은혜 앞에는 인간의 수고도 애씀도 자랑도 교만도 개입될 수 없습니다. 그런데 초기 교회에서 사울에 대한 제자들의 행동은 하나님의 은혜를 인정하지 않는 모습입니다. 사울은 제자들에게 받아들여지지 않았고 결국 약 십사 년 정도 사역 일선에서 물러나 있을 수밖에 없었습니다. 모두가 말은 '하나님의 은혜'라고 하는데 행동을 보면 전혀 하나님의 은혜라고 인정하지 않는 것 같습니다. 초기 교회나 현재나 우리 신앙의 기초와 우리 신앙의 중심이 바로 서지 못한 증거입니다.

하나님의 은혜

바나바의 사역

이때 누가 등장하겠습니까? 잘 알려진 사람이 등장할까요? 교회에서 명성을 얻고 있는 사람이 등장해서 화해를 시킬까요? 성경에서 발생하는 사건의 핵심 포인트를 잡으셔야 합니다. 성경은 가장 본질적으로 '하나님을 계시하는 책'입니다. 그렇다면 성경의 사건들은 우선적으로 그 사건 자체를 중요시하기보다 그 사건을 통해서 하나님을 알리는 것이 본질입니다. 왜냐하면 그 사건은 어차피 하나님이 주도적으로 진행하실 것이요, 인간에게 중요한 것 또는 성도의 입장에서 중요한 것은 하나님을 알고, 하나님을 배우고, 하나님의 말씀대로 살면서 하나님이 주신 은혜와 복을 누리는 것이기 때문입니다. 그래서 하나님이 행하시는 사역의 공통점은 인간들, 즉 죄인들의 사고방식과 다릅니다. 가능한 될 만한 사건이 아니라 사람들 생각에 불가능하다고 여겨지는 사건들이 생기고, 가능한 자격있는 사람이 아니라 사람들 생각에 무능해 보이는 사람이 쓰임을 받고, 가능한 효과적인 방법이 아니라 사람들 생각에 미련하게 보이는 방법이 적용됩니다. 그렇게 불가능한 사건이, 무능한 사람에 의해, 미련하게 보이는 방법으로 이루어질 때에 이것은 하나님이 하신 것이 분명하다고 증거 될 수 있기 때문입니다.

이런 관점이 사울 사건에도 등장합니다. 하나님이 사울을 부르셨는데, 직접 보냄 받은 아나니아도 망설이고, 당시 주축 세력인 제자들도 믿지 않고 있습니다. 이러한 제자들의 모습과 극명하게 대조되어 등장하는 사람이 바로 바나바입니다. 바나바는 4장 36절에 등장했었습니다. "구브로에서 난 레위족 사람이 있으니 이름은 요셉이라 사도들이 일컬어 바나바^{번역하면} ^{위로의 아들}이라하니 그가 밭이 있으매 팔아 그 값을 가지고 사도들의 발 앞에 두니라"입니다. 이 표현대로라면 바나바는 열두 제자가 아니며, 예루살렘에서 주류 세력에 속한 것도 아닙니다. 그런데 열두 제자보다, 주류 세력보다 더 실제적인 일을 합니다. 제자들 중에는 단 한 사람도 물질을 내 놓았다는 기록이 없습니다. 제자들이 수고하여 함께한 사람들의 필요를 채워 주었다는 표현이 없습니다. 그런데 바나바는 밭을 팔아서 사도들의 발 앞에 두었다고 합니다.

9장에서도 마찬가지입니다. 아직까지 초기 교회의 지도자 그룹은 예루살렘에 있는 제자들입니다. 예루살렘에 박해가 있었지만 스데반만 순교하였고, 제자들은 아직 순교하지 않았습니다. 또 박해가 있자 다른 사람들은 모두 예루살렘을 떠났지만 제자들은 여전히 예루살렘에 남아 있었습니다. 제자들이 순교하는 것은 12장부터 등장합니다. 그러므로 열두 제자의 영향력과 지도력이 아직 건재한 것입니다. 제자들과 비교하면 바나바는 말 그대로 무명소졸입니다. 바나바는 사도는 고사하고 일곱 집사의 명단에도 이름을 올리지 못합니다.

바나바의 설명

제자들이 사울을 믿지 않을 때 집사도 아닌 바나바가 등장하는 것도 재미있지만 바나바가 말한 것이 아주 중요한 포인트입니다. 27절을 보면 "바나바가 데리고 사도들에게 가서 그가 길에서 어떻게 주를 보았는지와 주께서 그에게 말씀하신 일과 다메섹에서 그가 어떻게 예수의 이름으로 담대히 말하였는지를 전하니라"입니다. 이 소개가 얼마나 독특한지 보이십니까? 일반적으로 어떤 사람을 다른 사람에게 추천할 때에는 그 사람의 장점, 그 사람의 경력, 그 사람의 가능성, 그 사람의 영향력을 강조하게 되어 있습니다. 그 사람이 얼마나 유용한가, 보탬이 될 것인가, 값어치가 있는가를 따집니다. 아나니아가 사울 만나기를 거부했던 이유도 같습니다. 13절 "아나니아가 대답하되 주여 이 사람에 대하여 내가 여러 사람에게 들사온즉 그가 예루살렘에서 주의 성도에게 적지 않은 해를 끼쳤다 하더이다"입니다. 이 주장의 가장 결정적 오해는 '사역을 자신들이 한다'는 생각이요, 그 결과 사울은 사역에 도움이 되지 않을 것 같다는 생각입니다.

　기독교 사역의 주체는 언제나 하나님입니다. 하나님이 사명을 주고 인간이 완수해야 하는 것이 아닙니다. 하나님이 시작을 하고 진행은 인간에게 맡기는 것이 아닙니다. 기독교 사역은 계획, 진행, 완성의 전 과정의 책임자가 하나님입니다. 하나님과 인간 중에 하나님이 일꾼이고, 인간이 하나님 사역의 열매요, 결과라는 것을 절대로 잊으시면 안 됩니다. 지금 저와 여러분은 하나님을 믿어주고 있는 것이 아니며, 하나님의 일을 하고 있는 것이 아닙니다. 하나님이 일하신 결과를 사도들이 누리고 있습니다. 그 포인트가 바로 바나바의 사울 소개에 등장합니다. 바나바는 사울이 어디 출신인가, 사울을 받아들였을 때 초기 교회에 어떤 활용가치가 있는가, 우리가 사울을 과연 받아들일 것인가 말 것인가를 전혀 언급하지 않습니다. 왜냐하면 그것은 사람이 할 일이 아니기 때문입니다. 하나님이 사울을 찾아오셨습니다. 그것으로 모든 것이 결정되었습니다. '하나님이 사울을 찾아오셨고, 사울에게 말씀하셨고, 사울을 변화시켰'는 사실 말고 기독교에서 무엇이 더 필요합니까? 사울의 과거, 현재, 미래를 우리가 왜 따져야 합니까? 사울의 경력, 비전을 왜 우리가 점검해야 합니까? 사울의 수용여부를 왜 우리가 결정해야 합니까? 언제부터 기독교가 하나님의 일하심을 인간이 결정했습니까? 바나바가 한 것이 '그가 길에서 어떻게 주를 보았는지와 주께서 그에게 말씀하신 일'을 말한 것입니다. 바나바가 하는 말의 핵심이 '하나님이 하셨다'입니다. 그것으로 족합니다. 무엇이 부족하고, 다른 무엇이 더 필요합니까? 더 심하게 표현하면 '너희들은 뭐가 달라?'입니다.

　다행스럽게도 바나바의 중재로 사울이 제자들과 어울릴 수 있게 되었습니다. 28절 "사울이 제자들과 함께 있어 예루살렘에 출입하며 또 주 예수의 이름으로 담대히 말하고"입니다. 마치 해피엔딩 같습니다. 그러나 실제로는 사울은 계속하여 과거 경력에 발목이 잡힙니다. 사람들이 사울에 대하여 의심을 거두지 않습니다. 또 교회가 사울을 받아주기는 했어도 사도 그룹에 끼어주지 않으려고 합니다. 그렇게 왕따를 당하는 것이 십 년이 넘습니다. 나중에 복음 사역에 정진할 때에도 계속해서 시비가 걸립니다. 그때마다 사울은 오직 한 마디만 반복합니다. 사도행전 22장 6절 "다메섹에 가까이 갔을 때에 오정쯤 되어 홀연히 하늘로부터 큰 빛이 나를 둘러 비치매 내가 땅에 엎드러져 들으니 소리가 있어 이르되 사울아 사울아 네가 왜 나를 박해하느냐 하시거늘"입니다.

나의 나됨은

바울은 사도행전 후반부에서 교회의 중책을 맡고 있음에도 불구하고, 초기 교회에서 영향력을 발휘하고 있음에도 불구하고 자신의 과거를 지우지 않습니다. 자신이 부름 받은 사건에는 예수님의 중요한 멘트가 있습니다. 하나는 '사울아 사울아 네가 어찌하여 나를 박해하느냐'입니다. 다른하나는 예수님이 아나니아를 통해서 하신 말씀으로 '이 사람은 내 이름을 이방인과 임금들과 이스라엘 자손들에게 전하기 위하여 택한 나의 그릇이라'입니다. 여러분은 이 두 가지 중에 어떤 것을 강조하고 싶습니까? 왜 박해하느냐고 말씀하신 것과 나의 택한 그릇이라고 선언한 이야기 중에 여러분을 어떤 것을 자주 말씀하고 싶습니까? 아마도 '나의 택한 그릇'이라는 선언일 것입니다. 그런데 바울은 '왜 나를 박해하느냐'를 절대 빼먹지 않습니다. 경력을 세탁하지 않습니다. 그 사건을 그대로 말합니다. 바울은 '나의 나됨은 나로 말미암지 않고 하나님으로 말미암았다'고 합니다. 그것 말고는 드러내지 않습니다.

나중에 바울이 옥에 있으면서 아그립바 왕에게 자신을 변명할 때도 동일하게 말합니다. 어차피 아그립바 왕은 자신의 과거를 잘 모릅니다. 굳이 과거의 과오를 들출 것이 아니라 도리어 감추고 자신의 행적을 강조하는 것이 유리할 수 있습니다. 그러나 바울은 너무나 당당하게 자신의 과거를 말합니다. 26장 15절 "내가 대답하되 주님 누구시니이까 주께서 이르시되 나는 네가 박해하는 예수라 일어나 너의 발로 서라 내가 네게 나타난 것은 곧 네가 나를 본 일과 장차 내가 네게 나타날 일에 너로 종과 증인을 삼으려 함이니"라고 말합니다. 그리고 이어서 19절 "아그립바 왕이여 그러므로 하늘에서 보이신 것을 내가 거스리지 아니하고"입니다. 자신의 자신됨을 이렇게 생각하니까 자신의 사역에 대하여도 22절 "하나님의 도우심을 받아 내가 오늘까지 서서 높고 낮은 사람 앞에서 증언하는 것은"입니다. 기독교 신앙의 가장 정확한 모습입니다. 그래서 바울은 각 교회들에게 편지 쓸 때에 성도들의 수준을 의심하지 않습니다. 비록 여러 교회들에서 성도들의 수준이 너무 낮기도 하고, 차마 믿은 사람이 맞나 의혹이 들 정도일지라도 너무나 담백하게 '로마에 있는 성도들에게', '고린도에 있는 신실한 자들에게'라고 표현합니다. 이것이 기독교인, 성도의 자세입니다.

모든 사람이 처음엔 다 겸손합니다. 그러나 그것은 겸손이 아닙니다. 왜냐하면 자랑하거나 교만할 것이 아직 없기 때문입니다. 모든 사람이 처음엔 하나님의 은혜라고 말합니다. 왜냐하면 아직은 자신이 행한 것이 없기 때문입니다. 성도는 처음에 '하나님의 은혜'라고 말해야 하고, 과정 중에 '하나님의 은혜'라고 말해야 하고, 인생을 마칠 때에도 '하나님의 은혜'라고 말해야 합니다. 그것이 성도가 세상 사람과 다른 차이점입니다. 오늘날 기독교가, 교회가, 성도가 두 가지를 기억하고 있으면 기독교라는 종교는 사회적으로 정말 칭송을 받을 것입니다. 하나는 '나의 나됨은 하나님의 은혜로다', 다른 하나는 '기독교의 역사는 하나님이 행하신다'입니다.

하나님의 은혜

9장에 나타난 사울의 상황, 더 나아가 초기 교회의 상황은 사면초가라고 하면 딱 맞습니다. 사울이 복음을 전하자 많은 다메섹 사람들은 21절 말씀대로 놀라기만 하고, 22절대로 당황하기만 합니다. 게다가 유대인들의 반응은 23절 "여러 날이 지나매 유대인들이 사울 죽이기를 공모하더니 그 계교가 사울에게 알려지니라 그들이 그를 죽이려고 밤낮으로 성문까지 지키거늘"입니다. 또 29절 후반부에 "그 사람들이 죽이려고 힘쓰거늘"입니다. 외부로는 죽이겠다는 협박을 받고, 내부로는 못 믿겠다는 의심을 받고 있습니다. 그래도 제자들이 최소한의 도움은 주었습니다. 25절 "그의 제자들이 밤에 사울을 광주리에 담아 성벽에서 달아 내리니라", 30절 "형제들이 알고 가이사랴로 데리고 내려가서 다소로 보내니라"입니다. 사울도, 교회도 위기에 직면해 있습니다.

그런데 9장에 나타난 사울 사건의 마지막이 어떻게 끝나는지 아십니까? 31절 "그리하여 온 유대와 갈릴리와 사마리아 교회가 평안하여 든든히 서가고 주를 경외함과 성령의 위로로 진행하여 수가 더 많아지니라"로 끝납니다. 이게 갑자기 무슨 말입니까? '그리하여'라니요? '교회가 평안하여 든든히 서가다'니요? '수가 더 많아지니라'라니요? 어떻게 이런 일이 가능하지요? 성경의 대답은 언제나 한 가지 '하나님이 하셨습니다'입니다. 성경을 읽으시고, 하나님을 아셔서 하나님 때문에 즐겁고, 신나고, 행복한 신앙생활 되시기를 주님의 이름으로 축원합니다.

32

주께로 돌아오니라

사도행전 9:32~43

32 그 때에 베드로가 사방으로 두루 다니다가 룻다에 사는 성도들에게도 내려갔더니 33 거기서 애니아라 하는 사람을 만나매 그는 중풍병으로 침상 위에 누운 지 여덟 해라 34 베드로가 이르되 애니아야 예수 그리스도께서 너를 낫게 하시니 일어나 네 자리를 정돈하라 한대 곧 일어나니 35 룻다와 사론에 사는 사람들이 다 그를 보고 주께로 돌아오니라 36 욥바에 다비다라 하는 여제자가 있으니 그 이름을 번역하면 도르가라 선행과 구제하는 일이 심히 많더니 37 그 때에 병들어 죽으매 시체를 씻어 다락에 누이니라 38 룻다가 욥바에서 가까운지라 제자들이 베드로가 거기 있음을 듣고 두 사람을 보내어 지체 말고 와 달라고 간청하여 39 베드로가 일어나 그들과 함께 가서 이르매 그들이 데리고 다락방에 올라가니 모든 과부가 베드로 곁에 서서 울며 도르가가 그들과 함께 있을 때에 지은 속옷과 겉옷을 다 내보이거늘 40 베드로가 사람을 다 내보내고 무릎을 꿇고 기도하고 돌이켜 시체를 향하여 이르되 다비다야 일어나라 하니 그가 눈을 떠 베드로를 보고 일어나 앉는지라 41 베드로가 손을 내밀어 일으키고 성도들과 과부들을 불러 들여 그가 살아난 것을 보이니 42 온 욥바 사람이 알고 많은 사람이 주를 믿더라 43 베드로가 욥바에 여러 날 있어 시몬이라 하는 무두장이의 집에서 머무니라

성경의 방법

기독교에 대한 오해

목회자로서 저의 가장 중요한 목표는 기독교를 바르게 설명하는 일입니다. 기독교는 언제나 사람들로부터 오해를 받아왔습니다. 그런데 참 난감한 것은 기독교는 불신자들에게도 오해를 받았고, 신자들에게도 오해를 받

는 현실입니다. 그래서 한편으로는 불신자들에게 기독교를 바르게 설명해야 하고, 다른 한편으로는 신자들에게도 기독교를 바르게 설명해야 합니다. 기독교가 오해받는 가장 중요한 포인트가 바로 하나님과 인간의 관계에 대한 내용입니다. 하나님은 인간이 살아가는 세상을 창조해주신 분이요, 본질적으로 인간을 창조해주신 분입니다. 고마우신 분입니다. 그런데 불신자들은 하나님이 창조하셨다는 것에 대해, 하나님이 인간을 대할 때 창조주로서 권세와 권위를 부리는 것으로 오해하여 싫어합니다. 마치 하나님과 인간이 대립 또는 대결하는 것으로 생각하고, 그때 아무래도 하나님은 신이기 때문에 인간보다 강하고, 당연히 강자로서 군림하고, 지배하고, 명령하는 것으로 생각합니다. 이것이 인간들, 죄인들이 하나님에 대해 가지는 가장 대표적인 오해입니다. 그동안 기독교는 하나님이 인간을 지배하지 않는다는 것을 강조하려고 무척 애를 썼습니다. 인간이 하나님의 수단이나 도구가 아니며, 하나님이 하나님의 목적을 위해 인간을 이용하지 않는다는 것을 납득시키려고 타 종교의 신들과 비교하며 무던히도 노력했습니다.

그런데 정말 아이러니한 것은 기독교가 타종교나 철학과 다투면서 지키려고 했던 점을 기독교 내부에서, 성도들이 스스로 무너뜨리고 있다는 점입니다. 즉 기독교는 '신이 인간을 지배하지 않는다, 신이 인간을 수단으로 삼지 않는다'고 강조해 왔는데, 정작 기독교 내부에서는 설교나 간증을 할 때에 '하나님께 절대복종한다. 하나님이 명령하시면 인간이 복종하는 것이 본분이다. 인간이 하나님의 영광을 위해서 살고, 하나님을 찬송하는 것이 삶의 목적이다'라고 말합니다. 스스로 신의 종이라고 선언하고, 자원하여 신의 수단이 되겠다고 머리를 숙입니다. 이러니 과거와 현재 기독교가 대외적으로 강조하려던 내용이 타종교와의 차별화로 부각되지 않고, 도리어 기독교의 비판에 힘을 실어주는 꼴이 되어버립니다.

사람들의 주장

종교에 대한 불신자들의 주장은 한 가지입니다. 인간이 신에 의하여 제한되거나 종속되면 안 된다는 주장입니다. 신의 존재를 인정하면 당연히 신이 인간보다 뛰어난 것임을 인정해야 하기에, 신이 존재하는 한 신에게서 인간의 자유와 독립을 주장하기가 매우 어렵습니다. 그러니 아예 신의 존재를 부정합니다. 신의 존재가 부정되면 남는 것은 인간뿐입니다. 근본적으로 신을 부정하는 것일 뿐 내용적으로 신을 왜곡하는 것은 없습니다. 사람들이 하는 말은 언제나 사람에 대한 것입니다. 모든 것은 인간의 존귀함, 인간의 수고, 인간의 공로, 인간의 영광을 추구하는 것입니다.

실제로 난해한 것은 신자들, 성도들, 기독교인들의 오해입니다. 바르게 알고 계신 분들에 대해서는 감사드리고, 조금 오해하고 계시는 분들의 경우를 설명해 보겠습니다. 우선, 성도들은 하나님을 인정합니다. 기독교에서는 인정한다고 말하지 않고 '믿는다'고 표현합니다. 하나님의 존재, 하나님의 능력, 하나님의 권세를 모두 인정합니다. 그렇다면 전적으로 하나님을 강하고 크신 분으로, 전지전능한 분으로 인정하는 것만큼 인간에 대해서는 주장하지 않느냐 하면 전혀 그렇지 않습니다. 하나님은 하나님대로 인정하고, 인간은 인간대로 주장하고 싶어 합니다. 말로는 하나님이 하셨다고 고백하면서, 동시에 인간에게도 공로와 업적을 부여합니다. 교묘한 양다리이고 도리어 불신자들보다 못한 수준입니다.

예를 들어보겠습니다. 우선 하나님을 강조합니다. '하나님이 양치기 다윗을 세우사 거대한 장군 골리앗을 이기게 하셨습니다'고 합니다. 그리고 다음엔 인간을 강조합니다. '하나님이 아무나 쓰시겠습니까? 다윗은 신실하고, 믿음있고, 용기있고, 비전있는 사람이었기에 선택받은 것입니다'고 합니다. 이렇게 말하면 과연 누구를 강조하는 것입니까? 또 다른 예를 들어보겠습니다. 우선 하나님을 높입니다. '예수님께서 말씀으로 병자를 치유하셨습니다'고 말합니다. 다음엔 인간을 높입니다. '예수님이 그 병자를 치유하신 것은 그 병자가 믿음이 있었기 때문입니다'고 말합니다. 과연 치유는 어떻게 일어나게 된 것일까요? 하나님의 능력 때문입니까, 인간의 믿음 때문입니까? 기독교가 하나님의 형상을 만들면 안 된다고 강력하게 주장하면서 어이없게도 큰 교회를 세운 목회자의 동상은 만들고, 하나님이 하셨다고 하면서 온갖 상은 인간에게 주는 일이 비일비재합니다.

분명 성경은 하나님을 강조합니다. 이때 하나님의 모든 관심이 인간에게 있다는 것을 아셔야 합니다. 그래서 불신자들처럼 하나님을 부인해야 인간이 존중되는 것이 아니며, 일부 성도들처럼 하나님도 강조하고 동시에 인간도 강조하는 양다리를 걸쳐야 하는 것이 아닙니다. 하나님이 인간을 사랑하시고, 인간을 존귀하게 대해주시고, 인간을 높여주십니다. 그런데 하나님이 인간을 높여주는 방식이 사람들이 인간을 높여주는 방식과 전혀 다릅니다. 인간이 인간을 높일 때에는 인간의 수고, 노력, 애씀, 헌신, 충성, 열심, 재주, 능력, 지혜 등을 강조합니다. 그러나 하나님이 인간을 높일 때에는 인간의 존재, 인간이 하나님에 의해서 얻게 된 지위와 신분, 인간이 하나님의 일하심을 통하여 부여받은 인격, 성품, 가치를 강조합니다. 어느 것이 진짜 인간을 높이는 것입니까? 인간이 수고했다고, 정말 위대한 일을 행했다고 말하는 것과 인간이 자유와 평화를 누리고 있다고 말하는 것 중에 어느 것이 진짜 인간을 존중하는 것입니까? 하나님이 진정으로 인간을 높여주십니다.

기껏해야 인간의 노력과 애씀을 강조하는 것은 별 의미가 없습니다. 그렇게 노력하고 애쓴 결과 인간 상호간에 경쟁과 갈등이 발생했고, 결국 분열과 다툼가운데 있다면 인간의 노력과 애씀이 아무 의미가 없습니다. 그런데 모든 일을 하나님이 하셨고, 그 결과 인간이 하나님의 자녀가 되었고, 하나님 나라의 유업을 이었고, 인간이 안식과 희락을 누리며 살고 있다고 말하는 것이 인간이 행한 것이 없다고 경멸하는 것이 아니요, 참으로 인간의 존재와 삶을 존귀하게 여겨주는 것임을 인식하셔야 합니다.

사도행전의 전개

사도행전을 잘 보시면 내용이 아주 기묘하게 전개되고 있는 것을 발견하실 수 있습니다. 1장에서는 십자가와 부활 사건 이후에 제자들이 모두 흩어져 있을 때에 예수님이 나타나시고 찾아다니면서 제자들을 모두 모으십니다. 열두 명의 제자들 중 자결한 유다를 빼고는 열한 명의 제자를 한 사람도 빠짐없이 예수님이 모으십니다. '제자들이 다시 뭉쳤다'가 아니라 '예수님이 모으셨다'는 것이 강조입니다. 예수님이 승천하시자 제자들이 모여서 기도했는데 결과는 별도의 자격과 조건을 제시하여 유다의 자리에 새 사람을 선발함으로 제자 그룹을 차별화 하여 만드는 것이었습니다. 그런데 2장에서는 성령이 모인 모든 사람에게 임하고, 그들이 다 충만함을 받게 하심으로 교회로 모인 사람들 중에 차별이 없게 만들어 버리셨습니다.

2장부터 3장, 4장, 5장까지는 베드로와 요한이 중심인물로 등장하여 이적과 기적을 행하고 설교를 행합니다. 그러자 6장에서 제자들이 교회 내부의 갈등을 해소한다는 명분으로 사도들은 말씀 전하는 일과 기도에 전념하고, 집사들은 접대하는 일을 담당하는 것으로 사역을 차별화시킵니다. 그러자 7장과 8장에서는 말씀 전하는 일에 전념하기로 한 제자들의 활동은 거의 없고 도리어 접대를 맡기로 한 집사들 중에 스데반과 빌립이 담대하게 말씀을 전파하고 예루살렘뿐만 아니라 사마리아 지역, 에디오피아 내시, 아소도와 여러 지역을 다니며 복음을 전함으로 제자들이 만들어 놓은 차별을 또 다시 무력화시켜 버립니다.

그러므로 제자들은 제자들이면서도, 구원받은 사람들이면서도, 성령 받은 사람들이면서도 부지불식간에 인간을 차별화하는 행동을 계속해서 시도할 때 하나님은 어느 한 사람을 책망하거나 꾸짖지 않으면서도 차별이 없어지면서 동시에 복음은 확장되고 교회들은 평안하여 든든히 서갈 수 있도록 만들어 주시고 계십니다. 하나님의 오묘하심, 절묘하심, 신묘막측하심이 보이십니까? 조금 더 자세히 설명해 보겠습니다.

하나님이 하신다

모두가 승자

일반적으로 종교를 '신에 관한 인간의 행위'라고 개념을 정한다면 기독교는 종교가 아닙니다. 왜냐하면 인간이 하나님에 대하여 어떤 행위를 할 것이 없기 때문입니다. 그래서 기독교에 대하여 종교라는 용어 대신 신앙이라고 표현하고 싶은데, 신앙은 신의 행위 또는 신의 활동에 대한 인간의 반응입니다. 그래서 신앙의 내용, 신앙의 증거, 신앙의 열매, 신앙의 결실, 신앙의 생명은 신을 향한 인간의 태도에서 드러나는 것이 아니라, 인간을 향한 신의 행동과 그 신의 행동을 받은 인간이 다른 인간에게 대하는 모습에서 드러납니다. 그래서 신이 영광을 받는 종교는 인간을 힘들게 하고, 신이 수고하는 신앙 그래서 인간이 행복한 신앙이 바르고 참된 신앙입니다. 성경은 인간에 의해 하나님이 영광 받는 것이 강조점이 아니라 하나님에 의해 인간이 행복을 누리는 것에 강조점이 있습니다.

성도님들이 성경을 묵상하면 대부분 인간의 신을 향한 경건함이나 거룩함을 발견하고 다짐하려고 합니다. 저와 여러분은 성경에서, 사도행전에서 하나님이 제자들을 어떻게 대하시는가, 하나님이 제자들 상호간에, 인간들 상호간에 어떻게 살아가도록 섭리하시는가를 발견하셔야 합니다. 제가 앞에서 제자들은 차별을 만들어내고 하나님은 연합과 일치를 만들어 내셨다고 설명을 드렸습니다. 그런데 그 과정이 얼마나 멋있는가를 보고 배우기 원합니다. 종종 제가 설명하는 것에 대해 사람들이 너무 심한 것 아니냐고, 즉 성경에는 사도들의 행동에 대해 잘못했다고 지적하거나, 분열이나 차별을 만들었다고 책망하는 것이 없는데 제가 과도하게 베드로나 제자들에게 부정적으로 반응하는 것이 아니냐고 반문하시는 분이 계십니다. 그게 바로 제가 함께 배우자고 하는 하나님의 방식입니다.

먼저, 사람들의 방식은 다른 사람이 잘못했을 때 잘못한 것을 지적합니다. 잘못된 것을 고쳐야 한다는 사명감을 가지고 잘못된 것을 지적하고, 잘못한 사람이 자기 입으로 틀렸다고 자백하게 합니다. 그리고 그렇게 틀린 것을 시인한 사람은 직분에서 물러나게 하고 다른 사람이 그 직분이나 사역을 맡게 합니다. 반대의 경우에는 어떤 사람이 잘했다고 칭찬합니다. 당사자가 자랑하면 민망하니까 옆 사람이 잘했다고 대신 말해주고 모두가 그 사실에 동의해서 그 사람이 은근히 영웅이 되게 합니다. 이것이 사람들이 하는 방식입니다. 잘못한 사람이 드러나고, 잘한 사람이 드러나게 하는 방식입니다. 그래서 어떤 일은 진행이 되었는데 한편으로 사람이 존경받고 한편으로 사람이 상처받는 결과가 나오는 방식입니다. 가장 미련하고, 가장 바보같고, 가장 비기독교적인 방식입니다.

하나님의 절묘함을 배우셔야 합니다. 제자들이 신분의 차별화, 직분의 차별화, 사역의 차별화를 만들어 냈습니다. 그런데 하나님은 단 한 번도 제자들이 잘못했다고 지적하지 않았습니다. 제자들이 엉뚱한 차별화를 만들어 내었어도 여전히 제자들을 통해 이적과 기적이 나타났고, 제자들의 안수를 통해서 성령받는 사건이 일어났습니다. 그래서 아무도 제자들이 잘못한 줄을 모릅니다. 어느 누구도 제자들에게 왜 차별화를 만들어 내었느냐고 따진 사람이 없고, 제자들도 단 한 번도 자신들이 잘못된 행동과 결정을 내렸다고 반성한 적이 없습니다. 그런데 아무도 모르는 사이에, 아무도 인식하지 못하는 사이에 제자들의 차별화가 모두 극복되었습니다. 분명히 차별화가 있었는데 전혀 차별이 일어나지 않았고, 분명히 주류와 비주류로 나뉘어졌는데 전혀 나누어지지 않았습니다. 그래서 잘못한 사람이 없고, 잘한 사람이 없고, 욕먹은 사람이 없고, 상 받은 사람이 없습니다. 그러면서 복음도 전파되고 하나님 나라도 확장되었습니다. 하나님이 기가 막히게 조정하시고, 인도하시고, 섭리하셨습니다.

하나님이 인도

구체적으로 설명하면, 말씀 전하는 일에 전념하기로 한 사도들이 예루살렘에 머물러 있으니까 하나님은 흩어진 집사들을 통해 말씀이 전파되게 하고, 그러면서도 정작 사마리아 사람들에게 성령이 임하는 것은 예루살렘에서 제자들이 와서 행하게 하십니다. 제자들이 주류인 것처럼 인식되고 제자들이 있어야 사역이 진행될 것처럼 인식되는 시점에서, 하나님이 사울을 부르시는데 지도자 그룹 또는 리더 그룹, 사역을 주도하는 그룹의 일원으로 인식되는 아나니아나 제자들은 하나님의 말씀을 거부하고 하나님이 부르고 세운 사람 사울을 믿지 않습니다. 반면에 전혀 영향력이 없는 것으로 보이는 바나바가 중재역할을 잘 해냅니다. 그러면 리더 그룹에 대한 불신이 생기고, 리더가 교체됩니까? 전혀 그렇지 않습니다. 여전히 '온 유대와 갈릴리와 사마리아 교회가 평안하여 든든히 서 가고 주를 경외함과 성령의 위로로 진행하여 수가 더 많아지니라'입니다. 아나니아가 하나님께 의심의 질문을 했다는 것, 제자들이 믿지 않았다는 것이 전혀 느껴지지 않을 정도입니다. 분명히 문제의 소지가 있었는데 전혀 문제가 발생하지 않고, 모든 일이 형통하게 진행됩니다. 이것이 하나님이 사람을 대하시는 원리요, 하나님의 지혜입니다.

흔히 사도행전의 전반부는 베드로가 중요한 역할을 하고, 후반부는 바울이 중요한 역할을 한다고 말합니다. 전혀 그렇지 않습니다. 그렇게 말하는 것은 성경의 절묘함을 놓치는 것입니다. 성경은 그렇게 베드로나 바울 또는 어느 누구라도 다른 사람보다 뛰어나거나, 우월하거나, 존경이나 칭송을 받을 만한 존재로 올려놓지 않습니다. 그렇다고 성경은 어떤 사람을 크게 조롱받거나 멸시받을 만한 존재로 깎아내리지도 않습니다. 모두가 하나님을 알게 하고, 모두가 서로를 용납하며, 모두가 함께 하나님으로 말미암은 평화와 안식을 누리게 하십니다.

9장에는 사울이 하나님을 만나서 성도로 변화되는 장면이 등장했습니다. 그 사건에 이어 등장하는 것이 32절 이하의 사건들인데 주인공이 베드로입니다. 그런데 베드로의 모습이 다릅니다. 1장부터 5장까지는 베드로의 사역이 설교 위주였는데, '말씀 전하는 일'에 전념하기로 한 6장 이후에는 베드로나 제자들이 설교하는 장면이 거의 없습니다. 또 재미있는 것이 8장과 9장의 변화입니다. 8장 1절에 의하면 "그 날에 예루살렘에 있는 교회에 큰 박해가 있어 사도 외에는 다 유대와 사마리아 모든 땅으로 흩어지니라"입니다. 이렇게 예루살렘에 머물러 있는 사도들을 각 지역으로 다닐 수 있도록 유도하는 사람들이 바로 집사들 또는 성도들입니다. 사도들이 먼저 복음전파를 위해 계획적으로 각 지역으로 파송하는 것이 아니라 도리어 성도들에 의해 사도들이 불려 나옵니다. 그래서 빌립이 사마리아에서 복음을 전한 후에 그때서 8장 14절 "예루살렘에 있는 사도들이 사마리아도 하나님의 말씀을 받았다 함을 듣고 베드로와 요한을 보내매"가 됩니다.

9장 32절도 마찬가지입니다. "그 때에 베드로가 사방으로 두루 다니다가 룻다에 사는 성도들에게도 내려갔더니"입니다. 제자들이 먼저 룻다에 가서 복음을 전파하여 성도들을 세운 것이 아니라, 정반대로 룻다에 이미 다른 루트를 통해 복음이 전파되어 성도들이 있었고, 베드로는 그 성도들을 방문하였습니다. 38절도 마찬가지로 '룻다가 욥바에서 가까운지라'인데 약 15km 정도라도 합니다. 그래서 "제자들이 베드로가 거기 있음을 듣고 두 사람을 보내어 지체 말고 와 달라고 간청하여 베드로가 일어나 그들과 함께 가서 이르매"입니다. 베드로가 먼저 복음 전파를 위해 떠난 적이 없습니다. 다 사람들이 부르자 그때사 따라나선 것에 불과합니다.

인간의 행위

더 재미있는 것을 알려드릴까요? 10장으로 가면 더 기가막힌 장면이 나옵니다. 베드로는 스스로 복음을 위해 떠난 적이 없는데 10장에서는 베드로가 하나님이 보내도 안 갑니다. 이것이 말씀 전하는 일에 전념하기로 한 사람의 태도입니까? 그런데 그런 베드로가 끝까지 안 가는 것이 아니라 곧 갑니다. 아나니아의 경우와 마찬가지입니다. 먼저 아나니아의 경우를 보면, 하나님이 부르실 때 처음에는 안 간다고 버팁니다. 그러면 하나님은 화 내지도 않고, 벌주지도 않고, 협박하지도 않고, 아나니아를 보내려고 했던 계획을 취소하고, 다른 사람을 보내는 것도 아닙니다. 그냥 아나니아에게 또 말씀하십니다. 그래서 결국 아나니아가 갑니다. 아나니아가 가서 사울 에게 안수를 하고, 그랬더니 사울의 눈에서 비늘 같은 것이 벗어져 다시 보 게 되고, 아나니아에게 침례도 받습니다. 사울에 관계된 일을 아나니아가 다 했습니다. 그래서 사람들은 아나니아가 안 가려고 했던 것, 하나님께 사 울을 받아들이지 말자는 투로 말했던 것을 별로 기억하지 못합니다. 그냥 잘한 줄로 압니다. 이게 하나님의 지혜요, 원리입니다.

베드로의 경우도 예수님이 고넬료에게 가라고 했더니 안갑니다. 자그마 치 세 번이나 안 간다고 버팁니다. 도리어 율법의 기준을 들먹이면서 하나 님을 가르치려고 합니다. 그래도 하나님은 베드로를 책망하지 않습니다. '말 안 듣는 버릇, 세 번이나 거부하는 버릇은 성령받기 전이나 후에나 똑 같다'고 조롱하거나 책망하지 않습니다. '이런 놈은 본때를 보여야 한다' 고 사도의 자리를 취소시키고, 시키지 않아도 자원하여 사울을 제자들에게 중재했던 바나바를 사도로 새로 임명하지도 않습니다. 베드로가 안 간다 고 하자 또 말씀하시고, 또 안 간다고 하자 또 말씀하시고, 또 안 간다고 하 자 또 말씀하십니다. 그래서 결국 가게 하시고, 베드로는 한 번에 순종하지 않았으니까 안수하여 성령이 임하는 것은 다른 사람을 시키는 것이 아니라 여전히 베드로가 말할 때에 성령이 임하게 하십니다. 분명히 아나니아는 잘못했는데 잘못한 적이 없고, 분명히 베드로는 하나님의 말씀을 거부했 는데 다 이루어졌습니다. 아나니아나 베드로를 책망하자니 뚜렷이 책망할 수 없고, 존경하자니 선뜻 존경할만 하지가 않습니다. 아나니아도 딱히 자 랑할 것도 없고, 딱히 사과할 것도 없습니다. 그래서 교회 내에 갈등이 없습니다. 이것이 하나님의 지혜입니다.

성경을 잘 보시면 이런 장면을 수도 없이 확인할 수 있습니다. 아브라함이 하나님의 말씀을 믿지 않은 적이 한두 번이 아닙니다. 그래도 하나님은 아브라함에게 하신 약속을 바꾸지 않았습니다. 모세가 온 백성 앞에서 대놓고 하나님의 말씀을 불순종하기도 했습니다. 그래도 하나님은 이스라엘의 지도자를 교체하지 않으셨습니다. 사울이 하나님의 말씀을 어겼고, 심지어는 하나님이 기름 부어 세우려는 왕을 죽이려고 온 이스라엘을 쫓아다니다가 결국 미치기까지 했습니다. 그래도 하나님은 사울 왕을 추방시키거나 폐위시키지 않았습니다. 종종 사람들이 '하나님께 순종하면 하나님이 붙들어주시고, 하나님께 불순종하면 하나님이 버리신다'고 말하는데 하나님은 그렇게 행하신 적이 없습니다. '하나님의 뜻대로 행하면 하나님이 함께 하시고, 하나님께 죄를 지으면 하나님이 떠나신다'고 말하는데 하나님은 그렇게 행하신 적이 없습니다. 하나님은 어떤 사람은 영웅 만들고, 어떤 사람은 역적을 만드는 비인간적 행동을 하시지 않습니다. 하나님의 뜻은 모든 사람이 하나님을 알아 모든 사람이 행복하게 사는 것임을 기억하셔야 합니다.

하나님의 지혜

사람들의 반응

사람들은 사람이 행한 일, 사람이 만든 업적, 사람의 수고와 노력을 칭찬하고 부러워합니다. 왜냐하면 첫째는 하나님이 하셨다는 것을 모르기 때문이고, 둘째는 사람을 높여야 사람이 존귀해 진다고 착각하기 때문입니다. 누가 역사를 일으켰고, 어떤 역사, 무슨 일이 중요한지를 깨닫지 못하기 때문입니다. 사마리아에서 두 제자의 사역이 있었습니다. 하나는 빌립으로 8장 5절 이하 "빌립이 사마리아 성에 내려가 그리스도를 백성에게 전파하니 무리가 빌립의 말도 듣고 행하는 표적도 보고 한마음으로 그가 하는 말을 따르더라 많은 사람에게 붙었던 더러운 귀신들이 크게 소리를 지르며 나가고 또 많은 중풍병자와 못 걷는 사람이 나으니"입니다. 다른 하나는 베드로로 14절 이하 "예루살렘에 있는 사도들이 사마리아도 하나님의 말씀을 받았다 함을 듣고 베드로와 요한을 보내매 그들이 내려가서 그들을 위하여 성령 받기를 기도하니", 17절 "이에 두 사도가 그들에게 안수하매 성령을 받는지라"입니다.

여러분, 빌립과 베드로 중에 누가 더 많은 사역을 했습니까? 당연히 빌립입니다. 누가 더 중요한 사역을 했습니까? 당연히 빌립입니다. 누구의 열매가 있습니까? 당연히 빌립입니다. 빌립의 사역을 통해 사마리아 사람들이 복음도 알았고, 귀신도 나갔고, 병자들도 치유되었으니 살 만해졌고, 그 성에 큰 기쁨도 있었습니다. 그런데 사람들의 관심은 어디에 모아졌습니까? 빌립일까요, 베드로일까요? 정답은 베드로였습니다. 빌립이 행한 일은 다른 사람들도 행할 수 있었던 일입니다. 귀신은 무당도 쫓고, 병은 의사도 고칩니다. 그런데 베드로가 한 일은 신기한 일이었습니다. 듣도 보도 못한 기이한 일이었습니다. 제가 빌립의 사역과 베드로의 사역의 중요성을 비교하자는 것이 아니라 사람들의 관심의 초점이 그렇다는 것입니다.

그래서 하나님께서 사람들의 관심을 교정하는 작업이 바로 9장 32절로 43절입니다. 앞에서 빌립과 베드로의 사역 중에 사람들은 베드로의 신기한 사역에 집중했습니다. 그러자 하나님은 베드로가 신기한 일을 계속하게 하는 것이 아니라 사람들이 신기하게 여기지 않았던 일, 사람들이 집중하지 않았던 일을 하게 하셨습니다. 그게 무엇입니까? 치유하고, 귀신 쫓고, 이적과 표적이 나타나는 사역입니다. 단지 본문만 볼 것이 아니라 8장과 9장의 상황이 어떻게 역전되는가를 아셔야 합니다. 룻다에서 베드로가 한 일이 팔 년이나 중풍병으로 침상에 누워있던 사람을 고친 것입니다. 욥바에서 베드로가 한 일이 죽은 여자를 살려낸 것입니다. 8장으로 치면 기껏해야 빌립이 한 일이요, 사람에게 주목을 받지 못하던 일입니다.

사람들의 방식과 비교하면, 사람들은 한번 특별한 케이스로 주목을 받으면 그 다음부터는 일반적인 일은 하지 않는 신비주의 전략을 씁니다. 특별하다는 이미지를 지속하고 싶어합니다. 그런데 성경은 전혀 그렇지 않습니다. 행여 특별한 주목을 받으면 이어서 바로 특별함을 떨쳐내고 일반적인 일을 합니다. 사람이 특별해지는 것은 별로 행복한 일이 아닙니다. 9장만 보면 베드로의 사역은 이적이요, 기적으로 특별한 것이지만 8장과 비교하면 주목받지 못한 일을 하는 것에 불과합니다. 베드로의 치유 사건은 3장에도 나오고 9장에도 나옵니다. 그런데 강조점이 완전히 다릅니다.

사역의 열매

베드로의 사역에는 아주 의미있는 것이 두 가지 있습니다. 첫째는 베드로가 사역을 행하고 있지만 하나님이 행하시는 것을 강조하는 것입니다. 9장 34절 "베드로가 이르되 애니아야 예수 그리스도께서 너를 낫게 하시니 일어나 네 자리를 정돈하라"입니다. 이것도 8장과 비교를 해보면 정확히 드러납니다. 성령이 임하게 할 때는 단순히 '안수하여'입니다. 그래서 마술사 시몬이 베드로가 행한 일인 줄로 알았습니다. 그런데 이번에는 '예수 그리스도께서 너를 낫게 하시니'입니다. 또 9장 40절 "베드로가 사람을 다 내보내고 무릎을 꿇고 기도하고 돌이켜 시체를 향하여 이르되 다비다야 일어나라 하니"입니다. 아무도 없는 곳에서 베드로는 기도함으로 하나님께 의지했고, 결과적으로 다비다가 살아났는데 어떻게 살아났는지, 누가 살려냈는지 아무도 본 사람이 없습니다.

그래서 베드로 사역의 의미 있는 것 중의 두 번째가 가능합니다. 베드로가 행한 사역의 결말이 35절 "룻다와 사론에 사는 사람들이 다 그를 보고 주께로 돌아오니라", 42절 "온 욥바 사람이 알고 많은 사람이 주를 믿더라"입니다. 사람들이 '주께로 돌아오는 것, 주를 믿는 것' 이것이 사역의 열매요, 결실입니다. 제가 베드로를 깎아내린 것이 아니라 하나님의 원리를 설명 드리고 있습니다. 성경에는 사람을 칭송하는 장면이 없고, 어떤 사람의 사역은 성공이고 어떤 사람의 사역은 실패라고 판단하는 장면이 없습니다. 그래서 어떤 사람은 상 받고 어떤 사람은 벌 받는 장면이 없습니다. 대표적인 것 하나만 예를 들면, 사사기에서 여러 사사들이 등장했었습니다. 사사들의 사역의 결과는 옷니엘의 사역 후에 사사기 3장 11절 "그 땅이 평온한 지 사십 년에 그나스의 아들 옷니엘이 죽었더라", 에훗의 사역 후에 30절 "그날에 모압이 이스라엘 수하에 굴복하매 그 땅이 팔십 년 동안 평온하였더라", 드보라의 사역 후에 5장 31절 "그 땅이 사십 년 동안 평온하였더라", 기드온의 사역 후에 8장 28절 "기드온이 사는 사십 년 동안 그 땅이 평온하였더라"입니다.

사사기에서 활약한 사사들 중에 개인적으로 상과 면류관을 받은 사람이 단 한 명도 없습니다. 대신 온 백성이, 온 나라가 하나님을 배웠고, 주를 알게 되었고, 평온하게 되었습니다. 사도행전도 동일한 패턴입니다. 특정 사도의 특정 사역을 특별하게 구분하는 것이 아니라 하나님이 역사하셔서 사도들과 성도들에게 평안이 넘치게 하십니다. 주께서 일하셔서, 사람들이 주를 믿고, 주께로 돌아오게 하는 것이 하나님의 사역의 열매입니다. 하나님의 은혜를 통하여 모든 사람이 평온을 누리는 것이 바로 하나님의 뜻이요, 하나님의 기대요, 하나님의 바램입니다. 하나님으로 말미암은 자유와 평화와 안식을 풍성히 누리는 귀한 성도의 삶 되기를 주님의 이름으로 축원합니다.

33

고넬료라 하는 사람

사도행전 10:1~8

1 가이사랴에 고넬료라 하는 사람이 있으니 이달리야 부대라 하는 군대의 백부장이라 2 그가 경건하여 온 집안과 더불어 하나님을 경외하며 백성을 많이 구제하고 하나님께 항상 기도하더니 3 하루는 제 구 시쯤 되어 환상 중에 밝히 보매 하나님의 사자가 들어와 이르되 고넬료야 하니 4 고넬료가 주목하여 보고 두려워 이르되 주여 무슨 일이니이까 천사가 이르되 네 기도와 구제가 하나님 앞에 상달되어 기억하신 바가 되었으니 5 네가 지금 사람들을 욥바에 보내어 베드로라 하는 시몬을 청하라 6 그는 무두장이 시몬의 집에 유숙하니 그 집은 해변에 있다 하더라 7 마침 말하던 천사가 떠나매 고넬료가 집안 하인 둘과 부하 가운데 경건한 사람 하나를 불러 8 이 일을 다 이르고 욥바로 보내니라

성경의 대조

사도와 집사

고린도전서에 보면 아주 기이한 사건이 나옵니다. 1장 11절을 읽어보면 "내 형제들아 글로에의 집 편으로 너희에 대한 말이 내게 들리니 곧 너희 가운데 분쟁이 있다는 것이라 내가 이것을 말하거니와 너희가 각각 이르되 나는 바울에게, 나는 아볼로에게, 나는 게바에게, 나는 그리스도에게 속한 자라 한다는 것이니"입니다. 이것이 기이한 이유는 고린도 교회에 분쟁이 있는데 바울, 아볼로, 게바, 그리스도가 직접 나서서 분쟁을 일으키고 있는 것이 아니기 때문입니다. 정작 당사자들은 아무 소리도 안하고 있는데, 사

람들이 나는 바울에게 속했다, 나는 아볼로에게 속했다, 나는 게바에게 속했다고 다투고 있습니다. 바울이나 아볼로가 계파를 형성했나요? 조직원을 모았나요? 서로 자기가 전도한 사람은 자기 그룹으로 데리고 갔나요? 각자 침례한 사람은 자기파 사람으로 규정했나요? 당사자들은 서로 분쟁한 적이 없고, 별도의 조직이나 계파를 형성한 적이 없는데, 나중 사람들이 엉뚱한 분쟁을 일으켰습니다. 왜냐하면 비록 자기는 한 일이 없어도 자기가 어떤 사람을 존경하느냐에 따라 자기의 신분과 영향력이 달라질 것으로 생각하기 때문입니다. 이게 참 어리석은 것인데 전형적인 죄인들의 차별화를 만들어 내고 싶어하는 모습입니다.

그래서 하나님의 지혜, 하나님의 절묘함을 배워야 합니다. 사도들이 '말씀 전하는 일'을 전문화하려고 시도하니까 하나님은 그것에 대하여 잘했다, 잘못했다, 왜 구분하느냐는 등의 말씀을 한 마디도 하지 않으십니다. 아무 일 없다는 듯이 집사들이 흩어져서 곳곳에 복음이 전파되게 합니다. 하나님이 사울을 부르시는데 아나니아도 수용을 하지 않고 제자들도 믿지를 않습니다. 하나님은 '개구리 올챙이 적 생각을 해라'고 책망하지도 않고, '교만이 하늘을 찌른다'고 비난하지도 않고, 하나님은 아무 일 없다는 듯 바나바를 통해서 사울과 제자들의 만남과 교제가 이루어지도록 만들어 내십니다. 어느 누구도 '내가 잘했지!'라고 자랑할 수 있는 사람이 없고, 어느 누구도 꼭 집어서 '그놈은 잘못했어!'라고 책망 받을 사람이 없습니다. 그럼에도 불구하고 일은 일대로 잘 진행이 되었습니다. 영웅도 없는 것이, 역적도 없는 것이 아무 사건도 없는 것 같은데 일은 다 되어 있습니다. 이게 하나님의 지혜요, 이게 하나님의 원리입니다.

우리는 한 사람이 문제를 일으키면 당장에 그 사람의 잘못을 지적하고 다른 사람으로 교체합니다. 이때 먼저 했던 사람보다 더 나은 사람, 좋은 사람을 찾으려고 혈안입니다. 사람이 일을 한다고 생각하기 때문입니다. 그런데 하나님은 사람들과 다릅니다. 하나님의 사역에 혹시 사람이 바뀌어야 할 때에 더 나은 사람을 세우는 것이 아닙니다. 도리어 사람들이 생각하기에 더 자격 없는 사람, 더 가능성이 없는 사람을 세우십니다. 말씀 전하는 경우를 보시면 사도들이 유다를 대신하여 사도를 뽑을 때 기준을 세웠습니다. 그것이 사도행전 1장 21절 "요한의 침례로부터 우리 가운데서 올려져 가신 날까지 주 예수께서 우리 가운데 출입하실 때에 항상 우리와 함께 다니던 사람 중에 하나를 세워 우리와 더불어 예수께서 부활하심을 증언할 사람이 되게 하여야 하리라"였습니다. 논리적으로 맞는 말입니다. 예수를 동행하며 보고 듣고 경험한 사람이어야 증인이 될 수 있다는 주장이 일리가 있습니다. 그래서 그런 사람 중에 하나를 사도로 보충하고, 그 사도들이 말씀 전하는 일에 전념해야 한다는 말이 설득력이 있습니다.

그런 사도들이 8장에서 예루살렘을 떠나지 않자 하나님은 집사들을 데리고 복음을 전하셨습니다. 집사들이 일곱이 세워졌는데 주로 헬라파 유대인들입니다. 헬라파 유대인들은 유대 지역에서 출생하고 자란 것이 아니라 주로 외국에서 살다가 이스라엘로 돌아온 사람들입니다. 당연히 예수와 함께 동행하지도 않았고, 예수를 보거나 경험하지 않았고, 예수의 부활을 목격하지도 않았습니다. 예수 부활의 증인으로 자격이 없어 보입니다. 그런데 하나님은 이런 사람들, 사도들이 생각하기에 자격이 없다고 여긴 사람들을 데리고 사마리아에, 아소도에, 가이사랴에, 룻다에 복음이 전해지게 하셨습니다. 하나님은 사람들이 생각하는 기준과 원리와 방식이 전혀 다릅니다. 왜냐하면 하나님의 사역은 하나님이 하시기 때문입니다.

아나니니와 바나바

사울에 대해서도 마찬가지입니다. 아나니아와 제자들은 반대했습니다. 사울은 자격이 없다고 생각했기 때문입니다. 유익하기는커녕 해가 될 것이라고 염려했습니다. 그렇게 아나니아와 제자들이 반대를 할 때 이 사람들을 설득하려면 누가 가야 합니까? 이 사람들보다 나은 사람, 이 사람들보다 높은 사람, 이 사람들보다 영향력이 있는 사람을 보내야 그들이 설득되고 말을 들을 것으로 예상합니다. 그래서 하나님이 보낸 사람이 바나바입니다. 더 영향력 있는 사람을 보낸 것이 아니라 한 급수 아랫사람을 보내셨습니다. 목사님을 설득하려면 선배목사님이나 원로목사님을 보내야 하는데 교육전도사를 보낸 것과 같습니다. 그때 바나바가 한 말이 사울의 유용성에 관한 것이 아니라 '하나님이 하신 일'입니다. 사도행전 9장 27절 "그가 길에서 어떻게 주를 보았는지와 주께서 그에게 말씀하신 일"입니다. 아주 간단히 바나바가 '하나님이 부르셨다. 다른 할 말 있는 사람?'이라고 말한 것으로 충분합니다. 우리는 '사도들이 어떤 사람인가? 하나님이 부르신 사울이 어떤 사람인가? 하나님이 보내신 바나바가 어떤 사람인가?'에 관심가질 이유가 없습니다. 한 가지, '아! 하나님이 역사하시는구나!' 이것을 알면 됩니다.

주께로 돌아오니라

그래서 9장 32절 이하에서 베드로가 룻다에서 사역한 것, 36절 이하에서 욥바에서 사역한 것의 결론이 아주 중요합니다. 룻다에서 베드로가 팔년이나 된 중풍병자를 고친 것이 결론이 아니고, 욥바에서 베드로가 죽은 여인 다비다를 살려낸 것이 결론이 아닙니다. 먼저 룻다에서의 사역을 보면 34절 "베드로가 이르되 애니아야 예수 그리스도께서 너를 낫게 하시니 일어나 네 자리를 정돈하라 한 대 곧 일어나니 룻다와 사론에 사는 사람들이 다 그를 보고 주께로 돌아오니라"입니다. 사역의 핵심은 '예수 그리스도께서 너를 낫게 하시니'이고 사역의 결론은 '주께로 돌아오니라'입니다. 사역은 누가 하십니까? 하나님이 하십니다. 사역의 결과, 열매는 무엇입니까? 사람들이 하나님께로 돌아오는 것입니다. 욥바에서의 사역도 동일합니다. 사역의 핵심은 40절 "베드로가 사람을 다 내보내고 무릎을 꿇고 기도하고 돌이켜 시체를 향하여 이르되"이고, 사역의 열매는 42절 "온 욥바 사람이 알고 많은 사람이 주를 믿더라"입니다. 베드로가 사역을 한 것이 아니고, 베드로가 존경과 명예를 받는 것이 아닙니다.

결론은 사람들이 '주를 믿더라'입니다. 왜냐하면 사람이 하나님께로 돌아오는 것이 하나님의 마음과 심정을 갖는 것이요, 하나님의 마음과 심정을 가져야 하나님의 성품과 속성인 사랑, 온유, 인내, 양선 등이 하나님과 인간의 관계, 인간과 인간의 관계에 구현되어 인간이 행복을 누리며 살 수 있기 때문입니다. 그래서 인간이 구원받은 것에 대하여 로마서 5장 1절 "그러므로 우리가 믿음으로 의롭다 하심을 받았으니 우리 주 예수 그리스도로 말미암아 하나님과 화평을 누리자"고 하고, 에베소서 2장 15절 이하에 "이 둘로 자기 안에서 한 새 사람을 지어 화평하게 하시고 또 십자가로 이 둘을 한 몸으로 하나님과 화목하게 하려 하심이라 원수 된 것을 십자가로 소멸하시고 또 오셔서 먼 데 있는 너희에게 평안을 전하시고 가까운 데 있는 자들에게 평안을 전하셨으니 이는 그로 말미암아 우리 둘이 한 성령 안에서 하나님께 나아감을 얻게 하려 하심이라"입니다. 언제나 하나님이 하셨다고 말씀하시고, 언제나 하나님을 아시고, 언제나 하나님의 마음과 심정으로 행동하시고, 언제나 하나님의 은혜를 풍성히 누리시기를 주님의 이름으로 축원합니다.

고넬료라 하는 사람

고넬료, 베드로

사도행전 10장의 주요 등장 인물이 두 사람입니다. 한 사람은 고넬료이고 다른 한 사람은 베드로입니다. 이렇게 두 사람이 등장한다는 것에서 이미 10장이 어떻게 전개될 것 같은지가 보이시지 않습니까? 베드로는 사도이고, 고넬료는 아직 교회에 들어오지도 않은 사람입니다. 그렇다면 당시에 고넬료와 베드로 중에 누가 더 유명합니까? 당연히 베드로입니다. 고넬료와 베드로 중에 누가 더 영향력이 있습니까? 당연히 베드로입니다. 고넬료와 베드로 중에 누가 더 제자들이나 교회 사람들에게 존경을 받고 있을까요? 당연히 베드로입니다. 이렇게 당시의 사람들이 베드로에게 집중되고 있을 때 고넬료와 베드로가 동일한 사건을 매개로 함께 등장하고 있다면 본문은 '과연 베드로구나!'라는 결론이 나도록 전개할까요 아니면 '어, 이거 우리 예상과는 다른데!'라는 방식으로 전개될까요? 그리고 결론이 어떻게 날까요? 함께 확인해 보겠습니다.

우선은 겉으로 들어나 있는 대조점을 점검해 보겠습니다. 베드로는 이미 아시는 대로 이스라엘 사람이요, 사도이고, 고넬료는 1절에 의하면 이달리야 부대의 백부장입니다. 1절로 8절에는 고넬료의 행동이 나오고 9절 이하에는 베드로의 행동이 나오는데 매우 유사합니다. 고넬료는 2절 끝에 '하나님께 항상 기도하더니 하루는 제 구 시쯤 되어 환상 중에 밝히 보매'이고, 베드로는 9절 중간에 '그때에 베드로가 기도하려고 지붕에 올라가니 그 시각은 제 육 시더라 그가 시장하여 먹고자 하매 사람들이 준비할 때에 황홀한 중에 하늘이 열리며'입니다. 둘 다 기도하였고, 둘 다 환상을 보았고, 둘 다 하나님의 음성 또는 하나님의 사자의 음성을 들었다는 공통점이 있습니다. 그럼 두 사람 중에 누가 하나님의 말씀에 순종했을까요? 사도 베드로와 이방 사람 고넬료 중에 누가 하나님의 말씀대로 행동했을까요? 사람들의 예상은 당연히 베드로입니다. 그런데 성경의 결론은 '고넬료'입니다.

이것은 베드로를 비하하려는 것이 아니고 고넬료를 칭찬하려는 것이 아닙니다. 사람들이 자꾸 기독교의 사역은 '하나님이 하신다'는 것을 잊어버립니다. 그래서 어떤 사람이 조금만 중요한 일을 하면, 어떤 사람이 조금만 핵심적인 사역을 맡으면, 어떤 사람이 직분이나 직위를 맡으면 대부분의 사람들의 관심이 그 사람에게 모아지게 되고, 사역이 진행되고, 결말이 맺어지면 그 사람이 행한 줄로 생각합니다. 성경은 바로 그러한 사람들의 생각을 자꾸 깨우쳐 줍니다. 하나님이 하셨다는 것을 알라고 강조합니다. 하나님은 사람들의 관심이 사도들에게 모아지면 집사들을 동원하고, 사람들의 관심이 베드로에게 집중되면 아예 이방 사람을 동원해서 사역을 진행하십니다. 왜요? 하나님이 시기해서요? 아닙니다. 사람끼리 자랑하지 못하게 하십니다. 대신 하나님으로 말미암아 모든 사람이 평화를 누리게 하십니다.

고넬료라 하는 사람

우선 고넬료라는 사람에 대해 좀 더 알아보겠습니다. 성경은 일반적으로 말하는데 사람들이 알아서 오해하고, 알아서 착각하는 경우가 많이 있는데 그 중의 하나가 바로 고넬료에 대한 사람들의 생각입니다. 10장 1절과 2절에 의하면 고넬료는 대단한 사람처럼 여겨집니다. "가이사랴에 고넬료라 하는 사람이 있으니 이달리야 부대라 하는 군대의 백부장이라 그가 경건하여 온 집안과 더불어 하나님을 경외하며 백성을 많이 구제하고 하나님께 항상 기도하더니"입니다. 이 정도면 장로보다 낫고 목사보다 나은 것 같습니다. 경건생활이 타의 모범이 되는 아주 우수한 신앙인 수준처럼 보입니다.

그런데 저와 여러분은 이런 구절을 볼 때마다 감동할 것이 아니라 궁금해 하셔야 합니다. 대단하다고 놀랄 것이 아니라 어떻게 이것이 가능한 지 의아해 하셔야 합니다. 고넬료는 이달리야 군대의 백부장으로 이방인입니다. 복음이 8장에서 겨우 사마리아 지방으로 전파되었고, 9장에서 룻다와 욥바로 확장되고 있습니다. 아직 에디오피아 내시 외에는 이방인에게는 복음이 전해지지 않았고, 고넬료도 10장 44절에 가서야 성령이 임하니까 아직 고넬료는 성령을 받기 전입니다. 그렇다면 아직 복음도 듣지 못했고, 성령도 받지 않았는데 어떻게 '그가 경건하여 온 집안과 더불어 하나님을 경외하며 하나님께 항상 기도하더니'가 가능한지 궁금해 하셔야 합니다.

하나님의 말씀을 듣지 않으면 죄인에게서는 하나님에 관한 내용이 나올 수 없기에 복음을 전하는 것이고, 하나님의 복음을 들어도 성령이 임하지 않으면 깨달을 수 없다는 것을 복음서와 제자들의 경우를 통해서 수도 없이 확인했었는데, 그래서 예수님도 성령을 주시겠다고 약속하셨고, 성령이 임하고서야 제자들도 복음을 깨달았는데 어떻게 고넬료는 성령도 받지 않고 경건한 생활을 할 수 있었을까요? 그게 가능하다면 굳이 복음을 전할 이유도, 성령을 받아야 하는 이유도 없다는 결론이 성립되는데 과연 말이 될까요? 그래서 성경에 등장하는 사건이나 표현들이 어느 시점에 등장하는가, 어느 상황에 등장하는가, 어떤 의미를 갖는가를 잘 분별해야 합니다.

고넬료의 하나님

첫 번째, 고넬료를 소개하는 2절에 '하나님을 경외하며', '하나님께 항상 기도하더니'에 나오는 '하나님'은 기독교의 하나님을 의미하지 않습니다. 비슷한 사례를 성경에서 확인하면, 구약에서 하나님을 나타내는 대표적 히브리 단어가 '엘로힘'입니다. 엘로힘이라는 단어를 하나님께 적용하면 '여호와 하나님'이지만 이방인들에게 적용하면 그냥 '신' 또는 저들이 섬기는 '우상 신, 이방 신'을 의미합니다. 또 이스라엘 백성이 엘로힘이라는 단어를 사용해도 의미가 다를 경우가 있습니다. 예를 들어, 선지자들이 나타나서 '엘로힘'을 사용하며 하나님 말씀을 선포할 때에는 '여호와 하나님'을 의미합니다. 그런데 이스라엘, 그것도 하나님을 버리고 떠나고 우상 신을 섬기던 이스라엘이 '엘로힘'을 사용하며 하나님을 운운할 때에는 '여호와 하나님'이 아니라 이방적 종교관, 우상적 종교관에 근거한 '신'의 개념을 나타낼 뿐입니다. 마치 목사인 제가 어느 철학자와 대화할 때 '저는 신을 믿습니다'라고 말하면 제가 말한 신은 '여호와 하나님'입니다. 그때 불신자인 철학자가 '저도 신을 믿습니다'라고 말하면 그 신은 기독교의 하나님이 아니라 철학자의 사상에 근거한 어떤 신에 불과한 것과 같은 경우입니다.

동일한 예로 신약에서 하나님을 의미할 때 사용된 대표적 단어가 '데오스'입니다. '데오스'는 기독교의 하나님, 성경의 하나님만을 의미하는 것이 아니라 헬라어에서 '신'을 의미하는 일반적 용어입니다. 구체적으로 확인하자면 사도행전 17장 22절 이하를 보면 "바울이 아레오바고 가운데 서서 말하되 아덴 사람들아 너희를 보니 범사에 종교심이 많도다 내가 두루 다니며 너희가 위하는 것들을 보다가 알지 못하는 신에게 라고 새긴 단도 보았으니 그런즉 너희가 알지 못하고 위하는 그것을 내가 너희에게 알게 하리라"고 합니다. 이때 '알지 못하는 신'에서 '신'이 바로 '데오스'입니다. 그리고 바로 그 다음 절 24절에 "우주와 그 가운데 있는 만물을 지으신 하나님께서는 천지의 주재시니"라고 하는데 이 구절의 하나님이 또 '데오스'입니다. 그러므로 동일한 단어 '데오스'가 불신자인 아레오바고 사람이 사용할 때는 그냥 '신'의 의미이고, 바울이 하나님을 설명할 때에는 '하나님'의 의미입니다. 사도행전 10장의 본문을 보시면 2절에 하나님이 두 번 나오고 3절에서 하나님이 나옵니다. 이때 2절의 하나님은 고넬료가 섬기고 있는 이방 신을 의미하고 3절에서 환상 중에 고넬료에게 나타나신 하나님은 기독교의 하나님입니다.

'하나님'이라는 단어가 나온다고 무조건 좋아하시면 안 됩니다. 유사한 표현이 하나 더 나옵니다. 4절에서 고넬료가 '주여 무슨 일이니이까'라고 말합니다. 앞에서는 '하나님을 경외하며, 하나님께 기도하더니'라고 나오고, 뒤에서는 '주여'라고 나오니까 고넬료는 매사에 하나님께 순종하는 신실한 믿음의 사람이라고 생각하면 안 됩니다. 4절에 사용된 '주여'라는 단어는 헬라어로 '퀴리오스'입니다. '퀴리오스'도 하나님을 의미하는 독특한 단어가 아니라 아주 흔하게 사용되던 단어입니다. 그 뜻도 '신이나 하나님'에게만 사용된 것이 아니라 매우 일반적입니다. '주인, 선생, 소유자, 군주, 통치자, 권력자, 윗사람, 상전'의 의미입니다. 그래서 종들이 주인을 부를 때도 '퀴리오스', 학생이 선생을 부를 때도 '퀴리오스', 상대방을 부를 때 적절한 표현이 없으면 그냥 '퀴리오스'입니다. 우리나라에서 '김 형'이라고 할 때 '형'이나, 예우적 표현으로 '김 선생님'이라고 할 때 '선생님'에 해당하는 호칭이 '퀴리오스'입니다. 복음서에서 제자들이 예수가 그리스도인 줄 전혀 모르면서도 '퀴리오스'라고 불렀고, 허다한 병자들도 예수가 누구인지는 모르면서 그저 '주여' 즉 퀴리오스라고 불렀습니다. 그러므로 4절에서 고넬료가 환상 중에 음성을 듣고 '주여 무슨 일이니이까'라고 할 때 '주여'는 하나님을 의미하는 것이 아니라 환상을 보았으므로 한편으로는 두렵기도 하고, 한편으로는 하대를 할 수는 없고, 그래서 그냥 '어떤 분'을 부르는 일반적인 표현에 불과합니다.

사도행전 10장까지는 아직 복음이 이방인에게 전파되지 않았습니다. 그러므로 고넬료는 아직 구원을 받은 것이 아닙니다. 아직 복음을 배우지 못했고, 성령을 받지도 않았습니다. 이스라엘 사람도 아니니 기독교적 하나님은 고사하고, 유대교적인 하나님도 모르고 있는 사람입니다. 10장 1, 2절에서 고넬료에 대해 소개하는 것은 복음의 사람 고넬료가 아니고, 믿음의 사람 고넬료가 아니라 그냥 어떤 이달리야 군대의 백부장 고넬료, 이방 신을 믿고, 우상 신을 믿는 종교인 또는 이방인 고넬료를 소개하는 것에 불과합니다. 그래서 2절과 3절은 기독교적 신앙이 아니라 일반적 '종교성'을 의미합니다. 믿음의 사람 고넬료가 아니라 타종교를 섬기는 사람, 당시의 이달리야 사람들이 섬기던 어떤 신을 숭배하는 사람입니다. 2절과 3절에 종교적 표현이 등장한다고 해서 '복음의 사람'이라고 착각하시면 안 됩니다. 아직 2, 3절에서는 복음을 모릅니다. 고넬료가 복음을 듣고 하나님을 알게 되는 것은 10장 후반부에서 베드로가 와서 복음을 전하고, 성령이 임하고 난 후입니다. 10장 전반부의 고넬료와 후반부의 고넬료를 동일하게 보아서도 안 되고, 혼동해서도 안 됩니다. 이래서 성경을 순서대로 이해하는 것이 중요합니다.

의인 고넬료

10장 2절과 3절은 일반적인 종교에 열심인 사람, 흔히 말하는 대로 신심이 있는 사람을 소개하는 장면입니다. 그런 관점에서 표현을 하나씩 풀어보면 '그가 경건하여'는 자기 종교에 독실하였다는 의미이고, '온 집안과 더불어 하나님을 경외하며'는 온 집안이 이방 신이나 우상 신을 다 같이 섬겼다는 것이고, '백성을 많이 구제하고'는 종교인들이 공덕을 쌓으려는 방법의 일환으로 기부나 봉사를 하는 것과 같은 것이고, '하나님께 항상 기도하더니'는 늘 신에게 빌었다는 의미일 뿐입니다. '기도하더니'에 사용된 단어는 성경에서 제자들이나 사도들, 예수님이 기도했다고 할 때 사용된 단어와 전혀 다른 단어입니다. 그래서 이 단어는 '기도하다'가 아니라 '빌더라'로 번역했으면 오해를 조금이라도 줄이는데 도움이 되었을 것입니다.

더 재미있는 것은 주인인 고넬료가 '경건한 사람이요 의인'이니까 하인들도 '경건하다'는 소개입니다. 그래서 2절에 '그가 경건하여'라고 나오고 7절에 베드로에게 보낼 사람을 부르는데 '부하 가운데 경건한 사람 하나를 불러'라고 나옵니다. 군대에서 경건하다는 것은 신앙이나 영성에 관계된 용어가 아니라 업무에 관한 용어입니다. 군대에서 경건하다는 것은 '공손하다, 충실하다, 책임감이 강하다'는 의미입니다. 그래서 2절이나 7절의 '경건하여'는 자기 종교에 충실하다는 의미도 될 수 있고, 맡은 일에 '충성하다'라는 의미가 됩니다.

혹시 제가 드리는 설명이 충격이 커서 이해가 안 되실까봐 고넬료에 대한 다른 경우를 더 확인해 보겠습니다. 22절에 보면 고넬료가 보낸 사람이 베드로를 찾아가서 고넬료를 소개하는 장면이 나옵니다. 그때 고넬료의 하인들이 하는 말이 "그들이 대답하되 백부장 고넬료는 의인이요 하나님을 경외하는 사람이라"입니다. 여기서 갑자기 '고넬료는 의인이요'가 등장합니다. 이방인 부대의 백부장의 하인이 고넬료에 대해 '하나님과의 관계에서 의인'이라고 말하는 것일까요? 율법도 모르는 고넬료가 율법에 대하여 흠이 없는 사람이라고 말하는 것일까요? 고넬료는 죄에서 구원받아 이제는 죄인이 아니라 하나님께 속한, 하나님의 자녀인, 예수 그리스도와 연합된 새로운 피조물인 '의인'이라는 의미로 말하는 것일까요? 전혀 아닙니다.

'하나님', '의인'이라는 단어가 나온다고 무조건 기독교적인 의미일거라고 생각하시면 성경의 의미를 크게 오해하는 것입니다. 이 하인들은 자기주인을 존경하고, 또 실제로 자기 주인 고넬료가 성실하게 살고, 덕을 쌓으며 살고, 법 없이도 살고, 주변 사람들에게 예우를 받으며 사니까 그런 의미에서 '의로운 사람', '착한 사람', '성실한 사람'이라고 말하고 있습니다.

고넬료와 베드로

10장은 두 가지 측면에서 아주 중요한 장입니다. 첫째는 드디어 복음이 이스라엘을 넘어 이방인에게까지 전파되는 사건입니다. 그런데 복음이 이스라엘이라는 경계를 넘어 이방 사람, 다른 표현으로 하면 하나님을 모르는 죄인들, 또 다른 표현으로 하면 우상이나 헛된 신들을 섬기고 있는 사람들에게까지 전파된다는 것을 강조하려면 어떻게 해야 되겠습니까? 하나님을 안 믿지만 그렇다고 다른 신을 섬기지도 않는 무종교인 사람에게 전파되는 것과, 타 종교 또는 우상 종교에 아주 열정적인 사람에게 전파되는 것 중에 어느 것이 극적 효과를 보여줄까요? 당연히 우상 종교에 심취한 사람에게 전파되는 것이 효과가 큽니다. 그게 바로 고넬료 사건입니다. 고넬료 사건은 하나님이 복음을 만민에게 듣게 하도록 전파하신다, 어느 정도냐면 타종교에서 아주 존경받을 정도로 충실한 사람에게도, 다른 표현으로 하면 하나님과는 아주 멀리 떨어져있는 사람에게도 하나님이 찾아가신다는 것을 증거하는 사건입니다.

성경에서 이런 경우가 처음이 아니라 허다하게 나왔습니다. 인간이 창세기 3장에서 타락하여 죄인이 되었을 때 하나님이 죄인들에게 하나님을 계시하기 위하여 찾아간 사람이 바로 우상 장수의 아들인 아브람이었습니다. 그 당시에 조금 우상과 멀었던 사람을 찾은 것이 아니라 우상으로 밥 먹고 사는 집안의 아들부터 계시를 시작하셨습니다. 또 이스라엘이 애굽에서 종 살이할 때 출애굽 사건을 통해서 하나님을 계시하기 위하여 사람을 세우실 때 하나님이 부른 사람이 모세입니다. 그때 모세는 애굽 종교에 사십 년간 속해 있었고, 미디안 광야의 토속 우상 숭배하는 제사장 집안의 사위가 되어 사십 년간 우상 종교에 심취해 있던 상황입니다. 총 팔십 년간 하나님이 아닌 타종교에 젖어있던 사람을 출애굽의 리더요, 계시의 중개자로 세우셨습니다. 하나님이 얼마나 인간을 사랑하시는가, 하나님의 인간 사랑에는 인종이나 민족이나 지역이나 종교에 관계없이 은혜를 부어주신다는 것을 증거하기 위해 대표적으로 고넬료가 등장합니다. 이 주제는 고넬료와 베드로가 만나는 장면에서 계속됩니다.

동시에 또 하나의 의미가 있습니다. 바로 당시 교회의 대표격인 베드로와 우상 숭배자인 고넬료를 대조해주고 있습니다. 두 사람은 전혀 다른 종교의 대표자들입니다. 베드로는 하나님을 믿는 대표이고, 고넬료는 우상을 섬기는 대표입니다. 두 사람은 각자 신을 섬기고, 각자 기도하는 사람입니다. 이때 두 사람 모두에게 동일한 하나님이 환상 중에 나타나서 말씀을 하십니다. 그런데 우상을 섬기는 고넬료는 하나님의 말씀을 듣고 순종합니다. 하나님께서 5절 "네가 지금 사람들을 욥바로 보내어 베드로라하는 시몬을 청하라"고 말씀하시자 7절 중간부터 "고넬료가 집안 하인 둘과 부하 가운데 경건한 사람 하나를 불러 이 일을 다 이르고 욥바로 보내니라"입니다. 그런데 하나님을 섬기는 베드로는 하나님의 말씀을 듣고도 순종하지 않습니다. 하나님께서 13절 "또 소리가 있으되 베드로야 일어나 잡아 먹어라"고 말씀하셨는데 14절 "베드로가 이르되 주여 그럴 수 없나이다"입니다.

이런 장면이 성경에 한 두 번이 아닙니다. 구약에서 이스라엘이 하나님을 믿지 않을 때 이방 나라 아람의 문둥병 환자 나아만을 통해 열왕기하 5장 15절 "내가 이제 이스라엘 외에는 온 천하에 신이 없는 줄을 아나이다"라는 고백이 나오게 하고, 바벨론의 느부갓네살 왕을 통하여 다니엘서 2장 47절 "너희 하나님은 참으로 모든 신들의 신이시요 모든 왕의 주재시로다"라는 찬송이 나오게 하십니다. 성경이 왜 이런 장면을 만들어 낼까요? 그 이유는 한편으로는 하나님을 믿는 자가 하나님을 따르지 않는 것을 부끄럽게 하는 것이요, 다른 한편으로는 행여 사람을 영웅 만들고 싶어 하는 사람들의 욕망을 막아내는 것입니다. 마치 베드로는 능력의 사도인양, 이방인 선교의 선봉에 섰던 복음의 투사인양 추앙하지 못하게 하는 것입니다.

성경은, 하나님의 사역은 사람에 의해서가 아니라 하나님이 하신다는 것을 보여줍니다. 준비된 사람, 능력있는 사람이 있어야 일이 된다는 죄인들의 사고에 일침을 가합니다. 하나님을 아시면 위기의 순간이라는 것이 없고, 인재의 부족이라는 것이 없다는 것을 알게 합니다. 하나님을 알면 평안한 마음과 넉넉한 마음으로 하나님의 일하심을 기대하며, 교만하거나 자랑하지 않고 자신의 신앙의 삶을 풍성히 누리며 사는 것이 가능해진다는 것을 보여줍니다. 기독교의 하나님은 정말 멋지십니다. 하나님과 더불어 화목을 누리는 복된 한 주간 되시기를 주님의 이름으로 축원합니다.

34
의아해 하더니

사도행전 10:9~23

9 이튿날 그들이 길을 가다가 그 성에 가까이 갔을 그때에 베드로가 기도하려고 지붕에 올라가니 그 시각은 제 육 시더라 10 그가 시장하여 먹고자 하매 사람들이 준비할 때에 황홀한 중에 11 하늘이 열리며 한 그릇이 내려오는 것을 보니 큰 보자기 같고 네 귀를 매어 땅에 드리웠더라 12 그 안에는 땅에 있는 각종 네 발 가진 짐승과 기는 것과 공중에 나는 것들이 있더라 13 또 소리가 있으되 베드로야 일어나 잡아 먹어라 하거늘 14 베드로가 이르되 주여 그럴 수 없나이다 속되고 깨끗하지 아니한 것을 내가 결코 먹지 아니하였나이다 한대 15 또 두 번째 소리가 있으되 하나님께서 깨끗하게 하신 것을 네가 속되다 하지 말라 하더라 16 이런 일이 세 번 있은 후 그 그릇이 곧 하늘로 올려져 가니라 17 베드로가 본 바 환상이 무슨 뜻인지 속으로 의아해 하더니 마침 고넬료가 보낸 사람들이 시몬의 집을 찾아 문 밖에 서서 18 불러 묻되 베드로라 하는 시몬이 여기 유숙하느냐 하거늘 19 베드로가 그 환상에 대하여 생각할 때에 성령께서 그에게 말씀하시되 두 사람이 너를 찾으니 20 일어나 내려가 의심하지 말고 함께 가라 내가 그들을 보내었느니라 하시니 21 베드로가 내려가 그 사람들을 보고 이르되 내가 곧 너희가 찾는 사람인데 너희가 무슨 일로 왔느냐 22 그들이 대답하되 백부장 고넬료는 의인이요 하나님을 경외하는 사람이라 유대 온 족속이 칭찬하더니 그가 거룩한 천사의 지시를 받아 당신을 그 집으로 청하여 말을 들으려 하느니라 한대 23 베드로가 불러 들여 유숙하게 하니라 이튿날 일어나 그들과 함께 갈새 욥바에서 온 어떤 형제들도 함께 가니라

하나님의 말씀

사람의 개혁

예전에 우리나라 사람들은 이발을 자주 하지 않았습니다. 머리카락을 자

르는 것을 큰 불효로 생각했습니다. 그러다보니 머리가 갖는 상징성도 생겨서, 결혼을 하면 남자의 경우는 상투를 틀고, 여자의 경우는 쪽을 찌는 것이 어른이 되었다는 의미가 되었습니다. 어릴 적부터 상투를 틀어야겠다는 목표를 가지고 살고, 상투를 틀었을 때에 아직 상투를 틀지 않은 사람과의 차별화와 우월감을 몸에 완전히 배도록 삶을 살았는데 만약 그 사람에게 머리를 자르라고 한다면 그것은 단순히 머리를 자를 것이냐 말 것이냐가 아니라 삶의 사고방식 전체를 바꾸어야 하는 엄청난 사건입니다. 실제로 우리나라에서 1895년 을미개혁 때 단발령이 내렸고, 백성들의 반응은 대단한 충격과 사상적 혼란, 가치관의 붕괴였습니다. 어른이 되어 머리를 틀었는데 머리카락을 자르면 다시 어린이가 되는 것인지, 결혼한 자와 결혼하지 않은 자가 동일한 머리 모양새를 취하면 도대체 누가 처녀인지, 아녀자인지 어떻게 구별할 것이며, 머리를 자르는 것은 불효라고 생각했는데 효에 대한 개념을 어떻게 정립하고 행동을 어떻게 취해야 할지 멘붕 그 자체였습니다.

정치적 혁명이든, 사상적 혁명이든, 종교적 혁명이든 인간의 역사에서 발생하는 대부분의 혁명 또는 변화는 강요가 동반되고 부작용이 발생하는 이유가 있습니다. 이전에 습관화 되어있는 것을 새로운 것으로 대체할 때 새것에 대한 충분할 설명과 변화될 수 있는 여유를 제공하지 않은 채 우선 변화할 것을 요구하기 때문입니다. 상황이나 사상을 변화시키려는 이유가 궁극적으로 인간을 유익하게 하기 위함인데, 상황이나 사상을 변화시키기 위하여 인간을 강압하고 희생시키는 경우가 너무나 자주 발생합니다. 죄인의 어리석음이요, 한계입니다.

하나님의 개혁

이런 죄인들의 행동과 참으로 대조되는 것이 하나님의 일하심입니다. 하나님이야말로 인간의 행복을 위해 인간을 변화시키고자하는 큰 뜻이 있으셨습니다. 그런데 하나님의 일하심은 한 순간이 아니라, 한 사건이 아니라, 한 시대가 아니라 전 인류역사를 통해 진행되었습니다. 인간을 위한다는 명분으로 강요하지 않았고, 인간에게 좋다는 명분으로 몰아붙이지도 않았습니다. 큰일을 하다보면 작은 희생은 감수해야 한다고 인간을 희생시키지 않으셨습니다. 또 인간의 혁명은 과거를 정죄하고 과거의 인물을 처단하는 것으로 시작합니다. 그러나 하나님의 구원 사역은 과거를 불쌍히 여기고, 과거의 인물을 치유하고 회복하는 것으로 진행하셨습니다. 하나님이 십자가를 지셨지 어떤 사람에게 십자가를 지우지 않았습니다. 어떤 사람은 멸망당하고 어떤 사람은 흥하는 방식이 아니라 하나님으로 말미암아 모든 인류가 자유와 평화와 안식을 얻도록 하나님이 일하셨습니다.

구원 사역뿐만이 아니라 복음 전파 또는 하나님 나라의 확장사역도 마찬가지입니다. 하나님은 복음 전파를 위해 성도를 희생시키거나 하나님 나라의 확장을 위해 제자들에게 충성을 강요하고 고난을 감수하도록 몰아세우지 않았습니다. 사도행전에 목표를 위한 하나님의 다그침이 없고, 제자들이 억지로 복종하는 모습이 발견되지 않습니다. 십자가 사건을 통해 인간의 죄 문제를 해결해 주신 하나님은 인간이 구원되었다는 복된 소식을 인류, 즉 모든 인간에게 알리고자 하셨습니다. 그래서 복음을 예루살렘과 사마리아와 온 유대와 땅끝까지 전하기를 기대하셨습니다. 복음이 사마리아로 땅끝으로 전파된다는 것은 이방인에게도 전해진다는 것이요, 다른 표현으로 지리적으로뿐만 아니라 민족적으로 또는 인종적으로도 이스라엘의 경계, 유대인의 경계를 넘어선다는 의미를 가지고 있습니다.

그런데 복음을 가장 먼저 들은 자들이 제자들이었는데 제자들은 모두 유대인이었습니다. 단순히 유대인이라는 것이 아니라 유대인이라면 유대인의 사고방식, 유대인의 행동양식이 있습니다. 이러한 유대인들이 아주 간단히 너무나 쉽게 이방인에게 갈 것이라고 생각하시면 큰 오산입니다. 조선시대의 사람에게 단발령을 내린 것이 엄청난 사건이었던 것처럼 유대인들에게 이방인들과 교제하라는 것은 엄청난 사건입니다. 이때 하나님이 이런 인간적인 차원의 차이점을 모두 무시하고 무조건 가라고 명령, 강요하시면 하나님의 사역 원리와도 맞지 않습니다. 복음이 이방인에게로 전파되는 것은 어마어마한 사건입니다. 이 사건이 등장하는 것이 사도행전 10장입니다. 그런 의미에서 사도행전 10장에는 정말 대단한 내용이 담겨있습니다. 하나님이 복음을 유대인에게서 이방인에게까지 확장시키려는 순간에 어떤 과정을 거치는지 함께 상고해 보겠습니다.

환상사건

우선 본문을 살펴보면, 베드로가 기도하러 올라갔습니다. 사도행전 3장 1절을 보면 "제 구시 기도 시간에 베드로와 요한이 성전에 올라갈새"이고, 10장 9절을 보면 "베드로가 기도하려고 지붕에 올라가니 그 시각은 제 육시더라"입니다. 비록 복음서에는 제자들이 기도하는 모습이 거의 등장하지 않고 예수님이 겟세마네 동산에서 기도하실 때에는 모두 졸았다고 나오지만 그래도 제자들이나 베드로는 유대인으로서 유대인들의 정해진 기도 규례를 알고 있었고, 규례대로 습관적으로 기도하고 있던 사람들입니다. 베드로가 기도했다는 사실은 베드로가 경건했다거나 신실했다거나 영성이 깊었다는 의미가 아니라 유대적 전통, 유대적 관습, 유대적 율법을 따르고 있었다는 것을 알려주는 표현입니다.

베드로가 기도하는 중에 환상을 보았습니다. 베드로는 환상을 보았을 뿐이고 환상을 주신 분이 하나님입니다. 그런데 환상의 내용과 환상을 본 결과가 아주 난해합니다. 우선 환상에 나타난 것은 한 그릇입니다. 11절부터 보면 "하늘이 열리며 한 그릇이 내려오는 것을 보니 큰 보자기 같고 네 귀를 매어 땅에 드리웠더라 그 안에는 땅에 있는 각종 네 발 가진 짐승과 기는 것과 공중에 나는 것들이 있더라"입니다. 이어서 환상 중에 소리가 들립니다. 13절 "베드로야 일어나 잡아먹어라"입니다. '베드로야'라고 정확하게 이름을 불렀으니까 잘못 찾아온 것이 아닙니다. 즉 사람을 잘못 찾아서 엉뚱한 말씀을 한 것이 아닙니다. 각종 짐승이 그릇에 담겨있으니 먹을 것을 의미하는 것 같으나 요리가 되어 나온 것은 아니기에 잡아먹으라는 말은 말이 되는 것 같습니다. 그때 베드로가 하는 말이 14절 "주여 그럴 수 없나이다 속되고 깨끗하지 아니한 것을 내가 결코 먹지 아니하였나이다"입니다. 그러자 두 번째 말씀이 15절 "하나님께서 깨끗하게 하신 것을 네가 속되다 하지 말라"입니다.

이 대화에서 본문을 이해하는 포인트는 베드로의 말입니다. 베드로는 '잡아 먹으라'는 하나님의 말씀을 거부하는데 그 이유가 '속되고 깨끗하지 아니한 것을 내가 결코 먹지 아니하였나이다'입니다. 즉 앞의 9절에서 베드로는 유대교의 전통에 따라, 유대교의 율법에 따라, 정해진 시간에 따라 기도하던 사람이었고, 14절에서는 유대교의 전통에 따라, 유대교의 율법에 따라 먹지 못할 것으로 정해진 음식은 한 번도 먹지 않았다고 대답했습니다. 지금 본문은 베드로를 단순한 이스라엘 사람 또는 배교한 유대인으로 소개하는 것이 아니라 유대 전통을 잘 알고 있으며 몸에 밴 유대교의 율법, 어릴 적부터 유대교가 정한 대로 행동하던 전형적인 유대인으로 소개하고 있습니다.

베드로에 대한 소개가 하나 더 등장하는 것이 28절 "이르되 유대인으로서 이방인과 교제하며 가까이 하는 것이 위법인 줄은 너희도 알거니와"입니다. 고넬료가 보낸 사람이 베드로에게 도착했을 때에 베드로가 한 말입니다. 물론 나중에 베드로가 가기는 갑니다. 하지만 원래 베드로는 가지 않으려고 했습니다. 왜냐하면 유대인으로서 이방인과 교제하는 것이 위법이라는 것이 유대교의 전통이었고, 유대교의 율법이었고, 베드로는 유대교의 전통을 배웠고, 유대교의 율법을 따라 행동해 왔기 때문입니다. 결국 베드로는 유대교의 전통과 율법을 신실하게 지켜왔고, 유대교의 전통을 따르기 위해서는 하나님의 말씀을 거부할 수밖에 없었습니다. 그래서 '잡아먹으라'는 말씀을 거절했습니다. 이제 베드로의 소개를 확인했고, 다음은 하나님의 환상 사건 이후의 베드로의 행동과 환상을 통해 베드로에게 말씀하신 하나님의 의도가 무엇인지를 확인해 보겠습니다.

의아해 하더니

베드로의 반응

환상이 끝난 후 베드로의 반응이 17절 "베드로가 본 바 환상이 무슨 뜻인지 속으로 의아해 하더니"입니다. 베드로의 반응은 지극히 당연합니다. 저와 여러분이 베드로의 '의아함'을 추적해 보겠습니다. 환상 중에 나타난 동물들 즉 하나님이 '잡아먹으라'는 동물들에 대하여 베드로가 특별한 말을 합니다. 그 동물들을 '속되고 깨끗하지 아니한 것'이라고 불렀습니다. 이때 베드로가 말하는 '속되고 깨끗하지 아니한 것'은 베드로 스스로가 정한 것이 아니라 유대교가 정해서 대대로 전통으로 내려오는 것이고, 유대교가 정한 것은 유대교 스스로가 정한 것이 아니라 구약 레위기에서 하나님이 정해주신 규례입니다. 레위기 11장에 이와 관련된 언급이 나옵니다. 2절부터는 육지의 짐승에 관하여, 9절부터는 물에 있는 것에 관하여, 13절부터는 새 중에 먹을 것과 먹지 못할 것에 관한 기록입니다. 그리고 20절부터는 조금 더 구체적으로 설명이 나오고 11장 끝인 46절에는 "이는 짐승과 새와 물에서 움직이는 모든 생물과 땅에 기는 모든 길짐승에 대한 규례니 부정하고 정한 것과 먹을 생물과 먹지 못할 생물을 분별한 것이니라"고 마무리가 됩니다. 베드로의 말은 율법에 나오는 것을 따른 것이고, 베드로의 말에 따르면 율법과 다른 말씀을 하신 분은 바로 하나님입니다.

그런데 성경을 확인하면 음식에 관한 하나님의 말씀이 조금씩 달라진 것을 발견하실 수 있습니다. 인간의 음식에 관한 언급이 가장 먼저 나오는 곳은 당연히 창세기입니다. 창세기 1장 29절 "하나님이 이르시되 내가 온 지면의 씨 맺는 모든 채소와 씨 가진 열매 맺는 모든 나무를 너희에게 주노니 너희의 먹을거리가 되리라"입니다. 인간이 먹을 것으로 처음에는 식물만 언급되고 홍수 사건 이후에 달라집니다. 창세기 9장 3절 "모든 산 동물은 너희의 먹을 것이 될지라 채소같이 내가 이것을 다 너희에게 주노라 그러나 고기를 그 생명 되는 피째 먹지 말 것이니라"입니다. 홍수 이후에 동물도 먹을 것으로 제공이 됩니다. 이때에는 '모든 산 동물'이라고 나올 뿐 정한 동물, 부정한 동물의 언급이 없습니다. 그러다가 드디어 레위기에서 부정하고 정한 것, 먹을 생물과 먹지 못할 생물을 분별한 것이 등장합니다. 창세기 1장, 9장 그리고 레위기 11장의 말씀들은 모두 하나님이 정하셨습니다. 이스라엘이 이러한 규정을 스스로 정한 적이 없습니다.

유대인인 베드로는 그 동안 하던대로 '하나님이 정해준 규례'를 따르고 있는데 사도행전 10장에서 환상 중에 하나님이 나타나셔서 그 동안 부정한 것으로 정해진 것을 '잡아먹으라'고 말씀하시기에 '하나님이 정한 규례를 하나님 스스로 범하고 있는 것'이 됨으로 의아해 합니다. 베드로는 하나님 말씀에 모순이 있다고 생각했습니다. 정한 것과 부정한 것을 정하신 분이 하나님인데 15절에서는 '하나님께서 깨끗하게 하신 것을 네가 속되다 하지 말라'고 하시니 베드로가 매우 의아해 하는 것이 당연합니다.

하나님의 의도

베드로가 의아해하는 것보다 더 의아한 것이 '이 의아함을 하나님이 일으키고 있다는 것'입니다. 누가 봐도 하나님이 하시는 일은 명백한데 베드로가 오해하는 것이 아니라, 하나님이 말씀을 이상하게 하고 계신 것처럼 보입니다. 즉 이것은 하나님의 의도적인 행동입니다. 복음서에 보면 예수님은 하지 않아도 되는 행동을 하시는 경우가 종종 있습니다. 사람들이 예수를 함정에 빠뜨리려고 하고 예수를 책잡을 건수를 찾고 있습니다. 그렇다면 굳이 안식일에 병을 고치지 않아도 됩니다. 다른 날에 고치면 병은 병

대로 고쳐주고 예수도 위험에 빠지지 않을 수 있습니다. 그런데 사람들의 의도를 뻔히 알면서도 예수님은 굳이 안식일에 병을 고치셔서 사람들의 올무에 빠집니다. 이것은 예수님이 날짜 감각이 무딘 것이 아니라 의도적인 행동입니다. 그 일을 통하여 사람들에게 안식일의 의미, 안식일 규정의 참된 뜻을 알게 하려는 목적입니다.

동일하게 지금 하나님도 의도가 있습니다. 복음이 유대인의 경계를 넘어 이방인에게 전파되려는 시점에서 유대인인 베드로를 이방인인 고넬료의 집으로 보내시기 직전에 베드로에게 환상을 통해 이 말씀을 하셨습니다. 베드로는 유대인입니다. 본문에는 베드로가 유대인으로서 유대교의 전통과 율법을 따르고 있다는 것을 강조했습니다. 이러한 유대인 베드로의 생각과 행동을 하나님도 알고 계십니다. 그러니까 하나님이 유대인인 베드로에게 이방인인 고넬료에게 가라고 하면 당연히 가지 않을 것을 알고 계십니다. 유대인이 이방인과 교제하는 것이 위법이라고 생각하는 베드로에게 하나님께서 이방인인 고넬료에게 가라고 말씀하시려면 그냥 '가라'고 명령하시면 안 됩니다. 그렇게 명령하시면 하나님이 베드로로 하여금 불법을 행하게 하시는 꼴이 됩니다. 하나님이 베드로로 하여금 고넬료에게 가게 하시려면 단지 '가라'고 명령하실 것이 아니라, '왜 가야 하는지, 가는 것이 어떻게 불법이 아닐 수 있는지'를 설명해 주셔야 합니다.

하나님은 명령하고 베드로는 순종해야 하는 것이 마땅하다고, 만약 순종하지 않으면 하나님 말씀을 어기는 것이라고 윽박지르면 안 됩니다. 베드로는 하나님께 불순종하자는 의도가 아니라 그 동안 지켜오던 하나님의 말씀을 계속 따르려고 합니다. 그렇다면 그동안 베드로가 따르던 유대교의 전통이 어떤 의미가 있는지를 이해하셔야 합니다. 본문에는 베드로가 하나님의 말씀을 '의아해 했다' 또는 '의심했다'고 하는데 저와 여러분은 도리어 베드로를 의아해해야 합니다. 더 나아가 베드로가 속해있는 유대교, 유대인들의 사고방식 자체를 의아해 해야 합니다. 왜냐하면 원래 이스라엘은, 구약의 이스라엘은 전혀 하나님의 율법을 따르던 사람들이 아니었기 때문입니다. 본문은 매우 중요한 내용을 담고 있습니다. 그래서 아주 조심스럽게, 신중하게 큰 그림부터 작은 그림까지 살펴보도록 하겠습니다.

출애굽 사건

출애굽기에 의하면 하나님이 이스라엘을 출애굽 시킨 후에 시내산에 도착하여 율법을 주셨습니다. 이때 이스라엘 사람들이 율법 받는 것을 기뻐했을까요, 아닐까요? 더 근본적으로, 하나님이 이스라엘 백성들의 부르짖음을 듣고 모세를 통해서 이스라엘을 출애굽 시켜준다고 했을 때에 기뻐했을까요, 아닐까요? 사도행전 하다 말고 왜 구약으로 가느냐고 귀찮아하시면 안 됩니다. 사건의 뿌리와 과정을 알아야 현재의 상황을 풀어갈 실마리가 나오기 때문입니다. 구약의 이스라엘이 대체로 하나님을 잘 믿다가 가끔 하나님께 불순종한 것이 아닙니다. 애굽에서 고생하던 이스라엘이 하나님이 출애굽 시켜준다고 하니까 기뻐하며 반가워한 것이 아닙니다. 모세가 애굽으로 돌아가기를 원하지 않았고, 자기가 돌아가서 백성들에게 말해도 백성들이 믿지 않을 것이라고 말하기도 했습니다. 이스라엘은 노역이 힘들어서 부르짖기는 했어도 애굽을 나갈 생각은 별로 없었고, 하나님을 믿을 생각도 거의 없었습니다.

고대 근동의 종교는 개인적인 종교가 아니라 국가 또는 민족단위의 종교입니다. 그 당시에는 개인별로 종교의 자유가 허락된 것이 아닙니다. 믿고 싶은 사람은 믿고, 믿기 싫은 사람은 안 믿고, 또 자기가 믿고 싶은 신을 마음대로 고르는 것도 아니었습니다. 국가 종교 또는 민족 종교였고, 종교 행위도 언제나 국가제의의 일환으로 진행되었습니다. 국가 종교라는 말은 다른 말로 하면 신과 지역이 밀착되어 있음을 의미합니다. 즉 애굽에는 애굽이라는 나라 또는 애굽이라는 지역을 다스리는 신이 있었고 ,가나안에는 가나안 지역을 주관하여 통치하는 신이 있었습니다. 그런 의미에서 애굽의 신은 강한 신이라는 것이 저절로 증명되어 있습니다. 이미 애굽이 강대국이 되어 있는 것이 증거입니다. 애굽의 주변 지역에서 가장 강력한 신은 당연히 애굽의 신입니다. 그런데 애굽에서 노예생활을 하고 있는 이스라엘은 신이 없습니다. 있어도 소용이 없습니다. 왜냐하면 애굽의 신에게 패한 것이기 때문입니다. 애굽이 강대국이고 이스라엘이 노예를 하고 있다는 것이 그 증거입니다. 그런 상황에서 이스라엘이 자기 신에게 부르짖어서 애굽의 신을 물리쳐 달라고 기대하거나 소망하지 않습니다. 그래서 출애굽기 2장에서 이스라엘이 신에게 부르짖은 것은 출애굽시켜 달라는 호소가 아니라 '생활이 너무 힘들다는 절규'일 뿐입니다.

이스라엘이 출애굽을 원하지 않은 것은 우선은 애굽의 신을 이길 힘이 없으니 당연히 출애굽 할 생각도 못했고, 두 번째는 출애굽을 한다 한들 갈 곳이 없기 때문입니다. 자기들은 군사력도 없고, 지도자도 없고, 경제력도 없습니다. 가장 결정적으로 자기들을 후원해줄 강력한 신도 없습니다. 광야로 나가면 살 방법이 없고, 천만다행으로 가나안에 도착을 한들 가나안에는 가나안을 지배하는 바알 신의 후원을 받은 가나안 민족들이 자리를 잡고 있습니다. 자신들이 가나안을 정복할 수 있는 힘과 방법이 전혀 없습니다. 사람들은 자신이 생각하기에 가능성이 있는 생각을 '비전'이라고 하고, 가능성이 없는 생각을 '망상'이라고 합니다. 당연히 이스라엘은 망상을 하지 않았습니다.

그런데 정말 놀라운 사건이 발생했습니다. 이스라엘이 출애굽을 한 것입니다. 야훼라는 신이 모세를 보냈고, 열 가지 이적을 통하여 애굽의 신들을 물리치고 애굽에서 나왔습니다. 정말 기적입니다. 그런데 감격이나 기쁨은 잠깐이고 현실은 현실입니다. 이스라엘은 홍해, 마라, 광야, 므리바를 지나면서 계속하여 하나님께 원망합니다. 이유는 아주 간단합니다. 하나님에 대해서는 잘 모르니까 살아갈 날이 깜깜하기 때문입니다. 이 신을 믿고 따라 갈만 한 지 잘 모르기 때문입니다. 밑도 끝도 없이 생뚱맞은 신을 따라

가기 보다는 차라리 애굽으로 돌아가는 것이, 노동을 조금만 줄여준다면 애굽에서 사는 것이 더 나을 수도 있다는 생각이 듭니다. 한편으로는 하나님의 이적과 기적에 놀라면서 다른 한편으로는 애굽으로 돌아갈까 두 마음이 교차하면서 시내산에 도착했습니다.

율법을 받는 이스라엘

시내산에서 율법을 받는데, 이 장면이 매우 중요한 장면입니다. 왜냐하면 그 동안은 하나님이 이스라엘에게 어떤 내용을 공개적으로 제공한 적이 없기 때문입니다. 하나님이 누구인지, 하나님의 목적이 무엇인지, 하나님의 뜻과 원리가 무엇인지 공식으로 밝힌 적이 없습니다. 드디어 하나님의 자기 소개, 또는 하나님의 뜻이 담긴 내용이 이스라엘에게 제공되는 순간입니다. 물론 하나님은 그 동안 이적과 기적을 통해 알리셨지만 정작 현장에 있는 이스라엘로서는 그것이 하나님의 이적인지, 우연인지, 어떤 다른 신도 동참했는지 분별을 못했습니다. 하나님이 모세를 통해 십계명을 포함한 율법을 주셨습니다. 베드로가 유대교의 전통으로, 유대교의 율법으로 지키려던 그 율법입니다. 모세가 산에서 내려와서 율법을 읽어줄 때 백성들의 반응이 어땠을 것 같습니까? 모세가 산에서 율법을 받고 있는 동안에 이스라엘은 하나님 대신에 다른 우상을 만들었습니다. 왜냐하면 신이 없는 상태 또는 형상이 없는 신을 전혀 상상할 수 없었기 때문입니다. 그런 이스라엘에게 모세가 내려와서 율법을 들려주었을 때 백성들은 '와, 이제 됐다. 이런 하나님이라면 믿을 만하다'고 했을까요? 아니면 '어, 뭐가 이래, 이 신을 계속 따라가야 하나?'라고 했을까요? 정답은 후자입니다.

저의 설명을 듣기 전에 여러분이 이스라엘이라고 생각해 보시기 바랍니다. 고된 노예생활을 하다가 기적적으로 애굽에서 나왔습니다. 현재 머물러 있는 곳은 먹고 살 길이 막막한 광야입니다. 그때 신이 나타나서 율법 또는 가르침을 주셨습니다. 대표적으로 출애굽기 20장부터 레위기 전체에 해당하는 내용입니다. 여러분이 출애굽기 20장 이하부터 레위기 읽으실 때 어떤 느낌이셨습니까? 읽으면서 '와 우리 하나님이구나, 와 이런 하나님을 잘 믿어야지, 우와 잠이 확 달아나고 큰 기대와 소망이 넘쳐나네' 그런 느낌이셨습니까? 아니면 읽고 있는데 어느새 '내가 내 안에 있는 지 내 밖에 있는지 모를 정도'로 졸음이 몰려왔습니까? 대부분 졸았다는데 동의하실 것입니다. 이스라엘의 반응도 똑같았습니다.

이스라엘은 별로 기뻐하지 않았습니다. 왜냐하면 율법의 내용이 별로 기뻐할 만한 내용이 담겨있지 않았기 때문입니다. 출애굽기는 재판에 관한 이야기와 성막에 관한 이야기가 나오고, 레위기에는 죄 사함 받는 제사에 관한 이야기와 정결한 것 부정한 것에 관한 이야기가 나옵니다. 이스라엘 사람들 생각에 중요한 것이 빠져있습니다. 무엇입니까? 바로 '비전'이 없고 '방법'이 없습니다. 대부분의 사람들이 가장 알고 싶어하는 것이 '성공하는 방법', '높아지는 비결'입니다. 그런데 율법에는 그것이 없습니다. 기뻐할 내용, 호감가는 내용, 솔깃한 내용이 없습니다. 오늘날도 사람들은 자기 계발서나 성공하는 몇 가지 법칙이라는 책을 읽을지언정 출애굽기나 레위기를 읽지 않습니다. 레위기를 읽을 바에야 차라리 잠을 자는게 낫다고 생각하는 것과 동일합니다. 율법을 기뻐하지 않으니 당연히 율법을 지키지도 않습니다.

가나안에 들어간 이스라엘

이스라엘이 기적적으로 광야를 지났고, 가나안에 입성을 해서 정복을 하고, 정착을 했습니다. 그 다음 순간에 하나님을 버리고 바알 신을 섬겼습니다. 가나안 지역에는 가나안 지역 신이 있고, 그 신을 믿어야 평안할 수 있다는 생각입니다. 그래서 사사기에서 이스라엘은 지속적으로 하나님을 떠납니다. 이방의 침입으로 고생할 때를 제외하곤 언제나 우상을 섬깁니다. 우상을 섬겼다는 것은 율법을 지키지 않았다는 의미입니다. 율법이 정한대로 우상을 멀리한 것이 아닙니다. 율법이 정한 대로 정한 음식과 부정한 음식을 구별해서 먹은 것이 아닙니다. 율법이 정한대로 이방인을 멀리한 것이 아닙니다. 이스라엘은 율법을 받은 이후에 율법을 잘 지킨 적이 없습니다. 율법이 지시하는 대로 행동한 적이 거의 없습니다. 물론 이방인에 대한 태도가 사울 시대 이후에는 바뀝니다. 이스라엘이 사울을 왕으로 세우면서 드디어 국가의 형태를 띠게 되었습니다. 그래서 사울 시대, 다윗 시대, 솔로몬 시대, 분열왕국 시대에는 이방인을 대적하는 모습을 보입니다. 사울 왕의 경우에는 할례없는 블레셋 백성에게 죽는 것을 치욕으로 여겨 차라리 자결을 하는 모습을 보여주기도 합니다.

하지만 이스라엘 백성이 이방인을 대적한 것은 율법을 따르려고 한 것이 아닙니다. 이스라엘은 종교적으로는 계속하여 우상을 섬겼고, 한편으로는 우상을 섬기면서 다른 한편으로는 이방인을 대적한 이유는 율법 때문이 아니라 '국가적'이유 때문입니다. 즉 이방인은 다른 종교인이기 때문이 아니라 다른 나라 사람이기 때문입니다. 단지 다른 나라 사람, 즉 적군이라 교제하지 않은 것뿐이지 율법에서 이방인과 교제하지 말라고 해서 율법을 지킨 것이 아닙니다. 남 왕국의 16대 왕 요시야가 성전을 수리할 때 율법책을 발견합니다. 그 만큼 성전에서 조차 율법을 읽지 않았고, 지키지 않았다는 의미입니다. 구약 내내 이스라엘은 율법을 지킨 적이 없습니다. 그래서 오죽하면 이스라엘이 패망하자 예레미야가 '나라가 패망한 것이 율법을 지키지 않고 죄를 지었기 때문'이라고 선포할 정도였습니다.

고넬료, 베드로

유대교

구약의 이스라엘이 율법을 지키지 않았다는 것이 확인되었습니다. 그런데 복음서에 보면 유대인들이 율법을 강조하고 전통을 강조합니다. 구약

내내 율법을 지키지 않았던 이스라엘인데 복음서에서도 유대인들이 율법을 지키는데 열심을 내고, 베드로도 하나님의 말씀을 거역하면서까지 율법을 지키려든다는 것이 의아하지 않습니까? 여기서 여러분은 구약의 이스라엘과 복음서의 이스라엘이 전혀 다른 사람이 되었다는 것을 분별하셔야 합니다. 구약의 이스라엘과 복음서의 이스라엘은 나라로서는 '이스라엘'이고 민족으로서는 히브리 민족 또는 유대인으로 동일한 사람이이지만 종교적으로는 완전히 다른 집단, 다른 사람들입니다. 나라의 패망을 겪으면서 이스라엘은 민족 종교의 필요성을 자각하고, 민족 신을 섬겨야겠다고 생각하게 됩니다.

그런데 이때 이스라엘은 구약에서 하나님이 계시하신 하나님과 하나님의 율법을 따르는 것이 아니라, 구약의 하나님과 율법을 자기들의 생각과 필요에 따라 변형시키는 새로운 종교를 만들어 내는데 그것이 바로 복음서의 유대인들이 믿었던 유대교입니다. 구약의 이스라엘이 유대교의 이스라엘로 변한 내용은 나중에 시간을 들여 자세히 설명 드리겠습니다. 유대교의 하나님은 신의 이름은 구약과 같은데 신의 속성과 성품이 구약과 다르고, 유대교의 율법은 내용은 구약과 같은데 율법의 의미는 구약과 전혀 다릅니다. 그래서 유대교가 하나님을 믿고 율법을 따르는데 복음서에서 하나님의 뜻으로 온 예수와 사사건건 충돌할 수밖에 없었습니다. 결국 유대교를 열심히 믿는 것은 하나님과 대적하는 것이며, 유대교의 율법을 신실하게 지키는 것은 하나님의 뜻을 거역하는 것이 됩니다.

본문으로 돌아오면 베드로는 유대교의 전통을 지키는 유대인으로 소개되고, 유대인의 율법을 지키려고 정작 율법을 주신 하나님의 말씀을 거부하고, 하나님의 말씀을 의아하게 생각하고, 더 나아가 10장 20절에 의하면 하나님의 말씀을 '의심하기'까지 했습니다. 베드로가 자신이 유대인임을 강조하고, 자신이 율법을 지키고 따른다는 것을 주장하는 만큼 베드로는 하나님을 떠나있는 것이고, 하나님께 불순종하고 있다는 것을 고백하는 것이 됩니다.

마지막으로 하나님이 왜 이런 사건을 만드셨는지 최종 점검을 하겠습니다. 10장에는 두 사람이 등장합니다. 즉 이방인의 대표 고넬료와 유대인의 대표 베드로가 나옵니다. 베드로는 유대인과 이방인의 관계에 대해 '유대인으로서 이방인과 교제하며 가까이 하는 것이 위법'이라고 생각하고 있습니다. 베드로는 그렇게 생각하는데 하나님도 그렇게 생각하실까요? 지금 이 장면이 복음이 유대인을 넘어 이방인에게로 확장되는 순간입니다. 복음이 이방인에게 전해지려면 유대인인 베드로가 이방인인 고넬료에게 가야 하는데, 베드로는 그것을 불법이라고 여기고 있습니다. 이때 하나님이 베드로를 이방인에게 가게 하려면 어떻게 해야 하겠습니까? 베드로에게 고넬료에게 가라고 말씀하시는 것은 조선시대 사람에게 단발령을 내리는 것만큼이나 충격적인 사건입니다. 하나님은 베드로에게 명령을 하시는 것이 아니라 고넬료에게 갈 수 있는 근거를 환상을 통해 말씀하신 것입니다.

두 불법자

고넬료는 이방인입니다. 단순히 이방인 정도가 아닙니다. 고넬료는 하나님을 멀리 떠나 있는 사람입니다. 10장 2절이 그것을 증명합니다. 앞서 설명드린 대로 풀어서 읽어보면 '그가 경건하여 온 집안과 더불어 신을 경외하며 백성을 많이 구제하고 신께 항상 빌더니'입니다. 우상 신을 섬기는 것에 열중하고, 헛된 신께 날마다 기도하는 신심이 많은 사람입니다. 하나님과의 관계라는 측면에서 바라보면 아주 불순종한 사람이요, 하나님을 모욕하는 사람입니다. 이번에는 베드로입니다. 베드로는 유대인입니다. 단순히 유대인 정도가 아니라 유대교를 열심히 믿는 사람, 유대교의 율법을 잘 지키는 사람입니다. 10장 9절의 기도, 14절의 음식에 대한 고백, 28절의 이방인과의 관계에 대한 생각이 그 증거입니다.

하나님이 환상을 통해 베드로에게 말씀하시는 것이 '베드로야, 네가 행동하는 것이 하나님을 믿는 것이냐?'는 의미입니다. 베드로가 말한 '네가 속되고 깨끗하지 아니한 것을 결코 먹지 아니한 것', 베드로가 따른 유대교의 전통, 베드로가 율법을 지킨 것이 과연 하나님의 율법을 따른 것이냐고 묻는 것입니다. 그래서 하나님이 하시는 말씀이 15절 "하나님께서 깨끗하게 하신 것을 네가 속되다 하지 말라"입니다. 하나님을 믿는 사람이라면, 하나님의 율법을 지키려고 애쓰는 사람이라면 하나님이 직접 '하나님께서 깨끗하게 하신 것을 네가 속되다 하지 말라'고 세 번씩이나 말씀하셨다면 하나님 말씀을 들었어야 합니다. 그런데 아직 베드로는 하나님의 말씀을 듣지 않았습니다. 하나님의 말씀을 듣지 않고, 하나님을 왜곡한 유대교의 율법, 하나님을 떠난 유대교의 전통을 굳게 지키고 있을 뿐입니다. 결국 베드로도 자기네 민족의 종교, 자기네 전통의 종교를 따르고 있을 뿐 하나님을 따르는 것이 아닙니다.

이제 환상을 통한 하나님의 말씀의 의도가 분명해 집니다. 베드로의 행동에 의하면 이달리야 부대의 백부장인 고넬료가 자기네 종교, 자기네 이방 신을 섬기는 것과 유대인인 베드로가 자기네 종교, 자기네 율법, 자기네 전통을 따르는 것이 다르지 않습니다. 하나님의 말씀을 따르지 않는다는 측면에서 이방인과 유대인이 차이가 없습니다. 하나님에 대한 신앙, 하나님에 대한 믿음의 차원에서 유대교와 이방인은 다를 것이 없습니다. 이방인도 죄인으로 하나님을 믿지 않았고, 유대인도 죄인으로 하나님을 믿지 않았습니다. 하나님이 유대인에게 찾아오셔서 유대인에게 복음을 주신 것은 유대인이 하나님을 잘 믿었고 율법을 잘 지켰기 때문이 아니라 죄인으로서 하나님의 은혜, 하나님의 복음이 필요했기 때문입니다. 마찬가지로 이방인도 죄인으로 하나님의 은혜, 하나님의 복음이 필요합니다. 하나님은 베드로에게 환상 사건을 통해 베드로와 유대인이 하나님의 은혜를 받았다는 것을 알게 하고, 동시에 이방인이 하나님의 은혜를 받는 것이 자신들이 은혜를 받은 것과 전혀 다를 바가 없다는 것을 깨닫게 하십니다. 우리 모두는 동일한 죄인이었고, 동일한 하나님의 은혜를 받았습니다. 하나님이 베드로를 설득하신 방법에 동의하십니까? 하나님의 은혜를 감사하고, 하나님으로 말미암은 구원을 감격하며 감사하며 사시는 성도님들 되시기를 주님의 이름으로 축원합니다.

35
모든 사람에게

사도행전 10:23~48

23 베드로가 불러 들여 유숙하게 하니라 이튿날 일어나 그들과 함께 갈새 욥바에서 온 어떤 형제들도 함께 가니라 24 이튿날 가이사랴에 들어가니 고넬료가 그의 친척과 가까운 친구들을 모아 기다리더니 25 마침 베드로가 들어올 때에 고넬료가 맞아 발 앞에 엎드리어 절하니 26 베드로가 일으켜 이르되 일어서라 나도 사람이라 하고 27 더불어 말하며 들어가 여러 사람이 모인 것을 보고 28 이르되 유대인으로서 이방인과 교제하며 가까이 하는 것이 위법인 줄은 너희도 알거니와 하나님께서 내게 지시하사 아무도 속되다 하거나 깨끗하지 않다 하지 말라 하시기로 29 부름을 사양하지 아니하고 왔노라 묻노니 무슨 일로 나를 불렀느냐 30 고넬료가 이르되 내가 나흘 전 이맘때까지 내 집에서 제 구 시 기도를 하는데 갑자기 한 사람이 빛난 옷을 입고 내 앞에 서서 31 말하되 고넬료야 하나님이 네 기도를 들으시고 네 구제를 기억하셨으니 32 사람을 욥바에 보내어 베드로라 하는 시몬을 청하라 그가 바닷가 무두장이 시몬의 집에 유숙하느니라 하시기로 33 내가 곧 당신에게 사람을 보내었는데 오셨으니 잘하였나이다 이제 우리는 주께서 당신에게 명하신 모든 것을 듣고자 하여 다 하나님 앞에 있나이다 34 베드로가 입을 열어 말하되 내가 참으로 하나님은 사람의 외모를 보지 아니하시고 35 각 나라 중 하나님을 경외하며 의를 행하는 사람은 다 받으시는 줄 깨달았도다 36 만유의 주 되신 예수 그리스도로 말미암아 화평의 복음을 전하사 이스라엘 자손들에게 보내신 말씀 37 곧 요한이 그 세례를 반포한 후에 갈릴리에서 시작하여 온 유대에 두루 전파된 그것을 너희도 알거니와 38 하나님이 나사렛 예수에게 성령과 능력을 기름 붓듯 하셨으매 그가 두루 다니시며 선한 일을 행하시고 마귀에게 눌린 모든 사람을 고치셨으니 이는 하나님이 함께 하셨음이라 39 우리는 유대인의 땅과 예루살렘에서 그가 행하신 모든 일에 증인이라 그를 그들이 나무에 달아 죽였으나 40 하나님이 사흘 만에 다시 살리사 나타내시되 41 모든 백성에게 하신 것이 아니요 오직 미리 택하신 증인 곧 죽은 자 가운데서 부활하신 후 그를 모시고 음식을 먹은 우리에게 하신 것이라 42 우리에게 명하사 백성에게 전

도하되 하나님이 살아 있는 자와 죽은 자의 재판장으로 정하신 자가 곧 이 사람인 것을 증언하게 하셨고 43 그에 대하여 모든 선지자도 증언하되 그를 믿는 사람들이 다 그의 이름을 힘입어 죄 사함을 받는다 하였느니라 44 베드로가 이 말을 할 때에 성령이 말씀 듣는 모든 사람에게 내려오시니 45 베드로와 함께 온 할례 받은 신자들이 이방인들에게 도 성령 부어 주심으로 말미암아 놀라니 46 이는 방언을 말하며 하나님 높임을 들음이 러라 47 이에 베드로가 이르되 이 사람들이 우리와 같이 성령을 받았으니 누가 능히 물 로 세례 베풂을 금하리요 하고 48 명하여 예수 그리스도의 이름으로 세례를 베풀라 하 니라 그들이 베드로에게 며칠 더 머물기를 청하니라

죄인들의 모습

자랑질

사도행전 10장 2절에 근거하면 고넬료는 종교심이 있기도 하고 인간으로서 근본적인 소양은 갖추었던 것 같습니다. 온 집안과 화목했던 것 같고 백성을 많이 구제했다니 이웃과도 소통이 잘 되었던 것 같습니다. 여하튼 고넬료에게 천사가 나타나 말씀하기를 4절에 "네 기도와 구제가 하나님 앞에 상달되어 기억하신 바가 되었으니 네가 지금 사람들을 욥바에 보내어 베드로라 하는 시몬을 청하라"는 지시를 받았습니다. 그래서 7절에 나오는 대로 하인 둘과 부하 하나를 뽑아서 욥바로 보냈고, 그 사람들이 17절에 나오는 대로 시몬의 집을 찾아갔습니다. 고넬료와 베드로가 만나기 전에 고넬료의 하인들과 베드로가 만나서 대화를 합니다. 21절과 22절 "베드로가 내려가 그 사람들을 보고 이르되 내가 곧 너희가 찾는 사람인데 너희가 무슨 일로 왔느냐 그들이 대답하되 백부장 고넬료는 의인이요 하나님을 경외하는 사람이라 유대 온 족속이 칭찬하더니 그가 거룩한 천사의 지시를 받아 당신을 그 집으로 청하여 말을 들으려 하느니라"입니다. 여러분, 하인이 하는 말을 듣고 무슨 생각이 드십니까? 참 충성스러운 하인이라는 생각이 드십니까, 무례한 하인이라는 생각이 드십니까? 정답은 '무례한 하인'입니다. 그 이유를 설명 드리겠습니다.

고넬료의 입장에서는 하인은 충성스럽습니다. 그러나 상황적으로 볼 때 고넬료가 베드로를 초청하고 있습니다. 굳이 '갑과 을'의 관계를 설정하자면 고넬료가 초청하는 입장으로 '을'이고 베드로가 초청을 받는 입장으로 '갑'입니다. 초청하는 사람과 초청받는 사람의 관계에서는 강조점을 '초청받는 사람'에게 두는 것이 정상입니다. 왜냐하면 자신들이 필요해서 상대방을 초청하는 것이기 때문입니다. 그런데 초청하는 사람이 초청받는 사람을 높여주지는 않고 초청하는 사람 이야기만 계속하면 그런 것을 '자랑질'이라고 합니다. '갑과 을'의 관계가 기본적인 수준을 넘어 종속관계가 되거나 지배와 피지배의 관계로 악용되는 것도 잘못이지만 '갑과 을'의 기본적인 자세를 지키지 않는 것도 잘못입니다.

종종 사람들은 신분에 따라, 권세에 따라, 부귀영화에 따라 기본적인 자세를 와해시키는 경우가 허다합니다. 그것은 '갑질'도 아니고 '자랑질'도 아니고 아주 바보같은 짓이요, 어리석은 짓입니다. 예를 들어보겠습니다. 어느 날 회사 회장님이 쓰러졌습니다. 급히 의사를 불러왔습니다. 환자에게로 가면서 비서가 하는 말이 '이 분은 사장님이십니다. 그러니 함부로 대하시면 안 됩니다. 또 이 분은 평상시에 품위를 존중하는 분이십니다. 그러니 조심하십시오'입니다. 비서로서는 자기가 모시는 사장님을 예우한다고 하는 말이겠지만 가장 바보같은 말입니다. 지금 비서가 해야 할 말은 환자의 상태입니다. 쓰러진 상황이 어떠했는지, 평상시의 건강관리는 어떠했는지, 드시던 약은 무엇이었으며 식사 취향이나 최근의 음주나 특이한 행동이 무엇이었는지, 즉 의사에게 치료에 도움이 될 만한 이야기를 해야 합니다. 의사를 부른 이유는 환자를 돌보기 위해서입니다. 그렇다면 환자에게 가장 중요한 것은 치료입니다. 그런데 높은 사람을 수행하는 비서관들의 태도가 늘 이렇게 미련하고 어리석습니다. 주변에서 이런 상황을 너무 쉽게, 너무 자주 볼 수 있습니다.

하인의 태도

10장 22절에 나오는 고넬료의 하인의 말이 전형적인 죄인들의 행태입니다. 자기 주인 고넬료를 존경하는 것은 좋지만 주인이 초청하려고 하는 베드로 앞에서 자기 주인에 대해서 '우리 주인은 의인이요 하나님을 경외하는 사람이라 유다 온 족속이 칭찬하더니'라고 하는 것은 상대방에 대한 기본 예의가 아닙니다. 이 하인의 무례함의 극치, 자기 주인을 치켜세우려는 엉뚱함의 극치가 천사에 대한 호칭에서도 나타납니다. 10장 3절에 보면 환상 중에 '하나님의 사자'가 들어왔다고 했습니다. 고넬료가 이방신을 믿으니까 고넬료의 입장에서는 '하나님의 사자'이기보다는 그냥 '어떤 신의 사자'입니다. 그런데 이 신의 사자를 22절에서 하인은 '거룩한 천사의 지시를 받아'라고 말합니다. 주인을 높이려고 하니까 주인에게 나타난 천사까지 높이는 해프닝입니다. 자기 주인에게는 아무 사자나 나타나는 것이 아니라 사자들 중에서도 '거룩한 천사'가 임한다는 생각으로 아주 코메디입니다.

이 말을 하는 사람이 누구인지 아십니까? 7절에 의하면 고넬료가 대충 뽑은 사람이 아니라 '부하 가운데 경건한 사람 하나'를 불렀을 때 뽑힌 사람입니다. 고넬료의 집에서 가장 경건하다는 사람이 상대방에 대한 최소한의 예의도 없습니다. 왜냐하면 죄인의 기준에 의하면 절대로 남에게 허점을 보이거나 약한 모습을 보이면 안 되기 때문입니다. 죄인들의 경쟁에 근거한 가장 비인간적인, 가장 비인격적인 모습입니다.

고넬료의 태도

하인과 비교해볼 때 고넬료의 태도는 지극히 당연한 정상적이고 바람직한 인간의 태도입니다. 24절 "이튿날 가이사랴에 들어가니 고넬료가 그의 친척과 가까운 친구들을 모아 기다리더니 마침 베드로가 들어올 때에 고넬료가 맞아 발 앞에 엎드리어 절하니"입니다. 종종 사람들은 이런 태도를 '겸손하다'고 하는데 이것은 겸손한 것이 아니라 일반적인 태도입니다. 어떤 상황이든 기본적인 입장에 따른 행동을 하는 것이 원칙입니다. 그런데 사람들은 기본적인 입장을 배제한 체 자꾸 엉뚱한 조건을 대입시키려고 합니다. 이 상황의 기본적인 입장은 고넬료는 자신이 필요해서 초청을 한 것이고, 베드로는 자신은 전혀 필요하지 않은데 고넬료의 초청에 의해 즉 타의에 의해 이곳을 방문한 사람입니다. 당연히 고넬료가 감사해야 하고 환대를 해야합니다.

이때 비록 고넬료가 초청은 했지만 원래 고넬료는 이달리야 군대의 백부장으로서 신분이 더 높고 명성이 더 높아서 절대로 낮은 자세를 취하는 분이 아닌데 베드로를 맞아서 '발 앞에 엎드리어 절하는 것'은 참으로 겸손한 행동이라고 추켜세우면 안 됩니다. 만약 그렇게 고넬료를 추켜세우면 저는 베드로의 편에서 한 마디 하겠습니다. 베드로는 요새 룻다나 욥바 지역에서 너무 귀한 사역을 감당하느라 눈 코 뜰새 없이 바쁜 분인데 느닷없이, 예정에도 없이 들이닥친 하인의 말을 듣고 이렇게 행차를 하신 것을 보면 베드로는 정말로 순수한 사람이라는 것을 확인할 수 있다고 항변하겠습니다. 만약 고넬료와 베드로를 이렇게 칭찬한다면 이런 것을 '서로 잘난 척!'이라고 합니다.

베드로의 태도

10장 26절에 베드로의 반응이 나옵니다. "베드로가 일으켜 이르되 일어서라 나도 사람이라 하고"입니다. 이 장면까지의 고넬료와 베드로의 만남은 이방인 고넬료와 유대인 베드로의 만남이 아니라 어떤 백부장 고넬료와 어떤 제자 베드로의 지극히 인간적인 만남입니다. 유대인과 이방인이 같은 지역에 살고 있으면서 아예 상종도 하지 않는 것이 아닙니다. 기본적인 인간관계는 유지합니다. 다만 자신들의 종교적 생활이나 관습적 태도의 영역에서는 구별된 활동을 합니다. 베드로에게 고넬료는 이방인이며 거주 지역을 관할하는 이달리야 군대의 백부장입니다. 사람들은 서로 관계가 형성되지 않으면 아예 상관하지 않습니다. 그러나 상호간에 관계가 시작되면 자기 정체성을 드러내고 상대방의 정체성을 확인하고 경계를 하든 교제를 하든 합니다. 그래서 서로 인사가 끝난 후 베드로가 먼저 말을 시작합니다.

이때부터 베드로는 이방인 앞에 선 유대인 베드로입니다. 베드로는 환상을 보았지만 세 번이나 거부했습니다. 첫 번째, 두 번째는 잡아먹으라는 하나님 말씀을 거부했다가 마지막 세 번째는 순종한 것이 아니라 끝까지 거부했습니다. 그리고 환상의 뜻을 의아해 했을 뿐입니다. 그때 성령께서 나타나셨습니다. 18절에 "성령께서 그에게 말씀하시되 두 사람이 너를 찾으니 일어나 내려가 의심하지 말고 함께 가라 내가 그들을 보내었느니라"입니다. 베드로는 그때까지 의심하고 있었습니다. 환상의 뜻이 풀리지 않았는데 단지 성령이 와서 찾아온 사람들을 따라가라고 하기에 따라온 것뿐입니다. 따라 왔다고 해서 환상을 이해한 것이 아니고, 고넬료와 정중하게 인사한다고 해서 베드로가 유대인으로서 가지고 있던 유대인의 사고방식이 변화된 것이 전혀 아닙니다.

그래서 상호 인사 후에 첫 마디가 지극히 유대적인 것으로 28절 "이르되 유대인으로서 이방인과 교제하며 가까이 하는 것이 위법인 줄은 너희도 알거니와 하나님께서 내게 지시하사 아무도 속되다 하거나 깨끗하지 않다 하지 말라 하시기로 부름을 사양하지 아니하고 왔노라"입니다. 오긴 왔지만 천사의 말을 따라왔을 뿐이라고 강조합니다. 고넬료가 그 동안에 있었던 일에 대해 자초지종을 30절부터 33절까지 이야기를 했습니다. 다 듣고 난 후에 베드로가 말을 하는 것이 34절부터 43절까지 나오는 베드로의 설교입니다. 설교를 듣기 전에 베드로의 심정을 예상해 보시기 바랍니다. 이 순간 베드로가 그 동안 가지고 있던 이방인과 유대인에 대한 사고방식이 변했을까요? 바로 앞 28절에서도 위법이라고 말했는데 그냥 고넬료의 설명을 듣더니 위법이 위법이 아닌 것으로 생각이 바뀌었을까요? 아닙니다. 아직까지 베드로의 유대인적 사고방식이 전혀 바뀌지 않았습니다. 즉 베드로가 여전히 유대인적 사고방식을 가지고 있다는 것을 기억하시고 34절 이하의 베드로의 설교를 들으셔야 합니다.

베드로의 설교

엉뚱한 선언

성경에 나오는 표현들을 볼 때마다 '누가 하는 말인가? 맞는 말인가? 모범 사례로 등장하는가 실패 사례로 등장하는가?'를 잘 살펴야 합니다. 아는 사람이 말한다고, 좋은 말이라고 무조건 은혜 받으면 안 됩니다. 우선 한 구절을 들어보시기 바랍니다. 말하는 사람은 베드로입니다. 34절 "베드로가 입을 열어 말하되 내가 참으로 하나님은 사람의 외모를 보지 아니하시고 각 나라 중 하나님을 경외하며 의를 행하는 사람은 다 받으시는 줄 깨달았도다"입니다. 아멘입니까, 노멘입니까? 정답은 노멘입니다. 왜냐하면 베드로의 말대로라면 하나님은 베드로 같은 사람을 찾아오시면 안 되고 받아 주시면 안 되기 때문입니다.

아주 비슷한 그러나 아주 말도 안 되는 본문을 하나 소개해드리겠습니다. 시편 15편 "여호와여 주의 장막에 머무를 자 누구오며 주의 성산에 사는 자 누구오니이까 정직하게 행하며 공의를 실천하며 그의 마음에 진실을 말하며 그의 혀로 남을 허물하지 아니하고 그의 이웃에게 악을 행하지 아니하며 그의 이웃을 비방하지 아니하며 그의 눈은 망령된 자를 멸시하며 여호와를 두려워하는 자들을 존재하며 그의 마음에 서원한 것은 해로울지라도 변하지 아니하며 이자를 받으려고 돈을 꾸어 주지 아니하며 뇌물을 받고 무죄한 자를 해하지 아니하는 자이니 이런 일을 행하는 자는 영원히 흔들리지 아니하리이다"입니다. 아멘입니까, 노멘입니까? 정답은 노멘입니다. 물론 말은 다 좋은 말입니다. 그런데 사람 중에는 이런 사람이 없습니다. 이런 사람이 주의 성산에 살 자격이 있다면 주의 성산에는 맨 거미줄

투성이일 것입니다. 왜냐하면 아무도 없기 때문입니다.

사도행전 10장의 베드로는 이방인에게 복음을 전하려는 생각이 아직 없습니다. 그런 베드로가 갑자기 이방인을 향하여 호감을 가지고 고넬료를 향하여 하나님의 복음을 만민에게 전하겠다는 태도를 보이는 것이 아닙니다. 여전히 유대인적 사고 즉 이방인에 대하여 배타적인 태도를 가지고 말하고 있습니다. 그래서 34, 35절은 복음적 선언이 아니라 교만한 선언입니다. 하나씩 살펴보면, 먼저 34절 "참으로 하나님은 사람의 외모를 보지 아니하시고"는 '하나님은 사람을 차별대우 하지 않으시는 분입니다'라는 뜻입니다. 그리고 35절의 "각 나라 중 하나님을 경외하며 의를 행하는 사람은 다 받으시는 줄 깨달았도다"는 모든 나라 중에서 하나님을 경외하며 의를 행하는 사람을 받으시는데 그게 누구냐면 바로 이스라엘, 즉 유대인이라는 의미입니다.

34, 35절을 연결해서 풀어보면 하나님은 사람의 외모를 보지 아니하시는 분, 즉 차별 대우를 하지 않으시는 분이라는 뜻입니다. 지금 베드로 앞에 강대국 이달리야 부대의 백부장이 있습니다. 자신과 고넬료를 비교하면 외모적으로 당연히 고넬료가 앞섭니다. 그런데 하나님은 고넬료를 받으신 것이 아니라 자기를 받으셨다고 합니다. 왜냐하면 하나님은 아무나 받으시는 것이 아니라 모든 나라 중에서 하나님을 경외하며 의를 행하는 사람을 받아 주는데 고넬료는 여호와 하나님이 아니라 이달리야의 신, 로마의 신, 우상 신을 섬기고 있을 뿐이고 자기는 유대인으로 계속하여 하나님을 섬겨오고 있으니 자기가 하나님을 경외하는 사람이요, 자기가 의를 행하는 사람이라는 뜻입니다. 그래서 하나님은 고넬료를 받으신 것이 아니라 자기를 받아주셨다고 말하고 있습니다.

배타적 설교

베드로는 고넬료에게 이방인에게도 주어지는 하나님의 복음을 전하는 것이 아닙니다. 비록 성령의 지시하심을 따라 고넬료의 집에 오기는 왔지만, 자기는 지금 위법을 행하고 있으며, 비록 고넬료의 말에 의하면 하나님이 자기를 고넬료의 집으로 불렀다고 하니까 말을 하기는 하지만 고넬료와 베드로가 얼마나 다른가, 이방인과 유대인이 얼마나 다른가를 설명하고 있을 뿐입니다. 이어지는 설교를 들어보시면 베드로의 설교가 지극히 배타적이라는 것을 느끼실 수 있습니다. 이방인을 품으려고, 이방인도 복음 안으로 끌어 들이려고 하는 설교가 아니라는 것을 알아차릴 수 있습니다.

36절 "만유의 주되신 예수 그리스도로 말미암아 화평의 복음을 전하사 이스라엘 자손들에게 보내신 말씀 곧 요한이 그 침례를 반포한 후에 갈릴리에서 시작하여 온 유대에 두루 전파된 그것을 너희도 알거니와"입니다. 강조점은 하나님이 '이스라엘 자손들에게 말씀을 보내셨다'입니다. 열방에 보낸 것이 아니고, 모든 민족에게 보낸 것이 아니고, 이방인에게도 보낸 것이 아니고 '이스라엘 자손에게' 보내셨다 말입니다. 39절 "우리는 유대인의 땅과 예루살렘에서 그가 행하신 모든 일에 증인이라"입니다. 이런 표현들은 단순하게 예수가 활동하신 지역, 위치를 의미하는 것이 아닙니다. 물론 예수님은 이스라엘 자손에게 오셨고, 유대인의 땅과 예루살렘에서 활동하셨습니다. 베드로가 거짓말을 하고 있지는 않습니다. 그런데 만약 이방인에게 복음을 전하려고 한다면, 예수가 어디에서 활동했느냐는 지역을 강조할 것이 아니라 '모든 인간을 위해서' 활동하셨다는 것을 강조해야 합니다. 그런데 베드로는 굳이 36절에서 '이스라엘 자손들에게 보내신 말씀'이라고 하고, 39절에서 '유대인의 땅과 예루살렘'을 강조합니다.

또 40절과 41절을 보시면 "하나님이 사흘 만에 다시 살리사 나타내시되 모든 백성에게 하신 것이 아니요 오직 미리 택하신 증인 곧 죽은 자 가운데서 부활하신 후 그를 모시고 음식을 먹은 우리에게 하신 것이라"입니다. 이게 포용적인 표현입니까, 배타적인 표현입니까? 당연히 배타적인 표현입니다. 이렇게 배타적으로 예수를 만나 베드로가 갑자기 사해동포적 마음을 가지고 있는 것이 아닙니다. 베드로는 고넬료에게 '이 말씀은 너희와 상관이 없다'라고 반복적으로 강조하고 있습니다. 다시 결정타를 날리는 것이 43절 "그에 대하여 모든 선지자도 증언하되 그를 믿는 사람들이 다 그의 이름을 힘입어 죄 사함을 받는다 하였느니라"입니다. 여러분은 이 표현이 결정타로 느껴지지 않을 것입니다. 제가 설명을 해 드리겠습니다.

우선 43절의 '선지자'는 구약의 예언자들을 말하는 것이 아닙니다. 베드로가 요엘 선지자의 말씀을 인용하고 있는 것이 아닙니다. 선지자라는 말은 구약에만 사용된 것이 아니라 복음서 시대와 사도행전 시대에도 사용되었습니다. 사도행전 시대에는 제자들 또는 성도들 또는 믿는 사람들을 의미하는 표현으로 사용되었습니다. 사도행전 15장 32절에는 "유다도 실라도 선지자라"고 나옵니다. 또 사도행전 26장에서 바울이 총독 베스도와 아그립바 왕에게 복음을 설명하니까 베스도가 '네가 미쳤다'고 합니다. 그때 바울이 하는 말이 27절 "아그립바 왕이여 선지자를 믿으시나이까 믿으시는 줄 아나이다"라고 합니다. 이 말은 구약의 선지자들을 믿느냐는 질문이 아니라 '하나님의 말씀을 전하는 사람'이 있다는 것을 믿느냐는 질문입니다. 앞에서 베스도가 '네 많은 학문이 너를 미치게 한다'고 하자, 바울은 자기의 사상이나 학문을 말하는 것이 아니라 '하나님의 말씀'을 전한다는 주장입니다. 그 말을 '선지자를 믿으시나이까'라고 한 것입니다. 자신이 선지자적인 역할을 하고 있다고 설명하고 있습니다.

또 고린도전서 12장에서 성도들의 은사를 설명할 때에 28절에 "하나님이 교회 중에 몇을 세우셨으니 첫째는 사도요 둘째는 선지자요 셋째는 교사요"라고 나오고 29절에도 "다 사도이겠느냐 다 선지자이겠느냐 다 교사이겠느냐"라고 나옵니다. 즉 성도들을 부를 때에도 '선지자'라는 표현을 썼습니다. 에베소서 4장 11절에도 "그가 어떤 사람은 사도로, 어떤 사람은 선지자로, 어떤 사람은 복음 전하는 자로, 어떤 사람은 목사와 교사로 삼으셨으니"라고 합니다. 그러니 선지자라는 표현이 나온다고 해서 모두 구약의 선지자라고 생각하면 큰 착각이고, 성경의 뜻을 왜곡할 가능성이 많습니다.

본문으로 돌아와 보면, 43절의 '모든 선지자도 증언하되'가 구약의 예언자들이 아니라 당시에 복음을 전하는 자들, 베드로 자신과 같이 예수 믿는자들, 예수의 증언을 하고 있는 사람들을 의미합니다. 그러니까 부활한 예수를 특별히 만난 사람들, 그래서 예수에 대해서 증언을 하고 있는 사람들이 공통적으로 하는 말이 "그를 믿는 사람들이 다 그의 이름을 힘입어 죄사함을 받는다"입니다. 이것이 결정타인 이유는, 베드로를 포함한 선지자들이 하는 말 중에 '그를 믿는 사람들이'의 '믿는 사람'이 앞으로 회개하고예수를 믿을 사람들을 의미하지 않고 '그 당시에 믿고 있는 사람들'을 의미하기 때문입니다. 베드로가 말하는 순간에 아직 예수를 믿지 않고 있지만이방인이든 유대인이든 그 말을 듣고 '새로 믿는 사람'도 죄 사함을 받는것이 아니라 '그 당시 믿고 있는 사람'이 죄 사함을 받는다는 의미입니다.그렇다면 고넬료는 믿고 있는 사람입니까 아닙니까? 당연히 아닙니다. 결국 베드로가 하는 설교의 결론은 '고넬료씨, 당신은 이 복음과 해당 사항이 없습니다'라는 뜻입니다.

유대적 사고

지금까지의 설명이 지극히 당연합니다. 왜냐하면 베드로는 전형적인 유대인이기 때문입니다. 유대인인 베드로가 예수를 부인했음에도 불구하고부활한 예수가 찾아와서 자기를 다시 받아주었습니다. 왜 그럴까요? 베드로가 회개했기 때문입니까? 베드로가 능력이 있기 때문입니까? 베드로가개과천선했기 때문입니까? 베드로가 생각하기에 예수님이 왜 자기 같은놈을 찾아오셨고, 자기 같은 놈을 다시 받아주시고, 자기 같은 놈을 사도로 세우시고, 자기 같은 놈을 증인으로 삼으셨을까요? 그 이유는 단 하나입니다. 자기가 유대인이었기 때문입니다. 그 표현이 34, 35절입니다. 물론 정답은 예수의 사랑이요, 긍휼하심인데 베드로는 오해하고 착각합니다. 베드로가 사도행전 2장부터 5장까지 여러 차례 설교를 하는데 아주 열정적으로 했습니다. 그 대상이 누구였습니까? 바로 유대인들이었습니다. 이스라엘 사람들이었습니다. 하나님의 백성들이었습니다. 복음서에서부터 사도행전까지 유대인들은 자신들이 하나님의 백성이 아니라고 생각한 적이 없고, 하나님을 떠났다고 생각한 적이 없습니다. 베드로는 자기를 받아주신 하나님을 기억하며 다른 유대인들도 받아주실 것이라고 기대하면서 자기 형제들인 유대인들에게 열정적으로 복음을 전했습니다.

그런데 사도행전 10장은 상황이 다르고 대상이 다릅니다. 고넬료는 이방인입니다. 물론 사도행전 8장에서 복음이 사마리아 지역에 전해진 적이 있습니다. 그때에 예루살렘에 있는 사도들이 사마리아도 하나님의 말씀을 받았다 함을 듣고 베드로와 요한을 보내서 베드로가 사마리아에 가서 안수하여 성령을 받게 한 적이 있습니다. 평상시에 사마리아 지역 사람들이 유대인들에게 배타적 대접을 받았습니다. 그러나 그것은 어디까지나 내부적 문제입니다. 유대인끼리만 비교하면 사마리아는 배타적인 대접을 받지만 유대인과 이방인을 비교하면 사마리아는 유대인에 속하는 사람들입니다. 그런데 고넬료는 사마리아 사람 정도가 아니라 아예 이방인입니다. 이방인이 하나님을 믿는다는 생각, 하나님이 이방인을 받아 주신다는 인식이 유대인에게 아예 없습니다.

모든 사람에게

놀라니

설명드린 것처럼 본문을 이해해야 44, 45절의 말씀이 연결이 됩니다. 44절 "베드로가 이 말을 할 때에 성령이 말씀 듣는 모든 사람에게 내려오시니 베드로와 함께 온 할례 받은 신자들이 이방인들에게도 성령 부어 주심으로 말미암아 놀라니 이는 방언을 말하며 하나님 높임을 들음이러라"입니다. 만약 베드로 고넬료에게 설교하면서 '하나님이 이방인에게 복음을 전하게 하시고, 이방인에게도 성령을 부어주실 것'을 이미 알고 있었고, 기대하고 있었고, 자기가 그 사명을 감당하고 있다고 생각하였다면 성령이 왔을 때에 놀랄 것이 아니라 반가워했어야 합니다. 당연히 그럴 줄 알았다는 반응이 나왔어야 합니다. 실제로 베드로는 사도행전 2장 이후부터 자신이 하는 사역에 따르는 결과가 나타났을 때 놀란 적이 없습니다. 성전의 앉은뱅이를 일으켰을 때도 놀라지 않았고, 자신의 설교를 듣고 믿는 자가 삼천이 되었을 때에도, 자신들이 감옥에 갇혔음에도 불구하고 믿는 자가 오천이 되었을 때에도 전혀 놀라지 않았고, 사람들이 재산을 팔아 자기 앞에 내 놓을 때도 놀라지 않았고, 사마리아 사람들에게는 직접 성령이 임하도록 안수하기까지 했습니다. 왜 놀라지 않았느냐면 이미 나타날 결과를 알고 있었고, 예상하고 있었기 때문입니다.

그런데 유독 고넬료 사건에서는 이 말을 할 때에 성령이 말씀 듣는 모든 사람에게 내려오시니 베드로와 함께 온 할례 받은 신자들이 모두 놀랍니다. 놀라는 이유는 전혀 예상하지 못했기 때문입니다. 특히 베드로는 더 놀랐습니다. 왜냐하면 자기는 고넬료에게 복음을 받아들이라는 태도로 말한 것이 아니라 '당신들과는 관계가 없는 일이다'라는 태도로 말했었기 때문입니다. 하나님이 복음을 이방인에게도 전하기 위해서는 과정이 있어야 합니다. 이방인에게 전하기 전에 제자들의 마음이 이방인에게 열리게 해야 합니다. 복음을 전해야 할 당사자가 설득이 되지 않으면 복음이 전해질 리가 없습니다. 아마 제자들의 마음을 변화시키지 않고 복음을 전하라고 하면 구약의 요나 선지자 같은 꼴이 날 것입니다. 하나님이 가라고 하니까 가서 전하기는 하는데 억지로 하며, 건성건성하며, 제발 듣지 말라는 태도로 하며, 행여 듣고 회개할까봐 대충대충하는 것입니다.

하나님의 일하심에는 목적이 우선이 아니라 당사자들을 설득하고 변화시키는 과정이 중요합니다. 그래서 하나님은 베드로에게 이방인의 집에 가라고 강요하는 것이 아니라 환상을 통해 베드로에게 가르치시고, 고넬료가 베드로를 초청하는 방식을 통해 자리를 마련하고, 베드로가 설득될 수 있는 과정을 거치셨습니다. 결과적으로 사도행전 10장의 사건은 첫째는 베드로의 유대인적 사고가 깨어지는 사건이요, 둘째가 복음이 이방인에게도 전해지는 사건입니다.

모든 사람에게

이때 하나님의 방식이 참으로 절묘합니다. 베드로에게 왜 그렇게 배타적이냐고 책망하지 않고, 유대인적 좁은 사고방식을 버리라고 재촉하지 않고, 순종하지 않으면 사도직을 뺏을 것이라고 위협하지도 않습니다. 고넬료의 태도와 베드로의 태도를 비교하면서 고넬료가 자기 방식으로 이방인으로 행동하는 것과 베드로가 유대인으로서 행동하는 것이 서로 자기 기준대로 행동하기에 하나님 보시기에 다를 것이 뭐냐고 말씀하신 것이었습니다. 그리고 사도행전 2장에서 홀연히 유대인인 베드로와 함께 있는 모든 사람에게 성령이 임한 것같이 사도행전 10장에서 베드로가 말을 할 때에 성령이 말씀듣는 모든 사람에게 내려오신 것이 똑같습니다. 고넬료의 집에 모여있던 사람들은 24절에 의하면 '고넬료가 그의 친척과 가까운 친구들을 모아 기다리더니'입니다. 그들에 대한 언급은 전혀 없습니다. 경건했는지, 하나님을 경외했는지, 항상 기도했는지 말이 없습니다. 그냥 고넬료가 불러서 함께 모여있는 사람에 불과합니다. 그런데도 그 사람들에게도 성령이 임했습니다. 그들이 성령을 사모했다는 말도 없고, 간절히 기도하면서 성령을 구했다는 말도 없는데 임했습니다. 성경대로 하면 '홀연히' 임했습니다.

반응도 마찬가지입니다. 46절 "이는 방언을 말하며 하나님 높임을 들음이러라"입니다. 제자들과 다른 것이 없습니다. 베드로가 할 수 있는 일이란

47절 "이에 베드로가 이르되 이 사람들이 우리와 같이 성령을 받았으니 누가 능히 물로 침례 베풂을 금하리요 하고 명하여 예수 그리스도의 이름으로 침례를 베풀라 하니라"입니다. 이방인 전도는 누가 한 것입니까? 베드로입니까 하나님입니까? 당연히 하나님입니다. 이 순간에 가장 당황한 사람이 누구일까요? 당연히 베드로입니다. 유대인의 사고방식을 가지고 있던 베드로의 생각이 송두리째 흔들리는 충격을 받았습니다. 베드로 한 사람만이 아니라 함께 온 할례 받은 신자들이 충격을 받았고, 더 나아가 유대에 있는 사도들과 형제들도 놀라고 충격을 받았습니다. 그래서 하나님이 이 사건을 통해 유대인들의 사고방식을 변화시키는 과정을 해설하는 것이 바로 11장입니다.

저와 여러분은 성경에서 하나님을 위해 헌신하는 인간을 만나는 것이 아니라, 인간을 변화시키며 서로 적대시하던 인간의 관계를 서로 화목하게 만들어주시는 하나님을 만나는 것입니다. 하나님으로 말미암아 사랑과 평화와 행복을 풍성히 누리며 사시는 성도님들의 삶이 되시기를 주님의 이름으로 축원합니다.